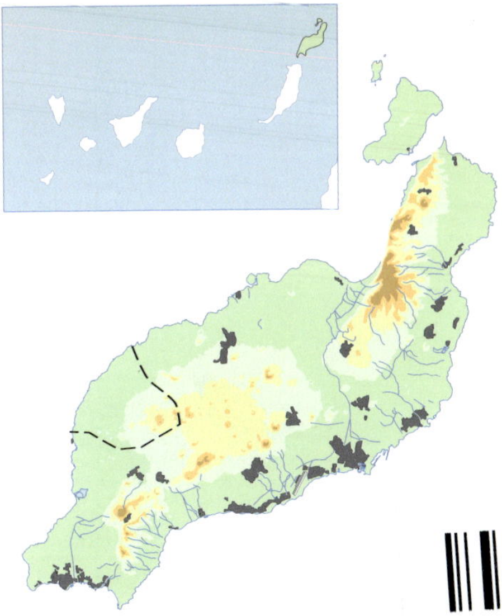

Lanzarote allgemein

Reisepraktisches

Inselmitte

Inselnorden

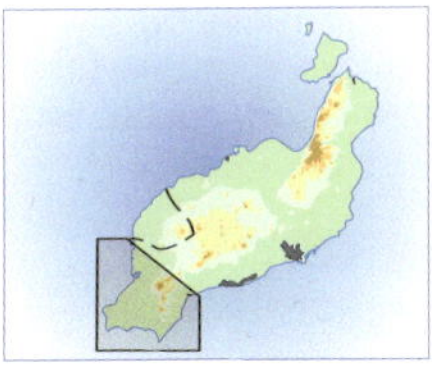

Inselsüden

Text & Recherche: Eberhard Fohrer
Lektorat: Sabine Senftleben
Redaktion & Layout: Dirk Thomsen
Fotos: s. Nachweis auf S. 7
Titelfotos: oben: Dromedarreiten im Nationalpark (E. Fohrer),
unten: Kaktusgarten von César Manrique (foto-presse timmermann)
Cover: Karl Serwotka
Coverkarten: Carlos Borrell
Karten: Günther Grill, Hana Gundel

Die Überarbeitung dieser Auflage besorgte Armin Tima.

Herzlichen Dank für seine zahlreichen Hinweise an Wilfried Brügger, außerdem an alle Leser, die mit Ihren Briefen zur Aktualisierung beigetragen haben: U. Enders, E. Dopp, E. & F. Honold, M. Rabenhold, M. & B. Schwarz, M. Zeidler & M. Anacker, M. Otto & E. Hagedorn, A. Koman, R. Klose, Dr. W. Strickling, M. Ibig, M. Gabler, A. & F. Fiedler, A. Krims, E. Deger, Dr. M. Köhl, K. Wriedt-Elfgang, M. Frietsch, R. Hunger, J. Hamann, A. Schatz und C. Schmidt

Die in diesem Reisebuch enthaltenen Informationen wurden vom Autor nach bestem Wissen erstellt und von ihm und dem Verlag mit größtmöglicher Sorgfalt überprüft. Dennoch sind, wie wir im Sinne des Produkthaftungsrechts betonen müssen, inhaltliche Fehler nicht mit letzter Gewissheit auszuschließen. Daher erfolgen die Angaben ohne jegliche Verpflichtung oder Garantie des Autors bzw. des Verlags. Beide übernehmen keinerlei Verantwortung bzw. Haftung für mögliche Unstimmigkeiten. Wir bitten um Verständnis und sind jederzeit für Anregungen und Verbesserungsvorschläge dankbar.

ISBN 978-3-89953-271-5

5. aktualisierte Auflage 2007

LANZAROTE

Eberhard Fohrer

INHALT

Wanderungen

Fotonachweis

Alle Fotos von *Eberhard Fohrer*, außer S. 25, 27, 35, 42, 99, 282, 311, 313, 318, 338 *(Lucie Bücher-Fohrer)*, S. 22 und S. 67/rechts *(Waldemar Büchert)*, 332 *(Hans-Albrecht Haffa)* und S. 141 *(Armin Tima)*.

Kartenverzeichnis

Zeichenerklärung

Schnellstraße
Hauptstraße
Nebenstraße
Piste
Fußweg
Berggipfel
Höhle
Quelle
Badestrand
Campingplatz

Hafen
Leuchtturm
Aussichtspunkt
Sehenswürdigkeit
Kirche
Burg
Ausgrabung
Information
Post
Supermarkt

Krankenhaus
Apotheke
Bank
Flughafen
Taxistandplatz
Bushaltestelle
Parkplatz
Tankstelle

Was haben Sie entdeckt?

Haben Sie *den* Strand Lanzarotes gefunden, ein freundliches Restaurant, eine originelle Tapas-Bar, eine reizvolle Apartmentanlage, einen schönen Wanderweg?

Wenn Sie Ergänzungen, Verbesserungen oder Tipps zum Lanzarote-Buch haben, lassen Sie es uns wissen!

Eberhard Fohrer / Stichwort „Lanzarote“
c/o Michael Müller Verlag GmbH
Gerberei 19
91054 Erlangen
eberhard.fohrer@michael-mueller-verlag.de

Lanzarote erleben

Lanzarote ist die ungewöhnlichste und eigenwilligste Insel der Kanaren. Wiederholte und lang dauernde Vulkanausbrüche haben bis in jüngste Zeit hinein eine faszinierende Landschaft geformt, die weltweit kaum Parallelen findet.

Etwa hundert Vulkane mit mehr als dreihundert Kratern prägen das Gesicht Lanzarotes. Urweltlich und unheimlich präsentieren sich vor allem die bizarren „Feuerberge“ in der Inselmitte, entstanden erst im 18. Jh. aus jahrelangen heftigen Magmaeruptionen: In allen Erdfarben schillern bizarr aufgerissene Kraterflanken, dazwischen erstrecken sich tiefschwarze Aschefelder, erstarrte Schlacken und flechtenüberwucherte Lavameere, geheimnisvoll und fast unwirklich verbergen sich unterirdische Grotten und Tunnel in der erkalteten Mondlandschaft. Doch erst die sparsam platzierten, oft wie komponiert wirkenden Details sind es, die Lanzarote zur Bilderbuchinsel machen: Einsam leuchten schneeweiße Fincas in der Öde, vereinzelt wiegen sich Palmen im Wind, Karawanen von Dromedaren trotten über die Hänge, wie Insekten kreisen am Himmel die bunten Pünktchen der Drachenflieger ...

Wer Lanzarote mit Gewinn erleben will, muss sich auf die andersartige und ungewohnte Natur der Insel einlassen. Keine Wälder und kaum Bäume gedeihen in der steppenhaft-steinigen „Wüste“. Trotzdem regt sich überall das pflanzliche Leben: Leuchtendgrüne Euphorbien überziehen kilometerweit die Lavafelder, knöchelhoch wuchern farbenprächtige Sukkulenten (Wasser speichernde Fettgewächse), üppige Kakteen, bunte Blumen, Palmen und Drachenbäume zieren viele Hotel- und Apartmentanlagen. Willkommene Orientierungspunkte setzen an verschiedenen Stellen Lanzarotes die Objekte des berühmten Inselkünstlers César Manrique. Ihm gelang es, in einzigartiger Weise Natur und Kunst miteinander zu verknüpfen und einige herausragende Sehenswürdigkeiten zu schaffen.

Faszinierende Farbenvielfalt des Vulkangesteins ...

Im Gegensatz zu den großen Kanareninseln Teneriffa und Gran Canaria setzte der Tourismus verspätet ein. Dies erwies sich im Nachhinein als ausgesprochen vorteilhaft, denn Bausünden konnten so zunächst in Grenzen gehalten werden. Unter Federführung des 1992 verstorbenen César Manrique hat man versucht, in den drei großen Ferienorten die Architektur der traditionellen Bauweise anzugleichen. Dies ist nur teilweise gelungen, doch monotone Hochhauszeilen wie auf dem spanischen Festland oder auf Gran Canaria findet man auf Lanzarote nicht. Mittlerweile ist jedoch ein neuer heftiger Bauboom ausgebrochen, der mancherorts das Gesicht der Insel verändert hat. Ansonsten präsentiert sich das Vulkaneiland gepflegt und sauber: sorgsam mit schwarzem Lava-Picón bedeckte Felder, bunt bepflanzte Straßenränder, üppig rote Geranien vor weißen Mauern. Überall sieht man das Bemühen, die Insel zu einem Schmuckstück zu machen. Fast die Hälfte der Landschaft steht mittlerweile unter Naturschutz. Dazu kommen die ausgezeichneten Bademöglichkeiten: Mehrere kilometerlange Sandstrände liegen beim Touristenort *Puerto del Carmen*, im Süden reihen sich wie Perlen einer Kette die einzigartigen *Papagayo-Strände*, im Norden lockt die wilde *Famara-Bucht*. Weitere Vorzüge: Lanzarote ist relativ klein und überschaubar, seine Bewohner sind meist freundlich, gelassen und bescheiden. Nicht wenige Besucher sind in den vergangenen Jahrzehnten zu „Wiederholungstätern" geworden und der Insel über viele Jahre hinweg treu geblieben.

Von allen Kanaren hat es Lanzarote besonders schwer gehabt, denn die Insel ist fast wasserlos, Vulkanausbrüche verschütteten metertief die Agrarregionen, dazu kamen Überfälle von Piraten und Sklavenhändlern, Dürreperioden, Heuschreckenplagen und Wirtschaftskrisen. Doch Erfindungsgeist und Hartnäckigkeit der Lanzaroteños haben die Katastrophen immer wieder überwunden. 1994 war ein großes Jahr für die kleine Insel: Lanzarote wurde von der UNESCO zum *„Weltschutzgebiet der Biosphäre"* ernannt. Es war dies das erste Mal, dass eine komplette Insel diese

... weiße Dörfer im Inselinneren

besondere Auszeichnung erhielt. Sie wird den Lebensräumen verliehen, in denen Mensch und Natur noch in Harmonie miteinander stehen und die „Voraussetzungen für eine behutsame Weiterentwicklung in besonderem Maß" gegeben sind. Diese Eigenschaften zu bewahren, wird zukünftig eine der größten Aufgaben Lanzarotes sein.

Die Landschaften

Obwohl Lanzarote nicht übermäßig groß ist, gibt es doch einige deutlich voneinander unterscheidbare Landschaften, die alle ihren eigenen Reiz haben. Da weite Teile unter Naturschutz stehen (→ Karte auf S. 49), bleibt zu hoffen, dass ihre Einzigartigkeit so schnell nicht zerstört wird. Die neuen großflächigen Baumaßnahmen um Playa Blanca im Süden der Insel verhalten sich hierbei allerdings ausgesprochen kontraproduktiv.

Inselmitte

Hier liegen die Hauptstadt und der größte der drei Touristenorte, außerdem die meisten Dörfer und einige der besten Strände. Das Hinterland ist entscheidend durch die Vulkankatastrophe des 18. Jh. (1730–36) geprägt.

- **Küstenregion um Arrecife**: das Ballungszentrum der Insel, fast die Hälfte der Bewohner lebt hier. Besonders schön ist die Stadt nicht, aber authentisch und lebendig. Südlich von Arrecife liegt der *Flugplatz* und daran anschließend zieht sich 8 km lang die gewaltige Ferienstadt *Puerto del Carmen* mit drei hervorragenden Sandstränden an der Küste entlang (→ S. 160).
Nördlich der Hauptstadt erstreckt sich an der kahlen Lavaküste der touristische Retortenort *Costa Teguise*, ein Dorado der Windsurfer (→ S. 262).

Bäuerliche Traditionen ...

- **La Geria**: das berühmte Weinanbaugebiet Lanzarotes. Über viele Quadratkilometer ging 1730–36 der Asche- und Lapilliregen heftiger Vulkanausbrüche nieder, die ganze Region verschwand unter einer meterdicken Auswurfdecke. Hier wurde das Prinzip des Trockenfeldbaus *Enarenado* entwickelt, das sich die Wasser speichernden Fähigkeiten des Lavagranulats zu eigen macht. Eine optisch faszinierende Weinlandschaft ist entstanden, die ihresgleichen auf der Welt nicht hat (→ S. 203).
- **Montañas del Fuego**: Die „Feuerberge" entstanden ebenfalls während der Vulkankatastrophe im 18. Jh. Sie haben Lanzarote Weltruhm beschert, denn selten kann man eine Vulkanregion so hautnah erleben. Das Kerngebiet der Ausbrüche wurde zum *Nationalpark Timanfaya* erklärt und ist die größte Sehenswürdigkeit Lanzarotes (→ S. 208).
- **El Jable**: Zwischen dem Nationalpark und den Famara-Bergen im Norden zieht sich landeinwärts der Bucht von Famara ein ausgeprägtes Sanddünengebiet 5–8 km weit ins Inselinnere. Sein Name geht auf die französischen Eroberer zurück, die dieses Gebiet als „Le Sable" (Der Sand) bezeichneten. Die Sande bestehen hauptsächlich aus den zerriebenen Kalkschalen von Meeresorganismen. Die Strände bei Puerto del Carmen sind durch Flugsand als Folge dieser Dünenbildung entstanden (→ S. 232).

Inselnorden

Der Norden ist der niederschlagsreichste, grünste und landschaftlich vielseitigste Teil der Insel. Eine Tour durch dieses Gebiet sollte man nicht versäumen und eventuell auf die vorgelagerte Insel La Graciosa übersetzen.

- **Risco de Famara**: Das lang gestreckte Gebirge beherrscht den Nordwesten. Es verzeichnet die meisten Niederschläge, ist landschaftlich sehr eindrucksvoll und besitzt mit dem *Peñas del Chache* den höchsten Gipfel Lanzarotes (670 m). Nach Westen fällt es in einem gewaltigen Steinhang (span. *risco* = Kliff) zum Meer ab,

... Strände wie aus dem Bilderbuch

wegen des weglosen Geländes wachsen dort zahlreiche seltene Pflanzen. Auf dem Kamm erstreckt sich eine Hochfläche, über die die Straße ins *Tal der tausend Palmen* um Haría verläuft, die grüne Oase Lanzarotes. Richtung Osten ziehen sich fruchtbare Täler zur flachen Küste hinunter. Ein Muss ist der grandiose Aussichtspunkt *Mirador del Río* von César Manrique. Das Famara-Gebirge ist die einzige Region Lanzarotes, wo es Grundwasser gibt (→ S. 276).

- **Cochenille-Region**: Nicht durch Erdkräfte, sondern durch das Einwirken von Menschen ist dieses Gebiet zwischen *Guatiza* und *Mala* entstanden. Als die europäische Textilindustrie im 19. Jh. den roten Farbstoff der *Cochenille-Laus* in Mengen benötigte, begann man sie auf Lanzarote im großen Maßstab zu züchten. Dafür pflanzte man riesige Plantagen aus *Feigenkakteen*, von deren Saft sich die begehrten Schildläuse ernähren. Obwohl die Nachfrage stark zurückgegangen ist, sind heute immer noch ganze Quadratkilometer mit den anspruchslosen Opuntien bedeckt (→ S. 304).
- **Monte Corona und Malpaís de Corona**: Der markante Vulkan *Monte Corona* hat mit seinen Lavaströmen den ganzen Nordosten Lanzarotes überschwemmt. Sein Profil prägt den Inselnorden, an den Hängen wird Wein angebaut (→ S. 289).
  Östlich davon erstreckt sich der *Malpaís de Corona*, ein großes Lavafeld, das bis zur Küste reicht. Zwei geologische Attraktionen sind dort zu bewundern: die kilometerlange *Cueva de los Verdes* und der eingebrochene Lavatunnel *Jameos del Agua* (→ S. 313 und S. 309).
- **La Graciosa**: Die reizvolle Insel vor der Nordspitze ist wüstenhaft karg, geprägt durch versteppte Sandgebiete, Dünen und vier niedrige Vulkane. Einige schöne und einsame Strände kann man zu Fuß erreichen. Der Hauptort mit seinen niedrigen weißen Häusern wird von breiten Sandwegen durchzogen, bis auf den unmittelbaren Hafenbereich gibt es keinen Asphalt und kaum Autos (→ S. 320).

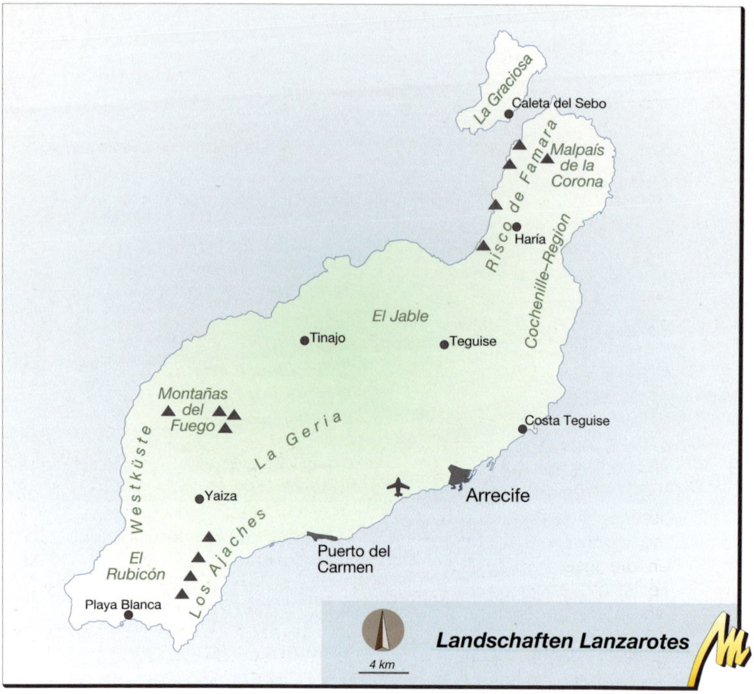

Inselsüden

Der trockenste und vegetationsärmste Teil der Insel besteht aus einer großen Ebene, einem Gebirge und der schroffen, vulkanisch geprägten Westküste. In einer halben Stunde kann man auf die Nachbarinsel *Fuerteventura* übersetzen.

- **Los Ajaches**: Die ältesten Berge der Insel sind vor 20 Mio. Jahren entstanden und fast unbesiedelt. Die Erosion hat sie sanft gerundet, doch eine Reihe scharf geschnittener Barrancos (Täler) zieht sich zur Ostküste hinunter. Reizvoll zum Wandern, großartiger Ausblick vom *Balcón de Femés*, einsame Strände (→ S. 352).
- **El Rubicón**: flache, völlig vegetationslose Ebene, die sich bis zur Südspitze Lanzarotes mit dem Badeort *Playa Blanca* hinunterzieht. Es gibt keinerlei Ortschaften, nur einige wenige Häuseransammlungen. Ein einziger Vulkan, die *Montaña Roja*, setzt bei Playa Blanca eine Landmarke. Größtes Naturschauspiel sind die wie Perlen an einer Kette aufgereihten *Playas de Papagayo* am äußersten südlichen Kap, wo die Ebene mit den Los-Ajaches-Bergen zusammentrifft (→ S. 359).
- **Westküste**: Die Lava der Ausbrüche von 1730–36 drängte zum Meer hinunter und formte die Küste neu. Niedrige Klippen aus schwarzer Basaltlava bilden eine bizarre Küstenlinie mit zwei höchst eindrucksvollen Attraktionen: die tief eingeschnittene Lagune von *Janubio* mit einer riesigen Saline und der halb im Meer versunkene Vulkan von *El Golfo* (→ S. 346).

Auf einen Blick

Lage: Lanzarote ist die nordöstlichste Insel der Kanaren. Sie liegt auf gleicher Höhe wie die Sahara, die südliche Sinai-Halbinsel, Florida, Kuwait und Nepal. Zur afrikanischen Küste sind es nur 125 km, die Nachbarinsel *Fuerteventura* ist 11 km entfernt, *Gran Canaria* 168 km.

Größe: Lanzarote hat eine Fläche von 795 qkm und ist die viertgrößte Insel der Kanaren. Zum Verwaltungsgebiet gehören zusätzlich auch die nördlich vorgelagerten Inseln *La Graciosa* (27 qkm), *Alegranza* (12 qkm), *Montaña Clara* (1 qkm) und die Felsenriffs *Roque del Este* und *Roque del Oeste*. Größte Länge ist 60 km, größte Breite 22 km.

Geografie: Lanzarote ist eine reine Vulkaninsel, die durch zahlreiche Eruptionen seit dem frühen Tertiär entstanden ist. Dreihundert Vulkankrater überziehen entlang unsichtbarer unterirdischer Bruchlinien die Insel. Ein Großteil der Oberfläche ist mit erstarrter Lava verschiedenen Alters bedeckt, allein die schweren Ausbrüche von 1730-36 haben ein Viertel der Insel verschüttet. Das Zentrum der Eruptionen wurde als *Nationalpark Timanfaya* deklariert.
Lanzarote ist weitgehend flach, die Vulkane sind jeweils nur mehrere hundert Meter hoch, der höchste Gipfel namens *Peñas del Chache* in den Famara-Bergen misst 670 m. Die Passatwolken regnen sich deshalb über der Insel kaum ab, Lanzarote ist die niederschlagsärmste Insel der Kanaren und fast wasserlos. Süßwasser wird durch eine große Meerwasserentsalzungsanlage produziert.

Bevölkerung: Seit Mitte der sechziger Jahre hat sich die Bevölkerung Lanzarotes fast verdreifacht – von damals etwa 44.000 auf mehr als 120.000 heute. Wegen des touristischen Aufschwungs kamen zahlreiche Einwanderer, ein hoher Prozentsatz davon sind Deutsche und Briten. Gut 43 % der Lanzaroteños wohnen in der Hauptstadt Arrecife, starke Tendenz zur Landflucht.

Verwaltung: Die Kanarischen Inseln gehören seit ihrer Eroberung im 15. Jh. zu Spanien und sind seit 1927 in die beiden Provinzen von Teneriffa und Gran Canaria unterteilt, Lanzarote ist Teil der *Provincia Las Palmas de Gran Canaria* (zusammen mit Gran Canaria, Fuerteventura und den Isletas nördlich von Lanzarote). Beide Provinzen bilden zusammen eine *Comunidad Autónoma*, d. h. eine von Spaniens insgesamt 17 autonomen Gemeinschaften mit eigenem Parlament und weitgehender Verwaltungshoheit (vergleichbar unseren Bundesländern). Lanzarote und seine Nebeninseln sind in sieben Gemeinden (Municipio) gegliedert: *Arrecife, Tías, San Bartolomé, Teguise, Yaiza, Tinajo* und *Haría*. Inselverwaltung ist der *Cabildo Insular* in Arrecife.

Wirtschaft: Wegen meterhoher Bedeckung mit vulkanischem Auswurf und erheblicher Erosion kann nur ein Viertel des Bodens bebaut werden. Die *Landwirtschaft* hat ihre Standbeine im Wein- und Zwiebelanbau. Doch viele Felder liegen mittlerweile brach, denn immer mehr junge Leute verdingen sich in der Tourismusbranche..
Die zweitgrößte *Fischfangflotte* der Kanaren bringt reiche Beute nach Hause, doch sind die Erträge wegen der ausländischen Konkurrenz rückläufig. *Industrie* gibt es praktisch nicht. Fast sämtliche Güter und Lebensmittel müssen eingeführt werden. Alle wirt wirtschaftlichen Hoffnungen ruhen auf dem Tourismus.

Tourismus: Die Urlauberzahlen haben sich in den achtziger und neunziger Jahren explosionsartig gesteigert. Wurden 1980 noch deutlich unter 200.000 Gäste gezählt, besuchten 1995 bereits 1,4 Mio. Fremde jährlich die Vulkaninsel, 2005 waren es 1,7 Mio. Engländer und Deutsche stellen dabei fast 75 %, wobei wir von unseren Nachbarn aus dem Norden um mehr als das Doppelte übertroffen werden. Fast alle buchen pauschal, Individualtouristen sind eine kleine Minderheit. Über 70.000 Fremdenbetten gibt es derzeit auf Lanzarote, aufs Jahr gerechnet halten sich durchschnittlich etwa 46.000 Touristen täglich auf Lanzarote auf.

Wohin auf Lanzarote?

Das Urlaubsgeschehen konzentriert sich fast ausschließlich auf die drei Ferienzentren Puerto del Carmen, Costa Teguise und Playa Blanca. Doch auch in den kleinen Küstenorten und im ruhigen Inselinneren gibt es in zunehmendem Maß Unterkünfte, die über Reiseveranstalter gebucht werden können.

Puerto del Carmen: größter Ferienort der Insel, auf 8 km Länge zieht sich die riesige Urbanisation entlang der Küste. Jede Menge Ablenkung und Vergnügen, die drei kilometerlangen Strände gehören zu den besten der Insel. Für jeden etwas: Rummel, Shopping, Sport, Nachtleben – aber auch Ruhe, für den, der sie sucht.

Costa Teguise: weitläufige Ferienstadt mit mehreren künstlich angelegten Stränden. Ruhiger Urlaub mit Niveau, wenn auch wenig attraktives Ortsbild. Im Gegensatz zu Puerto del Carmen kaum Rummel oder Nachtleben. Wegen der hervorragenden Windverhältnisse das Surfzentrum Lanzarotes.

Playa Blanca: im Süden Lanzarotes. Seit der Aufhebung eines 1990 erlassenen Baustopps hat man im bislang beschaulichsten Urlaubsort der „großen Drei" nichts unversucht gelassen, in punkto Größe den Anschluss an Puerto del Carmen und Costa Teguise zu finden. In den letzten Jahren wurden entlang der Südküste ein gutes Dutzend komfortabler Großhotels und weiträumige Wohnanlagen sowie ein neuer Yachthafen errichtet. Zwei geschützte Strände am Ortsrand sind gut geeignet für Familienurlaub mit Kleinkindern. Die berühmten Papagayo-Strände liegen in der Nähe, herrlicher Blick hinüber nach Fuerteventura.

La Caleta de Famara: die etwas betagte Bungalowanlage „Playa Famara" liegt in urwüchsiger Natur am längsten Strand Lanzarotes. Sehr windig, weit abseits vom Rummel, für Individualisten, tolles Panorama.

Punta de Mujeres: weitab vom Schuss liegt hier die kleine, komfortable Bungalowanlage „Casitas del Mar" direkt am Meer, Urlaub unter Einheimischen.

Club La Santa: Großhotel an der Westküste, die Nummer 1 für sportliche Naturen, jede Menge Sportangebote von Surfen bis Leichtathletik. Einsame Lage, aber Ablenkung und Animation im Hotel.

Charco del Palo: Nudistenzentrum an wildromantischer Klippenküste im Osten, Nähe Costa Teguise. Ruhige Lage abseits vom Rummel, mehrere hübsche Apartment- und Bungalowanlagen.

El Golfo: das Fischerdorf mit seinen beliebten Pinten liegt an der brandungsreichen Westküste. Das kleine Hotel „El Hotelito" ist ein Tipp für Individualisten, die die ursprüngliche Umgebung schätzen.

Im **Inselinneren** kann man in vielen Orten komfortable Landhotels und Ferienwohnungen in umgebauten Fincas buchen. Weitere Hinweise im Abschnitt „Übernachten" (→ S. 130) und unter den jeweiligen Orten.

Halb im Meer versunkener Vulkankessel bei El Golfo

Lanzarote allgemein

Entstehung

Lanzarote und Fuerteventura sind die ältesten Inseln des Kanarischen Archipels. Sie sitzen auf einem gemeinsamen untermeerischen Sockel, die obermeerischen Teile sind vor mindestens 20 Mio. Jahren entstanden, so alt sind jedenfalls die ältesten gefundenen Eruptivgesteine.

Nach Westen hin nimmt das Alter der Kanaren sprunghaft ab, Gran Canaria ist etwa 10–15 Mio. Jahre alt, Teneriffa und Gomera zählen 7–10 Mio. und die westlichsten Inseln, La Palma und El Hierro, nur noch 0,75–2 Mio. Jahre. Diese Altersverschiebung nahmen frühere Überlegungen zum Anlass, die Entstehung der Inseln mit dem *Auseinanderdriften der Kontinentalplatten* und der so genannten *„Hot-spot"-Theorie* zu begründen. Das Auseinanderdriften entsteht dadurch, dass am mittelatlantischen Rücken zwischen den Kontinenten Afrika und Amerika durch hervorquellendes Basaltmagma ständig neue Erdkruste entsteht. Dieser neue Boden vergrößert die *ozeanische Platte* und drängt die Kontinente auseinander. Während sich nun die *afrikanische Platte* ostwärts bewegte, soll ein darunter liegender Magmaherd in einem *„Hot-spot"*-Kanal an die Oberfläche gestiegen sein und die Inseln eine nach der anderen hervorgebracht haben. Ein solcher Entstehungsprozess ist für die Inseln des Hawaii-Archipels allgemein akzeptiert, im Fall Kanaren gibt es jedoch Widersprüche wegen der Datierung der Gesteine (auf La Gomera und La Palma hat man auch ähnlich alte Gesteine gefunden wie auf Fuerteventura) und der nicht linearen Anordnung der Inseln. Zudem soll sich die afrikanische Platte in den letzten 25 Mio. Jahren nicht mehr ostwärts bewegt haben.

Trotzdem ist der Aufbau der Erdkruste aus verschiedenen Platten entscheidend für die Entstehung der Kanaren. Derzeit wird im Wesentlichen folgende Theorie vertreten: Bei der Ausdehnung des mittelatlantischen Rückens kam es zu Spannungen der ozeanischen mit der afrikanischen und eurasischen Platte, die ihrerseits auf Kollisionskurs miteinander lagen. Unter dem ungeheuren Druck der gegenläufigen Kräfte zerbrach im Bereich der Kanaren der Ozeanboden und drückte einzelne Bruchstücke nach oben. Diese bildeten *ozeanische Sockel* für die heutigen Inseln, die wiederum durch nachdrängende Magma entlang der hier entstandenen, tiefen Bruchlinien der Erdkruste entstanden. Obwohl das Atlas-Gebirge in Marokko und Algerien durch dieselbe Kompression entstanden ist und die Kanaren genau in der westlichen Verlängerung liegen, hat es nach dieser Theorie eine Landbrücke mit Afrika nie gegeben, wie sie frühere Theorien oft als wahrscheinlich angenommen haben. Bei den Vulkanausbrüchen des 18. und 19. Jh. auf Lanzarote ist Sedimentgestein vom Meeresboden mit ausgeworfen worden, eine indirekte Bestätigung der Hypothese vom rein ozeanischen Ursprung der Kanaren.

Vulkanismus

Die Kanaren sind vulkanischen Ursprungs. Gewaltige Magmamassen drängten vor Millionen Jahren durch Bruchlinien der Erdkruste nach oben, explodierten in schweren Vulkanausbrüchen und formten mit ihren Strömen aus Basaltlava die Inseln. In mehreren Eruptionsschüben von unterschiedlicher Dauer und Intensität entstanden schließlich die heutigen Inselprofile. Auf Lanzarote kam es auch in geschichtlicher Zeit zu folgenschweren Vulkankatastrophen: 1730–36 zerstörten heftige Ausbrüche weite Teile der Insel und die bislang letzten Eruptionen von 1824 liegen gerade erst 170 Jahre zurück. Und noch immer brodelt in 4 km Tiefe geothermische Restwärme, neue Ausbrüche liegen im Bereich des Möglichen.

Etwa hundert Vulkane mit 300 Krateröffnungen prägen heute das Gesicht der Insel. Eine extrem kahle, aber weitgehend weiche und abgerundete Landschaft ist entstanden, deren Erhebungen 600 Höhenmeter selten übersteigen. Ein riesiges Meer aus erkalteter Lava und meterdicken Ascheschichten bedeckt große Teile der Insel. Allein die Ausbrüche von 1730–36 verschütteten 167 qkm der annähernd 800 qkm großen Insel, ein knappes Viertel also.

Faszinierend ist die Farbenvielfalt der Vulkanhügel: unwirklich leuchtendes Rot, tiefes Schwarz, schwefliges Gelb, fahles Braun. Vor allem die „Feuerberge" im Nationalpark Timanfaya bieten eine grandiose Optik. Der Grund für die Pracht: Die Basaltlava besteht teilweise aus Eisenerz. Je nach Hitzegrad der Temperatur, bei der es oxidiert, verfärbt es sich – und diese Temperatur variiert je nach Auswurfweite, Flussdicke, Strömungsgeschwindigkeit etc. der Lava.

Eruptionsphasen im Überblick

Lanzarote ist fast vollständig aus *Basalt* aufgebaut, der sich bei den zahllosen Ausbrüchen in Form von Lava aus den Vulkanen ergoss. Ausnahme ist das Sanddünengebiet El Jable (→ S. 232). Bei etwa 980 Grad Celsius verfestigt sich die Lava zu Basalt. Anhand der verschiedenen Basaltschichten und Bruchlinien, deren Verlauf die Vulkane nachzeichnen, kann man vier Eruptionsphasen unterscheiden:

Bizarre Krater formen das Profil Lanzarotes

Serie 1: Als erstes entstanden im jüngeren Tertiär die beiden ältesten Gebirgsstöcke Lanzarotes, die Berge von *Los Ajaches* im Süden (20 Mio. Jahre) und das *Famara-Gebirge* im Norden (12 Mio. Jahre). Vor etwa 5 Mio. Jahren war diese Entstehungsphase abgeschlossen, danach herrschte eine lange vulkanische Ruhepause von 4 Mio. Jahren.

Serie 2: Im ausgehenden Tertiär und beginnenden Quartär, vor etwa einer Million Jahre, erfolgten weitere Ausbrüche und bildeten die Mitte und den äußersten Süden Lanzarotes. Die damals entstandenen Vulkane gliederten sich an die Berge von Famara und Los Ajaches an.

Serie 3: In derselben zeitlichen Epoche kam es zu neuerlichen Eruptionen, die anhand einer Bruchlinie von der *Atalaya de Femés* im Süden bis *Guatiza* im Norden eine Reihe von Vulkanen auftürmten. Weitere Vulkane bildeten sich an verschiedenen weiteren Positionen, der riesige Krater der *Caldera Blanca* östlich vom Nationalpark Timanfaya und der halb im Meer versunkene Krater von *El Golfo* sind die eindrucksvollsten Beispiele.

Serie 4: Sie liegt bereits in geschichtlicher Zeit und kann wiederum in drei Phasen unterschieden werden:

1) Vor etwa 3000 Jahren kam es zu schweren Ausbrüchen im Norden Lanzarotes. Dabei entstanden der majestätische *Monte Corona* (→ Inselnorden, S. 289), der östlich anschließende *Malpaís de la Corona* und der längste bekannte Lavatunnel der Welt (7 km), von dem heute ein Teilstück als so genannte *Cueva de los Verdes* besichtigt werden kann (→ Inselnorden, S. 313).

2) In den Jahren 1730–36 öffnete sich die Erde auf Lanzarote erneut, die ausströmende Lava verschlang elf Dörfer in der am dichtesten besiedelten und fruchtbarsten Region der Insel. Es bildeten sich etwa hundert Vulkankegel, die *Montañas del Fuego* (Feuerberge). Ihre Auswürfe verschütteten ein knappes Viertel der Insel (ca. 167 qkm) und verwandelten die Region in eine bizarre Mondlandschaft. Das Kerngebiet von etwa 50 qkm ist heute zum *Nationalpark Timanfaya* deklariert und die größte Sehenswürdigkeit Lanzarotes. Die verheerenden Ausbrüche haben

das Gesicht Lanzarotes entscheidend geprägt, es handelte sich um eine der schwersten Vulkankatastrophen in historischer Zeit. Der damalige Pfarrer von Yaiza hat einen anschaulichen Augenzeugenbericht dazu verfasst (→ Nationalpark Timanfaya).

3) Die bisher letzten Ausbrüche ereigneten sich von Juli bis Oktober 1824 östlich vom Nationalpark Timanfaya, zwischen Mancha Blanca und Tiagua. Über einer Bruchlinie von 14 km Länge entstanden drei Krater, deren Auswurf ein Gebiet von nur wenigen Quadratkilometern verwüstete (→ Östlich vom Nationalpark, S. 222).

Vulkanische Erscheinungsformen

Lanzarote ist ein Freilichtmuseum des Vulkanismus. Im Folgenden deshalb einige grundsätzliche Hinweise zu dem anfangs doch sehr fremdartigen Erscheinungsbild der Vulkaninsel. Für einen ersten Einstieg bestens geeignet sind die *geführten Lehrwanderungen* durch den Nationalpark Timanfaya, die von der Naturparkbehörde kostenlos angeboten werden (→ Nationalpark Timanfaya).

- **Vulkanformen**: Die Vulkane Lanzarotes, meist *Montañas* genannt, sind weitgehend kegelförmig aus Schlacken und Lapilli aufgebaut. Diese Lockerprodukte lagerten sich bei den explosionsartigen Ausstößen um den Vulkanschlot, so dass kegelförmige Gebilde entstanden. Wegen des ständig wehenden Winds sind die windabgewandten Seiten der Vulkane meist höher aufgebaut, dort lagerte sich deutlich mehr Auswurf an.
  Caldera (Mehrzahl: Calderen) nennt man den Krater eines Vulkans, namengebend dabei war die gewaltige Caldera de Taburiente auf der Insel La Palma. Entstanden ist eine Caldera in der Regel durch Einsturz des dünnen Lavadachs, das sich nach Ausbrüchen über die Eruptionsöffnung zog, z. T. sind es auch Explosionstrichter.
  Eine Sonderform sind die *Hornitos* (Öfchen), kleine, spitze Kegel, die sich über Gasblasen in der strömenden Lava bzw. auf kleinen Magmakammern in den Randgebieten von Vulkanen auftaten.
- **Vegetation in der Lava**: Für Vulkanologen und Botaniker ist Lanzarote eine Fundgrube, gibt es hier doch Laven der verschiedensten Altersstufen. Einige sind Millionen Jahre alt, andere erst einige tausend oder sogar nur wenige hundert Jahre. Fast unter Laborbedingungen kann man die Unterschiede und Veränderungsprozesse studieren, dabei vor allem Erkenntnisse darüber gewinnen, wie die Entstehung von Pflanzen abläuft.
  Anhand des Bewuchses kann man die Laven altersmäßig voneinander abgrenzen. Besonders markant sind auf Lanzarote die jungen Auswürfe von 1730–36, die auf der zentralen Hochfläche oberhalb von Puerto del Carmen ein chaotisch aufgeschüttetes Lavameer gebildet haben. Auf diesen vergleichsweise jungen Eruptivmassen können bisher nur zentimeterhohe Flechten gedeihen, eine symbiotische Lebensform aus Algen

„Hornito“ in den Feuerbergen

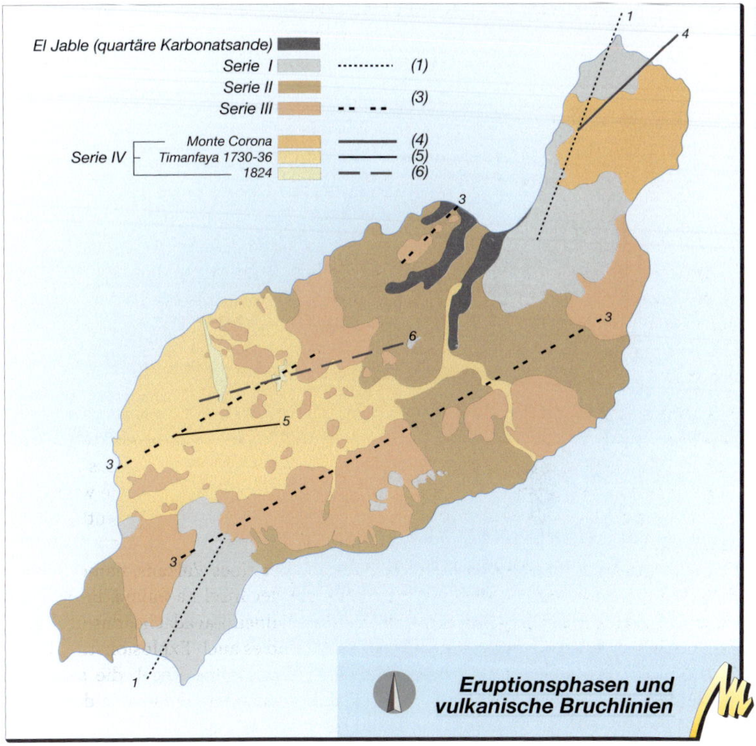

und Pilzen. Sie überziehen über Quadratkilometer hinweg die aufgetürmten Lavabrocken und geben ihnen das Aussehen eines blassgrünen Meeresbodens. Obwohl unscheinbar, ist ihre Funktion eminent wichtig, denn in einem Jahrhunderte langen Prozess zersetzen sie die Lava zu fruchtbarem Erdboden und ermöglichen dort wieder höheren Pflanzenwuchs. An manchen Stellen sind die viel älteren Laven früherer Ausbrüche nicht verschüttet worden und ragen wie Inseln aus dem jungen Lavameer. Auf diesen so genannten *Islotes* kann man bereits wieder Strauchwuchs registrieren, z. B. am Islote de Hilario, wo die Bustouren durch den Nationalpark ihren Ausgang nehmen. Im 3000 Jahre alten Malpaís de la Corona im Norden sind dagegen die kniehohen Euphorbiensträucher namens „Tabaiba“ vorherrschend (→ Pflanzenwuchs).

▸ **Lavaformen**: Interessant zu beobachten sind auch die verschiedenen Erscheinungsformen der Lava. Grundsätzlich gibt es zwei Arten: Wenn gasarme Lava in weitgehend ebenem Gelände langsam fließt und allmählich erstarrt, bildet sich die *„Pahoehoe-Lava“* mit glatter oder sanft gekräuselter Oberfläche. Dieser Ausdruck stammt aus Hawaii und besagt, dass man auf dieser Lava ohne scharfe Kanten und Spitzen bequem barfuß laufen kann. Falls die Lava auf abschüssigem Gelände an der Oberseite bereits erkaltet, darunter aber noch weiterfließt, entstehen Spannungen, die schließlich die wulstförmige *Stricklava* hervorbringen.

Busrundfahrt im Nationalpark Timanfaya

Wenn die Lava schon zähflüssig oder teilweise zu Brocken erkaltet ist, aber immer noch flüssige Lava nachströmt, türmt sich das bereits erkaltete Material zu großen Trümmern auf oder bricht in Platten und Blöcken ab. Ein Feld aus so genannter *„Aa-Lava“* entsteht, eine Wüste aus scharfkantigen, ineinander verkeilten Brocken, die im Spanischen *Malpaís* (schlechtes Land) genannt wird.

- **Asche, Lapilli, Schlacken und Bomben**: Bei den Vulkanausbrüchen wurde nicht nur glühende Lava herausgeschleudert, sondern teilweise erstarrte das Magma bereits in der Luft zu Lockerprodukten. Vom Wind getrieben, lagerten sich diese über viele Kilometer hinweg in großen Mengen ab, je nach Partikelgröße als *Asche* (bis 2 mm Durchmesser), *Lapilli* (bis 6,5 cm) oder *Schlacke* (über 6,5 cm) bezeichnet. Das berühmte Weinbaugebiet *La Geria* ist die größte derartige Region aus Lapilliablagerungen, eine weitere das *Valle de la Tranquilidad* im Nationalpark Timanfaya.
  Eine Sonderform des Eruptivmaterials sind die *„bombas“* (Bomben), gasgefüllte Rundlinge in Ballgröße bis zu einem Durchmesser von 1–2 m, die teilweise kilometerweit aus den Kratern katapultiert wurden. Bei den geführten Wanderungen im Nationalpark sieht man einige besonders eindrucksvolle Exemplare. Da oft Olivin-Einlagerungen darin vermutet werden, haben Sammler schon viele der Bomben zerstört.
- **Olivin**: smaragdgrünes Mineral, das bei Vulkanausbrüchen mit der Magma aus tiefen Erdschichten herausgeschleudert wird. Man findet es in allen Auswurfgebieten Lanzarotes als kristallin zerbröselte Einsprengsel in Lavabrocken. An Stränden sind die millimetergroßen Körnchen oft vom Meerwasser herausgewaschen und glänzend abgeschliffen (→ Kunsthandwerk).
- **Lavatunnel und „Jameos“**: Ein weiteres prägendes Merkmal der Lavastruktur auf Lanzarote sind die teils kilometerlangen Tunnel, *tubos volcánicos* , die sich beim Erkalten der Auswurfmassen gebildet haben. Mehr als vierzig soll es davon geben. Sie sind dadurch entstanden, dass sich die Lava an der luftzugewandten Oberfläche schneller abkühlte und erstarrte, während die Glutmassen darunter noch munter

weiterflossen. Als schließlich keine Lava mehr nachströmte, blieben die Flussrinnen als lange Röhren und Hohlräume zurück. Teilweise haben sich darin zahllose Lavatropfen gebildet, die wie Stalaktiten von der Decke hängen.

Typische Stricklava

Der bekannteste Tunnel ist der 7 km lange *Túnel de la Atlántida* im Malpaís de la Corona, der vom Monte Corona bis zur Ostküste verläuft und sich noch 1,6 km untermeerisch fortsetzt, bis er in etwa 50 m Tiefe unter dem Meeresboden endet. Ein Teil des Tunnels kann als *Cueva de los Verdes* besichtigt werden und auch die eingestürzte Lavagrotte *Jameos del Agua*, die von César Manrique zu einem Naturkunstwerk umgestaltet wurde, gehört zu diesem Tunnelsystem. *Jameos* nennt man die Stellen, an denen ein Lavatunnel eingestürzt ist und ein nach oben offenes, kesselförmiges Loch bildet.

- **Hervideros**: Wenn die glühende Lava ins Meer strömt, bilden sich die „hervideros“ (Kochlöcher). Die erkaltende Lava wird durch das Meerwasser grottenartig ausgehöhlt und die Decken brechen teilweise ein. Durch die entstehenden Löcher schießt die Gischt fontänenartig nach oben. Auf Lanzarote findet man Hervideros an der Westküste zwischen der Saline von Janubio und El Golfo.

Wasser

Lanzarote ist fast völlig wasserlos. Das kostbare Nass tröpfelt spärlich vom Himmel und sprudelt auch nicht munter aus dem Erdreich – es muss mühsam erarbeitet werden.

Im Gegensatz zu den Westkanaren sind die Ostinseln Lanzarote und Fuerteventura zu flach, um den Passatwolken nennenswerte Steigungsregen zu entlocken. Lediglich der bergige Norden Lanzarotes bekommt ausreichend Feuchtigkeit und nur im Famara-Gebirge konnten sich Grundwasservorkommen bilden. Eine extrem schwierige Ausgangssituation also, die erst durch den Bau einer Meerwasserentsalzungsanlage bei Arrecife entschärft werden konnte – für den hohen Preis der ökologischen Unverträglichkeit.

Die bescheidenen Regenfälle im Winter sammelte man früher in großen Zisternen, *aljibes* genannt. Sie prägen vielerorts die Architektur. Vor allem in den Dörfern fallen neben Häusern und Feldern die leicht geneigten Flächen auf, an deren tiefster Stelle der Abfluss zur Zisterne liegt. Und auch an Vulkanhängen erkennt man große, zementierte Flächen, die dem Auffangen von Regenwasser dienen. In der alten Inselhauptstadt Teguise gab es sogar eine fußballfeldgroße Speicherzisterne, die *Gran Mareta*, am Fuß der Montaña de Guanapay. Das Wasser der winterlichen Regenfälle strömte den Berghang hinunter, sammelte sich in der Mareta und wurde mit Dromedaren in alle Inselteile transportiert. Das so gesammelte Wasser reichte natürlich nie aus, man musste sparen, wo es ging. Glücklicherweise konnte

Eine der vielen Wasserzisternen im Inselinneren

man durch die geniale Entdeckung der Kapillarwirkung des Lavagranulats Felder und Weinstöcke im *Trockenfeldbau* ohne künstliche Bewässerung kultivieren. Dasselbe System funktionierte bedingt auch im Treibsandgebiet El Jable, wo Sodapflanzen (*Barrilla*) und Wassermelonen angebaut wurden (→ Wirtschaft).

Traditionelle Wasserfiltersteine

In vielen Sehenswürdigkeiten und historischen Bauten von Lanzarote findet man sie: halbkugelförmige Tuffsteine, die an der Oberseite krugartig ausgehöhlt sind. In der Höhlung steht Wasser und an der Unterseite tropft es zögernd nach unten in ein Auffanggefäß. Die Wirkungsweise des Filters besticht durch seine Einfachheit: Ungereinigtes Zisternenwasser wird oben hineingeschüttet, rinnt durch die haarfeinen Kapillaröffnungen des Steins, die Schmutzpartikel nicht hindurchlassen, und tritt unten gereinigt heraus.

Des weiteren versuchte man, mit *pozos* (Brunnen) die geringen Grundwasservorkommen zu erschließen, zapfte außerdem mittels kilometerlanger, leicht ansteigender Stollen die Wasservorräte des Famara-Gebirges an. Diese so genannten *galerías* sollen schon die Altkanarier gekannt haben. In den fünfziger und sechziger Jahren des 20. Jh. gab es auf Lanzarote sieben Stollen, von denen aber nur vier genutzt wurden. Fast ein Viertel des Wasserbedarfs der Insel konnte damals mit ihrer Hilfe gedeckt werden. Der Grundwasserspiegel ging jedoch in den Folgejahren stark zurück, außerdem wurde das Süßwasser durch eindringendes Meerwasser verunreinigt. Nur noch ein Stollen ist heute in Betrieb. Er liefert etwa 0,4 Mio. m^3 im Jahr, das ist weniger als ein Zwanzigstel des Wasserverbrauchs der Insel. Bei der Wanderung von La Caleta de Famara ins Famara-Gebirge kommt man an dieser *Galería de Famara* vorbei und kann das Wasser rauschen hören (→ S. 257). Weitere im bescheidenen Rahmen nutzbare Wasservorkommen gibt es im *Barranco de Chafaris* zwischen Arrieta und Haría (→ S. 308).

Mit dem Einsetzen des Tourismus in den sechziger Jahren stieg der Wasserbedarf Lanzarotes explosionsartig an und die traditionellen Methoden der Wassergewinnung reichten nicht mehr aus. Ein *Stauseeprojekt* bei Mala im Inselnorden (→ dort) schlug fehl und Wasser musste in großen Tankschiffen von Gran Canaria und Teneriffa herübertransportiert werden.

Einfach praktisch: Wasserfilter aus Tuffstein

1964 wurde die erste *Meerwasserentsalzungsanlage* nördlich von Arrecife in Betrieb genommen, die seitdem immer wieder erweitert wurde und noch heute die Wasserversorgung der Insel gewährleistet. Lanzarote ist völlig von ihr abhängig und somit auch von Dieselöl: Über 90 % des auf der Insel benötigten Süßwassers werden hier produziert – und um das Wasser zu destillieren, muss es bis über 100 Grad Celsius erhitzt werden. Die riesigen Tanks im Hafengebiet signalisieren den gewaltigen Bedarf an fossilem Brennstoff, eine ökologisch bedenkliche Situation (→ Umwelt). Die Städte und großen Ferienorte Lanzarotes sind heute durch Rohrleitungen an die Anlage angeschlossen, die kleineren Dörfer müssen mit Tankwagen versorgt werden, die regelmäßig im Einsatz sind und die privaten Reservoirs auf Bestellung auffüllen. Eine Reihe weiterer Entsalzungsanlagen gibt es in Costa Teguise, im Sporthotel La Santa, in Puerto del Carmen, bei den Salinas del Janubio an der südlichen Westküste und auf La Graciosa.

Obwohl die Wasserherstellung vom Staat subventioniert wird, ist Wasser auf Lanzarote sündhaft teuer. Die zweimonatige Wasserrechnung der Betreiberfirma „Inalsa" hat ähnliche Höhe und Bedeutung wie die Stromrechnung. Das entsalzte Meerwasser gilt als trinkbar, doch kaum jemand trinkt es wirklich. In allen Supermärkten gibt es Mineralwasser zu kaufen.

> Wasser sparen ist eine unbedingte Notwendigkeit auf der Wüsten- und Vulkaninsel Lanzarote. Als Feriengast können Sie damit einen kleinen ökologischen Beitrag leisten.

Schwert-Aloen setzen bunte Akzente in die Vulkanlandschaft

Pflanzenwuchs

Lanzarote erscheint auf den ersten Blick als eine unfruchtbare und öde Lavawüste aus erstarrten Schlacken, schwarzer Asche und kahlen Vulkanen. Keine Wälder und kaum Bäume gedeihen in der steppenhaft-steinigen Landschaft, nur vereinzelt wiegen sich Palmen im Wind.

Doch der leblose Eindruck trügt, überall in der „Wüste" regt sich das pflanzliche Leben: Farbige Flechten und prallgrüne Euphorbien überziehen kilometerweit die Lavafelder, knöchelhoch wuchern farbenprächtige Sukkulenten (Wasser speichernde Fettgewächse) an den Hängen, üppige Kakteen, bunte Blumen, Palmen und Drachenbäume zieren viele Hotel- und Apartmentanlagen. Für Mitteleuropäer wirkt die Pflanzenwelt ausgesprochen exotisch, denn eine ganze Reihe von Arten gibt es außerhalb der Kanaren nicht.

Lanzarote ist neben Fuerteventura die trockenste der Kanarischen Insel. Kein überquellendes tropisches Paradies präsentiert sich dem Besucher, die Pflanzenwelt zeigt sich zurückhaltender als auf den feuchten Westkanaren, jedoch effektvoll platziert. Am schönsten entfaltet sich die Vegetation im beginnenden Frühjahr (Februar/März). Die spärlichen winterlichen Regenfälle zaubern überall einen leichten, grünen Flaum auf die Berge, bunte Blümchen und knallroter Klatschmohn sprießen, an den Rebstöcken entfalten sich die jungen Weinblätter, die Mandelbäume stehen in Blüte ...

Interessant ist vor allem die wild wachsende Flora: Botaniker haben auf Lanzarote bisher über 500 Arten von Wildpflanzen geortet – und weitere Entdeckungen sind nicht auszuschließen! Eine ganze Reihe davon wächst ausschließlich auf der Vulkaninsel, die meisten an den unzugänglichen Abhängen des *Famara-Gebirges*

(Risco de Famara) im Norden der Insel, das eine botanische Oase ersten Ranges bildet. Auf den Hochflächen des Risco de Famara hat es früher wahrscheinlich sogar größere Flächen von Wald gegeben. Einen Rest davon entdeckt man, wenn man sich auf den Weg zum Picknickplatz Bosquecillo macht. Dort erstreckt sich über mehrere Hektar ein kleines Wäldchen aus niedrigen Lorbeerbäumen, neben dem „Tal der tausend Palmen" der einzige zusammenhängende Baumbestand Lanzarotes. Einen zweiten Biotop bildet die von den Vulkanausbrüchen im 18. Jh. verwüstete, völlig kahle *Timanfaya-Region*. Dort sind über hundert Flechtenarten entstanden, die weite Teile der wüstenartigen Lavaströme überziehen, in tiefen Spalten konnten sich sogar Farne ansiedeln. Eine weitere botanische Enklave ist der *Barranco de Teneguime* im Norden der Insel, nordwestlich von Guatiza, der mangels Straßenbau zum Rückzugsgebiet für seltene Pflanzen wurde.

Die einzigartige Vegetation der Kanaren hat nach Ansicht von Biologen ihren Grund in den besonderen klimatischen Verhältnissen der Inselgruppe. Während die letzte Eiszeit im Mittelmeerraum zahlreiche Arten zum Aussterben brachte, konnten dieselben Pflanzen auf den „Inseln der Glückseligen" bis heute überleben.

Doch Lanzarote wurde im Lauf seiner wechselhaften Geschichte auch von außen beeinflusst. Zahlreiche Pflanzen wurden aus Amerika und Europa nach Lanzarote eingeführt bzw. eingeschleppt und hier heimisch gemacht, viele kamen auch ohne Absicht auf die Inseln, darunter zahlreiche Blumen und Unkräuter. Obwohl Lanzarote neben Fuerteventura die wasserärmste Insel des Archipels ist, haben es die Lanzaroteños meisterhaft verstanden, aus den kargen Bedingungen das Beste zu machen: Das Weinbaugebiet *La Geria* zählt zu den faszinierendsten Regionen der Kanaren, fast kilometerlang sind an vielen Straßenrändern leuchtend bunte Beete aus Sukkulenten angelegt und mit viel Sinn für optische Wirkung hat man überall an Grundstücken und Wegen leuchtend rote Geranien angepflanzt, die eindrucksvoll mit dem schwarzen Lapillisand und den blendend weißen Mauern kontrastieren.

Farbenprächtige Kakteen und Sukkulenten findet man überall

Pflanzenwuchs in Halbwüste und Trockental

Wie kann eine nahezu wasserlose Insel eine solche Fülle an Pflanzen hervorbringen und ernähren? Dies gelingt nur, weil sich die Arten an die klimatischen Gegebenheiten angepasst haben. Sie mussten z. T. neue Formen entwickeln: längere Wurzeln ausbilden, Blätter in Dornen umwandeln, Wasser speichernde Fähigkeiten entwickeln etc. Durch diese Veränderungen entstanden eine Reihe von „endemischen" Pflanzen, d. h. sie existieren ausschließlich auf den Kanarischen Inseln, z. T. sogar nur auf Lanzarote.

Vielgestaltige Sukkulenten gedeihen in der Lava

- Die schon angesprochenen Sukkulenten speichern in ihren prallen Blättern den nächtlichen Tau und schaffen sich so ihr eigenes Wasserreservoir. Zahllose Bläschen sind mit Flüssigkeit angefüllt und wenn man ein Blatt zerdrückt, tropft tatsächlich Wasser heraus. Lange Trockenzeiten können so problemlos überstanden werden.
- Zum anderen gibt es die Halophyten, das sind Pflanzen, die direkt an der Küste wachsen und in stark salzhaltiger Erde und Luft überleben können.
- Zum dritten sind es die Feigenkakteen und Weinreben, die durch das geniale System des Trockenfeldbaus optimal bewässert werden können.
- Schließlich können auf Lanzarote zahlreiche Flechten überleben, die kaum Wasser benötigen und durch das Zersetzen der Lava sogar die Vorarbeit für die Kultivierung weiterer Pflanzen leisten (→ nächster Abschnitt).

Flechten

Die verheerenden Vulkanausbrüche von 1730–36 hinterließen eine kahle Steinwüste. Drei Viertel der Insel waren mit erstarrter Lava, Lapilli und Asche bedeckt, der fruchtbare Boden lag tief verschüttet. Doch in den Spalten und Höhlungen der Lavabrocken setzten sich bald winzige Flechten fest, die sich schnell ausbreiteten und moosartig ganze Quadratkilometer bedeckten. Diese symbiotischen Lebensformen aus Pilzen und Algen sind für Botaniker hochinteressant, denn sie sind die ersten Anzeichen von Vegetation in einer praktisch sterilen Umgebung. sie beziehen alle benötigten Stoffe nur aus Luft und Regen, die Pilze liefern der Alge die für die Fotosynthese benötigten Mineralien und nehmen den gebildeten Zucker auf. Durch Bildung von Kohlensäure zersetzen die Flechten die Lava allmählich zu fruchtbarem Erdreich und bereiten das Terrain für höheren Pflanzenwuchs vor.

Auf Lanzarote ist es der geschützte *Nationalpark Timanfaya*, wo dieser sehr langsam ablaufende Prozess fast unter Laborbedingungen beobachtet werden kann. Über 180 verschiedene Flechtenarten wurden dort bereits katalogisiert. Die weitaus häufigsten sind die hellgrünen und grauen Flechten namens *Stereocaulon vesuvianum*, die in der ganzen Welt in jungen vulkanischen Zonen wachsen. Noch auffallender sind die zentimeterhohen Büschel von *Ramalina bourgeana*, die überall zwischen den Stereocaulon-Flechten sprießen, und die rostrote Krustenflechte *Xanthoria parientina*. An geschützten Stellen im Famara-Gebirge im Norden wächst außerdem die rotbraune *Orchilla-Flechte* (Roccella tinctoria), die den Farbstoff Orseille liefert und schon in der Antike zum Färben verwendet wurde.

Flechtenbewuchs auf Lavagestein

Endemische Pflanzen

Darunter versteht man Pflanzen, die weltweit nur in einem bestimmten regionalen Raum existieren. Man unterscheidet zwischen *Inselendemiten* (nur auf Lanzarote heimisch), *Kanarischen Endemiten* und den so genannten *„makaronesischen" Endemiten* – unter Makaronesien versteht man den Gesamtraum der „glückseligen Inseln" (griech.: *makários* = glückselig, *níssos* = Insel), der außer den Kanarischen Inseln auch Madeira, die Azoren und die Kapverdischen Inseln umfasst. Knapp zwanzig Pflanzenarten sind ausschließlich auf Lanzarote zu finden, mehr als fünfzig nur auf den Kanaren und zwei weitere Dutzend im makaronesischen Raum. Fast alle Endemiten, die auf Lanzarote existieren, wachsen an abgelegenen Stellen des Famara-Gebirges, darunter die *Staudenmargarite*, der *Seidige Goldstern*, der *Lanzarotenische Hornklee*, der *Kanarische Lavendel*, die *Rote Yesquera* und das *Kanarische Sonnenröschen*.

Im Folgenden die wichtigsten Gewächse, die auf Lanzarote immer wieder auffallen.

Euphorbien: die wohl charakteristischsten Pflanzen der Insel, es gibt sie in zahlreichen Unterarten. Sie gedeihen überall in den Lavafeldern, gehören zu den Wolfsmilchgewächsen und sind Sukkulenten. Gemeinsam ist ihnen, dass sie eine milchartig weiße, stark ätzende Flüssigkeit enthalten. Diese darf nicht mit Schleimhäuten, Augen und Lippen in Berührung kommen!

Besonders auffallend ist die kakteenähnliche *Kandelaberwolfsmilch* (Euphorbia canariensis), auf spanisch *Cardón*, die aus fünfkantigen, dornenbesetzten Säulen besteht und auch als Zierpflanze gilt.

Die Kandelaberwolfsmilch wird häufig als Zierpflanze verwendet

Die *süße Balsamwolfsmilch* (Euphorbia balsamifera) wächst büschelartig in der Lava, auf der Insel nennt man sie „Tabaiba". Sie wird auf Lanzarote meist nur bis zu 0,5 m hoch, hat einen kurzen, dicken Stamm, von dem zahlreiche Äste abgehen, an deren Enden sternförmig die lanzettförmigen Blätter sitzen. Ihr Saft wurde von den vorspanischen Bewohnern auf vielerlei Art verwendet, u. a. als eine Art Kaugummi, als Medizin und zur Leichenmumifizierung. Den giftigen Saft der „bitteren" oder „sauren" Variante (Euphorbia obtusifolia) nutzten sie zum Fischfang. Er wurde in flache Lagunen geschüttet und betäubte so kurzzeitig die Fische.

Die *Strandwolfsmilch* (Euphorbia paralias) wächst, wie der Name sagt, bevorzugt an Stränden, wo sie ihre Pfahlwurzel tief in den Sand bohrt. Zahlreich findet man sie vor allem auf der Lanzarote vorgelagerten Insel La Graciosa.

Drachenbaum (Dracaena draco): die vielleicht berühmteste kanarische Pflanzenart und mit der Yukka-Palme verwandt, mit der er im jungen Alter leicht verwechselt werden kann. Auf Lanzarote allerdings ausgesprochen selten. Bis zum Einsetzen des Tourismus gab es kaum eine Handvoll Drachenbäume und auch auf den anderen Inseln war er nahezu ausgestorben. Das neue Selbstbewusstsein der kanarische Kultur hat auch wieder das Interesse am „Drago" geweckt, denn er stammt aus dem Tertiär und gilt als eine der ältesten Pflanzen der Inseln. Schon bei den vorspanischen Bewohnern war er Gegenstand der Verehrung. Sein Saft ist das so genannte „Drachenblut", das sich an der Luft rot färbt und das die Guanchen zum Mumifizieren von Leichen benutzten. Inzwischen wird der Drachenbaum überall angepflanzt, die Samen und Setzlinge kann man in Gärtnereien kaufen. Der Drachenbaum kann sehr alt werden, der älteste seiner Art steht auf Teneriffa und wird auf etwa 380 Jahre geschätzt. Auf Lanzarote gibt es jedoch höchstens ein halbes Dutzend ausgewachsener Exemplare, z. B. auf der Plaza von Tinajo (→ Inselmitte).

Der Drachenbaum ist eigentlich gar kein Baum, sondern gehört zu den Liliengewächsen. Nachdem sein „Stamm" zunächst gerade wächst, bildet sich eine Reihe von plump wirkenden Ästen, an deren Spitzen sternförmig spitz zulaufende Blätter sitzen. Durch wiederholte Teilung kommt die charakteristische Baumform zustande. Ein Drago kann bis zu 20 m hoch werden.

Kanarische Dattelpalme (Phoenix canariensis): im Gegensatz zur Fächerpalme (→ unten) ein kanarischer Endemit. Die charakteristischen Bäume prägen das Landschaftsbild aller Kanarischen Inseln, auf Lanzarote kommen sie gehäuft nur im „Tal der tausend Palmen" um Haría im niederschlagsreicheren Norden der Insel vor. Lange, schlanke Stämme tragen die sternförmig auseinander strebenden Palmwedel. Die Früchte sind im Gegensatz zur nordafrikanischen Dattelpalme nicht genießbar, es wird jedoch ein Likör daraus hergestellt und ihren Extrakt verwendet man gegen Bronchialerkrankungen und Husten.

Aeonium: auch Hauswurz genannt, ein weit verbreitetes, Wasser speicherndes Fettblattgewächs, von dem es zahlreiche Abarten auf allen Kanarischen Inseln gibt, darunter auch das inselendemische *Aeonium lancerottense*. Charakteristisch sind die großen Blattrosetten, die aus fleischigen, sich überlappenden Blättern bestehen und so die Verdunstung verlangsamen. Das Aeonium ist sehr genügsam und wächst bevorzugt in den Ritzen karger Felslandschaften.

Dornlattich (Launaea spinosa oder arborescens): genügsamer Strauch mit dünnen, blattlosen Ästchen, spitzen Dornen und kleinen gelben Blüten. Er wächst praktisch überall und kann mehr oder minder als kanarisches Unkraut angesehen werden.

Eingeführte Pflanzen

Wegen ihrer zentralen Stellung zwischen Europa und Amerika wurden auf den Kanaren im Lauf der Jahrhunderte seit ihrer Entdeckung zahlreiche fremde Pflanzen eingeführt und hier heimisch gemacht. Blickfang sind vor allem die wirtschaftlich wichtigen *Feigenkakteen* aus Süd- und Mittelamerika, die ganze Quadratkilometer bedecken, die leuchtend roten *Geranien*, die überall in den Dörfern Grundstücke, Häuser und Beete schmücken, außerdem die vielen üppigen Zierblumen aus tropischen Gefilden.

Opuntien: Die Feigenkakteen wurden wegen ihrer essbaren Früchte im 16. Jh. aus Mexiko eingeführt, später fungierten sie als Nährstofflieferant für *Cochenille-Läuse*, die

Einer der wenigen Drachenbäume Lanzarotes

einen begehrten karminroten Farbstoff produzierten. Die Cochenille-Zucht war zeitweise der wichtigste Wirtschaftszweig Lanzarotes mit hohem Exportaufkommen. Auch heute noch wird der rote Farbstoff auf Lanzarote gewonnen, zwischen Guatiza und Mala im Norden Lanzarotes sind ganze Opuntien-Plantagen angesiedelt (→ Wirtschaft und Inselnorden/Guatiza und Mala).

Geranien: wegen ihres häufigen Vorkommens und dekorativen Aussehens die auffallendsten Blumen Lanzarotes. Sie stammen ursprünglich aus Südafrika, wurden als Gartenblume verwendet und haben sich als Wildpflanzen schnell auf der ganzen Insel verbreitet.

Schwert-Aloe: eine für Lanzarote sehr charakteristische Pflanze, die häufig als Dekoration an Straßenrändern wächst (z. B. bei Uga und Yaiza). Zu erkennen ist sie an dem kerzengeraden, orangefarbenen Blütenstand und den gezackten, kakteenartigen Blättern.

Fächerpalme: Die kleinwüchsige Palme ist ein beliebter Zierbaum, den man auf Lanzarote häufig sieht. Anhand ihrer fächerartig gespreizten Blätter kann man sie leicht von der Kanarischen Dattelpalme unterscheiden.

Agaven: Diese gewaltigen, kakteenartigen Pflanzen gehören zu den Sukkulenten und stammen aus Mexiko. Am auffallendsten ist ihr markanter, meterhoher Blütenstand, der nach 8–12 Jahren wie ein Baum aus der Knolle von dicken, schwertartigen Blättern emporwächst. Nach der Blüte stirbt die Pflanze ab. Aus der Sisal-Agave gewinnt man Fasern für Stricke, Säcke etc.

Eukalyptusbäume: kräftige, hoch gewachsene Bäume mit dichtem Laubwerk, von denen die Rinde in Fetzen herunterhängt. Sie stammen eigentlich aus Neukaledonien (bei Australien), werden wegen ihres schnellen Wachstums aber überall in wärmeren Breiten angepflanzt. Man gewinnt aus ihnen ätherische Öle. Da sie viel Wasser brauchen, sind sie auf Lanzarote eher selten: Eine schattige Allee aus Eukalyptusbäumen findet man im Dorf Guatiza.

Wilder Tabak (tabaco moro): Das strauchartige Gewächs mit gelben, röhrenartigen Blüten sieht man häufig an Straßenrändern und in den Lavafeldern wachsen. Es wurde im 19. Jh. nach Lanzarote eingeführt und wird hier verächtlich „bobo" (Dummkopf) genannt.

Bougainvillea: weltweit verbreitete Kletterpflanze mit leuchtend violetten, roten oder orangefarbenen Hochblättern. Sehr beliebt als rankende Zierpflanze an Fassaden, Balkonen etc., blüht bis auf einige Zeit im Frühjahr fast ganzjährig.

Weihnachtsstern: ein zu den Euphorbien gehörender Strauch mit knallroten Oberblättern und unauffälligem, gelbem Blütenkranz, Hauptblüte ist im Winter. Stammt ursprünglich aus Mittelamerika und ist in unseren Breiten als Topfpflanze sehr beliebt. Die Blätter enthalten die bereits erwähnte giftige Wolfsmilch.

Kulturpflanzen

Lanzarote soll vor den Vulkanausbrüchen eine relativ fruchtbare Insel gewesen sein. Die vorspanischen Bewohner der Kanaren bauten Getreide für die Herstellung von Gofio (vgl. S. 100) an und trieben Viehzucht. Nach der Katastrophe der Timanfaya-Eruptionen, die im 18. Jh. weite Teile der Insel mit Lava bedeckten, musste man sich mit völlig neuen Gegebenheiten vertraut machen und entwickelte anhand der Kapillarwirkung des Lavagranulats Picón den Trockenfeldbau *Enarenado*.

In den folgenden Jahrhunderten konnte so vor allem der Weinanbau verstärkt werden, dazu kam die Zucht von Feigenkakteen (→ Eingeführte Pflanzen) und der Anbau der Sodapflanze (Barrilla) im Treibsandgebiet El Jable. Wirtschaftlich überlebt haben auf der wasserarmen Insel bis heute der *Weinanbau* und die *Feigenkakteen*, dazu kommt der weitflächige Anbau von *Zwiebeln*, außerdem *Süßkartoffeln* und *Melonen*. Der intensive Anbau von *Bananen*, wie er für die Westkanaren typisch ist, ist auf Lanzarote wegen Wassermangels nicht möglich (→ Details zu allen Kulturpflanzen im Abschnitt Wirtschaft).

Dromedare auf Lanzarote: früher Arbeitstiere, heute Touristenattraktion

Tierwelt

Lange Karawanen von trottenden Dromedaren, Schwärme schreiender Möwen, malerische Ziegenherden, Dutzende abgemagerter Hunde, Fisch in allen Größen und Variationen, letzterer allerdings meist in der Bratpfanne – viel mehr zeigt sich von der spärlichen Tierwelt Lanzarotes meist nicht. Die karge Natur der Vulkaninsel ist für höhere Tierarten wenig attraktiv, es fehlt an Grün, an Weideflächen, an Nahrung. Erfreulich dagegen: Es gibt weder Schlangen noch Skorpione auf Lanzarote.

Bis auf mehrere endemische Fledermausarten und die Kanarische Spitzmaus *(Musaraña Canaria)*, die erst in den achtziger Jahren entdeckt wurde, waren auf Lanzarote ursprünglich keinerlei Säugetiere heimisch. Sie wurden als Nutztiere von den frühen Besiedlern und später von den europäischen Eroberen eingeführt, darunter schon in vorchristlichen Jahrhunderten Ziegen und Hunde. Als blinde Passagiere reisten die unvermeidlichen Mäuse und Ratten mit.

Auffallendste Tiere und wichtigste Helfer des Menschen sind natürlich die berühmten *Dromedare* von Lanzarote. Sie wurden wahrscheinlich bereits 1478 von *Agustín de Herrera y Royas* nach Lanzarote gebracht, der die genügsamen „Wüstenschiffe“ auf seinen Sklavenfang-Expeditionen nach Afrika kennen gelernt hatte. Tatsächlich sind sie für die wüstenähnlichen Verhältnisse bzw. „Mondlandschaften“ der Vulkaninsel wie geschaffen. So können sie wochenlang ohne Wasser auskommen und sich mit ihren breiten, schwielengeschützen Zehen hervorragend im Lavasand fortbewegen. Von Anfang an wurden sie in der Landwirtschaft eingesetzt, mussten die Mahlsteine der Gofio-Mühlen bewegen und die schweren, alten Holzpflüge und -eggen durch die Picónfelder ziehen. Zum anderen waren sie als zähe und schwer belastbare Transport- und Reittiere im Einsatz. Die Bauern brachten auf ihnen ihre Waren zum Markt und setzten sich selber in Holzsättel links und

Ziegenherde im Inselinneren

rechts des Höckers. Außerdem schleppten Dromedare die schweren Salzsäcke von den verschiedenen Salinen der Insel zum Hafen von Arrecife – und vor der Einführung des Autos reiste man auch hauptsächlich auf Dromedaren.

Heute werden Dromedare in den traditionellen Bereichen so gut wie nicht mehr eingesetzt, Maschinen haben sie abgelöst, die Salinen sind stillgelegt. Relikte aus dieser Zeit findet man aber auf Lanzarote überall als Dekoration, die schweren Holzsättel und die Pflüge sind die beliebtesten Stücke. Stattdessen haben die Touristik-Macher einen neuen Verwendungszweck aufgetan: Ganze Urlauberhorden werden tagaus, tagein von engelsgeduldigen Dromedaren durch die *Montañas del Fuego* getragen. Beladen mit je zwei Touristen, trotten lange Karawanen auf einem festgelegten Parcours über die asche- und sandbedeckten Hügel (→ Nationalpark Timanfaya).

Zweites Nutztier sind *Ziegen*. Milch, Käse und Fleisch waren seit jeher wichtige Nahrungsmittel, dazu kam die Verwendung der Haut für Behälter, z. B. den traditionellen *zurrón*, in dem die Kanarier früher Gofio und Wasser zu Teig formten. Da allerdings Grünpflanzen auf Lanzarote nur spärlich wachsen, sind die Ziegen hier von etwas kleinerem Wuchs als auf den fruchtbaren Westinseln. In den letzten Jahren wurde die Ziegenzucht erfreulicherweise sehr gefördert, um den ausgezeichneten „queso conejero" weiter zu verbreiten. Etwa 15.000 Ziegen soll es mittlerweile auf Lanzarote geben (zum Vergleich: 1988 waren es noch rund 3000).

• *Kleingetier* **Eidechsen** huschen über sonnenerwärmte Steine, **Geckos** klettern flink Wände und Fenster empor, **Kakerlaken** verkriechen sich im Mauerwerk älterer Häuser und nach feuchten Wintern flattern ganze Scharen von **Schmetterlingen** über die Insel ... Eine ganze Reihe von kleinen Tieren belebt die Landschaft Lanzarotes, doch man bekommt sie nur selten zu Gesicht – vor allem die **Wildkaninchen**, die für Hobbyjäger ein begehrtes Jagdziel sind. Sie wurden schon vor Jahrhunderten von den spanischen Gutsherren importiert und die Lanzaroteños werden selber **„conejeros"** (= Kaninchen) genannt, da sie früher einen solchen Überfluss an den possierlichen Tieren hatten, dass sie sie sogar exportieren konnten.

Die **Gallotia atlantica** ist eine nur auf den östlichen Kanaren vorkommende Eidechsenart, sie wird auch „Lagarto de Haría" oder Ostkanareneidechse genannt. Weiterhin gibt es den **Skink**, eine größere Echsenart mit glattem, geschupptem Körper, deren Füße verkümmert sind und die deshalb manchmal fälschlicherweise für eine Schlange gehalten wird. Die **Kanarische Spitzmaus** lebt vor allem auf der nördlich vorgelagerten Insel Montaña Clara. Die Gehäuse zahlloser **Land- und Meeresschnecken** verschiedener Arten findet man auf La Graciosa.

• *Fische und Meerestiere* Das Meer um Lanzarote ist äußerst fischreich, besonders im Umkreis der vorgelagerten Insel La Graciosa und in der dortigen Meerenge *El Río*. In den tieferen Gewässern schwimmen **Haie** (bis zu 15 Arten!), **Delfine**, **Rochen**, **Schwertfische** und **Muränen**. Sogar **Wale** (hauptsächlich Grindwale) hat man wiederholt vor der Küste Lanzarotes gesichtet – ihr Bestand ist durch den intensiven Bootsverkehr zwischen den Inseln gefährdet und immer wieder kommt es vor, dass tote Wale an der Küste angeschwemmt werden. Dazu kommen mehrere **Thunfischarten**, verschiedene **Brassen** und **Barsche**, der in den kanarischen Gewässern weit verbreitete Papageienfisch **Vieja** („Die Alte"), **Meeräschen**, **Aale**, **Barrakudas**, **Sardinen**, **Makrelen** und eine ganze Reihe weiterer Arten. Durch die gestiegene touristische Nachfrage wurde der Fischfang in den letzten Jahren allerdings derart intensiviert, dass teilweise eine Überfischung der Gewässer die Folge war. Der Bestand an heimischen **Langusten**, **Krebsen** und **Krabben** ist dagegen gering und kann den Bedarf der Urlauber schon lange nicht mehr decken. Und sogar die häufig vorkommenden **Napfschnecken** müssen inzwischen eingeführt werden (→ Kapitel „Essen und Trinken").
Auch **Mönchsrobben** (Monachus monachus) und **Seehunde** lebten früher in den Gewässern um Lanzarote, die Isla de Lobos trägt noch ihren Namen (= Insel der Seehunde). Sie wurden wegen ihres Fells gejagt, stark dezimiert und sind seit langem verschwunden.
Für traurige Schlagzeilen in den Inselmedien sorgen immer wieder die **Schildkröten** namens *Caretta caretta*. Die halbmetergroßen Panzertiere werden oft tot an die Strände Lanzarotes und Fuerteventuras getrieben, verendet wahrscheinlich in den Schleppnetzen marokkanischer Fischer, die sich nicht an die Fangrichtlinien der EU gebunden fühlen.
Eine große Besonderheit Lanzarotes sind schließlich die berühmten **Weißen Krebse** (Munidopsis polymorpha), die sich in der viel besuchten Lavagrotte Jameos del Agua tummeln. Sie leben eigentlich in der Tiefsee und es ist ungeklärt, warum sie sich in der fast auf Meereshöhe liegenden Höhle so wohl fühlen und munter vermehren (→ dort). Bei der Erforschung des unterirdischen Lavatunnels *Atlántida*, der vom Monte Corona zum Meer führt, hat man außerdem weitere **Höhlentierchen** entdeckt, die der Tiefseefauna zuzurechnen sind.

Fliegende Fische (Exocoetus volitans, span.: pez volador)
Wenn man Glück hat, kann man bei der Überfahrt nach Fuerteventura so genannte „Fliegende Fische" beobachten. Aufgescheucht von der Bugwelle, tauchen diese durchschnittlich 20 cm großen Fische neben dem Schiff aus den Wellen auf und können knapp über dem Wasser bis zu 50, 60 m weit segeln. Ihre Köperform gleicht der eines Herings, sie haben blaue Rücken, Flanken und Bauch sind silbrig. Der untere Teil der gegabelten Schwanzflosse ist verlängert, die zwei flügelartig geformten Brustflossen sind groß und verbreitert. Sie werden beim „Flug" starr gehalten, so dass Fliegende Fische nicht im eigentlichen Sinne fliegen, sondern gleiten. Bis zu siebzig mal pro Sekunde muss der Fisch mit seiner Schwanzflosse schlagen, um „fliegen" zu können. Schon nach etwa 20 m erreicht er gut 50 km/h und durchbricht die Wasseroberfläche. Der bis zu 20 Sekunden dauernde Gleitflug kann eine Höhe von mehreren Metern erreichen – es ist schon vorgekommen, dass Fliegende Fische auf dem Deck kleinerer Schiffe gelandet sind.

• *Vögel* Etwa 36 Brutvogelarten leben heute auf Lanzarote und den umgebenden Inseln, etwa acht davon sind auf den Ostinseln endemisch. Und jeden Winter kommen Schwärme von Zugvögeln dazu, für die Lanzarote ein bevorzugtes Winterquartier ist. Durch den expansiven Tourismus hat die Vogelwelt allerdings schwer gelitten,

Auf den Lavaklippen streiten Silbermöwen um die Reste ausgenommener Fische

relativ ungestörte Nistbedingungen bieten nur noch die Steilhänge des *Famara-Gebirges* im Norden Lanzarotes. Wahre Vogelparadiese bilden dagegen die unbewohnten *Isletas* nördlich von Lanzarote. Hier leben u. a. ganze Kolonien von **Pardelas** (Gelbschnabelsturmtaucher), ebenso die schwarzen **Pardelas Cenicientas**, die ursprünglich zu den typischsten Vögeln Lanzarotes zählten, deren Zahl aber inzwischen stark zurückgegangen ist. Rund 15.000 Pardela-Paare sollen derzeit auf den Isletas brüten – das größte Pardelas-Vorkommen der Kanarischen Inseln. Beide Arten stehen unter strengem Naturschutz.

Auf Lanzarote selber sieht man weitaus am häufigsten **Silbermöwen**, selten geworden und teils vom Aussterben bedroht sind dagegen Großvögel wie **Fischadler** (guincho), **Eleonorenfalken** (halcón eleonor), **Turmfalken** und **Schmutzgeier**. Zu den typischen Vögeln zählen außerdem der kleine **Kanarienpieper**, die **Mönchsgrasmücke** und diverse Watt- und Meeresvögel, darunter der häufig vertretene **Seeregenpfeifer**.

Kurz vor dem Aussterben stand bis vor kurzem die **Hubara Canaria** (Kragentrappe), ein halbmeterhoher Stelzvogel, der als größter Vogel der Kanarischen Inseln gilt. Inzwischen soll es auf Lanzarote wieder wild lebende Exemplare geben, die sich auch vermehren.

Retter in letzter Not: Das SARA-Tierheim

Schon in antiken Zeiten waren es vor allem Hunde, die die „Inseln der Glückseligen" bevölkerten. Römische Reiseberichte sprechen von riesigen Hunden (lat. *canes*), worauf angeblich der Name der Inselgruppe zurückgehen soll. Die Zeiten haben sich geändert: Heute sind Hunde auf Lanzarote buchstäblich die „underdogs". Misshandelt, ausgesetzt und halb verhungert fristen Tausende ihr Dasein auf der Vulkaninsel, werden von Hundefängern aufgesammelt und in die so genannten „Perreras" gebracht, wo der sichere Tod auf sie wartet. Die öffentliche Hand kümmert sich nicht um die Tiere, lediglich das durch Privatinitiative entstandene SARA-Tierheim von Tahiche bietet den geschundenen Vierbeinern Aufnahme und Pflege. Es kann besichtigt werden und ist dringend auf Unterstützung angewiesen (→ S. 200).

Die Dörfer im Inselinneren sind noch weitgehend bäuerlich geprägt

Wirtschaft

Da Bodenschätze auf Lanzarote völlig fehlen, waren die Bewohner der kargen und wasserarmen Vulkaninsel von Anbeginn gezwungen, von ihrer bescheidenen Landwirtschaft und dem Meer zu leben. Doch die agrarische Entwicklung wurde im Lauf ihrer Geschichte immer wieder von heftigen Umwälzungen und Krisen begleitet. Am einschneidendsten wirkte sich die Timanfaya-Katastrophe im 18. Jh. aus, deren Verwüstungen eine völlig neue Anbautechnik erforderten, den „Enarenado" (Trockenfeldbau). Bis heute prägt diese Anbaumethode die Insel.

Was die Vermarktung ihrer Produkte anging, mussten die Lanzaroteños stets findig sein. Die bescheidene landwirtschaftliche Produktion orientierte sich neben dem Anbau von Grundnahrungsmitteln fast ausschließlich an den Exportchancen. Doch wegen ausländischer Billigkonkurrenz musste die Angebotspalette immer wieder völlig umgestellt werden. Zunächst war es die Färberflechte *Orchilla*, später der süße *Malvasier-Wein*, dann die sodahaltige Pflanze *Barrilla*, schließlich der begehrte Karminfarbstoff der *Cochenille-Läuse*, die in die europäischen Länder ausgeführt wurden. Lediglich die *Salzgewinnung* in zahlreichen Salinen – früher war Salz unersetzlich für die Schifffahrt – spielte auf Lanzarote für lange Zeit eine stabile wirtschaftliche Rolle. Doch der wohl größte Veränderungsprozess aller Zeiten vollzieht sich auf Lanzarote erst seit den 1970er Jahren: nämlich von der Landwirtschaftsinsel zum Dienstleistungsbetrieb. Wie alle anderen Kanaren ist Lanzarote dabei, seine Wirtschaft fast vollständig auf dem Tourismus aufzubauen bzw. dessen Zwängen unterzuordnen.

Geschichtlicher Überblick

Während der Epoche der vorspanischen Bewohner war die Insel ein autarkes System. Man hielt *Schafe* und *Ziegen* und gewann Fleisch, Milch und Käse. Ansonsten baute man hauptsächlich *Gerste* an, den die Majos schon damals in Tongefäßen rösteten und in Steinmühlen zum bekannten Gofiomehl verarbeiteten, wie man an Hand gefundener Mühlsteine feststellen konnte. Dazu kamen der Küstenfischfang und das Sammeln von Meerestieren, Muscheln etc. Ein großes Problem war bereits in dieser Zeit der eklatante *Wassermangel* auf der Insel. Man löste es mit dem Anlegen von Auffangbecken in lehmhaltiger Erde zwischen steilen Berghängen, eine Technik, die die späteren Eroberer übernahmen und teilweise verbesserten. Die größte dieser Zisternen war die „Gran Mareta" in Teguise (→ Wasser).
Mit der Ansiedlung der französischen und andalusischen Eroberer seit dem 15. Jh. wurde diese Agrarstruktur weitgehend beibehalten. Nach überlieferten Berichten soll Lanzarote damals relativ fruchtbar gewesen sein, die Majos wurden weitgehend als Sklaven gehalten, bestellten die Felder und arbeiteten als Viehhirten. Von großer Bedeutung für die Eroberer war in dieser frühen feudalen Zeit aber vor allem die rostbraune *Orchilla-Flechte*, die im Famara-Gebirge im Norden Lanzarotes wächst und schon in der Antike von den Phöniziern und Römern zum Färben verwendet wurde. Der Purpur-Farbstoff, den die Flechten absondern, war in Europa so begehrt, dass sich der normannische Eroberer und Lehnsherr Jean de Béthencourt von der spanischen Krone das Exportmonopol auf die Flechte überschreiben ließ (→ Geschichte). Ein weiterer wichtiger Wirtschaftsfaktor war das Geschäft mit *Sklaven*. Die adligen Herren Lanzarotes organisierten Menschenjagden in den Berber-Gebieten Nordafrikas und transportierten die Gefangenen als Zwangsarbeiter auf die Insel. Im Gegenzug überfielen die Berber Lanzarote und verschleppten die Einwohner nach Afrika.
Durch die heftigen *Vulkanausbrüche von 1730–36* wurde die fruchtbarste und am dichtesten besiedelte Region Lanzarotes völlig verwüstet. Elf Dörfer verschwanden unter einer meterdicken Lavaschicht, weite Teile der Insel wurden mit Asche und Schlacke zugedeckt. Der Getreideanbau kam zum Erliegen, ein völlig neues Landwirtschaftskonzept musste erarbeitet werden. In diese Zeit fällt die geniale Erfindung des Trockenfeldbaus *Enarenado* (→ Kasten S. 44). Vor allem der Weinanbau konnte mit dieser Methode Erfolg versprechend entwickelt werden. Schwierig war in der Zeit nach der Vulkankatastrophe die Versorgung mit Getreide. Dürrejahre und Invasionen von Wanderheuschrecken aus Afrika vernichteten immer wieder die Ernte und die Insel musste oft von außen versorgt werden. Ende des 18. Jh. sorgte kurzzeitig der Anbau der sodahaltigen *Barrilla* für Exportgewinne, Mitte des 19. Jh. war es der Farbstoff der *Cochenille-Läuse*, der einen mehrere Jahrzehnte anhaltenden Wirtschaftsboom erzeugte. Doch beides ging ebenso schnell wieder unter, wie es gekommen war, und Lanzarote blieb bis heute ohne wirtschaftliches Zugpferd. Lediglich der Weinbau könnte durch den Tourismus eine dauerhafte Stabilität gewinnen.

▶ **Weinbau**: Die Malvasíatraube wurde auf den Kanaren wahrscheinlich bereits im 15. Jh. aus Kreta eingeführt. Doch erst nach den heftigen Vulkanausbrüchen begann man auf Lanzarote mit dem großflächigen Weinanbau auf den Aschefeldern, da sich die einzeln stehenden Rebstöcke für den Trockenfeldbau besonders eigneten. Der Weinexport wurde von englischen Kaufleuten organisiert, die dafür eine Han-

Traditionelle Weinernte, lange vor Einsetzen des Touristenbooms

delsgesellschaft auf den Kanaren gründeten und im Gegenzug Stoffe, Öl und Lebensmittel einführten. In England waren kanarische Weine lange sehr beliebt, doch Ende des 18. Jh. ging der Weinhandel aufgrund der verschärften Konkurrenzsituation zurück. Malvasíawein von der Insel Madeira, vor allem aber die Sherryweine aus Spanien, der Portwein und die expandierenden Bordeaux-Weine verdrängten den lanzarotenischen Malvasía vom europäischen Markt. Im Folgenden wurde Wein hauptsächlich für den Eigenbedarf der Insel angebaut. Viele Bodegas auf Lanzarote gaben auf und bis ins 20. Jh. fristete der Weinbau ein Schattendasein. Doch mit dem explosionsartig einsetzenden Tourismus gab es wieder eine verstärkte Nachfrage und die Weinwirtschaft auf Lanzarote ist inzwischen ein bedeutender Wirtschaftsfaktor. Bei mehr als 1,7 Mio. Touristen im Jahr ist der Absatz drastisch gestiegen und das große Weinbaugebiet „La Geria" wird intensiv bewirtschaftet (→ S. 203). Auch exportiert wird wieder, wenn auch hauptsächlich im Gebiet der Kanarischen Inseln.

- **Soda**: Wegen der verschlechterten Absatzchancen für Wein musste man sich auf Lanzarote Ende des 18. Jh. nach einem neuen Exportprodukt umschauen. Ausländische Kaufleute entdeckten schließlich, dass sich die Insel ausgezeichnet für den Anbau der Sodapflanze *barrilla* eignete, die gut auf salzhaltigen und sandigen Böden gedeiht, außerdem wenig Wasser benötigt. Sogar die unfruchtbare Sanddünenregion El Jable, östlich der Timanfaya-Region, konnte so landwirtschaftlich genutzt werden. Für einige Jahrzehnte wurde Soda das wichtigste Exportgut Lanzarotes. Die Barrilla wurde geerntet und getrocknet, danach konnte man durch Verbrennen das in ihr gebundene kohlensaure Natriumsalz als Soda herausziehen. Das so gewonnene Produkt wurde vor allem zur Seifenherstellung verwendet. Doch schon ab 1810 war der Boom zu Ende, denn für den europäischen Markt war das mittlerweile im Mittelmeerraum erzeugte Soda billiger zu haben.

Milliarden von Cochenille-Läusen sitzen auf den Feigenkakteen im Norden Lanzarotes

▸ **Cochenille**: In der zweiten Hälfte des 19. Jh. setzte ein neuer Boom auf Lanzarote ein. Im Zug der industriellen Revolution benötigten die großen Textilproduzenten in Europa dringend Farbstoffe für ihre beginnende Massenproduktion. Die *Cochenille-Schildlaus* war dafür ein idealer Rohstofflieferant, denn aus ihr wird ein karminroter Farbstoff gewonnen. In Neuspanien (Mexiko) war diese Schildlaus von den Spaniern schon lange gezüchtet worden, mit der staatlichen Selbstständigkeit Mexikos seit 1822 waren diese Anbaugebiete jedoch verloren. So ging man dazu über, die Schildläuse im spanischen Hoheitsgebiet zu züchten, Lanzarote war dafür wegen seines wirtschaftlichen Vakuums geradezu prädestiniert. Die Cochenille-Laus ernährt sich von den Säften der *Opuntie* (Feigenkaktus), ein anspruchsloser Kaktus, der auch auf trockenen Böden gut wächst. Seit den vierziger Jahren wurde Lanzarote vom Cochenille-Fieber erfasst, man holzte zahllose Bäume und Sträucher ab und bepflanzte ganze Quadratkilometer mit den Opuntien, die Insel verwandelte ihr Gesicht. Endlich gab es ein Produkt, für dessen Anbau die karge Insel hervorragend geeignet war. Da der Farbstoff gut bezahlt wurde, machten viele Bauern Schulden, kauften sich Land und begannen mit der Läusezucht. Die reifen Läuse mussten von den Wirtskakteen per Hand abgestreift und gesammelt werden. Dafür setzten die Bauern ihre ganze Familie einschließlich der Kinder ein und ließen sie nicht mehr zur Schule gehen. Der Analphabetismus erreichte fast 90 %, doch die produzierte Menge wuchs rasch und Wohlstand schien vorprogrammiert. Wie ein Schock kam da in den sechziger Jahren die Entdeckung der *Anilinfarben* in Europa durch die „Badische Anilin- und Sodafabrik“ (BASF). Das aus Steinkohlenteer hergestellte Anilin war deutlich preiswerter als der Cochenille-Farbstoff und die langen Transportwege fielen weg. Binnen weniger Jahre war der aufgeflackerte Boom auf Lanzarote vorbei, die Cochenille-Wirtschaft brach zusammen, viele Kleinbauern konnten ihre Schulden nicht abbezahlen und waren ruiniert. Hohe Ar-

beitslosigkeit und Auswanderung waren die Folge. Bis heute wird der Naturfarbstoff allerdings für die Herstellung von Süßigkeiten, Lippenstift und Aperitifweinen (Campari, Martini) gebraucht. Im Gebiet von Guatiza und Mala werden die Läuse deshalb noch immer in großen Opuntienplantagen gezüchtet.
Weitere Details zu den Cochenille-Läusen → Inselnorden „Guatiza und Mala".

- **Salzwirtschaft**: Jedes Schiff, das in früheren Jahrhunderten die Kanaren anlief, benötigte Salz zum Konservieren seiner Lebensmittel auf den wochen- und monatelangen Fahrten durch den Atlantik. Und auch die einheimischen Fischfangboote benutzten Salz, um ihren Fang frisch zu halten. Aus diesem Bedarf entwickelte sich ein ganzer Wirtschaftszweig und ein Netz von Salinen umgab Lanzarote. In flachen Becken verdunstete das Meerwasser und das Salz blieb zurück, Dromedare transportierten es anschließend in den Hafen von Arrecife. Die Ruinen der Becken und der Pumpen, die das Meerwasser heraufholten, sind noch an vielen Stellen zu sehen. Die *Saline von Janubio* gilt als die größte Spaniens und steht mittlerweile unter Denkmalschutz. Als Anfang des 20. Jh. auf den Schiffen Kühlräume mit elektrischen Aggregaten eingerichtet wurden, kam das Aus für die Salinen.

Wirtschaft heute

Der Tourismus reißt alles an sich. Das Geschäft mit den Urlaubern verspricht schnelleres Geld als die mühselige Landwirtschaft. Wegen des Abwanderns vieler Kräfte liegen immer mehr Felder brach oder werden nur noch von Teilzeit-Bauern oder den Alten bestellt. Bis auf wenige Produkte wird kaum etwas auf der Insel selber produziert. Fast alles, was man zum Leben braucht, muss eingeführt werden. Die Importe übersteigen den Export um ein Vielfaches. Selbst die Energiewirtschaft und die lebensnotwendige Wasserentsalzung sind völlig von der Einfuhr fossiler Brennstoffe, sprich Erdöl, abhängig.

Nur noch für Touristen: historische Getreidemühle in der Inselmitte

Weinbau einst und heute

▸ **Landwirtschaft**: Wegen der extremen Wasserarmut und der mit Vulkanauswurf bedeckten Böden können die Lanzaroteños nur eine sehr beschränkte Produktpalette anbauen. Nicht jeder Nahrungspflanze genügt es, ausschließlich mit Hilfe des Trockenfeldbaus spärlich bewässert zu werden. Vor allem Flächensaat ist kaum möglich.
In zwei großen Weingebieten – *La Geria* in der Inselmitte und *Monte Corona* im Inselnorden – gedeihen Malvasía-Reben auf den picónbedeckten Hängen. Mehrere Bodegas und zahlreiche Weinbauern sind hier tätig, inzwischen werden außer dem Malvasier auch eine Reihe weiterer Tropfen produziert. Neben dem Wein sind es in erster Linie die großen, ebenfalls im Trockenbau bewirtschafteten *Zwiebelfelder* (cipolla), die das Gesicht der Insel prägen. Daneben werden noch fußballgroße *Süßkartoffeln* (patatas) angebaut, die allerdings weniger in der Küche verwendet, sondern hauptsächlich zu abgepackten Chips weiterverarbeitet werden. Im Sanddünengebiet El Jable wachsen außerdem *Wassermelonen*, ansonsten sieht man noch *Kartoffel-* und *Kohlfelder*, hauptsächlich in den feuchten Famara-Bergen im Norden. Subventionen der EU sollen die Zukunft der Landwirtschaft gewährleisten – und sind auch bitter nötig, damit die Abwanderung in den touristischen Sektor gestoppt wird.

Enarenado: Trockenfeldbau als Lösung

Wenn man über Lanzarote fährt, fällt es einem überall auf: Alle Anbauflächen sind mit tiefschwarzem Lavagranulat bedeckt, dem so genannten *Picón* – auch dort, wo der Boden gar nicht von den Vulkanausbrüchen von 1730–36 betroffen war. Bei dieser auf den ersten Blick befremdlich wirkenden Technik handelt es sich um ein für Lanzarote geradezu ideales Bewässerungsprinzip, den *Enarenado* (span. *enarenar* = mit Sand bestreuen).

Als nach der Timanfaya-Katastrophe im 18. Jh. ein Großteil der vorher fruchtbaren Böden verschüttet war, wurde die geniale Idee des Enarenado entwickelt. Vor allem die heutige Region *La Geria* war nach den Ausbrüchen über viele Quadratkilometer hinweg mit vulkanischem Auswurf überzogen. Die Bauern beobachteten dort, dass Pflanzen, deren Wurzeln mit Vulkanasche bedeckt sind, besonders gut wuchsen. Das hat folgenden Grund: Tagsüber schützt der Picón den Boden vor den ausdörrenden Sonnenstrahlen. Da er sich ohne Wärmezufuhr schnell abkühlt, kondensiert nachts die Feuchtigkeit in Bodennähe und setzt sich als Tau ab. Der Picón hat nun wegen seiner hauchfeinen Kapillargefäße die großartige *„hygroskopische"* Eigenschaft, den nächtlichen Tau zu speichern und erst im Lauf des nächsten Tages allmählich ins Erdreich abzugeben. Das Ergebnis ist also eine kontrollierte Bewässerung, wie man sie sich auf der fast niederschlagslosen Insel besser nicht wünschen kann. Mit Picón bedeckter Boden hat zudem 24 Stunden lang eine nahezu konstante Temperatur.

Besonders gut funktioniert das Prinzip bei Weinstöcken, die auf konstante Bewässerung angewiesen sind. So begann man, La Geria zur Weinbauregion auszubauen. Für jeden einzelnen Stock grub man einen Trichter (*la geria* = Trichter) in die bis zu mehrere Meter tiefe Lapillischicht, bis fast der Erdboden erreicht war. Am tiefsten Punkt wurde die Rebe gesetzt, dort erreichten ihre Wurzeln schnell das Erdreich. Zusätzlich schützte man jeden Stock mit einem Mäuerchen gegen den ständigen Wind. Die Trichterlandschaft mit den halbrunden Mauern formte ein optisch überaus eindrucksvolles und ungewöhnliches Bild und gehört heute zu den großen Sehenswürdigkeiten der Insel *(→ Weinbaugebiet La Geria).*

Da die Anbauergebnisse hervorragend waren, begann man das Prinzip auf der ganzen Insel anzuwenden, auch in den Gebieten, die von den Vulkanauswürfen nicht verschüttet waren, denn auch dort war die Bewässerung ein bislang kaum lösbares Problem. Dieses kostspielige und aufwändige Verfahren nennt man *Enarenado artificial*: Der Picón wird dabei an Vulkanhängen abgetragen und auf die Anbauflächen transportiert. Diese müssen vorher eingeebnet und mit fruchtbarer Erde bedeckt werden, erst dann wird eine etwa 10–20 cm dicke Picónschicht darüber gezogen. Bei der Aussaat kratzt man mit dem Pflug tiefe Furchen in das Granulat und platziert die Setzlinge. Hauptsächlich im Norden der Insel sind die Felder auf diese Weise angelegt, mehr als hundert Vulkanberge hat man dafür teilweise abgetragen. Da sich beim Pflügen der Picón mit Erde vermischt, muss die hygroskopische Schicht alle zehn Jahre komplett erneuert werden.

Und sogar das Sanddünengebiet *El Jable* zwischen Teguise und Tiagua hat man mit Hilfe des Enarenado kultivieren können. Denn wenn die Sandschicht nicht dicker als ein halber Meter ist, wirkt der Sand ebenfalls hygroskopisch. In El Jable konnte man auf diese Weise gute Ergebnisse mit Wasser- und Honigmelonen erzielen. Die Aussaat wird dabei direkt in den Sand gesetzt und die Triebe stoßen durch die Sandschicht in das Erdreich vor.

▶ **Fischerei**: Neben der Landwirtschaft ist sie traditionell wichtigstes Standbein der Inselökonomie. Im Hafen von Arrecife liegt die zweitgrößte Fangflotte der Kanaren (nach Gran Canaria) und bringt fast die Hälfte des gesamten Fischfangs der Kanaren ein. Grund dafür ist die Nähe zu den fischreichen Fanggründen vor der

Fisch im Überfluss

afrikanischen Küste – dort kam es bereits zu Fischereikriegen mit Marokko. Die Boote sind allerdings schlecht ausgerüstet, wie man bei einem Bummel durch den Hafen unschwer erkennen kann, und der zunehmenden ausländischen Konkurrenz kaum noch gewachsen. Diese heimst mit ihren modernen Hochseebooten inzwischen den Löwenanteil der Fänge in den internationalen Gewässern zwischen den Inseln ein. Die Erträge der einheimischen Flotte sind deshalb in den letzten Jahren stark zurückgegangen. Eine einzige Fischkonservenfabrik arbeitet noch im Hafen von Arrecife, außerdem wird Fischmehl nach Europa exportiert. Zweiter Fischerhafen von Lanzarote ist *Caleta del Sebo* auf La Graciosa, doch hat dieser hauptsächlich regionale Bedeutung.

Große Erträge bringen aber nach wie vor die Fischer in den küstennahen Gewässern nach Hause, wo sie das Monopol haben. Das kann man unschwer sehen, wenn man z. B. die Fischer in Puerto del Carmen beobachtet, wie sie mit ihren oft randvollen Booten in den Heimathafen zurückkehren. Allerdings spielt auch hier bereits das berüchtigte Dynamitfischen eine Rolle.

- **Viehzucht**: Sie wird nur in kleinem Maßstab betrieben. Lediglich die *Ziegenhaltung* erlebt derzeit wegen der gestiegenen Nachfrage nach Ziegenkäse einen kleinen Boom (→ Tierwelt), sogar exportiert wird der Käse inzwischen. Allerdings sind die gefräßigen Ziegen dafür bekannt, dass sie große Schäden in der Vegetation anrichten.
- **Salinen**: Die früher bedeutende *Salinenwirtschaft* ist auf Lanzarote fast völlig verschwunden. Die meisten Salinen sind nur noch pittoreske Denkmäler einer Zeit, als Salz für die Schifffahrt lebenswichtig war. Nur die große Saline von *Janubio* an der Westküste ist teilweise noch in Betrieb, ebenso die von *Los Cocoteros* im Inselnorden.
- **Industrie**: gibt es praktisch nicht – außer dem Elektrizitätswerk, der Wasserentsalzungsanlage und der Fischkonservenfabrik im Hafen von Arrecife sowie einigen verstreuten Steinbrüchen, in denen meist Picón für den Trockenfeldbau abgebaut wird. Lediglich die Bauwirtschaft hatte in den letzten Jahren Hochkonjunktur.
- **Tourismus**: Er hat die Insel radikal verändert. Waren es 1975 noch nicht einmal 9000 Menschen, die auf Lanzarote Urlaub machten, besuchen mittlerweile gut 1,7 Mio. Urlauber jährlich die Vulkaninsel – ein boomender Markt, auf dem wesentlich leichter und schneller Geld zu verdienen ist als auf dem Acker. Kaum ein junger Mensch trägt sich noch mit dem Gedanken, Landwirt zu werden. Viele verdingen sich sofort nach der Grundschule als Kellner in der Strandkneipe oder jobben in einer Boutique – bis man vielleicht das nötige Geld hat, einen eigenen Laden aufzumachen. Problematisch dabei: Eine irgendwie geartete Ausbildung bleibt so

meist auf der Strecke. Die Ökonomie ist völlig vom Tourismus abhängig, mehr als 80 % der Bevölkerung leben in irgendeiner Weise vom Geschäft mit den Fremden. Trotzdem ist die Arbeitslosigkeit hoch und pendelt um die 13 %, d. h. von den 27.000 Einwohnern im arbeitsfähigen Alter sind etwa 3500 arbeitslos.

Viele Haushalte werden per Tankwagen mit Wasser versorgt

Umwelt

Nicht erst seit Lanzarote 1994 von der UNESCO zum „Weltschutzgebiet der Biosphäre" erklärt wurde, hat die Vulkaninsel gute Perspektiven, eine Vorreiterrolle in Sachen Ökologie zu spielen. Verfügt sie doch im Übermaß über die Elemente, die umweltfreundliche Energie erzeugen können: Sonne und Wind. Dazu kommen noch die von den vulkanischen Aktivitäten herrührenden Wärmequellen im Erdinneren.

Diesbezügliche Bemühungen stecken jedoch noch in den Kinderschuhen. Lediglich die Windkraft hat man zwischenzeitlich Erfolg versprechend eingesetzt. Das Umweltbewusstsein auf Lanzarote beginnt sich gerade erst zu entwickeln. Die Ernennung zum Reservat der Biosphäre kann dabei nur hilfreich sein.

▸ **Müllvermeidung und -beseitigung**: Hier müsste Entscheidendes geändert werden, denn derzeit landet noch alles, was anfällt, in den Löchern, die Lanzarote in Hülle und Fülle zur Verfügung hat – in Vulkankratern. Doch Müllverbrennung setzt giftige Dioxine frei und ist keinesfalls die optimale Lösung. Angeblich ist eine moderne Recyclinganlage im Bau, trotzdem sind Müllvermeidung, Mülltrennung und Wiederverwertung bisher weitgehend Fremdwörter geblieben: Die Unmengen von Mineralwasserflaschen aus Plastik werden nur einmal verwendet und danach weggeschmissen. Und für jeden Einkauf, sei er noch so klein, wird dem Kunden im

Supermarkt eine Plastiktüte in die Hand gedrückt. Auch für Glasflaschen gibt es keine Rückgabe, ein Pfandsystem existiert nicht, doch stehen immerhin seit wenigen Jahren Glascontainer auf Lanzarote.

Ihr bescheidener Beitrag als Tourist: Gehen Sie immer mit Ihrer eigenen Einkaufstasche oder -tüte los, verzichten Sie auf Getränkedosen und entsorgen Sie Glasflaschen in den vorgesehenen Containern. Nehmen Sie gebrauchte Batterien wieder mit zurück und entsorgen Sie sie zu Hause.

▶ **Energieversorgung**: Diese stellt ein vielleicht noch größeres Problem für Lanzarote dar. Bisher ist man völlig vom Erdöl abhängig, denn sowohl die Produktion von elektrischem Strom als auch die lebensnotwendige Wasserentsalzung können nur durch Verbrennung von Dieselöl vonstatten gehen. Die möglichen Alternativen zur Energiegewinnung werden bisher nur zögernd beachtet und sind Widerständen von Seiten der Energie-Lobby ausgesetzt:

Sonnenenergie nutzt man erstaunlicherweise bisher überhaupt noch nicht. Lediglich einzelne Hausbesitzer haben sich in Eigenregie bescheidene Solaranlagen für die Selbstversorgung installiert. Interessant ist in diesem Zusammenhang, dass die EU-Kommission für alternative Energien auf der Insel La Graciosa ein Projekt plant, in dem die Kombination von Solar- und Windenergie erforscht werden soll.

Windrotoren auf der Montaña Mina

Etwas besser sieht es mit der **Windenergie** aus, die der ständig wehende Nordostpassat im Übermaß mit sich bringt. Bei der letzten Welt-Energiekonferenz zeigten sich die Experten von dem enormen Potenzial der Kanaren tief beeindruckt. Anfang der Neunziger hat man auf der Hochebene oberhalb von Los Valles den größten Windpark der Kanarischen Inseln, den *Parque Eólico de Lanzarote*, errichtet. Ein ganzer Wald von Windrotoren – 48 Stück sind es – dreht sich hier unermüdlich im fast immer heftig wehenden Wind. Zusammen haben sie eine Nennleistung von 5280 kW, was bei mittlerer jährlicher Windgeschwindigkeit von 7–8 m/sec. eine Produktion von ca. 12 Mio. kWh bedeutet. Zusammen mit den etwa 3,4 Mio. kWh, die die Rotoren auf der Montaña Mina erzeugen, können so immerhin etwa 17 % des alljährlich von der großen Meerwasserentsalzungsanlage bei Arrecife benötigten Stroms ins Netz eingespeist werden (→ S. 158), wodurch einige tausend Tonnen Erdöl eingespart werden.

Drittens: die **Erdwärme**. Ein ungeheures Potenzial schlummert nur wenige Meter unter den Füßen der Besucher im *Nationalpark Timanfaya*. Dort ist in etwa 4 km Tiefe flüssiges Magma eingeschlossen, das 800 Grad Celsius heiß ist und mit aufsteigenden Gasen die darüber liegenden Erdschichten erhitzt. Noch unmittelbar unter der Oberfläche misst man fast 150 Grad! Doch hat man über die Gewinnung der geothermischen Wärme bisher nur ansatzweise nachgedacht. Zum einen liegt das Gebiet mitten im streng geschützten Nationalpark, zum anderen würde man wahrscheinlich eine wertvolle touristische Einnahmequelle verlieren.

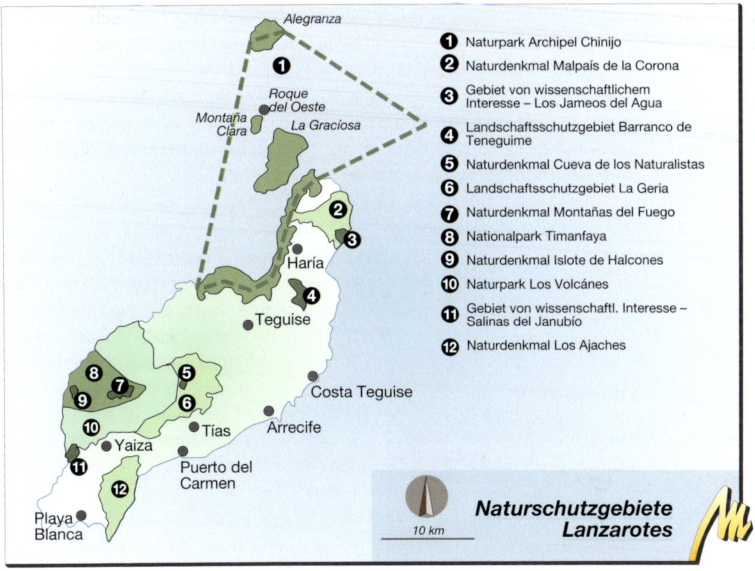

Naturschutzgebiete Lanzarotes

▸ **Bautätigkeit**: Ein weiteres, schwer wiegendes Problem ist die zukünftige bauliche Erschließung der Naturinsel Lanzarote. Als in den achtziger Jahren der Tourismus zu explodieren begann, setzte ein gewaltiger Bauboom ein. Die Badeorte fraßen sich in rasender Eile in die Landschaft, unkontrolliert wurden die Küsten zugebaut, die Insel begann Schaden zu nehmen. Anfang der Neunziger versuchte man deshalb, die Entwicklung durch den *Bebauungsplan PIOT* (Plan Insular Ordenación Territorial) zusammen mit einem *Baustopp* für touristische Objekte zu kanalisieren. Wichtigste Richtlinie war dabei, dass nur die bisher bereits als touristische Zonen ausgewiesenen Gebiete Puerto del Carmen, Costa Teguise und Playa Blanca bebaut werden dürften. Puerto del Carmen solle jedoch nur mehr unwesentlich vergrößert werden, Costa Teguise und Playa Blanca seien dagegen noch stark ausbaufähig. Aufgrund früherer Vereinbarungen konnte der Baustopp allerdings Ende der Neunziger von der Hotelbesitzer-Lobby gekippt werden. Seitdem hat vor allem Playa Blanca ein erneuter Bauboom erfasst, der dabei ist, den Süden Lanzarotes nachhaltig zu verändern. Zwar hat die Inselregierung im Jahr 2000 einen erneuten *Baustopp* ausgesprochen. Ihm zufolge sollen anstatt der früher geplanten Verdoppelung der Gästebetten bis zum Jahr 2010 nur noch etwa 10.000 Betten zu den vorhandenen 60.000 dazukommen. Doch ausgenommen von diesem Moratorium sind 90.000 Betten, für die die Lizenzen bereits vergeben wurden sowie Luxushotels und der ländliche Tourismus. Außerdem liegen Pläne für sechs (!) Golfplätze und drei Jachthäfen vor, die jeweils einige hundert Komfortwohnungen umfassen sollen und ebenfalls vom Baustopp nicht erfasst werden ... Es sieht deshalb nicht so aus, als ob es der Inselregierung jemals gelingen wird, die ausufernden Ferienstädte Lanzarotes in ein vernünftiges Konzept einzubinden.

Dass es bei den bisherigen Bauvorhaben nicht zu Exzessen wie im übrigen Spanien kam, ist hauptsächlich dem bekannten Inselkünstler *César Manrique* zuzurechnen, der von Anfang an vehement daraufhin arbeitete, bei Neubauten den traditionellen Inselstil nicht zu vernachlässigen. Gleichzeitig wurde der Bau von Hochhäusern konsequent untersagt, als Richtlinie galt dabei die Höhe von höchstens vier Stockwerken. So gibt es heute auf Lanzarote keine endlosen Zeilen von Apartmenthochhäusern wie in den meisten spanischen Badeorten und auch auf der Nachbarinsel Gran Canaria. Doch Manrique starb 1992, seitdem ist sein Einfluss und der seiner Anhänger im Schwinden begriffen.

▸ **Naturschutz**: Ebenfalls auf den Tourismus zurückzuführen ist der immense Schaden, der der Natur Lanzarotes zugefügt wird. Das Vordringen des Menschen in die letzten Winkel der Insel, das Zubauen vormalig einsamer Küstenstriche, das unkontrollierte Anlegen von Pisten durch die Lavafelder und die Sammelleidenschaft von „Botanikern" haben ihre Wirkung gezeigt. Zahlreiche Tier- und Pflanzenarten sind mittlerweile gefährdet oder wurden bereits ausgerottet. Vor allem die Naturschutzgruppe *El Guincho* („Der Fischadler"), deren Ehrenpräsident César Manrique war, setzt sich seit langem intensiv für den Naturschutz auf Lanzarote ein und ist maßgeblich daran beteiligt, dass die Umweltbehörde Lanzarotes endlich Schutzprogramme für die vom Aussterben bedrohten *hubaras* (Kragentrappen) und *pardelas* (Gelbschnabelsturmtaucher) aufgelegt hat.

Bitte nicht! Durch Fußtritte werden die zarten Flechtenkulturen empfindlich geschädigt

Mit der Ausweisung des *Nationalparks Timanfaya*, von je zwei *Naturparks* und *Landschaftsschutzgebieten* sowie von fünf *Naturdenkmälern* und zwei *Gebieten von wissenschaftlichem Interesse* hat man mittlerweile erreicht, dass gut die Hälfte der Insel unter Natur- oder Landschaftsschutz steht (→ Karte). Sehr erfreulich und vorbildlich ist die strenge Überwachung des *Nationalparks Timanfaya*. Weitere Erfolge: im gesamten *Gebirge von Famara* besteht striktes Bauverbot (1995 hat sich jedoch die spanische Armee darüber hinweggesetzt und eine neue Militärstation im Schutzgebiet errichtet, S. 279) und in der *Bucht von Famara*, an den berühmten *Papagayo-Stränden*, im Gebirge *Los Ajaches* und im Naturpark *Los Volcánes* (Pufferzone um den Nationalpark Timanfaya) sind nur Bauaktivitäten zulässig, die dem Schutzgedanken nicht widersprechen.

Ein großes, langfristiges Problem Lanzarotes ist die starke *Bodenerosion*. Da es keinerlei Wald gibt, wird bei den winterlichen Regenfällen die kostbare Erdkrume weggeschwemmt, das Wasser verrinnt als ungenutztes Oberflächenwasser oder sickert ungenutzt in Spalten. Eine Aufforstung würde die Erosion verlangsamen und helfen, den Grundwasserspiegel anzuheben.

• *Umweltorganisationen* **Viceconsejeria del Ministerio de Medio Ambiente**, kanarisches Ministerium für Regionalplanung und Umwelt (www.gobcan.es/medioambiente). **Red de Parques Nacionales**, Organisation, die für die Überwachung und Pflege der spanischen Nationalparks zuständig ist. Veranstaltet geführte Wanderungen durch den Nationalpark Timanfaya (→ S. 219). Calle La Mareta 9, E-35560 Tinajo. ☎ 928-840238-40, 📠 840251, E-Mail: timanfaya@oapn.mma.es

WWF/Adena Canarias, Kanarische Abteilung des World Wide Fund. Sitz auf Lanzarote in Puerto Calero 27-28, E-35570 Yaiza, ☎ 928-514532, 📠 513590, www.wwf.es, E-Mail: oficinacanarias@wwf.es

El Guincho (Asociación Cultural y Ecologista de Lanzarote), wichtigste Umweltgruppe Lanzarotes, benannt nach dem vom Aussterben bedrohten Fischadler „Guincho". Mitglied von „Ecologistas en accion", einem Zusammenschluss von mehr als 300 Umweltschutzgruppen aus ganz Spanien. Kontakt: Calle Blas Cabrera Felipe, Antiguo Parador de Turismos, Apdo. 365, E-35500 Arrecife. ☎ 928-815432, 📠 815430, www.benmagec.org/elguincho, E-Mail: guincho@benmagec.org

Lanzarote: Weltschutzgebiet der Biosphäre

1994 wurde Lanzarote eine hohe Ehrung zuteil: Von der UNESCO (United Nations Educational, Scientific and Cultural Organisation) wurde die gesamte Insel zum *„Weltschutzgebiet der Biosphäre"* ernannt. Es war das erste Mal, dass eine komplette Insel diesen besonderen Schutz erhielt. Er wird den Lebensräumen verliehen, wo Mensch und Natur noch in Harmonie miteinander stehen und der Umwelt besondere Aufmerksamkeit geschenkt wird. Weltweit gibt es bisher 320 Biosphären-Reservate, Lanzarote steht beispielhaft für die atlantische Inselwelt vulkanischen Ursprungs. Kernzonen des Biosphärenreservats sind der *Nationalpark Timanfaya*, das *Famara-Gebirge* und die nördlich vorgelagerten Inseln *Alegranza*, *Montaña Clara*, *Roque del Oeste* und *Roque del Este*, als Pufferzonen sind der Naturpark *Archipel Chinijo*, das Naturdenkmal *Malpais de la Corona* und der Naturpark *Los Volcánes* ausgewiesen (→ Karte). Nach Einschätzung der UNESCO sind auf Lanzarote die „Voraussetzungen für eine behutsame Weiterentwicklung unter Berücksichtigung der natürlichen Ressourcen in besonderem Maße gegeben". Diese Auszeichnung weist ein Ziel, ist mit konkreten Auflagen verbunden und will immer wieder neu erkämpft sein – denn letztendlich kann das Prädikat „Weltschutzgebiet" auch wieder aberkannt werden. Lanzarote muss sich in Zukunft sehr anstrengen, diesem hohen Anspruch gerecht zu werden:

- Ein unabhängiges Kontroll- und Koordinationsbüro für das Biosphärenreservat muss eingerichtet werden.
- Die aussterbende Landwirtschaft verlangt Förderung in hohem Maß, EU-Subventionen müssen zielgerichtet eingesetzt werden.
- Der Umweltschutz muss in vielen Bereichen forciert werden, bestehende Bestimmungen müssen strikt umgesetzt werden.
- Die Energiegewinnung aus Sonne und Wind muss konsequent gefördert und ausgebaut werden.
- Das Bussystem muss verbessert werden, um den motorisierten Individualverkehr zurückzudrängen.
- Der Naturschutz muss intensiviert und konkretisiert werden, die Besucher sollten zu Beginn ihres Aufenthalts umfassend aufgeklärt werden, was „erlaubt" ist und was nicht (z. B. kein Begehen oder Befahren der Lavafelder).
- Touristische Projekte, wie der Bau von Hotels, Straßen, Jachthäfen etc., müssen streng an ihrer Umweltverträglichkeit gemessen werden.
- Der 2000 verhängte Baustopp muss konsequenter durchgesetzt werden.

Kultur und Folklore

In der kanarischen Folklore haben sich viele Elemente vermischt. Einiges geht auf die vorspanischen Bewohner zurück, die verschleppten Berbersklaven wirkten prägend, von der spanischen Halbinsel und aus Europa erfolgten starke Einflüsse, dazu kam der Auswandererstrom in die Karibik, nach Mittel- und Südamerika, von wo Rückkehrer die lateinamerikanischen Bräuche mitbrachten. Am stärksten wirkte sich aber auch auf den Kanaren der rigorose Einfluss der katholischen Kirche aus, die alles inquisitorisch unterdrückte, was nicht christlich-religiösen Ursprungs war.

Feste, Feiertage und Veranstaltungen

Die Lanzaroteños feiern ihre zahlreichen Fiestas mit ausgelassener, südamerikanisch inspirierter Lebensfreude. Vor allem der wochenlange Karneval ist ein einziges großes Fest mit feurigen Sambarhythmen, gemeinsamem Gesang, farbenprächtigen Umzügen und fantasievollen Kostümen. Jung und Alt verbindet das gleiche Temperament. Selbst betagte Inselbewohner tanzen die Nächte durch und auch die Allerjüngsten sind immer dabei.

Vom Fasching abgesehen ist allerdings ein schwermütiger Grundton oft nicht zu übersehen. Die harte Geschichte der Kanarischen Inseln, die Kargheit des Bodens, die Armut und Ausbeutung durch die fremden Eroberer zieht sich durch die Folklore. Schmerzlich klagend ist oft der Gesang, getragen und mit leidendem Grundton berichten die Sänger von der Mühsal ihres Lebens. Fast alle Fiestas haben religiösen, d. h. spanisch-katholischen Ursprung, zum geringen Teil gehen sie auch noch auf uralte vorspanische Anlässe zurück. So gut wie jeder Ort feiert einmal im Jahr eine ausgelassene Kirmes zum Namenstag seines Schutzpatrons. Dazu kommt ein ausgeprägter Marienkult in verschiedener Gestalt. In der vielerorts gefeierten *Fiesta del Nuestra Señora del Carmen* (auch: Virgen del Carmen) wird die Muttergottes als Schutzheilige der Seeleute und Fischer verehrt, in Mancha Blanca erinnert die *Fiesta del Nuestra Señora de los Volcanes* an die Errettung vor den Lavaströmen der Timanfaya-Ausbrüche durch die heilige Dolores. Doch der religiöse Anlass bildet nur den Rahmen für das eigentliche Fest. Nach einer Prozession *(Romería)* mit geschmückten Karren und der Statue des Schutzpatrons durch die Straßen des jeweiligen Orts schließt sich schnell der gesellige Teil an, der durch die traditionelle Folklore Lanzarotes bestimmt wird. Nicht zuletzt we-

Tanz auf der Plaza von Teguise

Traditionelle Musik- und Trachtengruppe im Karneval

gen des Interesses der Touristen gibt es mittlerweile Tanz- und Musikgruppen in fast jedem Dorf, am bekanntesten sind die Gruppen *Ajei* aus San Bartolomé und *Acative* aus Teguise. In ihren malerischen Trachten sind sie bei jeder Fiesta dabei und tragen mit Stolz und Freude ihre Lieder und Tänze vor, z. B. die fröhlichen und schnellen *Isas*, die schwermütigen und gefühlsstarken *Folías*, den Singtanz *Sorondongo*, der auf andalusische Wurzeln zurückgeht, inzwischen aber als typisch lanzarotenisch gilt, oder aber die *Berlina*, eine Art Polka. Begleitet werden die Tänzer mit Timple, Gitarre, Bandurria (eine Art Laute), Mandoline, Flöte, Kastagnetten, Tamburin, Trommel und verschiedenen Rhythmusinstrumenten. Bis tief in die Nacht dauern die Feste, oft spielen Musikgruppen bis ins Morgengrauen zum Tanz auf. Die großen Fiestas dauern oft bis zu einer Woche. Praktisch alles findet dabei im Freien statt, auch im „Winter". Imbissbuden und Garküchen werden aufgebaut und bieten eine reiche Vielfalt an Speisen. Nicht zu übersehen ist allerdings auch das riesige Sortiment an harten Spirituosen, das hier an den Mann gebracht wird.

Höhepunkte im Festjahr

Wer in der winterlichen Hochsaison auf Lanzarote ist, sollte die beiden großen Umzüge in der Inselhauptstadt nicht versäumen: am 5. Januar das *Dreikönigsfest* und am Rosenmontag den turbulenten *Karnevalsumzug*. Im Sommer beherrschen dagegen große Volksfeste das Festgeschehen auf der Insel.

- **Fiesta de Cabalgata de los Reyes**: Das Dreikönigsfest beginnt am Abend des 5. Januar in Arrecife. Ein großer Zug mit Dromedaren und geschmückten Wagen zieht durch die Innenstadt – ein Riesenspektakel, an dem die ganze Stadt Anteil nimmt, sehr temperamentvoll und sehenswert. Anschließend findet die Bescherung der Kinder im Parque Islas Canarias statt. In den nächsten Tagen ziehen die Könige weiter über die Insel, u. a. gibt es Umzüge in *Teguise* und *Haría*.

Die großen Karnevalsumzüge fordern den Akteuren einiges ab

▸ **„El Carnaval"**: Mit dem weltberühmten Karneval von Teneriffa, der oft in einem Atemzug mit dem von Rio genannt wird, kann Lanzarote nicht konkurrieren, trotzdem ist auch die Vulkaninsel im Fasching eine Reise wert. Das ausgelassenste Fest der Insel wird auf Lanzarote nicht nur an einem Wochenende gefeiert, sondern viele Wochen lang – ein paar Tage im einen Ort, dann im anderen, danach im nächsten. Niemand soll etwas versäumen, jeder kann überall dabei sein. Und das Schönste: Der Karneval findet einfach kein Ende. Wenn bei uns der triste Aschermittwoch Einzug hält, geht auf Lanzarote das Feiern erst richtig los, die Nachwehen ziehen sich fast bis Ostern.

Bereits vor der Faschingswoche treiben die *Diabletes de Teguise* ihr (Un-)Wesen: In Overalls mit rotweißen Rauten, behängt mit Glocken und angetan mit einer behörnten Teufelsmaske laufen die jungen Männer durch die Inselorte, begleitet von Peitsche schwingenden Señores, die die bösen Geister austreiben. Ein weiterer Brauch sind die *Parrandas de los Buches*: Diese Spaßvögel ziehen unter Musikbegleitung durch die Straßen und dreschen mit großen Fischblasen auf Passanten ein. Höhepunkte der Festivitäten sind dann die großen Umzüge in Arrecife, Puerto del Carmen und Haría. Das ganze Jahr zuvor ist man mit dem Anfertigen der prächtigen Kostüme und Umzugswagen beschäftigt. Fast jedes Dorf der Insel stellt eine in wunderschöne, glitzernd-fantasievolle Gewänder gehüllte Straßenkapelle mit Trommeln und einfachen Blasinstrumenten, den so genannten *Murgas*, die sich mit Spottversen und Katzenmusik harte Konkurrenzkämpfe liefern und anschließend in Arrecife prämiert werden. In den folgenden Auftritten in vielen verschiedenen Orten verausgaben sich die Akteure bis an die Grenzen der physischen Erschöpfung.

Arrecife: Das größte Festereignis Lanzarotes findet am *Rosenmontag* in der Hauptstadt statt – ein kilometerlanger Umzug, zu dem sich die halbe Inselbevölkerung versammelt. Er beginnt am frühen Abend im Fischereihafen Puerto de Naos und endet erst spät in der Nacht beim Gran Hotel.

Doch schon in der Vorwoche liegt Arrecife im Karnevalsfieber: Drei Tage lang streiten die *Murgas* lautstark um den Einzug ins Finale, das schließlich auf einer Bühne im Parque Islas Canarias stattfindet.

Ein weiterer Höhepunkt ist die *Wahl der Karnevalskönigin* am Wochenende vor dem Rosenmontagszug, ihr Wagen wird dann das Zentrum des Umzugs bilden. Etwa ein Dutzend junger Damen bewirbt sich jedes Jahr um den begehrten Titel. Doch nicht ihre Schönheit ist ausschlaggebend, sondern die ihres Kostüms. Es ist so unglaublich aufwändig gestaltet, dass sie es alleine nicht anziehen kann und sich später darin kaum rühren kann, weil es zu eng und zu starr ist.

Am Sonntagabend folgt dann die Wahl der *Reina infantil*, der Faschingskönigin der Kinder. Im Parque Islas Canarias posieren die angehenden Damen, was das Zeug hält – ein liebenswerter Spaß, vor allem für Familien.

Endlich der *Rosenmontag*: Am besten, man postiert sich bereits nachmittags an der Uferstraße. Wegen der Parkplatzsuche sollte man rechtzeitig kommen (Plätze z. B. im Fischereihafen). Die Teilnehmer versammeln sich in langer Reihe im Hafen und der Umzug beginnt: Vorweg tanzen die „Parrandas de los Buches", danach ziehen im Wechsel prachtvoll gestaltete Wagen und bunte Musikgruppen die Uferstraße entlang. Jeder Wagen repräsentiert irgendein Thema – aus dem Inselalltag, aus der Weltpolitik etc. Menschen jeden Alters sitzen auf den Wagen, singen und tanzen, verteilen Bonbons, Schnaps und Ziegenkäse. Zwischen den Wagen präsentieren sich die musizierenden und tanzenden Gruppen der *Murgas* und *Comparsas* in farbenprächtigen Fantasiekostümen. Die Musikanten gehen mit ohrenbetäubenden Trommelwirbeln voran, die Gruppe folgt meist im Salsarhythmus. Inmitten dieses farbenprächtigen Umzugs zieht auch die Karnevalskönigin vorbei. Völlig bewegungslos steht sie stundenlang hoch aufgerichtet auf einem besonders pompösen Wagen.

Der Umzug endet beim Gran Hotel, auf der Straße vor dem Parque Islas Canarias. Dort stehen schon die typischen Fressbuden *(chiringitos)* bereit, die ganze Nacht wird gefeiert und getanzt, Musikgruppen spielen.

Am Aschermittwoch folgt schließlich die *Beerdigung der Sardine*, ein wahrhaft „tieftrauriges" Schauspiel. Die Sardine, die als Symbol für das Leben steht, ist eine metergroße Pappmachéanfertigung. Begleitet von einem temperamentvollen, jedoch tiefschwarz gekleideten „Trauerzug" wird sie vom Gran Hotel auf den Platz vor dem Kastell getragen und dort in einer riesigen Flamme verbrannt. Erstaunlich, wie fantasievoll selbst die schwarzen Kostüme ausfallen. Besonders beliebt sind bei den jungen Männern schwarze Mädchenkleider mit Schleiern, bei den Damen männliche Bärte und Macho-Hüte.

Und nach der Beerdigung? Jetzt heißt das Motto: „Der Karneval ist vorbei – es lebe der Karneval!" und es wird munter weitergefeiert.

Puerto del Carmen: Eine Woche später findet der *Karnevalsumzug* in Puerto del Carmen statt. Der Zug über die Strandstraße beginnt am Hotel San Antonio und endet am Hotel Los Fariones. In etwas anderer Reihenfolge treten die Kapellen und Faschingswagen der Vorwoche auf – und etwas abgekämpft sind sie mittlerweile schon, denn zwischendurch gab es praktisch täglich Veranstaltungen. Doch tapfer lassen sie sich die Anstrengungen der letzten Tage oder Wochen nicht anmerken, tanzen über die lange Strandstraße, angefeuert und beklatscht von den Spalier stehenden Touristen. Nach dem Umzug geht es im alten Fischerhafen weiter. Zwei Nächte lang wird bis zum Morgen getanzt und gefeiert.

Haría: Wieder eine Woche später muss man Haría aufsuchen, um an dem bunten Tumult teilzunehmen. Dort fällt das Ganze zwar etwas kleiner aus, ist aber wegen der schönen Atmosphäre in dem hübschen Ort nicht weniger reizvoll und bietet eine ganz andere Stimmung als in den großen Küstenorten.

> Die genauen Termine aller Karnevalsveranstaltungen erfahren Sie durch die Zeitung **info Canarias** sowie in den **Tourist-Büros**, wo eine Broschüre zum Karneval verteilt wird.

- **Fiesta de Corpus Cristi** (Fronleichnam): Anfang Juni in Arrecife, große religiöse Prozession über kunstvoll Teppiche aus gefärbtem Meersalz. Ein ganzer Straßenzug wird in eine Abfolge fantasievoller Bilder und Ornamente verwandelt (→ S. 149).
- **Fiesta de San Juan**: Am 24. Juni wird in Haría die *Noche de San Juan* (Nacht des heiligen Johannes) gefeiert, das einzige bedeutende Fest, das auf vorspanische, also nichtchristliche Ursprünge zurückgeht. Die Majos entzündeten damals überall auf den Hügeln Feuer und dankten ihren Göttern für die Ernte. Nach der Eroberung verband man das Fest mit dem christlichen Anlass. So findet heute zunächst eine Prozession zu Ehren des Täufers statt, danach gibt es im Ortszentrum ein großes Sonnwendfeuer mit Verbrennung des *Facundo*, einer überlebensgroßen Puppe, die das Böse symbolisiert.
- **Fiesta de la Nuestra Señora del Carmen**: Zu Ehren der Schutzheiligen der Seeleute und Fischer finden am 16. Juli Festivitäten in vielen Inselorten statt, u. a. in Caleta del Sebo (La Graciosa), Teguise, Puerto del Carmen, Arrieta und Playa Blanca, am intensivsten auf der vorgelagerten Insel *La Graciosa*, deren Bevölkerung fast völlig vom Fischfang lebt. Viele Lanzaroteños fahren dann hinüber auf die kleine Insel und machen die sommerliche Nacht zum Tag (→ dort). Aber auch in *Puerto del Carmen* geht es in diesen Tagen rund.
- **Fiesta de San Ginés**: großes, mehrtägiges Volksfest zu Ehren des französischen Schutzheiligen von Arrecife am 25. August. Es finden Regatten statt, simulierte Seeschlachten, Ringkämpfe, im Charco San Ginés werden Boots- und Fischerwettbewerbe ausgetragen. Musik, Buden und Imbissstände überall, nachts Feuerwerk.
- **Fiesta de la Nuestra Señora de los Remedios**: um den 8. September in Yaiza, zehntägiges Fest zu Ehren der Ortsheiligen, die Yaiza vor den Zerstörungen der Vulkanausbrüche im 18. Jh. bewahrt haben soll. Die Figur der Heiligen wird in feierlicher Prozession durch die Straßen geleitet, begleitet von aufwändig dekorierten Eselswagen, festlich geschmückten Dromedaren und Folkloregruppen der ganzen Insel. Anschließend findet die Wahl der Festkönigin und ein großes Feuerwerk in Erinnerung an die Vulkanausbrüche statt. Zum Ausklang gibt es das traditionelle Sardinenessen auf der Montaña Bermeja.
- **Fiesta de la Nuestra Señora de los Volcanes**: am 15. September in Mancha Blanca, eine der größten und bekanntesten Fiestas Lanzarotes. Die Schutzheilige Dolores rettete 1736 mit bloßer Hand das Dorf vor der Verwüstung durch Lava, auch bekannt als „El Milagro“ (Das Wunder) von Mancha Blanca. Berühmt ist die Fiesta vor allem wegen der großen *Kunsthandwerksmesse*, auf der Handwerker aller sieben Kanarischen Inseln ihre Arbeiten ausstellen. Des weiteren gibt es ein großes *Folklorefestival*.
- **Weihnachten**: wird etwas anders als in Mitteleuropa gefeiert. Am 24. Dezember arbeitet man bis abends, isst und feiert dann zwar zusammen im Familienkreis, doch Geschenke gibt es erst zum *Dreikönigstag*. In Teguise gibt es am Heiligabend ein öffentliches Weihnachtsfest mit viel Musik und Tanz, auch in Haría wird gefeiert (→ Festkalender). Der folgende 25. Dezember ist Feiertag, der 26. aber wieder normaler Werktag. Die eigentliche Weihnachtsfeier am 6. Januar wird eingeleitet durch den großen Umzug am Vorabend in Arrecife.
- **Silvester**: Zur Jahreswende explodieren auch auf Lanzarote zahlreiche Feuerwerkskörper, Traditionsbewusste essen um Mitternacht die *„uvas de la suerte“* (Trauben des Glücks), anschließend wird bis zum Morgengrauen gefeiert.

Festkalender

5. Januar: *Fiesta de Cabalgata de los Reyes*, Dreikönigsfest in Arrecife. Prächtiger Umzug mit Dromedaren und geschmückten Wagen durch die Innenstadt.

Februar/März: Lanzarote im *Karnevalsfieber*. Gefeiert wird wochenlang, Höhepunkte sind die kilometerlangen Umzüge in Arrecife und Puerto del Carmen (→ dort).

Ostern (wechselnder Termin): in der Osterwoche *La Semana Santa* ziehen kirchliche Prozessionen durch die Straßen von Arrecife.

24. Mai: *Fiesta de Maria Auxiliadora* in Montaña Blanca.

24. Juni: *Fiesta de San Juan* in Haría. Sonnwendfeier und Erntedank, gleichzeitig Geburtstag Johannes des Täufers. Am selben Tag *Fiesta de San Bartolomé* zu Ehren des Ortsheiligen in San Bartolomé.

Juni (wechselnder Termin): *Fronleichnam* (Fiesta de Corpus Cristi) in Arrecife, Prozession über kunstvolle Teppiche aus gefärbtem Meersalz.

29. Juni: *Fiesta de San Pedro* in Mácher und Máguez, Ortsfeste zu Ehren des Apostels Petrus.

Juli: *Weinfeste* in Conil und Masdache im Weinbaugebiet La Geria. Die ersten Trauben des Jahres werden gekostet. Genauer Termin wechselt jährlich, im Info-Büro nachfragen.

7. Juli: *Fiesta de San Marcial del Rubicón* in Femés. Der französische Bischof Marcial (16. Jh.) wird als Schutzpatron Lanzarotes verehrt, dementsprechend ist die Fiesta eine der wichtigsten religiösen Feiern der Insel. Gefeiert wird in dem kleinen Nest eine gute Woche lang.

16. Juli: *Fiesta de la Nuestra Señora del Carmen*, populäres Fest in vielen Inselorten, besonders lohnend in Caleta del Sebo (La Graciosa).

16. August: *Fiesta de San Roque* zu Ehren des Ortsheiligen von Tinajo.

Zweite Augusthälfte: *Feria de Artesanía*, im Fischerhafen von Puerto del Carmen, große Kunsthandwerkausstellung mit Vorführung traditioneller kanarischer Sportarten.

23. August: *Fiesta de la Santa Rosa de Lima*, Kirchenfest in Órzola.

25. August: *Fiesta de San Ginés*, großes Fest zu Ehren des Schutzheiligen von Arrecife. Fast eine ganze Woche lang wird gefeiert, zahlreiche Attraktionen.

30. August: *Fiesta de la Santa Rosa de Lima*, Kirchenfest in Haría.

8. September: *Fiesta de la Nuestra Señora de los Remedios*, Fest zu Ehren der Schutzheiligen von Yaiza, eins der größten kirchlichen Feste Lanzarotes. Am selben Tag die *Fiesta del Pino*, Sommerfest in Punta de Mujeres.

9. September: Fiesta de Nuestro Señor Socorro in Tiagua.

15. September: *Fiesta de la Nuestra Señora de los Volcanes* in Mancha Blanca. Große Fiesta mit zahlreichen Höhepunkten, u. a. große Kunsthandwerksmesse.

24. September: *Fiesta de la Nuestra Señora de las Mercedes* zu Ehren der Schutzheiligen von Mala.

30. November: *Fiesta de San Andrés* in Tao.

4. Dezember: *Fiesta de Santa Barbara* in Máguez.

24. Dezember: *Fiesta de los Ranchos de Pascua* (Fest der Weihnachtshirten) in Teguise, großes Weihnachtsfest auf echt kanarische Art. Fröhlich und ausgelassen wird ab Mitternacht die Nacht durchgetanzt, vorher Messe und Prozession. Viele lanzarotenische Tanz- und Musikgruppen treffen sich im Zelt auf dem Festplatz Gran Mareta.

Kanarischer Sport

Der kanarische Ringkampf *Lucha Canaria* ist ein eigentümliches sportliches Ritual, das so nur auf den Kanarischen Inseln ausgeübt wird – Parallelen gibt es allerdings in vielen Ländern von Island bis Ägypten. Ob er in seinen Ursprüngen auf die Altkanarier zurückgeht, ist umstritten, überliefert ist jedoch, dass es eine Art Ringkampf bei den vorspanischen Einwohnern gab. Die Lucha Canaria ist auf Lanzarote so populär wie bei uns der Fußball: Die beiden „Luchadores" stehen einander gegenüber, die linke Hand jeweils am aufgekrempelten Hosenbein des Gegners. Mit der rechten Hand fasst man zunächst die Rechte des Gegenübers, dann legt man sie ihm auf den Rücken. Nun geht es darum, den Kontrahenten hochzuheben und auf den Boden zu werfen. Ganz wichtig ist die Standfestigkeit, man muss mit beiden Beinen fest am Boden bleiben – sobald ein Bein den Kontakt zum Boden verliert, hat man meist verloren. Das Körpergewicht spielt dabei eine Rolle, aber auch Wendigkeit und schnelles Reaktionsvermögen. Arenen für Lucha Canaria gibt es in *Arrecife, San Bartolomé, Tías, Tinajo, Tao* und *Haría.* Plakate weisen auf Veranstaltungen hin. Wer die Gelegenheit hat, sollte einmal zuschauen, der Eintritt kostet nur ein paar Cent. Die Lucha Canaria ist aber auch fester Bestandteil vieler Fiestas. Die siegreichen Champions genießen inselweites Ansehen und sind oft sogar professionell tätig.

Das Kugelspiel *Bola Canaria* kennen wir unter dem Namen Boccia. Jedes Dorf hat seine sandgedeckte Kugelbahn und die Herren der Schöpfung liefern sich allabendlich harte Gefechte. Die Bahn im Fischerhafen von Puerto del Carmen ist immer von Touristen umlagert. Hier wird der Freizeitsportler zum kleinen Star.

Der traditionelle Stockkampf *El Juego del Palo* ist eher eine Sache für Insider. Dabei dürfen sich die Kämpfer nicht vom Fleck bewegen und schlagen mit feuergehärteten Stöcken auf den Gegner ein, der Schlag wird allerdings – im Gegensatz zu früher – nur simuliert.

Auf den Märkten werden kunstvolle Stickereien angeboten

Kunsthandwerk

Ein gutes Auge braucht man schon, um zwischen dem Ramsch aus aller Welt, der in den Souvenirshops verkauft wird, wirklich echt lanzarotenische Ware aufzuspüren. Aber die Mühe lohnt, denn es handelt sich um originelle Stücke, unverfälscht vom internationalen Massengeschmack.

Größtes Handikap für die Ausbildung eines kunsthandwerklichen Markts war der Mangel an Rohmaterialien. Tonerde gibt es jedoch überall und wie auf allen Kanarischen Inseln ist auch auf Lanzarote die *Keramik* tragendes Element der Volkskunst. Dazu kommt die traditionelle *Rosettenstickerei*, die noch von vielen Frauen gepflegt wird. Fast ausgestorben ist dagegen die *Korbflechterei*. Lanzarote gilt außerdem als Ursprungsort der *Timples*, kleiner, gitarrenähnlicher Instrumente, die in der kanarischen und lateinamerikanischen Folklore weit verbreitet sind. Der grüne Halbedelstein *Olivin*, der als Einsprengsel in Lavabrocken sitzt, wurde früher in zahlreichen Schmuckstücken verarbeitet, wird aber mittlerweile fast vollständig aus Übersee eingeführt (→ Kasten, S. 61).

„Die Verlobten von Mojón" im Dutzend

Erst mit dem Aufkommen des Tourismus in den letzten zwei Jahrzehnten konnte sich das Kunsthandwerk wieder fest etablieren – ohne touristische Nachfrage wäre es mit Sicherheit über kurz oder lang ausgestorben. Inzwischen hat sich ein florierendes Geschäft daraus entwickelt, leider mit dem bedauerlichen Nebeneffekt, dass zusehends ausländische Billigimitationen auf dem Markt auftauchen. Einen guten Überblick über den Stand des kunsthandwerklichen Schaffens bieten alljährlich Ende August die *Feria de Artesanía* in Puerto del Carmen und Mitte September die Kunsthandwerksmesse *Feria Insular de Artesanía Tradicional* in Mancha Blanca (→ dort). *El Mercadillo*, der große Sonntagsmarkt in Teguise, ist dagegen ein touristisches Spektakel, wo man nie sicher sein kann, was man erwirbt.

In folgenden Kunsthandwerkszentren und Läden können Sie sicher sein, authentisch lanzarotenische Stücke zu bekommen: **Casa-Museo del Campesino** bei Mozaga (→ S. 201), **Taller y Tienda Municipal de Artesanía** in Haría (→ S. 285), **Artesania** in Puerto del Carmen (→ S. 177) und **Pedro Placeres Alpuin** in Mala (→ S. 302).

▸ **Keramik**: Die Töpfer des kleinen Örtchens *El Mojón* im Norden der Insel gelten als Bewahrer der archaischen Töpferkunst Lanzarotes. Sie reproduzieren noch heute die überlieferten Stücke der Ureinwohner – hauptsächlich Schüsseln, Schalen und Krüge, aber auch fantasievolle menschliche Skulpturen – nach eigenen Methoden: Die Rohlinge wurden ohne Töpferscheibe hergestellt, indem man sie im Sand drehte und schließlich in Erdlöchern und Öfen aus Naturstein brannte. Da vor dem Einsetzen des Tourismus kaum noch Nachfrage bestand, wäre das traditionelle Töpferhandwerk wohl ausgestorben, wenn sich nicht einige wenige Menschen für seinen Bestand eingesetzt hätten.

Traditionelle Keramik auf Lanzarote: Dorotea und Juan Brito

Dorotea Armas aus El Mojón hat das Töpfern in ihrer Jugend von ihrer Mutter erlernt, diese wiederum von ihrer Großmutter. Die 1997 im Alter von fast 100 Jahren verstorbene Keramikerin galt als einzige Bewahrerin der alten Techniken auf Lanzarote. Vor allem wurde sie bekannt wegen ihrer Figuren „Die Verlobten von Mojón", eine männliche und weibliche Tonfigur von etwa 20 cm Höhe, deren Geschlechtsorgane übertrieben deutlich herausgehoben sind. Angeblich handelt es sich dabei um Figuren eines uralten Fruchtbarkeitskults. Verlobte auf Lanzarote schenken sie einander noch heute, sie sind auch in vielen Souvenirshops erhältlich. Doroteas Stücke erkennt man an dem Namenssignet „Dorotea" auf der Rück- oder Unterseite. Ihre Arbeit führen mittlerweile Tochter und Enkelin weiter, die Figuren werden weiterhin mit „Dorotea" gekennzeichnet.

Die Töpferin Dorotea

Zweiter wichtiger Förderer der Töpferei ist der Volkstumsforscher **Juan Brito**. Durch sein starkes Interesse für die frühe Inselkultur brachte er Dorotea dazu, das Töpferhandwerk weiter zu pflegen, und ließ sich von ihr in die Technik einweihen. Er hat das archäologische Museum in Arrecife aufgebaut und nach alten Vorbildern „El Brujo" (Der Zauberer) geformt: ein archaisches Männchen mit wildem Gesichtsausdruck, Hörnern und einem über dem Kopf geschwungenen Dreizack. Manrique nahm die Figur als Anregung für seine Lanzarote-"Teufelchen", die an der Durchgangsstraße die Grenzen des Nationalparks Timanfaya markieren.

- **Rosettenstickerei**: In zahlreichen Souvenirshops findet man runde Deckchen verschiedener Größe, die aus mehreren kunstvoll gefertigten Rosetten zusammengesetzt sind. Sie sind entweder mit einem Faden oder zweifarbig gestickt und die Frauen von Lanzarote fertigen sie mit speziellen Klöppelgeräten. Die Preise für kleine Deckchen beginnen bei etwa 15 €, beste Verkaufsstellen sind die Boutique *Tomás Panasco* in Arrecife, der Laden von *Pedro Placeres Alpuin* in Mala und das *Kunsthandwerkszentrum* in Haría (→ jeweils dort). Vorsicht vor Imitationen aus Taiwan, Hongkong etc., die inzwischen zusehends den Markt überschwemmen. Wenn Sie sicher gehen wollen, kaufen Sie nur bei den angegebenen Adressen oder in den ausgewiesenen Kunsthandwerkszentren.
- **Korbflechterei**: *Eulogio Concepción Perdomo* ist der einzige Korbflechter Lanzarotes. Er lebt und arbeitet in Haría, dort wo die meisten Palmen stehen und er immer genügend Arbeitsmaterial findet. Für die Herstellung seiner stabilen Körbe benutzt er die kräftigen Stiele *(pírganos)* der Palmwedel. Er hat noch keinen Nachfolger für seine Arbeit gefunden.

In diesem Zusammenhang müssen auch die konisch geformten *Strohhüte* genannt werden, die fast ein Markenzeichen der kanarischen Folklore sind. Sowohl auf Lanzarote als auch auf La Graciosa werden sie von der Landbevölkerung noch häufig getragen.

Olivinverkauf in Teguise

Smaragdgrüner Olivin: Schmuckstein aus höllischer Tiefe

Überall, wo es Vulkane gibt, gibt es auch das Mineral Olivin (auch Chrysolith genannt). Durch die heftigen Eruptionen wird es aus den Tiefen der Erde herausgeschleudert und man findet es überall auf Lanzarote als kristallin zerbröselte Einsprengsel in Lavabrocken. An den Stränden wäscht die Meeresbrandung die Körner heraus und schleift sie zu millimetergroßen, glänzenden Steinchen ab. Vor allem an der rauen Westküste sind sie ein beliebtes Fundobjekt und immer sieht man tief gebückte Urlauber auf der Suche nach den hübschen Souvenirs.

Der aus dem Olivin geschliffene Halbedelstein heißt *Peridot* und man fasst ihn gerne in Schmuckstücken ein, die Juwelierläden von Lanzarote sind voll damit. Jedoch Vorsicht, in der Regel sind die auf Lanzarote gefundenen Körnchen zu klein zum Schleifen. Bereits geschliffene Steine werden aus Arizona, Brasilien, Kolumbien und Indonesien eingeführt. Faustregel deshalb: Nur ungeschliffener Olivin stammt tatsächlich aus Lanzarote. In jedem Fall ist der Peridot-Schmuck aber ein schönes Mitbringsel, da er in Europa sehr selten getragen wird. Leider ist inzwischen sogar synthetisch hergestellter „Olivin" auf dem Markt aufgetaucht.

Geschichtlich „aktenkundig" wurde der Olivin erstmals bei den alten Ägyptern. Diese fanden ihn bereits vor 3500 Jahren im Roten Meer, verarbeiteten ihn in ihrem Schmuck und nannten ihn „Stein der Sonne". Über die Kreuzritter fand der Peridot seinen Weg nach Europa, wo er in höfischen Kreisen sehr beliebt wurde. Vor allem im sinnenfrohen Barock war er ein geschätzter Schmuckstein. Oft verwechselte man ihn mit dem wesentlich wertvolleren Smaragd, so z. B. im Kölner Domschatz. Esoteriker schätzen seine beruhigende Wirkung und schreiben ihm Erfolg und Wohlstand zu.

- **Timples**: Die kleinen, gitarrenähnlichen Timples mit fünf Saiten (tiefste Saite in der Mitte) sind ein wichtiger Bestandteil der kanarischen Folklore. Der Klang ist entsprechend ihrer Miniaturgröße hoch und hell. Die Vorläufer des Instruments stammen wahrscheinlich aus Nordwestafrika und kamen mit den Berbern auf die Kanaren. Durch auswandernde Canarios verbreitete es sich im ganzen südamerikanischen Raum. Die Timples gibt es in verschiedenen Qualitäten – von einfachen Touristensouvenirs (Kostenpunkt um die 50 € und oft im Ausland gefertigt) bis zu echten Kunstwerken aus wertvollen Hölzern, mit Einlegearbeiten und großartigen Klangqualitäten. In Teguise kann man die Werkstatt von *Simon Morales Estebán* besuchen (→ dort).

Architektur

Nach der „Reconquista", der katholischen Wiedereroberung Spaniens von den islamischen Arabern und Berbern (so genannte Mauren, span. moriscos), die 1492 mit dem Fall von Granada ihren Abschluss fand, blieben in der Architektur Südspaniens deutliche Spuren der reichen moslemischen Kultur zurück. Viele der Handwerker ließen sich taufen und lebten noch bis zur endgültigen Vertreibung durch die Inquisition Anfang des 17. Jh. in Spanien. Die so entstandenen maurisch-andalusischen Bauformen im „Mudéjar"-Stil wurden mit der Eroberung der Kanaren von den Neusiedlern auch auf die Inseln exportiert.

Auf Lanzarote trifft man diesen Stil allerdings nur noch in wenigen Bauten mit durchweg herrschaftlicher, repräsentativer oder sakraler Funktion, die früher der europäischen Oberschicht gehört hatten oder von dieser genutzt worden waren. Typische Merkmale sind vor allem die reich verzierten *Holzbalkone, Erker und Fensterkonstruktionen*, letztere mit schweren, mehrfach unterteilten Läden, die man wegen der grellen Sonne nur teilweise öffnen musste. Dazu kommen die bis zur Eroberung unbekannten *Ziegeldächer* und die reiche *Ornamentik* von Portalen, Treppen und Brüstungen. Deutlich zeigt sich der islamische Einfluss auch in den schweren hölzernen Kassettendecken, die mit geometrischen Mustern verziert sind. Und auch der schattige *Patio* (Innenhof) wurde aus Andalusien eingeführt.

Die Wohnhäuser der Insulaner sind dagegen im einfachen *maurisch-afrikanischen* Stil errichtet, d. h. es sind weiß gekalkte Würfelhäuser in schlichten klaren Formen mit kleinen Fenstern, dicken Mauern und Flachdächern, die oft als Zisternen dienten. Besonders die afrikanischen Berbersklaven, die im 16. Jh. die Insel bevölkerten, haben hier stilbildend gewirkt. Eine eigenwillige Variante stellen die fantasievollen *Kaminformen* dar, die mit ihren turban- und minarettähnlichen Aufsätzen durch und durch islamisch wirken und die es so nur auf Lanzarote gibt.

Gemeinsam ist allen Bauten, ob andalusisch oder afrikanisch geprägt, die Schutzwirkung gegen die heftige Sonne: Sie besitzen nach außen eher abweisend wirkende Mauern, die mit ihrem weißen Anstrich die intensive Sonneneinstrahlung reflektieren und die Innenräume kühl halten.

Fast als Freilichtmuseum traditioneller Stilformen präsentiert sich die ehemalige Hauptstadt *Teguise*, einige schöne Häuser findet man auch in *Yaiza*. Doch im Allgemeinen sind historische Bauten auf Lanzarote eher die Ausnahme, denn auf der jahrhundertlang bitterarmen Insel wurden nie große architektonische Meisterleistungen vollbracht.

Typische Lanzarote-Architektur

▶ **Zeitgenössische Architektur**: Heute ist die Vulkaninsel fast vollständig von neuer Bausubstanz geprägt, die allerdings viele Reminiszenzen an die Tradition beinhaltet. Der berühmte Künstler und Naturschützer *César Manrique* war einer der ersten, die erkannten, dass die historischen Bauformen ein lebendiges Kapital der Insel sind, die keinesfalls verschwinden dürfen. In den siebziger Jahren veröffentlichte er sogar ein dickleibiges Buch namens *„Lanzarote, Architectura inédita"*, in dem die variantenreichsten Formen mit Schwarzweißfotos archiviert sind. Er war auch maßgeblich daran beteiligt, dass der heute so typisch anmutende grüne Farbanstrich der Holzbalkone, Türen und Fenster inselweit verbreitet wurde und für die Bauherren zeitweise sogar verpflichtend war. Heute wird das nicht mehr so eng gesehen und vor allem im Norden Lanzarotes dominiert eher blauer Anstrich.

Der touristische Bauboom erfasste Lanzarote relativ spät, in einer Phase, in der man die architektonischen Sünden am spanischen Festland bereits bitterlich bereute. Flächendeckende Hochbauten wie an der Mittelmeerküste findet man deshalb nicht. Lediglich in Arrecife dominieren hier und dort hässliche Büro- und Apartmentzeilen mit zehn oder mehr Stockwerken das Stadtbild. In den Ferienorten orientieren sich heute viele Apartmentanlagen an alten Vorbildern, Manrique und der mit ihm befreundete Architekt *Luís Ibáñez* haben an einer ganzen Reihe davon mitgewirkt. Eine Bauverordnung regelt die Höhe der Bauten, die vier Stockwerke nicht übersteigen dürfen – Ausnahmen bestätigen die Regel (z. B. Hotel Beatriz in Costa Teguise). Weite Teile der Insel stehen unter Naturschutz und dürfen nicht bebaut werden.

Die farbenprächtige Mosaikmauer in der Fundación Manrique

Kunst auf Lanzarote

César Manrique hat sie durch seine Berühmtheit alle in den Schatten gestellt, es gibt aber eine ganze Reihe von einheimischen Künstlern, die sich hauptsächlich der Malerei und gestalterischen Aufgaben widmen. Sowohl thematisch als auch bezüglich der Materialien bleiben sie meist im Rahmen, den die Vulkaninsel vorgibt.

Aber auch im Ausland gilt Lanzarote wegen seiner vulkanisch-urtümlichen, klaren und meditativen Landschaften als „en vogue", so dass sich auch manch ausländischer Künstler ein Refugium aufgebaut hat. In der *Galería Yaiza* (→ Yaiza) des verstorbenen deutschen Malers *Veno* kann man einen kleinen Überblick über das Kunstschaffen auf Lanzarote erhalten.

Künstlerpersönlichkeiten (Auswahl): *Ildefonso Aguilar*, der eigentlich vom spanischen Festland stammt, fertigt Landschaftsbilder mit Hilfe von Vulkanasche und verschiedenfarbigem Sand, ist aber auch im audiovisuellen Bereich aktiv, hat vor allem die große Audiovisionsschau in der Lavagrotte Jameos del Agua konzipiert, für die Brian Eno (ehemals Mitglied der britischen Popgruppe Roxy Music) die meditative Musik beisteuerte.

Luís Ibáñez arbeitete früher eng mit César Manrique zusammen und hat bei vielen seiner Werke mitgewirkt. Er ist der wohl einflussreichste Architekt der Insel, hat viele Ferienanlagen und den neuen Yachthafen Puerto Calero entworfen.

Jesús Soto, verstorben im Mai 2003 in Arrecife, war vor drei Jahrzehnten ebenfalls im Team von Manrique. Er wirkte vor allem gestalterisch, hat u. a. den Innenbereich der Lavahöhle Cueva de los Verdes konzipiert, war außerdem maßgeblich an der Ausgestaltung von Jameos del Agua sowie der Planung und Schaffung der Ruta de los Volcánes im Nationalpark Timanfaya beteiligt.

Paco Fuentes hat sich mit seiner Malerei und Dekorationskunst weit über die Grenzen von Lanzarote hinaus einen Namen gemacht.

Pedro Tayó aus Uga ist einer der neuen jungen Maler Lanzarotes, dessen Bilder im Stil der naiven Malerei u. a. in seinem Atelier in Uga und in der Galería Yaiza zu sehen sind.

Juan Brito und die mittlerweile verstorbene *Dorotea Armás* haben die traditionelle Keramik der Altkanarier als Grundlage für ihre Tonskulpturen genommen (→ Kunsthandwerk).

Veno, der vor einigen Jahren verstorbene Besitzer der Galerie in Yaiza, hatte sich in den letzten Jahren einem abstrakten Stil zugewandt, in seinen plakativen Ölgemälden werden die Farben der Vulkaninsel Lanzarote lebendig.

Anneliese Guttenberger, seit 1987 auf Lanzarote, stellt ihre collageartigen Werke und Radierungen zusammen mit dem Keramiker *Stefan Schultz* in ihrer Galerie in Teseguite aus (→ dort).

Der deutsche Künstler *Michael* schweißt in seinem Atelier „El Pajarito“ in Yaiza aus altem Schrott Windspielfiguren, malt mit Acryl Fantasien auf Leinwand, die durch die Insel beeinflusst werden, und fertigt Emaillearbeiten.

Treffpunkte für Kunstinteressierte

Arrecife: Museo Internacional de Arte Contemporáneo, Galería El Aljibe und Galería Punto de Encuentro con el Arte

Tahiche: Fundación César Manrique

Teguise: Convento de Santo Domingo und Casa Palacio Herrera y Royas

Teseguite: Galería Guttenberger/Schultz

Uga: Galeria Pedro Tayó

Yaiza: Galería Yaiza

César Manrique

„Manrique ist Lanzarote, Lanzarote ist Manrique“ – mit dieser schon fast erschreckenden Verallgemeinerung wird man häufig konfrontiert, wenn von dem bekanntesten Mann Lanzarotes die Rede ist. Doch zweifellos hat der Maler, Architekt, Bildhauer, Designer und Umweltschützer Erscheinungsbild und Image der Vulkaninsel entscheidend geprägt und viele Denkanstöße für ihre Entwicklung gegeben. Auch die Kandidatur Lanzarotes zum „Weltschutzgebiet der Biosphäre“ ging auf seine Initiative zurück.

Bereits Anfang der 1970er Jahre, als andere Inseln Betonorgien feierten und ihre Küsten mit Hochhäusern zupflasterten, wandte sich Manrique sehr konsequent der traditionellen Bauweise zu, entwarf Ferienanlagen, die nicht höher als drei oder vier Stockwerke waren und zahlreiche Elemente der alten insularen Architektur enthielten. Gleichzeitig begann er damit, an zahlreichen markanten Punkten die einzigartige Natur der Vulkaninsel behutsam zu Kunstwerken umzuformen und

„Jugues del Viento" – Windspiel bei Arrietta

„Toiletten-Macho" im Kaktusgarten

faszinierende Landmarken zu setzen. Die Symbiose von Kunst und Natur war ihm dabei immer das größte Anliegen. Wie kein anderer hat er dazu beigetragen, dass Lanzarote seinen Charakter bewahrt hat. Er trug aber auch dazu bei, dass der Ruf der Insel einen unaufhörlichen Besucherstrom nach sich zog.

Ein Künstlerleben

César Manrique wird 1919 in *Arrecife* geboren und verbringt dort seine Schulzeit und Jugend. Seine Bilder sind damals noch ganz und gar gegenständlich. Er malt die typischen Inselszenen mit Fischern, Booten und insularen Motiven. Nach abgebrochenem Architekturstudium in Teneriffa zieht es ihn 1945 aus der Isolation der Inseln nach *Madrid*, dort lässt er sich zum Zeichen- und Mallehrer ausbilden. In der Metropole entdeckt er die abstrakte Malerei und wird überzeugter Anhänger dieser Stilrichtung. 1954 kann er zusammen mit anderen Malern die erste Galerie für abstrakte und surrealistische Kunst in Spanien eröffnen, ein großes Wagnis in der Zeit der reaktionären Franco-Dikatur (→ Geschichte). Doch der Staat duldet das Unternehmen und Manrique wird mit seinen abstrakten Werken in Kunstkreisen allmählich bekannt. 1964 lädt ihn der Kunstmäzen Nelson Rockefeller, der einige seiner Gemälde erworben hat, nach *New York* ein. Seine kraftstrotzende und expressive Malweise, sichtlich inspiriert von der vulkanischen Natur seiner Heimatinsel, bringt ihm jetzt den internationalen Erfolg und er lebt drei Jahre in den USA. Doch 1968, mit knapp fünfzig Jahren, kehrt er nach Lanzarote zurück, das er in den zurückliegenden Jahren regelmäßig besucht hat. Der aufkommende Tourismus auf den Kanaren lässt damals für die abgelegenen Atlantikinseln völlig neue Perspektiven auftauchen. Manrique sieht in seiner Heimat ein großes Aufgabenfeld vor sich liegen. Sein Anliegen: „Lanzarote in einen der schönsten Plätze der Welt zu verwandeln". Manriques Vision wird jetzt das „Gesamtkunstwerk Lanzarote": Er will die bislang verkannte, großartige Natur der Vulkaninsel Lanzarote ins rechte Licht rücken und künstlerisch bereichern, gleichzeitig die Architektur der geplanten Feriensiedlungen an der ländlich-traditionellen Bauweise orientieren. Natur, Architektur und Kunst sollen auf Lanzarote keine Gegensätze bilden, sondern ein har-

Farbenprächtiges Windspiel vor der Fundación Manrique

„El Triunfador" – Skulptur in der Fundación Manrique

monisches Miteinander. Für seine weit reichenden Pläne gewinnt Manrique die Unterstützung von Pepín Ramirez, dem Präsidenten der Inselregierung, mit dem er seit seiner Jugend befreundet ist. Eine der ersten Taten ist die vollständige Abschaffung von großflächigen Reklametafeln auf der gesamten Insel, ein Verbot, das bis heute aufrecht erhalten wird.

Von 1968 bis Anfang der Neunziger geht Manrique daran, an zahlreichen Punkten Lanzarotes die natürlichen Gegebenheiten, die bisher unbeachtet und ungenutzt brachliegen, mit einfachen Mitteln zu teilweise faszinierenden Natur-Kunst-Objekten auszugestalten. Daneben restauriert er Bauruinen, die bis dato vor sich hin gammelten, entwirft aber auch richtungweisende neue Architekturprojekte und erstellt optisch reizvolle Skulpturen und Metallwindspiele an exponierten Stellen auf der Insel. Teilweise ist er allein für die Objekte verantwortlich, z. T. arbeitet er mit anderen zusammen, vor allem der Architekt *Luís Ibáñez Margalef* wird ein enger Mitarbeiter. Mit diesem zusammen entwickelt Manrique auch die berühmte Idee der *Farbgebung*: Alle neuen Bauten der Insel sollen weiß gestrichen sein, die Holzteile dagegen in leuchtendem Dunkelgrün. Obwohl sich Widerstand gegen das allzu puristische Dogma erhebt, ist dieses farbliche Konzept bis heute ein wesentlicher Bestandteil der Inselarchitektur und mit dem Image Lanzarotes eine enge Beziehung eingegangen.

Die neue Feriensiedlung *Costa Teguise* nördlich von Arrecife wird für Manrique ein entscheidendes Pilotprojekt. Inmitten der kahlen Lavalandschaft plant er eine blühende subtropische Oase mit einigen Luxushotels und komfortablen Ferienanlagen im traditionellen Inselstil, die auch ökologischen Kriterien gerecht werden sollen. Ein Refugium für Ästheten mit dem nötigen Kleingeld soll hier entstehen, Vorbild für eine künftige touristische Erschließung Lanzarotes. Tatsächlich wird das Hotel Las Salinas (heute: Gran Meliá Salinas) ein Traumhotel, das Maßstäbe setzt. Gekrönte Häupter, Jetset und Politiker verbringen hier Urlaubswochen, König Hussein von Jordanien erwirbt eine Villa ganz in der Nähe. Doch die stürmische touristische Entwicklung überrollt das Vorhaben: Der Finanzkonzern, der hinter dem Bauvorhaben steht, ändert sein Konzept. Die ursprüngliche Exklusivität wird

aufgegeben, man braucht mehr Raum für die anbrandenden Touristenfluten und die Costa Teguise wird in Eile mit stereotypen Apartmentanlagen zugepflastert.

In den 1980er Jahren zieht der Ruf Lanzarotes Jahr für Jahr Hunderttausende auf die Insel, der Tourismus boomt, immer mehr Autos befahren die wenigen Straßen, Hotelanlagen entstehen in Windeseile, ökologische Grundsätze bleiben unbeachtet. Manrique warnt vor der neuen Entwicklung, eifert gegen die Immobilienspekulanten, verlangt Eindämmung und strenge Kontrollen neuer Baulanderschließungen, protegiert Umweltschützer. Sein Widerstand zieht allmählich größere Kreise, einflussreiche Leute stellen sich auf seine Seite und erste Erfolge sind zu verzeichnen: So erhalten neue Ferienanlagen architektonische Auflagen bezüglich der traditionellen Inselbauweise, Bauland wird nicht mehr wahllos zugesprochen, eine inselweite Planungsverordnung wird eingeführt. 1990 kommt es sogar zur Verkündung eines Baustopps auf der ganzen Insel. Manrique und seine Mitstreiter haben es zumindest teilweise geschafft, Lanzarote vor dem zerstörerischen Zugriff des Tourismus zu bewahren. In der Begründung für die Ernennung Lanzarotes zum „Weltschutzgebiet der Biosphäre" weist die UNESCO 1994 auch auf die Bemühungen Manriques um die Umwelt hin.

1988 zieht Manrique vom zentralen Tahiche nach Haría im abgelegenen Inselnorden. Sein ehemaliges Haus wird in ein Museum umgewandelt und Anfang 1992 der Öffentlichkeit zugänglich gemacht. Am 25. September 1992 stirbt er mit 73 Jahren an den Folgen eines Autounfalls, wenige Meter von seinem ehemaligen Wohnhaus in Tahiche entfernt (→ S. 236).

Die wichtigsten Manrique-Werke auf Lanzarote

- 1968 wird ein eingebrochener Lavatunnel zur meditativen Grotte mit Höhlensee und üppiger subtropischer Vegetation verwandelt, 1977 kommt noch ein unterirdischer Konzertsaal dazu. **Jameos del Agua** ist heute neben den Feuerbergen (→ Vulkanismus) die meistbesuchte Attraktion Lanzarotes.
- Im gleichen Jahr errichtet Manrique in der geografischen Inselmitte das **Monumento al Campesino**, ein Fruchtbarkeitsmonument für die lanzarotenischen Bauern – und erntet für die abstrahierte Darstellung viel Kritik. Im traditionellen Inselstil gehalten ist dagegen die benachbarte Finca mit Museum und einem Restaurant, in dem preiswerte traditionelle Küche serviert wird.
- 1970 bauen Manrique und Ibáñez eine baufällige Finca in Yaiza in das renommierte Landrestaurant **La Era** um. Im selben Jahr entsteht am Islote del Hilario mitten in den Feuerbergen das feuerfeste Restaurant **El Diablo** mit einem natürlichen Vulkangrill, aus dem geothermische Restwärme nach oben strömt.
- 1973 baut Manrique am spektakulären Steilhang des Famara-Gebirges, im äußersten Norden der Insel, den Aussichtspunkt **Mirador del Río**, der vorbildlich in die karge Gesteinswelt integriert ist.
- 1974 wird die zweihundert Jahre alte Festung **Castillo de San José** im Hafen von Arrecife geschmackvoll restauriert. Manrique richtet ein Museum für moderne Kunst darin ein und integriert zusätzlich ein nobles Restaurant.
- In Costa Teguise wird 1977 das kühne Hotel **Las Salinas** (heute: Meliá Salinas) eröffnet, ein für die damalige Zeit vorbildlicher Bau, in dem Manrique auf üppige Vegetation, Teiche und Wasserfälle integriert.
- 1978 folgt ebenfalls in Costa Teguise der **Pueblo Marinero**, eine Feriensiedlung im Stil eines traditionellen Fischerdorfs, natürlich nicht ohne die obligaten weißen Mauern und grünen Türen. Inzwischen ist die Anlage von Apartments umzingelt und relativ unansehnlich.
- Erst 1990 wird als letztes großes Werk Manriques der Kaktusgarten, **Jardín de Cactus**, eröffnet. In einer ehemaligen Picón-Grube sind Tausende von Kakteen angepflanzt und bilden eine märchenhaft-surreale Kulisse von Gewächsen, dazwischen recken sich Lavasäulen in die Luft.
- Bereits 1968 errichtete Manrique sein Wohnhaus **Taro de Tahiche** mitten in einem Lavafeld bei Tahiche. 1992 gibt er es als Museum für die Öffentlichkeit frei. Viel Beachtung finden die fünf unterirdischen Vulkanblasen, in denen ein Teil der Räume eingerichtet ist.
- Manriques **Windspiele** stehen z. B. vor der Fundación Manrique, bei Arrieta und am Abzweig nach Montaña Blanca (zwischen Tías und San Bartolomé) Durch einen Tropensturm wurden sie Ende 2009 z. T. zerstört.

Tipp: Die Hauptsehenswürdigkeiten der Insel werden spät vormittags bzw. mittags von zahlreichen Rundreisebussen angesteuert. Bei individueller Anreise empfiehlt es sich deshalb, erst nachmittags zu kommen.

Martialisches Relikt der Vergangenheit vor dem Kastell von Arrecife

Geschichte

Schon die antiken Schriftsteller Homer, Herodot, Hesiod, Pindar, Ovid, Plutarch und Plinius der Ältere besangen die sagenhaften „Inseln der Glückseligen" am Rande der bekannten Welt.

Trotzdem sind die Kanarischen Inseln für uns Mitteleuropäer geschichtlich bis heute ein weißer Fleck auf der Landkarte geblieben. Während Platon, Themistokles, Caesar und Augustus allgemein geläufige Namen sind, haben selbst gebildete Althistoriker noch nie von Prinzessin Icó oder König Zonzama gehört. Am Rande des europäischen Kontinents gelegen, hatten die Kanaren nie Bedeutung für Europa. Lediglich als willkommenes Ausbeutungsobjekt mussten sie jahrhundertelang herhalten: Zehntausende Inselbewohner wurden von den europäischen Eroberern versklavt oder ermordet, nahezu alle Spuren ihrer Kultur und ihres Lebensstils ausgelöscht.

Die Altkanarier

Nach heutigen Erkenntnissen gibt es keine steinzeitlichen Bewohner der Kanaren. Früheste Siedlungsspuren sind für das Jahr 240 v. Chr. erwiesen (auf La Palma), auf Lanzarote stammen die ältesten Funde aus dem 1. Jh. n. Chr. Es müssen Einwanderer gewesen sein, die die bis dahin unbesiedelten Inseln in Besitz nahmen. Im Folgenden werden sie *Altkanarier* bzw. *vorspanische Bewohner* oder *Majos* genannt.

▶ **Besiedlung der Inseln**: Im Allgemeinen wird derzeit die These akzeptiert, dass die Altkanarier von den hellhäutigen *Berberstämmen* Nordafrikas abstammen. Auffällig sind vor allem zahlreiche Parallelen der Berberdialekte mit Ortsnamen auf den Inseln, so stammen die häufigen Vorsilben Te (z. B. Teguise, Teseguite), Ta (Tao) und Ti (Tiagua, Tinajo etc.) aus dem Kulturkreis der Berber. Erhärtet hat diese Theorie 1992 der sensationelle Fund des *„Zanata"-Steins* auf Teneriffa. Dieser Stein enthält deutlich die eingeritzten Schriftzeichen „Zanata" – und das ist ein Berberstamm, der im 3. Jh. n. Chr. von den Römern aus den Bergen im heutigen Norden Marokkos in den südlichen Atlas verdrängt wurde. Von dort flüchteten sie vielleicht auf die Kanarischen Inseln. Rätselhaft ist allerdings, wie die Einwanderer die lange Seestrecke von Afrika überwanden, denn als im 13. Jh. die Europäer auf den Inseln eintrafen, trieben die Einwohner keinerlei Seefahrt und die Inseln hatten keine Verbindung miteinander, obwohl sie z. T. auf Sichtweite zueinander lagen. Die Mutmaßungen reichen von abenteuerlichen Fluchtunternehmen in behelfsmäßigen Booten bis zu Zwangsdeportationen auf römischen oder karthagisch/phönizischen Schiffen. Tatsächlich sind sowohl römische wie phönizische Expeditionen auf die Kanarischen Inseln überliefert: Die Phönizier sammelten damals im Norden Lanzarotes die begehrte *Orchilla-Flechte*, um daraus einen purpurroten Farbstoff zu gewinnen, von den Römern hat man verschiedene archäologische Funde auf Lanzarote gemacht. Andere historische Quellen vermuten, dass die besiegten Aufständischen in ruderlosen Booten auf dem Meer ausgesetzt wurden und die Strömung sie auf die Kanaren getrieben habe. Da zwischen den Inseln große kulturelle Unterschiede bestehen, ist es wahrscheinlich, dass jede Insel von verschiedenen Gruppen zu verschiedenen Zeiten besiedelt wurde. Während die Bewohner Teneriffas „Guanchen" genannt werden (übersetzt heißt das ungefähr: „Kinder Teneriffas") ist für die Besiedler Lanzarotes der Name *„Mahos"* oder *„Majos"* überliefert (Bedeutung bisher ungeklärt).

Mit dem Schilffloß über den Atlantik

Aufsehen erregte 1970 der norwegische Forscher **Thor Heyerdahl**, der mit seinem Schilffloß „Ra II" von Marokko aus den Atlantik überquerte und zwei Monate später in der Karibik landete. Er wollte damit den Beweis erbringen, dass Südamerika schon früh von Afrika aus besiedelt worden sein könnte. Erstaunlicherweise trieben ihn nach seinem Start in Marokko die Strömungen an den direkt gegenüberliegenden Kanaren vorbei. Es zeigte sich, dass man die Inseln nur erreichte, wenn man weit im Norden startete und mit der Drift des Nordostpassats nach Süden getrieben wurde. Auch die Entdecker Amerikas nutzten diese Passatwinde. Christoph Columbus startete in Cádiz und machte auf den Kanaren Zwischenstation, um Vorräte und Wasser aufzunehmen. Man hat deshalb Überlegungen angestellt, dass die Besiedler in Portugal oder Südspanien gestartet sein müssten, vielleicht Nachfahren der dort in den vorchristlichen Jahrtausenden siedelnden Megalith-Kulturen waren. Doch gibt es keinerlei Belege dafür.

▸ **Lebensverhältnisse**: Da die Europäer die Kultur der Inselbewohner fast ausrotteten, sind sehr wenige Fakten gesichert. Man kann sich nur auf die Berichte einiger europäischer Chronisten beziehen, die mit Sicherheit tendenziös sind und das Bild des „edlen, aber dummen Wilden" prägten. Danach lebten die Majos bis in unser Mittelalter hinein in fast steinzeitähnlichen Verhältnissen. Da die Inseln keine Erze

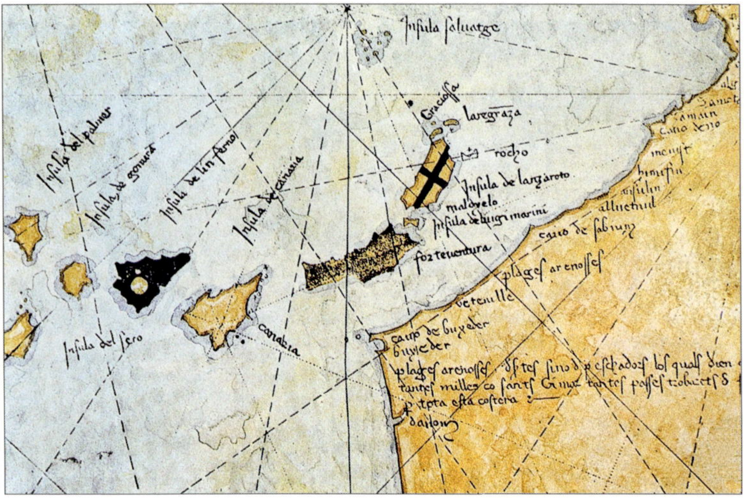

Historische Seekarte der Kanaren

besaßen, mussten sie ihre Werkzeuge aus Stein herstellen. Aus der Art der Bearbeitung hat man jedoch geschlossen, dass den Altkanariern die Steinbearbeitung eigentlich nicht geläufig war. Wahrscheinlich stammten sie aus einer bereits Metall verarbeitenden Kulturstufe und mussten nur aus reinem Mangel an Rohstoffen auf Stein zurückgreifen. Nicht bekannt waren ihnen außerdem Rad, Töpferscheibe, Pfeil und Bogen und Schriftsprache. Als Behausung dienten halb in den Boden eingelassene, höhlenartige Räume aus Bruchsteinmauern, die *casas honda*s, die Schutz vor dem permanenten Wind boten. Der größte Komplex dieser Art auf Lanzarote ist der *Palacio del Zonzamas* zwischen Tahiche und San Bartolomé (→ Inselmitte S. 198). Ähnlich strukturierte Unterkünfte gibt es in ganz Nordafrika.

Rätselhaft geblieben sind bis heute die zahlreichen in Fels geritzten Linien, die *Petroglyphe*n, die man an verschiedenen Stellen Lanzarotes entdeckt hat, aber auch auf den anderen Kanarischen Inseln. Ähnliche Felszeichnungen hat man in Irland und Südfrankreich gefunden, was zeitweise Spekulationen über die Herkunft der Altkanarier genährt hat. Wichtiger noch sind die *Stelen von Zonzama* – zwei Felsbrocken mit V-förmigen bzw. halbkreisförmigen Einritzungen (im Museum von Arrecife) – und die *Queseras*, eigenartige meterlange Längsrillen im Fels. Zu diesen Funden gibt es Parallelen im marokkanischen Raum, deren Funktion aber ebenfalls ungeklärt ist. Und auch die ohne Töpferscheibe hergestellte Keramik der vorspanischen Bewohner Lanzarotes ähnelt nordafrikanischen Stücken. Sie lebt heute weiter in der so genannten *Cerámica del Mojón* (→ Kunsthandwerk).

Die Majos lebten vom Gerstenanbau, Ziegen- und Schafzucht, man hat alte, steinerne Handmühlen entdeckt, mit denen sie das noch heute bekannte Röstmehl *Gofio* herstellten (→ Essen & Trinken). Fische fingen sie, indem sie Euphorbiengewächse in Lagunen warfen, wo der Wolfsmilchsaft die Fische kurzzeitig betäubte.

Sie kleideten sich wahrscheinlich mit Ziegenfellen und hatten hölzerne Wurflanzen als Waffen. Die ersten europäischen Chronisten sprechen von höchstens 400 Menschen, die auf Lanzarote lebten. An der Spitze der Gesellschaftsordnung stand eine Art *König* (Guanarteme), es gab einen *Adel*, in den man durch persönliche Verdienste aufsteigen konnte, und das *Volk*, das im Gegensatz zum Adel das Haar kurz geschoren trug. Auffällig war, dass sich anscheinend mehrere Männer eine Frau teilen mussten. Man hat dies so interpretiert, dass die weiblichen Kinder zeitweise getötet wurden – die bescheidenen wirtschaftlichen Grundlagen ließen nur ein streng kontrolliertes Anwachsen der Inselbevölkerung zu.

Europäische Abenteurer und Eroberer (13.–15. Jh.)

Während im frühen Mittelalter die mangelhafte Seefahrttechnik keine weiten Reisen zuließ, drang man seit dem 12. Jh. immer wieder über die bekannten Grenzen Europas hinaus. Wiederholt starteten Expeditionen zu den „Islas tenebrosas", den geheimnisvollen Inseln im atlantischen Meer vor Afrika.

Triebfeder der Glücksritter, Kaufleute und Abenteurer, die meist aus Genua und Mallorca stammten, war die Gier nach Beute und Eroberungen. Zunächst stand die *Orchilla-Flechte* im Mittelpunkt des Interesses, doch wurde der *Sklavenhandel* bald die wichtigste Triebfeder. Die Inselbewohner waren von gutem Wuchs, kräftig und zunächst auch noch arglos, zudem waren die Inseln unbefestigt und leicht zu überfallen. Kein Besuch verging, bei dem nicht Inselbewohner in die Sklaverei verschleppt wurden.

1312 verschlug es den genuesischen Kaufmann *Lancelotto Malocello* in die kanarischen Gewässer. Er landete auf der nordöstlichsten der Inseln, die ein Vierteljahrhundert später in einer italienischen Seekarte mit seinem Namen verewigt wurde, woraus schließlich der Name Lanzarote entstand. (Eine andere Namensdeutung berichtet von der „lanza rotta", der zerbrochenen Lanze, die der Genueser bei seiner Ankunft den Insulanern vorwies, um seine friedlichen Absichten zu zeigen.) Lancelotto lebte zwanzig Jahre auf Lanzarote und errichtete einen ersten befestigten Bau an der Stelle des heutigen Castillo de Guanapay oberhalb von Teguise.

Die Kunde von der herrenlosen Inselgruppe drang natürlich auch in die politischen Machtzentren vor, im *mallorquinischen* (Aragon), *portugiesischen* und *kastilisch/spanischen* Königreich regten sich Eroberungsgelüste. Auch das *Papsttum*, das damals im Avignoner Exil residierte, fasste die „ungläubigen Inseln" ins Auge und gab die übliche Rechtfertigung für die Eroberung: Man müsse den „Heiden das Evangelium bringen". Hier wurde vorexerziert, was später im großen Stile an den Indianern Amerikas durchgeführt wurde: Unterwerfung und Taufe – oder grausamer Tod bzw. Sklaverei. Papst Clemens VI. ging sogar so weit, dass er 1344 die noch gar nicht eroberten Kanarischen Inseln dem kastilischen Adligen Don Luis de la Cera mit dem Auftrag der Eroberung zum Lehen gab und einen Bischof der Kanaren ernannte. Don Luis machte keine Anstalten, die Inseln zu besetzen, war jedoch ein enger Verwandter des kastilischen Königshauses, so dass die kastilische Krone den Anspruch auf die Inseln damit legitimieren konnte. Letztlich kam es im 14. Jh. noch zu keinen entscheidenden Schritten zur Unterwerfung der Inseln. Aber die Fremden mit der hellen Haut hatten bereits spürbar begonnen, Elend und Leid über die Inseln zu bringen.

Die Rauchprobe: eine Legende um Prinzessin Icó

In der zweiten Hälfte des 14. Jh. lebt *König Zonzama* mit seiner schönen Gattin *Fayna* im „Palacio del Zonzamas“ (→ S. 198). 1377 gerät der baskische Kapitän *Martín Ruiz de la Avendaño* vor Lanzarote in Seenot. Er wird von Zonzama in aller Gastfreundschaft empfangen, dabei bietet er dem Edelmann auch, wie es damals auf den Inseln Brauch war, seine Gattin als Bettgefährtin an. Neun Monate später gebiert Fayna ein blondes Mädchen mit heller Haut, *Icó* genannt. Die Zeit geht ins Land. Icó wird zu einer stattlichen weißhäutigen Frau. *Timanfaya*, der älteste Sohn Zonzamas, besteigt den Thron, wird aber von Sklavenjägern verschleppt. Sein Bruder *Guanarame* folgt ihm in der Regentschaft, verliebt sich in Icó und heiratet sie. Aus dieser Verbindung geht ein Sohn namens *Guadarfía* hervor. Nach dem Willen des Königs soll er sein Nachfolger werden, doch mehren sich die Stimmen, die argwöhnen, Icó – und somit auch Guadarfía –seien nicht rein königlichen Geblüts. So kommt man auf den Gedanken, Icó der „Rauchprobe“ zu unterziehen. Zusammen mit drei nichtadligen Frauen soll sie in eine Höhle gesperrt werden, die man vollständig mit Rauch füllen will. Nur wenn sie nicht ersticke, sei sie adliger Abstammung – was damals wohl gleichbedeutend war mit „göttlicher“ Herkunft. Die verzweifelte Icó fragt eine weise alte Frau, was sie tun könne, um zu überleben. Diese rät ihr, einen nassen Schwamm vor das Gesicht zu drücken und durch diesen zu atmen. Während die drei anderen Frauen sterben, bleibt Icó so tatsächlich am Leben. Ihr Adelsstand ist damit bewiesen und ihr Sohn Guadarfía wird neuer König von Lanzarote. Glück hat ihm diese dramatische Episode allerdings nicht gebracht – in seine Regierungszeit fällt die Eroberung Lanzarotes durch den Normannen Jean de Béthencourt.

▸ **Jean de Béthencourt**: Der französische Adlige *Jean de Béthencourt* (1359–1426) aus der Normandie war es, der Anfang des 15. Jh. Lanzarote als erste der Kanarischen Inseln eroberte. Er hatte bei seinem König Karl VI. einen beachtlichen Schuldenberg angehäuft und der rettende Strohhalm schien ein Raubzug auf die Kanaren, die mittlerweile wegen der Färberflechte und des guten „Sklavenmaterials“ in aller Munde waren. Von Lanzarote aus nahm die Unterwerfung des ganzen Archipels ihren Ausgang, doch trotz überlegener Waffentechnik und Organisation der Eroberer sollte sie fast hundert Jahre dauern.

Anfang Mai 1402 startet die 280 Mann starke Expedition im französischen Atlantikhafen La Rochelle, mit an Bord auch zwei Vertreter der päpstlichen Kirche. Beim Aufenthalt im Hafen von Sevilla, dem heutigen Cádiz, kommt es jedoch zu einer Meuterei, Béthencourt kann nur mit 63 Mann die Weiterfahrt antreten. Nach einer Woche erreicht er Lanzarote. Erobern kann er die Inseln mit seiner dezimierten Besatzung nicht, also verständigt er sich zunächst mit den Einheimischen, die den Chronistenberichten zufolge nur 200 wehrfähige Männer und einige hundert weitere Personen zählen. Er gewinnt das Vertrauen der Kanarier unter ihrem König *Guadarfí*a (→ obenstehender Kasten), verspricht ihnen Schutz vor Piratenüberfällen und lässt ein befestigtes Fort und ein Kirchlein in der Ebene von Rubicón im Süden der Insel errichten. Von dort versucht Béthencourt, auf die Nachbarinsel *Fuerteventura* vorzudringen, doch diese wird hart verteidigt. 1403 lässt er den Spanier

Gadifer de la Salle als seinen Stellvertreter auf Lanzarote zurück und kehrt nach Spanien zurück, wo er dem kastilischen König den Vasalleneid schwört und dafür die Herrschaftsrechte auf den Kanaren („König der Kanaren") zugesprochen bekommt, einschließlich des Rechts, den fünften Teil der späteren Steuern für sich zu behalten. Auch das Handelsmonopol für den Export der Orchillaflechte wird ihm zugestanden.
Zurück auf Lanzarote, hat sich die Situation dramatisch verändert. *Berthin de Berneval*, der Befehlshaber des Fort Rubicón, hat einen Aufstand angezettelt und sich schließlich von der Insel abgesetzt. König Guadarfía wollte er dabei als Gefangenen mitnehmen, doch dieser kann fliehen. Es kommt zu Kämpfen der Kanarier mit den zurückgebliebenen Europäern unter Gadifer de la Salle. Verstärkt durch die neue Expedition Béthencourts, gewinnen die Besatzer die Oberhand, König Guadarfía muss sich unterwerfen und lässt sich taufen, um die völlige Ausrottung seiner Untertanen zu verhindern.

Jean de Béthencourt – erster Kolonisator der Kanarischen Inseln

In den folgenden Jahren kann mit Hilfe der unterworfenen Einheimischen auch *Fuerteventura* erobert werden, schließlich auch die kleine Insel *El Hierro*, deren Bewohner Béthencourt durch vorgetäuschte Friedensverhandlungen in Sicherheit wiegt. 1406 schifft sich Jean de Béthencourt wieder nach Europa ein, er hat drei Inseln unterworfen bzw. für den „christlichen Glauben gewonnen" und wird dafür von König und Papst hoch gelobt.

▸ **Die Nachfolger**: Als Statthalter für die eroberten Inseln lässt Béthencourt seinen Neffen *Maciót de Béthencourt* auf Lanzarote zurück, dessen Regierung als grausame Willkürherrschaft, gepaart mit schwunghaftem Sklavenhandel, in die Geschichte eingeht. Maciót heiratet *Teguise*, die Tochter des unterworfenen Königs Guadarfías, und benennt die erste Hauptstadt Lanzarotes nach ihr. Die kulturelle Assimilierung der Kanarier mit den europäischen Eroberern beginnt. Die Legende erzählt zu dieser Heirat Folgendes: Teguise war eigentlich in einen einheimischen Adligen namens Tinguayo verliebt. Doch Maciót gelang es durch Versprechungen und Drohungen, Guadarfía dazu zu bringen, ihm seine Tochter zu überlassen. Tinguayo starb daraufhin aus Gram in den Bergen von Famara.
1418 kommt die Misswirtschaft Maciots dem kastilischen Königshaus zu Ohren, der königliche Beauftragte *Pedro Barba* wird ausgesandt, um nach dem Rechten zu sehen (ein Dorf auf La Graciosa ist nach ihm benannt). Maciót wird zur Abdankung gezwungen, erhält aber für die Abtretung seiner Rechte Lanzarote zugestanden und verkauft die Insel an die *Portugiesen*. Diese besetzen 1448 die Insel, was

Immer wieder von Piraten belagert – das Kastell von Arrecife

von den Bewohnern zunächst noch hingenommen wird. Erst als sie versuchen, das Wirtschaftsleben umzustrukturieren und die portugiesischen Maß- und Gewichtseinheiten einzuführen, kommt es zum Aufstand. Die Portugiesen werden vertrieben und die Lanzaroteños unterstellen sich direkt der kastilischen Krone, um die Ausbeutung durch skrupellose Feudalherren zu vermeiden. Doch der König lenkt die Geschicke der Insel rücksichtslos in die alten Fahrwasser. Neuer Herr der Insel wird der Adlige *Diego García de Herrera.* Dieser treibt den „Fünften" mit besonderer Härte ein und 1477 kommt es zu einem neuen Aufstand, der aber schnell niedergeschlagen wird.

Durch die Heirat von Isabella aus Kastilien und Ferdinand von Aragon entsteht das *Königreich Spanien.* 1479 teilt die neue Dynastie mit Portugal die kolonialen Interessensphären auf: Portugal darf Nordwestafrika „befrieden", Spanien erhält die Kanarischen Inseln zur freien Verfügung. Doch erst gegen Ende des Jahrhunderts können die bisher noch nicht eroberten Inseln *Gran Canaria, La Palma, Teneriffa* und *La Gomera* unterworfen werden. Die Kanarischen Inseln werden im Folgenden Zwischenetappe auf dem Weg zu den sagenhaften Schätzen *Mittelamerikas.* Kolumbus macht mehrfach Station auf La Gomera, auch auf seiner ersten Entdeckungsreise im Jahre 1492. Canarios sind bei den Expeditionen oft mit an Bord, sie gehören zu den ersten Siedlern im neuen Land und gründen eine Reihe von Orten, darunter Buenos Aires und Havanna. Die spanische Krone begünstigt die Auswanderung der Kanarier, um das Vordringen von Engländern und Franzosen in den Kolonien zu verhindern.

Mit der Unterwerfung beginnt die weitgehende Auslöschung der einheimischen Kultur. Ungezählte Canarios sind in den verlustreichen Kämpfen gestorben, durch forcierte Mischehen wird die Identität des Adels untergraben, viele Einheimische werden als Sklaven nach Europa verkauft. Vor allem das leicht zugängliche Lanzarote wird zeitweise fast völlig entvölkert. Trotzdem haben sich bis heute überall kulturelle Relikte erhalten, was zeigt, dass die Altkanarier nicht restlos assimiliert wurden. Bekanntestes Beispiel ist *El Silbo*, die Pfeifsprache der Gomeros, aber auch das kanarische Stockfechten *El Juego del Palo*, der Hirtensprung *Salto del Pastor* und verschiedene Ernährungsgewohnheiten haben überlebt.

Feudale Willkürherrschaft, Sklavenfänger und Piraten (16.–17. Jh.)

Seit dem Ende des 15. Jh. sind die Kanaren fest in spanischer Hand. Während die fruchtbaren „grünen" Inseln Gran Canaria, Teneriffa und La Palma der spanischen Krone direkt unterstehen und dort relativ liberale Zustände herrschen (Kroninseln), werden die armen und wasserlosen Ostinseln Lanzarote und Fuerteventura von Feudalherren kontrolliert (Señorialinseln).

Diese pressen das Letzte aus der ohnehin armen Bevölkerung, lassen ihre Ländereien von Sklaven bewirtschaften oder verpachten sie an ausländische Unternehmer. Die Folge ist, dass viele Menschen die Insel verlassen, kaum neue Siedler zuziehen, die Erträge sinken und erheblicher Mangel an Sklaven besteht. In dieser Situation erreicht der Menschenhandel einen neuen Höhepunkt: Da das „Menschenmaterial" auf den Kanarischen Inseln jedoch weitgehend ausgeschöpft ist, verfallen Diego García de Herrera und seine Nachfolger auf die Idee, den nötigen Nachschub an Sklaven von der gegenüberliegenden Küste Afrikas zu holen. In Dutzenden von Raubzügen schaffen sie Tausende von „Mauren" (Berber islamischen Glaubens) nach Lanzarote oder verkaufen sie nach Gran Canaria, von wo die Sklavenhändler Richtung Europa fahren. Tatsächlich soll nach Berichten des italienischen Festungsbaumeisters Torriani in der zweiten Hälfte des 16. Jh. die Bevölkerung von Lanzarote zum weitaus überwiegenden Teil aus afrikanischen Berbersklaven bestanden haben. Nach Diego de Herrera tut sich vor allem der *Marquis Agustín de Herrera y Roja*s mit seinen Überfällen auf die afrikanische Küste hervor.

Wappen von Teguise

Doch die Rache lässt nicht lange auf sich warten, denn in mehreren groß angelegten Beutezügen plündern und brandschatzen berberische und algerische Piraten im Auftrag der islamischen Herrscher Lanzarote, nehmen Hunderte von Gefangenen mit in die Sklaverei und brennen die Getreidevorräte nieder. Die Hafensiedlung Arrecife und die Hauptstadt Teguise sind dabei immer wieder Ziel der Angreifer: 1569 machen die Piraten *Calafats* 200 Gefangene, 1571 verschleppt der algerische Freibeuter *Dogali* 115 Lanzaroteños nach Afrika, 1586 stürmt der Algerier *Morato Arráez* im Auftrag des türkischen Sultans die Insel, zerstört das neue Fort San Gabriel in Arrecife und nimmt 200 Geiseln, darunter die Gattin und Kinder des Marquis Herrera y Rojas, die dieser gegen erhebliches Lösegeld freikaufen muss. 1618 schließlich brennen plündernde Berberhorden unter dem algerischen General *Tabac* die Hauptstadt Teguise nieder und gelangen durch Verrat sogar in die Cueva de los Verdes, das traditionelle Versteck der Inselbevölkerung, wo sie fast tausend Gefangene machen.

Gemeißelte Inschrift aus dem 18. Jh. am Eingang des Castillo de las Coloradas im Inselsüden

Damit ist das Kapitel des Sklavenfangs weitgehend zu Ende. Auf Lanzarote war man durch die Racheaktionen der Afrikaner klug geworden, zudem verbot ein königliches Dekret ab 1573 den Sklavenhandel. Was nicht aufhört, ist die prekäre wirtschaftliche Situation der Insel: Dürrejahre und Invasionen von Heuschrecken vernichten immer wieder die Ernte, die Steuerabgaben an die Feudalherren und ihre Beauftragten überschreiten die Grenzen des Zumutbaren und provozieren Hungerrevolten, 1601 bricht die Pest aus, die Überfälle zahlreicher europäischer Freibeuter tun ein Übriges. Wer kann, wandert auf die Zentralinseln aus, aber auch der neue Kontinent *Amerika* wird immer stärker ein bevorzugtes Ziel der Emigranten, die dort in den dünn besiedelten lateinamerikanischen Ländern und auf den Inseln der Karibik einen völligen Neuanfang wagen. Im Kanarischen Emigrantenmuseum im Castillo de Guanapay bei Teguise ist den Auswanderern ein Denkmal gesetzt.

Vulkankatastrophe und wirtschaftlicher Aufschwung (18.–19. Jh.)

Eine nachdrückliche Zäsur in der Inselgeschichte setzen 1730 die verheerenden Vulkanausbrüche in der Timanfaya-Region. Sechs Jahre wüten die Eruptionen und zerstören einen Großteil der Insel. Ein Viertel Lanzarotes wird unter einer meterdicken Decke aus Lava und Asche begraben, wertvolle Anbauflächen sind zerstört.

Die Not macht jedoch erfinderisch: Mit dem Prinzip des Trockenfeldbaus *Enarenado* kann die Kapillarwirkung des Lavagranulats optimal genutzt werden, vor allem intensiver Weinanbau wird jetzt auf den schwarzen Aschefeldern möglich. Bescheidene Exporte, hauptsächlich nach England und Spanien, bringen erste wirtschaftliche Erfolge, doch Konkurrenzprodukte verdrängen den Lanzarote-Wein bald vom europäischen Markt. Ähnliches passiert Ende des 18. Jh. mit der Sodapflanze *Barrilla*, deren Export zunächst gut anläuft, aber bereits 1810 durch Billigkonkurrenz ein abruptes Ende findet (→ Wirtschaft). Trotz der zeitweisen wirtschaftlichen Konsolidierung kommt es wegen anhaltender Dürre in den Jahren 1768–1771 zu einer weiteren Hungersnot und wieder ergießt sich ein Strom von Auswanderern nach Lateinamerika.

Die erste Hälfte des 19. Jh. ist am spanischen Festland wie auf den Inseln geprägt von den Kämpfen des Wirtschaftsbürgertums gegen den Feudalismus. Nach einem liberalen Zwischenspiel gelingt es der Restauration jedoch, bis 1836 am Ruder zu bleiben. Erst am 25. August 1836 tritt die neue Verfassung der Kanarischen Inseln in Kraft, die feudalen Machtstrukturen werden abgeschafft und die wirtschaftlich potenten Kräfte erhalten Rechte in Verwaltung und Gesetzgebung. Logische Konsequenz ist 1852 die Ablösung der alten feudalen Hauptstadt Teguise durch die dynamische Hafenstadt *Arrecife*. Im selben Jahr werden die Kanaren zur *Freihandelszone* erklärt. Treibende Kraft der stürmischen Wirtschaftsentwicklung wird in der zweiten Hälfte des 19. Jh. auf Lanzarote die expansive Zucht der *Cochenille-Läuse*, doch mit der Entdeckung der Anilinfarben in Europa findet der Boom ein abruptes Ende (→ Wirtschaft).

Von der Jahrhundertwende bis heute

1912 wird den Inseln das Recht der Selbstverwaltung zugestanden. Die *„Cabildos Insulares"* (Inselregierungen) entstehen, die noch heute das Geschick der Inseln leiten. 1927 werden die Kanaren in die beiden Provinzen von *Gran Canaria* und *Teneriffa* geteilt, Lanzarote gehört zusammen mit Fuerteventura zur Provinz Gran Canaria. Wenn auch Lanzarote allmählich Anschluss an die Moderne findet (Krankenhaus, Telefon, Elektrizität), bleibt die Insel nach wie vor das Armenhaus der Kanaren. Einen kleinen Aufschwung bringt lediglich in den Jahren des Ersten Weltkriegs der *Fischfang*, da die Fischflotten der Krieg führenden Länder gezwungen sind, in den Häfen zu bleiben, und die fischreichen Kanaren als Teil des neutralen Spanien weit abseits der Kriegsschauplätze liegen.

▸ **Franco-Diktatur**: Nach dem Sieg der republikanischen Volksfrontregierung in Spanien wird 1936 mit der Versetzung des putschverdächtigen Generals *Franco* auf die Kanaren der *Spanische Bürgerkrieg* eingeleitet. In ihm entladen sich die Jahrzehnte alten Spannungen zwischen den gegensätzlichen Kräften des Landes: auf der einen Seite die Monarchisten, die Kirche, der Großgrundbesitz und das in der Mehrzahl antidemokratische Militär, auf der anderen die „Republikaner", d. h. der Großteil der Bevölkerung mit den sozialistischen und kommunistischen Teilen der Arbeiterschaft. Franco organisiert von Teneriffa aus die Erhebung der spanischen Afrika-

Landwirtschaft im 19. Jh.

Truppen gegen die Volksfront-Regierung. Im Sommer '36 fallen Truppenverbände aus Spanisch-Marokko in Südspanien ein. Hitler-Deutschland, Italien unter Mussolini und Portugal unterstützen den Putsch, u. a. bombt die deutsche Flugzeugstaffel „Legion Condor" das baskische Städtchen Guernica in Schutt und Asche. Mit der Einnahme Barcelonas ist der blutige Krieg, dem über eine halbe Million Menschen zum Opfer fallen, 1939 zu Gunsten der Faschisten entschieden. Im Folgenden verordnet Franco, der als unumstrittener Diktator aus dem Krieg hervorgeht, den Spaniern eine vier Jahrzehnte dauernde „Kirchhofruhe" mit strenger katholischer Sittenlehre, Unterdrückung aller abweichenden Auffassungen und brutaler Zensur.

Spanien bleibt im Zweiten Weltkrieg neutral, doch die europäischen und amerikanischen Länder haben ihre Handelsbeziehungen zur Diktatur abgebrochen und Franco will eine *wirtschaftliche Autarkie Spaniens* durchsetzen. Für die völlig vom Außenhandel abhängigen Kanaren bedeutet das die Aufhebung der wichtigen Freihandelsgesetze, die eminent wichtigen Exportmärkte in Europa und Übersee sind verloren, Handel ist nur noch mit Spanien möglich. Es kommt zu erheblicher Nahrungsmittelverknappung, verbunden mit einer lang anhaltenden Dürreperiode auf den Ostinseln.

Bewegung kommt in die starre Isolation erst Anfang der sechziger Jahre durch den expandierenden *Tourismus*. Das nationale und internationale Kapital entdeckt die spanischen Strände, zunächst die Mittelmeerküste und die Balearen, dann auch die Kanaren. Auf Lanzarote beginnt der Bauboom in *Puerto del Carmen*, wo die besten Sandstrände der Insel liegen.

- **Demokratie und EU-Mitgliedschaft**: Am 20. November 1975 stirbt Franco – und in Spanien knallen die Sektkorken. 1977 finden die ersten demokratischen Wahlen seit vierzig Jahren statt, im Dezember 1978 tritt die neue spanische Verfassung in Kraft. Im August 1982 werden die Kanarischen Inseln eine von Spaniens 17 autonomen Gemeinschaften (*Comunidades Autónomas*), vergleichbar unseren Bundesländern, d. h. sie haben ein eigenes gewähltes Parlament und weitgehende Verwaltungshoheit. Dies gibt den beiden Provinzen zwar eine gewisse Unabhängigkeit von der Madrider Zentralgewalt, doch werden die Geschicke der Inseln noch immer weitgehend auf dem Festland bestimmt. Die fehlende wirtschaftliche Unterstützung von Seiten Madrids lässt auf den Kanaren immer wieder *Unabhängigkeitsbestrebungen* laut werden, die sich vor allem in der rechtsgerichteten PIL artikuliert.

  1986 tritt Spanien der EU bei, jedoch erhalten die Kanarischen Inseln einen *Sonderstatus*, der ihre bisherigen Privilegien als Freihandelszone berücksichtigt (→ Zoll, S. 132). Die stufenweise Einführung des europäischen Binnenmarkts wird auf den Kanaren mit Argwohn gesehen, da dabei die bisherigen spanischen Importbeschränkungen für die südamerikanischen Bananen entfallen. Um die Wirtschaft anzukurbeln und internationale Kapitalströme auf die Kanaren zu lenken, erklärt man 1998 die Inseln für zehn Jahre zur Freihandelszone *ZEC* (Zona Especial de Canarias), was für Unternehmer erhebliche Steuererleichterungen mit sich bringt. Eine Verlängerung bis 2024 ist vorbehaltlich der Zustimmung der Europäischen Kommission ab 2008 vorgesehen.

- **Tourismus und Wohlstandsgrenze**: Nach dem Beitritt zur EU beginnt in Spanien ein stürmisches Wirtschaftswachstum, auf den Kanaren beginnt vor allem der Tourismus zu boomen. Gleichzeitig kommt es zu ersten Versuchen, die hemmungslose

Autonomiebestrebungen an Hauswänden

Expansion des Tourismus zu kontrollieren. Auf Lanzarote wird 1990 ein Bebauungsplan verabschiedet und ein Baustopp für touristische Objekte ausgesprochen. Die Abwertung der Pesete in den neunziger Jahren bringt Rekordbesuche ausländischer Touristen. Trotzdem sind die Arbeitslosenzahlen auf dem Kanarischen Archipel erschreckend hoch, auf Lanzarote z. B. derzeit fast 13 %. Seit Ende der Neunziger ist der Touristenstrom wieder etwas abgeflaut, denn die stark gestiegenen Kanaren-Preise kann bzw. will sich nicht jeder leisten und die Dominikanische Republik lockt mit Dumpingangeboten.

Überdeutlich wird aber auch in den letzten Jahren, dass zwischen den Kanaren und Nordwestafrika die „Wohlstandsgrenze" der Industriestaaten zur Dritten Welt verläuft. Trotz lebensgefährlicher Überfahrt wagen immer mehr Afrikaner die abenteuerliche Flucht, um auf den Kanarischen Inseln unterzutauchen oder Asyl zu beantragen (ihre Abschiebung gelingt oft nicht, weil die Herkunft nicht feststellbar ist oder keine Rückführungsabkommen mit den entsprechenden Ländern existieren). Täglich machen sich zwei- bis sechshundert Afrikaner auf die Reise und allein in den ersten neun Monaten des Jahres 2006 erreichten über 25.000 illegale Einwanderer die Kanaren, fünfmal mehr als im Jahr zuvor. Vermutet wird, dass allein im Senegal 100.000 Menschen auf eine Überfahrt warten. Doch erschreckend oft wird der Versuch, die EU zu erreichen, eine Reise in den Tod, denn viele der wackligen Holzboote kentern auf hoher See – nach Schätzungen des spanischen Roten Kreuzes „Cruz Rojas" kamen bis August 2006 mehr als 1000 Armutsflüchtlinge bei der Flucht ums Leben. Die EU hat Spanien mittlerweile Hilfe für die Meeresüberwachung durch Flugzeuge und Schiffe zugesagt, doch letztendlich kann nur eine Lösung der Armutsfrage das Problem beseitigen. Der spanische Außenminister Miguel Angel Morationos hat bei Gesprächen auf dem afrikanischen Kontinent finanzielle Hilfe angeboten, im Gegenzug erwartet er eine Drosselung der Flüchtlingsströme.

Lanzarote aus Dromedarperspektive

Anreise

120 km vor der nordwestafrikanischen Küste liegt die Vulkaninsel Lanzarote im Atlantik – auf gleicher Höhe mit der Sahara. 3000 km Luftlinie sind es von Frankfurt, 3400 km von Hamburg. Was zu Zeiten von Kolumbus ein ungewisses und gefahrvolles Abenteuer war, ist heute eine Selbstverständlichkeit geworden. Täglich machen sich die Chartermaschinen von Mitteleuropa auf den Weg nach Lanzarote. Gerade mal vier Stunden Flugzeit und Sie sind in der Sonne des „Ewigen Frühlings".

Eine Vorstellung von der Entfernung bekommt man so allerdings kaum. Die kennen eher Langzeit-Urlauber, die ihren eigenen Wagen mitnehmen wollen, die langwierige Autotour in die südspanische Hafenstadt *Cádiz* auf sich nehmen und von dort nach Lanzarote übersetzen. Selbstverständlich kann man sich auch per Bus, Bahn oder Anhalter nach Cádiz durchschlagen, doch Zeitaufwand und anfallende Kosten stehen in keinem Verhältnis zum bequemen Flug und lohnen wohl nur für eingefleischte Globetrotter, die bereits den „Weg als Ziel" sehen.

Mit dem Flugzeug

Die konkurrenzlos schnellste und preisgünstigste Anreise, gut 95 % aller Lanzarote-Urlauber kommen mit dem Flugzeug. Die reine Flugzeit ab Deutschland beträgt nach Lanzarote ca. 4–5 Stunden, je nach Flughafen. Alle großen Charterfluggesellschaften bieten Direktflüge von vielen deutschen Flughäfen nach Lanzarote, geflogen wird außerdem von Luxemburg, Basel, Zürich, Linz und Wien. Wenn Sie nicht über Reiseveranstalter Flug und Unterkunft buchen, sondern Ihr Quartier auf eigene Faust buchen bzw. erst vor Ort suchen, können Sie bei allen Fluggesellschaften auch „Nur Flug“ bekommen. Die Preise liegen um die 200–500 €, je nach Saison, Abflughafen und Fluggesellschaft. Absolute Hochsaisonzeiten sind *Weihnachten* und *Ostern*. Wer dann fliegen will, zahlt das meiste und muss sehr frühzeitig buchen. Überlegenswerte Möglichkeit für Langzeiturlauber sind *One-Way-Flüge*. Geboten werden sie z. B. von Hapag Lloyd und LTU, Kostenpunkt ca. 220 €. Den Rückflug können Sie problemlos auf Lanzarote buchen, dort gibt es gelegentlich Sonderangebote für unter 200 €.

Last Minute

Reisen in letzter Minute gibt es fast rund ums Jahr, lediglich in den absoluten Hochsaisonzeiten dünnt das Angebot stark aus. Last-Minute-Flüge nach Lanzarote liegen in der Regel um die 200–250 €, mit etwas Glück auch darunter. Marktführer mit dem größten Angebot ist *L'tur* mit Filialen an jedem größeren deutschen, österreichischen und Schweizer Flughafen. Weitere Restplatzbörsen im Internet (jeweils mit www.): bucherreisen.de, buybye.de, expedia.de, lastminute.de, lastminute-express.de, ltu.de, ltur.de, travelchannel.de, travel-overland.de, travel24.com u.a.

▸ **Alternativen zum Direktflug nach Lanzarote**: Sollten Sie keinen Lanzarote-Flug mehr bekommen, können Sie auch nach *Gran Canaria* fliegen und von dort mit Inselhüpfern der Gesellschaften Binter (www.binternet.com), Spanair (www.spanair.com) und Air Europa (www.air-europa.com) nach Lanzarote weiterfliegen (von Gran Canaria ab ca. 67 € einfach). Oder Sie buchen einen Flug auf die Nachbarinsel *Fuerteventura*, nehmen dort nach der Ankunft am Flughafen bei der Hauptstadt Puerto del Rosario ein Taxi nach *Corralejo* an der Nordspitze der Insel (ca. 38 €) und setzen mit einer der bis zu 14 x täglich verkehrenden Fähren nach *Playa Blanca* auf Lanzarote über (Abfahrtszeiten/Preise → S. 361). Achtung: Sie sollten spätestens um 17 Uhr gelandet sein, da die letzte Fähre um 20 Uhr geht. Ansonsten eignet sich Corralejo auch gut für eine oder mehrere Übernachtungen – nicht zuletzt wegen der fantastischen Dünenlandschaft südöstlich vom Ort, die Sie mit dem Taxi durchqueren.

Vier oder sieben Stunden?

Häufig werden mit ein und demselben Flieger mehrere Kanareninseln angeflogen. So kommt es vor, dass der Flieger zunächst Fuerteventura, Gran Canaria oder Teneriffa ansteuert und erst dann nach Lanzarote weiterfliegt. Für die Fluggesellschaften hat das den Vorteil, dass ihre Maschinen besser ausgelastet sind, für die Passagiere den erheblichen Nachteil, dass sich die Flugzeit auf 6–8 Std. verlängern kann. Wenn man von einem kleineren deutschen Flughafen startet, geschieht es auch häufig, dass man in Deutschland noch einmal umsteigen muss. Besonders ärgerlich wird die Angelegenheit allerdings, wenn man erst kurz vor Flugbeginn oder gar erst unterwegs auf eine etwaige Flugverlängerung hingewiesen wird – das kommt leider vor, auch beim Rückflug.

Transport von Sondergepäck

▸ **Sportgerät, Fahrrad etc.**: Lanzarote ist die Insel der Surfer, Radler und Drachenflieger. Gemeinsam ist diesen Sportarten, dass man dafür geeignetes Gerät braucht –

Blick auf Costa Teguise an der Ostküste Lanzarotes

und das nehmen immer mehr Urlauber mit in den Flieger, denn vor Ort mieten ist teuer. Pro Pers. können bis zu 30 kg mitgenommen werden. Eine *Taucherausrüstung* fliegt meist kostenlos, der Transport eines *Fahrrades* kostet ca. 35–45 €, ein *Surfbrett* oder *Flugdrachen* 45–55 €. Pro Passagier wird nur eine Sportausrüstung transportiert, diese muss vorher angemeldet werden und sachgerecht verpackt sein. Für Fahrräder bedeutet das, dass der Lenker in Rahmenrichtung gedreht ist, die Pedale nach innen gestellt sind und die Kette abgedeckt ist. Als Verpackung kann man Pappe, Luftpolsterfolie oder eine Fahrradtasche verwenden. Unterm Strich sind die Transportkosten immer noch billiger, als auf Lanzarote ein Sportgerät für mehrere Wochen zu mieten.

- **Haustiere**: Experten warnen davor, Tiere mit in den Urlaub zu nehmen, denn eine Reise im Gepäckraum, wo es laut, dunkel und kalt ist, ist ein traumatisches Erlebnis. In der Kabine darf der vierbeinige Liebling nur mitfliegen, wenn er ein geringes Gewicht hat und eine spezielle Transportbox gekauft wurde. Am besten lassen Sie Ihr Tier zu Hause betreuen – es gibt z. B. „Catsitter" und Tierpensionen (im Tierheim nachfragen). Das Gewicht des Tieres wird bei Charterflügen dem Gesamtgepäck aufgeschlagen, gezahlt wird nur, wenn 20 kg überschritten sind. Wegen nötiger Impfungen und einem Gesundheitszeugnis müssen Sie Ihren Tierarzt spätestens einen Monat vor der Reise kontaktieren (→ Reisepraktisches von A bis Z).
- **Auto-/Motorradtransport**: Bei *Leisure Cargo* (www.leisurecargo.com) kann man für viel Geld den eigenen Pkw bzw. ein Motorrad im Airbus mitnehmen, das kostet je nach Größe des Pkw 1800 € (bis 4 m Länge) bis 2100 € (bis 4,8 m Länge), Motorrad ca. 750 € – „one-way" wohlbemerkt. Derzeit ist der Transportflug nur sonntags ab Düsseldorf möglich. Weitere Informationen erhalten Sie unter ✆ 0211/9418795.

Mit dem Schiff

Die einzige Schiffsverbindung vom europäischen Kontinent auf die Kanaren gibt es von der Hafenstadt Cádiz im äußersten Südwesten Spaniens. Die strapaziöse Tour dorthin lohnt ausschließlich für Langzeiturlauber, die ihren Wagen oder sperriges Gepäck mitführen wollen. Alles in allem muss man ab Deutschland bis Lanzarote gut sechs Tage rechnen, zurück das Gleiche – zweifellos zu lang für einen dreiwöchigen Kanaren-Urlaub. Und das Ganze zu einem Preis, der weit über den Kosten für einen Flug liegt.

Die spanische Gesellschaft „Trasmediterránea“ hat das Monopol auf der Kanaren-Route, eingesetzt wird auf dieser Langstrecke die komfortable „Juan J. Sister“, die 1993 in Finnland vom Dock gelaufen ist. Rund ums Jahr legt sie einmal wöchentlich in Cádiz ab (Stand 2006: Samstag 17 Uhr) und läuft etwa 39 Stunden später (Montag 8 Uhr) *Las Palmas de Gran Canaria* an, d.h. man hat zwei Übernachtungen an Bord. In Las Palmas muss man dann nach *Arrecife* auf Lanzarote umsteigen, also mit dem Auto runter an Land und erneut auf eine Fähre nach Lanzarote einchecken. Die Strecke Gran Canaria-Lanzarote wird 3 x wöchentlich von einer etwas kleineren Trasmediterránea-Fähre befahren, außerdem verkehrt etwa 3–4 x wöch. eine Fähre von „Naviera Armas“. Am Tag der Ankunft der „Juan J. Sister“ aus Cádiz gibt es derzeit erst gegen Mitternacht eine Verbindung nach Arrecife, das bedeutet also ca. 16 Std. Zwangspause im Hafen. Die Rückfahrt von Arrecife nach Cádiz funktioniert dagegen 1 x wöch. direkt, also nicht mit Umweg über Gran Canaria (Stand 2006: Abfahrt Mittwoch 22 Uhr, Ankunft in Cádiz am Freitag 12 Uhr, Dauer etwa 38 Std.).

Ein letzter „Café solo“ im Hafen von Cádiz

Anreise

Interessant wird die eher unspektakuläre Überfahrt beim Einlaufen auf *Gran Canaria*. Die Hauptstadt *Las Palmas* liegt an der äußersten Nordspitze der Insel und erstreckt sich mit ihrer eindrucksvollen Skyline kilometerweit über die bergigen Hänge. Nach dem Umsteigen fährt man in 7–8 Std. weiter nach *Arrecife*, der Hauptstadt von Lanzarote.

• *Fahrtzeiten* **Cádiz** – Las Palmas de Gran Canaria 39 Std., Las Palmas de Gran Canaria – **Arrecife** (Lanzarote) 7–8 Std., insg. 46–47 Std. Dazu kommt ein mehrstündiger bzw. zweitägiger Aufenthalt in Gran Canaria.

• *Überfahrtspreise* (einfache Passage incl. Vollpension, Stand 2006): **Person** in Vierbettkabine ca. 234–274 € (mit Dreierbelegung 311–430 €); in Doppelkabine innen 334 €, außen 373 € (mit Einzelbelegung innen 455 €, außen 499 €). Kinder bis zur Vollendung des 2. Lebensjahres gratis, von 2 bis einschließlich 11 Jahre 50 % Ermäßigung, Jugendliche unter 18 und Senioren ab 60 J. 20 % Ermäßigung. Vorsicht: Einige Ermäßigungen sind saisonbedingt!

Auto bis 2 m Höhe ca. 191 €, über 2 m Höhe ca. 368 €; **Motorrad** 88 €; **Haustier** 65 €; **Fahrrad** gratis.

Keine Ermäßigung bei gleichzeitiger Buchung von Hin- und Rückfahrt.

Für die Strecke **Las Palmas-Arrecife** muss man zusätzlich mit ca. 35 € für Pullmannsitz rechnen, billigster Kabinenplatz ca. 50 €, PKW ca. 77 €, Motorrad ca. 21 €.

Paketpreis Cádiz – Las Palmas: 4 Pers. mit Fahrzeug bis 2 m Höhe ca. 930–1010 €. Hin und Rückfahrt 1720-1900 €.

• *Ausstattung* **Unterbringung** in Zwei- oder Vierbettkabinen (in Doppelkabinen auch Einzelbelegung möglich, in Vierbettkabinen Zweier- und Dreierbelegung). Alle Kabinen mit Du/WC.

Self-Service und **Restaurant** öffnen 3 x tägl. und bieten zufrieden stellendes Essen. Ansonsten gibt es einen **Salon** mit Bar, diverse **TV/Video-Geräte** (gelegentlich englisch synchronisierte Spielfilme, sonst spanisches Programm), einen **Swimmingpool** mit Liegestühlen und einen **Duty-free-Shop**.

Information und Buchung: Die Fährverbindung von Cádiz nach Gran Canaria ist die einzige vom europäischen Kontinent auf die Kanarischen Inseln und wird viel genutzt. Buchen Sie mindestens einige Wochen vorher. Das ist möglich in allen DER-Reisebüros, bei DERTRAFFIC Schiffsservice, dem Generalagenten der Trasmediterránea in Deutschland (Emil-von-Behring-Str. 6, D-60439 Frankfurt/M., ✆ 069/9588-5800, ☏ 069/9588-5822, www.ocean24.de) oder unter „www.trasmediterranea.es" und www.navieraarmas.com. ACHTUNG: Die Internetseiten sind unübersichtlich und funktionieren meist nicht besonders gut. Rufen Sie einfach bei DERTRAFFIC an und man wird ihnen rasch alle nötigen Informationen per E-Mail zukommen lassen.

Ankunft/Abflug auf/von Lanzarote

▸ **Mit dem Flugzeug**: Der Flughafen *Guasimeta* liegt genau zwischen der Inselhauptstadt Arrecife und dem Touristenzentrum Puerto del Carmen, jeweils etwa 7 km entfernt. Wegen des ständig steigenden Touristenaufkommens wurde er in den neunziger Jahren komplett umgebaut und erweitert. Die Ankunftsebene (*llegadas/arrivals*) liegt im Basement, die Abflugsebene (*salidas/departures*) mit Fluggaststeigen im ersten Stock. Ein großer, carportähnlich überdachter Parkplatz (gebührenpflichtig) befindet sich vor dem Terminal, rechts neben dem Terminal (wenn man herauskommt) fahren die Busse ab (→ Transport). In der Ankunftsebene sind einige Autoverleihfirmen vertreten. In der Abflugsebene gibt es nach der Sicherheitsschleuse einen Weinladen mit (überteuerten) Lanzarote-Weinen, einen Man-

Landung auf dem Flugplatz Guasimeta von Lanzarote

rique-Laden mit Kunstkacheln und Reproduktionen seiner Bilder, einen Laden mit internationaler Presse und eine Cafeteria. Das ehemalige, von César Manrique gestaltete Abfertigungsgebäude, einst als Musterbeispiel für einen ästhetisch gelungenen Flughafenbau gewürdigt, wird derzeit nicht genutzt.

Flughafenauskunft unter ✆ 928-811450.

• *Transport* Wer pauschal gebucht hat, wird von seinem **Reiseveranstalter** mit dem Bus ins Ferienquartier und wieder zum Flughafen gebracht. Der Busparkplatz liegt rechter Hand der Ankunftshalle (wenn man herauskommt). Dort fahren auch die **öffentlichen Busse** ab und zwar etwa halbstündlich über Playa Honda nach **Arrecife** (Mo–Fr etwa 7.20–23.50 Uhr, Sa/So etwa 8.50–22.50 Uhr). In Arrecife/Playa del Reducto kann man umsteigen in die häufig verkehrenden Busse nach **Puerto del Carmen** oder **Costa Teguise**. Wenn man Glück hat, kann man auch noch einen der wenigen Busse nach **Playa Blanca** erwischen. **Taxi** nach Arrecife ca. 10–12 €, nach Puerto del Carmen 12 €, nach Costa Teguise 20 €, nach Playa Blanca ca. 35 € (ungefähre Preise). Fragen Sie den Taxifahrer und lassen Sie sich vor der Abfahrt den Preis nennen.

▸ **Mit der Fähre**: Der Hafen *Puerto de los Mármoles* liegt 2 km östlich von Arrecife. Mit dem Fahrzeug kommt man von dort nach wenigen hundert Metern zur Umgehungsstraße (*Circunvalación*) um Arrecife, von der Straßen nach Teguise, San Bartolomé und Puerto del Carmen abgehen. Um ins Stadtzentrum zu kommen, muss man sich auf der Straße dicht am Wasser halten, vorbei am Castillo de San José und dem Fischerhafen Puerto de Naos.

Unterwegs auf Lanzarote

Lanzarote ist nicht allzu groß und ganz Eilige können mit einem Mietwagen in zwei Tagen alle Sehenswürdigkeiten „abhaken". Aber auch wer sich mehr Zeit lässt und genauer hinsehen will, wird für individuelle Touren ein Fahrzeug brauchen. Diese werden in allen Touristenzentren vergleichsweise preisgünstig angeboten: Autos, Motor- und Fahrräder. Das öffentliche Busnetz ist eher schlecht ausgebaut. Zwar kann man die wichtigsten Orte auf Lanzarote erreichen, allerdings meist nur 1 bis 3 x am Tag, so ergibt sich oft das Problem der Rückkehr.

Öffentlicher Verkehr

Mit 800 Autos auf 1000 Einwohner ist die Fahrzeugaufkommen auf Lanzarote außergewöhnlich hoch. Die Verkehrsdichte ist allerdings sehr unterschiedlich: Während im Ballungsraum um Arrecife und Puerto del Carmen meist heftiger Verkehr tobt, geht es in den ländlichen Regionen meist recht gemächlich zu. Vor allem im dünn besiedelten Westen und Norden Lanzarotes sind selten mehr als vereinzelte Mietwagenfahrer unterwegs.

Das Netz der Straßen wurde im letzten Jahrzehnt auf der ganzen Insel rasant ausgebaut, weitere umfangreiche Arbeiten sind geplant. Der Straßenzustand ist in der Regel gut, allerdings sollte man Nachtfahrten auf Nebenstrecken vermeiden, da die Ränder nur ungenügend abgesichert und teils weder beleuchtet noch mit reflektierenden Pfosten versehen sind. Einige Straßen sind außerdem abenteuerlich schmal, z. B. die holprige Route durchs Weinbaugebiet *La Geria* (Verbreiterung geplant) und die Serpentinenabfahrt ins Tal der tausend Palmen um Haría. Spezielle Vorsicht ist bei den vielen Inselkreuzungen geboten, die als Kreisverkehr eingerichtet wurden: **Der Verkehr im Kreis hat immer Vorfahrt, auch wenn eine vorfahrtsberechtigte Straße in ihn mündet!** Nahezu alle wichtigen Kreuzungen Lanzarotes hat man mittlerweile zum Kreisverkehr umgebaut und ihre Gefährlichkeit damit deutlich entschärft – vielleicht wäre Lanzarotes berühmtester Verkehrstoter, César Manrique, noch am Leben, wenn diese Entwicklung bereits in den 1980er Jahren eingesetzt hätte (→ S. 236). Achtung außerdem: Einfädelspuren auf Schnellstraßen sind oft zu kurz oder fehlen ganz. Leider hat es die Inselregierung bisher versäumt, ein angemessenes Linienbusnetz aufzubauen, d. h. die Verkehrsdichte wird in den nächsten Jahren wohl noch zunehmen. Und auch, wenn

Vorsicht, Kamele kreuzen die Fahrbahn

die Touren durch Lanzarotes Weinanbaugebiete zum genüsslichen Probetrinken einladen, sollte man als Fahrer vorsichtig sein: Wie in Deutschland ist der erlaubte Grenzwert 0,5 Promille, für Fahranfänger (zwei Jahre Führerscheinbesitz) gar nur 0,2 Promille (!). Vor allem an Wochenenden kontrolliert die Guardia Civil häufig, alkoholisierte Fahrer müssen mit Geldbußen ab 300 € und/oder Führerscheinentzug rechnen.

• *Höchstgeschwindigkeiten* innerhalb geschlossener Ortschaften 40 km/h, auf Schnellstraßen 100 km/h, auf Landstraßen 90 km/h.

• *Parken* In Puerto del Carmen und Arrecife ist das Parken im Zentrum **kostenpflichtig**. Die Parkautomaten sind aber nur während der Geschäftszeiten in Betrieb. An gelb markierten Gehsteigen ist **Parkverbot.**

• *Tankstellen* Viele Zapfstellen gibt es im Umkreis von **Arrecife**, die meisten sind von 6–24 Uhr oder sogar rund um die Uhr geöffnet. Die Preise sind wesentlich günstiger als in Mitteleuropa und liegen derzeit um die 0,75 €/ltr. für Bleifrei (Sin Plombo), Super entsprechend mehr, Diesel (Gasolio) kostet etwa 0,55 €. Selbstbedienung ist unüblich, man sagt dem Tankwart z. B. *„lleno, por favor"* (voll tanken, bitte) oder *„para diez/quince/veinte Euros, por favor"* (für 10/15/20 € bitte).

• *Wichtige Verkehrssschilder* **Attencíon, trabajos en la calzada** = Achtung, Arbeiten an der Fahrbahn; **cambio de sentido** = Wechsel der Fahrtrichtung; **carretera cortada por obras** = Straße wegen Bauarbeiten unterbrochen; **ceda el paso** = Vorfahrt achten; **desvío** = Umleitung; **desvío provisional** = vorläufige Umleitung; **peligro** = Gefahr; **zona de obras** = Bauarbeiten.

Busse

„Guaguas" (ausgesprochen etwa „uha-uha") heißen die Linienbusse lautmalerisch auf Lanzarote, der Begriff stammt aus Kuba und wurde von Rückwanderern auf die Kanaren gebracht. Trotz der regen touristischen Nachfrage sind die Verbindungen bisher viel zu dünn gesät. Nur die wichtigsten Orte werden angefahren, eine ganze Reihe von kleineren Dörfern, Stränden und Ausflugszielen sind mit Bussen nicht zu erreichen, darunter auch der berühmte Timanfaya-Nationalpark. Die Preise sind günstig, Gepäck wird gratis transportiert.

Zentrum des Busnetzes ist *Arrecife*. Vom dortigen Busbahnhof („Estación de Guaguas") werden die meisten Orte ein- bis mehrmals täglich angefahren (→ Karte, S. 90). Von der Bushaltestelle am Stadtstrand „Playa del Reducto" starten fast stündlich Busse nach Costa Teguise und über Playa Honda nach Puerto del Carmen, außerdem zum Flughafen. Einige Busse fahren auch nach Playa Blanca im Süden Lanzarotes.

Die Abfahrtszeiten sind in der Regel auf die einheimische Bevölkerung ausgerichtet, d. h. morgens vom Dorf in die Stadt, nachmittags von der Stadt zurück ins Dorf. Wenn Sie Tagestouren mit dem Bus planen, informieren Sie sich deshalb genau, ob am selben Tag noch ein Bus zurückfährt (da Lanzarote nicht groß ist, kann man sich im Notfall aber immer noch ein Taxi bestellen). Die Abfahrtstermine werden nicht immer genau eingehalten, seien Sie bei selten verkehrenden

Leserhinweis: „Wenn Sie zu mehreren fahren und ein Sammelticket bekommen, achten Sie darauf, dass der von Ihnen gezahlte Betrag und die genaue Personenanzahl darauf ausgedruckt sind. Es kommt vor, dass Busfahrer z. B. den Fahrpreis für drei Personen kassieren, aber nur den Betrag für eine Person ausdrucken. Der Rest fließt in die eigene Tasche und bei einer Kontrolle – die gibt es hin und wieder – sieht man alt aus."

Bussen am besten immer eine Viertelstunde vorher an der Haltestelle und richten Sie sich auf Wartezeiten ein. An Wochenenden und Feiertagen verkehren deutlich weniger Busse. Die Bushaltestellen sind meist gekennzeichnet durch ein Halteverbotsschild mit einem P für „Parada“ (= Haltestelle) und dem Wort „Bus“ oder „Guagua“, nicht selten aber auch gar nicht beschildert – die Einheimischen helfen gerne weiter. Tickets gibt es beim Busfahrer.

• *Abfahrtszeiten* Nur im Busbahnhof von Arrecife sind Abfahrtszeiten vermerkt. Sie erhalten aber aktuelle Busfahrpläne zum Mitnehmen (falls nicht vergriffen) im Busbahnhof und in den Büros der Tourist-Information, außerdem unter www.lanzarote.com/guaguas/guaguas-de.html

• *Preise* Alle Busverbindungen kosten zwischen 0,81 € und 2,67 € (Stand 2006). Die aktuellen Preise finden Sie ebenfalls unter www.lanzarote.com/guaguas/guaguas-de.html

Im Kapitel Arrecife finden Sie auf S. 139 eine Aufstellung der **Buslinien** auf Lanzarote.

Taxi

Wer keinen Mietwagen hat, ist bei dem schlechten Busnetz oft auf ein Taxi angewiesen. Die Taxifahrer fahren alle mit Lizenz, sind in der Regel freundlich und gelten als relativ ehrlich.

Für längere Überlandfahrten gibt es Festpreise, ansonsten sind Taxameter vorgeschrieben. Insgesamt sind vier Tarife gültig: Tarif 1 für innerstädtische Fahrten, Ta-

Busnetz auf Lanzarote

rif 2 für Fahrten hin und zurück, Tarif 3 für Überlandfahrten, Tarif 4 an Feiertagen. Allerdings werden die Taxiuhren auf Kurzstrecken kaum jemals angestellt. So zahlt man z. B. innerhalb von Puerto del Carmen meist einen Preis, der leicht über dem entsprechenden Preis mit Taxameter liegt. Jedes Municipio (Gemeinde) Lanzarotes hat eine eigene Taxigenossenschaft, deren Preise leicht differieren. In allen größeren Orten gibt es Taxistandplätze. Fahrende Taxis können angehalten werden, wenn das grüne Dachlicht leuchtet.

Preise (Auswahl): vom **Flugplatz** nach: Arrecife ca. 10–12 €, Puerto del Carmen 10–12 €, Costa Teguise 20 €, Playa Blanca 35 €; von **Puerto del Carmen** nach: Arrecife ca. 13–15 € (je nach Ausgangspunkt), Playa Blanca 30 €, Teguise 23 €, Jameos del Agua 35 €, Órzola 40 €.

Taxiruf: Arrecife ✆ 928-803104, 928-812710, 928-800806; Haría ✆ 982-835368; Playa Honda ✆ 928-820137; San Bartolomé ✆ 928-520176; Teguise ✆ 928-524223; Tías ✆ 928-524220; Tinajo ✆ 928-524222; Yaiza ✆ 928-524222.

Parkplatz im Nationalpark Timanfaya

Mietfahrzeuge

Da die Busverbindungen schlecht sind, mietet sich fast jeder Urlauber irgendwann einmal ein Auto. In allen drei Ferienzentren, in Arrecife und am Flugplatz gibt es ein Riesenangebot, Marktführer ist die einheimische Firma Cabrera Medina mit über zwanzig Filialen.

Erfreulicherweise sind wegen des Freihandelsstatus der Kanarischen Inseln die Preise günstiger als in allen anderen touristischen Gebieten Europas. Dazu kommt die scharfe Konkurrenzsituation – die Bewerber unterbieten sich gegenseitig. Fazit: Schon um die 18–28 €/Tag kann man einen Kleinwagen für fünf Personen leihen, Steuern und die Kosten für eine *Vollkaskoversicherung* (Franquida daños bzw. Collision damage waver) ohne Selbstbeteiligung inbegriffen. Letztere sollten Sie auf jeden Fall abschließen, da viele Wagen auf Lanzarote nur mit äußerst geringer Deckungssumme haftpflichtversichert sind (auch manche Mietwagen!) und bei einem unverschuldeten Unfall nicht immer Schadensdeckung gewährleistet ist.

Vergleichen Sie vor einer Anmietung zunächst unbedingt die verschiedenen Anbieter, denn die Preisunterschiede sind erheblich. Achten Sie dabei besonders auf die verschieden strukturierten Angebote: Manchmal sind nämlich im Preis Vollkasko und Steuern enthalten, manchmal nicht. Der vermeintlich supergünstige Preis entpuppt sich so oft als Köder. Faustregel: Je länger die Mietdauer, desto besser die Angebote. Versuchen Sie vor allem bei längerer Anmietung unbedingt zu handeln, ein Rabatt ist oft drin. Achtung Pauschalreisende: Buchen Sie nicht in Ihrem Hotel, dort sind die Preise fast immer höher als „draußen"! Tipp außerdem: Lokale Firmen sind meist preiswerter als solche, die international oder spanienweit operieren. Schließen Sie nur Verträge ab, deren Text auch auf Deutsch oder in verständlichem Englisch vorliegt (meist klein gedruckt auf der Rückseite). Wer die Asphaltstraßen verlässt, verliert in der Regel automatisch den Versicherungsschutz. So ist es eigentlich nicht gestattet, mit dem normalen Miet-PKW zu den berühmten Papagayo-Stränden zu fahren, trotzdem ist der Parkplatz fast ausschließlich von Mietwagen belegt. Sollte dabei ein Schaden am Fahrzeug auftreten, sind die Reparaturkosten nicht von der abgeschlossenen Versicherung abgedeckt und dementsprechend aus eigener Tasche zu bezahlen. Für das Befahren von Erdpisten kann man Jeeps mieten, die allerdings gleich das Doppelte kosten. Wenn Sie vorhaben, nach Fuerteventura überzusetzen, müssen Sie vorher unbedingt die Erlaubnis des Vermieters einholen, andernfalls ist u. U. ebenfalls der Versicherungsschutz nicht gewährleistet. Schäden an Reifen gehen zu Lasten des Mieters. Als Fahrer muss man in der Regel 21 Jahre alt sein. Eine Kreditkarte wird immer verlangt.

Machen Sie vor der Anmietung eine kurze Probefahrt und überprüfen Sie immer auch die Funktionstüchtigkeit des Lichts und der Blinker. Sollten Sie mit defektem Licht von der Polizei kontrolliert werden, ist mit einem Bußgeld zu Ihren Lasten zu rechnen. Lassen Sie sichtbare äußere Schäden protokollieren. Bei Pannen wenden Sie sich immer zuerst an die Verleihfirma, nicht etwa an eine Werkstatt, Abschleppdienst o. Ä., sonst müssen Sie unter Umständen selber für die Kosten aufkommen. Man kann sich einen Wagen auch ohne zusätzliche Kosten ins Hotel bringen lassen und dort wieder zur Abholung abstellen. Bei größeren Firmen ist es meist möglich, den Wagen am Flughafen wieder abzugeben (Die Mietwagengarage liegt im Ankunftsbereich „llegadas/arrivals", zu erkennen am Piktogramm mit Auto und Schlüssel). In allen drei Urlaubszentren gibt es auch verschiedene *motorisierte Zweiräder* und *Fahrräder* zu mieten (→ Infos unter den jeweiligen Orten).

Über deutsche Vermittler wie z. B. www.autoeurope.de oder www.billiger-mietwagen.de, aber auch über Cabrera Medina in Lanzarote (www.cabrera medina.com) kann man ein Fahrzeug bereits zu Hause buchen, es steht dann bei Ihrer Ankunft am Flughafen bereit.

Radsportler finden auf Lanzarote beste Bedingungen

Fahrrad

Der weltweite Bike-Boom im letzten Jahrzehnt hat auch vor Lanzarote nicht Halt gemacht. Die Insel ist großteils flach bis hüglig, das Klima ganzjährig günstig und somit bieten sich ideale Bedingungen, sowohl für gemütliche als auf für sportlich ambitionierte Radler. Immer mehr Urlauber bringen deshalb ihre Drahtesel im Flugzeug mit und nutzen die langen, geraden Asphaltstraßen für ausgedehnte Tourenfahrten.

Geeignet dafür sind fast alle Straßen. Sogar die mehrspurige und viel befahrene LZ-2 zwischen Arrecife und Tías besitzt befestigte Randstreifen, die Biker nutzen können. Größere Steigungen sind jedoch auch hier und dort zu überwinden, z. B. landeinwärts von Puerto del Carmen und Costa Teguise, im Gebirge Risco de Famara im Norden Lanzarotes und um Femés im Süden. Schöne Abfahrten bieten die abschüssigen Straßen zum Hotel La Santa Sport an der Westküste und die „Carretera Local" durch den Nationalpark Timanfaya.

Auch für Mountainbiker sind die Bedingungen hervorragend. Da die Schwierigkeitsgrade auf den Pisten allerdings sehr unterschiedlich sind (von leicht bis sehr schwer) und auf keiner erhältlichen Inselkarte sämtliche Wege eingezeichnet sind, empfiehlt es sich anfangs, die eine oder andere Tour unter Führung Ortskundiger mitzumachen. Diese Touren werden von vielen Verleihstationen angeboten und bieten meist kurzweiliges Vergnügen zusammen mit Gleichgesinnten. Manche Verleiher vergeben gratis Karten mit eingezeichneten MTB-Routen. Viele Pisten sind waschbrettartig planiert, breite Reifen mit grobem Stollenprofil sind dafür nötig.

Wer sich gezielt mit Radsport beschäftigen will, für den ist das Sporthotel *Club La Santa* an der Westseite Lanzarotes eine ideale Anlaufstelle. Die Umgebung des Hotels ist fast völlig flach und zum Radfahren bestens geeignet, auch für Rennräder. Zudem organisiert der Club La Santa mehrmals im Jahr Wettbewerbe für Radfahrer, z. B. die *Tour de Lanzarote* (176 km Radfahren), die *Lanzarote Mountainbike-Woche*, den *La Santa-Triathlon* (1,5 km Schwimmen, 40 km Radfahren, 10 km Laufen) und schließlich den berühmten *Ironman-Triathlon Lanzarote* im Frühjahr (3,8 km Schwimmen, 180 km Radfahren, 42 km Laufen).

• *Fahrradverleiher* in Arrecife, Puerto del Carmen, Costa Teguise, Playa Blanca, La Caleta de Famara und Charco del Palo, im Hotel La Santa Sport und auf der Insel La Graciosa. Details in den jeweiligen Ortstexten.

Mountainbiker aufgepasst: Bedenkt, dass man in den ausgedehnten Lavafeldern Lanzarotes keinesfalls von den Pisten und Straßen abweichen darf. Querfeldein-Fahrer schädigen nachhaltig den empfindlichen Flechtenbewuchs!

Wandern

Die bizarre Welt der Lavaströme und Krater Lanzarotes erschließt sich Erstbesuchern wohl am besten im Rahmen der geführten Wanderungen, die im Nationalpark Timanfaya angeboten werden (→ unten). Die Führer der Nationalparkbehörde „Red de Parques Nacionales" geben dabei viele Informationen zur Entstehung und zum derzeitigen Zustand der Lavawildnis. Geführte Touren in den Naturschutzgebieten Lanzarotes veranstaltet außerdem das deutschsprachige Unternehmen „Canary Trekking" (→ unten).

Aber natürlich kann man auch ohne Probleme auf eigene Faust loswandern. Ein großer Vorteil Lanzarotes ist, dass die Insel gut überschaubar ist. Keine senkrecht ansteigenden Bergmassive oder unpassierbare Barrancos (Trockentäler) versperren unvermutet den Weg. Die sanften Hänge und Kuppen sind leicht begehbar, fast überall kann man auf Sicht wandern. Ein ausgedehntes Geflecht von Trampelpfaden und Pisten überzieht die ganze Insel. Die Entfernungen sind nicht groß, kaum eine Wanderung dauert länger als einige Stunden, Zwischenübernachtungen sind nicht nötig. Allerdings gibt es bisher keine markierten Wanderwege auf Lanzarote. Da weite Teile unter Naturschutz stehen, nehmen Sie bitte Hinweistafeln auf Verbote ernst und vermeiden Sie es unbedingt, querfeldein durch die flechtenbewachsenen Lavafelder zu gehen. Bleiben Sie so weit wie möglich auf klar erkennbaren Wegen und nehmen Sie keine Steine mit!

Im reisepraktischen Teil haben wir eine Anzahl von Lanzarote-Wanderungen beschrieben: Touren im Inselinneren und an der Küste, in den Bergen von Los Ajaches und im landschaftlich reizvollen Inselnorden sowie auf der vorgelagerten Insel La Graciosa. Außerdem finden Sie Wandertipps für die unmittelbare Umgebung der drei Urlaubsorte *Puerto del Carmen*, *Costa Teguise* und *Playa Blanca*.

Größtes Problem beim Wandern auf Lanzarote dürfte die schlechte Transportsituation sein. Bei vielen Wanderungen erhebt sich das Problem: wie hin- und wieder wegkommen? Die sporadisch verkehrenden Busse sind oft unpraktisch, bleiben also Taxi oder Mietwagen. Da Start- und Zielpunkt der meisten Wanderungen weit auseinander liegen, muss man mit einem Fahrer vereinbaren, dass man am Ziel wieder abgeholt wird. Oder man legt die Tour so, dass man sich zu einem Start-

Überall auf Lanzarote gibt es Pisten und Wege für Wanderer

punkt bringen lässt und von dort zum Urlaubsquartier bzw. zum Mietwagen zurückwandert. Faustregel: Planen Sie Ihre Wanderung so, dass sie nach Möglichkeit in einem größeren Ort endet. Hier gibt es Taxis und Verpflegung und Sie riskieren nicht, irgendwo „festzusitzen".

Ansonsten: In der kühleren Jahreszeit kann das Wetter auf Lanzarote schnell umschlagen – gerade noch wolkenloser Himmel, können schon wenig später dicke Passatwolken in den Bergen hängen, vor allem im bergigen Norden Lanzarotes. Wandern Sie deshalb nur mit entsprechender Ausrüstung –wichtig ist vor allem festes und strapazierfähiges Schuhwerk, denn das scharfkantige Lavagestein zerfetzt leichte Schuhe schnell – und nehmen Sie ausreichend Wasser mit. Einige Routen sind sehr einsam, oft begegnet man stundenlang niemandem. Gehen Sie nach Möglichkeit niemals alleine und informieren Sie zumindest Freunde oder Vermieter über Ihre Pläne.

• *Geführte Wanderungen* **Red de Parques Nacionales** (Nationalpark-Behörde), kostenlose Wanderungen ein- bis mehrmals wöch., obligatorische Anmeldung im Besucherzentrum Mancha Blanca (→ S. 219) oder unter ✆ 928-840839.

Canary Trekking, es werden eine Nord- und eine Südroute angeboten. Die Wanderungen können auch über Hotelrezeptionen gebucht werden. Erw. ca. 35 €, Kind 28 €. ✆ 609-537684 (mobil) oder www.canarytrekking.com

Hinweis: Individuelle Wanderungen im Inneren des Nationalparks Timanfaya sind verboten, lediglich die Küste darf begangen werden. Informationen erhalten Sie im Informationszentrum Mancha Blanca.

Wissenswertes von A bis Z

Baden

Lanzarote verfügt über eine Reihe ausgezeichneter Strände, die z. T. geschützt und sehr kinderfreundlich liegen, z. T. wegen ihrer hohen Brandung und tückischen Unterströmungen aber als ausgesprochen gefährlich gelten. Erfreulicherweise dominiert im Gegensatz zu anderen vulkanischen Inseln neben dunklen Stränden aus feinkörniger Lavaasche häufig heller Sand.

Generell sind die Ostküste und der Süden Lanzarotes deutlich weniger den Winden ausgesetzt als die stürmische Westküste und der Norden. Vielen Stränden sind ausgedehnte Flächen aus scharfkantigen Klippen vorgelagert, die bei Flut unter der Wasseroberfläche liegen und nur bei Ebbe erkennbar sind. Badeschuhe sind sehr nützlich! Organisierte Strandüberwachungen in Form von hölzernen Wachtürmen gibt es an den Hauptstränden der drei großen Urlaubszentren und an der Playa del Reducto in Arrecife (allerdings nicht immer regelmäßig besetzt). An der Playa Grande in Puerto del Carmen und an der Playa Dorada in Playa Blanca sind Rot-Kreuz-Stationen eingerichtet.

Außer den Stränden in *Puerto del Carmen*, *Costa Teguise* und *Playa Blanca* gibt es noch folgende exzellente Strände auf Lanzarote: den Stadtstrand von *Arrecife* (→ S. 150), die *Papagayo-Strände* im äußersten Süden (→ S. 372), den kilometerlangen Strand in der Bucht von *Famara* (→ S. 257), die nur zu Fuß erreichbare *Playa del Risco* (→ S. 296), die schneeweißen Dünenbuchten bei *Órzola* (→ S. 315) und die *Playa de las Conchas* auf der Insel La Graciosa (→ S. 330).

> **Achtung**: Aufgezogene rote Fahnen signalisieren **Badeverbot**. Diese Hinweise sollte man unbedingt ernst nehmen, jedes Jahr gibt es Tote im Meer.

Diplomatische Vertretungen

Für Lanzarote sind die folgenden Konsulate auf Gran Canaria zuständig. Das deutsche Konsulat hält einmal im Vierteljahr Sprechstunden im Hotel Los Jameos Playa in Puerto del Carmen ab.

Die Playa Flamingo im Süden Lanzarotes

Deutsches Konsulat, Calle Albareda 3, E-35007 Las Palmas de Gran Canaria. Mo–Fr 9–12 Uhr. ✆ 928-491880, 📠 928-262731, www.las-palmas.diplo.de

Österreichisches Konsulat, Hotel Eugenia Victoria, Avda. de Gran Canaria 26, E-35100 Playa del Inglés. Mo–Fr 10–13 Uhr. ✆ 928-762500, 📠 762260.

Schweizer Konsulat, Edificio Juan XXIII, Calle Domingo Rivero 2, E-35004 Las Palmas de Gran Canaria. Mo–Fr 9–13 Uhr. ✆ 928-293450, 📠 290070; www.eda.admin.ch/spain

Einkaufen

Bezüglich der Lebenshaltung gibt es auf Lanzarote kaum Probleme. Zahllose, gut sortierte *Supermercados* führen alles erdenklichen Waren und sind oft auch sonntags geöffnet, in den so genannten *Centros Comerciales* findet man Läden für jeglichen touristischen Bedarf. Wegen des besonderen Status der Kanarischen Inseln als Freihandelszone „Zona Especial Canaria“ (ZEC), die sich in konkurrenzlos niedrigen Steuern manifestiert (z. B. MwSt. 5 %), gibt es ein Riesenangebot an preisgünstigen Spirituosen, Parfüms und Zigaretten (Stange ab ca. 13 €).

> **Spartipp**: Die Einkaufspreise in den Urlaubszentren liegen mittlerweile über mitteleuropäischem Niveau. Günstiger sind die großen Supermärkte an der Schnellstraße zwischen Arrecife und Puerto del Carmen (Nähe Flugplatz) und in der Hauptstadt Arrecife.

▸ **Elektroartikel**: Die Produkte aller wichtigen internationalen Firmen stehen in den oft von indischen Clans geführten „Basaren“ zum Verkauf. Ohne genaue Kenntnisse der Materie raten wir jedoch vom Kauf von Elektrogeräten auf den Kanaren dringend ab, denn es wird häufig mit Tricks gearbeitet, z. B. dem heimlichen Vertauschen des Geräts, der Manipulation der Vorführqualität etc. Falls Sie trotzdem

Wissenswertes von A bis Z

unbedingt etwas kaufen wollen, sollten Sie sich bereits zu Hause umfassend über die aktuelle Preissituation informieren, denn auf den Kanaren wird vieles zu überhöhten Preisen angeboten. Bedenken Sie auch, dass Sie in aller Regel keine Garantiebestätigung seitens des Verkäufers erhalten.

- **Kunsthandwerk und Mitbringsel**: Die Produktion von Kunsthandwerk war auf Lanzarote immer gehandikapt durch den Mangel an Rohmaterialien. Authentische Stücke sind *Töpferware, Rosettenstickereien, Flechtkörbe* aus Palmwedeln und die typischen Musikinstrumente namens *Timple* (→ Abschnitt Lanzarote allgemein/ Kunsthandwerk). Schöne Mitbringsel sind aber auch die Samen und Setzlinge zahlreicher exotischer Pflanzen. Von den eigenständig kanarischen Gewächsen eignen sich die *Kanarische Palme* und der *Drachenbaum* zur heimischen Anzucht. Dazu kommen zahlreiche *Kakteenarten*, die ursprünglich meist aus Südamerika stammen. Ganz und gar authentische Produkte sind schließlich *Gofio* und grobes *Meersalz*, beides kann man in Säckchen abgepackt erwerben.
- **Märkte**: In *Teguise* findet sonntags der große Kunsthandwerks- und Souvenirmarkt *El Mercadillo* statt, das bedeutendste derartige Ereignis der Insel, das allerdings weitgehend im Zeichen von Nepp und Ramsch steht. Mindestens einmal sollte man vielleicht trotzdem dort gewesen sein, von allen Touristenorten starten Busse. Am Freitag gibt es außerdem einen kleinen Kunsthandwerksmarkt in *Costa Teguise*, samstags in *Haría* und *Playa Blanca*.

Ein- und Ausreise

Deutsche, Österreicher und Schweizer benötigen einen gültigen *Personalausweis* oder *Reisepass*, für Kinder unter 16 Jahren ist ein Kinderreisepass mit Lichtbild erforderlich, wenn sie nicht im Reisepass der Eltern eingetragen sind. Eine Kontrolle der Ausweise findet für deutsche und österreichische Ankömmlinge in der Regel nicht mehr statt (Schengener Abkommen).

Essen und Trinken

Das frühere entbehrungsreiche Leben auf den Kanarischen Inseln schlägt sich in der traditionellen Küche nieder: einfache und deftige Kost ohne große Raffinesse, viel Atlantikfisch – dafür wenig Fleisch, stärkehaltige, kalorienreiche und sättigende Grundnahrungsmittel, bescheidene Auswahl der Zutaten, große Portionen. Doch typisch kanarisch essen ist heute auf Lanzarote schwer geworden – gibt es doch nur noch eine Handvoll Lokale, die man als authentisch bezeichnen kann. Die überwiegende Mehrzahl der fast 500 Restaurants Lanzarotes ist ausschließlich für Touristen da. Und dort wird so ziemlich alles geboten, was unter Essen zu verstehen ist – nur nicht kanarische Küche.

Der Touristenboom der letzten 25 Jahre hat die kulinarische Landschaft der Insel einschneidend verändert – zum einen haben sich spanische Festlandsküche und Essgewohnheiten ausgebreitet, zum anderen dominiert häufig „internationale Küche“, die vielen Geschmäckern gerecht wird: Chinesen und Inder, Pizza und Steaks, mexikanische Tacos und Döner Kebab, Hamburger und Pommes, Leberkäs und Bratkartoffeln ... Vor allem Puerto del Carmen hat stellenweise den Charakter eines überdimensionalen Schnellimbisses angenommen, wo man alles zu jeder Tageszeit essen kann. Bezeichnendes Indiz: Mehrsprachige Speisekarten (mindestens: spanisch, englisch, deutsch) sind auf ganz Lanzarote die Regel. Am ehesten kann man kanarische Atmosphäre in den zahlreichen urigen Fischrestaurants schnuppern, die in den Küstenorten entstanden sind. Im einfachen rustikalen Ambiente werden dort reichhaltige Fischplatten serviert, dazu gibt es die typischen Schrumpelkartoffeln namens *papas arrugadas*, scharfe *Mojo-Soße* und eine Karaffe mit Inselwein – Meeresbrandung natürlich immer inklusive. Ganz sicher eine der schönsten Arten, sich Lanzarote kulinarisch zu nähern – wenn auch der rege touristische Zuspruch nicht gerade die billigsten Preise nach sich gezogen hat.

• *Die Lokale* Die meisten nennen sich natürlich mit dem internationalen Wort **Restaurante**, gelegentlich mit dem Beiwort **típico** – dort werden dann traditionelle kanarische Gerichte serviert.
Die typischen „Fischlokale" namens **Marisquería** findet man vor allem in Arrecife. Der Name leitet sich von *marisco* (Schalentier, Muschel) ab. Hier gibt es alles, was das Meer an Essbarem zu bieten hat.
Parrilla, das traditionelle „Grilllokal", ist auf Lanzarote nicht weit verbreitet, zumindest dem Namen nach, Grillküche gibt es aber überall.
In den schnellimbissähnlichen **Cafeterias** von Arrecife werden „platos combinados" geboten (→ Spanische Küche).
Die zahlreichen **Bars** entsprechen in etwa unseren Kneipen, zu essen gibt es meist diverse Appetithappen, die so genannten Tapas (→ Spanische Küche).
Im **Kiosko** schließlich gibt es Getränke und Snacks wie Bocadillos (belegte Brötchen) und Churros (Spritzgebäck).

Strandkneipe im Fischerdorf El Golfo

Die Preise liegen in den Touristenzentren auf mitteleuropäischem Großstadtniveau. Für etwa 50 € kann man zu zweit gut speisen und trinken. Eine Flasche Lanzarote-Wein kostet im Lokal ca. 8–12 €.

Kanarische Küche

Die kanarische Küche besitzt einige Eigenheiten, die man sonst nirgendwo findet – die Nationalspeise Gofio, die Papas arrugadas und die allgegenwärtige Mojo-Soße, die in zwei Varianten auf den Tisch kommt: rot und grün. Bis auf Kartoffeln, Zwiebeln, Tomaten und Fisch muss auf Lanzarote alles eingeführt werden, die Zutaten sind also traditionell beschränkt.

Salat fehlt nie auf der Speisekarte, Gemüsebeilagen gibt es dagegen so gut wie gar nicht, stattdessen werden kräftige Eintöpfe und Gemüsesuppen serviert. Die Fischauswahl ist naturgemäß groß, an Fleisch gibt es meist nur Huhn, Kaninchen, Zicklein und Lamm. Egal ob Fisch oder Fleisch – alles wird gegrillt oder auf der heißen Platte gebraten (*„a la plancha"*). Allgegenwärtiges Gewürz ist Knoblauch, auch Safran ist häufig.

Pescado frito: In den Küstenorten werden leckere Fischplatten serviert

- **Gofio**: Das kanarische Grundnahrungsmittel geht bis in die Zeit der Majos zurück. Für seine Herstellung werden zunächst Gersten-, Mais- oder Weizenkörner geröstet, anschließend zu feinem, extrem ballaststoffreichem Vollkornmehl vermahlen. Das so entstandene Produkt kann man wegen der vorher erfolgten Röstung zwar nicht mehr backen, aber trotzdem sehr vielseitig verwenden: Mit etwas Wasser, Milch oder Honig vermengt, wird es von den Canarios z. B. zu kleinen mundgerechten Kugeln geknetet, es wird zur Verdickung der Gemüsesuppe Potaje verwendet, man serviert es mit Hülsenfrüchten und roter Mojosoße, nimmt es für die Herstellung von Nachspeisen und Süßigkeiten, zum Panieren oder als Kleinkinderbrei und nascht es auch gern zum Wein. Für viele Canarios ist der preiswerte Gofio auch heute noch eine der wichtigsten Grundlagen der alltäglichen Ernährung – ganz ähnlich der Polenta in Oberitalien. Sein Geschmack ist allerdings eher fad und Gewöhnungssache.
  Das Mahlen der Körner übernehmen heute moderne Maschinen. Die alten, windgetriebenen Gofio-Mühlen aus vorelektrischen Zeiten stehen aber noch überall auf Lanzarote, meist zerbrochen und verwahrlost. Liebevoll restauriert kann man sie besichtigen im Freilichtmuseum *Museo Agrícola El Patio* in Tiagua und in der César Manrique-Kreation *Jardín de Cactus* in Guatiza. In Restaurants wird Gofio kaum noch serviert, aber in kleinen handlichen Päckchen liegt es in verschiedenen Souvenirshops und vielen Supermercados aus (*gofio de maíz* = Mais, *gofio de trigo* = Weizen).
- **Kartoffeln**: Die kleinen, runzligen *papas arrugadas* (arrugado = runzlig) isst man praktisch zu jedem Fleisch- oder Fischgericht. Ihre Besonderheit ist die mit einer dünnen Salzkruste versehene Pelle, die man stets mitisst. Zubereitung: Die Kartoffeln werden zunächst gründlich gesäubert, dann in stark gesalzenem Wasser bzw. in Meerwasser gekocht. Das Wasser lässt man weitgehend verdunsten, bis nur

das auskristallisierte Salz übrigbleibt, das sich auf der Schale absetzt. Ohne Wasser kurz auf kleiner Flamme weiterkochen lassen, bis sich die Schale runzelt, eventuell noch einmal Salz darüber streuen. Ein für alle Kanaren, aber besonders für das süßwasserarme Lanzarote typisches Gericht. Zu den Papas arrugadas serviert man immer die pikanten roten und milden grünen Mojo-Soßen.

Die Fischer zerlegen ihren Fang gleich im Hafen von Puerto del Carmen

▸ **Fisch**: Atlantikfische sind große, widerborstige und zähe Gesellen mit reichlich Fleisch, aber auch vielen Gräten. Man spürt den Fischreichtum der Kanarischen Inseln und die Wirte gehen z. T. großzügig mit den Portionen um. Die Zubereitung funktioniert allerdings nach Schema F: ausnehmen, grillen *(a la plancha)*, fertig. Eher selten ist gekochter *(cocido)* oder panierter *(rebosado)* Fisch. Wer mit den Gräten nicht zurechtkommt, sollte Filet bestellen, das fast überall auf der Karte steht. *Pescado mixto* oder *pescado frito* sind gewaltige Fischplatten mit mehreren verschiedenen Fischarten, Tintenfisch etc. Ein besonders exquisites Gericht ist *pescado à la sal* – Fisch in einer Kruste aus Meersalz, im Backofen gegart und als Filet serviert (Vorbestellung meist nötig). Tipp: Bestellen Sie „pescado del día" (Fisch des Tages), um einen wirklich frischen Fisch zu bekommen. Ansonsten ist vieles „congelado" (tiefgefroren), was auch auf manchen Speisekarten vermerkt ist.
Eine besondere Attraktion Lanzarotes ist die Lachsräucherei in Uga, die Lachs aus nordeuropäischen Ländern importiert – *salmón de Uga* ist so mittlerweile eine gesuchte Vorspeisenspezialität in vielen Restaurants geworden.

Atún (oder **Bonito**): Ganze Schwärme von Thunfischen werden um den kanarischen Archipel aus dem Meer gefischt. Die etwa einen Meter langen, sehr schweren und äußerst kompakten Fische bieten einen enormen Fleischvorrat. Als Filet serviert.

Bacalao: Kabeljau bzw. Stockfisch, man sieht ihn oft zum Trocknen an Leinen hängen.

Boquerones: Sardellen werden in Bars oft als Appetithappen (Tapas) serviert.

Gallo: Die zierfischähnliche „Rotzunge" lebt fast ausschließlich in den kanarischen Gewässern. Ihr Geschmack ähnelt der Seezunge.

Lenguado: Die Seezunge stammt in der Regel nicht aus kanarischen Gewässern, ist aber ein beliebter Speisefisch.

Merluza: Der Seehecht, eine Schellfischart, gehört zu den am häufigsten angeboten Atlantikfischen.

Sama: sehr schmackhaft, sachkundig zubereitet kommt das zarte Fleisch der Rotbrasse erst richtig zur Geltung.

Sardinas: Sardinen gehen immer massenweise ins Netz, im Hafen von Puerto del Carmen werden sie kiloweise für ein Spottgeld verkauft.

Vieja: der rote Papageienfisch, wörtlich übersetzt „Die Alte". Knallroter karpfenähnlicher Speisefisch mit zartem weißem Fleisch, der in den kanarischen Gewässern weit verbreitet ist.

Weitere Speisefische: **besugo** (Graubarsch), **cabrilla** (Ziegenfisch), **cherne** (Alter Wrackfisch), **chopa** (Streifenbrasse), **corvina** (Adlerfisch), **dentón** (Zahnbrasse), **dorada** (Goldbrasse), **emperador** (Schwertfisch), **lisa** (Meeräsche); **mero** (Zackenbarsch), **rape** (Seeteufel), **rubio** (Roter Knurrhahn), **sargo** (Große Weißbrasse), **chicharro** (Blauflaggenmakrele) und der **bocinegro**.

▸ **Schalentiere und Meeresfrüchte (mariscos):** Muscheln, Garnelen, Tintenfisch, Langusten, Krebse und Hummer werden reichlich angeboten, sind allerdings im Gegensatz zum Fisch größtenteils tiefgefroren importiert, denn die kanarischen Vorkommen reichen für die Touristenmassen nicht mehr aus.

Calamares: Die kräftigen weißen Körper der Tintenfische werden traditionell als Ganzes serviert, nicht etwa in Ringe zersäbelt.

Gambas al ajillo: Garnelen in Öl-/Knoblauchsud, der beim Servieren noch kochend heiß sprudeln muss. Als Vorspeise ausgesprochen lecker und in sehr vielen Restaurants erhältlich.

Lapas: Napfschnecken kleben wie Hütchen an den Riffen um Lanzarote. Früher wurden sie bei Ebbe geerntet, heute führt man sie ein. Gereicht werden sie mit „mojo verde".

Weiterhin sind auf Lanzarote vergleichsweise günstig zu haben: **langostinos** (Königskrabben), **langostas** (Langusten), **cangrejos** (Krebse) und **bogavante** (Hummer), außerdem **almejas** (Muscheln), **mejillones** (Miesmuscheln) und **pulpo** (Krake).

▸ **Eintöpfe und Suppen**: Die reichhaltigen Gemüseeintöpfe Lanzarotes bilden oft eine Mahlzeit für sich, vor allem der üppige *puchero* und der *rancho Canario*. Vorsicht: Da in den deutschsprachigen Spalten der Speisekarten oft undifferenziert von „Kanarischem Eintopf" die Rede ist, sollte man immer im spanischen Text erkunden, ob es sich um Potaje oder Puchero handelt – der Unterschied ist gravierend.

Puchero: Das wohl typischste Eintopfgericht wird traditionell am Sonntag serviert und kommt in riesigen Portionen auf den Tisch. Es besteht aus mindestens drei Sorten Fleisch – meist Huhn, Rind, Schwein – und verschiedenen Gemüsen, u. a. Kichererbsen (Garbanzo), Mais, Weißkohl und Mohrrüben, die getrennt voneinander in Salzwasser gedünstet werden.

Rancho Canario: deftiger Eintopf aus Kichererbsen und Nudeln, mit Fleischeinlage von Schweinerippchen oder Huhn.

Potaje Canario: kräftige Gemüse- und Kartoffelsuppe, die man meist als Vorspeise isst, für einen Imbiss zwischendurch reicht sie aber auch durchaus alleine.

Potaje de berros: leckerer Eintopf aus weißen Bohnen, Kartoffeln, Kürbisstückchen und gehackter Brunnenkresse, ebenfalls eher als Vorspeise zu betrachten.

Garbanza: sättigende Kichererbsensuppe, oft angereichert mit Bauchfleisch oder Speck, gewürzt mit Safran.

Zarzuela (oder **Casuela**): Fischfiletstücke, Kartoffeln, Tomaten und Zwiebeln werden zu einer Fischpfanne verarbeitet und kräftig mit Knoblauch gewürzt.

Sancocho Canario: traditioneller Eintopf aus gegartem Stockfisch, Kichererbsen, Zwiebeln und Süßkartoffeln. Wird wie der Puchero meist nur sonntags serviert.

▸ **Fleisch**: muss weitgehend eingeführt werden, da Lanzarote außer seinen Ziegenherden über keinen nennenswerten Viehbestand verfügt. *Cabrito* (Zicklein), *conejo* (Kaninchen) und *cordero* (Lamm) gehören zu den Spezialitäten, im Herbst gibt es auch Wildkaninchen – *conejo salvaje*. Herausragende Qualität darf man nicht erwarten, oft ist das Fleisch ziemlich zäh. Zu den authentischen Gerichten zählen die *parrillada* (Grillplatte), *ropa vieja* (gegrilltes Fleisch oder Fisch mit Kichererbsen und Tomaten) und *pato de cordero* (Lammkeule).

Mojo-Soße: authentische kanarische Gaumenfreude

Ohne Mojo ist kein kanarisches Dinner perfekt. Egal ob dampfende Fischplatte mit Salatteller oder gegrilltes Zicklein mit Papas arrugadas – immer wird ein Töpfchen mit knallroter, eins mit spinatgrüner kalter Soße serviert, gelegentlich ergänzt durch einen Tiegel mit milchig weißer Tunke aus Mayonnaise und Knoblauch. Die rote Soße *mojo picón* besteht aus Chili- oder Peperonischoten, Essig, Salz, Pfeffer, Kümmel, Olivenöl und reichlich Knoblauch. Sie ist in der Regel scharf, manchmal höllisch scharf. Die milde grüne Soße *mojo verde* wird aus grünen Peperoni oder Paprikaschoten hergestellt, ergänzt durch verschiedene Gewürze und Kräuter, hauptsächlich Petersilie und Koriander. Puristen nehmen Mojo picón nur zu Fleisch und Papas arrugadas, die grüne Soße dagegen zu Fisch – doch ist das im Prinzip jedem Geschmack individuell überlassen. Traditionell kleckert man die Soße nicht auf den Teller, sondern tunkt die Bissen ins Töpfchen. Die Herstellungsrezepte sind fast so zahlreich wie die im Umlauf befindlichen Töpfchen, jeder Wirt schwört auf seinen ganz speziellen Mojo. Inzwischen wird Mojo auch im großen Maßstab produziert und in Supermärkten vertrieben – die Qualität ist mit den in Heimarbeit hergestellten Soßen aber nicht zu vergleichen.

- **Gemüse und Salat**: Nur Zwiebeln werden auf Lanzarote im größeren Maßstab angebaut und für viele Zwecke verwendet. Ansonsten findet Gemüse hauptsächlich im Eintopfgericht *puchero* Verwendung, in erster Linie Mais, Kohl und Kichererbsen. Die Salate sind je nach Lokal mehr oder weniger fantasievoll angerichtet. Oft sind sie mit harten Eiern, Oliven, Spargel oder Avocados angereichert.
- **Käse**: Der leckere Ziegenkäse Lanzarotes wird wegen seiner Farbe einfach „queso blanco" oder „queso de país" (Landkäse) genannt. Es gibt ihn in verschiedenen Reifegraden: *fresco* (frisch, 3–4 Tage alt), *semi tierno* (weich, 7–8 Tage alt), *semi curado* bzw. *semi seco* (halbtrocken, über 20 Tage alt) oder *queso curado* (mehr als zwei Monate alt), Letzteren in verschiedenen Härtestufen: *viejo* (alt), *duro* (hart) und *seco* (trocken). Der Käse kann auch ohne Kühlschrank bis zu einem Jahr und länger aufbewahrt werden – um Schädlings- und Pilzbefall zu vermeiden, sind die runden Laibe oft mit einer rostbraunen Paste aus Olivenöl und Paprikapulver bestrichen. In Restaurants und Tapas-Bars kann man den „queso blanco" als Vorspeise mit Oliven oder Brot ordern.
- **Süßspeisen**: Bekanntestes Dessert auf den Kanaren ist *bienmesabe* („Schmeckt mir gut"), eine leckere Masse aus Honig, Mandeln und Eigelb. Es gibt davon zahlreiche Varianten, z. B. mit Zucker anstatt Honig, mit gerösteten Mandeln, Bananen, Kakaopulver, Schlagsahne und sogar Vanilleeis. Ansonsten kann man häufig *frangollo* (Maispudding mit Rosinen und Sirup) oder *torrijas* (Maismehlküchlein mit Anis) kosten, lecker ist auch der *flan* (Karamellpudding), der gerne mit Eis oder Mousse au chocolat serviert wird.

Spanische Küche

Die andalusisch-spanische Küche prägt auch auf den Kanaren weitgehend die allgemeine Esskultur. Jeder, der schon einmal in Spanien war, kennt *tapas.* Auch die berühmten Spezialitäten *paella, gazpacho* und *tortilla* gibt es überall, sie bieten eine interessante Ergänzung zur kanarischen Kost. *Platos combinados* schließlich werden in den Cafeterias serviert, außerdem *bocadillos* (belegte Brötchen) und die allseits beliebten *churros con chocolate* (Spritzgebäck mit Kakao). Wirte vom Festland haben außerdem mittlerweile diverse regionale Varianten der spanischen Küche auf Lanzarote heimisch gemacht. Beliebt ist vor allem die Fleischküche des spanischen Kernlands Kastilien – vom zarten Kalbfleisch Madrider Art bis zu *cordero lechal à la Segoviana* (Milchlamm von Segovia) oder *cochinillo Castilla* (Spanferkel kastilischer Art) werden im Ofen gegrillte Bratengerichte häufig serviert. Und auch die reichhaltige galizische und baskische Meeresküche ist anzutreffen, z. B. *pulpo* (Krake), *calamar* (Tintenfisch) und *caldeirada* (Eintopf aus Fisch und Meeresfrüchten).

Tapas: täglich frisch leckere Kleinigkeiten aller Art, kalt und warm – Oliven, frittierter Fisch, Tintenfisch, Schinken, Käse, Kartoffeln, Fleischbällchen, Champignons, Bohnen, aber auch diverse fantasievoll angerichtete Salate ... ideal, um tagsüber einen Imbiss einzunehmen.

Paella: die berühmte spanische Reispfanne, garniert mit Gemüse, Meeresfrüchten und Hühnerfleisch, steht vor allem in vielen Fischrestaurants auf der Speisekarte.

Gazpacho: andalusische Gemüsekaltschale mit viel Tomaten und Knoblauch. An heißen Tagen sehr zu empfehlen.

Tortilla: Die Tortilla Española, das spanische Omelett, ist ein zentimeterdicker Eier-/Kartoffelkuchen – recht reichhaltige und sättigende Angelegenheit.

Platos combinados: der typische Schnellimbissfraß – fettreiche Zusammenstellungen von Wurst, Spiegelei, Pommes etc. Anhand von Farbfotos an der Wand kann man das Gericht seiner Wahl ordern.

Churros con chocolate: in Öl gebackene Teigrollen, dazu schlürft man dickflüssigen Kakao, wird gerne als Frühstück oder Vormittagsimbiss genommen.

Arepas: Import aus Lateinamerika

Nach Südamerika ausgewanderte und wieder zurückgekehrte Canarios haben die vor allem in Kolumbien und Venezuela weit verbreiteten „Arepas" auf Lanzarote heimisch gemacht: handtellergroße Maisteigfladen, gefüllt mit Fleisch, Käse oder Gemüse, erhältlich in diversen Variationen. Siehe unter Arrecife (→ S. 143) und Mala (→ S. 302).

Die Weine Lanzarotes

„Aus Asche geboren", „Das Erbe des Vulkans" – so und ähnlich werben die großen Bodegas Lanzarotes für ihre Weine. Unüberhörbar schwingt Stolz mit – zu Recht. Was die Weinbauern Lanzarotes in generationenlanger Arbeit ihrer von Lavaströmen verwüsteten Insel abtrotzten, ist bewundernswert.

Der Weinbau hat auf den Kanaren eine lange Tradition. Wahrscheinlich bereits im 15. Jh. wurde die *Malvasía-Traube* aus Kreta eingeführt. Da der vulkanische Lavaboden der Inseln die Fähigkeit besitzt, große Mengen an Feuchtigkeit zu speichern, wurde der Anbau im 17. Jh. so erfolgreich, dass der Wein sogar exportiert werden konnte. Hauptabnehmer war damals England, das wegen der türkischen Besetzung Kretas die beliebten Malvasía-Weine nicht mehr einführen konnte (im

Private Bodega im Weinbaugebiet La Geria

Islam ist der Weinanbau verboten). Sogar Shakespeare (1564–1616) äußerte sich in seinen Schauspielen mehrfach anerkennend über *Canary Wine*, den *Malmsey* (Malvasía) und den *Canary Sacke* – gemeint ist damit trockener („seco") kanarischer Wein. Erst die Einführung von Portwein und Sherry auf den Britischen Inseln verdrängte den kanarischen Wein weitgehend vom Exportmarkt.

Zur eigentlichen Geburtsstunde des Weinbaus auf Lanzarote wurden jedoch erst paradoxerweise die sechs Jahre dauernden *Vulkanausbrüche* im Timanfaya-Gebiet, die 1730–36 weite Teile der Insel völlig mit Lavaschlacke und Lapilli bedeckten. Als nach dem Inferno riesige Ackergebiete unwiderruflich zerstört schienen, wurde die geniale Idee des *Enarenado* (Trockenfeldbau) geboren – bis heute Garant für einen erfolgreichen Weinanbau (→ Wirtschaft, S. 44). Das beeindruckende Geflecht von zahllosen Trichtergruben und Mäuerchen, das sich im Tal von *La Geria* 1900 Hektar weit über die lapillischwarzen Hügel im Randgebiet der Timanfaya-Ausbrüche zieht (→ S. 203), gehört zu den faszinierendsten Sehenswürdigkeiten der Insel. Ein zweites Anbaugebiet von 300 Hektar Größe liegt an den Hängen des Monte Corona im Norden Lanzarotes (→ S. 289).

▸ **Weinbau heute**: Nach verschiedenen Krisen hat der Tourismus der letzten zwanzig Jahren dem Weinbau auf Lanzarote wieder starke Impulse gegeben. Eine Reihe großer und kleiner Bodegas, dazu viele private Weinbauern versorgen den boomenden Markt mit Nachschub. 1,5-3 Mio. Liter Wein werden jährlich produziert, je nach Niederschlägen. Nach Teneriffa ist Lanzarote damit der zweitgrößte Weinproduzent der Kanaren. Die Ernte wird bereits im frühen August eingebracht, denn die intensive Sonneneinstrahlung würde sonst den Wein zu süß und zu stark werden lassen.

Traditionell gibt es auf Lanzarote zwei Sorten von Wein, beide weiß bzw. honigfarben: den *Malvasía* (trocken und etwas herb) und den *Moscatel* (süß und schwer). Doch diese alkoholreichen Tropfen entsprechen nicht dem internationalen Geschmack, sind aufwändig in Herstellung und Lagerung, können zudem wegen ihrer Stärke nicht in größeren Mengen genossen werden. Die Bodegas produzieren deshalb durch Beimischung anderer Traubenarten zusehends leichte trockene Weißweine und stellen sogar Rotwein und Rosé her – früher auf Lanzarote völlig unüblich.

La Geria – jeder Rebe ihr Trichter

Die Nachfrage durch die Touristen stellt die Weinmacher auf Lanzarote allerdings vor erhebliche Probleme: Die produzierten Mengen reichen nicht aus, vor allem nach schlechten Erntejahren – immerhin möchten regelmäßig fast sämtliche Supermärkte und Restaurants der Insel bestückt werden. Ein offenes Geheimnis ist deshalb, dass die Inselweine nicht selten mit importierten Festlandsweinen gestreckt werden. Und auch der in vielen Restaurants angebotene *vino de la casa* (Hauswein) ist oft kein echter Lanzarote-Wein. Mittlerweile haben sich die großen Bodegas im *Consejo Regulador Denominación de Origen* zusammengeschlossen. Dieser Verband stellt einer Reihe der Lanzarote-Weine ein Ursprungszeugnis aus und möchte so für ihre „ungepantschte" Qualität bürgen. Das von César Manrique entworfene Emblem findet sich jeweils auf der Flaschenrückseite, gegenüber dem Etikett des Weinproduzenten.

▸ **Weinverkostung und -kauf**: Die großen Bodegas Lanzarotes liegen fast alle im Weinbaugebiet *La Geria* und Umgebung, lediglich „El Grifo", die größte und älteste, hat ihren Standort in Playa Honda, betreibt aber in ihrem alten Anwesen an der Weinstraße La Geria ein Weinmuseum. In den Bodegas kann man überall Weine in handlichen Mitnahmepackungen erwerben (→ S. 204). Den typischen lanzarotenischen Landwein *vino del país* erhalten Sie bei Weinbauern, die ihre selbst gekelterten Tropfen mit kleinen Schildern („se vende vino" etc.) preiswert direkt auf ihren Haciendas anbieten. An dem schweren Aroma und der eigentümlichen Geschmacksnote merken Sie sofort, wenn Sie einen solch „echten" Wein vor sich haben. Im Supermarkt kosten Lanzarote-Weine mittlerweile um die 5–6 € aufwärts, sind also nicht gerade billig.

Weißwein = *vino blanco*; Rosé = *vino rosado*; Rotwein = *vino tinto*; Hauswein = *vino de la casa*; Landwein = *vino del país*; trocken = *seco*; halbtrocken = *semi seco*; süß = *dulce*.

Sonstige Getränke

- **Wasser**: Ganze Legionen von Plastikflaschen mit Mineralwasser reihen sich in jedem Supermarkt – *Firgas* wird aus Gran Canaria eingeführt, das Lanzarote-Wasser *Chafariz* wird aus entsalztem Meerwasser hergestellt. Auch 5-Liter-Kanister sind erhältlich. Neben kanarischem Wasser gibt es eine Reihe internationaler Firmen, deren Produkte ebenso in Deutschland die Regale füllen. Die ganze Riesenmenge an Plastik wird auf Lanzarote ohne Pfand angeboten und landet fast vollständig auf dem Müll oder in der Landschaft.
- **Bier** (cerveza): Abgesehen von den beiden kanarischen Marken *Tropical* (Gran Canaria) und *Dorada* (Teneriffa), stammt das auf den Kanaren ausgeschenkte Bier bevorzugt aus Deutschland und Dänemark, darunter Warsteiner, „Köpi", Löwenbräu, Henninger, Tuborg u. a. – teilweise in Lizenz auf Gran Canaria gebraut, z. T. als Importbier vom Fass. Auch alkoholfreies Bier ist erhältlich = *cerveza sin alcohol*. Tipp: Englische Kneipen schenken Bier meist am preiswertesten aus.
  Caña = kleines Bier vom Fass; *jarra* = „großes" Bier vom Fass (meist 0,4 ltr.)
- **Kaffee**: Viele Touristen halten sich an *café con leche* (auch *café largo* oder *café americano* genannt), eine große Tasse halb mit Kaffee und halb mit Milch. Aromatischer und kräftiger ist *café solo*, ein kleiner schwarzer Espresso oder *café cortado*, ein kleiner Schwarzer mit Milch. Wenn man *café manchado* bestellt, erhält man die Milch extra serviert. Besonders lecker mundet der mit einem Schuss Cognac oder Rum veredelte *café carajillo*.
- **Spirituosen**: Harte Alkoholika sind leider sehr preisgünstig zu haben – vor allem nach großen Fiestas sind Schnapsleichen auch auf Lanzarote keine Seltenheit mehr.

Fremdenverkehrsämter

Unter der Service-Nummer ✆ 06123/99134 (℻ 9915134) kann man beim Spanischen Fremdenverkehrsamt „Turespaña" in Deutschland Prospekte und Broschüren bestellen.

Deutschland: D-10707 Berlin, Kurfürstendamm 63, ✆ 030/8826543, ℻ 8826661, E-Mail berlin@tourspain.es;
D-40237 Düsseldorf, Grafenberger Allee 100, im „Kutscherhaus", ✆ 0211/6803981, ℻ 6803985, E-Mail: dusseldorf@tourspain.es;
D-60323 Frankfurt/Main, Myliustr. 14, ✆ 069/725038, ℻ 725313, E-Mail: frankfurt@tourspain.es;
D-80336 München, Schubertstr. 10, ✆ 089/5307460, ℻ 53074620, E-Mail: munich@tourspain.es

Österreich: A-1010 Wien, Walfischgasse 8, ✆ 01/5129580, ℻ 5129581, E-Mail: viena@tourspain.es

Schweiz: CH-8008 Zürich, Seefeldstr. 19, ✆ 01/2536050, ℻ 2526204, E-Mail: zurich@tourspain.es

Lanzarote: Informationsstellen siehe unter Arrecife, Puerto del Carmen, San Bartolomé und Playa Blanca.

Internet: www.spain.info

Geld

Die Kanarischen Inseln gehören zu Spanien und somit zur europäischen Währungsunion. Am 1. Januar 2002 wurde auch hier der Euro eingeführt.

Am besten holen Sie Ihr Geld aus den zahlreichen *Geldautomaten*. Es gibt sie vor allem in *Arrecife*, *Puerto del Carmen*, *Costa Teguise* und *Playa Blanca*, aber auch in anderen Orten wie *Tías* und *Yaiza*, meist zu erkennen am Logo „Telebanco". Mit

Geheimnummer und Bankkarte können in der Regel täglich mindestens 250 € abgehoben werden, bei manchen Banken auch mehr. Der Betrag wird etwa eine Woche später von Ihrem heimischen Konto abgebucht, zuzüglich ca. 4,50 € Gebühr. Heben Sie möglichst nur an Banken ab, die gerade geöffnet haben. Im Fall eines Problems bei der Herausgabe der Karte sind Sie so auf der sicheren Seite. Spartipp: Bei der *Postbank SparCard 3000 plus* (in der Schweiz: *PostCard*) sind die ersten vier Abhebungen im Jahr gratis, danach kostet eine Abhebung jeweils 5,50 €. Pro Kalendermonat kann man bis zu 2000 € von allen Automaten mit Visa-Plus-Zeichen abheben bzw. sich bei den Filialen der spanischen Postbank „Caja Postal" in Arrecife und Puerto del Carmen auszahlen lassen.

Reiseschecks (z. B. American Express, Thomas Cook oder Visa) muss man schon vor der Abfahrt bei seiner Bank einkaufen, wobei 1 % des Werts als Gebühr erhoben wird. Beim Einlösen wird nochmals eine Gebühr fällig, die sogar noch höher ausfallen kann. Denken Sie daran, dass Sie beim Wechseln von Schecks Ihren Ausweis vorlegen müssen, meist wird auch nach Ihrer Adresse auf Lanzarote gefragt. Vorteil: Bei Verlust oder Diebstahl kann man die Schecks sperren lassen. Ersatz leisten viele große Banken, falls man die Kaufbestätigung für die Schecks vorzeigen kann. Ansonsten hilft ein spezieller Kurierdienst. Kaufquittung und Schecks immer getrennt aufbewahren, außerdem Nummern der Schecks notieren.

Die gängigen *Kreditkarten* wie Eurocard, Mastercard, Visa, American Express etc. werden auf Lanzarote von vielen Stellen akzeptiert, in Tankstellen jedoch nicht überall. In Verbindung mit dem Ausweis kann man per Kreditkarte bei Banken auch Geld abheben (mit PIN-Code auch vom Automaten), allerdings sind die Gebühren hoch (bis 4 % vom Betrag).

Wichtig: Bei Verlust einer Bank- oder Kreditkarte diese unbedingt sofort international sperren lassen, die Rufnummern erfahren Sie bei Ihrer Bank.

Öffnungszeiten der Banken: im Allgemeinen Mo–Sa 9–14 Uhr. Einige Banken in Puerto del Carmen haben zusätzlich 16–19 oder 17–20 Uhr geöffnet. In der Karnevalswoche schließen die Banken schon um 12.30 Uhr und von Juni bis Sept. sind sie samstags geschlossen.

Gesundheit

„Die Bewohner der Kanarischen Inseln leben ohne Krankheiten zu kennen, bis sie 120 oder gar 140 Jahre alt werden ...", so schildert ein Reisebericht aus dem 16. Jh. die paradiesische Situation auf den Inseln vor der nordwestafrikanischen Küste.

Heute ist dem nicht mehr ganz so, die Kanarier werden auch nicht älter als anderswo und auch sie brauchen Ärzte und Krankenhäuser. Doch das nahezu sprichwörtlich „gesunde" und ausgeglichene Inselklima („das beste der Welt") bietet uns gestressten und zivilisationskranken Mitteleuropäern fast ideale Bedingungen zur Regenerierung und kann sogar zur Heilung und Linderung verschiedener Krankheiten beitragen. Das Hochreizklima Lanzarotes kräftigt die Lungen und vor allem in den nasskalten europäischen Wintern bietet sich ein Aufenthalt für jeden an, der seiner Gesundheit etwas Gutes tun will:

- ganzjährig milde Temperaturen, die im Durchschnitt kaum unter 20 Grad C fallen und 30 Grad selten übersteigen,

Ganzjährig milde Temperaturen und starke Lichtintensität

- frische Meeresluft ohne jegliche Verunreinigung durch Großindustrie,
- der Ozonschutzmantel in der Atmosphäre über den Kanaren soll noch weitgehend intakt sein, UV-Strahlung wird also normal gefiltert,
- keine Ozonbelastung in Bodennähe,
- ganzjährig starke Lichtintensität,
- guter ph-Wert des Regenwassers (7,5).

Geeignet ist ein Aufenthalt auf den Kanaren und speziell auf Lanzarote bei: Krankheiten der *Atemwege* (u. a. Asthma, chronische Neben- und Kieferhöhlenentzündung, chronische Bronchitis, Pseudokrupp und Heuschnupfen), der *Herz-Kreislauforgane* (u. a. Hypertonie, Herzrhythmusstörungen, Angina pectoris, Herzinsuffizienz, Eisenmangelanämie), *Hautkrankheiten* (Neurodermitis, Allergien), *Infektanfälligkeit* und Depressionen. Lanzarote könnte also tatsächlich die ideale Kurinsel sein – doch leider werden Auslandskuren von den Krankenkassen bisher nicht übernommen.

Gottesdienste

In den Ferienzentren gibt es regelmäßig evangelische und katholische Gottesdienste in deutscher Sprache (außer Juli/August), Näheres unter den jeweiligen Orten. Wegen der genauen Zeiten beachten Sie bitte die aktuellen Aushänge an den Kirchen und/oder fragen Sie Ihre Reiseleitung.

Haustiere

Wer seinen Waldi liebt, möchte ihn vielleicht auch nach Lanzarote mitnehmen. Bedenken Sie jedoch, dass der Transport im Flieger für Tiere eine furchtbare Qual ist (Flug mit Tieren → S. 84). Auf Lanzarote lehnen viele Hotels und Ferienanlagen

Hunde ab, außerdem ist ihnen der Zutritt zu den meisten Restaurants untersagt und auch an den Stränden stehen Verbotsschilder („Perros No"). Im Flughafen dürfen Haustiere nicht einmal den Boden berühren und müssen getragen werden.
Falls Sie das nicht abschreckt, kontaktieren Sie Ihren Tierarzt mindestens einen Monat vor der Reise. Benötigt wird ein tierärztliches *Gesundheitszeugnis* in englischer Sprache (nicht älter als dreißig Tage), außerdem muss der/die Gute nachweislich gegen *Tollwut* geimpft sein (frühestens elf Monate, spätestens zwanzig Tage vor Reiseantritt). Beide Bescheinigungen müssen im Internationalen Impfpass eingetragen sein. Maulkorb und Leine sind mitzuführen.
Tierärzte praktizieren u. a. in *Puerto del Carmen* und *Arrecife*, einschlägige Informationen erhält man auch im *Sara-Tierheim* (→ S. 38 u. S. 200).

Internet

Viele Dutzend Websites beschäftigen sich mit Lanzarote, eine kleine Auswahl im Folgenden (jeweils mit www. eingeben). Internet-Cafés gibt es auf Lanzarote in *Arrecife, Puerto del Carmen, Costa Teguise* und *Playa Blanca* (→ dort).

cabildodelanzarote.com: offizielle Seite der Inselverwaltung mit umfangreichen Texten zur Entwicklung des Tourismus und zum Biosphärenreservat, nur Spanisch, die automatisierte deutsche Übersetzung ist nicht zu gebrauchen.

gobcan.es/medioambiente: Seite der kanarischen Regierung, ausführliche Hinweise zur Umwelt mit Entwicklungsperspektiven und Projekten, auch englisch.

icanarias.com: deutschsprachige Hinweise zu Hotels, Fincas, Restaurants, Nachtleben u. v. m. Mit Webcam.

infolanzarote.de: schöne und informative deutschsprachige Seite, Leser können Hotelkritiken lancieren (eventuell nützlich als Ergänzung zu unseren Empfehlungen), zahlreiche Links zu Anbietern, Vermittlung von Ferienhäusern und privaten Apartments, gut genutztes Forum etc.

lanzarote.com: ausführliche deutschsprachige Website mit umfangreichem Unterkunftsangebot – vom Luxushotel bis zum einfachen Apartment.

lanzarotedigital.com: spanisch- und englischsprachige News und aktuelle Kulturnachrichten, Kinoprogramm, nützliche Telefonnummern u. a.

lanzarote-fuerte.com: deutschsprachige Hinweise zu Essen und Trinken, Sport, Stränden, Wetter u. a., dazu Links zu Websites von Restaurants, Hotels etc.

lanzaroteisland.com: englisch- und deutschsprachige Seite mit Hinweisen zur ganzen Insel, Fotos und Texten zu einzelnen Dörfern sowie Vermittlung von Landhäusern und Fincas.

lanzarote-web.de: umfangreiche deutschsprachige Seite mit nützlichen Infos zu vielen Aspekten, Vermittlung von Unterkünften auf der ganzen Insel, zahlreiche Links.

my-lanzarote.de: zahlreiche Inselfotos von zwei Lanzarote-Liebhabern, zum Anschauen und Erwerben.

Kinder

Für Kleinkinder und Babys ist das milde Klima mit seiner frischen und unbelasteten Meeresluft nahezu ideal. Das hat sich herumgesprochen und fast jeder Flieger transportiert junge Familien auf die Vulkaninsel.

Die Insulaner sind sehr kinderfreundlich. Vor allem, wenn man mit Babys unterwegs ist, wird man überall interessiert angesprochen und oft lassen sich so Kontakte zu den Einheimischen herstellen. Ärgerlich sind lediglich die zu schmalen, zu hohen und oft zugeparkten Gehsteige, die ein Durchkommen mit Kinderwagen oft unmöglich machen.
Viele Hotels und Apartmentkomplexe verfügen über Spielplätze und Planschbecken, in den großen Anlagen wird überall *Kinder-Animation* geboten, oft gibt es auch Waschmaschinen. Im Fischerhafen von Puerto del Carmen liegt ein schöner

„Großes Abenteuer" in den Feuerbergen

Kinderspielplatz mit einigen benachbarten Restaurants, was unter Umständen eine große Erleichterung sein kann. Auto- und Fahrradvermieter bieten in der Regel Kindersitze bzw. Fahrradhelme an.

▸ **Aktivitäten mit Kindern**: Für Abenteuerlustige bietet sich die *Cueva de los Verdes* an – ein unterirdischer Lavatunnel mit einer überraschenden Attraktion zum Schluss (→ S. 313). Die gegenüberliegende Grotte *Jameos del Agua* ist für die Kleinen dagegen eher etwas langweilig.

Zu einem Ausflug in die *Feuerberge* kann man Kinder ebenfalls gut mitnehmen und sie werden sich, wenn nicht an der einmaligen Landschaft, sicherlich an der abenteuerlichen Busfahrt erfreuen (→ S. 217). Ebenfalls in den Feuerbergen befindet sich der absolute „Hit", nicht nur für kleine Leute: Der Ritt auf einem *Dromedar* begeistert alle Generationen (→ S. 212).

Eine weitere, allerdings ziemlich teure Attraktion ist der *Vogelpark von Guinate* im Norden von Lanzarote (→ S. 288). Dressierte exotische Vögel vollbringen hier possierliche Kunststückchen, die jedes Kind zum Lachen und Staunen bringen. In Puerto del Carmen gibt es außerdem den Vergnügungspark *Rancho Texas* (→ S. 164), wo man auch reiten kann.

Sehr strapaziös für Eltern kann ein Ausflug zum überfüllten Markt von *Teguise* sein, der dort jeden Sonntag stattfindet (→ S. 249). Wenn man die Kleinen aber ausreichend mit Eis, Kuchen und Waffeln versorgt hat, kann sich die Sache zu einem schönen Familienausflug entwickeln.

▸ **Versorgung der Kleinsten**: Dafür ist umfassend gesorgt. Gläschen, Brei und Windeln gibt es in Supermärkten, Milchpulver ausschließlich in Apotheken. Es werden ein, zwei internationale Produkte sowie einige spanische Sorten angeboten. Wer die Nahrung nicht umstellen möchte, sollte besser ein paar Tüten des vertrauten Milchpulvers mitnehmen. Die Preise liegen generell höher als in Deutschland.

▸ **Gefahren**: Alle Eltern wissen, dass sie ihre Kleinen von jeglichen Pflanzen fernhalten müssen, da die guten Sprösslinge alles in den Mund stecken. Auf Lanzarote kommt erschwerend dazu, dass die überall wachsenden *Wolfsmilchgewächse*, die so genannten Euphorbien, eine milchig-weiße Flüssigkeit enthalten, die auf Schleimhäute, Lippen und Augen ätzend wirkt. Gefährlich sind außerdem die allgegenwärtigen *Kakteen* mit ihren teilweise mehrere Zentimeter langen Stacheln, die überall am Wegrand wachsen.

Klima/Reisezeit

Der Traum vieler Mitteleuropäer wird auf den Kanaren Wirklichkeit. Den ganzen Winter sinken die Temperaturen kaum unter 20 Grad, die Niederschläge halten sich in Grenzen, für Abgehärtete ist auch das Meer mit 17–18 Grad noch badetauglich.

Die Kanarischen Inseln sind das beliebteste Winterreiseziel für Deutsche, Briten und Skandinavier. Viel falsch machen kann man tatsächlich nicht, wenn man im Zeitraum zwischen Weihnachtsmann und Osterhasen einen Flug nach Lanzarote bucht. Die kleinen Schönheitsfehler gibt es allerdings auch hier und das idyllische Bild vom „Ewigen Frühling“, wie er von den Reiseprospekten gerne geprägt wird, trifft so nicht zu. Rechnen Sie bei Ihrer Winterreise mit Folgendem: fast durchweg milde bis warme Temperaturen, gelegentlich unterbrochen von Kälteeinbrüchen, die das Thermometer bis auf 12 Grad sinken lassen können. Bei strahlendem Sonnenschein kommt man schnell ins Schwitzen und kann sich am Strand aalen. Allerdings ist makellos blauer Himmel im Winter nicht alltäglich, oft treiben breite Wolkenbänke über die Inseln – und sobald die Sonne hinter einer Wolke verschwindet, wird es frisch. Lanzarote und die Ostkanaren verzeichnen deutlich weniger Niederschläge als die westlichen Inseln des Archipels. Es regnet selten, aber es regnet – und wenn man großes Pech hat, mehrere Tage lang am Stück (normal sind drei bis vier Tage im Monat). Entschädigt wird man durch das zarte Grün und zahllose Blümchen, die fast binnen Stunden aus der Lava sprießen und der Insel eine erfrischende Atmosphäre geben. Im Jahr 2005 wurde erstmals ein Tropensturm verzeichnet. Die ungeheuere Kraft von „Delta“ knickte Straßenschilder und Palmen, riss zentnerschwere Glasplatten aus der Fassade des Grand Hotel in Arrecife und zerstörte einige der bekannten Manrique-Windspiele. Tipp für den Winterurlaub: Da die Apartments über keinerlei Heizung verfügen, nehmen Sie sich eine Wärmflasche mit, nachts kann es kühl werden. Bei längerem Aufenthalt kann auch ein elektrischer Heizofen gute Dienste leisten. Warme Kleidung in Form von wetterfesten Jacken und Pullovern sollte ebenfalls mit an Bord sein.

Ab April verziehen sich die Winterwolken – bis September strahlt die Sonne fast täglich vom tiefblauen Himmel herunter. Lanzarote verwandelt sich in eine karge, braunschwarze Landschaft mit sporadisch fahlem Grün (Leserkommentar: „So extrem hatten wir uns die Unterschiede zwischen Sommer und Winter nicht vorgestellt.“). Doch trotz der Nähe Afrikas und der Sahara – die Temperaturen bleiben tagsüber fast immer unter 30 Grad im Schatten und kühlen in der Nacht deutlich ab. Diese Zeit ist die beliebteste Reisesaison für die Festlandsspanier. Jetzt entfliehen sie dem kochenden Asphaltdschungel ihrer Großstädte und fliegen auf die angenehm frisch temperierten Inseln mitten im Atlantik. Die Wassertemperatur steigt bis auf 22 Grad und die Strände sind sehr voll.

Tiefblauer Himmel, weiß gekalkte Häuser, Palmen im Wind

Kanarisches Wetter

Stolz wird es immer wieder als „bestes Wetter der Welt" bezeichnet. Charakteristisch sind die wenig ausgeprägten Jahreszeiten und die relativ geringen Temperaturunterschiede zwischen Sommer und Winter, die den Inseln den Beinamen „Inseln der Glückseligen" gegeben haben. Dank ihrer ausgeprägt ozeanischen Lage ist auf den Kanaren nur selten zu spüren, dass die Sahara mit ihren extremen Temperaturschwankungen (tags mörderisch heiß, nachts empfindlich kalt) nur wenige hundert Kilometer östlich auf derselben Breite liegt.

▸ **Kanarenstrom und Passatwinde**: Zwei Faktoren sind verantwortlich für die ganzjährig stabilen Klimaverhältnisse. Der *Kanarenstrom* ist eine gemäßigt warme Meeresströmung, die etwa in Höhe der Azoren vom bekannten Golfstrom abzweigt und die Kanarischen Inseln ganzjährig mit ausgleichenden Temperaturen versorgt und so als „Klimaanlage" fungiert – im Winter sorgt er dafür, dass die Meereswärme nicht zu weit absinkt, im Sommer kühlt er die Luft deutlich ab. Noch wichtiger sind die *Passatwinde* („Los Alisios"). Es handelt sich dabei um große Mengen erwärmter Luft, die über dem Äquator aufsteigen und dort ein permanentes Tiefdruckgebiet schaffen, in großer Höhe nach Norden (und Süden) abfließen, sich im Norden etwa bei den Azoren abkühlen, wieder absinken, dabei das berühmte „Azorenhoch" bilden und schließlich in das Tiefdruckgebiet am Äquator zurückwehen. Wegen der Erddrehung nach Osten blasen diese Passatwinde fast immer in leichter Schrägrichtung, also nicht direkt von Nord nach Süd, sondern diagonal von Nordost nach Südwest. Dieser *Nordostpassat* weht fast das ganze Jahr über und verhindert, dass ähnliche klimatische Verhältnisse wie in der Sahara entstehen – lediglich im Winter beeinträchtigt durch heftige Westwinde vom offenen Atlantik, im Sommer durch den Schirokko aus der Sahara (→ unten). Schon

Monat	Durchschnittliche Temperaturen in °C		Wassertemperatur in °C	Sonnenstunden pro Tag	Regentage
	tagsüber	nachts			
Januar	20,8	12,8	18	6,3	3
Februar	21,4	12,8	18	7,2	2
März	22,6	13,4	17	7,8	2
April	23,1	14,2	17	8,6	1
Mai	22,9	14,9	18	9,3	0
Juni	24,8	16,1	20	9,1	0
Juli	27,8	18,0	20	9,3	0
August	29,0	17,9	21	8,7	0
September	28,5	18,4	22	7,3	1
Oktober	26,7	17,5	22	7,1	1
November	24,7	15,8	20	6,3	4
Dezember	20,1	13,5	19	5,8	5

Kolumbus nutzte den zuverlässig wehenden Nordostpassat für seine Entdeckungsreisen, bei den Engländern waren die Passatwinde als „Trade winds" (Handelswinde) bekannt.

Bei seiner weiten Reise über das Meer lädt sich der Nordostpassat natürlich mit Feuchtigkeit auf. Wenn er auf die Kanarischen Inseln trifft, staut er sich an den Berghängen, steigt auf und kühlt sich dabei ab. Die dabei entstehenden Wolken, die *Passatwolken*, sind charakteristisch für die westlichen Kanaren. Fast täglich hängen sie im Norden der Inseln und über den höchsten Erhebungen. Die Nässe, die sie abgeben, ist auf den bergigen Westkanaren verantwortlich für die dortige üppige Vegetation. Über die weitgehend flachen Ostkanaren Lanzarote und Fuerteventura streicht der Passat dagegen ohne große Hindernisse hinweg und lässt nur einen Bruchteil des gespeicherten Wassers auf den Inseln. Lanzarote und Fuerteventura wirken deshalb auf weite Strecken wüstenhaft öd und fast vegetationslos. Lediglich die *Famara-Berge* im Norden Lanzarotes sind mit 600 m annähernd hoch genug, um eine Wolkenbildung und Steigungsregen zu ermöglichen. Der Norden ist deshalb mit Abstand der grünste Teil der Insel und oft wolkenbedeckt. Trotz der geringen Größe Lanzarotes ist der Nord-Süd-Kontrast stark ausgeprägt – der Norden ist der niederschlagreichste Teil, Playa Blanca im Süden zählt dagegen die meisten Sonnentage. Während sich die Feuchtigkeit hauptsächlich im Norden Lanzarotes, fegt der Passat ungehindert über große Teile der Insel hinweg. Lanzarote und Fuerteventura gelten so als windigste Inseln der Kanaren. Eine erfreuliche Ausnahme stellt Puerto del Carmen dar, das so geschützt liegt, dass der Passat meist hoch über den Ort hinwegbläst.

- **Westwinde**: Im Winter verlagern sich die Passatwinde mit der tiefer verlaufenden Sonnenbahn weiter nach Süden. Heftige Westwinde vom offenen Atlantik können dann vorübergehend die stabile Wetterlage Lanzarotes beeinträchtigen und teilweise sogar Verwüstungen anrichten. Auch nördliche Tiefdruckgebiete fassen dann Fuß, bringen Regenfälle und Temperaturstürze mit sich.
- **Schirokko**: Vor allem im Sommer (aber auch schon im Februar oder März), macht sich die nahe Sahara bemerkbar. Knochentrockene und glühend heiße Wüstenwinde, auf den Kanaren *Calima* oder *Tiempo del Sur* (Südwetter) genannt, streichen übers Meer bis Lanzarote herüber, überziehen alles mit einer dünnen rötli-

chen Staubschicht und treiben die Temperaturen bis über 40 Grad hinauf. Viele Einheimische kleben Tür- und Fensterritzen ihrer Häuser ab, da die mikroskopisch kleinen Staubpartikel überall eindringen, empfohlen wird zudem das Tragen von Staubschutz-Masken. In diesen Tagen flimmert die Luft trüblich-gelb bis zum Horizont, kein Quäntchen Luftfeuchtigkeit ist vorhanden, drückend legt sich das Wüstenklima wie eine lähmende Haut über alles und jeden. Diese Perioden halten aber selten länger als drei oder vier Tage an.

Landkarten

Im mitteleuropäischen Buchhandel werden derzeit drei Lanzarote-Karten vertrieben, detailliert und ansprechend gestaltet ist vor allem die des Kompass Verlags (1:50.000). Wer sich aber zu Hause nicht unbedingt gründlich auf den Aufenthalt vorbereiten will, kann getrost warten, denn die auf Lanzarote angebotenen Inselkarten sind genauso brauchbar und deutlich preiswerter. Recht schön und genau ist vor allem die „Lanzarote Straßenkarte“ von L. J. Soltmann/Reiner Loos (1:100.000). Und wenn man sich das Geld für eine Karte ganz sparen will, kann man sich auch bedenkenlos mit der an verschiedenen Stellen ausgegebenen Gratiskarte des „Patronato Insular de Turismo“ begnügen (1.150.000), die trotz des etwas gröberen Maßstabs recht genau ist. Ortspläne von Arrecife und den drei Ferienzentren gibt es ebenfalls kostenlos, allerdings sind sie gelegentlich vergriffen. Wanderer können außerdem versuchen, die mit Hilfe von GPS (Global Positioning System) erstellte Wanderkarte „Walk!Lanzarote“ der Discovery Walking Guides Ltd. aus England zu bekommen (1.75.000), entweder in Lanzarote oder übers Internet unter www.dwgwalking.co.uk. Weiterhin gibt es auf Lanzarote noch eine „Geographische und vulkanologische Karte Lanzarote“ von A. Murillo (1:100.000), auf der sämtliche Vulkane Lanzarotes samt Namen und Höhen eingezeichnet sind, außerdem farblich unterschiedlich die verschiedenen Eruptiv-Phasen sowie optisch reizvolle Karten, die mit Hilfe von Satellitenaufnahmen entstanden sind. Gratis erhältlich sind außerdem im Steinmuseum an der Kamelstation eine Karte des „Nationalparks Timanfaya“ und im Informationsbüro von Yaiza die kleine Karte „Touristische Wanderwege in Los Ajaches“ mit Wanderwegen und dazugehörigen Beschreibungen im Gebiet der Los-Ajaches-Berge.

Langzeiturlaub

Wer träumt nicht davon, dem Winter ein Schnippchen zu schlagen: sich im sonnigen Süden am Pool aalen, während die zu Hause Gebliebenen jeden Morgen die eingefrorenen Autoscheiben abkratzen müssen ... Wer einen Weg findet, mehrere Monate von zu Hause wegzubleiben – Lanzarote bietet dafür gute Möglichkeiten.

Preiswerteste Lösung: einen Last-Minute-Flug buchen, sich zunächst irgendwo einquartieren und eine Langzeit-Unterkunft suchen. In mehreren Orten gibt es eine ganze Reihe von Apartments, die auch langfristig bzw. monatsweise vermietet werden. Besonders groß ist das Angebot in *Puerto del Carmen*, die Preise liegen dort meist um die 500–700 €/Monat für ein Apartment mit einem oder zwei Schlafzimmern. In *Playa Honda* kann man etwas günstiger unterkommen, ebenso in *Arrieta* oder *La Caleta de Famara*. Entweder man fragt sich auf eigene Faust durch oder nimmt die Hilfe eines Immobilienbüros in Anspruch. In Puerto del Carmen gibt es eine ganze Reihe davon, die teils deutsche Mitarbeiter haben (zahlen muss für die Vermittlung durch ein Immobilienbüro in Spanien nur der Vermieter). Aber Achtung:

Alltag ohne Hektik

Hochsaisonzeiten wie Weihnachten oder Ostern sind für den Beginn einer längerfristigen Anmietung ungünstig, fast immer wird man dann auf die Zeit nach den Feiertagen vertröstet. Wer auf Nummer Sicher gehen will: Auch die *Reiseveranstalter* haben in ihren Katalogen Angebote für Langzeiturlauber, doch damit fährt man in der Regel deutlich teurer als bei einer Anmietung auf eigene Faust.

• *Formalitäten* Für EU-Bürger gibt es auf den Kanaren keine Beschränkung der Aufenthaltsdauer. Ein aus dem Raum der EU eingeführtes **ausländisches Auto** darf auf den Kanaren aber nur bis zu 183 Tagen mit ausländischem Nummernschild fahren. Wenn Sie Ihr Auto länger fahren wollen, müssen Sie es ummelden oder innerhalb dieses Zeitraums nachweislich das Land verlassen haben (Flugschein/Schiffsticket), das Auto können Sie dabei auf Lanzarote lassen. Wenn Sie dann wieder einreisen, beginnt die Zählung der 183 Tage wieder von vorne. Die **Ummeldung** eines im EU-Raum zugelassenen Fahrzeugs nach Spanien ist relativ teuer und lohnt nur, wenn Sie wirklich für einen längeren Zeitraum einwandern wollen.

Lesetipps

Anspruchsvolle Literatur, die Lanzarote zum Thema hat, gibt es nicht allzu häufig. Das mit Abstand lesenswerteste Werk ist der Roman „Mararía" von Rafael Arozarena.

• *Belletristik* **Mararía**, von Rafael Arozarena, Gustav Lübbe Verlag, Bergisch Gladbach. Die Ursprünge dieses im kleinen Weiler Femés spielenden Romans gehen bis in die 1940er Jahre zurück, als Arozarena in Femés als Fernmeldetechniker beschäftigt war. Angeblich wurden ihm damals die wesentlichen Elemente der Handlung von den Dorfbewohnern berichtet. 1973 erschien der Roman in Spanien und wurde ein riesiger Erfolg. Auf den Kanaren ist er inzwischen Schullektüre. Ins Deutsche übersetzt wurde Mararía erst 1998.

Der bildschönen Mararía verfallen in Femés reihenweise die Männer, doch keiner meint es wirklich ernst mit ihr. Als ein marokkanischer Händler sie heiraten will, erschlagen ihn die Dorfleute, sie erleidet eine Fehlge-

José Saramago: Nobelpreisträger auf Lanzarote

Geboren wurde er nicht auf der Vulkaninsel, sondern 1922 in Portugal. Doch sein streng katholisches Geburtsland konnte für den kirchenkritischen Literaten nicht Heimat bleiben. In seinem umstrittenen Buch „Evangelho segundo Jesus Christo“ (Das Evangelium nach Christus) stellte er 1991 die These auf, dass Jesus' Opfertod lange vorher von Gott geplant gewesen sei, dass Jesus sozusagen von seinem despotischen und machthungrigen Vater „hinters Licht geführt“ worden sei. Ähnlich wie Níkos Kazantzákis aus Kreta („Mein Franz von Assisi“, „Rechenschaft vor El Greco“) lässt er seinen „ketzerischen Fantasien“ freien Lauf, was ihm so viele Widerstände einbrachte, dass er 1992 nach Lanzarote übersiedelte, wo er seither lebt. In seinen – bislang nur auf Spanisch erhältlichen – Tagebüchern „Cuadernos de Lanzarote 1993–1995“ hat Saramago der Insel ein literarisches Denkmal gesetzt. Im Herbst 1998 erhielt Saramago als bisher einziger portugiesischer Autor den Nobelpreis für Literatur. 2003 wurde er in die „Academia Canaria de la Lengua“ (Kanarische Sprachakademie) aufgenommen. Seine ins Deutsche übertragenen Werke sind bei Rowohlt erschienen. Der 1992 veröffentlichte Roman „Jaganda de pedra“ (Das steinerne Floß) thematisiert eine verblüffende Fiktion: Entlang der französisch-spanischen Grenze brechen die Pyrenäen auseinander und die Iberische Halbinsel treibt hinaus auf den Atlantik. Ironisch berichtet Saramago vom Geschick des zu neuen Ufern aufbrechenden Iberias und hält ein Plädoyer für dessen politische und kulturelle Eigenständigkeit.

burt, ihr einziger Sohn ertrinkt im Meer, einer drohenden Vergewaltigung setzt sie sich zur Wehr, indem sie sich anzündet. Der Roman schildert eine Reihe tragischer Einzelschicksale, verwoben mit der Natur und Einsamkeit der Vulkaninsel – sengende Sonne und glühender Wein, zügellose Gier und primitive Leidenschaften, Brutalität, Armut und Verzweiflung. Ein erschreckend düsterer Kontrast zum heutigen heiteren Gesicht der Ferieninsel.

Océano, von Alberto Vázquez-Figueroa, Goldmann-Tb 9701. Ein spannender Krimi des spanischen Bestsellerautors, der heute als Resident auf Lanzarote lebt. Der Sohn eines Fischers aus Playa Blanca tötet den einzigen Sohn eines reichen Großgrundbesitzers. Dieser engagiert Killer vom Festland, um sich zu rächen. Die gesamte Familie muss schließlich Hals über Kopf Lanzarote verlassen und mit einer Nussschale über den Atlantik nach Südamerika flüchten. Die Natur der kargen, dünn besiedelten Vulkaninsel und ihrer Bewohner vor der Touristeninvasion wird auch in diesem Werk lebendig. Wer wissen will, wie es in Südamerika weitergeht, muss sich die Folgewerke **Yaiza** und **Maradentro** besorgen, erschienen ebenfalls bei Goldmann.

• *Wirtschaft und Tourismus* **Kunstwerk Lanzarote: Tourismus im Biosphärenreservat**. Bensberger Protokolle 87, Bergisch Gladbach 1996. Die elf Aufsätze sind Ergebnis eines Studienprojekts, das 1995 durchgeführt wurde: Auswirkungen Manriques auf die Vulkaninsel, Charakter und Struktur des Tourismus auf Lanzarote, ökonomische, soziale und ökologische Aspekte, dazu aufschlussreiches Zahlenmaterial zu Wirtschaft, Tourismus, Energiegewinnung und ähnlichen Themen, Nur über Bibliotheken.

• *Kunst* **César Manrique – Maler und Bildhauer und Architekt**, von Manfred Sack (Text) und Walter Fogel (Fotos), 1987 Heidelberg. Das Standardwerk zur Biografie des Künstlers, geschrieben von einem Mitarbeiter der „ZEIT“. Ebenfalls nur noch über Bibliotheken erhältlich.

Fundación César Manrique, Lanzarote. Text: Simón Marchán Fiz; Fotos: Pedro Martínez de Albornoz. Reihe Opus, Edition Axel Menges, Stuttgart 2000. 60 Seiten, zahlreiche Abbildungen. Das nicht gerade preiswerte Werk wurde in Zusammenarbeit mit der Fundación César Manrique erstellt und gibt einen reich illustrierten Überblick über das Schaffen Manriques.

• *Natur* **Lanzarote, Kragentrappen, blinde Krebse und Vulkane**, von Horst Wilkens, Naturerbe Verlag Jürgen Resch, Überlingen 1999. Ein ansprechend illustriertes und fotografiertes Buch zu Flora, Fauna und Ökologie der Vulkaninsel. Der Autor, ein promovierter Biologe, ist Experte für die Evolution von Höhlentieren und hat lange die in Jameos del Agua lebenden Tierarten erforscht, darunter die berühmten weißen Tiefseekrebse.

Die Kanarischen Inseln und ihre Pflanzenwelt, Stuttgart 1993. Eins der Standardwerke zum Thema, verfasst vom Botaniker und Kanarenspezialisten Günther Kunkel. Neben der detaillierten botanischen Betrachtung der einzelnen Inseln und ihrer Besonderheiten werden auch geologische, klimatische, entstehungsgeschichtliche und ökologische Aspekte behandelt. Viele Pflanzen sind mit akkuraten Zeichnungen abgebildet, die alle von der Ehefrau Kunkels stammen, der bekannten Pflanzenmalerin Mary Anne.

Medien

- **Zeitungen/Zeitschriften**: Lanzarotes Tageszeitung ist *La Voz*. Wer des Spanischen nicht mächtig ist, findet die Monatszeitschrift „Lancelot", die sich vor allem mit der Kultur auf Lanzarote befasst, außerdem die deutsche Wochenzeitschrift „info Canarias", die oft recht kritisch berichtet und auch heiße Eisen anfasst, z. B. Übervorteilung unerfahrener Immobilienkäufer, Umweltskandale etc. Daneben gibt es noch „The Holiday Gazette" (www.gazettelive.com), ein englischsprachiges Gratisblatt, das von Engländern herausgegeben wird und in Rezeptionen und Shops ausliegt. Das früher auf Lanzarote erschienene Blättchen „Kaktus" wurde eingestellt, das Archiv kann aber unter der Webadresse www.kaktus-magazin.com aufgerufen werden.
- **Internationale Presse**: Zahlreiche Verkaufsstellen, darunter viele Supermärkte, bieten ausländische Zeitschriften und Bücher an. Da es in vielen Hotelanlagen Sat-TV gibt, kann man auch deutsche Fernsehzeitschriften kaufen. Allerdings muss man früh aufstehen, wenn man die Zeitung seiner Wahl ergattern will, viele Blätter sind bereits am späten Vormittag ausverkauft. Die Zeitdifferenz zur Heimat beträgt meist ein bis zwei Tage, nur die Bild-Zeitung, von der eine eigene kanarische Ausgabe auf Gran Canaria gedruckt wird, ist vom selben Tag. Den Spiegel gibt's meist schon am Montagabend.

  Die Auslandspreise sind auf den Zeitungen aufgedruckt und liegen um ein Vielfaches höher als zu Hause. Oft gibt es eine Differenz zwischen dem Preis in Spanien und den viel weiter entfernten kanarischen Inseln.
- **Radio**: Auf Kurzwelle kann man zahlreiche europäische Sender empfangen, darunter natürlich die *Deutsche Welle* aus Bonn (www.dw-world.de). Ein spanischer Inselsender mit flottem Musikprogramm ist *Radio Archipiélago* aus Fuerteventura auf 104,4 MHz (www.radioarchipielago.com). Auf Lanzarote selber gibt es zwei recht werbelastige deutschsprachige Sender.
- **Fernsehen**: Bessere Apartmentanlagen und Hotels bieten ihren Gästen TV im Zimmer, entweder kostenlos oder gegen geringe Gebühr. Per Satellitenschüssel kann man deutsche Sender empfangen, auch die *Deutsche Welle* bietet ab 16 Uhr ein 4-stündiges Programm. In vielen Häusern ist eine zentral geschaltete Videoanlage vorhanden. Einige deutsche Kneipen an der Strandstraße in Puerto del Carmen bieten ebenfalls Satellitenfernsehen – hauptsächlich um die Fußballspiele der englischen und deutschen Profiligen zu zeigen.
- **Internet**: In den großen Touristenorten gibt es Internetcafés, in denen man meist auch E-Mails ausdrucken oder Dokumente einscannen kann, abgerechnet wird

Folkloregruppe in der historischen Inselhauptstadt Teguise

nach Dauer der Benutzung. In den zahlreichen Spielhallen finden sich oft „Internetautomaten" mit Münzeinwurf. In größeren Hotelanlagen steht den Gästen oft ein Internetraum zur Verfügung. Wer mit dem eigenen Notebook unterwegs ist, kann in einigen Anlagen einen eigenen (fast immer gebührenpflichtigen) Anschluss (immer öfter auch WLAN) auf dem Zimmer nutzen.

- **Musik**: CDs und Kassetten der lanzarotenischen Folkloregruppen sind mit Sicherheit eine besonders schöne Erinnerung an die Vulkaninsel, z. B. die Werke der 1983 gegründeten und weit über Lanzarote hinaus bekannten Gruppe *Acatife* aus Teguise.

Medizinische Versorgung

Zahlreiche niedergelassene Ärzte sind in den touristischen Zentren bemüht, kränkelnden Urlaubern gegen Barzahlung Hilfe zukommen zu lassen.

Es gibt auf Lanzarote mehrere deutsche Ärzte, die anderen sprechen meist Deutsch oder Englisch, fast alle aber haben ausländische Sprechstundenhilfen und Krankenschwestern beschäftigt, die Deutsch oder Englisch sprechen. Rechnen Sie mit etwa 60 € für eine einfache Konsultation, auch wenn diese nur drei Minuten dauert und Ihnen lediglich ein Mittel gegen Durchfall verschrieben wird. Sie können die Kosten jedoch voll oder anteilig (je nach Höhe des Betrags und Kasse) nach der Reise von Ihrer Krankenkasse zurückerstattet bekommen. Lassen Sie sich eine detaillierte Rechnung vom Arzt ausstellen und scheuen Sie sich nicht, Ihrer Krankenkasse mitzuteilen, wenn Sie diese für überhöht halten.

Allgemeinärzte praktizieren in Arrecife, Puerto del Carmen, Costa Teguise und Playa Blanca. Die Öffnungszeiten der Praxen (oft Klinik oder „clínica" genannt) sind in der Regel 8–13 und 16–20 Uhr, manche bieten einen 24-stündigen Notdienst. Auf schwierige Fälle ist man kaum irgendwo eingerichtet – Problemfälle werden in der Regel umgehend an das Krankenhaus *Insalud* in Arrecife oder an das

Privatkrankenhaus *Hospiten* bei Puerto del Carmen überwiesen (→ Details unter den jeweiligen Orten). *Zahnärzte* gibt es mehrere in Puerto del Carmen, ein deutscher Dentist arbeitet in Tías, ein weiterer in Arrecife. *Frauenärzte* gibt es nur in Arrecife. Weitere Informationen unter www.arzt-lanzarote.de.

Tipp: Lassen Sie sich von auf Lanzarote ansässigen Residenten einen Arzt empfehlen. Nicht jeder Mediziner genießt einen guten Ruf auf der Insel.

• *Behandlung auf Krankenschein* Wenn Sie auf Lanzarote kein Geld vorstrecken möchten, müssen Sie die **European Health Insurance Card (EHIC)** mitnehmen (früher: Anspruchsschein E 111), die Sie von Ihrer Krankenkasse erhalten. Damit können Sie sich direkt an das große **Insalud Hospital General de Lanzarote** in Arrecife (→ S. 141) oder eins der örtlichen **Centros del Salud** (→ S. 165) wenden und werden kostenlos behandelt.

• *Apotheken* Mindestens eine **farmacia** (Betonung: farmácia) gibt es in jedem größeren Ort, zu erkennen an einem grünen Kreuz, meist in Form des Malteser-Kreuzes. Im Eingang ist vermerkt, welche Apotheke Not- bzw. Nachtdienst hat. Die Preise sind günstiger als bei uns und zahlreiche Medikamente werden ohne Rezept abgegeben. Bei vielen leichteren Beschwerden können Sie einen Apotheker um Rat fragen, ohne extra einen Arzt aufzusuchen zu müssen. Die Apotheker sprechen in der Regel Englisch. Wenn Ihnen ein Arzt ein Medikament verschreibt, können Sie die entstehenden Kosten voll oder anteilig von Ihrer Krankenkasse zurückerstattet bekommen.

Im Notfall: *Cruz Roja Española* (Rotes Kreuz), Calle Blas Cabrera Felipe, Arrecife, ✆ 928-812222. Nach Beanspruchung eines Krankenwagens ist es üblich, eine angemessene Spende ans Cruz Roja zu geben (gegen Quittung).

Öffnungszeiten

Die Siesta spaltet jeden Tag in zwei deutlich voneinander abgesetzte Hälften. Denken Sie daran, dass ab 13 Uhr so gut wie alles schließt und erst um 16 oder 17 Uhr wieder seine Pforten öffnet. Spätaufsteher haben deshalb schlechte Karten – sobald sie aus den Federn sind, schließen die Shops fast schon wieder. In den Touristenorten gilt das allerdings nur bedingt, dort wird oft den ganzen Tag und bis spät in die Nacht Umsatz gemacht. Manche Läden, vor allem Supermärkte, sind sogar sonntags geöffnet.

Post

Briefe und Karten nach Hause benötigen in der Regel eine gute Woche – es kann aber auch ein ganzes Ende länger dauern. Wenn's schneller gehen muss: zum Flugplatz gehen und einem Heimkehrer seines Vertrauens die Post in die Hand drücken (vorher unbedingt Inhalt zeigen!) mit der Bitte, sie zu Hause frankiert in einen Briefkasten zu werfen.

Briefmarken gibt es auf der Post (geöffnet meist Mo–Fr 8.30–14 und Sa 9–13 Uhr), außerdem in den meisten Läden, die Postkarten verkaufen. Dort bekommt man jedoch in der Regel nur soviel Marken, wie man Postkarten kauft. Die *Briefkästen* sind gelbe Tonnen mit zwei roten Streifen und einem roten Posthorn. Manchmal sind sie nach Inlands- und Auslandspost getrennt, geleert werden sie Mo–Sa einmal täglich.

Reklamationen

Falls Sie Grund zur Beschwerde haben – in jedem Beherbergungs- und Gaststättenunternehmen Spaniens, aber auch bei jedem Autovermieter müssen Beschwerdeblätter *(hojas de reclamaciones)* vorhanden sein, die einem Gast auf Verlangen ausgehändigt werden. In seiner Muttersprache kann er eine Beschwerde zu Papier bringen und der Tourismusbehörde *Consejería de Turismo y Transportes* zuleiten. Jedes Blatt hat eine Registriernummer und wird aktenkundig. Die Behörden sind angehalten, jeder Reklamation nachzugehen. Lassen Sie sich bei berechtigten Beschwerden nicht mit Ausreden abwimmeln, es seien keine Blätter da. Oft hängen sie aus und sind zu erkennen an der großformatigen Überschrift: *Avisa – Notica – Avis – Anzeige.*

Ideal für Radler: lange abschüssige Straßen im Nationalpark Timanfaya

Sport

Das flache und windreiche Lanzarote bietet mit seinem ganzjährig milden Klima ideale Gegebenheiten für verschiedene Sportarten und hat sich ein ausgesprochen sportliches Image erworben.

Neben dem allgegenwärtigen Meer ist dafür vor allem der Wind verantwortlich. Da die Berge nicht über 670 m Höhe ansteigen, können sich die Passatwinde hier weitgehend ungehindert entfalten und schaffen optimale Bedingungen für *Drachenflieger* und *Windsurfer*. Erstere kommen vor allem im Winterhalbjahr aus ganz Europa hierher gereist, um die Thermik an den Vulkanhängen zu nutzen, Letztere haben im Sommer ihre Hochsaison. Dazu kommt der Unterwasserpark vor Puerto del Carmen, der Lanzarote auch zu einem begehrten Ziel für *Taucher* gemacht hat. Wegen seiner geringen Steigungen ist Lanzarote außerdem gut geeignet zum für *Rennradler* (→ S. 93), es gibt zwei *Reitställe* auf der Insel und auch *Wanderer* finden ein relativ umfangreiches Betätigungsfeld.

Alle großen Ferienanlagen bieten sportliche Animation, Aerobic, Tennisplätze und Fitnessräume. Das Clubhotel *La Santa Sport* an der Westküste Lanzarotes hat sich als eines der führenden Sport- und Aktivurlaubszentren der Welt profiliert: Rund ums Jahr werden dort Urlaubswochen unter sportlichem Vorzeichen offeriert, Spitzensportler und begeisterte Amateure treffen sich gleichermaßen, um Dutzende Sportarten auszuüben.

- **Aerobic/Fitness/Bodybuilding**: Abgesehen von den Großhotels gibt es einschlägige Sportstudios in Puerto del Carmen, Arrecife und Costa Teguise.
- **Angeln**: Für Petri-Jünger ist auf Lanzarote viel zu tun, denn der Fischreichtum in den küstennahen Gewässern ist enorm. Mit etwas Glück kann man in wenigen Stunden seinen Wochenvorrat Fisch an Land ziehen – vorausgesetzt, man kennt die richtigen Stellen. In Arrecife lassen sich beispielsweise beim vorgelagerten Kastell San Gabriel wohlgenährte Meeräschen herausholen, bei der Konservenfabrik im Fischerhafen Puerto de Naos fette Aale. Eine Genehmigung wird bei den jeweiligen Gemeindeverwaltungen ausgestellt.
- **Drachen- und Gleitschirmfliegen**: Im Winterhalbjahr fegen die Passatwinde nicht so heftig wie im Sommer über die gerundeten Höhen von Lanzarote – optimale Voraussetzung für Drachenflieger und Gleitschirmsegler. Mit dem auf den kleinen Mietwagen geschnallten meterlangen Gestänge kurven sie hinauf zu den Startplätzen mit der besten Thermik, wo sie sich dann tollkühn in die Lüfte werfen und wie kleine Insekten hoch über die Berghänge hinwegsegeln. Das Gros der wachsenden Fangemeinde kommt aus Deutschland und England. Saison ist von Oktober bis April, beste Flugzeit meist vormittags, wenn die Sonne allmählich die Lüfte erwärmt. Ohne Zweifel ein faszinierender Sport – zum Zuschauen gleichermaßen wie für die Akteure. Und doch muss ernsthaft und eindringlich gewarnt werden, denn immer wieder kommt es zu schweren Unfällen. Unvermutet heftige Fallwinde, plötzliche Turbulenzen, ein Zusammenstoß in der Luft – schon kann es passiert sein. Fliegen Sie deshalb nur, wenn Sie bereits zu Hause ausreichend Flugpraxis gesammelt haben, denn die häufig sich ändernden Thermik- und Wetterverhältnisse auf Lanzarote sind nicht für Anfänger geeignet. Benutzen Sie außerdem immer einen Windmesser und landen Sie nicht auf den Lapilli-Feldern der einheimischen Bauern – das Anlegen und Instandhalten der Felder macht enorm viel Arbeit. Die wichtigsten Start- und Landeplätze sind die *Montaña Tinasoria* hinter Puerto del Carmen (→ S. 190). der *Mirador del Río* im äußersten Norden Lanzarotes (→ S. 294), der *Risco de Famara* nördlich von Teguise (→ S. 258) und der Stausee oberhalb von *Mala* (→ S. 302).
- **Go-Cart**: Für den jungen Formel-1-Nachwuchs gibt es eine große Motorrennbahn an der *Carretera LZ-2* von Arrecife nach Tías, bei der Abzweigung nach Puerto del Carmen. Eine weitere liegt bei *San Bartolomé*, direkt unterhalb der Montaña Mina (→ dort).
- **Golf**: Der bislang einzige Golfplatz Lanzarotes liegt wenige Kilometer landeinwärts von *Costa Teguise*, in *Puerto del Carmen* wird derzeit ein zweiter gebaut. Einige Komforthotels bieten ihren Gästen ein „Putting Green“, ein Stück Grasplatz zum Üben für das Einputten des Balls.
- **Reiten**: Zwei Reitställe bieten Übungsstunden und Exkursionen, *Rancho Texas* in Puerto del Carmen und *Lanzarote a caballo* an der GC 720 oberhalb von Playa Quemada.

Drachenflieger im Hinterland von Puerto del Carmen

Wellenreiter in der Bucht von Famara

- **Tauchen**: Lanzarote und speziell Puerto del Carmen hat sich im kanarischen Raum zu einem der beliebtesten Ziele für Taucher und Tauchschüler entwickelt. Mit der Farbenpracht und Vielfalt eines tropischen Meers ist der Atlantik zwar nicht zu vergleichen, doch vorgelagert vor Puerto del Carmen liegt *Los Erizos*, einer der beiden spanischen Unterwasserparks, wo man schöne Gelegenheiten findet, die reiche Unterwasserflora und -fauna zu beobachten sowie Höhlen und Schiffswracks zu erforschen. Ebenfalls reizvoll ist der Meeresgrund vor Playa Blanca, im Kanal zwischen Lanzarote und Fuerteventura. Ein gutes Dutzend Tauchschulen bietet in Puerto del Carmen Kurse im Gerätetauchen an, weitere gibt es in *Playa Blanca* und *Costa Teguise*. Es werden eine Reihe von Kursen angeboten, innerhalb derer man verschiedene Tauchscheine erwerben kann. Diese sind international gültig und bei den Niederlassungen der entsprechenden Verbände können damit Tauchgänge durchgeführt werden.
  Wer das erste Mal den Trip ins tiefe Blau wagen will, muss mindestens 16 Jahre alt sein. Ein ärztliches Zeugnis muss die Tauchfähigkeit attestieren. Man kann es sich vor der Reise beim Hausarzt ausstellen lassen – es geht aber auch noch in Puerto del Carmen, kontaktieren Sie dazu die Tauchschulen. Das Zeugnis darf bei Anfängern nicht älter als zwei Jahre sein (bei Fortgeschrittenen ein Jahr).
- **Tennis/Squash**: Praktisch alle Großhotels bieten Tennishartplätze und Squashcourts. In Puerto del Carmen gibt es außerdem das *Centro Deportivo Fariones*, einen großen öffentlichen Sportclub mit Tennisplätzen und Squash (→ dort).
- **Triathlon/Marathon**: Da sich das flache Lanzarote für diese Sportarten sehr eignet, gibt es mittlerweile mehrere populäre Wettbewerbe dieser Art. Bereits zehnmal hat der so genannte *„Volcano Triathlon"* auf Lanzarote stattgefunden (1,5 km Schwimmen, 40 km Radfahren, 10 km Laufen). Seit 1992 gibt es außerdem einmal jährlich im Frühjahr den *Ironman-Triathlon* auf Lanzarote, der sich international bereits

einen sehr guten Namen gemacht hat. Er besteht aus 3,8 km Schwimmen im offenen Meer, 180 km Radfahren und einem Marathonlauf (42,195 km). Das Spektakel ist absolut sehenswert. Tipp: Kein Fahrzeug an diesem Tag mieten, da Teile der Hauptverbindungsstraßen gesperrt sind. Weitere Wettbewerbe veranstaltet der Club La Santa, z. B. den *Club La Santa Triathlon* (1,5 km Schwimmen, 40 km Radfahren, 10 km Laufen), den *Club La Santa Staffeltriathlon*, den *Amigo Marathon* (21 km Laufen) und am 5. Dezember den *Lanzarote Marathon*.

▸ **Wellenreiten (Surfen)**: Was man braucht, ist ein kleines, handliches Brett – ansonsten nur noch die richtige Stelle, viel Wind und reichlich Wellen. Um letzteres braucht man sich auf Lanzarote keine Sorge zu machen, die Vulkaninsel wird auch gerne das „Hawaii Europas" genannt. Vor allem bei den jungen Lanzaroteños ist dieser Sport sehr beliebt. Noch Anfang der Achtziger war er auf Lanzarote praktisch unbekannt, doch damals kamen einige Brettsurfer von La Palma herüber, um neue Spots auszukundschaften. An der Playa de Famara zeigten sie ihre Kunststücke und die Demonstration fiel auf fruchtbaren Boden. An die 200 Könner gibt es mittlerweile auf Lanzarote. Unterricht geben u. a. „Calima Surf" und „Famara Surf" (→ S. 258). Die Spots liegen alle im windigen Norden und Westen Lanzarotes. Tipp: Die ortsansässigen Surfer wissen Bescheid über Gefahren, z. B. Felsen knapp unter der Wasseroberfläche. Wichtig außerdem: auf keinen Fall zu weit seewärts von der Brechungszone auf Wellen warten – unvermutete Strömungen können einen auf offene See hinausziehen.
Die besten Spots: *Playa de Famara* (→ S. 257), *La Santa* (→ S. 228), *Jameos del Agua* (→ S. 312), *Playa la Garita*, der Ortsstrand von Arrieta (→ S. 307), *El Espino* bei Punta de Mujeres (→ S. 308) und die *Playa de la Cantería* bei Órzola (→ S. 316).

▸ **Windsurfen**: Lanzarote gilt neben Fuerteventura als bestes Surfrevier der Kanaren. Kräftige Passatwinde bestreichen die flache Insel das ganze Jahr über. Während die Drachenflieger die leichteren Winterwinde bevorzugen, liegt die Surfsaison vor allem in den Monaten *April bis September*. Dann wehen die Nordwinde regelmäßig mit der Stärke 5–6 und einer Geschwindigkeit von 25–30 Knoten, wobei sich im Lauf eines Tages die Windstärke kontinuierlich steigert. Im Winter kann man selbstverständlich auch surfen, allerdings weht der Wind dann nicht mit der sommerlichen Beständigkeit und wegen der relativ niedrigen Wassertemperatur ist ein isolierender Gummianzug nötig. Unumstrittenes Surfzentrum der Insel ist *Costa Teguise*. 1990 wurden dort sogar Surfweltmeisterschaften ausgetragen, außerdem mehrere spanische Wettbewerbe, darunter 1991 der Funboard-Cup. Weitere Spots liegen auf der Insel verstreut, z. B. die *Playa de Famara* (→ S. 257).

> Pauschale Surfreisen nach Costa Teguise offeriert der Münchner Veranstalter „Sun & Fun Sportreisen" (www.surfreisen.de).

Strom

Die Stromspannung auf Lanzarote beträgt 220 Volt. Die Stecker unserer Geräte sind etwas zu dick für die schmalen Löcher der kanarischen Steckdosen, passen aber oft trotzdem. In vielen Supermärkten und Elektroläden kann man *Adapter* kaufen (*enchufe intermedio*), auch an den Rezeptionen sind sie meist vorrätig. Die meisten großen Hotelanlagen sind aber mittlerweile mit Schuko-Steckdosen nach Euro-Norm ausgestattet. Kindersicherungen gibt es in der Regel nicht.

Immer belegt: das Hafentelefon auf der vorgelagerten Insel La Graciosa

Telefon

Von jedem öffentlichen Kartentelefon der Gesellschaft „Telefonica“ kann man problemlos in alle Welt rufen, telefoniert wird mit Telefonkarten (tarjeta telefónica), die man für ca. 6 bzw. 12 € in Estancos (Tabakläden), Kiosken, Tankstellen und bei der Post bekommt. Tipp zum preisgünstigeren Telefonieren ist die Prepaid-Karte „T-Card Holiday“ der Telekom für 10 oder 20 €. Zusätzlich gibt es in den drei Touristenzentren privat betriebene Telefonzentralen, so genannte „Teléfonos públicos“, die während der Siesta aber meist geschlossen sind. Und natürlich kann man – zu deutlich höheren Preisen, versteht sich – auch von den meisten Rezeptionen aus telefonieren. Am bequemsten sind natürlich Durchwahltelefone, die viele bessere Hotel- und Apartmentanlagen in den Zimmern haben und wo man sich sogar anrufen lassen kann.

Und falls der Empfänger bezahlen soll (R-Gespräch): Wählen Sie die Zugangsnummer für Deutschland (900990049), Sie werden dann mit einem deutschsprachigen Operator verbunden, der die gewünschte Telefonverbindung für Sie herstellt. Die Kosten übernimmt Ihr Gesprächspartner – aber natürlich nur, wenn er zustimmt.

Am billigsten ist das Telefonieren von 22 Uhr bis 7 Uhr morgens.

Telefonauskunft national 11818, international 11825.

▸ **Mobiltelefone**: Die deutschen Netzbetreiber haben mit den ausländischen Mobilfunkgesellschaften ein „International Roaming“-Abkommen geschlossen, wobei bisher für die Handynutzer recht hohe Gebühren fällig wurden. Nachdem die EU ankündigte, diese per Zwangsverordnung zu senken, haben die Mobilfunkunternehmen angekündigt, die Roaming-Zuschläge bis Oktober 2007 schrittweise deut-

lich zu senken. Unterm Strick sollen die Kosten halbiert werden. Einen Überblick über die aktuellen Gebühren findet man auf der englischsprachigen Website www.roaming.gsmeurope.org/index.cfm. Ein Handy kann man per Hand in das Netz einbuchen, das am preisgünstigsten ist, indem man die automatische Netzsuche abschaltet (in der Regel unter „Einstellungen", Telefoneinstellungen", Netzwahl"). Bei längeren Aufenthalten oder wenn Sie in erster Linie innerhalb der Insel telefonieren wollen, lohnt sich für Handybesitzer der Kauf einer spanischen Prepaid-Karte. Die gibt es z. B. von MoviStar für etwa 20 € (Gesprächsguthaben inklusive). Wiederaufladbar ist die Karte in 5 €-Schritten mit Beträgen von 5 bis 150 €. Fragen Sie beim Kauf nach Details wie Minutenpreis und Abrechnungstakt. Achtung: Überprüfen Sie bereits zu Hause, ob Ihr Mobiltelefon überhaupt für Fremdanbieter freigeschaltet ist. Handys, die im Paket mit einer deutschen Prepaid-Karte gekauft wurden, können unter Umständen gesperrt sein.
Beachten Sie, dass Sie auch zahlen, wenn Sie im Ausland angerufen werden. Der Anrufer übernimmt nur die Kosten im deutschen Netz, ab der Grenze zahlen Sie.

Vorwahlen

Vorwahl **Deutschland** 0049, **Österreich** 0043; **Schweiz** 0041. Danach Vorwahl der gewünschten Gemeinde ohne Null, anschließend gewünschte Rufnummer.

Vom Ausland nach Lanzarote: 0034-928 und die volle Teilnehmernummer

Von Spanien nach Lanzarote: ebenfalls zunächst die 928 wählen.

Gespräche auf Lanzarote: Bei allen Nummern muss man zunächst die **928** (früher Vorwahl der Provinz Las Palmas de Gran Canaria) wählen, auch bei Ortsgesprächen.

Handys haben eine eigene Vorwahl, z. B. 608, die 928 entfällt dabei.

Übernachten

Nach Gran Canaria und Teneriffa verfügt Lanzarote über die meisten Unterkünfte der Kanaren. Ganzjährig warten jede Menge Quartiere auf Sonnenhungrige aus Europa. Seit den siebziger Jahren hat Lanzarote einen ungeheuren Bauboom erlebt. Aus dem kleinen schäbigen Hafen La Tiñosa wurde innerhalb weniger Jahre die riesige Ferienstadt Puerto del Carmen mit vielen hundert Unterkünften, die Urbanisation Costa Teguise wurde praktisch aus dem Nichts gestampft und das frühere Fischerdorf Playa Blanca ist gerade dabei, sich an der gesamten Südküste auszudehnen.

Gut 95 % aller Lanzarote-Urlauber buchen ihren Aufenthalt pauschal über Reiseveranstalter. Die drei Ferienzentren bieten dafür hauptsächlich Viersternehotels und Apartmentanlagen aller Formen und Größen. Bis zu hunderttausend Touristen pro Monat halten sich in Spitzenzeiten in den drei Urlaubszonen auf – vor allem an Weihnachten und Ostern gilt Lanzarote oft als völlig ausgebucht, gelegentlich überbucht. Der Rest Lanzarotes ist vom massenhaften Pauschaltourismus zwar noch weitgehend unberührt, doch sind überall auf der Insel, auch im Inland, höherpreisige Landhotels, restaurierte Fincas und komfortable Apartmenthäuser entstanden, die über Spezialveranstalter gebucht werden können (→ S. 130). Sogar auf der abgelegenen Insel *La Graciosa* kann man inzwischen schon Quartiere über Katalog ordern. An der Küste gibt es, abgesehen von den drei großen Urlaubsorten, Pauschalanlagen in *La Caleta de Famara* und *Punta de Mujeres*, an der Westküste stehen außerdem das große Sporthotel „Club La Santa" und das kleine „El Hotelito".

Fast jede Anlage besitzt einen Swimmingpool: im Bild „Bahía Blanca Rock“ in Playa Blanca

Auf Individualreisende, die auf eigene Faust ohne fest gebuchtes Quartier anreisen, ist Lanzarote nur bedingt eingerichtet. Wenn aber nicht gerade absolute Hochsaison herrscht, kann man in vielen Apartmentanlagen auch spontan unterkommen – allerdings muss man unter Umständen etwas suchen. Günstige Pensionen gibt es nur in *Arrecife*, Apartments in einer ganzen Reihe von Orten (→ unten). Da es mancherorts gar keine Unterkunft gibt, sollte man bei Inseltrips vorher genau checken, wo man übernachten kann (→ Praktischer Reiseteil). Lanzarote ist aber klein genug, um von ein oder zwei Standorten ausgedehnte Tagesausflügen zu machen.

Tipps für Hotel- und Apartmentgäste

Alle Unterkünfte sind mit **Sternen** (Hotels) oder **Schlüsseln** (Apartments) klassifiziert. Hotels gibt es von 1–5 Sterne, Apartments von 1–3 Schlüssel. Entsprechende Schilder hängen oft an den Eingängen aus.

Die **Zimmerpreise** sind je nach Saison unterschiedlich. Die offiziell festgelegten Preise müssen zusammen mit der Zeitspanne, für die sie gelten, an der Rezeption aushängen. Der Hotelier darf keinen höheren Preis verlangen, kann die Zimmer aber günstiger abgeben.

Einzelzimmer gibt es so gut wie gar nicht, Singles müssen ein Doppelzimmer bzw. Zweibettstudio mieten. In der Regel wird der Preis dann reduziert.

▸ **Pauschalurlaub auf Lanzarote**: Alle wichtigen Reiseveranstalter haben Kontingente auf Lanzarote. Daneben gibt es noch eine Reihe von Spezialveranstaltern und Privatvermittlern, die individuelle Häuser und Ferienwohnungen anbieten und zwar hauptsächlich an den ruhigen Küstenstreifen abseits der großen Touristenorte und im ländlichen Inneren. Diese können meist über Internet gebucht werden (→ S. 130). Der Standard der angebotenen Unterkünfte ist durchweg recht gut.

Aufpassen sollte man lediglich mit der Standortwahl, der Entfernung zum Strand, zum Ortszentrum etc. Speziell *Puerto del Carmen* ist 8 km lang, und nicht jeder will an der äußersten Peripherie wohnen. Zur Erleichterung Ihrer Wahl finden Sie einen kurzen Steckbrief der Urlaubsorte im Vorspann dieses Buches, S. 18.

Saisonzeiten: Absolute Hochsaison herrscht auf Lanzarote in der Zeit zwischen *Weihnachten* und dem *Dreikönigsfest*, an *Ostern* und in den *spanischen Sommerferien*. Die Apartments und Hotels sind dann fast völlig ausgebucht und die Preise liegen hoch. Etwas weniger ausgelastet sind die Monate November und Februar/März, in dieser Zeit sinken auch die Preise etwas.

▸ **Hotels**: Fast alle Hotels Lanzarotes stehen in den drei Urlaubszentren und Arrecife, außerdem im Yachthafen Puerto Calero. Es handelt sich in der Hauptsache um Großhotels mit drei, vier oder fünf Sternen und gehobenem Standard, vor allem in Playa Blanca gibt es eine ganze Reihe neu erbauter Komfortanlagen. So gut wie alle Hotels in den Urlaubszentren verfügen über ausgedehnte Außenanlagen mit subtropischer Vegetation, Palmen und großen Swimmingpools (einige besitzen sogar Hallenbäder). Fast immer stehen ein oder mehrere Restaurants zur Verfügung, es gibt Tennisplätze und andere Sporteinrichtungen, Abendveranstaltungen und Animation. Auch für Kinder sind oft Spielplätze, Planschbecken und Animateure vorhanden. In den Zimmern gibt es oft TV mit Satellitenempfang, Musikanlage und Telefon. Die so genannten *Aparthotels* besitzen in den Zimmern zusätzlich eine Küchenzeile bzw. Kochecke. Im praktischen Reiseteil sind alle wichtigen Hotels ausführlich beschrieben.
Einfache Hostales für Traveller findet man fast ausschließlich in *Arrecife* (DZ ab etwa 20 €/Nacht), ein weiteres in *Puerto del Carmen* und in *El Golfo* an der Westküste ein kleines Mittelklassehaus. Im Inselinneren existieren mittlerweile eine ganze Reihe edler Landhotels, nämlich in *Conil* oberhalb von Puerto del Carmen, in *El Islote* im Weinbaugebiet La Geria, in *Mozaga* und in *Yaiza*, im Süden Lanzarotes.

▸ **Apartments**: Wer auf den Service eines Hotels verzichten kann, findet im Apartment meist deutlich mehr Platz als im beengten Hotelzimmer. In allen drei Ferienzentren gibt es ein Riesenangebot, vor allem aber in *Puerto del Carmen*, das fast vollständig aus Apartmentanlagen zu bestehen scheint. Der gebotene Standard ist fast durchweg gut, allzu alte und ungepflegte Anlagen sollte man allerdings meiden. In beinahe jedem Komplex gibt es einen oder mehrere Swimmingpools, oft auch schöne Gartenanlagen, einen Kinderspielplatz, Sporteinrichtungen und Restaurant. Alle Wohneinheiten verfügen über eine eingerichtete Kochecke mit Herd und Kühlschrank, obligatorisch ist auch jeweils Balkon/Terrasse. Gelegentlich sind TV, Musikanlage und Telefon vorhanden.
Weitere, meist einfach gehaltene Privatapartments findet man in *Arrieta, Playa Quemada, Guatiza, Mala, Charco del Palo* und *Órzola*, außerdem auf *La Graciosa* (Details in den jeweiligen Ortstexten). Über die unten genannten Spezialveranstalter kann man auch im *Inselinneren* eine ganze Reihe von komfortablen Apartments mieten.

Folgende Variationen stehen zur Verfügung:

- **Studio** (kombinierter Schlaf- und Wohnraum mit Kochecke) → ca. 30–50 €;
- **Apartment mit 1 Schlafzimmer** (Wohnraum mit Kochecke und separatem Schlafzimmer) → 35–70 €;
- **Apartment mit 2 Schlafzimmern** (Wohnraum mit Kochecke und zwei zusätzliche Räume mit Betten) → 45–80 €.

Gonzalo Rodríguez-Bethencourt Codes in seinem Landhotel Caserío de Mozaga

▸ **Ferienwohnungen/-häuser**: In den ruhigen ländlichen Regionen Lanzarotes kann man weitab von jeglichem Touristenrummel in traditionellen Fincas, ehemaligen Zisternen, umgebauten Bodegas und anderen landwirtschaftlichen Gebäuden unterkommen. Die Zahl der angebotenen Wohnungen und Häuser hat in den letzten Jahren stark zugenommen, sie sind individuell konzipiert, oft geschmackvoll restauriert und gut eingerichtet. Selten befinden sich mehr als drei Wohnungen in einem Haus, manchmal gehört sogar ein Pool zur Anlage. Buchen kann man diese Unterkünfte über eine ganze Reihe von spezialisierten Vermittlern (→ Spezialanbieter), aber auch z. B. über *Jahn Reisen* und *TUI* oder direkt bei den Vermietern, die oft ausländische Residenten sind, z. B. die *Casa Friedel* in Yaiza, die *Fundación Antroposófica* in Mácher, die *Casa de la Caldera* in Femés oder die Ferienwohnungen der *Bodega El Chupadero* im Weinbaugebiet La Geria.

• *Spezialanbieter* **Elke Deger-Wolf - Viva Ambiente**, Freiburgerstr.11, D-69493 Hirschberg, ✆ 06201/507484, 📠 507459, www.vivaambiente.de
Elke Janke Reisen, Ziegelstr. 16, D-13129 Berlin, ✆ 030/4743997, 📠 4743996, www.janke-reisen.de
Finca Ferien, Hainbergstr. 18, D-31167 Bockenem, ✆ 05067/6526, 📠 698923, www.fincaferien.de
Heinen-Tours, Claßenstr. 19, D-52072 Aachen, ✆ 0241/86202, 📠 876641, www.heinentours.de
IslaViva, ✆ 928-845723, 📠 928-845761, www.islaviva.com
Lanzarote LT Touristik, Heeker Str. 7, D-49594 Alfhausen, ✆ 05464/2365, 📠 2385, www.lanzarote-touristik.de
Novasol, Gotenstr. 11, D-20097 Hamburg, ✆ 040/238859-0, 📠 23885924, www.novasol.de
Oböna Reisen, FKK-Touristik GmbH & Co. KG, Am Taubenbaum 6, D-61231 Bad Nauheim, ✆ 06032/96090, 📠 83564, www.oboena.de
• *Weitere Anbieter* www.lanzaroteisland.com, www.lanzarote-exclusive.com, www.islas-canarias-reisen.de, www.las-islas-reisen.de, www.canaryvillas.com, www.finca-kanaren.de, www.traum-ferienwohnungen.de, www.casas-lanzarote.de, www.finca-selection.de, www.rural-villas.com, www.las-islas-reisen.de, www.fincas-lanzarote.de, www.lanzarote-arrieta.de

▸ **Unterkünfte für Individualreisende** (Hostales, Pensionen, Privatzimmer und Apartments): Reisende ohne Vorausbuchung kommen am besten in Arrecife oder (bedingt) Puerto del Carmen unter. In *Arrecife* gibt es eine ganze Reihe preiswerter Hostales sowie einige nicht ganz so günstige Apartmenthäuser. In *Puerto del Carmen* kann man in vielen Apartmentanlagen unterkommen, jedoch muss man sich u. U. auf eine längere Suche gefasst machen, da vieles nur über Reiseveranstalter zu buchen ist. Für den Rest der Insel sieht es ziemlich mager aus: In *Playa Blanca* gibt es nur eine Hand voll Apartmenthäuser für Individualreisende, weitere einfache Apartments findet man in *Arrieta, Playa Quemada, Órzola* und *La Caleta de Famara,* außerdem bieten auf der Insel *La Graciosa* zwei, sehr schlichte Pensionen ihre Zimmer an. Tipp um an ein Zimmer zu kommen: in Kneipen und Bars fragen, dort weiß man fast immer Bescheid!

Das Campen lassen sich die Canarios ungern verbieten

▸ **Camping**: Der einzige offizielle Zeltplatz Lanzarotes liegt an den *Papagayo-Stränden* im Süden (→ S. 373), einen weiteren ausgewiesenen Zeltplatz mit renovierungsbedürftigen Sanitäranlagen gibt es auf der Insel *La Graciosa* (→ S. 327). Aber trotz des Mangels an offiziellen Plätzen genießen die Canarios gerne die Natur und bauen vor allem an den Osterfeiertagen und in den Ferienwochen im August an vielen einsam gelegenen Stränden Zelte und Wohnmobile auf. Wer sich zum „Wildzelten" entschließt, sollte sich aber darüber im Klaren sein, dass dies nicht erlaubt ist. Meist kennzeichnen Verbotsschilder die entsprechenden Zonen.

Wer frei zelten will, muss unbedingt seinen Müll wieder mitnehmen. Hinterlassen Sie jeden Fleck der Insel so, wie Sie ihn vorgefunden haben!

Wissenswertes von A bis Z

Uhrzeit

Die Kanarischen Inseln gehören zur *westeuropäischen Zeitzone (WEZ)*, dort ist es eine Stunde früher als in Mitteleuropa (MEZ). Wie in der gesamten EG gilt auch auf den Kanaren die Sommerzeit (März bis September).

Zoll

Vor allem die spottbilligen Zigaretten sind es, die so manchen Lanzarote-Urlauber zum potenziellen Steuerhinterzieher werden lassen könnten. Denn die Kanarischen Inseln gehören zwar zum Zollgebiet der EU, nicht aber zum Steuergebiet der Gemeinschaft. Für Waren von den Kanaren gelten deshalb bei der Einfuhr nach *Deutschland* und *Österreich* theoretisch folgende Mengenbeschränkungen – deren Einhaltung aber in aller Regel nicht kontrolliert wird, da das Gepäck von Reisenden wegen der Zugehörigkeit der Kanaren zur Zollunion nicht mehr überprüft wird. Für die *Schweiz* bestehen ähnliche Quoten.

Tabakwaren (nur für Pers. ab 17 Jahre): 200 Zigaretten oder 100 Zigarillos oder 50 Zigarren oder 250 g Rauchtabak.

Alkoholische Getränke (nur für Pers. ab 17 Jahre): 1 ltr. destillierte Getränke oder Spirituosen mit mehr als 22 % vol Alkoholgehalt oder 2 ltr. destillierte Getränke, Spirituosen, Aperitifs aus Wein oder Alkohol mit einem Alkoholgehalt von max. 22 % vol oder 2 ltr. Schaumweine oder Likörweine und 2 ltr. sonstiger Wein.

Kaffee (nur für Pers. ab 15 Jahre): 500 g Röstkaffee oder 200 g löslicher Kaffee.

Parfüms/Toilettenwasser: 50 g Parfüms und 0,25 ltr. Toilettenwasser.

Andere Waren: bis zu einem Gesamtwert von 175 €.

Ruhepausen in den Feuerbergen

Sanfte Vulkanberge prägen das Zentrum der Insel

Inselmitte

Die Inselmitte ist die am dichtesten besiedelte Region Lanzarotes. Ballungsgebiete sind die Hauptstadt Arrecife und Puerto del Carmen, das größte Touristenzentrum der Insel. Im Inland liegen außerdem die historische Inselhauptstadt Teguise und eine Reihe größerer Landwirtschaftssiedlungen. Doch auch das weltberühmte Vulkangebiet der „Feuerberge" ist hier zu finden, heute als Nationalpark Timanfaya die faszinierendste Sehenswürdigkeit Lanzarotes. Weitere hochkarätige Anziehungspunkte sind das Weinbaugebiet La Geria und Taro de Tahiche, das ehemalige Wohnhaus von César Manrique.

Um die Inselmitte eingehend zu erkunden, wird man eine gute Woche benötigen. Von der quirligen Ferienstadt *Puerto del Carmen* an der Ostküste bis zur bizarren Einsamkeit des Nationalparks im Westen gibt es eine breite Palette von Attraktionen. Wer nur wenig Zeit hat, sollte bedenken, dass die Hauptstadt *Arrecife*, abgesehen von einigen bescheidenen Sehenswürdigkeiten, keinen längeren Aufenthalt lohnt. Keinesfalls auslassen sollte man jedoch *Teguise*, den sicherlich schönsten Ort der Insel, und die landschaftlich grandiose *Bucht von Famara* im Norden.

Im Folgenden, im Uhrzeigersinn von Arrecife ausgehend, die Beschreibung der einzelnen Regionen.

Schnell-Überblick

Verbindungen

Arrecife ist Zentrum des nur mäßig ausgebauten Busnetzes auf Lanzarote. Leider werden manche Orte selten oder gar nicht angefahren, der Transport dorthin funktioniert nur mit eigenem Fahrzeug oder Taxi. Besorgen Sie sich bei der Tourist-Information oder am Busbahnhof von Arrecife einen aktuellen Busfahrplan, an den Haltestellen sind die Abfahrtszeiten nicht angeschlagen. Weiteres auf S. 89 und unter Arrecife.

Informationen zum **Flughafen Guasimeta**, der zwischen Playa Honda und Puerto del Carmen liegt, auf S. 86, zum **Fährhafen Puerto de los Mármoles** östlich von Arrecife, auf S. 140 u. S. 157.

Eigener Transport

Für größere Touren abseits der Hauptorte braucht man unbedingt ein eigenes Transportmittel und auch in den berühmten Nationalpark Timanfaya fahren keine öffentlichen Busse. In Puerto del Carmen kann man Pkw, Mopeds, Motorräder und Mountainbikes mieten, in Arrecife nur Autos und Fahrräder. Die Hauptstraßen sind asphaltiert und in gutem Zustand. Viel befahrenes Rückgrat der Küstenregion ist die vierspurige Schnellstraße *LZ-2* von Arrecife nach Puerto del Carmen bzw. Tías. Die Circunvalación (Umgehungsstraße) *LZ-3* um Arrecife ist sehr nützlich, um das verwirrende Einbahnstraßennetz der Hauptstadt zu umgehen. Abzweige führen (von Ost nach West) nach Costa Teguise, nach Teguise/Haría bzw. Órzola, nach San Bartolomé/Tinajo/La Santa und nach Puerto del Carmen/Tías/Yaiza/Playa Blanca. Mit Vorsicht zu genießen ist die Durchgangsstraße im Weinbaugebiet *La Geria*: extrem schmal, ohne befestigte Seitenstreifen, die Straßenränder schlecht oder gar nicht markiert. Den Nationalpark Timanfaya erreicht man auf der *Carretera Local* (LZ-67*)* zwischen Mancha Blanca und Yaiza. Im Gebiet des Nationalparks darf man nur asphaltierte Straßen befahren, Endpunkt ist das Besucherzentrum Islote de Hilario (→ Nationalpark Timanfaya). Erdpisten gibt es hauptsächlich in Nähe der Nordwestküste um Tinajo.

• *Leihwagen* Riesenangebot in **Puerto del Carmen**, einige Auswahl auch in **Arrecife**, das Clubhotel **La Santa** bietet ebenfalls Mietfahrzeuge.

Das Netz an **Tankstellen** ist dicht, in der Umgebung Arrecifes sind sie entweder durchgehend oder von 6–24 Uhr geöffnet. Einige liegen an der Umgehungsstraße (Circunvalación) um **Arrecife**, weitere an der **Schnellstraße** nach Puerto del Carmen bzw. Tías sowie um und in **Puerto del Carmen**. Zapfstellen gibt es außerdem in **Tías**, **Mácher**, **Teguise**, **Tinajo**, **Yaiza** und beim **Monumento al Campesino**.

• *Fahrrad* Parallel zur Schnellstraße **LZ-2** verläuft ein befahrbarer Seitenstreifen. So kann man schon am Flughafen mit dem (evtl. mitgebrachten) Rad starten. Hinter Puerto del Carmen steigen die Berge zum zentral gelegenen Hügelland von **La Geria** und zum benachbarten **Malpaís** an, bei der Auffahrt muss man kräftig in die Pedale treten. Oben angekommen, ist vor allem das Lavameer östlich vom Nationalpark fast völlig eben, die dortigen Straßen sind bestens geeignet für Radler.

Die **Carretera Local** durch den Nationalpark fällt etwa von der Dromedarstation Echadero de los Camellos (→ S. 212) bis Yaiza kontinuierlich ab und ist für Schussfahrten mit dem Rennrad bestens geeignet, ebenso ist die **Küste östlich vom Nationalpark** über lange, abfallende Straßen zu erreichen (→ Östlich vom Nationalpark, S. 222).

Die empfohlene Wanderstrecke durch **La Geria** ist auch für Mountainbikes geeignet (→ S. 338).

• *Wandern* Da die Mitte von Lanzarote relativ dicht besiedelt ist, sind die Möglichkeiten naturgemäß etwas bescheidener.

Von **Puerto del Carmen** kann man bequem die Küste in beiden Richtungen erkunden (→ S. 186).

Eine schöne Wanderung durchs Weinbaugebiet **La Geria** lässt sich von Uga aus unternehmen (→ S. 338).

An der **Playa de Famara** kann man ein Stück weit den landschaftlich spektakulären, aber teilweise zerstörten Weg zur Playa del Risco im Norden Lanzarotes wandern (→ S. 257).

Empfehlenswert sind auch die geführten Wanderungen im **Nationalpark Timanfaya** (→ S. 219). Die Küstenwanderung im Nationalpark darf auch ohne Führer gemacht werden.

Übernachten

Puerto del Carmen ist das bedeutendste Urlaubszentrum der Insel und verfügt über zahllose Unterkünfte aller Preisklassen, Apartments stellen das Gros der Anlagen.

Die Inselhauptstadt **Arrecife** besitzt einige Mittelklassehotels und Apartments, außerdem gibt es mehrere Billigpensionen, in denen oft auch afrikanische Händler wohnen. Mit dem wiedereröffneten Grand Hotel gibt es auch einen Vertreter der obersten Kategorie.

Weitere Apartments werden in **Playa Honda** zwischen Arrecife und Puerto del Carmen angeboten, die allerdings genau in der Einflugschneise des Flughafens liegen.

Eine große Apartmentanlage gibt es an der **Playa de Famara** im Norden, zahlreiche Privatapartments werden dort auch im Fischerort **La Caleta** angeboten. Ebenfalls an der Nordküste findet man das große Sporthotel **La Santa**.

Im Weinbaugebiet **La Geria** werden mehrere restaurierte Fincas als Ferienwohnungen/-häuser vermietet, im Örtchen **El Islote** wurde eine Finca zum komfortablen Hotel ausgebaut, weitere, gut ausgestattete Landhotels haben in **Conil** und **Mozaga** ihre Pforten geöffnet.

Ferienwohnungen im **Inselinneren** kann man über www.islaviva.com und verschiedene Spezialanbieter buchen, z. B. „Viva Ambiente" (→ Reisepraktisches/Übernachten).

Arrecife

Die Inselhauptstadt. Mehr als 50.000 Menschen leben hier. Touristen kommen höchstens für einen Tagesausflug, die Stadt gehört ganz den Einheimischen. Besonders schön ist Arrecife nicht und zu sehen gibt es auch nicht allzu viel. Ein bis zwei Tage genügen in der Regel für eine ausgiebige Stadtbesichtigung. Doch das unverfälschte Leben einer kleinen kanarischen Metropole ist es, was Arrecife reizvoll macht. Und ein erfrischendes Bad am erstaunlich hübschen Stadtstrand rundet einen Abstecher in die Inselhauptstadt angenehm ab.

Arrecife ist eine junge Stadt, in der kaum historische Substanz erhalten ist. Noch vor 200 Jahren lag hier nur der kleine Hafen der damaligen Hauptstadt Teguise im Inselinneren. In den vergangenen Jahrzehnten wurde zudem der alte Stadtkern weitgehend abgerissen – um die wirtschaftliche Entwicklung voranzutreiben, wie man damals dachte. Bis auf eine Handvoll Bürgerhäuser aus dem 18./19. Jh. dominieren deshalb heute moderne, für den Betrachter weitgehend nichts sagende Bauten. Apartmenthochhäuser und Bürokomplexe beherrschen Teile der Skyline, die Außenbezirke wuchern mit ausgedehnten Wohnsiedlungen weit ins Umland, heftiger Autoverkehr überschwemmt die gesamte Innenstadt. Umso erfreulicher deshalb, dass vor wenigen Jahren die zentrale Geschäftsstraße zur Fußgängerzone umgestaltet wurde.

Einen Spaziergang lohnen in erster Linie folgende Gebiete der Innenstadt: die an der Meerseite verlaufende Uferstraße mit ihrer hübschen *Promenade*, das vorgelagerte *Castillo de San Gabriel*, die lebendige Geschäftsstraße und Fußgängerzone *León y Castillo*, das stille Viertel um die *Pfarrkirche* und die benachbarte Lagune *Charco San Ginés*. Interessant ist Arrecife aber auch, weil man hier das tatsächliche Alltagsleben der Insulaner miterleben kann ohne eine ausschließlich auf Urlauber ausgerichtete Infrastruktur. Arrecife ist in den letzten Jahrzehnten rasant gewachsen. Verursacht durch den explosionsartig ansteigenden Tourismus auf Lanzarote, hat die Landflucht Zehntausende von Menschen auf der Suche nach Beschäftigung in die Hauptstadt getrieben. Mehr als die Hälfte der Inselbevölkerung lebt inzwischen hier und der Zuzug hält ungebrochen an.

Ein Bummel über die Geschäftsstraße, irgendwo ein einfaches, kleines Restaurant oder eine Bar besuchen, die freundliche und gelassene Mentalität der Einheimischen kennen lernen, eine Siestapause am schönen Stadtstrand – das macht die eigentliche Attraktivität Arrecifes aus. Und wer zur richtigen Zeit auf Lanzarote ist, sollte natürlich auch nicht die Höhepunkte im ansonsten eher ruhigen Kleinstadtleben versäumen: den kilometerlangen Umzug anlässlich des Dreikönigsfests im Januar, die temperamentvolle Karnevalsparade im Februar und das große Volksfest zu Ehren des Stadtheiligen San Ginés Mitte August.

Geschichte

Arrecife bedeutet „Riff" bzw. „Felsenbank". Der Name spielt auf die zahlreichen vorgelagerten Inseln und Klippen an, die den Küstenstrich um die heutige Stadt vor der Brandung des offenen Atlantiks schützen. Wegen dieser natürlichen Gegeben-

Inselmitte
Karte S. 136/137

heiten war der Ort schon früh prädestiniert für die Anlage eines Hafens der im Inselinneren gelegenen Hauptstadt *Teguise*. Doch eine Siedlung entwickelte sich erst sehr viel später. Zunächst gab es hier nur eine einfache Hafenanlage mit dem kleinen *Kastell San Gabriel*, das den Anlegeplatz vor Piratenangriffen schützen sollte (→ Sehenswertes). Noch in der zweiten Hälfte des 18. Jh. standen außer der Burg im Hafen nur ein paar Lagerschuppen. Erst gegen Ende des 18. Jh. bildete sich eine bescheidene Siedlung, die Pfarrkirche *San Ginés* wurde errichtet und 1798 erhielt Arrecife das Gemeinderecht. Als sich im 19. Jh. der Außenhandel Lanzarotes verstärkte (Soda, Cochenille u. a.), wurde der wirtschaftlich aufstrebende Hafenort immer wichtiger und die Bedeutung des alten Adelssitzes Teguise sank. Um die Mitte des 19. Jh. zählte Arrecife etwa 2300 Einwohner, 1852 wurde es zur neuen Hauptstadt Lanzarotes erklärt, blieb allerdings bis weit ins 20. Jh. hinein ein Kleinstädtchen mit wenigen tausend Einwohnern. Erst der Touristenboom und die damit verbundene Landflucht ließen die Stadt zur heutigen Größe anwachsen.

Anfahrt, Verbindungen und Stadtverkehr

Arrecife ist Dreh- und Angelpunkt des gesamten Inselverkehrs. Hier legen die Fährschiffe vom Festland, von Teneriffa und Gran Canaria an, hier starten alle Inselbusse und hier herrscht meist ein so extrem dichter Verkehr, dass einem schnell die Nerven flattern, vor allem als Fußgänger in den winzigen Gassen und auf den viel zu schmalen und fast überall zugeparkten Gehwegen.

Eigenes Fahrzeug/Leihfahrzeug: Wer als Selbstfahrer in die Stadt kommt, sollte unbedingt auf den großen Hauptstraßen bleiben, denn die verwirrende Einbahnstraßenregelung durchschauen nur Einheimische. Parken Sie an der Hauptstraße oder auf den ausgeschilderten Parkplätzen und gehen Sie zu Fuß auf Erkundungstour.

- *Anfahrt von Puerto del Carmen* Auf der vierspurigen **Schnellstraße LZ-2** wird man automatisch zur Uferstraße geleitet. Die dortigen Parkplätze sind zur Geschäftszeit allerdings fast immer belegt und gebührenpflichtig, Platz findet man aber in der Regel auf den Parkplätzen südlich vom Charco San Ginés (→ Parken).
- *Anfahrt von Costa Teguise* (→ Inselnorden): In Hafennähe kreuzt man die **Umgehungsstraße** (Circunvalación), die Arrecife weiträumig umgeht. Im Folgenden sollte man sich immer dicht am Wasser halten und die Straße am **Castillo de San José** vorbei durch den **Fischereihafen** nehmen. So gelangt man ebenfalls auf die Uferstraße und kann südlich vom Charco San Ginés nach einem Parkplatz Ausschau halten (→ Parken).
- *Parken* An der **Uferstraße** sind die Parkbuchten Mo–Fr 9–14, 17–20 Uhr und Sa 9–14 Uhr gebührenpflichtig. Zu allen anderen Zeiten kann man dort kostenlos parken. Ein Strafzettel ist gleich an den Automaten zu bezahlen (gelber Knopf).

Ein **bewachter Parkplatz** liegt kurz nach der Brücke über den Zulauf zum Charco San Ginés rechts (dem Parkwächter gibt man, was man für angemessen hält). Fährt man auf dieser Straße weiter, kann man rechts am Straßenrand entlang der Mauer kostenlos parken. Kurz vor der scharfen Linkskurve ist rechts eine Zufahrt für einen weiteren Parkplatz (→ Stadtplan).

Überlandbusse: Arrecife ist Zentrum des gesamten Busverkehrs auf Lanzarote. Leider werden nur die größeren Inselorte angefahren und die spärlichen Abfahrten stellen einen oft vor Probleme (→ allgemeiner Teil/Verkehr auf der Insel). Gut sind lediglich die Verbindungen zum *Flughafen* und in die benachbarten Touristenzentren *Puerto del Carmen* und *Costa Teguise*.

Es gibt zwei Busstationen in Arrecife: Der moderne, erst 1996 erbaute Busbahnhof *Estación de Guaguas* liegt am inneren Stadtring Via Medular, nicht weit vom Sportstadion (→ Stadtplan). In diesem unattraktiven Stadtteil landeinwärts vom Zentrum starten die Busse in alle Inselregionen, zum Flughafen, nach Puerto del Carmen, Playa Blanca und Costa Teguise. Zweite, vor allem für Urlauber aus Puerto del Carmen und Costa Teguise wichtige Busstation ist die Haltestelle am Westende des Stadtstrands *Playa del Reducto*. Hier laden die Busse aus Puerto del Carmen und Costa Teguise den Großteil ihrer Urlauberfracht aus und sammeln sie auch wieder für den Rückweg ein (Mo–Fr alle 20–30 Min., Sa/So etwa stündl.). Mit einem etwa 15-minütigen Spaziergang am Wasser entlang kommt man ins Zentrum (→ Sehenswertes) und muss für die Rückfahrt auch wieder hierher zurück. Von der Playa del Reducto kann man folgende Ziele anfahren: Puerto del Carmen, Costa Teguise, Playa Honda, den Flughafen und Playa Blanca (im äußersten Inselsüden). Außerdem machen sonntags die Busse von Puerto del Carmen und Costa Teguise zum *Mercadillo* (Markt) in Teguise zwischen 9.30 und 10.30 Uhr ebenfalls Zwischenstopp an der Playa del Reducto.

Abfahrten ab Busbahnhof

Linie 1: **Arrecife – Costa Teguise**: zwischen 6.40 und 23.40 Uhr, **Costa Teguise – Arrecife**: zwischen 7 und 24.10 Uhr. Mo–Fr alle 20/40 Min., Sa/So alle 30/60 Min. Haltestellen: Playa del Reducto (Stadtstrand), Busbahnhof, Los Alonsos/Los Mármoles, Las Caletas, Hotel Oasis, Playa Roca, Playa Bastián, Pueblo Marinero, Apartments Lanzarote Gardens, Hotel Meliá Salinas.

Linie 2: **Arrecife - Puerto del Carmen**: zwischen 6.20 und 23.20 Uhr, **Puerto del Carmen - Arrecife**: zwischen 7 und 24.10 Uhr. Mo–Fr alle 20/40 Min., Sa/So alle 30/60 Min.
Haltestellen: Busbahnhof, Playa del Reducto (Stadtstrand), Cruce Playa Honda, Matagorda (Ortsteil Puerto del Carmen), Hotel Los Jameos Playa, Hotel La Geria, Apartments Costa Mar, Hotel San Antonio, Centro Comerciale Welcome Sea, Apartments La Peñita, Apartments Rocas Blancas, Apartments Arena Dorada, Aparthotel Fariones, Apartments Costa Volcán, Apartments Balcón del Mar.

Linie 4: Arrecife - Flughafen Guasimeta: Mo–Fr zwischen 7.10 und 22.40 Uhr, Sa–So zwischen 8.40 und 22.40 Uhr. **Flughafen Guasimeta - Arrecife**: Mo–Fr zwischen 7.20 und 22.50 Uhr, Sa/So zwischen 8.50 und 22.50 Uhr. Zwischenstopp in Playa Honda. Mo–So alle 30/60 Min.

Linie 5: Arrecife – (La Asomada **–** Conil **– Femés** und umgekehrt: Mo–Fr 3 x (morgens, mittags und spätnachmittags), Sa/So 2 x (morgens, spätnachmittags).

Linie 6: Arrecife (über Puerto del Carmen, Uga und Yaiza) **– Playa Blanca**: Mo–Fr zwischen 6 und 20.15 Uhr, 12 x tägl., Sa/So zwischen 6.50 und 19.40 Uhr, 7 x tägl. **Playa Blanca** (über Yaiza, Uga, Puerto del Carmen) **– Arrecife**: Mo–Fr zwischen 7 und 21.30 Uhr, 12 x tägl., Sa/So zwischen 8 und 20.50 Uhr, 7 x tägl.

Linie 7: Arrecife (über Tahiche, Teguise, Teseguite, Arrieta, Punta Mujeres und Haría) **– Máguez:** Mo–Sa zwischen 8 und 20 Uhr, 6 x tägl. (Sa 4 x), So zwischen 7 und 20 Uhr, 3 x tägl. Umgekehrt: Mo–Fr zwischen 6.50 und 19 Uhr, 6 x tägl., Sa zwischen 7 und 21 Uhr, 4 x tägl., So zwischen 8.45 und 21 Uhr, 3 x tägl.

Linie 9: Arrecife (über Tahiche, Teguise, Teseguite, Guatiza, Mala, Arrieta und Punta de Mujeres) **– Órzola** und umgekehrt: Täglich ein Bus morgens und nachmittags, –Fr auch ein Bus am Vormittag.

Linie 10: Arrecife (über Teguise) **– Los Valles** und umgekehrt, Mo–Fr 3 x tägl (vormittags, nachmittags, abends).

Linie 14: Arrecife – Montaña Blanca und umgekehrt, Mo–Fr 3 x tägl (morgens, mittags, früher Abend).

Linie 16: Arrecife – Tinajo – La Santa/La Santa Sport: Mo–Fr 8 x zwischen 6.15 und 20 Uhr, Sa/So morgens, mittags, abends, am Sa noch zwei Busse am Vormittag. Umgekehrt: Mo–Fr 8 x zwischen 7 und 19 Uhr, Sa/So morgens, mittags, abends, am Sa noch zwei Busse am Vormittag. Mo–Fr zusätzlich ein Frühbus um 5.30 Uhr ab Tinajo. Stationen wie Linie 15.

Linie 19: Arrecife (über Conil) **– La Asomada**: Mo–Fr 4 x tägl. (2 x morgens, mittags, spätnachmittags). Umgekehrt: Mo–Fr 3 x tägl. (morgens, früher Vormittag, abends).

Linie 20: Arrecife (über Soó) **– La Caleta de Famara**: Mo–Fr 3 x tägl. (morgens, mittags, abends). Umgekehrt: Mo–Fr 4 x täglich, (2 x morgens, spätnachmittags, abends).

Zum **Sonntagsmarkt in Teguise** fährt Linie 11 ab Costa Teguise, Linie 12 ab Puerto del Carmen und Linie 13 ab Playa Blanca (siehe unter den jeweiligen Orten).

Inselmitte
Karte S. 136/137

Schiff: Die komfortable „Juan S. Sister" (Compañía Trasmediterránea) fährt vom Puerto de los Mármoles 1 x wöch. direkt nach *Cádiz* am spanischen Festland (Stand '06: Mi 22 Uhr). Weiterhin fährt 4 x wöch. „Naviera Armas" nach *Santa Cruz de Tenerife* (Stand '06: Mi, Fr 11 Uhr direkt, Di, Do 9.30 Uhr über Las Palmas **ohne** Umsteigen), 2 x wöch. nach *La Palma* (Stand '06: Mi, Fr 9.30 Uhr **mit** Umsteigen in Teneriffa) sowie 5 x wöch. nach *Las Palmas de Gran Canaria* (Stand '06: ganzjährig Di, Do und Sa 11 Uhr direkt, Mi und Fr 9.30 Uhr über Teneriffa **ohne** Umsteigen, Juli/August zusätzlich So 15 Uhr). Abfahrt ist jeweils im Stadthafen *Puerto de los Mármoles*. Tagestouren rund um Lanzarote bietet 1 x wöch. „Naviera Armas" mit ihrem komfortablen Ausflugsschiff „Volcán de Tenagua".

• *Buchung* Linienschiffe von **Trasmediterránea** und **Naviera Armas** kann man im Büro der beiden zusammengehörigen Linien buchen, Avda. José Antonio 90 (Mo–Fr 8–15, Sa 8–11.30 Uhr), ✆ 928/824930 u. 810821, 📠 812363. Kurz vor Abfahrt der Schiffe gibt es Tickets auch im Hafenbüro an der Mole. Die **Ausflugstouren** um Lanzarote können Sie über Ihren Reiseveranstalter oder die Rezeption reservieren.

Aktuelle Information finden Sie unter www.trasmediterranea.es und www.naviera-armas.com

Autoverleih: Die meisten Vermieter haben ihre Büros an den Uferstraßen Avda. Mancomunidad, Calle Dr. Ruperto González Negrín und Calle Dr. Rafael González Negrín.

Cabrera Medina, Calle Dr. Ruperto González Negrín 8 (zwischen den Cafeterias), ✆ 928-822910, 📠 821263.

Felycar, Avda. Mancomunidad 4, gegenüber Gran Hotel. ✆ 928-800892.

Taxi: Standplätze u. a. vor dem *Gran Hotel* und bei der Brücke *Puente de las Bolas* zum vorgelagerten Kastell San Gabriel. *Funktaxi* (24-Std.-Service) unter ✆ 928-803104 und 928-802710. Ungefähre Preise ab Arrecife → Flugplatz 10-12 €, Puerto del Carmen 13-15 € (je nach Ziel), Costa Teguise 9-12 € (je nach Ziel), Teguise 12 €, Playa Blanca 38 €.

Information

Patronato de Turismo de Lanzarote, das Büro der Tourismusbehörde liegt am Westende der Promenade, im großen Gebäude, in dem auch das Rote Kreuz untergebracht ist. Eingang an der Meerseite. Auskünfte in Spanisch und Englisch. Auf jeden Fall sollte man sich einen kostenlosen Stadtplan von Arrecife und, falls vorrätig, den aktuellen Busfahrplan holen. Mo–Fr 8–15 Uhr (Juli bis Sept. 8–14 Uhr), Sa/So geschl. ✆ 928-811762, 📠 928-800080, www.turismolanzarote.com

Weitere Auskunftsstellen gibt es in einem Pavillon im **Stadtpark**, kurz vor dem Damm zum Castillo de San Gabriel (Mo–Fr 8–15 Uhr), sowie im Fährhafen **Puerto del Los Mármoles** (geöffnet zu den Schiffsankünften).

Nützliche Adressen (siehe Karte S. 144/145)

• *Apotheken* **Farmacia Mercedes Martín Capote**, historisches Haus in der Calle Fajardo 7; weitere Apotheken in der Calle León y Castillo 13, Calle León y Castillo 41 und Calle Pedro Barba 4. Falls geschlossen, ist ein Hinweis zu finden, welche Apotheke Bereitschaft hat („Farmacia de Guardia").

• *Fahrrad* **Ciclo Mania (29)**, Calle Almirante Boado Endeiza 9, Nähe Playa del Reducto. Größtes Fahrradgeschäft der Insel. Verleih von Mountainbikes und Straßenrädern, dazu Helme und Kindersitze, auch Verkauf von Zubehör und Reparaturen. Fahrräder werden auf Wunsch ins Hotel oder Apartment gebracht. Bis zum dritten Tag 10 €/Tag, dann 9 €/Tag, ab einer Woche 8 €/Tag. ✆ 928-817535, www.ven-a.com/ciclomania

• *Geld* Ein ganzer Schwung von Banken mit Geldautomaten („Telebanco") liegt an der Uferstraße **Avda. de la Marina** und der Einkaufsstraße **Calle León y Castillo**.

• *Internet* Internet-Cafe **CyberMouse**, Calle Coronel Benz 14.

• *Medizinische Versorgung* **Insalud Hospital General de Lanzarote**, das große, moderne Krankenhaus Lanzarotes liegt etwas außerhalb an der Straße nach San Bartolomé. Begeben Sie sich direkt zum Seiteneingang „Urgencias". Dort werden Ihre Daten aufgenommen und man muss warten, bis man aufgerufen wird. Die Einrichtung des Krankenhauses ist auf relativ modernem Stand. Die Ärzte sind in der Regel freundlich und kompetent, sprechen allerdings höchstens Englisch, kein Deutsch. Ein deutsch-spanisches Wörterbuch ist aber griffbereit. ✆ 928-801636.
Wenn man einen der zahlreichen in Arrecife niedergelassenen Ärzte konsultieren will, muss man bar bezahlen. U. a. gibt es Zahnärzte, Gynäkologen und Kinderärzte. Diese Spezialisten sind in den Touristenzentren eher selten zu finden.
Clinica Dental Alemana (17), Calle Mejico 1, Nähe Playa del Reducto. Praxis des deutschen Zahnarztes Dr. Reiner Adolfo Schrödl. ✆ 928-816661, 24 Std. Notfallbereitschaft unter ✆ 686-222400.

• *Notfall* **Feuerwehr**, ✆ 928-816312;
Policía Local (Städt. Polizei), Calle Vargas 3, ✆ 928-811317;
Policía Nacional, Avd. de Coll 5, ✆ 928-597107;
Rotes Kreuz, ✆ 928-812222.

Notruf (Feuerwehr, Polizei, Rotes Kreuz) ✆ 112.

• *Post* an der Uferstraße, Avda. de la Marina 8, vis-à-vis der Uferpromenade. Mo–Fr 8.30–20.30, Sa 9.30–13 Uhr.
Drei Häuser weiter die **Caja Postal** (Postsparkasse) in der Caja Argentina. Hier kann man mit der „Postbank SparCard 3000 plus" Geld abheben. Mo–Fr 9–14, Sa 9–13 Uhr.

Übernachten (siehe Karte S. 144/145)

Die Hotels in Arrecife werden von Urlaubern in der Regel höchstens für zwei, drei Tage genutzt, um die spärlichen Sehenswürdigkeiten der Hauptstadt kennen zu lernen, einzukaufen oder auf eine Fährverbindung zu warten. Deshalb gibt es immer freie Zimmer, selbst in der Hochsaison. In der Handvoll Billigquartiere kommen neben wenigen Rucksacktouristen auch häufig afrikanische Straßenhändler unter, die ihre Waren auf dem Sonntagsmarkt von Teguise verkaufen. Die Preise liegen dort meist um die 20 € für ein DZ. Wer viel auf der Insel herumreisen will und an einem Aufenthalt in den Touristenhochburgen wenig interessiert ist, kann Arrecife gut als Ausgangspunkt für Ausflüge nutzen. Der Busbahnhof ist zentraler Punkt des Busnetzes auf der Insel.

***** **Arrecife Gran Hotel (36)**, Parque Islas Canarias. 2004 wurde das neue Schaustück der Hotellerie im 17-stöckigen Hochhaus neben der Playa del Reducto eröffnet (→ S. 150). 52 DZ, 104 Suiten und vier Imperial Suiten (zwei Schlafzimmer, zwei Bäder, Wohnzimmer, Arbeitszimmer, Jacuzzi und Whirlpool) bieten den Gästen jeglichen Komfort. Außen ist das Hotel komplett in Glas gekleidet, innen stilvoll klassisch eingerichtet. Die Zimmer sind mit edlen Parkettböden und Marmorbädern ausgestattet. In der Lobby befindet sich eine Einkaufszeile mit Boutiquen und Schmuckgeschäften. Im zweiten Stock liegen das Spa

Erstrahlt in neuem Glanz: das Grand Hotel von Arrecife

Blick vom vorgelagerten Castillo de San Gabriel auf die „Skyline" der Inselhauptstadt

Centre mit Sauna, türkischem Bad, Thermal- und Erlebnisbad, Jacuzzi und Massageräumen, außerdem die Fitness-Abteilung sowie eine Sonnenterrasse mit zwei Pools. Aus den Zimmern in den oberen Stockwerken kann man den Blick endlos in die Ferne schweifen lassen, aber auch das Restaurant „Altamar" in 75 m Höhe sowie eine Bar im obersten Stockwerk bieten einen unvergleichlichen Ausblick. Vor dem Hotel wurde ein neuer Park mit Strandpromenade angelegt. DZ ca. 135 €, Suite 190 €, Imperial Suite 600 €, Frühstück gegen Aufpreis. ✆ 928-800000, ℻ 805906, www.arrecifehoteles.com

*** **Hotel Lancelot (27)**, Avda. Mancomunidad 9, modernes Haus mit 112 Zimmern direkt am Stadtstrand El Reducto, 1993 eröffnet. Wenn man durch die Panoramascheiben des gepflegten Restaurants blickt, kann man mit den windzerzausten Palmen und dem schönen, weißen Sandstrand sogar ein bisschen Karibikflair empfinden. Die Lobby ist mit glänzendem Marmor gefliest, Gänge und Zimmer sind vollständig mit Teppichboden ausgelegt. Mobiliar und Türrahmen bestehen aus Holz in warmen Naturfarben, die Matratzen sind fest, die Badezimmer geräumig, jeweils mit Badewanne, TV ist vorhanden. Nach vorne haben die Zimmer Balkone mit herrlichem Blick aufs Meer. Abends Livemusik im Restaurant. Auf dem Dach sogar ein kleiner Swimmingpool. DZ mit Frühstück ca. 80 €. ✆ 928-805099, ℻ 805039, E-Mail: Hlancelot@terra.es

*** **Hotel Miramar (28)**, Avda. Coll 2, gutes Stadthotel in ganz zentraler Lage, vis à vis vom Castillo de San Gabriel, dort wo die Einkaufsstraße von der Uferstraße abzweigt. Der sechsstöckige Kasten mit 85 Zimmern stammt aus den Siebzigern, wurde aber zum wiederholten Mal mit fröhlichen Farben dem Stil der Zeit angepasst. In den Zimmern Sat-TV, geräumige Wandschränke und Betten mit festen Matratzen, nach vorne schöner Blick auf Hängebrücke, Castillo und Meer, es gibt aber auch Zimmer nach hinten. Auf der Dachterrasse Frühstücksraum und Tische im Freien. DZ mit Frühstück ca. 70 €. ✆ 928-812600, ℻ 801533, www.hmiramar.com

** **Pensión Cardona (26)**, Calle 18 de Julio 11, Hotel der unteren Mittelklasse, etwas versteckt in einer schmalen Seitengasse der Avda. Mancomunidad, Nähe Gran Hotel. Die Eingangshalle glänzt in spiegelndem Granit, per Lift geht's zu den einfach möblierten Räumen. Zimmer zur Straße haben kleine Balkone, aber es gibt auch welche zum tristen Innenhof, Bäder mit Badewanne. Nur wenige Meter entfernt liegt das Nachtviertel von Arrecife (→ S. 146), an Wochenenden kann es laut werden. DZ ab ca. 35 €. Unten eine Cafetería, die aber nicht zur Pension gehört. ✆ 928-811008.

* **Hostal Residencia San Ginés (5)**, El Molino 9, ein paar Meter abseits der langen Calle León y Castillo, dort, wo sie an den Charco San Ginés trifft. In der unteren Preisklasse derzeit wohl die beste Wahl. Einfach, aber sauber, kleine Zimmer mit dunkel-rustikalem Mobiliar, jeweils Bad mit Sitzbadewanne, Zimmer z. T. zum Innenhof. Direkt gegenüber nette, kleine Bar, wo man gut frühstücken kann. DZ mit Bad ca. 23 €. ✆ 928-811863, ℻ 812351.

* **Pensión Arrocha (4)**, Calle Dr. Gómez Ulla 7, kleines Haus in lauter Verkehrsstraße, alles etwas muffig und ungepflegt, eiserne Bettgestelle in den Zimmern, zwei Toiletten und ein Bad pro Stockwerk. Die etwas skurril wirkende Vermieterin ist oft nebenan in der Bar anzutreffen. DZ etwa 20 €. ✆ 928-816852.

• *Apartments* ++ **Arrecife Playa (34)**, Avda. Mancomunidad 4, genau gegenüber vom markanten Hochhausklotz des Gran Hotels, neben dem sich der saubere Stadtstrand erstreckt. Große Apartments, Einrichtung schon etwas älter, schöner Meerblick vom Balkon. Die Schlafzimmer liegen nach hinten, entgegengesetzt zur lauten Hauptstraße. Für zwei Personen ab ca. 42 €. ✆ 928-810300, ℻ 928-813937.

++ **Islamar (31)**, Avda. Rafael González Negrín 15, ca. 100 m vom Arrecife Playa, hoher Betonbau mit großen Balkonen, die Apartments schlauchförmig, Betten durch Vorhang vom Hauptraum abgeteilt, TV und Telefon, Küche durchschnittlich, moderne und geräumige Badezimmer, schöner Meerblick. Für zwei Personen ab ca. 45 €. ✆ 928-811500, ℻ 928-811504.

Essen & Trinken (siehe Karte S. 144/145)

Zum Essen nach Arrecife zu fahren, lohnt sich, auch wenn es keine Feinschmeckertreffs gibt. Hier ist man mal völlig abseits vom Rummel in den Urlaubszentren, speist in der Regel unter Einheimischen und meist auch noch etwas günstiger.

Los Canarios (9), Calle León y Castillo, schräg gegenüber vom Kaufhaus Atlantida. Einfaches, typisch kanarisches Lokal direkt an der Einkaufsstraße, zu jeder Tageszeit drängen sich die Einheimischen am Tresen, hinten sitzt man gemütlich an einer Handvoll Tische, angenehme Bedienung. Im Angebot Tortillas, Fisch und Meeresgetier. Preiswert.

Leito de Proa (8), an der Nordostecke des Charco San Ginés sitzt man unter Sonnenschirmen zwischen kleinen Palmen und genießt den Blick auf Lagune und Stadt. Ordentliche Meeresküche mit Grillfisch und Octopus.

La Puntilla (12), an der Südseite des Charco, mit viel Holz eingerichtet, hübscher Platz in der Abendsonne.

Domus Pompei (30), Calle José Betancort 19, der Slogan „Italianissimo!" kommt bei den Bewohnern Arrecifes gut an, die liebevoll aufgemachte Trattoria/Pizzeria im italienischen Stil wird gerne besucht. Die Backsteinfassade erinnert tatsächlich an die ausgegrabenen Hausfronten im antiken Pompeji. Hier isst man gut und gepflegt. Leider keine Plätze im Freien. Di geschl.

L'Arepera (22), Calle La Porra/Ecke Calle Coronel Bens, Cafeteria/Bar in geschmackvoll renoviertem Haus am Rande des Nachtviertels. Hier kann man die aus Kolumbien und Venezuela stammenden Maisteigfladen namens *arepas* kosten (→ S. 104), die man gefüllt mit Fleisch, Käse oder Gemüse isst. Guter Anlaufpunkt für Vegetarier. Freundliche Bedienung, nicht zu teuer. An Wochenenden oft Livemusik. So geschl.

La Bodeguita (18), Calle José Antonio 102/Ecke Calle Valencia, großes, mit viel Holz gemütlich aufgemachtes Restaurant im kanarischen Stil. Spezialität sind die Fleischgerichte vom Grill, ansonsten gibt es täglich ein gutes und nicht teures Tagesmenü (ca. 12 €) sowie diverse Tapas. Wer nur etwas trinken will, kann auf dem Gehsteig vor dem Haus sitzen, allerdings herrscht viel Verkehr. Besitzer Paco spricht gut Deutsch.

La Madrileña (14), Calle Peñas del Chache 10, neben dem Centro Comercial Las Buganvillas, kleine, gemütliche Cafeteria mit preisgünstigen Gerichten.

• *Außerhalb vom Zentrum* **Bar Portonaos (3)**, direkt im Fischerhafen, moderne, saubere Kneipe mit guter Fischküche, z. B. *calamares*, *mejillones* (Muscheln), *sancocho Canario* (Fischsuppe), *pescado a la plancha* (Fisch aus der Pfanne), dazu diverse Tapas.

Inselmitte
Karte S. 136/137

N achtleben

10 Multicines Atlantida
15 Disco El Convento u.a.
16 Multicines Buganvillas
21 Bar Picasso (El Almacén)
23 La Cerveceria
35 Tasca Tambo

E inkaufen

7 Galería Punto de Encuentro con el Arte (Kunst)
11 Kaufhaus Atlantida
19 Tomás Panasco (Boutique)

S onstiges

17 Dr. Schrödl (Arzt)
29 Ciclo Mania (Fahrradverleih)

Inselmitte
Karte S. 136/137

Los Troncos (2), Calle Agustín de la Hoz Betancort 9, ebenfalls im Fischerhafen, das ungewöhnlichste Lokal der Stadt. Ein fensterloser Schuppen wurde vollständig mit Baumstämmen verkleidet, mehrere Räume auf verschiedenen Ebenen sind maritim gestaltet. Der Name „die Baumstämme" und das Dekor erklären sich aus der Geschichte des Orts: In den vierziger und fünfziger Jahren wurden in diesem Teil des Hafens Baumstämme angeliefert und an Ort und Stelle in einem Sägewerk verarbeitet. Hauptsächlich Fischgerichte und Meeresgetier kommen bei Evelio Sánchez Andrés immer fangfrisch, allerdings zu deutlich gehobenen Preisen, auf den Tisch. Danach „hebt" man gern noch einen an der Bar. Mo–Sa ab ca. 19.30 Uhr, So geschl.

El Molino (1), schlichtes Fischlokal an der Uferstraße, zwischen der Konservenfabrik und den Salinen. Keine Sitzplätze im Freien, hauptsächlich Einheimische kehren hier ein, nicht teuer.

El Castillo, schickes Restaurant im Untergeschoss des Castillo de San José (Museum für zeitgenössische Kunst), etwa 2 km außerhalb, oberhalb vom Passagier- und Frachthafen Puerto de los Mármoles (→ Sehenswertes). Das Lokal wurde wie die gesamte Inneneinrichtung des Kastells in den frühen Siebzigern von César Manrique konzipiert. Weitläufiger Rundbau mit schwerem Parkettboden, Sitzgelegenheiten und Tischen in schwarz, dazu herrlicher Blick durch die raumhohen Panoramafenster. Elegant und teuer speist man hier, gepflegte Kleidung ist zumindest abends erwünscht. Im Angebot internationale Küche, Fisch und Fleischgerichte, deren Qualität mit dem Ambiente aber nicht immer Schritt halten kann. Der Ruf des Lokals wird vor allem dadurch geprägt, dass sich hier öfters mal Prominenz sehen lässt. Tägl. 11 Uhr vormittags bis 1 Uhr nachts (warme Küche 13–15.45 Uhr, 20–23.30 Uhr).

• *Cafes & Bars* **La Recova (20)**, Calle Ginés de Castro 5, nach dem ehemaligen Rathaus an der Fußgängerzone rechts einbiegen, Nähe Kirche. „In"-Bar der arbeitenden Stadtbevölkerung, hübsch mit Folklore und Kunsthandwerk ausstaffiert, mittags für zwei Stunden gesteckt voll, hoher Geräuschpegel, Bocadillos und Tapas. So geschl.

Café La Unión (24), Plaza de la Constitución 16, linke Seitengasse der Fußgängerzone. Klassizistisch gestyltes Café mit Stuckverzierungen, Säulen und Kronleuchtern, an den Wänden historische Fotos und Gemälde, auch warme Gerichte. So geschl.

La Miñoca (6), nettes Café an der Nordseite des Charco San Ginés. Leckere Crêpes in allen Variationen, dazu appetitliche Tapas. Geführt von zwei freundlichen Frauen.

Lemón (13), Tages- und Abendcafé an der Südfront des Charco. Hübsch sitzt man draußen zwischen Palmen auf gemütlichen Korbstühlen.

Panaderia/Pasteleria Lolita (32), Avda. Dr. Rafael González Negrín 5, hübsches Café mit Korbmöbeln, gute Auswahl an Kuchen.

Boutique del Pan (33), an der Uferstraße, Avda. La Marina, gegenüber dem Info-Pavillon. Konditorei mit einer sagenhaften Auswahl an belegten Törtchen.

Old Stones (25), die große Bar gegenüber vom Kiosk an der Playa del Reducto ist sowohl tagsüber wie auch abends gut besucht. Englisches Frühstück wie bacon und eggs, außerdem Cocktails und Bier – und dank der Palmen ein Hauch Karibik.

• *Eis* **Il Sole di Gelato**, Calle Canalejas 29, leckeres Eis in einer Parallelgasse zur Avda. Dr. Rafael González Negrín.

Nachtleben (siehe Karte S. 144/145)

Ist hier noch weitgehend den Einheimischen überlassen. Eine ganze Reihe von Lokalen findet man Tür an Tür landeinwärts vom Gran Hotel entlang der *Avda. José Antonio*. Dort wird viel spanische Musik gespielt und die Nacht zum Tag gemacht.

• *Diskotheken/Disco-Pubs* **El Convento (15), La Antigua**, **La Calle**, **Black** und **La Fabrica** gehören zu den beliebtesten Disco-Bars an der Avda. José Antonio. Lebhaft wird es erst ab 1 Uhr in der Nacht, dafür wird bis morgens um 7 Uhr getanzt.

Biosfera, großes Discozelt hinter dem Westabschnitt der Playa del Reducto, am Ende der Avda. Fred Olsen. Freitag und Samstag ab Mitternacht geht es hier rund, Platz für 2000 Leute, 5 Bars, Essbereich, Shows, internationale DJs. Eintritt frei.

• *Nachtcafés und Bars* **La Cerveceria (23)**, Avda. Fred Olsen 6, Treffpunkt beim Stadtstrand, wie der Name sagt, fließt hier Gerstensaft in Strömen.

Tasca Tambo (35), Calle de Luis Morote 28, zentrale Lage nahe der Uferstraße. Beliebte Tapas-Bar, fröhliche Stimmung, oft Ausstellungen und Livemusik.

Picasso (21), Calle José Betancort 31, im ehemaligen Kulturzentrum El Almacén, das noch César Manrique gestaltet hat. Ruhige Tapas-Bar, am Wochenende oft Live-Musik, im Untergeschoss Kunstgalerie mit wechselnden Ausstellungen.

• *Kinos* eine der Lieblingsbeschäftigungen im attraktionsarmen Arrecife.

Multicines Atlantida (10), Großkino direkt am Charco San Ginés (Rückseite vom gleichnamigen Kaufhaus). In vier Filmsälen laufen die gängigen internationalen Filmhits, meist spanisch synchronisiert, gelegentlich mit spanischen Untertiteln.

Multicines Buganvillas (16), das zweite Stadtkino, im großen Centro Comercial „La Buganvillas" an der Avda. José Antonio/ Ecke Peñas del Chache.

Cine Buñuel, Programmkino im ehemaligen Kulturzentrum El Almacén, Calle José Betancort 33.

Shopping (siehe Karte S. 144/145)

In den letzten Jahren wurde in Arrecife eine Vielzahl neuer Geschäfte und Boutiquen mit z. T. nobler und eleganter Ausstattung eröffnet. So hat man inzwischen eine recht breite Auswahl und es macht Spaß, dort zu „shoppen". An der Fußgängerzone Calle León y Castillo stammen dagegen manche Läden noch aus der „guten alten Zeit", z. B. *Almacénes Arencibia* an der Ostseite der Straße (zwei Häuser nach Banco Santander) mit prächtigen, alten Holzkontoren und raumhohen Regalen. Dazwischen locken aber immer wieder die „Salónes Recreativos" (Spielhallen) mit ihrem typischen Getöse. Die Siesta wird übrigens in fast allen Geschäften streng eingehalten – ab Punkt 13 Uhr ist dicht, geöffnet wird erst wieder um 17 Uhr.

Inselmitte Karte S. 136/137

Tipp: Auf das Schild „Rebaja" achten, beim „Schlussverkauf" gibt's hier Schnäppchen.

• *Boutiquen* ballen sich an der Calle León y Castillo und in den kleinen westlichen Seitengassen, vor allem in der **Calle Alferez Cabrera Tavío** und der **Calle Otilia Díaz**. Westlich der León y Castillo findet man die Einkaufspassage **Bulevar Spinola**.

Tomás Panasco (19), Calle León y Castillo 11 (gegenüber Cafeteria San Francisco), edel ausgestatteter Laden mit viel Holz, hauptsächlich Mode der teuren Sorte, hinten im überdachten Patio gute Auswahl an traditionellen Spitzendeckchen.

• *Bücher* **Librería Diama**, Calle León y Castillo 12, im Souterrain neben der Cafeteria San Francisco, uriger Laden, der sichtlich unter Platzmangel leidet. Sogar die Gänge vor den Schaufenstern sind mit Vitrinen voll gestellt. Gute Auswahl an Kanaren-Literatur, hauptsächlich spanisch, auch viele wissenschaftliche Werke.

• *Kaufhäuser* **Centro Comercial Atlantida (11)**, Calle León y Castillo (in Höhe des Charco San Ginés), mit drei Stockwerken das größte Kaufhaus der Insel. Imponierend ist die riesige Lebensmittelabteilung im Erdgeschoss, ansonsten viel für Kinder, Babyausstattung und Wohnungseinrichtung.

• *Kunst* **Galería Punto de Encuentro con el Arte (7)**, engagiert geführte Kunstgalerie am Charco San Ginés (neben Kino Atlantida), wechselnde Ausstellungen kanarischer und spanischer Künstler. Mo–Fr 10.30–14, 17–20.30 Uhr, Sa 10.30–14 Uhr. ✆ 928-806142.

Galería El Aljibe, Calle José Betancort 33, schönes Ambiente in der früheren Zisterne des ehemaligen Kulturzentrums El Almacén. In dem von Manrique initiierten Bau finden Ausstellungen lanzarotenischer und kanarischer Künstler statt. Mo–Fr 11–14, 17–20 Uhr. Außerdem gibt es eine Tapas-Bar und ein Programmkino (→ Nachtleben).

• *Lebensmittel* Die großen Supermärkte an der Peripherie der Innenstadt gehören zu den preiswertesten der Insel. Lassen Sie sich bei Bedarf die Adressen von Residenten oder Ihrer Rezeption geben. Weitere günstige Supermärkte liegen in Playa Honda entlang der LZ-2 (→ dort).

• *Märkte* **Kunsthandwerksmarkt**, jeden Mittwoch 9–14 Uhr an der Uferstraße gegenüber vom Kastell. Viele der Anbieter trifft man auch sonntags auf dem großen Markt in Teguise.

Den traditionellen **Obst-/Gemüsemarkt** neben der Kirche San Ginés (→ Sehenswertes), wo früher die Bauern ihre Produkte verkauften, gibt es seit einigen Jahren nicht mehr, Zeichen für die Krise der Landwirtschaft und die Konkurrenz der Supermärkte.

Pescadería Municipal, saubere, kleine Fischhalle in der Parallelgasse zum Obst- u. Gemüsemarkt, Calle Liebre. Mo–Sa 8–13.30 Uhr.

El Mercadillo, Calle León y Castillo (Ostseite), nur dem Namen nach ein Markt. Ein ganzer Schwung von häufig wechselnden Läden um einen überdachten Innenhof mit beliebtem Café.

Feste

Arrecife ist die Festmetropole der Insel. Wer zur richtigen Zeit auf Lanzarote ist, sollte sich die farbenfrohen und temperamentvollen Umzüge nicht entgehen lassen. Vor allem die vier unten genannten Feste lohnen den Besuch. Problem dabei ist allerdings oft das Parken. Tipp: Hinter dem *Stadtstrand El Reducto* liegt ein großer, freier Platz, der sich bei den Stadtfesten zum Großparkplatz verwandelt. Eine weitere große Parkzone findet man im Gebiet des Fischerhafens *Puerto de Naos*.

Fiesta de Cabalgata de los Reyes, Zehntausende säumen die Straßen, wenn am Vorabend des 6. Januar die „Heiligen Drei Könige" in einem langen, fröhlichen Umzug durch die Stadt ziehen. Beginn des Zugs ist am landeinwärts gelegenen Ende der Geschäftsstraße Calle León y Castillo, Ende beim Parque Islas Canarias (neben Gran Hotel). Im strahlenden Glanz bengalischer Lichter schaukelt ein gutes Dutzend Dromedare eine Reihe aufwändig kostümierter „Könige" durch das lachende Spalier, diese schaufeln derweil Hände voll Bonbons in die Menge. Zwischen den Dromedaren fahren farbenprächtige Wagen, in denen Szenen aus der Weihnachtsgeschichte dargestellt sind, das Ganze ist umrahmt von den typischen lanzarotenischen Folkloregruppen. Halb Arrecife versammelt sich zu diesem Umzug, es geht laut und turbulent zu. Am Park angelangt, löst sich der Zug auf, doch das Fest ist noch nicht beendet. Dort warten nämlich die aufgeregten Kinder auf die Geschenke, die ihnen die Könige mitbringen. Die Eltern haben sie vorher bei den Akteuren abgegeben und die Kinder werden jetzt namentlich aufgerufen.

Karneval in Arrecife

Carnaval (Fasching), vor allem während der letzten Tage bis zum Aschermittwoch wird Arrecife zur Faschingshochburg der Insel. An der Uferstraße vor dem Gran Hotel ist eine lange Zeile aus Kinderkarussells, Imbissbuden und Bars aufgebaut, wo es nächtelang feucht-fröhlich hergeht. Zunächst steht der große *Wettstreit der Murgas* (Straßenkapellen) an, am Wochenende wird die *Karnevalskönigin* gewählt, am Tag darauf die *Königin der Kinder* mit großem Rahmenprogramm. Höhepunkt des Faschingstreibens ist schließlich der Rosenmontagszug, das *Gran Desfile de Carrozas*. Der kilometerlange Umzug beginnt spät nachmittags im Fischerhafen Puerto de Naos und endet beim Gran Hotel, wo dann die ganze Nacht durchgefeiert wird. Und

Erfrischendes Bad am schönen Stadtstrand

Inselmitte
Karte S. 136/137

noch einmal geht es hoch her: Am Aschermittwoch wird die Sardine begraben – *entierro de la Sardina*. In einem gewaltigen Scheiterhaufen geht eine metergroße Pappsardine vor dem Castillo de Gabriel in Flammen auf. Tausende von schwarz gekleideten „Trauergästen" begleiten die Sardine unter fetzigen Samba- und Salsaklängen auf ihrem letzten Weg (→ Lanzarote allgemein/Feste und Feiertage).

Fiesta de Corpus Cristi (Fronleichnam), stimmungsvolles Stadtfest Anfang Juni, Höhepunkt ist die große religiöse Prozession, die mangels bunter Blüten über kunstvolle Teppiche aus gefärbtem Meersalz schreitet. Beginn des Zugs ist an der Pfarrkirche San Ginés, ein ganzer Straßenzug wird dafür in der Vornacht in eine Abfolge fantasievoller Bilder und Ornamente verwandelt. Das geschieht unter lebhafter Anteilnahme der Bevölkerung, nicht wenige feiern die Nacht durch. Am nächsten Tag wird die ganze Pracht von den vielen Füßen bis zur Unkenntlichkeit zerstört und ins Meer geschaufelt.

Fiesta de San Ginés, am 25. August zu Ehren des Schutzheiligen Arrecifes, eins der großen volkstümlichen Feste der Insel, „Sangineles" genannt. Doch schon gut zehn Tage vorher steht die Stadt Kopf: Ess- und Trinkbuden werden aufgebaut, Musikgruppen spielen, es gibt Umzüge mit geschmückten Wagen (Las Romerías), mehrere Regatten, darunter die originelle „Regate de las Chalanas" der Stadtjugend mit kleinen, selbst gebauten Bötchen im Charco de San Ginés und eine Kreuzerregatta, die in Las Palmas auf Gran Canaria startet und einen Tag später Arrecife erreicht, außerdem Misswahlen, Ringkämpfe und ein Fußballturnier, für Kinder Autoscooter, Karussells, Hüpfburgen und so manches mehr.

Baden

Der Sandstrand **Playa del Reducto** erstreckt sich am Westrand des Zentrums von Arrecife (→ Sehenswertes) und bietet die ideale Möglichkeit, um sich nach der Stadtbesichtigung zu erholen. Es gibt einen Überwachungsturm, für Erfrischungen sorgt ein kleiner Kiosk an der Strandmitte, daneben stehen Süßwasserduschen und an der Straße gegenüber gibt es eine große, immer gut besuchte Bar (→ Essen & Trinken/Snacks). Bequemerweise liegt außerdem der Busstopp nach Puerto del Carmen und Costa Teguise am westlichen Strandende.

Sehenswertes

Was in Arrecife sehenswert ist, kann man in ein, zwei Spaziergängen leicht bewältigen. Von der historischen Substanz des 19. Jh., als sich der kleine Ort allmählich zur Stadt entwickelte, sind leider nur noch Fragmente erhalten. Außerhalb des Zentrums lohnen der große Fischerhafen Puerto de Naos, die Ruinen der dortigen Salinen und das malerische Castillo de San José mit seiner Kunstausstellung.

Am Westende des Stadtstrands El Reducto, etwa 15 Fußminuten außerhalb vom Zentrum, halten die Busse aus Puerto del Carmen und Costa Teguise. Von hier kann man einen Bummel entlang der *Uferstraße* bis zur beschaulichen Lagune Charco San Ginés unternehmen. Größte Sehenswürdigkeit auf dieser Strecke ist das malerisch vorgelagerte Castillo de San Gabriel. Gegenüber vom Kastell zweigt die zentrale Geschäftsstraße und Fußgängerzone León y Castillo ab, wo die meisten Shops der Stadt liegen. Östlich davon findet man die Pfarrkirche.

Tipp: Bei schönem Wetter lohnt es, Badesachen mitzunehmen und an der *Playa del Reducto* die Siesta zu verbringen (→ Baden).

Uferstraße (von West nach Ost)

Vom Stadtstrand El Reducto am äußersten Westende des Zentrums bis zur Lagune Charco San Ginés im Osten sind es etwa 1,5 km. Der Spaziergang entlang der Uferstraße wird leider vom heftigen Verkehr der Inselmetropole beeinträchtigt, dem man nur in den beiden Parkanlagen entkommen kann. Sonntags geht es deutlich ruhiger zu.

Im Westteil der Uferstraße (Avda. Fred Olsen, Avda. Mancomunidad, Avda. Dr. Rafael González Negrín) dominieren moderne Büro- und Apartmentkästen – keine Augenweide, aber der modernste Teil der Stadt. Deutlich schöner ist dagegen der zentrale Abschnitt der Uferstraße mit dem Stadtpark.

Cabildo Insular de Lanzarote: Wer aus Westen kommend auf der LZ-2 Arrecife erreicht, erblickt als erstes den ockerfarbenen Palast der Inselverwaltung nahe dem Strand El Reducto. Der imponierende Bau wurde erst Anfang 1997 eingeweiht und löste das alte Regierungsgebäude an der Calle León y Castillo ab (→ dort). Inzwischen gibt es bereits einen neuen Erweiterungsbau.

Playa del Reducto: erfreulich hübscher und gepflegter Sandstrand am Westrand des Zentrums (→ Baden). Auf gut 400 m Länge zieht sich der breite, weiße Sandstreifen um eine flach geschwungene Bucht, eine Umfassungsmauer verhindert größere Verwehungen. Eine Reihe von Palmen vermittelt einen Hauch von Karibikstimmung. Bei Ebbe zieht sich das Wasser weit zurück und der klippendurchsetzte Boden der Bucht wird sichtbar.

Die Landzunge westlich vom Strand wurde vor einigen Jahren zu einem großzügigen Palmenpark umgestaltet. Blickfang ist dort die große, erst Ende 1999 eingeweihte Skulptur „La Vela Latina“ (Das Lateinersegel) der lanzarotenischen Künstler José Abad und Ildefonso Aguilar, hergestellt aus einer speziellen Eisenlegierung, die nicht rostet. Eine breite, gepflasterte Uferpromenade führt etwa 1,2 km nach Westen bis in die Urbanisation *Playa del Cable* (→ S. 186).

Der Puente de las Bolas (Kugelbrücke), Wahrzeichen von Arrecife

Inselmitte
Karte S. 136/137

Gran Hotel: Unmittelbar neben dem Stadtstrand erhebt sich das 17-stöckige Gran Hotel, die markanteste Landmarke Arrecifes – man sieht es von vielen Punkten der Insel und auch vom Flugzeug aus ist es ein auffallender Fixpunkt. Das mit Abstand höchste Bauwerk der Insel wurde in den Siebzigern errichtet. Im Zuge des beginnenden Tourismus wollte man auch in Arrecife ein Stück vom Kuchen abbekommen. Angeblich weilte der berühmte Inselkünstler César Manrique damals gerade in Amerika und bekam von dem Bau nichts mit. Für ihn, der sich stets für eine naturverträgliche und harmonische Architektur auf Lanzarote eingesetzt hatte, war der völlig deplatzierte Hochbau ein Schlag ins Gesicht. Immer wieder griff er später den hässlichen Bunker in Schuhschachtelform heftig an. Tatsächlich sollte dem Gran Hotel nur eine kurze Zukunft beschieden sein, denn Arrecife war einfach nicht attraktiv genug und die Gäste blieben aus. 1991 schloss das Vier-Sterne-Haus seine Pforten. Ganz überraschend fiel es im November 1994 einer rätselhaften Brandkatastrophe zum Opfer und brannte völlig aus. Über das Schicksal der Ruine wurde danach jahrelang gestritten: Abriss und Einbeziehung des Geländes in den benachbarten Parque Islas Canarias, Umbau in einen modernen Wohn- und Geschäftskomplex oder wiederum eine Nutzung als Hotel. Die letztere Lösung hat sich nun durchgesetzt, das „Gran Hotel" wurde vollständig restauriert und bietet jetzt sogar luxuriösen Fünf-Sterne-Service für seine Gäste (→ Übernachten, S. 141).

Islote de Fermina: Unmittelbar neben dem Gran Hotel kann man auf einer langen Mole zu dieser vorgelagerten Insel hinauslaufen. Dort wollte man ein Vergnügungszentrum mit Pool und Restaurants errichten. Das Vorhaben wurde aufgegeben, nicht zuletzt wegen der Schließung des Hotels. Hässliche Bauruinen warten auf ihren endgültigen Verfall, für den Abriss will keiner Geld locker machen. Auch die Wiedereröffnung des Grand Hotels hat bis jetzt keine Impulse zur Instandsetzung gegeben und so dienen die Ruinen nach wie vor als Unterschlupf für Obdachlose.

Parque Islas Canarias: Östlich vom Gran Hotel schließt sich diese kleine Parkanlage an. Im Zuge der Restrukturierung des neuen Gran Hotels wurde auch sie völlig umgestaltet. An Bedeutung gewinnt der Park während der großen Stadtfeste. Beim *Dreikönigsfest* im Januar endet hier der große Umzug durch die Stadt und während des *Karnevals* wird eine große Bühne aufgebaut, auf der nächtelang Musikgruppen spielen. In langer Reihe sind dann auf der mehrspurigen Straße davor Imbissbuden und Kinderkarussells aufgebaut.

Avenida Doctor Ruperto González Negrín: kurze Straße mit langem Namen. An dem rechtwinklig zum Meer verlaufenden Abschnitt der Uferstraße findet man einige gut besuchte Cafeterias und Bars. Unmittelbar gegenüber steht der „Club Náutico" (Jachtclub), ein gesellschaftlicher Mittelpunkt Arrecifes, der jedoch ausschließlich Mitgliedern vorbehalten ist. An der Ecke gegenüber der Rot-Kreuz-Station passiert man den stilvollen Palast der *Delegación del Gobierno*, also die Zweigstelle der Regierung der Provinz Gran Canaria, zu der Lanzarote gehört. Im selben Gebäude wie das Rote Kreuz sind eine Fernuniversität, eine Bibliothek und die Fremdenverkehrsbehörde Lanzarotes (Patronato Insular del Turismo) untergebracht.

Avenida de la Marina: Das Herzstück der Uferstraße wird seeseitig von einer großzügigen Promenade flankiert, dem *Parque José Ramírez Cerdá*, auch *Parque Municipal* (Stadtpark) genannt. In mehreren Freiluftcafés sitzt man gemütlich, mit Bougainvillea überwachsene Galerien, Palmen und zahlreiche andere subtropische Gewächse vermitteln reichlich kanarisches Flair, dazu kommt der schöne Blick aufs Meer und das malerisch vorgelagerte *Castillo de San Gabriel* (→ unten). Sinti- und Romafrauen bieten ihre Spitzendecken an, für die Kleinen gibt es ein Karussell. An der baumbeschatteten Straße entdeckt man noch einige prächtige, alte Bürgerhäuser aus dem 19. Jh. mit filigran verzierten Balkonen und Erkern. In der *Casa de Cultura Agustin Hoz* (Nr. 7) gibt es gelegentlich Ausstellungen. Wenn offen ist, mal reinschauen: schöner Patio mit Glaskuppel und Holzsäulen.

Öffnungszeiten **Casa de Cultura Agustin Hoz**, Mo–Fr 9–13, 17–19 Uhr. Bei der letzten Recherche wegen Renovierung geschl., Infos zu kulturellen Veranstaltungen an der Eingangstür.

Avenida Coll: Östlich der Einmündung der Geschäftsstraße León y Castillo und der beiden Dämme, die zum Castillo de San Gabriel führen, liegen an der Uferstraße die administrativen Gebäude Arrecifes wie die Polizeiwache, das moderne Rathaus und die Hafenbehörde. Wenige Meter dahinter erstrecken sich ruhige Gassen um die Pfarrkirche San Ginés (→ unten).

Die sorgsam restaurierte *Casa de los Arroyo* aus dem 18. Jh. direkt neben dem Hotel Miramar ist heute Sitz des Forschungsinstituts „Centro Científico-Cultural Blas Cabrera", benannt nach dem lanzarotenischen Physiker *Blas Cabrera Felipe* (1878–1945), der sich in den zwanziger Jahren auf dem Gebiet der Magnetismusforschung einen Namen machte. Im Innenhof kann man das hölzerne Treppenhaus mit Empore bewundern, außerdem einen hölzernen Brunnen und einen traditionellen Wasserfilterstein (→ S. 26). In den kleinen Räumen des Erdgeschosses ist das *Museo de Ciencia y Técnica* untergebracht. Anhand verschiedener Versuchsanordnungen, die mittels Knopfdruck ausgelöst werden können, werden Phänomene wie Induktion und Magnetismus erklärt. Im Obergeschoss liegen zwei schöne *Bibliotheksräume* mit Erinnerungsstücken an Blas Cabrera und seinen Kollegen Julio Palacios.

Öffnungszeiten/Eintritt **Casa de los Arroyo**, Mo–Fr 10–13, 17–19 Uhr, frei.

An der Promenade von Arrecife

Inselmitte
Karte S. 136/137

Avenida Vargas/Avenida Olof Palme: Die Uferstraße überquert schließlich den schmalen Kanal, wo die Lagune Charco San Ginés ins Meer mündet, und führt weiter zum Fischerhafen *Puerto de Naos* (→ unten). Kurz vor der Lagune erinnert ein *Denkmal* in Form einer zusammengekauerten Gestalt an eine Tagung der autonomen Provinzen Kanarische Inseln, Azoren und Madeira, die im Juni 1990 auf Lanzarote stattfand.

Castillo de San Gabriel

Die Küstenlinie vor Arrecife besteht aus vorgelagerten Inselchen, seichten Lagunen und Klippen. Auf einer der Inseln direkt vor der Uferpromenade steht das kleine, bullige Kastell San Gabriel – ein reizvoller Blickfang, der die „Skyline“ der Hauptstadt sehr aufwertet. Durch zwei Fußgängerdämme ist es mit dem Festland verbunden und beherbergt heute das einzige archäologische Museum Lanzarotes.

In Auftrag gegeben wurde das Kastell 1571 vom Marquis Agustín de Herrera y Rojas, dem damaligen Lehnsherren Lanzarotes. Vorausgegangen waren heftige Angriffe des Seeräubers Dogali (genannt: der „Türke“) aus Algier, der den Hafen eingenommen und das kleine Verteidigungsfort zerstört hatte, das weitgehend aus Holz bestanden hatte. Der Marquis beauftragte den königlichen Gefängnisdirektor und Baumeister Don Gaspar de Salcedo mit dem Neubau. Dieser errichtete eine Festung mit quadratischem Grundriss und vier Ecktürmen. 1573 war sie fertig gestellt, doch bereits 1586 überrannte der algerische Freibeuter Morato Arráez, der im Dienst des türkischen Sultans stand, das Kastell und zerstörte es völlig. Daraufhin beauftragte Philipp II. den italienischen Festungsbaumeister Leonardo Torriani mit dem Wiederaufbau (ebenso wie mit der Errichtung des ebenfalls zerstörten Castillo de Guanapay in Teguise). Torriani zog parallel zu den alten Mauerresten

El Brujo, der Zauberer
(archäolog. Museum im Castillo de San Gabriel)

neue Verstärkungswälle ein und füllte die Zwischenräume mit Sand und Schutt auf. Auf dem Dach ließ er ein Wachhäuschen erbauen, außerdem entstanden eine Zisterne und ein Verlies. Trotz weiterer Piratenüberfälle steht die Burg in dieser Form noch heute. Bis Ende der 1950er Jahre wurde sie vom Militär genutzt, 1967 erwarb sie die Stadtverwaltung. In den Siebzigern begann der Völkerkundler und Töpfer *Juan Brito* mit dem Aufbau der archäologischen Sammlung, die leider seit einigen Jahren wegen Restaurierung geschlossen ist.

Besichtigung: Neben dem breiten Hauptdamm führt der malerische *Puente de las Bolas* (Kugelbrücke) hinüber zum Kastell. Die Brückenpfeiler sind mit zwei schweren Steinkugeln besetzt. Die Zugbrücke konnte früher bei drohenden Angriffen hoch gezogen werden. Die Brücke gilt als ein Wahrzeichen Arrecifes und schmückt viele Werbefotos der Insel. Zwei gut erhaltene Kanonen vom Ende des 19. Jh. bewachen den Eingang des Castillo. Das Glockengestell auf dem Flachdach ist dem Kugeltor des Puente de las Bolas nachgebildet. Der fast labyrinthisch anmutende Innenbereich beherbergt das Archäologische Museum, das bisher aus Fotos von Felszeichnungen (Petroglyphen), Vitrinen mit Funden, Keramik und einigen prähistorischen Großobjekten bestand. Auffallendste Figur ist „El Brujo" (der Zauberer), den Juan Brito nach alten Vorbildern geformt hat (→ S. 60).

Kastell und Museum werden seit Jahren restauriert und sind geschlossen. Ein Eröffnungstermin ist bislang nicht bekannt.

Calle León y Castillo und Umgebung

Die Calle León y Castillo ist die Hauptgeschäftsstraße Arrecifes. Sie wurde vor einigen Jahren zur Fußgängerzone umgestaltet und vollständig mit einem neuen Belag, neuer Beleuchtung und Begrünung versehen, was sie optisch sehr aufgewertet hat. Während der Geschäftszeit pulsiert hier das Leben, ein temperamentvoller Laufsteg, auf dem sich jeder Einwohner gerne sehen lässt. Vor allem die Ladeneinrichtungen lohnen hier und dort einen Blick (→ Shopping). Etwa 400 m landeinwärts vom Meer trifft die Straße auf den Westzipfel der Lagune *Charco San Ginés*. Hier

Blick auf das Castillo de San Gabriel

Inselmitte
Karte S. 136/137

endet die Fußgängerzone mit ihren Ladenzeilen ziemlich abrupt und die Straße zieht sich langsam ansteigend einen Hügel hinauf.
Zwischen Charco und Uferstraße liegt das ruhige Viertel um die Pfarrkirche San Ginés.

La Casa Amarilla: Wenn man von der Uferstraße kommt, fällt gleich am Anfang der León y Castillo ein schmuckes Gebäude mit einer Fassade aus glasierten, dunkelgelben Kacheln auf. Das „gelbe Haus" wird es von der Bevölkerung traditionell genannt, erbaut wurde es 1929. Ganze 69 Jahre lang, bis 1997, hatte hier der *Cabildo Insula*r (Inselverwaltung) seinen Sitz, dann bezog er einen großen, neuen Palast am Westrand von Arrecife (→ oben). Heute ist hier das Kulturamt untergebracht. Am Gebäude daneben fällt der prächtige, hölzerne Eckbalkon auf.

Iglesia de San Ginés: dreischiffige Basilika im schlichten, neuromanischen Stil, erbaut im frühen 19. Jh. an Stelle einer von französischen Seefahrern gestifteten Kapelle, die 1569 durch Berberangriffe zerstört worden war. Die Verehrung des *San Ginés de Arles* als Schutzheiliger geht bis in die Zeit der Eroberung Lanzarotes durch die Franzosen unter Jean de Béthencourt zurück. Die Kirche steht an einer kleinen, stimmungsvollen Plaza mit Lorbeerbäumen und Palmen. Ihr Glockenturm ragt mit seiner weiß gekalkten Basalthaube weit über die Häuser, die ihn umgeben, heraus und bildet einen markanten Punkt in der städtischen Silhouette. Die drei Portale sind mit grauem Basalt eingefasst. Auch im Innenraum dominieren Basaltsäulen, auffallend sind außerdem die schönen Holzdecken. Mehrere angedunkelte Ölgemälde bedecken die Wände – eindrucksvoll das „Jüngste Gericht" an der linken Wand, am Altar stehen zwei kubanische Barockskulpturen. In einem Nebenraum sind lebensgroße Prozessionsfiguren für Umzüge untergebracht.
Öffnungszeiten 9–13, 17–20 Uhr. Messen Mo–Fr 19.30 Uhr, Sa 13.15 und 20 Uhr, So 10.30, 12 und 20 Uhr.

Der malerische Charco San Ginés liegt mitten in der Stadt

Charco San Ginés

In vieler Hinsicht der schönste Fleck Arrecifes. Die große Lagune wirkt wie ein See mitten in der Stadt, da der Verbindungskanal zum Meer fast unsichtbar ist. Bunte Fischerboote schaukeln auf dem Wasser oder liegen bei Ebbe am flachen, sandigen Ufer. Abgesehen vom Großkino „Atlantida" umgeben niedrige, weiße Häuschen im typisch kanarischen Stil die Lagune. Zum großen Teil wurden sie geschmackvoll renoviert, vorherrschend ist dabei die blaue Farbe der hübschen Balkone und Fenster. An der Südseite des Charco wurde das Gässchen Collejon Luiz Hernández Fuentes, genannt „El Agnaresío", im alten Stil restauriert.

Nach Plänen César Manriques hat man den Charco in den achtziger Jahren sehr attraktiv umgestaltet. Rundum wurde eine großzügige Fußgängerpromenade angelegt, die nachts beleuchtet ist. Mittlerweile hat sich dort eine kleine öffentliche Infrastruktur mit einer Handvoll Bars und Restaurants herausgebildet. Vor allem Einheimische treffen sich hier gerne, um einen Kaffee zu trinken und Neuigkeiten auszutauschen, auf den niedrigen Umfassungsmäuerchen sitzt die Jugend in der Sonne, flirtet und plaudert.

Der alte Mann und das Meer

Das weltberühmte, mit dem Pulitzerpreis ausgezeichnete Werk von Hemingway hat einen echten Lanzaroteño als „Geburtshelfer". Gregorio Fuentes aus Arrecife, der Anfang des 20. Jh. nach Kuba auswanderte, war zwanzig Jahre lang Kapitän auf Hemingways Jacht. Er gab dem amerikanischen Schriftsteller zahlreiche thematische Anregungen und stand gewissermaßen Modell für ihn. 1996 kehrte er im Alter von 99 Jahren kurzzeitig nach Arrecife zurück und lebte am Charco de San Ginés, ging aber wieder nach Kuba zurück, wo er im Januar 2002 mit 104 Jahren verstarb.

Arrecife / Umgebung

Wenn man Lust hat, kann man die folgenden Ziele östlich der Stadt vom Zentrum aus ebenfalls zu Fuß erreichen. Bis zum Castillo de San José sind es knapp 2 km.

- **Fischereihafen Puerto del Naos**: Im ausgedehnten Hafengebiet liegt die größte Fischereiflotte der östlichen Kanaren vor Anker (siebtgrößte Spaniens). Die teils uralten und verrosteten Schlepper mit ihrem Wald von Masten und Takelagen bieten ein faszinierendes Bild. Obwohl sich die Fischereiwirtschaft in der Krise befindet (→ Lanzarote allgemein/Wirtschaft), werden nach erfolgreichen Fangzügen auch heute noch Thunfische zu Hunderten aus den Schiffsrümpfen gehievt oder Sardinen gleich tonnenweise mittels Schlauchleitungen herausgepumpt. Wegen der benachbarten großen Konservenfabrik hängt meist schwerer Fischgeruch in der Luft, dort wird ein Teil des Fanges umgehend eingedost. Einige Bars und ein uriges Restaurant bieten gute und typische Küche (→ Essen & Trinken).

- **Salinen**: Oberhalb der Straße vom Fischereihafen zum Castillo de San José liegt am Berghang ein großes Areal stillgelegter Salinen. In ihren Ursprüngen gehen sie bis ins Jahr 1775 zurück. Bis Ende des 19. Jh. war die Salzgewinnung ein bedeutender Wirtschaftszweig auf Lanzarote (→ S. 351). Heute verfallen die Anlagen zusehends, trotzdem erlauben sie immer noch einen guten Einblick in die frühere Salzgewinnung. Gut zu erkennen sind die auf Terrassen angelegten, schachbrettartig angeordneten „Felder“, in denen das Salzwasser verdunstete. Auch ein großer Teil der Windräder steht noch, mit deren Hilfe das Salzwasser aus tiefen Brunnen hoch gepumpt und auf die Terrassen geleitet wurde, wo es dann unter der Sonneneinstrahlung verdampfte. Die Pumpmechanismen und Rohrleitungen sind ebenfalls noch erhalten. Die Terrassen sind in den Hang gebaut und werden mit steigendem Salzgehalt immer kleiner, in der letzten Stufe mit ca. 3 m Seitenlänge.

  Wenn man in Richtung Costa Teguise weiterfährt, trifft man an der Küste immer wieder auf Überreste und Ruinen ehemaliger Salinen. Bei Los Cocoteros, nördlich von Costa Teguise, gibt es sogar noch eine produzierende Saline.

Schiffsbäuche voller Thunfisch im Fischereihafen

- **Puerto de los Mármoles**: Wer Lanzarote für einen Langzeitaufenthalt mit dem eigenen Wagen besucht, wird hier erstmalig den Inselboden betreten. Der Passagierhafen Lanzarotes ist jedoch in erster Linie ein gewaltiger Container-Umschlagplatz. Denn fast alles muss auf Lanzarote eingeführt werden: Lebensmittel, Bau- und Industriestoffe, Konsumgüter jeglicher Art, Kraftstoffe. In den nächsten Jahren soll der Hafen mit einem Kostenaufwand von 120 Mio. € ausgebaut werden, eine Mole für Kreuzfahrtschiffe wird außerhalb des eigentlichen Hafenbeckens angelegt. In der Nähe steht die mit Dieselöl betriebene *Meerwasserentsalzungsanlage*, die seit den sechziger Jahren immer wieder erweitert wurde und mittlerweile einer gewaltigen Fabrik gleicht. Sie liefert etwa 16 Mio. Kubikmeter Süßwasser pro Jahr, erforderlich sind dafür mehr als 90 Mio. kWh elektrische Energie, wovon etwa 17 % durch Windkraft erzeugt werden können (→ S. 27). Benachbart liegen außerdem das Elektrizitätswerk und zahllose schwere Kraftstofftanks, die die Energieversorgung Lanzarotes und seiner Kraftfahrer sicher stellen.

Castillo de San José

Oberhalb des Hafens Puerto de los Mármoles thront das zweite Kastell Arrecifes direkt an der felsigen Küste – eine kleine malerische Burg mit Runderkern, Zugbrücke und Schießscharten. Es beherbergt heute das Museum für zeitgenössische Kunst. Das Gelände rundum ist mit Kakteen und Sukkulenten geschmackvoll bepflanzt. In der nüchternen Hafenumgebung wirkt das pittoreske Kastell wie ein Fremdkörper aus längst vergangener Zeit.

Das Castillo de San José wurde mehr als 200 Jahre später als das Castillo de San Gabriel erbaut, nämlich 1776–79. Damals gehörten die gefürchteten Piratenüberfälle auf Lanzarote bereits der Vergangenheit an. Stattdessen litt die Bevölkerung unter Hungersnöten, hervorgerufen durch Dürreperioden und die Folgen der Timanfaya-Ausbrüche 1730–36. Angeblich ließ der spanische König Carlos III. das Kastell nur deswegen erbauen, um den einheimischen Baumeistern Arbeit zu verschaffen, es wurde deshalb *Fortaleza del Hambre* (Hungerfort) genannt. Seine Verteidigungsfähigkeit musste es nie unter Beweis stellen und bald wurde es nur noch als Lagerhalle und Pulvermagazin genutzt. Seit Ende des 19. Jh. stand es leer. Anfang der Siebziger legte César Manrique auch hier Hand an, ließ das völlig verfallene Gemäuer behutsam restaurieren und zum Museum umbauen. Im Sou-

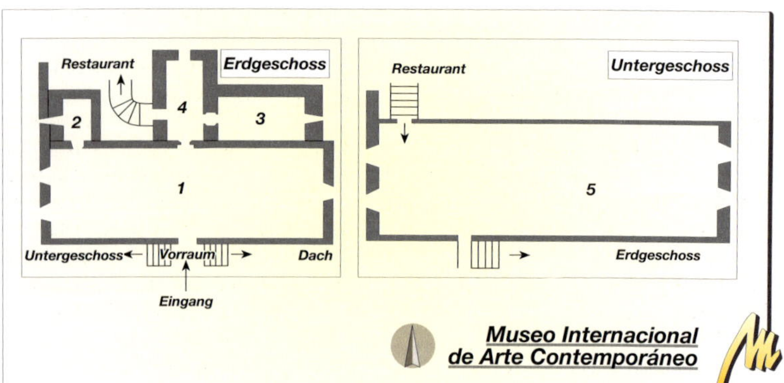

Pittoresker Blickfang: das Castillo de San José

terrain, einst die Zisterne der Burg, baute er zusätzlich ein gediegenes Restaurant mit Panoramablick auf Meer und Hafen an (→ Essen & Trinken).

Öffnungszeiten/Preise Ausstellung tägl. 11–21 Uhr, Eintritt frei. Restaurant 13–16, 20–23.30 Uhr, Bar bis 1 Uhr nachts. Bewachter Parkplatz. ✆ 928-812321.

▶ **Museo Internacional de Arte Contemporáneo**: Bereits vor der Zugbrücke setzen abstrakte Metallplastiken einen interessanten Kontrast zum alten Gemäuer aus vulkanischem Basalt. Man betritt die Burg und gelangt nach einem kleinen Vorraum sofort in einen lang gestreckten *Gewölbesaal* (1) mit drei *Nebenräumen* (2–4), wo die meist großformatigen Kunstwerke hängen und stehen. Es handelt sich ausschließlich um spanische und kanarische Werke der Moderne, darunter auch einige Stücke von Manrique selber. Wer kein Faible für diese Art des Kunstschaffens hat, wird allerdings vielleicht eher die trutzige Festung mit ihren meterdicken Mauern betrachten, die mit ihrer ruhigen Ausstrahlung den denkbar besten Rahmen für die Ausstellung bildet.

Ein zweiter *Ausstellungssaal* (5) ist vom Vorraum über eine Treppe nach links zu erreichen (auch vom Restaurant aus zugänglich). Ebenfalls vom Vorraum aus kann man auf das *Flachdach* hinaufklettern und den Blick auf Hafen und Meer genießen. Über eine schwere, geschwungene *Treppe* mit Holzdielen – wunderschön das Wechselspiel des „warmen" Holzes mit der indirekten Beleuchtung und der weiß gekalkten Mauer – steigt man vom Gewölbesaal schließlich ins untere Stockwerk, wo eine elegante Holzskulptur die Aufmerksamkeit auf sich zieht, bevor man das *Panoramarestaurant* mit seiner mächtigen Glasfront betritt. Linker Hand ist jetzt der Aufstieg zum zweiten Ausstellungssaal bzw. zum Ausgang möglich. Unbedingt einen Blick wert sind aber vorher die *Toiletten* des Restaurants, unverkennbar ein Manrique-Werk: geräumig, schön begrünt, ansprechend gekachelt und mit großzügigen Spiegeln versehen. In den Damentoiletten kann man einen herrlichen Hafenblick genießen, die „caballeros" haben ein großes Oberlicht.

Inselmitte
Karte S. 136/137

Puerto del Carmen

Mit Abstand wichtigster und größter Touristenort der Insel. Auf mehr als 7 km Länge zieht sich die gigantische Ferienmaschine an drei ausgedehnten Stränden entlang. Hunderte von Apartmentanlagen und Komforthotels bieten Platz für über 30.000 Gäste. Ohne Pause trifft sich hier rund ums Jahr sonnenhungriges Publikum aus ganz Europa, ganze vorne die Briten, gefolgt von Deutschen, Skandinaviern und Spaniern.

Saisonflauten sind im Ortsbild kaum auszumachen. Die Strandstraße *Avenida de las Playas* ist eigentlich immer überfüllt von flanierenden Menschen, zu Stoßzeiten herrscht ein Autoverkehr wie in einer mittleren deutschen Großstadt, die Parkplatzsuche strengt an. Restaurants, Boutiquen, Banken, Supermärkte, Fotoshops, Immobilienbüros, Spielhallen, Cafés und Bars ballen sich in dichter Abfolge, kaum gibt es eine Lücke in dem Riesenangebot. Wer den ganzen Ort kennen lernen will, muss gut zu Fuß sein. Sehr gut lässt es sich mit dem Fahrrad auf Erkundungstour gehen, größere Distanzen kann man aber auch mit dem Bus zurücklegen, der die Strandstraße in ihrer ganzen Länge entlang fährt.

Trotz seiner riesigen Ausdehnung wirkt Puerto del Carmen nicht unfreundlich oder unpersönlich. Der Grund: Dank einer relativ streng eingehaltenen Bauverordnung wurden die Häuser in der Regel nicht höher als vier Stockwerke gebaut. Bis auf einige Großhotels ragt kaum eine Anlage merklich über Palmenhöhe hinaus. Und auch der Geräuschpegel hält sich in den Wohnbereichen in Grenzen. Da die meisten Apartments ein Stück landeinwärts der Strandstraße liegen, dringt der Verkehrslärm kaum bis dorthin vor. Wer in Puerto del Carmen also Urlaub macht, muss keine Angst vor schlaflosen Nächten haben. Tatsächlich kann man hier tagsüber in aller Ruhe am hauseigenen Pool relaxen und sich nachts, so man möchte, ins heiße Nachtleben stürzen oder eine der zahlreichen Kneipen aufsuchen – in vieler Hinsicht eine ideale Kombination für die vielen Pauschalurlauber im Ort.

Erfreulich ist, dass Puerto del Carmen kein reines Urlauberghetto ist. Sehr viele Einheimische wohnen ebenfalls hier, finden Arbeit im Fremdenverkehrsgewerbe oder pendeln täglich in die Büros von Arrecife. Das bringt ein gewisses Kolorit in den Ort, am ehesten noch zu spüren im „alten" Ortskern um den *Fischerhafen.* Dort leben noch immer die alteingesessenen, oft weit verzweigten Familien, die bereits lange vor der Touristenschwemme hier ansässig waren. Das merkt man z. B. an Sonntagen nach dem Kirchgang, wenn viele Einheimische in den lokalen Restaurants und Bars sitzen, wo sonst Deutsch oder Englisch gesprochen wird. Ein malerisches Stadtzentrum mit verträumten, engen Gassen oder altehrwürdigen Bauten darf man allerdings keinesfalls erwarten. Auch Sehenswürdigkeiten im klassischen Sinne gibt es nicht, kein Museum oder etwa eine alte Kirche. Die Strandstraße ist dagegen trotz ihres ausgeprägt kommerziellen Zuschnitts eine attraktive Flanierzone mit Palmen, Kakteen, bunten Sukkulenten und Geranien. Die Aussicht auf Meer, Strand und die Berge im Süden Lanzarotes kann man hier fast durchgehend genießen, denn die meerseitige Straßenhälfte ist beinahe unbebaut, und über die Armee von bunten Sonnenschirmen schweift der Blick an klaren Tagen bis zur Nachbarinsel Fuerteventura.

Mitten in Puerto del Carmen: Badestrände vom Feinsten

Geschichte

Puerto del Carmen ist ein junger Ort. Bis vor vierzig Jahren gab es hier buchstäblich nichts bis auf ein paar schlichte Fischerhütten und Lagerschuppen um den kleinen Hafen. Dieser hieß bezeichnenderweise La Tiñosa, „die Schäbige". Dahinter erstreckten sich riesige Tomatenfelder, während an den Stränden von Los Pocillos und Matagorda Salinen lagen. Die Fischer waren oft monatelang auf See, während sich die Frauen auf den Feldern ihr Brot verdienten. Im Juli kamen die Männer zurück und dann wurde die große Fiesta de la Virgen del Carmen gefeiert (→ Feste). Erst als Anfang der Siebziger der Touristenboom auf den Kanaren begann, erkannte man das einzigartige Kapital Puerto del Carmens: seine großartigen Strände, die zu den längsten und besten der Insel zählen. Insgesamt sind es gut 5 km reinster Sand, dazu kommen diverse kleine Badebuchten zwischen Felszungen. Ein weiteres großes Plus ist die windgeschützte Lage Puerto del Carmens, denn die Winde aus Nordost werden durch die Berge im Norden abgelenkt und fegen hoch über der Ostküste hinweg. Selbst wenn die Westküste und der Norden Lanzarotes unter meterhohen Wellen ächzen, kräuselt in Puerto del Carmen oft kein Hauch den Meeresspiegel. Kein Wunder also, dass die touristische Entwicklung fast explosionsartig vor sich ging. Die Tomatenfelder und Salinen wurden zu wertvollem Bauland, die Investoren standen Schlange und man baute entlang der Prachtstrände, was nur ging. Vor allem in den 1990er Jahren wuchs Puerto del Carmen unglaublich schnell. Heute ist die ganz große Wachstumsphase abgeschlossen, die Investoren sind nach Playa Blanca im Süden Lanzarotes weitergezogen (→ S. 360).

Orientierung

Auf den ersten Blick wirkt Puerto del Carmen oft völlig unüberschaubar. Tatsächlich besteht Puerto del Carmen aus mehreren Ortsteilen, die hinter den drei Stränden und um den Fischerhafen entstanden und allmählich zusammengewachsen sind. Roter Faden ist die *Avenida de las Playas*, im Folgenden „Strandstraße" genannt, die sich, abgesehen vom alten Ortskern und der neuen Flanierpromenade an der Playa Matagorda, fast die gesamte Länge der Urbanisation entlangzieht. Böse Zungen sprechen auch manchmal von der „Plastikmeile". Hier spielt sich fast vollständig das öffentliche Leben ab – von frühmorgens bis spät nachts. An der Meerseite der Strandstraße liegen die drei langen Strände, landeinwärts zweigen teils recht steile Straßen ab, an denen der Großteil der Apartmentanlagen liegt. Einige hundert Meter weiter oben endet die Bebauung. Eine *Umgehungsstraße* bietet dort dem Verkehr Entlastung, vor allem die Touristenbusse vom und zum Airport können so besser ihre Ziele erreichen.

Im Folgenden ein Überblick über die verschiedenen Ortsteile von Puerto del Carmen.

- *Puerto del Carmen* Der eigentliche Ortskern gruppiert sich um den recht malerischen **Fischerhafen** und besitzt deutlich mehr Ambiente und Kolorit als die Strandstraße. Abgesehen vom **unmittelbaren** Hafenbereich ballen sich aber auch hier die obligaten Ladenzentren (Centros Comerciales) mit Restaurants, Kneipen und Shops. Ausgesprochen schön ist der **Spazierweg** am Meer entlang. Hier liegt auch die hübsche Sandbucht **Playa de la Barrilla** (→ Baden).
- *Playa Grande* Hinter dem mehr als 1 km langen Hauptstrand, der früher Playa Blanca hieß, wegen der Namensgleichheit mit dem Touristenort im Süden Lanzarotes aber umbenannt wurde, liegt der zentrale Abschnitt der Strandstraße. Ihre Enden sind markiert durch die beiden Großhotels **Los Fariones** und **San Antonio**. Hier befinden sich die meisten Einrichtungen, Restaurants, Shops etc. und hier herrscht der meiste Trubel – die touristische Flanierzeile von Puerto del Carmen. Es macht Spaß, hier zu schlendern: landeinwärts jede Menge Shopping, Essen und Trinken, auf der anderen Seite gut gepflegte Palmen, viele Bänke, der Strand und das Meer.
- *Playa de los Pocillos* Der zweite Strand ist noch ein Stück länger und breiter als die Playa Grande. Hier sind Bebauung und touristische Durchdringung geringfügig aufgelockert, es dominieren Großhotels und Apartmentanlagen, Läden und Restaurants sind bisher in der Minderzahl. Das Hotel **Los Jameos Playa** beherrscht das Ostende der Bucht.
- *Playa Matagorda* Der dritte Strand wurde als letzter erschlossen. Insgesamt ist dies der Ortsteil mit dem wenigsten Flair, jedoch wurde die Durchgangsstraße gesperrt und stattdessen eine schöne neue **Uferpromenade** angelegt, auf der es sich entspannt bummeln lässt. Der relativ nahe Flughafen kann allerdings zu einer gewissen Lärmbelästigung führen.

Information

Oficina de Información Turística, Informationsbüro am Ostende der Playa Grande, direkt neben dem Manrique-Laden (→ Stadtplan). Busfahrpläne, Inselkarten und Stadtpläne sowie Prospektmaterial. Beratung ist meist freundlich. Mo–Fr 10–22 Uhr, Sa 10–17 Uhr, So geschl. ✆ 928-513351, ✆ 928-515615, www.puertodelcarmen.com Außerdem weißer **Informationskiosk** oberhalb der Playa Grande.

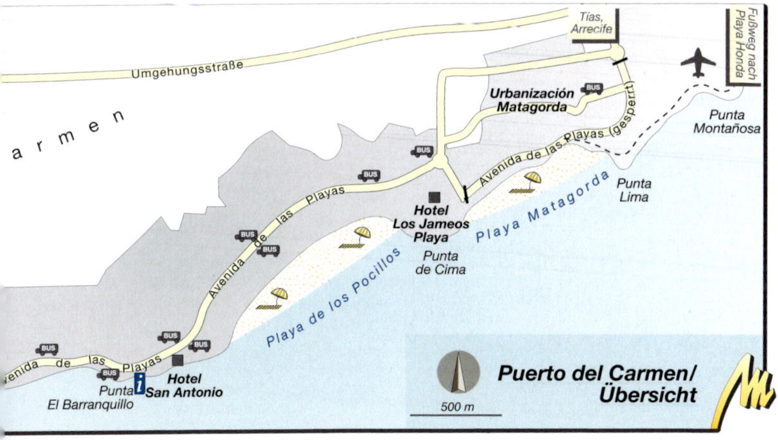

Anfahrt/Verbindungen/Ausflüge

Inselmitte Karte S. 136/137

Der alte Ortskern von Puerto del Carmen liegt 16 km westlich von Arrecife und 9 km westlich vom Flugplatz. Die Busverbindungen nach Arrecife sind gut, ebenso zum Flugplatz. Für Ausflüge über die Insel sind die spärlich verkehrenden Busse jedoch nur bedingt geeignet. Dementsprechend ist das Angebot an Leihwagen in Puerto del Carmen riesig. An der überlasteten Strandstraße kann man gelegentlich Parkprobleme bekommen. Beim Ausparken außerdem aufpassen, denn von den Parkbuchten muss man weit in die Verkehrsstraße zurückstoßen!

Achtung: Mo–Fr 9–14, 17–20 Uhr und Sa 9–14 Uhr sind alle Parkplätze an der Strandstraße und in den Seitengassen gebührenpflichtig. Die Parkscheine werden häufig kontrolliert, oft sieht man Strafzettel unter den Scheibenwischern klemmen.

• *Busse* Busse der Linie 2 pendeln Mo–Fr etwa alle 20/40 Min. (Sa/So 30/60 Min.) zwischen **Puerto del Carmen** und **Arrecife**. Puerto del Carmen wird dabei der Länge nach durchfahren. Eine Reihe von Haltestellen liegt entlang der Strandstraße und im alten Ortskern, von Ost nach West: Playa Matagorda, Hotel Los Jameos Playa, Hotel La Geria, Apartments Costa Mar, Hotel San Antonio, Centro Comercial Welcome Sea, Apartments La Peñita, Apartments Rocas Blancas, Apartments Arena Dorada, Aparthotel Fariones, Apartments Costa Volcán, Apartments Balcón del Mar (→ Karte). Die Stopps sind durch Halteverbotsschilder mit einen großen P (= Parada, span. Haltestelle) und der Aufschrift „Bus" gekennzeichnet. Man kann den Bus auch bequem innerhalb von Puerto del Carmen benutzen, um von einem Ortsende zum anderen zu gelangen. Die Station in Arrecife liegt am Stadtstrand Playa del Reducto, etwa 15 Fußminuten vom Zentrum (Preis je nach Entfernung etwa 1,40–2,20 €). Ein Teil der Busse fährt von Arrecife weiter nach **Costa Teguise**.

Busse von **Arrecife** nach **Playa Blanca** (Linie 6) stoppen in Puerto del Carmen Mo–Fr etwa 12 x, Sa–So 7 x tägl., jedoch nur an den beiden Haltestellen im alten Ortskern: **Apartments Costa Volcán** (schräg unterhalb der Post an der Avda. Juan Carlos I.) und vor den **Apartments Balcón del Mar** (an der Ausfallstraße nach Mácher).

Mehrere Busse (Linie 12) zum **Markt in Teguise** starten sonntags zwischen 9 und 10 Uhr, zurück geht es zwischen 12 und 13.30 Uhr.

• *Taxi* Standplätze gibt es an der **zentralen Kreuzung** im alten Ortskern (✆ 928-513638), vor den Hotels **Los Fariones** (✆ 928-513634) und **San Antonio** (✆ 928-513635), beim Hotel **Los Jameos Playa** und vor dem **Centro Atlántico** (✆ 928-511136), wo sich der Großteil des Nachtlebens abspielt. Auch die Taxis kann man im innerörtlichen Verkehr gut nutzen, z. B. nach einer langen Disconacht für die Heimfahrt. Für eine Fahrt von einem Ortsende zum anderen zahlt man etwa 4 €.

• *Leihwagen* findet man an jeder Ecke, Dutzende Firmen teilen sich den lukrativen Markt. Oft lohnt es sich, nach Sonderangeboten zu schauen.

Cabrera Medina, Marktführer auf der Insel, allein 14 Filialen in Puerto del Carmen. Zentrale Reservierung unter ✆ 928-822910, ✆ 821263, www.cabreramedina.com

Feber u. a. an der Avda. de las Playas 53, ✆ 928-511408, und in der Ladenzeile vor dem Hotel Los Jameos Playa, ✆ 928-511588. Oft günstige Angebote.

FelyCar, Avda. de las Playas 99, ✆ 928-512221, und Calle Reina Sofia 3 (alter Ortskern), ✆ 928-512877.

Lanzarote Car (6), Calle Salinas 4 (Seitenstraße der Calle Reina Sofia oberhalb vom alten Ortskern), seit 1984 unter deutscher Leitung, eigene Werkstatt. ✆ 928-512071, ✆ 928-511391, www.lanzarote-rent-a-car.de

• *Fahrräder* **Renner Bikes (49)**, Avda. de las Playas, im ersten Stock über der Bar „Sol y Sombra", gegenüber dem Centro Aquarium. Geführt von einem Österreicher. Räder ab 10 € pro Tag, Kinderräder 7 €. Bei längerer Mietdauer Rabatt. Täglich 10–19 Uhr. ✆ 928-510612, mobil 629-990755, www.mountainbike-lanzarote.com

Planet Bikes, Calle Libertad 37 (Tías), Roland und Pepsi veranstalten individuelle Touren (25 und 40 km Länge) über die Insel, buchbar über Reiseveranstalter und Rezeption. Verleih von Mountainbikes und Hotel-Lieferservice. ✆ 928-173622, www.planet-bikes.de

• *Schiff* Ab Fischerhafen tägliche **Ausflugsfahrten** vor der Küste von Puerto del Carmen, außerdem Touren hinüber nach **Fuerteventura** und **Tauchfahrten** (→ Sehenswertes/Fischerhafen).

Nützliche Adressen (siehe Karte S. 168/169)

• *Apotheken* (West nach Ost) **Gómez Lopez**, Calle Roque Nublo 9, im alten Ortskern, etwas unterhalb der zentralen Kreuzung; **Correa Rija**, Avda. de las Playas/Ecke Calle Palangre;
Centro Aquarium, Avda. de las Playas;
Centro Jameos, vor Hotel Los Jameos Playa; Abends und an Wochenenden übernimmt meist eine der beiden Apotheken in **Tías** den Notdienst (→ dort). Alle Apotheker sprechen Englisch.

• *Geld* Zahlreiche Banken entlang der Strandstraße besitzen Geldautomaten, z. B. **Deutsche Bank** am Westende der Avda. de las Playas, kurz vor der Rechtskurve, **Central Hispano**, Avda. de las Playas 12, und **Banco de Santander**, Avda. de las Playas 49. Im alten Ortskern Geldautomaten im **Centro Biosfera Plaza**, an der zentralen **Kreuzung** und an der ehemaligen **Fischhalle** im Hafen.

• *Gottesdienst* **Evangelischer Gottesdienst** in deutscher Sprache jeden Sa um 17 Uhr in der Pfarrkirche am Hafen (außer Juli/August), **katholische Messe** jeden Sa 20.30 Uhr sowie So um 11 und 19 Uhr ebenfalls in der Hafenkirche.

• *Internet* **Neckermann/Thomas-Cook-Center** in der dritten Etage des Einkaufszentrums Biosfera Plaza und **Tourist Ticket**, Calle Teide 8 (beide bislang gratis).
Internetautomaten mit Münzeinwurf in den Spielhallen entlang der Strandstraße.

• *Kinderaktivitäten* **Minigolf (55)**, gegenüber vom Hotel San Antonio und im „Centro Deportivo Fariones" beim Hotel Los Fariones. Weitere kleine Anlagen im Ort (→ Sport).

Rancho Texas: Vergnügungspark im Hinterland von Puerto del Carmen, wo man u. a. ein Siouxdorf, eine Goldmine und die Höhle des Medizinmanns kennen lernen kann. Tagsüber finden verschiedene Tiershows statt (u. a. mit Krokodilen), abends „Country and Western Nights" mit amerikanischer Küche und ebensolcher Musik (Reservierung unter ✆ 928-841286). Pool, Tapas-Bar, Reitmöglichkeit (→ Sport), Vermietung von Apts. Gratisbusse von/nach Puerto del Carmen und Costa Teguise, von/nach Playa Blanca 3 €. Tägl. 9.30–17.30 Uhr, www.ranchotexaslanzarote.com

Die Playa de los Pocillos in Puerto del Carmen

Spielplatz, kleiner, mit Picón gedeckter Platz im Fischerhafen. Ideal zur Beaufsichtigung: In zwei Restaurants/Bars kann man unmittelbar daneben sitzen.

Schiffsrundfahrten werden mehrmals täglich im Fischerhafen veranstaltet (→ Sehenswertes/Fischerhafen).

Trampolinspringen mit Haltegurten, Standgerüste für den neuen „In"-Sport der Kids gibt es u. a. im neuen Centro Biosfera Plaza (alter Ortskern), am Dach des Casino, beim Hotel San Antonio und beim Hotel Los Jameos Playa.

• *Medizinische Versorgung* Für Ärzte ist Puerto del Carmen ein Dorado. Dementsprechend herrscht heftige Konkurrenz. Lesen Sie bitte auch S. 119 ff. Von den folgenden Adressen akzeptiert nur die erste die europäische Krankenversicherungskarte, bei allen anderen heißt es: Barzahlung (die heimische Krankenkasse ersetzt jedoch die Kosten).

Consultorio Local de Salud (9), Calle Juan Carlos I 17, staatliches Zentrum neben dem Postamt am Kreisverkehr. ✆ 928-512711.

Hospiten Lanzarote, modernes Privatkrankenhaus oberhalb von Puerto del Carmen im Ortsteil Lomo Gordo, seitlich der Ausfallstraße nach Tías. 24-Std.-Notdienst, Sprechstunden für ambulante Patienten, Klinikbetten, moderne Technologie, mehrere medizinische und chirurgische Fachbereiche, drei Operationssäle, ein Kreißsaal. ✆ 928-596100, kostenlose 24-Std.-Rufnummer: 900707777, www.hospiten.com. Niederlassung in Puerto del Carmen an der Avda. de las Playas 10, gegenüber Infobüro.

Clínica Lanzarote (36), Avda. de las Playas 5 (gegenüber Hotel Fariones Playa). alteingesessene Praxis mit Niederlassungen in Costa Teguise und Playa Blanca. Mehrsprachige Ärzte inkl. Zahn- und Kinderarzt, auch stationäre Behandlung. ✆ 928-513171, kostenlose 24-Std.-Rufnummer: 900100450.

Dr. Elvia (38), Avda. de las Playas 67, Nähe Hotel San Antonio, spanischer Arzt, der Deutsch spricht. ✆ 928-514077.

Dr. Porrúa (60), Calle Palangre 3, Allgemeinarzt, ein paar Meter zurück von der Strandstraße. Bei unserem Check einer der günstigsten. Mo–Fr 9–13, 17–20, Sa 9–12 Uhr. ✆ 928-512057.

Kinderarzt/Urologe: **Centro Medico Lanzarote (78)**, im alten Ortskern, Centro Roque Nublo (bei Apotheke Treppe hinauf). Von Residenten empfohlen. ✆ 928-514213.

Zahnärzte: **Clínica Dental**, Calle Palangre 1 (hinter Apotheke Correa Rija), Mo–Fr 8.30–15.30 Uhr, ✆ 928-511150, außerdem **Clínica Lanzarote**, Avda. de las Playas 5 (→ oben), und ein deutschsprachiger Zahnarzt in Tías (→ S. 188).

• *Polizei* **Guardia Civil (8)**, oberhalb vom Kreisverkehr, hinter der Post. ✆ 928-834101.

• *Post* Das Postgebäude steht oberhalb vom Kreisverkehr zwischen Alt- und Neu-Puerto (Avda. Juan Carlos I./Calle Timanfaya). Mo–Fr 8.30–14.30, Sa 9.30–13 Uhr.
Im selben Gebäude auch die **Caja Postal**, wo man mit der „Postbank SparCard 3000 plus" Geld abheben kann.

• *Radio* **Radio Europa**, FM 102,5 MHz, deutschsprachiger Sender auf Lanzarote. Das mehrmals täglich ausgestrahlte Programm ist weitgehend automatisiert und setzt sich zusammen aus Werbung, Stimmungs- und Schlagermusik sowie gelegentlichen Wortbeiträgen. Alternativ sendet **Atlantis Radio** auf FM 101,7 MHz ebenfalls deutschsprachig.

• *Tankstelle* im alten Ortskern, Calle Juan Carlos I., an der Ausfallstraße nach Tías. Hier gibt es auch eine **Waschstraße**, „Tren de lavado" bzw. „Washing train".

• *Telefon* Neben **offenen Telefonkabinen** mit Münz- und Kartenfunktion bieten etwas teurere Läden mit **„teléfonos publicos"** ihre Dienste an.

• *Wäscherei* **Launderette Smartie Pants (4)**, Calle Los Sabandeños 47, oberhalb vom alten Ortskern, seitlich der Ausfallstraße nach Tías. Auch Reinigung mit 24-Std.-Service. Mo, Di, Do, Fr 9–18, Sa und Mi 9–13 Uhr, So geschl. ✆ 928-512440.

Übernachten (siehe Karte S. 168/169)

Riesenauswahl an Apartments und Hotels, die fast alle mit Reiseveranstaltern zusammenarbeiten. Bei der Auswahl im Prospekt sorgfältig auf die Lage achten, sonst findet man sich vielleicht an der Peripherie wieder, wo man eigentlich gar nicht hin wollte. Bei der Masse an Unterkünften muss man auch als Spontanbucher vor Ort keine Bedenken haben, denn auch für Individualtouristen sind hier und dort noch Kontingente frei, einfach rumfragen. Nicht wenige Anlagen vermieten allerdings ausschließlich pauschal über Reiseveranstalter.

Hotels und Aparthotels: Etliche Komforthotels bieten ihre Dienste an und können über viele Reiseveranstalter gebucht werden. Weitläufige Gartenanlagen mit Palmen und Pool sind ein Muss. In der unteren Preisklasse gibt es nur ein einziges Hostal.

****** Los Jameos Playa**, am Ostende der Playa de los Pocillos, das zur deutschen Seaside-Gruppe gehörige Großhotel ist eins der Prunkstücke der Hotellerie von Puerto del Carmen. Um an der Meerseite eine Fußgängerzone anzulegen, hat man sogar die Uferstraße umgeleitet, sie umgeht den Komplex landeinwärts. Die hohe Eingangshalle ist im spanisch-kanarischen Stil sehr ansprechend gestaltet und von Holzgalerien umgeben, in der Mitte kann man unter Palmen sitzen. Danach betritt man eine großzügige Badelandschaft mit mehreren Pools, künstlichen Bächen und Wasserläufen. Der Innenbereich ist mit Palmen und Kakteen begrünt, eine Bar bildet den kommunikativen Mittelpunkt. Die geräumigen Zimmer befinden sich in mehreren Häusern, die sich um die Bade- und Liegezone gruppieren. Dank der gepflegten Ausstattung – Teppichböden, Vorhänge und Überdecken mit Blumenmotiven, geschmackvolles, in hellen Farben gehaltenes Mobiliar aus Holz und Rattan, außerdem Sat-TV, Föhn, Telefon und Radio – wird man sich hier sicherlich wohl fühlen. Dazu gibt es jeweils geräumige Balkone bzw. Terrassen. Geboten sind u. a. Tennis, Minigolf, Squash, Bogenschießen, Boccia, Tauchkurse, Sauna und Fitness-Area, auch eine Disco ist im Haus. Das Essen in den Seaside-Hotels genießt einen guten Ruf, u. a. Frühstücksbuffet mit Vollwertkost. DZ ca. 130–300 €. Zu buchen über Reiseveranstalter oder über Seaside Hotels S.A., Avda. de Moya 8, ES-3500 Playa del Inglés, Gran Canaria (✆ 928-763308, ✆ 770306). ✆ 928-511717, ✆ 514219, www.los-jameos-playa.de

****** Hotel Los Fariones (70)**, zentrale Lage am Westende der mehr als 1 km langen Playa Grande. Eine idealere Position kann man sich in Puerto del Carmen kaum wünschen – direkt am Strand und nur wenige Schritte von der Uferstraße, trotzdem ruhig. Das Haus selber ist keine Schönheit, es stammt aus den siebziger Jahren, als funktionelle Klotzbauweise noch keinen Anstoß erregte. Herrlich dagegen ist der üppige Palmengarten mit dem Pool, gleich davor die schwarze Klippenküste mit eingelagerter, sandiger Badebucht „Playa Chica". Die Zimmer sind freundlich eingerichtet, haben Teppichboden und TV, von den Balkonen kann man das herrliche Meerespanorama genießen, in den unteren Stockwerken verwehren allerdings die Palmen den Blick. Restaurant, Salon, Frisör, Sauna, Tennis, Minigolf, Tischtennis. DZ mit Frühstück ca. 142 €. ✆ 928-510175, ℻ 510202, www.grupofariones.com

**** **Suite Hotel Fariones Playa (61)**, die moderne Dependance des Los Fariones, gleich daneben, ebenfalls tolle Lage. Allerdings mit Abstand das hässlichste Gebäude im Ort, eine Trutzburg aus grauen Basaltplatten, die die Skyline gehörig verschandelt. Doch wenn man drinnen wohnt, merkt man das nicht und der unverbaute Meerblick ist herrlich. Nach der etwas sterilen Eingangshalle trifft man auf schöne Apartments. Sie sind in Hellblau gehalten, verfügen über Sat-TV, zwei Waschbecken im Bad und die Wanne ist in Marmor eingelassen. Vor dem Haus ausgedehnte Sonnenterrasse mit Süßwasserpoolanlage. Apartment mit Frühstück für 1–3 Pers. ca. 122–149 €. ✆ 928-510175, ℻ 510202, www.grupofariones.com

**** **Hotel San Antonio (45)**, Avda. de las Playas, direkt am Westende der kilometerlangen Playa de los Pocillos, des längsten Strands in Puerto del Carmen. Das zweite Großhotel aus den Siebzigern. Nette Eingangshalle mit etwas Grün. An der Rezeption ist man freundlich, ebenso das Personal. Gut eingerichtete Zimmer, Meerblick, Telefon sowie Sat-TV. Schöner Park mit Süß- und Meerwasserpool, direkt davor der Strand, in dessen Sand Palmen gepflanzt wurden, im Wasser Klippen. Fernsehraum, Tennisplätze, Kinderzone mit Planschbecken, Friseur, Gymnastikraum, Sauna, Massage. HP im DZ ca. 70–90 € pro Pers. ✆ 928-514200, ℻ 513080, www.hotelsanantonio.com

**** **Hotel Riu Paraiso Lanzarote**, hinter der Playa de los Pocillos, nur durch die Straße vom Strand getrennt. Mitglied des renommierten Riu-Konzerns. Das Äußere zeigt sich hypermodern und nicht unbedingt attraktiv, dagegen ist die Innenausstattung großartig gelungen. Verspiegelte Säulen, Bronzestatuen, schmiedeeiserne Gitter und viel Holzinterieur vermitteln nostalgischen „Old World"-Charme. Die Zimmer sind mit Teppichböden, wertvollem Mobiliar, Sat-TV und Musikanlage ausgestattet und selbstverständlich klimatisiert. Großzügiger Garten mit elegantem Pool, die Küche des Hauses bietet morgens Champagnerfrühstück und abends ein tolles Buffet. HP pro Pers. ab ca. 100 €. ✆ 928-512414, ℻ 513598, www.riu.com

** **Hostal Magec (79)**, Calle Hierro, mitten im alten Ortskern, die einzige Pension in ganz Puerto del Carmen, die für Individualtouristen konzipiert ist, hauptsächlich Rucksackreisende kommen hier zu günstigen Tarifen unter. Hübsch gelegen mit Meerblick und nachbarschaftlicher Atmosphäre. DZ ab etwa 30 €, z. T. nur Etagendusche. ✆ 928-513874.

Inselmitte
Karte S. 136/137

Apartments: Kaum zu glauben aber wahr, hier gibt es mehr als 200 Anlagen, die während der Stoßzeiten auch weitgehend belegt sind. Im Folgenden nur eine kleine Auswahl. Der Standard ist durchweg hoch, Außenanlage mit Pool ist fast überall geboten, oft gibt es Sat-TV im Zimmer. Man hat lediglich die Wahl: Will man etwas abseits wohnen, direkt am Meer oder so richtig „mitten drin" im Geschehen.

• *Playa Grande und Umgebung* das eigentliche Zentrum Puerto del Carmens. Oberhalb der langen Strandstraße erstrecken sich viele Dutzend Apartmentkomplexe aller Art und Größen.

+++ **Los Fariones (28)**, Calle Timanfaya 8, zentrale Lage an der lauten Hauptstraße von Puerto del Carmen, kurz unterhalb vom Kreisverkehr im alten Ort, 200 m zum Strand. Gehört zur renommierten Fariones-Gruppe (→ Hotels und Aparthotels), 138 Apartments, gemütlich eingerichtet, jeweils mit Sat-TV. Im Außenbereich Süßwasserpool und Kinderbecken. Apartment mit 1 Schlafzimmer ca. 93 €, mit 2 Schlafzimmern 140 €, Frühstück ca. 9 € pro Pers. ✆ 928-510010, ℻ 510746, www.grupofariones.com

++ **Kon-Tiki (27)**, Calle Guanapay 5, beliebte und gut geführte Anlage in zentraler Lage, etwas erhöht über der Strandstraße. Palmenbepflanzte Sonnenterrasse mit schönem Meerblick, Süßwasserpool, Kinderbecken, Restaurant. 110 geschmackvoll eingerichtete Apartments mit Sat-TV. Apartment für 2 Pers. ab etwa 50 €. Bei vielen Reiseveranstaltern im Programm. ✆ 928-513950, ℻ 513977.

++ **Los Helechos (17)**, Calle Tinguatón 5, schräg gegenüber von Kon-Tiki. Kleinere, recht gepflegte und geschmackvolle Anlage. Apartment um die 45–55 €, auch Studios. ✆ 928-512780, ℻ 510855.

++ **Lomo Blanco (10)**, Calle Guadarfia 1, ruhige, großzügig konzipierte Anlage mit schön begrüntem Pool – Palmen, Bananen,

Übernachten

2 Apartments Tamarindos
3 Apartments Los Tulipanes
5 Apartments San Fermín
10 Apartments Lomo Blanco
12 Apartments Plaza Azul
13 Apartments Atalaya
15 Apartments Isla de la Graciosa
16 Aparthotel Aquarius
17 Apartments Los Helechos
24 Buganvilla Sol y Playa
26 Apartments El Rincón
27 Apartments Kon-Tiki
28 Apartments Los Fariones
32 Apartments Agua Marina
34 Apartments Arena Dorada
37 Apartments Playamar
45 Hotel San Antonio
56 Apartments Barcarola Club
61 Suite Hotel Fariones Playa
64 Apartments Rocas Blancas
70 Hotel Los Fariones
73 Apartments Cabrera
75 Apartments Sanos
76 Apartments Las Velazquez
79 Hostal Magec
84 Apartments Las Rocas

Essen & Trinken

2 Tamarindos
7 Mario's Pizzeria
14 El Tomate
18 El Puerto
19 La Chalana/The Flatbout
23 Colosseo
25 Casa Bodeco's
30 Carpe Diem
31 Backparadies (Kiosk)
35 La Cañada
39 La Lonja u. a.
40 La Casa del Parmigiano
42 La Paloma/Casa Bodeco's
47 El Barito/La Marina

Drachenbäume. Auf der überdachten Restaurantterrasse offener Grill. Sauna, Supermarkt. Apartment für 2 Pers. ca. 55 €. ✆ 928-514440, 📠 510807, www.lanzarote.com/lomoblanco

++ Playamar (37), Calle Doramas, wenige Schritte oberhalb der Playa Grande, gepflegte Anlage unter deutscher Leitung, viele Stammgäste. Die gut eingerichteten Apartments besitzen jeweils große Terrassen bzw. Balkons und sind zum Innenbereich ausgerichtet, dort kleiner Süßwasserpool und Kinderbecken unter Palmen, auch Poolbar vorhanden. Apartment für 2 Pers. um die 50 €, mit 2 Schlafzimmern für 4 Pers. 60–74 €, TV gegen Gebühr. ✆ 928-510070, 📠 510192, www.lanzarote.com/playamar

++ Arena Dorada (34), Calle Tanausú 1, große Anlage, zwei Querstraßen von der Playa Grande entfernt, Nähe Centro Atlántico. Üppig bepflanzte Anlage mit 66 Apartments und zwölf Studios in Reihenhäusern, alle einfach, aber solide eingerichtet. TV ohne Aufpreis, auch Telefon vorhanden. Süßwasserpool. Besitzer sowie Personal an der Rezeption sind deutschsprachig. Deutsche Tauchschule in der Anlage („Speedy-Diving" von Stephan und Karin). Apartment mit 1 Schlafzimmer für 2 Pers. ca. 40–50 €. ✆/📠 928-514035, 📠 512427.

+ Buganvilla Sol y Playa (24), Calle César Manrique 10–14, die Straße neben dem Centro Atlántico hinauf, zwei Minuten zum Strand. Ruhig gelegene Anlage mit 18 Apartments, mit Hibiskus und Zwergpalmen hübsch bepflanzt, deutsch geführt, kleiner Pool. Apartments mit Sat-TV, Radio und Toaster, allerdings ohne Meerblick.

Inselmitte
Karte S. 136/137

Apartment für 2 Pers. etwa 50 €. ✆ 928-514690, ✆ 513211, www.lanzarote.com/buganvilla

• *Zwischen Playa Grande und Playa de los Pocillos* Tipp, denn hier findet man einige Anlagen direkt an der Klippenküste, in Puerto del Carmen sonst eher eine Seltenheit. Auch einige kleine Sandbuchten gibt es hier.

+++ **Barcarola Club (56)**, Avda. de las Playas 53, große, ganz zentral gelegene Anlage an der Landseite der Uferstraße, in den geschützt gelegenen Apartments bekommt man vom Rummel aber kaum etwas mit. Aufmerksam geführt, gepflegt, viele Stammgäste. Weitläufiger Garten mit schattigen Bäumen, Süßwasserpool und Kinderbecken, netter Kinderspielplatz, italienisches Restaurant mit Freiterrasse direkt an der Straße (→ Essen & Trinken). Schräg gegenüber kleine Badebucht. Wohneinheiten mit solidem Holzmobiliar, Sat-TV und Musikanlage. Exklusiv an TUI vergeben. Apt. ca. 75 €. ✆ 928-510775, ✆ 928-510816.

++ **Rocas Blancas (64)**, Avda. de las Playas 39, etwas ältere Anlage direkt an der Uferstraße, nur wenige Schritte vom Centro Atlántico, wo sich das Nachtleben abspielt. Wer nicht die absolute Ruhe sucht, sondern Leben um sich spüren will, ist hier richtig. Apartments recht hübsch, teilweise etwas dunkel, Meerblick. Kleiner Pool mit Bar vorhanden. Hier wird noch Spanisch gesprochen. Pauschal z. B. über Tjaereborg, in der Regel keine Vermietung an Individualreisende. ✆ 928-511708.

++ **Las Velazques (76)**, ansprechende Bungalowanlage unterhalb der Uferstraße, direkt an der niedrigen Klippenküste.

Apartment mit 1 oder 2 Schlafzimmern, zwei Pools. Kürzlich renoviert. Pauschal über First Choice, Wochenpreis für 2-Zimmer-Apt. ca. 350–580 €. ✆ 928-513800, ✆ 928-513864.

++ **Las Rocas (84)**, neben Velazques, üppig begrünte Anlage mit weißen Häuschen und Pool, davor schwarze Klippenküste mit kleinen Strandflecken. Pauschal über ITS. ✆ 928-513720.

++ **Cabrera (73)**, Avda. de las Playas 70, gegenüber Barcarola Club, von Señor Cabrera nett geführt Anlage mit 28 Apartments direkt an der felsigen Küste mit Sandbuchten, vom Lärm auf der Straße bekommt man nichts mit. Terrassen und Balkons mit herrlichem Blick, Sat-TV, kleine Leihbibliothek in der Rezeption. Apt. mit 1 Schlafzimmer ca. 45 €, mit 2 Schlafzimmern ca. 60 €. ✆ 928-513694, www.apartamentoscabrera.com

++ **Sanos (75)**, Avda. de las Playas 78, ebenfalls tolle Lage direkt am Meer, seit vielen Jahren geführt von Max Oster und seiner Frau Marion. Einrichtung einfach, aber okay, von den Balkons herrlicher Blick. Geräumige Apartments mit ein und zwei Schlafzimmern, außerdem Studios und eine größere Suite, alles mit Terrasse. Studio (1 Pers.) ca. 28 €, Studio (2 Pers.) ca. 38 €, Apt. (1–2 Pers.) 55 €, Apt. (3 Pers.) 67 €, Apt. (4 Pers.) etwa 80 €. ✆ 928-513554, www.apartamentos-sanos.de

• *Im rückwärtigen Ortsbereich* Hier wohnt man sehr ruhig, teils mit schönem Blick in die Hügel hinter Puerto del Carmen. Zu den Stränden Playa Grande und Playa de los Pocillos läuft man ca. 10 Min., also nicht mehr als ein kleiner Spaziergang.

++ **Plaza Azul (12)**, Calle Anzuelo 11, schöne, etwas höher gelegene Anlage. 64 Apartments, jeweils mit TV und Telefon, gruppieren sich um den begrünten Innenbereich mit Pool, Kinderbecken und Poolbar. TV-Raum mit Bar, Waschmaschine, Restaurant. Apartment mit einem Schlafzimmer für 2 Pers. ca. 40–45 €. ✆ 928-514424, ✆ 928-512678, www.plazaazul.com

++ **Atalaya (13)**, Calle Pedro Barba 17, größere Anlage mit 136 Apartments in 1- bis 3-stöckigen Reihenhäusern um einen Pool mit Kinderbecken. Geräumig, sehr sauber, ruhig. Musikanlage, Sat-TV, Telefon. 5 x wöch. Reinigung, 3 x Bettwäschewechsel. Apartment mit 1 Schlafzimmer für 2 Pers. ca. 46–55 €. ✆ 928-514323, ✆ 928-511541.

++ **Los Tulipanes (3)**, Calle Finlandia 16, am oberen Ende von Puerto del Carmen, also einen guten Kilometer vom Strand entfernt. Kleine, sehr gepflegte und hübsch gestaltete Anlage mit Pool, ruhig. Apartments mittelgroß, mit Kiefernmöbeln eingerichtet, jeweils schönes Bad, Sat-TV. Deutschsprachige Rezeption. Apartment mit 1 Schlafzimmer für 2 Pers. ca. 31–45 €. ✆ 928-514910, ✆ 928-511368.

++ **San Fermín (5)**, Calle Belgica 1, schräg gegenüber von Los Tulipanes. Lang gestreckte Anlage mit Pool, alles sehr schön angelegt. Die sorgfältig eingerichteten Apartments kosten ca. 45–55 €, zu buchen z. B. über www.lanzarote-web.de. ✆ 928-510180, ✆ 928-510041.

• *Playa Matagorda* Die folgenden Unterkünfte sind kilometerweit vom Zentrum entfernt, das nur mit Bus oder Taxi zu erreichen ist. Ein schöner Strand liegt aber quasi vor der Haustür, auch sonstige touristische Einrichtungen wie Restaurants, Shops, Autovermietungen etc. sind vorhanden.

++ **Las Gaviotas**, freundliche Bungalowsiedlung an der Playa Matagorda, nur über die neu angelegte Uferpromenade zum Strand. Gemütliche Anlage mit schmalen Wegen und viel Grün, mehrere kleine Pools, nettes, kleines Restaurant. Am Strand die einzige Surfschule in Puerto del Carmen (→ Sport). Kaum Straßenverkehr, allerdings hört man hautnah die Düsenclipper, die auf den nahen Airport einschweben. Apartment mit 1 Schlafzimmer für 2 Pers. ca. 42–57 €. Pauschal bei TUI. ✆ 928-514884, ✆ 928-510817.

+++ **Costa Sal**, gepflegte Anlage, etwas erhöht hinter der Playa Matagorda, prächtiger Meerblick, ruhig (allerdings leichte Beeinträchtigung durch die Verkehrsführung wegen des Großhotels Los Jameos Playa). Die Apartments gruppieren sich um den weitläufigen Innenbereich mit subtropischer Vegetation und zwei großen Pools (Salz- und Süßwasser), einer davon beheizt. Gut eingerichtete Apartments mit Sat-TV und Telefon. Restaurant, Tennis, Sauna und Kinderspielplatz. Apartment mit 1 Schlafzimmer ca. 66 €, 2 Schlafzimmer ca. 85 €. Zu buchen z. B. bei TUI. ✆ 928-514242, ✆ 928-510145, www.lanzarote.com/costasal

• *Alter Ortskern und Hafen* Auch hier gibt es zahlreiche Unterkünfte, die nur z. T. über Reiseveranstalter vermietet werden und deshalb für Individualreisende geeignet

Eine von mehr als zweihundert Apartmentanlagen in Puerto del Carmen

Inselmitte
Karte S. 136/137

sind. Besonders schön wohnt man in den Anlagen an der Calle Teide, unmittelbar oberhalb der niedrigen Klippenküste, der Fischerhafen ist nur wenige Schritte entfernt. Manko allerdings, dass man zum nächsten Strand, der hübschen kleinen Playa de la Barrilla, etwa zehn Minuten läuft.

+++ Aquarius (16), Calle Teide 6, weitläufige Anlage mit über 160 Apartments oberhalb vom Fischerhafen, schöner Blick auf Hafen und Meer, recht gepflegt. Moderne Apartments, Süßwasserpool mit Sonnenterrasse, Restaurant, Fitnessraum (gegen Gebühr), freundliche deutschsprachige Rezeption. Zum Sandstrand Playa Grande läuft man ca. 10 Min. Apartment mit 1 Schlafzimmer (2–4 Pers.) ca. 52–77 €, gegen Aufpreis auch Halbpension möglich. Pauschal z. B. über 1-2-Fly. ✆ 928-514940, ℻ 928-514949. www.hotetur.com

++ Isla de la Graciosa (15), Calle Botavara 36, sechzehn einfache Apartments in einer Seitengasse der Calle Reina Sofia, etwas oberhalb der zentralen Kreuzung. Rezeption in der Calle Reina Sofia 20 (über Mittag geschl.). Geeignet für Individualreisende ohne große Ansprüche bezüglich Lage oder Komfort, z. T. herrlicher Blick nach Fuerteventura. Apartment für 2 Pers. ca. 39–51 €, für 4 Pers. ca. 70 €. ✆ 928-515752, ℻ 928-5157766, www.lanzaroteisland.com/isladelagraciosa

++ Tamarindos (2), Calle Salinas 12, die ruhige Anlage des anthroposophischen Therapiezentrums liegt im rückwärtigen Ortsbereich, etwas oberhalb vom alten Ortskern (→ S. 190).

+++ Club Agua Marina (32), Calle Teide 35, hübsche Anlage, von spanischer Familie geführt, alles in Hellblau gehalten, große Sonnenterrasse, Pool. Apartments mit einem Schlafzimmer, Wochenpreis ca. 500–620 €. ✆ 928-514930, www.apartamentosaguamarina.com

++ El Rincón (26), Calle Teide 43, sehr schöne und ruhige Lage am Ende einer Sackgasse am äußersten westlichen Ortsende (→ Wanderung, S. 186). Elf einfache Studios und Apartments mit einem Schlafzimmer (für 2-3 Pers.), jeweils Balkon oder Terrasse, herrlicher Blick, kleiner ungeheizter Süßwasserpool. Apartment ca. 55 €, Studio 45 €. Zu buchen z. B. über Las Islas Reisen (www.las-islas-reisen.de) oder beim englischen Verwalter Ian Chapman direkt vor Ort, ✆/℻ 928-514792.

Essen & Trinken (siehe Karte S. 168/169)

Über 400 Restaurants gibt es auf Lanzarote, mehr als die Hälfte davon warten in Puerto del Carmen auf Gäste. Das Angebot an weitgehend standardisierter „internationaler Küche" überwiegt, daneben gibt es italienische Pizzerias, einen ganzen Schwung Chinesen und Inder, Steaklokale, deutsche Küche, Festlandsspanier, Franzosen und Mexikaner. Echt kanarische Küche bekommt man in Puerto del Carmen hauptsächlich im alten Ortskern.

An der Strandstraße: Die „Plastikmeile" wirkt manchmal wie ein einziges großes Restaurant. Die Lokalitäten reihen sich wie an einer Perlenkette, unterbrochen nur von Cafés, Spielhallen und Boutiquen. In vielen kann man den ganzen Tag über essen und es wird alles serviert, vom Frühstück bis zum opulenten Abenddinner.

• *Zwischen Hotel Los Fariones und Hotel San Antonio* **La Casa del Parmigiano (40)**, Calle Allegranza 1, im Sportzentrum Fariones (→ S. 180), guter Italiener, der sich auf Gerichte mit Parmesan spezialisiert hat.

La Paloma (42), schräg gegenüber vom Hotel Fariones Playa, alteingesessenes Lokal unter deutscher Leitung, im Innenraum sitzt man gemütlich. Im Angebot Gulasch, Schnitzel, Hacksteak u. Ä.

El Barito/La Marina (47), großes, aufmerksam geführtes Tapas-Lokal schräg gegenüber vom weißen Kiosk.

La Brasseria (48), Einmündung der Calle Folias, rustikales Steakhouse mit Terrasse und offenem Grill, gute Qualität, abends gelegentlich Warteschlangen. Reservierung empfohlen, ✆ 928-510681.

La Cañada (35), Calle César Manrique 3. Renommierte Adresse mit bekannt feiner Küche, seit 1986 geführt von José Manuel Cabrera, der auch selber kocht: große Vorspeisenplatte, Sama-Fisch in Salzkruste, pochierter Lachs in Weißwein, Paella mit Meeresfrüchten und Langusten. Tipp: Fragen Sie nach der jeweiligen Tagesspezialität. Wird auch von Prominenz gerne besucht. Shorts nicht erwünscht. Reservierung ✆ 928-510415. So geschl.

La Ola (68), großzügiges Restaurant mit Café direkt am Meer, nach vollständigem Umbau 2005 neu eröffnet. Das Café im Souterrain ist im thailändischen Stil gehalten, auf der Terrasse davor kleiner Pool und weiß gepolsterte Holzliegen, angeboten werden thailändische Spezialitäten. Das rundum verglaste und geschmackvoll eingerichtete Restaurant darüber bietet internationale Gerichte, die Küche liegt offen. Über dem gesamten Komplex befindet sich eine begehbare Terrasse.

Terrazza Playa (85), kleines, gemütliches Lokal mit Korbstühlen, gut verborgen unterhalb der Strandstraße. Man sitzt unter Palmen auf einer Terrasse mit Kieselsteinmosaik direkt an der Sand- und Klippenküste, schöner Meerblick. Zu erreichen über eine schmale Treppe neben Apartamentos „Las Rocas".

The Place (El Sitio) (83), ebenfalls hübsch gelegen unterhalb der Avda. de las Playas, gegenüber der Einmündung der Calle Chalana. Sitzplätze auf einer handtuchgroßen Terrasse mit vier Tischchen oder bei schlechtem Wetter im verglasten Innenraum. Englisch geführt, fünf (!) TV-Monitore übertragen ständig Sport, aber draußen sitzt man nett. Kleiner Strand ganz in der Nähe.

Antica Trattoria (59), „Italia in casa" heißt das Motto des gemütlichen Italieners im Barcarola Club, geführt von Einwanderern aus Verona. Gute italienische Küche und angenehmes Ambiente.

Noah (74), Avda. de las Playas 88, Meeresseite. Restaurant mit Meerblick und einer Kochstelle mitten im Lokal. Fleisch und Fisch frisch vom Grill, Tagesmenü ca. 8–10 €.

• *Playa de los Pocillos* In der Ladenzeile vor dem neuen Hotel Los Jameos Playa haben sich einige Restaurants und Bars etabliert, wo man einen schönen Blick auf Meer, Strand und den abendlichen Sonnenuntergang genießt.

Caballito de Mar, im „Seepferdchen" werden einige leckere spanische Gerichte und Tapas serviert, darunter *pimientos de Padron* (kleine grüne Paprika in heißem Öl), gegrillte Champignons, Langostinos in Knoblauch u. Ä. Schöner Blick auf Strand und Meer.

Mr. Big, deutsch geführtes Cafélokal neben der „Jungla Bar", geboten sind u. a. Frikadellen, Bratwurst, Weißbier, Kuchen und deutscher Kaffee, aber auch spanische Tapas, z. B. Garnelen mit Knoblauch.

Im alten Ortskern: Hier sitzt man weniger „touristisch", wenn auch gelegentlich vom Verkehr belästigt. Einige besonders nette Adressen liegen in der Calle Teide, oberhalb vom Fischerhafen.

Colosseo (23), Italiener in stilvollem und gemütlichem Rahmen mitten im Centro Biosfera Plaza (oberes Stockwerk). Gute hausgemachte Pizza und Pasta.

El Tomate (14), Calle Jameos 9, bereits seit 1984 geführt von Maria und Joachim Rosenthal. Hübsch aufgemachter Innenbereich mit niedriger Galerie und Nebenraum. Geboten ist gute, teils deftige Fleischküche mit diversen hausgemachten Saucen, z. B. Pfeffersteak, Rumpsteak und Stuttgarter Filettopf (mit Spätzle, Champignonsauce, frischem Gemüse und Macaire-Kartoffeln), aber auch indische Hühnerbrust, fleischgefüllte Tomaten und Fisch. Als besonderen Service gibt's für Kinder Malblocks und Buntstifte. Hervorzuheben ist die gute Lüftung, weder Essensgerüche noch Zigarettenrauch sind zu spüren. Tägl. ab 19 Uhr. Vor kurzem haben Maria und Joachim hier die Pizzeria **Tomatissimo** eröffnet.

Carpe Diem (30), neu eröffneter Italiener mit klassischem Säulenvorbau im entkernten und völlig neu gestalteten Centro Comercial „Jardines del Puerto" an der Kreuzung Calle Reina Sofia/Calle Juan Carlos I.

Bodega Cascada Puerto (80), Calle Roque Nublo 3, typisch spanische Festlandsbodega mit mehreren Räumen, schick-rustikal und gemütlich, über der Theke Schinkenschlegel und dekorative Weinfässer, ein Wagenrad dient als Fenster. Reiche Auswahl an Tapas, nette Bedienung, Preise zivil.

Bodegon Don Cisos (81), Calle Bajamar 17, wenige Meter von der zentralen Kreuzung, Tapas-Bar im rustikalen spanischen Stil, ausgezeichnete Auswahl und preiswert. Keine Plätze im Freien. So geschl.

Mario's Pizzeria (7), im Centro Montaña Tropical, Calle El Toscon. Gemütliche Terrasse mit Meerblick und etwas Baumschatten, gute und reichhaltig belegte Pizzen, trotz der etwas abseitigen Lage recht beliebt und vergleichsweise preiswert.

Tamarindos (2), Calle Salinas 12, in der gleichnamigen Apartmentanlage (von der Ausfallstraße nach Mácher vor der Schule rechts, ca. 300 m). Kleines Lokal mit etwa zehn Tischen im Freien, ruhiges Ambiente, Blick auf Bäume, Sträucher und den Swimmingpool. Das Restaurant des anthroposophischen Therapeutikums (→ Mácher) bietet von 18–20.30 Uhr ein vegetarisches Menü und eins mit Fisch oder Fleisch. Die Hälfte aller verwendeten Produkte kommt aus eigenem biologisch-dynamischen Anbau oder von entsprechenden Erzeugern. Außerdem gibt es Frühstück mit Bio-Vollwertprodukten. So geschl.

• *Calle Teide* **Casa Bodeco's (25)**, Calle Teide 6, direkt oberhalb vom Hafen. Bildschönes kanarisches Haus mit viel Holz und Galerien im oberen Stockwerk. Geführt von einem polnisch-irischen Paar, geschmackvoll eingerichtet, nur eine Handvoll Tische und viel Platz, stimmungsvolles Ambiente. Gute Palette von interessanten Gerichten, darunter auch polnische und irische Speisen sowie Vegetarisches. Nach eigener Aussage alles frisch zubereitet.

La Chalana/The Flatbout (19), Calle Teide 38, seit Jahren hat sich in dem einfachen Fischlokal von Antonio nichts verändert – und das ist gut so! Jede Menge Stammkundschaft, immer gute Laune, große Portionen, günstige Preise, vor allem mittags – bitte alles so lassen. Sa geschl.

El Puerto (18), Calle Teide 40, fast das allerletzte Lokal von Puerto del Carmen, wenige Meter dahinter ist Ortsende. Bei Jürgen (Koch) und Marion (Hotelfachfrau) kann man sich mit ausgezeichneter deutscher, jedoch kanarisch inspirierter Küche verwöhnen lassen. Die Gambas in Knoblauch sind wunderbar, ebenso die Spaghetti mit Meeresfrüchten, das zarte Gulasch und die „German Bratwurst". Auch griechisches Gyros ist auf der Karte zu finden. Hausspezialität: Lammkeule aus dem Ofen. Große Portionen, gute Stimmung, freundliche Bedienung. So geschl.

Inselmitte
Karte S. 136/137

Im Fischerhafen: zum Essen sicherlich die stimmungsvollste Ecke in Puerto del Carmen, denn auch für die Einheimischen ist der Hafen ein beliebter Treff. Allerdings haben die jüngst errichteten Großlokale der einst authentischen Atmosphäre nicht gut getan (→ Sehenswertes), die Preise sind spürbar gestiegen und mittlerweile macht sich auch das Nachtleben breit, die erste Disco wurde vor kurzem eröffnet. Tagsüber eine wunderbar sonnige Ecke, man sitzt fast direkt am Wasser und abends kann man den Einheimischen beim Bola-Spiel zusehen. Die

Im Fischerhafen von Puerto del Carmen

Lokale in den ehemaligen Fischlagerhallen sind natürlich alle auf Fisch spezialisiert, den frischen Fang gibt's fast täglich von den Booten ein paar Meter weiter.

La Lonja (39), die frühere Fischmarkthalle wurde komplett umgebaut: im ersten Stock auf der Holzempore ein maritim dekoriertes Fischrestaurant, in der „Freiduria" (Fischbraterei) im Erdgeschoss verspeist man Fisch-Tapas an einer gemütlichen Bar und einigen Tischen. In der „Pescaderia" (Fischhandlung) daneben kann man für teures Geld frischen Fisch ins Apartment mitnehmen. Günstiger ist die Fischhandlung an der nahe gelegenen Calle Roque Nublo (→ Shopping).

La Casa Roja (39), das unter Denkmalschutz stehende „Rote Haus" besitzt eine stimmungsvolle Terrasse direkt am Wasser. Tagsüber als Café besucht, wird der Außenbereich zum abendlichen Dinner schön illuminiert. Das Innere ist elegant gehalten. Wegen seiner exponierten Lage sehr beliebt und oft bis auf den letzten Platz besetzt. Die Küche ist nach Leserzuschriften nicht immer das, was man sich hier wünschen würde, mit Wartezeiten ist zu rechnen.

El Ancla (39), großer Neubau vis-à-vis der Bolabahn, unten eine maritime Bar mit einer Theke in Form eines Schiffs, wo man Tapas ordern kann, oben ein gutes und nicht billiges Restaurant.

Puerto Viejo (39), im Jahr 2000 eröffnetes Großlokal in einem Neubau neben der Bolabahn, Fleisch und Fisch vom Grill, etwas aufdringlich maritim dekoriert, verbunden mit dem dahinter liegenden „El Bodegón".

La Dolce Vita Due (39), geschmackvoll ausgestatteter Italiener im Obergeschoss desselben Neubaus, Terrasse zum Meer, gute Pizza, hausgemachte Nudeln, italienische Wurst- und Käsespezialitäten, flinke Bedienung.

La Rueda Tex-Mex (39), neues Grilllokal mit schön gestalteter Fassade.

El Bodegón (39), großes Restaurant gegenüber der Kirche im alten Fischerhafen (Rückseite des Fischlokals Puerto Viejo), sehr aufwändig, rustikal und gepflegt gestaltet. Vielfältige Auswahl an Tapas und Grillgerichten, ein Schwerpunkt ist die festländische spanische Küche mit Milchlamm, Spanferkel etc. Dazu weit gefächerte Auswahl an Weinen. Nicht billig.

El Sardinero (54), **Mama Lala-Casa Juan (54)**, **Mar Casa Benito (54)** und **Puerto Bahía (54)**, vier Lokale nebeneinander am höchsten Punkt des Hafens, deshalb auch besonders schöner Ausblick, ideal gegen Abend kurz vor Sonnenuntergang. Das Puerto Bahía besitzt ein recht edles maritimes Outfit, auch das Essen ist hier recht gut.

Bar Playa (77), wunderschöne Lage an der Mole beim „Baby-Beach" (Playa de la Barrilla), schattige Terrasse mit Meerblick, gegrillter Fisch in durchschnittlicher Qualität. Direkt vor dem Lokal steigen häufig Taucher ins Wasser.

Cafés und Tageskneipen: Frühstücksbuffet oder das erste Bierchen – das ist hier die Frage. Möglichkeiten gibt's wie Sand am Meer.

La Playa (57), nettes, kleines Café direkt am Strand beim Hotel Fariones Playa, von der Avda. de las Playas nicht zu sehen.

Mirador La Playa (69), gemütliches Freiluftcafé mit Strandblick unterhalb vom weißen Kiosk an der Strandstraße.

Elpizco (62), winzige Snackbar unterhalb der Strandstraße, versteckt in einer engen Passage zum Meer (neben Apartments Cabrera). Englisch geführt, drei Tische vor der Tür, Hamburger und Bier.

Backparadies (31), blauer Kiosk östlich vom Hotel San Antonio, der Rest des einstigen „Café Journal"-Imperiums, deutsche Backwaren. Tägl. 8–24 Uhr.

Burki's Trödelkneipe, an der Ausfallstraße nach Mácher, direkt am Kreisverkehr. Falls man sich auf Lanzarote niederlassen will, kann man hier gebrauchtes Mobiliar kaufen, ansonsten an der Bar oder vor dem Haus Tapas kosten und Bier trinken. Tägl. 7–20 Uhr.

Deutsche Bäckerei mit Konditorei und Café im ziemlich heruntergekommenen Centro Comercial Playa Blanca (Ecke Avda. de las Playas/Calle Timanfaya), gleich beim Hotel Fariones.

Nachtleben (siehe Karte S. 168/169)

Puerto del Carmen besitzt Nachtleben – neben Arrecife das einzige der Insel, und zwar nicht zu knapp! Allein an die zwei Dutzend British und Irish Pubs gibt es wohl mittlerweile im Ort. Wer will, kann hier jede Nacht „abstürzen" oder bis 7 Uhr früh durchmachen. Die letzte Kneipe im Centro Atlántico macht zu, wenn die ersten Frühstückslokale öffnen. Speziell bei den neueren Clubs und Bars wechseln Besitzer und Namen allerdings häufig.

Achtung: Vor allem an Wochenenden stehen nachts an allen Ausfallstraßen und auch direkt an der Strandstraße Posten der Guardia Civil. Alkoholproben werden vorgenommen, zulässige Obergrenze ist 0,5 Promille, für Fahranfänger (Führerschein unter zwei Jahren) 0,2 %. Fahren Sie lieber mit dem Taxi!

An der Strandstraße: Das *Centro Atlántico* ist das brodelnde Zentrum der Nacht. Vor Mitternacht geht es zunächst ganz relaxed los. Doch schnell kippt die Szene und aus allen Richtungen strömen Paradiesvögel, Freaks, schicke Jungmänner, kleine englische Schulmädchen und aufgedonnerte Spanierinnen in die fetzigen Disco-Bars im Hinterbau des Centro. Vor allem an Samstagen kommen die jungen Inselbewohner aus Arrecife und machen die Nacht zum Tag. Während der Woche machen die Kneipen um 3 Uhr dicht, am Wochenende um 4 Uhr. Danach kann man noch in eine Discos taumeln, um bis 6 oder 7 Uhr abzutanzen, anschließend einen ersten Kaffee schlürfen und den Sonnenaufgang genießen.

• *Centro Atlántico* **Waikiki Beach Club (58)**, der Innenraum ist im Südsee-Styling aufbereitet, die Terrasse davor dient von früh bis nachts zum Sehen und Gesehen werden. Abends ab etwa 22 Uhr nippt man hier an seinem Bier und lässt die Schönen der Nacht an sich vorbeiflanieren, erste Kontakte werden geknüpft und spät nachts trifft man sich ja vielleicht irgendwo wieder…

Charlie's, auf der großen Dachterrasse, alteingesessene Kneipe mit Livemusik, Gitarristen, Rock- und Folkrockbands erheitern allabendlich die meist englischen Gäste.

Gleich benachbart bildet das **Hippodrome** zusammen mit dem genau gegenüberliegenden **Empire** das Herzstück der Nacht von Puerto del Carmen. Man pendelt hin und her, tanzt mal hier und tanzt mal dort oder weilt an den luftigen Stehtischchen vor der Tür. Wenn die Kondition nicht mehr für die nächste Disco reicht, ist hier Endstation.

• *Andere Möglichkeiten* **Mulligans (66)**, östlich des Centro Atlántico gelegene Kellerbar (ehemals: American Harley Rock). Der chromblitzende Cadillac ist in das neue Interieur übernommen worden, man hätte ihn wohl auch nur schwer die Treppe hoch transportieren können. Ebenso wurden die Aquarien an der Rückseite des Lokals an Ort und Stelle gelassen. Ein typischer, ziemlich großer Irish-Pub mit den üblichen Fußballübertragungen und abendlicher Livemusik. Mehrere Großbildleinwände und Fernseher, verschiedene Theken, Speisekarte überschaubar.

Paradise Beach Club (66), direkt über dem Mulligans. Große, halb offene Terrasse, auf der sich vor allem zahlreiche Teenies wohl fühlen und ausgelassen tanzen.

Tropical und Ruta 66 (53), zwei gut gestylte Bars mit Videowänden westlich vom Centro Atlántico, die sich abends in viel besuchte „Kennenlern-Schuppen" verwandeln. Nach Mitternacht wird auch hier wild geshakt.

• *Discotheken* **Ibiza (63)**, vormals „Dreams", direkt unter dem Centro Atlántico. Riesiger Discoschuppen, der sich aber erst ab 4 Uhr wirklich füllt. Dann geht's voll ab mit Techno, Nebelschwaden und Animiertänzern. Stand bei der Recherche zum Verkauf.

Bar 928 (52), die Konkurrenz ein paar Meter westlich vom Centro Atlántico ist kleiner, aber lässt sich ebenfalls nicht lumpen. Schaumpartys u. Ä. gehören auch hier zum Repertoire.

Cesar's (46), Avda. de las Playas 14, noch ein paar Schritte weiter westlich, Technotempel oberhalb der Playa Grande, Internationale DJs bringen Leben in die Bude. Geöffnet Do-So.

Rumm (33), Plaza del Varadero, völlig deplatziert wirkt der Betonklotz der neu erbauten Disco direkt im Fischerhafen, nachts zu erkennen an den rot erleuchteten Fenstern.

• *Spanische Kneipen* **Bodegon El Campesino (29)**, Calle Bernegal (parallel zur Strandstraße, in Höhe des Hauptstrands Playa Grande). Tipp! Relativ klein, aber urgemütlich, gastfreundliche Atmosphäre, günstige Preise. Hier treffen sich hauptsächlich Einheimische und Residenten, die Spanisch sprechen. Ab 21.30 Uhr Livemusik, ab 23 Uhr wird's voll, die Gäste nehmen sich teilweise selber Instrumente und spielen mit.

• *Glücksspiel* **Casino de Lanzarote (65)**, Avda. de las Playas 12 (neben Restaurant La Ola). Das einzige Casino der Insel, kürzlich renoviert und nun etwas eleganter. Tägl. 20–4 Uhr, Ausweis muss vorgelegt werden, kein Garderobenzwang. ✆ 928-515000.

Alter Ortskern: Bis auf das brüllend laute Centro Roque Nublo an der gleichnamigen Straße geht es hier wesentlich ruhiger zu als im Trubel des Centro Atlántico. Das meiste ist britisch oder irisch geprägt, in vielen Kneipen gibt es täglich Livemusik.

Bourbon Street, kleine, bunt illuminierte Tanzfläche im Centro Roque Nublo.

Tonga, ebenfalls im Centro Roque Nublo, nette Bar mit warmer „Südsee"-Atmosphäre. Bei Bruno, einem waschechten Lanzaroteño, findet man immer freundliche und relaxte Stimmung.

The Crowded House, Calle Reine Sofia, oberhalb der zentralen Kreuzung, eng geht's zu, aber eine Liveband findet wunderbarerweise immer noch Platz.

The Ha'Penny Inn, im neu gestalteten Centro Comercial „Jardines del Puerto" an der Kreuzung von Calle Reina Sofia und Calle Juan Carlos I. Livemusik ab 22 Uhr, geschmackvoll ausgestattet, bisher zivile Preise und nettes Personal.

Deutsches Eck (21), an der Calle Reina Sofia, ein Stück oberhalb der Kreuzung, feucht-fröhlicher Residenten- und Touristentreff, wo man sein Bierchen mit Blick auf die Straße zischen kann und immer jemanden zum Klönen kennen lernt.

Cervecería San Miguel, im Hafen, populäre Bierschenke mit großer Auswahl, z. B. San Miguel, Beamish, Foster und Hoegaarden, aber auch Cocktails und Tapas.

Harbour Heineken, 2006 an Stelle des ehemaligen „El Sardinero" im Fischerhafen neu eröffnet, die Sichtfenster (frühere Küche) sind mit Bierdosen und Flaschen randvoll zugestapelt, oben stehen Schaufensterpuppen.

Shopping (siehe Karte S. 168/169)

An der „Plastikmeile" ist alles geboten. Es dominieren die üblichen, hauptsächlich von Indern geführten *Dutyfreeshops* mit japanischen Elektronikgeräten und Parfüms, dazwischen verkaufen Marokkaner Ledertaschen. Ansonsten kann man wählen zwischen italienischer Designermode, Kinderspielzeug, Badebekleidung, Souvenirs aus aller Welt und Guanchen-Keramik. Bezüglich des Kaufs von Elektronikgeräten lesen Sie bitte S. 97 im Vorspann dieses Buches.

• *Bäckerei* **Törtchen**, deutsche Bäckerei in der Ladenzeile vor dem Hotel Los Jameos Playa (Playa de los Pocillos).

• *Blumenläden/Gärtnerei* **Puerto Jardín**, im alten Ortskern, etwas oberhalb der Hauptkreuzung. Große Auswahl an Zierkakteen. Angeschlossen an Fleurop.

Floristería Canarias, Avda. de las Playas 111, hier kann man sich die Samen zahlreicher kanarischer Pflanzen mitnehmen, teurer als Puerto Jardín.

• *Fisch* Besonders preiswert gibt's fangfrischen Fisch morgens direkt bei den Fischern am **Hafenkai**, ansonsten ebenfalls günstig etwas oberhalb vom alten Hafen in der **Pescadería Chano** (Fischgeschäft), Calle Roque Nublo 4, wo auch die Einheimischen kaufen (Mo–Sa 8–13 Uhr). Die Fischhandlung in der ehemaligen Fischhalle **La Lonja (39)** (→ Essen & Trinken) ist dagegen recht teuer.

• *Gebrauchtwaren* **Burki's Trödelkneipe**, an der Ausfallstraße nach Mácher, direkt am Kreisverkehr. An- und Verkauf von Waren aus zweiter Hand. Auch Bücher gibt's en masse – wenn Sie zwei ausgelesene Bücher dort lassen, können Sie eins dafür mitnehmen. 18–21 Uhr.

• *Internationale Presse* zahlreiche Verkaufsstellen in ganz Puerto del Carmen. Am späten Vormittag ist vieles bereits vergriffen. Gute Auswahl findet man im **Fariones Shop** an der Straßenseite des Hotels Fariones Playa.

• *Kunsthandwerk* **Artesanía (71)**, neben Mulligans an der Avenida, kleiner Laden mit traditionellen Stickereien.

Tienda Fundación César Manrique (67), Avda. de las Playas 47, ebenfalls an der Meeresseite der Strandstraße (→ Stadtplan). Kacheln, Taschen, T-Shirts, Poster, Uhren und Schmuck mit Manrique-Motiven. Mo–Fr 10–13.30 und 18–21.30, Sa 18–21.30 Uhr, So geschl.

Chévere (51), Avda. de las Playas (gegenüber vom Centro Aquarium). Reiche Auswahl an fantasievollen Stücken aus natürlichen Materialien wie Stein, Lava und Holz, darunter vergleichsweise wenig Kitsch. Auch die Tradition kommt nicht zu kurz: Lanzarote-Keramik von Juan Brito und Dorotea, außerdem Keramik im Stil der Altkanarier, die archäologischen Funden nachgebildet ist („Guanchen-Keramik").

Palm Center, großes, elegant aufgemachtes Geschäft im Suite Hotel Fariones Playa – Schmuck, Uhren, Textilien, Bademoden, Keramiken, Holzarbeiten aus aller Welt usw.

Studio Madeleine (11), Calle Reina Sofia 22, etwas oberhalb der zentralen Kreuzung im alten Ortskern. Deutsch geführt, Keramik im altkanarischen Stil, Aquarelle, schöner Schmuck, elegante Textilien, Kunstpostkarten u. a.

• *Naturkost* **Tamarindos (2)**, Calle Salinas 12, der kleine Laden des „Centro de Terapia Antroposófica" in der Apartmentanlage Tamarindos bietet Gemüse und Obst aus biologischem Anbau, Vollkornbrot und Naturkosmetik.

• *Supermärkte* Der nächste Supermarkt liegt garantiert nur ein paar Ecken von Ihrer Anlage entfernt. Viele haben auch an Sonn- und Feiertagen geöffnet. Das Angebot ist reichhaltig, die Preise sind relativ hoch. Deutlich günstiger kauft man in Arrecife und in den großen Supermärkten von Playa Honda an der Schnellstraße nach Arrecife.

Feste

Die Feste in Puerto del Carmen gehören heute zu den größten und populärsten der Insel. Der große Karnevalsumzug hat sich vor allem aufgrund der massiven touristischen Entwicklung etabliert, doch die *Fiesta de la Virgen del Carmen* ist ein authentisches Ereignis mit langer Tradition.

Dreikönigsfest, im Fischerhafen bescheren die Drei Könige die Kinder, anschließend spielen einheimische Musikgruppen zum Tanz bis in die Morgenstunden.

Carnaval, Höhepunkt ist der kilometerlange Umzug auf der Avda. de las Playas, zwischen Hotel San Antonio und Hotel Los Fariones. Ganz Puerto del Carmen versammelt sich an der Strandstraße, um die aufwändig geschmückten Wagen und fantasievoll gekleideten Straßenkapellen vorbeiparadieren zu sehen. Es ist weitgehend derselbe Umzug wie in Arrecife (→ dort). Danach wird im Fischerhafen weitergefeiert – zwei Nächte Salsamusik und Tanz bis zum Morgengrauen.

Fiesta de la Virgen del Carmen, um den 16. Juli, mehrtägiges Fest zu Ehren der Schutzpatronin der Seeleute und Fischer. Festlich geschmückte Boote fahren mit der Statue der Heiligen auf's Meer hinaus, um für den guten Fang und die glückliche Heimkehr zu danken. Außerdem feierliche Straßenprozession, musikalisch begleitet vom städtischen Orchester. Anschließend Festessen im Fischerhafen, wo zahlreiche Essensstände mit Tapas, gegrilltem Fisch und *sancocho* (getrockneter Fisch mit Gemüse) aufwarten. Großes musikalisches Rahmenprogramm mit Folkloregruppen, auch viele Aktivitäten für Kinder.

Feria de Artesanía, um den 15. August im alten Fischerhafen. Zu sehen ist dabei fast alles, was traditionell auf Lanzarote kunsthandwerklich gefertigt wird, u. a. Keramik, Rosettenstickereien und Flechtarbeiten, außerdem werden Ziegenkäse und Gofio hergestellt. Dazu kommen Vorführungen der alten kanarischen Sportarten wie „Lucha Canaria" (Ringkampf), „Salto del Pastor" (Hirtensprung) und „Juego del Palo" (Stockspiel).

Sporttaucher an der Playa de la Barrilla

Sport (siehe Karte S. 168/169)

Da Puerto del Carmen in einer weitgehend windgeschützten Inselecke liegt, sind Windsurfer – im Gegensatz zu Costa Teguise – kaum anzutreffen. Dagegen finden Taucher ihr Dorado. Fast ein Dutzend Tauchschulen bietet Kurse im vorgelagerten *Unterwasserpark*. Und auch der beliebteste Startplatz für Drachenflieger auf Lanzarote liegt in Ortsnähe.

Tauchen: Vor Puerto del Carmen liegt der Unterwasserpark *Los Erizos*. Ein langes Riff zieht sich wenige Meter unter dem Meeresspiegel entlang, dort kann man die reichhaltige Flora und Fauna des hier noch weitgehend sauberen Atlantiks bestens beobachten, u. a. sieht man große Barrakudaschwärme, Moränen, Zackenbarsche, Tintenfische, Rochen und Engelhaie. Noch dazu liegen insgesamt sieben Schiffswracks im Umkreis, darunter angeblich ein altrömisches (!) Frachtschiff.

Im Angebot der meisten Tauchschulen sind Anfänger- und Fortgeschrittenenkurse, für letztere auch Wracktauchen, Tieftauchen, Nachttauchen und Höhlentauchen. Eine „Schnupperlektion" kostet ca. 40 €, der Erwerb eines Tauchscheins zwischen 320 und 430 €.
Beliebtestes Tauchrevier ist die fischreiche Region um das alte Hafenbecken. Tauchgänge starten entweder an der Mole neben der kleinen *Playa de la Barrilla* oder am westlichen Ortsende von Puerto del Carmen, vor den Apartmentanlagen *Buena Pesca/El Rincón*. Allgemeine Hinweise für Taucher → S. 124.

• *Tauchschulen* (Auswahl) **Atlantica**, im Hotel Fariones Playa, Calle Roque del Este 1. Vorteil: von der hoteleigenen Mole direkter Zugang zum Meer. Auch deutsche Tauchlehrer. ✆ 928-510717, 📠 928-511322, www.atlanticadiving.de

M.A. Diving (1), Calle Juan Carlos I. 35, am Ortsausgang in Richtung Tías, bei Aparthotel „Puerto Carmen". Internationales Team, komplettes PADI-Kursangebot, umfangreiche Wochentauchprogramme, Schnorchelausflüge für die ganze Familie. ✆ 928-516915, 📠 516916, www.madiving.com

RC Diving (72), seit 1989, im Centro Aquarium, Avda. de las Playas 38 (neben Apotheke), geführt von Stefan und Edwin, es wird Deutsch gesprochen. ✆ 928-514290, 📠 515396, www.rcdving.com

Safari Diving (82), an der kleinen Playa de la Barrilla, neben dem Hotel Los Fariones, geführt von den beiden netten Holländern Dea und Rene van Leeuwen. Auch Behinderte sind willkommen. ✆ 928-511992, 📠 928-510496, www.safaridiving.com

Speedy Diving, in der Apartmentanlage Arena Dorada, geführt von Stephan und Karin. Leihmaterial, Kurse, umfangreiche Betreuung. ✆ 928-511402.

Wouw (World of under water), Calle Luchada 23, geführt von Jörg und Holger, seit 2003 aktiv. ✆ 659555024, www.wouw-diving-lanzarote.com

Inselmitte
Karte S. 136/137

Parasailing: Wer sich an einem Fallschirm hängend von einem Motorboot übers Meer ziehen lassen will, findet den Startplatz von *Paracraft Lanzarote* an der Mole neben der kleinen Playa de la Barrilla. ✆ 619-068680, 📠 938-512196, E-Mail: paracraft@terra.es

Reiten: Im Hinterland von Puerto del Carmen liegt der Vergnügungspark *Rancho Texas*, wo man auf galicischen Ponys und britischen Reitpferden Ausritte machen kann. 1 Std. für Anfänger kostet ca. 21 €, 3 Std. Strandritt für erfahrene Reiter ca. 54 €. Es werden auch Apartments vermietet und ein Shop bietet Reitzubehör an. Tägl. 9.30–17.30 Uhr, ✆ 928-841286, www.ranchotexaslanzarote.com (Adresse: Calle Noruega s/n, Abzweig von der Avda. de las Playas am Westende der Playa de los Pocillos)
Ein weiterer Reitstall liegt an der LZ-2 nach Yaiza (→ S. 195).

Golf: Oberhalb der Umgehungsstraße wird links neben der Calle Juan Carlos I. ein Golfplatz gebaut.

Tennis: Die großen Hotels und mehrere Apartmentanlagen in Puerto del Carmen verfügen über Tennis-Hartplätze. Ansonsten kann man im *Centro Deportivo Fariones* Tennisplätze und Spielzeiten reservieren (→ Kasten).

Drachenfliegen: Puerto del Carmen ist für Drachenflieger und Gleitschirmsegler ein wichtiges Standquartier, da die *Montaña Tinasoria*, einer der beliebtesten Startpunkte, nur wenige Kilometer entfernt liegt (→ Puerto del Carmen/Umgebung).

Fitness/Gymnastik: Aerobic und Bodybuilding kann man üben bei *Castellana Sport* am Beginn der Calle Guanapay (etwas oberhalb der Playa Grande, gegenüber Apartments Kon-Tiki).

Minigolf: Eine Minigolfanlage **(55)** mit 18 Löchern liegt gegenüber vom Hotel San Antonio (Eintritt ca. 4 €), eine weitere gibt es im *Centro Deportivo Fariones* (→ Kasten).

Wellness: Das *Aquarsis Spa* **(41)** in der Calle Chalana s/n bietet für ca. 20 € zweistündige Kuren mit Jacuzzimassage, Wasserbecken verschiedener Temperaturen, türkischem Dampfbad, römischer Therme und Kneippgang. Tägl. 10–20 Uhr. ✆ 928-511337, 📠 512336, www.aquarsis.biz

Centro Deportivo Fariones (43): Das Sportzentrum von Puerto del Carmen liegt schräg gegenüber vom Hotel Los Fariones, an der Ecke der Calle Alegranza. Zu erkennen ist es an dem 15 m hohen Leuchtturm, der von der Strandstraße aus weithin sichtbar ist. In der mit Rasen, Blumenrabatten und Palmen ausgestatteten Anlage gibt es fünf Tennisplätze, Squash, Minigolf, Fitnessräume, Sauna, Whirlpool, Massage, einen Kinderspielplatz und einen Swimmingpool. In den zur Straße hin liegenden Anbauten befindet sich ein italienisches Restaurant namens „La Casa del Parmigiano" (→ Essen & Trinken), im Untergeschoss des Leuchtturms eine Bar. ✆ 928-514790, 📠 928-513117, E-Mail: fariones@infolanz.es

Sehenswertes

Sehenswürdigkeiten im eigentlichen Sinn gibt es in Puerto del Carmen nicht. Das Treiben an der Strandstraße ist aber immer wieder anregend. Und nur über die Straße und man kann sich im weichen Sand aalen.

Einzig wirklich schöne Ecke – wenn man von den Stränden absieht – ist die *Küstenlinie* vor dem alten Ortskern und der große *Fischerhafen*. Im Rahmen eines ausgedehnten Spaziergangs kann man diesen Teil Puerto del Carmens bequem kennen lernen.

Biosfera Plaza: Shopping mit Stil

Das architektonisch eigenwillige Einkaufszentrum wurde 2002 im alten Ortszentrum eröffnet. Man flaniert auf spiegelndem Granit und über moderne Rolltreppen, es gibt einige gute Lokale, teils recht noble Boutiquen und zahlreiche Einrichtungen für Kinder, z. B. ein Trampolingerüst auf dem Dach und mehrere mit grünen Netzen verspannte Türme mit Spielgeräten. Von den Terrassen hat man einen unverbauten Blick bis Fuerteventura. Im Untergrund liegt eine zweigeschossige Tiefgarage, das Obergeschoss ist mit großen, dreieckigen Kunststoffsegeln, die an Drahtseilen verspannt sind, dekoriert. Eine Wasserkaskade mit zwei Springbrunnen neben dem Haupteingang ist abends illuminiert.

Öffnungszeiten: Mo–Sa 10–22, So 11–21 Uhr.

Spaziergang von der Playa Grande zum Fischerhafen: Man startet an der Strandstraße und bewegt sich in westlicher Richtung, parallel zum bis zu 150 m breiten Hauptstrand *Playa Grande*. Dominanter Blickfang ist das auffallende Aparthotel *Fariones Playa*, eine riesige Trutzburg aus grauen Basaltplatten, die das Westende des Strands markiert. Hier steigt man hinunter auf den Sand, geht am Strandcafé „La Playa" vorbei und an der grauen Abgrenzungsmauer des Hotels entlang, bis man auf einen Durchgang zwischen den Hotels „Fariones Playa" und „Los Fariones" trifft. Wenn man diesen hinter sich hat, kann man die Calle Roque del Oeste oder Calle Alegranza entlanggehen und durchquert dabei ein ruhiges Wohnviertel mit kleinen Gärten, wo überall große Kakteen, Gummibäume, Geranien, Hibiskus, Bougainvillea und Palmen gedeihen. Hält man sich kurz darauf links, hat man das Hotel umgangen und kommt zur hübschen, von

Blick vom westlichen Ortsende auf den Fischerhafen

Inselmitte
Karte S. 136/137

zwei scharfkantigen Felszungen eingefassten Sandbucht *Playa de la Barrilla* (→ Baden). An ihrem rechten (westlichen) Rand kann man auf Stufen über die Klippen steigen und trifft auf eine gemauerte Mole mit dem kleinen, ruhigen Fischlokal „Bar Playa" (→ Essen & Trinken).

Weiter Richtung Westen geht es jetzt über einen kahlen Erdhügel immer dicht am Wasser entlang. Hier hat man einen herrlichen Panoramablick auf die Küste westlich von Puerto del Carmen bis zu den Bergen von Los Ajaches im Hintergrund. Man erkennt den Jachthafen Puerto Calero und kurz vor den Bergen das winzige Örtchen Playa Quemada (→ Puerto del Carmen/Umgebung). Auf einem hübschen Promenadenweg nähert man sich dem Fischerhafen. Unterhalb des Wegs sind mehrere Lapilliflächen mit Fächerpalmen und Bänken in die Klippen gebaut – ideal, um ein kleines Sonnenbad zu nehmen. Vorbei an Fischrestaurants und dem Kinderspielplatz steigt man allmählich zum Fischerhafen hinunter.

Fischerhafen La Tiñosa

Ein Platz mit Atmosphäre – tief blaues Wasser, leuchtend bunte Boote, strahlend weiße Häuser auf schwarzen Klippen, ein paar Palmen im Wind, gut besuchte Fischrestaurants ...

Der Hafen ist die eigentliche Keimzelle Puerto del Carmens. „La Tiñosa", die Schäbige, hieß er früher, heute wird er „El Varadero", wörtlich: der Stapelplatz, genannt. Eine windgeschützte Bucht, wo die Fischer ihre Boote vertauen konnten, ein paar armselige Hütten und Lagerräume, an den Hängen rundum Tomatenfelder – das war alles, was hier noch vor fünfzig Jahren zu sehen war. Die Lagerräume sind seit langem abgerissen, stattdessen gibt es Fischrestaurants, Bodegas und Bars. Leider haben einige neu erbaute Großlokale durch ihr „genormtes" touristisches Outfit den typisch kanarischen Charme des Hafens stark beeinträchtigt.

Sardinen werden im Fischerhafen getrocknet

Im Mittelpunkt steht eine große Bühne mit Tanzfläche, wo u. a. der turbulente „Carnaval" und das Fest der Heiligen Drei Könige mit Musikgruppen und Tanz bis in die Morgendämmerung gefeiert wird. Tagsüber kann hier Rollerskater gefahren werden, oft wird der Platz jedoch von einheimischen Jungs als Bolzplatz genutzt. Direkt daneben liegt der allabendlich dicht umlagerte Treffpunkt der Männerwelt, die Bola-Bahn. Die Spieler genießen es sichtlich, sich hier im Scheinwerferlicht der Öffentlichkeit zu präsentieren.

Eine lange Mole aus riesigen Basaltblöcken schützt das schlauchförmige Hafenbecken, in dem zahlreiche Fischerboote aller Größen ankern. Wer will, kann auf die Blöcke steigen, sich den Wind um die Nase wehen lassen und frische Seeluft schnuppern. Etwa jeden zweiten Tag vormittags, meist zwischen 9.30 und 11 Uhr, landen die Fischer ihren nächtlichen Fang an – ein Schauspiel, bei dem jeder Mittelmeer-Fischer vor Neid erblassen würde! Die Boote sind buchstäblich randvoll mit Fischen, teilweise haben sie extreme Schlagseite, wenn sie langsam in den Hafen tuckern. Gelegentlich muss sogar die quietschende Winde in Aktion treten und ein 3 m langer Thunfisch wird an Land gehievt.

Schiffsausflüge

Der große, komfortable Motor-Katamaran **Blue Delfin** (www.bluedelfin.com) und der Motor-Katamaran **Princesa Ico** (www.princesaico.com) veranstalten Mini-Kreuzfahrten mit Unterwasserbeobachtung, außerdem Fahrten zu den Papagayo-Stränden, nach Corralejo auf Fuerteventura und zu den dortigen Dünenstränden, weiterhin gab es in den letzten Jahren verschiedene U-Boote und den Tauch-Katamaran **Subcat**, der bis in 30 m Tiefe tauchen kann, zum Zeitpunkt der letzten Recherche jedoch stillgelegt war.

Nuestra Señora del Carmen: Der Schutzheiligen der Seeleute und Fischer ist die kleine, weiße Kirche geweiht, die versteckt in der Gasse hinter den Großlokalen liegt. Über der Eingangstür erkennt man eine schlichte Rosette, die die Jungfrau mit dem Kind über den stilisierten Häusern von Puerto del Carmen zeigt. Das große Fest der Señora del Carmen findet um den 16. Juli herum statt (→ Puerto del Carmen/Feste).

Die großen Fischerkähne kommen oft randvoll zurück

Spaziergang vom Fischerhafen zum westlichen Ortsende von Puerto del Carmen: Neben der neuen Diskothek „Rumm" steigt man die Treppe aus *Tonziegeln* hinauf, an deren Scheitel ein stilisierter Fisch den Fischerhafen anzeigt. Die *Calle los Infantes* immer geradeaus geht es etwas oberhalb vom Meer zwischen niedrigen Häusern hindurch, in denen noch hauptsächlich Einheimische wohnen. Mehrere Treppen führen hinunter zum Wasser und man kann sehen, wie die Häuser direkt auf die schwarzen Klippen gebaut sind. An manchen Stellen sind dort liebevoll Kakteen und Palmen gepflanzt und geben dem Ganzen einen malerischen Anstrich. Überall liegen Fischreusen herum, die die Bewohner nachts einfach an Schnüren ins Meer lassen. Am Ende der Straße durchquert man die Anlage „Buena Pesca" und gelangt zu den Studios „El Rincón" (→ Übernachten). Dort kann man noch auf den niedrigen Hügel hinaufsteigen und genießt von oben den herrlichen Postkartenblick auf den Hafen.

Wer jetzt auf den Geschmack gekommen ist und weiter laufen will, kann die Rundwanderung von Puerto del Carmen nach Puerto Calero und zurück anschließen (→ S. 186).

Puerto del Carmen / Baden

Die drei kilometerlangen Sandstrände von Puerto del Carmen bilden die größte Badezone der Insel. Selbst in touristischen Stoßzeiten gibt es hier genügend Platz, man kann sich leicht von den obligaten Liegestuhl- und Sonnenschirmreihen fern halten und findet sicher irgendwo ein ruhiges Fleckchen. Meist geht es sehr flach ins Wasser. Ganz besonders hübsch ist außerdem die kleine Sandbucht *Playa de la Barrilla* östlich vom Fischerhafen. Verantwortlich für die Entstehung der großen Strände ist das ausgedehnte Sanddünengebiet *El Jable* an der entgegengesetzten

Bis zu zweihundert Meter sind die Strände breit

Küste um Famara (→ El Jable, S. 232). Von dort haben die nördlichen Passatwinde über Jahrmillionen feinen Sand herübergetragen, der sich an der windgeschützten Ecke um Puerto del Carmen ablagerte. An stürmischen Tagen kann man das selber erleben – wenn man dann auf den Straßen zwischen Teguise, Mozaga, San Bartolomé und Tahiche unterwegs ist, fährt man manchmal durch einen richtigen Sandsturm. Dass der Sand bei Puerto del Carmen aus der Sahara stammt, gehört in den Bereich der Kanaren-Legenden.

Die drei großen Strände

- **Playa Grande**: Der schönste und gepflegteste Strand in Puerto del Carmen liegt unmittelbar unterhalb der Avda. de las Playas. Feiner, hellbrauner Sand, gut 1 km lang und bis zu 150 m breit, zur Straße hin durch einen sorgfältig mit Sukkulenten, Geranien und Palmen bepflanzten Lavahang begrenzt. Im Westen markiert das Komforthotel „Los Fariones" mit der hässlichen Basaltburg des „Fariones Playa" das Strandende, im Osten setzt sich der Strand in Klippen fort, zwischen denen mehrere Sandbuchten eingelagert sind (→ Kleine Strände und Badebuchten). Ganz markant zeigt sich im Westen die Kulisse der kahlen *Los-Ajaches-Berge*, hinter deren messerscharfer Silhouette abends die Sonne untergeht.
  Auf Hunderte von Metern zieht sich in mehreren Reihen gestaffelt eine farbenfrohe Parade von Liegestühlen und Sonnenschirmen, die tageweise gemietet werden können. Im westlichen Strandbereich werden Tretboote verliehen. Der ehemalige weiße Informationskiosk steht exponiert auf einer Basaltklippe über dem Strand. Unterhalb davon findet man das gemütliche Freiluftcafé „Mirador La Playa", Toiletten, Umkleidekabinen, Duschen und eine Rot-Kreuz-Station. Das Strandcafé „La Playa" liegt beim Hotel „Fariones Playa" (→ Essen & Trinken).
- **Playa de los Pocillos**: der längste und breiteste der drei großen Strände – ein riesiges Sandareal von fast 2km Länge und bis zu 200 m breit, von der Uferstraße weit-

räumig umfahren, so dass am Meer vorne keinerlei Verkehrslärm zu hören ist. Am westlichen Strandende liegen das Hotel „San Antonio“ und das Aparthotel „Las Costas“, das Ostende wird durch das Großhotel „Los Jameos Playa“ begrenzt. Hier wie dort ziehen sich die obligaten Sonnenschirm- und Liegestuhlreihen inkl. Tretbootverleih, in der Strandmitte ist viel Platz für Individualisten. An der Meerseite des Hotels „Los Jameos Playa“ ist eine Fußgängerzone mit kleinen Restaurants, Bars und Läden entstanden.

▸ **Playa Matagorda**: Der vom Zentrum am weitesten entfernte Strand ist etwa 1 km lang und 50–100 m breit. Gleich dahinter stehen diverse große Hotel- und Apartmentanlagen, für deren Gäste auch hier Sonnenschirme und Liegen vermietet werden. Platzbeherrschend sind die riesigen, halbmondförmigen Flügel des „Sol Lanzarote“ und das „Beatriz Playa“ am Ostende, letzteres markiert gleichzeitig das Ortsende von Puerto del Carmen, unmittelbar östlich davon liegt der Flugplatz. Vor wenigen Jahren wurde die Uferstraße komplett für den Verkehr gesperrt und in eine breite Fußgängerpromenade umgewandelt, auf der man vor allem abends sehr schön flanieren kann.
Die Playa Matagorda geht nahtlos über in das Sandband der *Playa Guasimeta*, die sich ohne Unterbrechung vor dem Flugplatzgelände bis zur Playa Honda zieht - ein hübscher Spaziergang (→ Wanderung von Puerto del Carmen über Playa Honda nach Arrecife).

Kleine Strände und Badebuchten

Zwischen Playa Grande und Playa de los Pocillos im Osten erstrecken sich schwarze Basaltklippen, in denen sich mehrere Sandbuchten verbergen – vor allem bei Einheimischen und spanischen Urlaubern beliebte Badestellen, die von der Straße völlig uneinsehbar sind und wo z. T. schattige Palmen direkt in den Sand

Die Playa de la Barrilla in der Nähe vom Fischerhafen

gepflanzt wurden. Von der Avenida erreicht man sie über Treppenwege, z. B. gegenüber der Einmündung der Calle Chalana (Rest. „The Place") und neben den Apartamentos „Las Rocas" (Rest. „Terrazza Playa"). Eine weitere sandige Bucht liegt an einem unbebauten Landstreifen unterhalb vom „Blauen Kiosk".

- **Playa de la Barrilla**: kleine, sandige, von Basaltzungen eingefasste Badebucht mit einigen Palmen unterhalb vom alten Ortskern, drei Gehminuten östlich vom Fischerhafen. Der Strand ist ideal für Kleinkinder, die hier immer eifrig plantschen und sich mit Sand beschmieren, er heißt deshalb auch „Baby-Beach". Eine Ecke weiter liegt die „Bar Playa", ein nettes Fischlokal (→ Essen), am Strand selber hat die beliebte Tauchschule „Safari Diving" ihren Sitz (→ Sport).
- **Playa Chica**: Von der Playa de la Barrilla kann man zu dieser geschützten Strandbucht direkt vor dem Palmengarten des Hotels „Los Fariones" hinüberklettern. Wie alle Strände ist auch dieser öffentlich, also nicht in Privatbesitz des Hotels.

Puerto del Carmen / Wandern

Von Puerto del Carmen kann man in beiden Richtungen die flache Küste entlang wandern und so die nähere Umgebung des Ferienorts erkunden: nach *Osten* über Playa Honda bis in die Hauptstadt Arrecife, im *Westen* bis zum neuen Jachthafen Puerto Calero und weiter bis zum Fischerörtchen Playa Quemada.

Wanderung von Puerto del Carmen über Playa Honda nach Arrecife

Leichte, mittlerweile durchgehend als befestigter Fußweg ausgebaute Strecke ohne Steilstücke, immer flach am Meer entlang, in der ersten Hälfte zahlreiche Bademöglichkeiten. Interessant, da es direkt am Flugplatz entlanggeht. In Playa Honda mehrere Restaurants. Dauer etwa 2 Std., zurück ab Arrecife per Bus.
Startpunkt ist der Strand von *Matagorda* am äußersten östlichen Ortsende von Puerto del Carmen. Vom Hotel „Beatriz Playa" aus geht man den neuen Weg am Strand entlang, der direkt vor dem Flugplatz verläuft. Ein neu gebauter Schutzwall fängt hier die heiße Druckwelle der Flugzeuge ab. Ab und an trifft man auf Badende, gegen den meist heftigen Wind sind überall Steinburgen aus Basaltbrocken errichtet. Nach etwa 45 Min. kommt man nach *Playa Honda* und schlendert die gewundene Promenade entlang bis zur Sandbucht *La Concha*. Nach dem Villenvorort *Playa del Cable* kommt man auf eine breite Uferpromenade, die etwa 1,2 km weit bis zur *Playa del Reducto*, dem Stadtstrand von Arrecife, führt. Landeinwärts der Promenade weisen zwei restaurierte Windräder, mit denen früher Meerwasser nach oben gepumpt wurde, auf einstige Salinen hin. Am Westende des Strands liegt die *Bushaltestelle* für die Rückfahrt.

Rundwanderung Puerto del Carmen – Puerto Calero – Puerto del Carmen

Einfache Küstenwanderung ohne nennenswerte Höhenunterschiede, gut geeignet als erster Einstieg zum Wandern auf Lanzarote. Dauer bis Puerto Calero ca. 1 Std. 15 Min., zurück auf der landeinwärts verlaufenden Straße eine knappe Stunde, man kann aber auch mit dem Bus oder Taxi zurück fahren. Unterhalb des Küstenwegs findet man einsame Klippenbadestellen, kleine Höhlen und schwarzsandige Buchten.

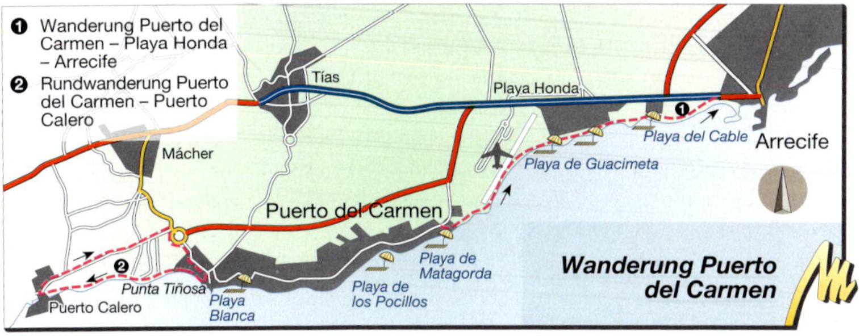

Ausgangspunkt ist der *Fischerhafen* in Puerto del Carmen (→ Sehenswertes). Am Westende steigt man die Treppe aus Tonziegeln hinauf und läuft die kleine Gasse *Calle Los Infantes* immer geradeaus. Nach ca. 10 Min. durchquert man die letzten Apartmentanlagen „Buena Pesca" und „El Rincón" und kommt zu einem felsigen Hang, den man hinaufsteigt. Von der Kuppe hat man einen großartigen Blick zurück auf den alten Hafen. Im Weiteren geht es immer an der Küste entlang, man kann bequem auf Sicht laufen, lediglich an einer Stelle muss ein *Barranco* (Einschnitt) durchquert werden, wobei man ein paar Schritte klettern muss (Alternative: rechts entlang der Mauer landeinwärts gehen, am Ende der Erdspalte um ein ummauertes Anwesen herum und man ist wieder auf dem Uferweg, Umweg ca. 10 Min.). Am Hafenbeginn von *Puerto Calero* stößt man auf einen Zaun bzw. eine Mauer, hinter der die Zufahrt zur Werft liegt. Man muss deshalb landeinwärts gehen, bis man auf die Asphaltstraße trifft, der man nach links bis Puerto Calero folgt.

Für den Rückweg nimmt man vom Hafen die Ausfallstraße am Kontrollhäuschen vorbei, zweigt nach 150 m auf eine Asphaltstraße rechts ab und kommt nach weiteren 200 m an einen Kreisverkehr mit nautischem Denkmal. Geradeaus führt hier der asphaltierte *Camino del Pozo* nach Puerto del Carmen. Nach einer knappen Stunde trifft man auf die Straße von Mácher nach Puerto del Carmen und läuft nach rechts in etwa 10 Min. in den alten Ortskern hinunter.

Inselmitte
Karte S. 136/137

Puerto del Carmen / Umgebung

Hinter Puerto del Carmen steigen die Hänge allmählich ins Inselinnere an. Dort erstrecken sich das berühmte Weinbaugebiet La Geria und ein riesiges, flechtenüberwuchertes Lavameer, entstanden durch die Ausbrüche der Feuerberge im 18. Jh.

Roter Faden für alle Touren ist die viel befahrene Durchgangsstraße *LZ-2* von Arrecife über Tías und Mácher in Richtung Yaiza und Inselsüden. Von dieser Straße sind alle wichtigen Ziele zu erreichen.

Puerto del Carmen / Hinterland

Mit dem Auto braucht man nur knapp 10 Min. in die Orte Tías und Mácher, mit dem Rad gestaltet sich die Anfahrt etwas mühseliger. Dort hält man sich in der Regel nicht weiter auf – entweder Richtung Süden die Straße nach Yaiza nehmen oder geradeaus ins Weinbaugebiet La Geria. Lohnend ist der Ausflug zu den Drachenfliegern auf der Montaña Tinasoria, allerdings muss man dazu eine holprige Piste fahren.

Tías

Hauptort des Bezirks Municipio de Tías, zu dem auch Puerto del Carmen gehört, weit ausgedehnt auf den Hügeln oberhalb der Ferienstadt. Administration und Polizei haben hier ihren Sitz.

Touristisch ist Tías kaum von Bedeutung, denn besonders reizvoll ist es nicht. Trotzdem wohnen neben den vielen Einheimischen auch etliche Zugereiste hier oben, u. a. der portugiesische Nobelpreisträger José Saramago (→ S. 117). Die Mieten sind günstiger als in Puerto del Carmen und vor allem findet man mehr Ruhe. Von manchen Ecken gibt es einen wunderschönen Blick auf die Küste und die beiden Kirchen lohnen für Interessierte vielleicht auch einen Halt – die kleine, altehrwürdige Wallfahrtskirche *Ermita de San Antonio* und die moderne *Nuestra Señora de Candelaria*, beide an der Hauptstraße.

• *Essen & Trinken* **Las Viñas**, Avda. Central 101, am westlichen Ortsende, direkt an der Ausfallstraße nach Mácher. Großes Restaurant mit Panoramascheiben, sehr freundliche Bedienung durch Herrn Morales und seinen Sohn, leckeres Essen zu angemessenen Preisen.

Meson El Pueblo, Calle Libertad, wenige Schritte von der Apotheke, kleines Lokal, in dem hauptsächlich Ortsbewohner verkehren, preiswert.

• *Verschiedenes* **Apotheke Don Leopoldo Cabrera Lasso**, Calle Libertad 24, übernimmt oft den Abend- (bis 22 Uhr) bzw. Feiertagsdienst, wenn die Apotheken in Puerto del Carmen geschlossen sind. Regulär geöffnet Mo–Fr 9.15–20, Sa 9.15–13 Uhr.

Dr. Hans Ruthard Schmidt, Schweizer Zahnarzt in der Calle Libertad 44. Mo–Fr 9–13 Uhr, Notfallzeiten Sa/So 11–12 Uhr (✆ 629751997). ✆/℻ 928-834016, www.dental-lanzarote.com

• *Feste* Am ersten Wochenende im Februar feiert Tías seine Schutzheiligen **Nuestra Señora de Candelaria** und **San Blas** – Samstagabend großes, traditionelles Grillessen, Sonntagmittag feierliche Messe, danach Prozession, Folklore und Konzerte. Auch in den Wochen vor dem eigentlichen Fest jagt eine Aktivität die andere, hauptsächlich Sport- und Folkloreveranstaltungen.

Mácher

Der Ort erstreckt sich weit verstreut seitlich der Straße von Arrecife nach Yaiza (LZ-2), die wichtige Ausfallstraße von Puerto del Carmen Richtung Süden mündet hier. Von den meisten Urlaubern wird er kaum wahrgenommen, einzig die große Tankstelle ist von Bedeutung.

Wer sich etwas Zeit nehmen will: Die *Dorfkirche* ist recht hübsch und 200 m weiter in Richtung Yaiza reckt eine fast hundert Jahre alte *Gofiomühle* ihre Holzflügel in den Wind. In Mácher zweigt eine Straße über La Asomada ins Weingebiet La Geria ab (wenn Sie von Puerto del Carmen heraufkommen, bei der Einmündung auf die Hauptstraße rechts und nach wenigen Meter gleich wieder links). Auf diesem Weg gelangt man auch zu den Drachenfliegern, die im Winter an günstigen Tagen auf der nahen *Montaña Tinasoria* starten.

• *Übernachten* Mehrere Ferienhäuser können z. B. über **Canarias Reisen** gebucht werden, eine weitere Möglichkeit bietet die **Fundación Antroposófica** (→ Kasten).

• *Essen & Trinken* Mit Mietwagen ist Mácher in wenigen Minuten zu erreichen. Aber auch für einen verlängerten Abendspaziergang ist der Ort gut, Fußweg siehe Wanderung von Uga nach Puerto del Carmen → S. 338.

Zwei Sekunden nach dem Start: Drachenflieger oberhalb von La Asomada

Inselmitte
Karte S. 136/137

La Finca, direkt an der Straße von Puerto del Carmen nach Mácher linker Hand, ca. 2 km ab Ortsende, nicht zu übersehen. Deutsch geführtes Lokal in einem umgebauten Bauernhaus. Auf der windgeschützten Glasveranda sitzt man gemütlich und kann sich die leckeren Gerichte von Koch Olaf Sander munden lassen. Nur abends, Mo geschl.

La Cabaña, etwas zurück von der Hauptstraße nach Yaiza neben der Tankstelle, kleines, aber feines Lokal im Bistrostil, britisch geführt. Wer sich vom Verkehr nicht stören lässt, findet hier recht leckere Küche, darunter auch einige Thaigerichte. Geführt von einem ehemaligen Teilhaber der Casa Tegoyo in Conil (→ S. 191). Mittags Do–Sa, abends Mo–Sa, So geschl. (lacabanamacher.com).

El Asadero, ebenfalls an der Hauptstraße nach Yaiza, ländlich-einfaches Grilllokal mit großen Portionen und günstigen Preisen. Man sitzt in einem etwas zugigen Wintergarten und genießt einen herrlichen Blick weit übers Meer bis hinüber nach Lobos und Fuerteventura. Zu empfehlen z. B. der Grillteller *parrilada* oder das Fischfilet mit Zwiebelsauce, als Dessert *torrijas con helado y miel* (Maismehlküchlein mit Anis, Honig und Speiseeis). Angeschlossen ist eine große Gärtnerei. Do–Di ab 13 Uhr bis abends, Mi geschl.

• *Shopping* **Ceramica La Finca**, angeschlossen an das gleichnamige Restaurant, deutsch geführt, Kunsthandwerks- und Souvenirladen auf zwei Stockwerken, viel Keramik, Schmuck, Naturkosmetik, Aquarelle, T-Shirts. Von allem etwas – aber das meiste stammt nicht aus Lanzarote. Mo–Sa 10–19 Uhr.

Sudden Smile, Camino el Volcan I 41, „plötzliches Lächeln" – so nennen Alexandra und Martin ihre Instrumente aus Holz, die sie in Mácher fertigen und verkaufen. Es handelt sich dabei um eine Art „Verschmelzung" von Klarinette und Flöte – nämlich die Zusammenfügung eines Klarinettenmundstücks mit dem Resonanzkörper einer Flöte. Diese Kombination ergibt einen ganz neuen, wundersamen Klang, bei dem man, wie der Name schon sagt, sofort anfängt zu lächeln. Der Preis liegt um die 110–120 € (Versandkosten 10 €), Martin verkauft auch auf dem Markt in Teguise. Kontakt in Dtschl.: ✆ 0173-2742554, www.suddensmile.com

• *Feste* **Fiesta de San Pedro**, der Ortsheilige wird Ende Juni geehrt – u. a. Folkloregruppen, kanarischer Ringkampf und Wettbewerbe im Kartenspielen.

Centro de Terapia Antroposófica: Oase der Ruhe für Anthroposophen

Das ausgeglichene Klima Lanzarotes, aber auch die pollenfreie Luft, die starke Lichtintensität und der intakte Ozonmantel bieten ganzjährig ideale Bedingungen für Asthmatiker und Allergiker, aber auch für Erholungssuchende und Rekonvaleszenten. Seit den achtziger Jahren bietet die *Finca Lomos Altos* in den sanft gewellten Hügeln von Mácher ein idyllisches Urlaubsquartier unter anthroposophischen Gesichtspunkten. Zur Vermietung stehen auf dem Gelände der Finca fünf Häuser mit insgesamt 15 ansprechend eingerichteten Ferienwohnungen. Das in den neunziger Jahren gegründete Therapeutikum *Centro de Terapia Antroposófica* befindet sich in der Apartmentanlage *Tamarindos* in Puerto del Carmen, Calle Salinas 12, etwas oberhalb vom alten Ortskern. Geboten werden dort Kuraufenthalte mit einer Reihe von medizinischen und künstlerischen Therapien, u. a. Entschlackungskuren, Mutter-und-Kind-Kuren, Eurythmie, Heileurythmie, Massagen, Packungen, Modellieren, Malerei sowie Sprach- und Atemübungen, zusätzlich gibt es Spanischkurse. Auch hier stehen für Patienten und Urlauber Apartments zur Verfügung. Schon seit 1980 werden auf dem Gelände der Finca Gemüse und Früchte in biologisch-dynamischen Anbau gezogen und sind im Laden und vegetarischen Restaurant des Therapeutikums erhältlich. Ein kleines Meerwasserhallenbad bietet Entspannung.

Die Preise für einen Aufenthalt in der Finca Lomos Altos: Studio für 2 Pers. ca. 50–60 €/Tag, Apartment für 2 Pers. ab ca. 55–70 €, Ferienhaus ca. 75–107 €. In der Anlage Tamarindos kostet ein Apartment mit einem Schlafzimmer ca. 55–70 €/Tag, mit zwei Schlafzimmern ca. 66–95 €.

Adresse: Fundación Antroposófica, E-35571 Mácher de Lanzarote (Islas Canarias), ✆ 928-512842 (Reservierung werktags 10–18 Uhr MEZ), 📠 928-512844, www.centrolanzarote.de

▶ **La Asomada**: Der Durchgangsort am Weg ins Weinbaugebiet liegt am Hang oberhalb von Mácher. Kurz nach der kleinen Kirche zweigt links der *Camino la Caldereta* zu den Drachenfliegern ab. Zunächst geht's auf Asphalt bis zum Ortsende, danach auf holpriger, teils sandiger Schüttelpiste weiter geradeaus und steil den Hang hinauf. Oben auf dem Sattel zwischen Montaña Guardilama und Montaña Tinasoria muss man auf eine Piste links abbiegen, zwischen zwei Steinpfeilern hindurch. Nach ein paar hundert Metern kommt man auf das flache, grasbestandene Plateau, das den Drachenfliegern als Start- und Landeplatz dient.

• *Übernachten* **Primera**, großes, voll ausgestattetes Ferienhaus mit 3 Schlafzimmern und solarbeheizbarem Pool, Platz für max. 6 Pers. Bei Belegung mit zwei Personen 126 €, jede weitere Pers. 12 €. Zu buchen über Viva Ambiente, ✆ (in Dtl.) 06201-507484, www.vivaambiente.com

Casa Roco, Casa de Niro & Casa Cora, 200-jährige Finca sowie zwei weitere Anwesen in ruhiger Hanglage. Herrlicher Meerblick weit über die Hänge hinunter, mehrere gut ausgestattete Ferienwohnungen, harmonisch und stilvoll konzipiert, große Terrassen, Swimmingpool, aufmerksame Betreuung durch Familie Baur. Kleines Apt. ab 490 €/Woche, größere Apt. ab 610 €/Woche. ✆/📠 928-513215, www.lanzarotefinca.de

▶ **Montaña Tinasoria**: 503 m hoch, unten von der Straße nach Yaiza ist der langsam ansteigende Kamm deutlich zu sehen. An schönen Tagen umschwirren die

Drachenflieger den Bergkopf wie lästige Insekten. Hinauffahren und Zuschauen lohnt sehr – tolles Erlebnis, wenn sich die Jungs und Mädels mit nur wenigen Schritten Anlauf in die glasklare Luft stürzen und nach Sekunden nur noch ein kleiner Punkt am blauen Himmel sind.

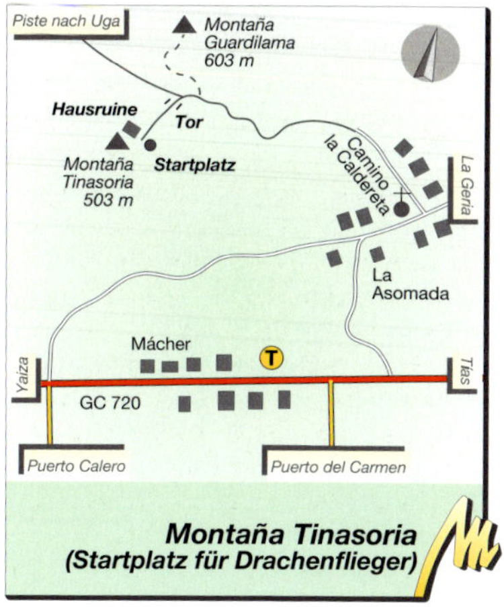

Montaña Tinasoria (Startplatz für Drachenflieger)

- **Montaña Guardilama**: sehr eindrucksvoller Bergkegel, exakt 100 m höher als der Tinasoria. Der Aufstieg ist einfach zu machen und oben liegt das gewaltige Panorama von halb Lanzarote in Sichtweite. Beschreibung des Aufstiegs im Rahmen der Wanderung von Uga durchs Weinbaugebiet La Geria nach Puerto del Carmen (→ S. 338).
- **Conil**: kleiner Ort in den Hügeln hinter Puerto del Carmen. Hier wohnen Residenten und Einheimische. An sich wenig erwähnenswert, aber 1 km außerhalb vom westlichen Ortsausgang in Richtung Weinbaugebiet La Geria steht die *Casa Tegoyo*, eins der schönsten historischen Herrenhäuser der Insel aus dem 18. Jh. 1998 wurde es von der lanzarotenischen Eigentümerfamilie verkauft und als komfortables Landhotel mit A-la-carte-Restaurant neu eröffnet. Das geschmackvoll restaurierte Haus besitzt elf Gästezimmer und Suiten.

• *Übernachten/Essen & Trinken* **Casa Tegoyo**, komfortable Oase mit historischem Ambiente. Um einen tiefen, schattigen Innenhof mit altem Eukalyptusbaum gruppieren sich die gepflegten Zimmer und Suiten des Landhauses. Sie sind individuell eingerichtet und alle voneinander verschieden. Zur Verfügung stehen jeweils Telefon, Internet, Sat-TV und Föhn. Im Garten liegt ein lang gestreckter Swimmingpool. Das hauseigene Restaurant unter Küchenchef Steve Smith aus London bietet hervorragende kreative Küche internationalen Zuschnitts mit täglich wechselnden Menüs und einer Auswahl von 35 Weinen (Mo geschl.). Jeden Sonntag findet außerdem von 11–14 Uhr im Patio ein Brunch mit Livemusik statt. Weiterhin gibt es ein Putting Green und eine Bolabahn. DZ ca. 80–125 €, Suite ca. 133–180 €, Frühstück inklusive. Pauschal z. B. über Thomas Cook. ✆ 928-834385, 📠 834369, E-Mail: casategoyo@lanzarote.com

Östlich von Puerto del Carmen

Die viel befahrene Schnellstraße LZ-2 mit zwei Spuren in jeder Richtung verbindet Puerto del Carmen mit der nahen Hauptstadt Arrecife. In einer Viertelstunde kann man die Entfernung überwinden.

Seitlich der Straße haben sich riesige Einkaufsmärkte, Lagerhallen der großen Autovermieter, die modernen Produktionshallen der Kellerei *El Grifo* und etwas Industrie angesiedelt. Nicht gerade eine Augenweide, aber sehr wichtig für die Infrastruktur der Insel. Auch mehrere Tankstellen gibt es hier, in der Regel mit 24-Stunden-Service.

Unmittelbar östlich von Puerto del Carmen liegt der Flugplatz *Guasimeta*, gleich anschließend die ausgedehnte Strandstadt *Playa Honda*, danach folgt die gepflegte

Inselmitte
Karte S. 136/137

Urbanisation *Playa del Cable.* Kurz vor Arrecife kommt man durch unbebautes Gebiet. Zwischen Schnellstraße und Meer stehen hier zwei schön restaurierte Windräder, die einst Meerwasser zur Salzförderung heraufpumpten. Im Rahmen einer Wanderung von Puerto del Carmen nach Arrecife kann man sie näher betrachten (→ S. 186).

▸ **Gran Karting Club Lanzarote**: große Go-Kart-Bahn an der Carretera LZ-2 von Arrecife nach Tías, bei der Abzweigung nach Puerto del Carmen. Es gibt eine Piste für Erwachsene, eine für Jugendliche von 12 bis 16 und eine für Kids ab 5 Jahren. Angeblich einmalig in Europa sind die Mini-Motorräder. Mit Cafeteria. Eine weitere Go-Kart-Bahn liegt bei San Bartolomé (→ S. 198).

Öffnungszeiten Winter tägl. 10–21 Uhr, Sommer tägl. 11–22 Uhr. ✆ 619-759946, www.grankarting.com

Informationen zum Flughafen **Guasimeta** unter „Ankunft auf Lanzarote" auf S. 86.

Playa Honda

Ein eigenartiger Ort, praktisch der Nachbar von Puerto del Carmen und doch ganz anders. Von der Fläche her riesig, endlos lange, schnurgerade Straßenzeilen, die sich rechtwinklig kreuzen und zu einem langen Sandstrand mit breiter Bummelpromenade hinunterführen. Hauptsächlich Einheimische und spanische Urlauber wohnen hier – letztere allerdings oft nur für wenige Wochen im Sommer, im Winter steht vieles leer.

Warum in Playa Honda nicht ähnlicher Rummel herrscht wie in Puerto del Carmen? Des Rätsels Lösung: Die Startschneise des Flughafens führt fast direkt über den Ort – so etwas lässt sich als Urlaubsort nicht verkaufen. Doch auf diese Weise haben die Einheimischen ihr sicheres Refugium. Und noch etwas anderes macht Playa Honda für Einheimische und Residenten attraktiv: Landeinwärts der Schnellstraße nach Arrecife liegen die größten und preiswertesten Einkaufsmärkte Lanzarotes. Von Gastronomen werden sie gerne zu Großeinkäufen aufgesucht. Der breite Strand *Playa de Guasimeta* erstreckt sich am Flugplatz vorbei bis zum Ostende von Playa Honda, wo die geschützte Sandbucht *La Concha* liegt. Bei Niedrigwasser kommen allerdings überall am Strand die vorgelagerten schwarzen Lavaklippen zum Vorschein.

• *Anfahrt/Verbindungen* Häufige Busse fahren von und nach **Puerto del Carmen**, **Arrecife** und **Flugplatz**. Die Haltestelle „Cruce Playa Honda" liegt unbeschildert seitlich der Schnellstraße an einem freien Platz vor den großen Einkaufsgeschäften.

• *Übernachten* **Club Solvalor**, am Ostrand von Playa Honda, direkt an der Promenade, nahe der Sandbucht La Concha. Apartments und Bungalows mit Sat-TV, ca. 50 €. Swimmingpool mit Kinderbecken vorhanden. Zu buchen über http://webplaza.pt.lu/strauchp/index.html oder bei Susanne Schorn unter ✆ 928-820500 (9–13 Uhr).

Die **Bungalows Playa Flor** gibt es pauschal über Alltours, weitere Bungalows kann man über www.lanzarote-virtual.com mieten.

• *Essen & Trinken* **La Caleta & La Gaviota**, nebeneinander an der Strandpromenade, optimal zum Sonnetanken, gute Auswahl an Tapas, oft sehr voll.

La Marea, Fischlokal an der Strandpromenade, Muscheln, Garnelen, Krebse, Hummer, nettes Plätzchen in der Abendsonne.

• *Shopping* **Deiland** (www.deilandplaza.com), in dem hypermodernen Shoppingcenter fühlt man sich in eine Großstadt versetzt. Auf 28.000 qm befinden sich zahlreiche Läden, Bars und Cafeterias sowie ein Kino mit fünf Sälen (tägl. ab 18 Uhr) und ein Kinderpark – alles unter einem Dach und schön zum Bummeln. Parkplätze sind gratis.

Hipermercado Vivo (Canarimerca), riesiger, sehr gut sortierter Supermarkt mit hervorragender Fleischtheke. Mo–Sa 8.30–20.30 Uhr.

Congelados Roper, am Kreisverkehr bei der Unterführung unter der Schnellstraße. In langen Kühltheken warten hier Fleisch, Fische, Langusten, Hummer, Käse und Wurst auf Abnehmer. Der Clou: offenes, tiefgefrorenes Gemüse. Tolle Auswahl und sehr beliebt bei Residenten.

Bodega Lanzarote: unmittelbar seitlich der Schnellstraße, an der Einmündung der Straße nach San Bartolomé liegt diese Adresse für preisbewusste Weinkäufer. In Fässern und Metallbehältern unterschiedlicher Größe lagern offene Weine (allerdings weitgehend vom spanische Festland), dazu gibt's die ganze Palette der Kellerei El Grifo, deren Produktionshallen gegenüber liegen. Auch Zubehör wie Fässchen, Ballonflaschen, Zapfhähne und Weinschläuche kann man erwerben. Beratung in Englisch. Mo–Fr 9–15 Uhr.

▸ **Playa del Cable**: schmucke Urbanisation mit zahlreichen, gepflegten Villen, von der Umgebung her aber nicht so reizvoll. Hauptsächlich Bewohner Arrecifes wohnen hier den Sommer über oder ständig. Auf einer breiten, gepflasterter Uferpromenade kann man bequem nach Arrecife gehen. Das Feinschmeckerrestaurant „Almirante Colón" liegt direkt an der Hafenmole (nur abends, Di geschl.).

Inselmitte
Karte S. 136/137

Westlich von Puerto del Carmen

Die wichtige Durchgangsstraße von Arrecife nach Yaiza führt oberhalb von Puerto del Carmen über sanfte Hügel. Man genießt schöne, weite Ausblicke auf die scharf geschnittene Bergfront *Los Ajaches* im Süden. Außer ein paar hohen Palmen an der Straße gibt es hier kaum auffallende Vegetation. Stattdessen dominieren kahle, windgebürstete Hänge und große, versteppte Flächen.

Wenige Kilometer westlich von Mácher großer Kreisverkehr mit Abzweig hinunter nach Puerto Calero. Direkt an der Kreuzung das weithin sichtbare Gymnasium „Instituto de Bachillerato Yaiza" des Municipio de Yaiza.

Puerto Calero

Der nobel anmutende Sporthafen liegt westlich von Puerto del Carmen, etwa auf halbem Weg ins Fischernest Playa Quemada. Konzipiert hat die elegante Anlage der einheimische Stararchitekt Luis Ibañez, ein enger Freund César Manriques. Wer ein Faible für stolze Jachten hat, kommt hier sicher auf seine Kosten und auch in den mittlerweile zahlreich vertretenen Restaurants sitzt man recht hübsch.

Wer mit dem Auto anreist, kann an einem unbesetzten Wärterhäuschen mit Schlagbaum vorbei zum Parkplatz im Hafen fahren. Wenige Schritte sind es von dort noch bis zu den Anlegepiers mit ihren schmuck vergoldeten Tauhaltern. Parallel zur Wasserfront erstreckt sich eine gepflegte Restaurantzeile mit dunkelblau gestrichenen Holz- und Glasfronten. An einer Hafenwand gegenüber vom Restaurant „Amura" zeigt eine *Sonnenuhr* die Zeit nach dem Motto: „Der Himmel ist mein Gesetz". In hispanisiertem Latein kann man nachlesen, dass hier im Mai '91 „Helmuto Kohl, Primo Germaniae Foederatae Reconciliatae Cancellario" und

Mondäne Ecke: der Sporthafen Puerto Calero

„Philippo Gonzales, Praeside Ministrorum Publicorum Hispaniae“ zu Beratungen zusammengetroffen sind.

Ein 12 m langes Walskelett weist den Weg zum neuen Wal- und Delfinmuseum *Museo de Cetáceos*, dem größten seiner Art in Spanien (linker Hand, wenn man die Einfahrt zum Hafen passiert hat). Hier erhält man umfangreiche Informationen über die beeindruckenden Meeressäuger, sieht Originalskelette, konservierte Körperteile und Fotografien, kann Videos betrachten und hört Aufnahmen der berühmten „Walgesänge“. Für Interessierte gibt es fachkundige Führungen.

Eine gepflasterte Palmenpromenade mit Bademöglichkeiten (Treppen zu Lavaklippen) führt nach Westen zum großen Hotel „Hesperia Lanzarote“.

Öffnungszeiten/Preise **Museo de Cetáceos**, tägl. 10–18 Uhr. Eintritt ca. 11 €, Kinder ab 7 Jahren 5 €. Familienticket 2 Erw. + 1 Kind 20 €, 2 Erw. + 2 Kinder 22,50 €. ✆ 928-849560, www.museodecetaceos.com

• *Anfahrt/Verbindungen* Von und nach **Puerto del Carmen** verkehren Busse, außerdem pendelt jede Stunde ein „Express Water Bus“ zwischen dem Fischerhafen in Puerto del Carmen und Puerto Calero (einfach ca. 7,50 €). Taxis kosten ca. 3–4 €.

• *Übernachten* ***** **Hesperia Lanzarote**, 2003 eröffnetes Großhotel an einer künstlich besandeten Bucht am Westrand vom Puerto Calero. Hohe Eingangshalle im kühlen Designerstil, ruhig und sachlich-elegant. 274 sorgfältig eingerichtete Zimmer und über 50 Suiten, dazu zwei Präsidentensuiten. Mehrere Swimmingpools, davon einer überdacht, Spa & Wellness Center mit Sauna, türkischem Bad u. a. (25 €, auch für Nichthotelgäste), Restaurants und Bars, Disco, Tennis und Squash. DZ ab etwa 140 €, pauschal z. B. über Thomas Cook, gelegentlich verlockende Billigangebote, z. B. bei www.expedia.de. ✆ 828-080800, 📠 828-080810, www.hesperia-lanzarote.com

**** **Costa Calero**, von außen ein eher unschöner Betonklotz direkt an der Zufahrt zum Hafen, aufgrund des riesigen „Iberostar"-Schildes nicht zu übersehen. Die große, innen elegant-nüchterne Anlage besitzt 324, teils recht schmale Zimmer mit kleinen Terrassen und etwas breitere Suiten. DZ ca. 90–180 €. Zimmer mit Meerblick sind nur gegen Aufpreis erhältlich. „All inclusive" Zuschlag liegt bei etwa 21 € pro Pers. ✆ 928-849575, www.iberostar.com

• *Essen & Trinken* In der Restaurantzeile drängt sich ein Lokal ans andere – Italiener, Steakhäuser, Eiscafés, Fischrestaurants und kanarische Küche.

El Tomate, ordentliche kanarische Küche zu anständigen Preisen, die Bar dient wie gewohnt als Treffpunkt der Männerwelt.

La Pappardella, gute Auswahl italienischer Speisen, die gekonnt serviert werden.

Amura, an der Westfront des Hafens, elegantes Restaurant im Kolonialstil. Hier speisen auch schon mal Mitglieder der spanischen Königsfamilie, dann ist das Lokal allerdings für „Normalsterbliche" gesperrt und der Außenbereich mit Sichtschutz versehen. Auf der großen, von Palmen begrenzten Terrasse kann man exquisite Küche in gemütlicher Atmosphäre genießen. Gehobene Preisklasse. Reservierung unter ✆ 928-513181, Mo geschl.

• *Sport* **Catlanza**, Halbtagestouren mit dem eindrucksvollen Katamaran „Taiti" zu den Papagayo-Stränden. Pro Pers. ca. 51 €, Kinder 30 €, jeweils inkl. Essen und Getränke. Positive Leserkommentare. ✆ 928-513022, www.catlanza.com

Submarine Safaris, Tauchfahrten rund um Puerto Calero, bei schönem Wetter bis in 25 m Tiefe. Dauer 45 Min., gestartet wird direkt an der Mole. Pro Pers. 48 €, Kind 28 €. ✆ 928-512898, 📠 928-512906, www.submarinesafaris.com

Sport Fishing Tino Garcia, Hochseefischen mit Tino Garcia (spricht auch Deutsch), seit über dreißig Jahren in den Gewässern um die Insel unterwegs. Je nach Tour ca. 55–100 €, Begleitperson ca. 30–50 €. ✆ 636-474000, 📠 928-514378, E-Mail: lanzarotefishingclub@hotmail.com

Lanzarote Motorbootcharter, Dieter Thielemann vermittelt Charterboote mit Skipper, Preise auf Anfrage. ✆ 928-834301, 649-253015 (mobil).

• *Wandern* Puerto Calero ist Zwischenstopp der Küstenwanderung von Puerto del Carmen nach **Playa Quemada** (→ S. 357). Auf einer Palmenpromenade kommt man Richtung Westen zum noblen Großhotel „Hesperia Lanzarote" und kann an der Küste entlang ohne Orientierungsschwierigkeiten nach Playa Quemada laufen, das Ziel ist immer in Sicht (Dauer ca. 45 Min.). Von Puerto Calero nach **Puerto del Carmen** (→ S. 186).

• *Sonstiges* im Hafen unten moderner **Supermarkt** (auch deutsche Zeitungen).

„Lanzarote a caballo": Lanzarote zu Pferd

Landeinwärts der Carretera LZ-2 nach Yaiza, kurz vor dem Abzweig nach Playa Quemada, liegt einer der wenigen Reitställe der Insel (ein weiterer z. B. in Puerto del Carmen), geführt von Stefano, einem ehemaligen italienischen Springreiter. Neben Reitstunden werden auch Exkursionen angeboten, z. B. nach Playa Quemada, zur Montaña Tinasoria und zur Playa del Pozo. Eine Reitstunde mit Führer oder Reitunterricht mit Lehrer kostet ca. 30 €, ein zweistündiger Ausritt 50 €. Als neue Attraktion wird Paintball geboten, 3 Std. kosten mit 100 Farbkugeln 27 €. Im hauseigenen Restaurant „La Caravana" können auch größere Partys gefeiert werden.

Öffnungszeiten/Reservierung: Sommer 10–20, Winter 10–19 Uhr; ✆ 928-830038 (Restaurant 928-830454), 📠 928-813995, www.lanzaroteacaballo.com

Kurz bevor sich die Straße in Richtung Yaiza nach rechts durch die Berge zieht, kommt linker Hand der Abzweig nach Playa Quemada (3,2 km). Zunächst geht es schnurgerade über eine weite, leicht abfallende Ebene, anschließend in Serpentinen hinunter zum Meer. Weiterer Verlauf der Straße nach Yaiza im Kapitel Inselsüden, S. 336.

Playa Quemada

Winziges Nest direkt an einem schwarzen Strand aus groben Kiesbrocken. Der „verbrannte" Strand („quemar" = brennen) ist auf einen Lavastrom des Timanfaya-Ausbruchs im 18. Jh. zurückzuführen. Er lädt nur bedingt zum Baden ein, ist aber landschaftlich ein hübscher Fleck mit schroffer Klippenküste und eindrucksvoller Bergkulisse, bietet dazu viel Ruhe und einen wunderschöner Sonnenuntergang.

Abgesehen von einigen Fischern, die ihre bescheidenen Boote hier liegen haben und hauptsächlich für den Eigenbedarf fischen, sind es vor allem ruhebedürftige Ausländer, die die kleine Oase für sich entdeckt haben. Am Meer entlang Richtung Puerto del Carmen zieht sich eine ganze Reihe von teilweise noblen Villen, deren Türschilder und Satellitenschüsseln die Anwesenheit von betuchten „Residenten" verraten. Außer mittlerweile drei Fischlokalen und einigen Apartments gibt es keinerlei Einrichtungen. In ursprünglicher Umgebung speist man hier weit abseits vom Trubel des nahen Puerto del Carmen. Busse kommen keine, man nimmt das Auto oder läuft zu Fuß, schöne Wanderung ab Puerto del Carmen.

Tipp: Wer baden will, findet einen passablen Strand wenige Minuten südwestlich vom Ort.

• *Übernachten* **Villa Carmen**, gleich links an der Ortseinfahrt beschildert. Sieben liebevoll und originell eingerichtete Apartments, riesige Terrasse und wundervoller Blick über die Bucht. Preis ca. 40 €, Schlüssel im „Mini-Markt" in der Ortsmitte.

• *Essen & Trinken* Beste Essenzeit ist der späte Nachmittag, wenn sich die Sonne senkt und die Restaurant-Terrassen in warmes Licht taucht. Aber auch um die Mittagszeit ist es hier schön – und immer wunderbar ruhig.

Casa Tino - Playa Quemada, schöne Lage an der improvisierten Uferpromenade. Ordentliche Küche zu etwas höheren Preisen, z. B. gedünstete Muscheln, Garnelen vom Grill und *pimientos* (geröstete Paprikaschoten). Paradestück ist die *parrillada de mariscos* (2 Pers.) für ca. 36 €.

Sette Islas, große Terrasse mit wunderschönem Blick. Die Küche ist durchschnittlich bei nicht niedrigen Preisen, pro Person wird Gedeck extra berechnet.

La Casita, direkt oberhalb vom Sette Islas, mit Fischernetzen und großen Weinfässern schön aufgemacht, freundliche Besitzerfamilie. Zu kanarischer Musik werden ordentliche Fischgerichte serviert, z. B. die *cazuela di pescado y mariscos*, eine üppige Fisch- und Muschelsuppe in der Kasserolle.

▶ **Playa Quemada/Baden**: Westlich von Playa Quemada liegt – durch ein Kap vom Ortsstrand getrennt – die *Playa de la Arena*, ein langer Strand aus dunkelbraunem Feinkies, durchsetzt mit groben Steinen, wo man gut baden bzw. sich sonnen kann. Am hinteren Ende türmt sich der Kies sogar zu meterhohen Dünen auf. Um hinzukommen, kann man bei Ebbe einfach unten über die Felsen am Wasser laufen. Bei Flut ist dieser Weg versperrt und man muss den Fußpfad über das Kap nehmen. Vorsicht beim Abstieg, im Geröll rutscht man leicht weg.

Wer gut zu Fuß ist und es ganz einsam will: eine halbe Fußstunde ab Playa Quemada liegt in derselben Richtung das breite Trockental *Barranco de la Higuera*, das zum Meer hin von einem braunen Kies-/Sandstrand begrenzt wird. Außer ein paar Einheimischen, die an Wochenenden mit ihrem Jeep den Barranco herunterkurven, gibt es hier kaum Menschen.

▶ **Playa Quemada/Wandern**: leichte Küstenwanderung nach Osten zum Jachthafen *Puerto Calero*, von dort weiter bis *Puerto del Carmen* (→ Beschreibung unter Femés und Puerto del Carmen, S. 357 u. S. 186); Abstieg vom Bergdorf *Femés* (→ Femés, S. 356).

San Bartolomé und Umgebung

In San Bartolomé kann man ein ethnografisches Museum besuchen. Ein weiterer Anziehungspunkt ist das nahe gelegene Denkmal *Monumento al Campesino* mit der benachbarten *Casa-Museo* und einem Restaurant. Der zentral gelegene Monumento ist außerdem Ausgangspunkt für Touren in verschiedene Regionen Lanzarotes, z. B. ins Weinbaugebiet *La Geria* oder in die ehemalige Inselhauptstadt *Teguise*.

San Bartolomé

Großes Landwirtschaftsdorf im Zentrum der Insel, in vorspanischer Zeit „Ajei" genannt. Im Umkreis weite Felder mit Zwiebel- und Süßkartoffelanbau, vor allem an der Straße in Richtung Tahiche. Auf Lanzarote ist San Bartolomé bekannt wegen seiner Musik- und Volkstanzgruppen, „Rondallas" genannt. Beste Gelegenheit, daran Anteil zu nehmen, ist die Fiesta de San Bartolomé am 24. Juni.

Vom touristischen Standpunkt her ist das Städtchen – abgesehen vom Museo Etnográfico – wenig ergiebig. Architektonisch bemerkenswert ist im Zentrum lediglich die terrassierte *Plaza León y Castillo* mit dem *Ayuntamiento* (Rathaus) und der kleinen Pfarrkirche *San Bartolomé* mit schwarzen Schmuckquadern aus Lava an der Fassade. Den Seiteneingang der Kirche überschattet ein kräftiger Eukalyptusbaum, im schlichten Inneren findet man eine dunkle Holzdecke im typischen Mudéjarstil und mehrere Altäre mit großen Heiligenfiguren. Am südwestlichen Ortseingang (von Tías kommend) fällt außerdem linker Hand die *Casa Maior Guerra* mit ihren roten Ecksteinen und dem eleganten Balkon auf. Das ehemalige Bürgermeisterhaus soll zu einem Museum ausgebaut werden, die künstlerische Leitung hat ein Neffe von César Manrique. Derzeit gibt es dort ein Café.

Museo Etnográfico „Tanit": Das Museum wurde Anfang 2000 in einem über 200 Jahre alten Anwesen der Familie Perdomo eröffnet, etwas südlich der zentralen Plaza. Sein Name bezieht sich auf die karthagische Fruchtbarkeitsgöttin, deren Name man in Stein graviert in der Ebene von Rubicón entdeckt hat. Zunächst betritt man einen Patio mit landwirtschaftlichen Geräten, einem Brunnen und hübschen Bänken aus farbigen Keramikkacheln. Der große Innenraum, einst Weinkeller der Besitzer, ist kunterbunt ausstaffiert mit allem, was zur Tradition und Geschichte Lanzarotes gehört: Keramikscherben und versteinerte Muscheln aus der archäologischen Ausgrabung von Zonzamas (→ S. 198), alte Musikinstrumente, Trachten, Mühlsteine, Stickereien, Flechtarbeiten, Keramikkacheln usw. Linker Hand wurde ein Teil des Weinkellers restauriert, rechter Hand stehen altertümliche Landwirtschaftsmaschinen. Vorbei an einer Reihe von Themenfenstern steigt man im rückwärtigen Raumbereich zur Empore hinauf, wo historische Fotos und altes Mobiliar Erinnerungen an das Lanzarote der letzten Jahrhunderte wecken. Eine Cafeteria bietet Erfrischungen.

Öffnungszeiten/Preise Winter Mo–Sa 10–14 Uhr, Sommer Mo–Fr 10–17, Sa 10–15 Uhr, So geschl., Eintritt ca. 6 €. ✆ 928-520655, www.museotanit.com

• *Information* **Oficina de Turismo de San Bartolomé**, Casa Cerdeña, Calle Dr. Cerdeña Bethencourt 17. Mo–Fr 8–15 Uhr (Juli bis Sept. 8–14 Uhr). ✆ 928-522351, 📠 522388, www.sanbartolome.org

• *Übernachten* **Casa Claddagh**, Patricia (Trish) und Frank Foye aus Irland haben im ruhigen Örtchen Guime, südlich von San Bartolomé, eine alte Taverne zu einem gemütlichen Bed & Breakfast umgebaut.

Die Zimmer sind liebevoll eingerichtet, es gibt einen üppigen Garten und einen beheizten Pool. DZ mit Frühstück pro Woche ca. 495 €, zu verschiedenen Jahreszeiten Rabatt möglich, nach Vereinbarung auch tageweise Anmietung. ✆/℻ 928-522244, www.casacladdagh.com

• *Essen & Trinken* **El Cruce**, hauptsächlich von Einheimischen frequentiertes Grillrestaurant an der Durchgangsstraße von Arrecife zum Monumento al Campesino, gute Tapas und kommunikative Bar (tägl. bis 24 Uhr).

• *Feste* **Fiesta de San Bartolomé**, Fest des Stadtheiligen am 24. Juni.

▶ **Montaña Mina**: In unmittelbarer Nähe zu San Bartolomé erhebt sich die Montaña Mina. Optischer Fixpunkt auf dem 444 m hohen Berg sind die fünf Windrotoren, die fast täglich ihre Kreise drehen, ein Pilotprojekt für den Windpark bei Los Valles im Norden der Insel (→ S. 277). Zu erreichen sind sie auf der Straße von Arrecife nach San Bartolomé, in der Nähe eines Kreisverkehrs, dort kann man auf einer Schotterpiste in ca. 15 Min. leicht hinaufsteigen. Die Rotortürme sind etwa 30 m hoch, die Rotorblätter haben etwa 26 m Durchmesser. Eine Tafel des Ministeriums für Wirtschaft und Energie gibt die gesamte Nennleistung des Windenergieparks von Montaña Mina mit 1125 kW an, zusammen mit dem Windpark von Los Valles können etwa 17 % des alljährlichen Stromverbrauchs der Meerwasserentsalzungsanlage mit Windkraft gedeckt werden.

▶ **Go Karting San Bartolomé**: Direkt unterhalb der Montaña Mina liegt eine Go-Kart-Bahn. Von der Bar-Terrasse kann man den angehenden Formel-1-Piloten zusehen. Ein Ticket entspricht 6 Minuten Fahrzeit und kostet 8 bzw. 10 € (für die schnelleren Karts).

Öffnungszeiten tägl. 10 Uhr bis Sonnenuntergang. ✆ 928-520022 (o. 629-609094).

Von San Bartolomé zur Fundación César Manrique

Die Straße von San Bartolomé zur Fundación César Manrique, dem früheren Haus César Manriques, mündet auf die wichtige Verbindungsstraße Arrecife–Teguise. Die Ausläufer der Treibsandebene *El Jable* reichen bis hierher, in den sandigen Feldern reifen riesige Süßkartoffeln.

▶ **Complejo Arqueológico de Zonzamas** (auch *„Palacio del Zonzamas“* genannt): Etwa auf halbem Weg zur Straße Arrecife–Teguise weist linker Hand ein Schild „Museo de Sitio de Zontamas“ zur wichtigsten archäologischen Fundstelle Lanzarotes. Direkt an der Straße hat man hier auf einer kleinen Anhöhe eine Anzahl halb in den Boden eingelassener Behausungen der vorspanischen Einwohner Lanzarotes entdeckt, der so genannten *Majos* (auch Mahos), oft fälschlicherweise Guanchen genannt. Angeblich lebte hier der legendäre König Zonzama mit seiner Gattin Fayna, aus deren Verhältnis mit dem baskischen Kapitän Martín Ruiz de la Avendaño die blonde Prinzessin Icó hervorging (→ Geschichte). Es handelt sich bei diesen Behausungen um höhlenartige Räume mit Zwischenmauern aus aufgeschichteten Steinen, auch eine natürliche Höhle wurde mit Mauern unterteilt und als Wohnraum genutzt. Da diese „Casas Hondas„ jahrelang ungeschützt der Witterung und neugierigen Touristen ausgesetzt waren, hat man Mitte der Neunziger zu einer unorthodoxen Lösung gegriffen, um das Gelände zu schützen. Die Höhlen wurden mit isolierenden Kunststoffbahnen überzogen und darüber hat man Picón geschüttet. Seitdem sind sie praktisch unsichtbar und warten gut konserviert auf bessere Zeiten. Bedeutendste Funde waren zwei etwa 1 m hohe, mit eingeritzten Rillen bedeckte *Stelen*, die im Archäologischen Museum von Arrecife untergebracht sind (→ S. 153), weiterhin fand man Keramik und Schmuckstücke aus Muscheln, z. T. zu sehen im Ethnografischen Museum von San Bartolomé (→ S. 197).

Quesera de Zonzamas: rätselhaftes Relikt der vorspanischen Bewohner

Wenn man vom Palacio del Zonzamas in Richtung Tahiche fährt, tritt die Straße nach etwa 1 km in einer weiten Kurve aus den Felsen heraus. Genau hier liegt rechts oberhalb der Straße eine markante Steinformation mit fünf meterlangen Längsrillen, tief eingegraben in den Basalt und einst wohl umgeben von einem Ringkanal.

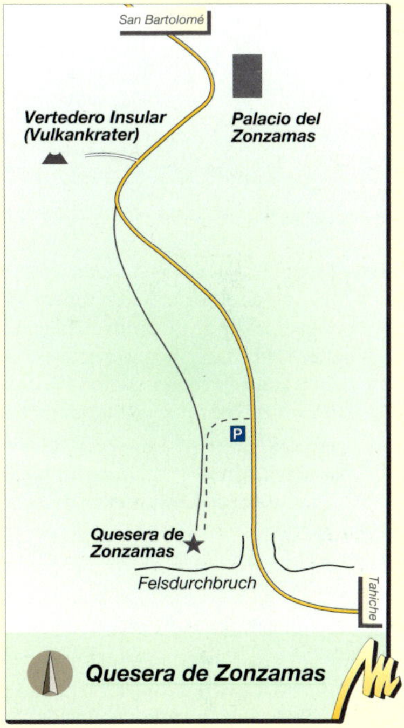

Sinn und Zweck dieses eigenartigen Objekts ist völlig unbekannt. Seine Bezeichnung als „Quesera" (Käserei) rührt daher, dass man auf Gran Canaria ebenfalls in den Fels gehauene Kanäle gefunden hat, in denen die Majos Milch opferten, um damit Regen zu erflehen. Die länglichen Kammern auf der vegetationsreicheren Insel Gran Canaria sind allerdings wesentlich kleiner und schmäler – und warum sollte man auf der kargen und eher tierarmen Insel Lanzarote Milch in solch großen Mengen opfern? Ein anderer Deutungsversuch, der hauptsächlich vom Inselforscher Juan Brito vertreten wird: Die Queseras fungierten als Mörser, in denen die Altkanarier ihr Getreide zerstampften. Möglich wäre aber auch, dass sie hier Wolfsmilchpflanzen zerquetschten, um den betäubenden Saft zu gewinnen, mit dem sie dann auf Fischfang gingen. Der Forscher E. Serra nimmt an, dass die Rillen durch große Räder entstanden sind, die hier Getreide zermahlten. Schließlich gibt es noch die These, dass in den Kanälen nicht Milch, sondern das Blut geschlachteter Tiere geopfert wurde. Und natürlich dürfen auch die Erklärungsversuche nicht fehlen, dass hier Kalender und Sternenbahnen berechnet wurden. Die exponierte Lage mit dem herrlichen Blick zur Küste hinunter scheint jedenfalls darauf hinzuweisen, dass diese Anlage für die Majos etwas Besonders darstellte. Eine zweite Quesera liegt im Norden Lanzarotes (→ S. 315) und in Marokko hat man ebenfalls eine Quesera gefunden (genannt „guetma"), was Rückschlüsse auf die Abstammung der vorspanischen Bewohner Lanzarotes zulässt.

Inselmitte
Karte S. 136/137

Die Quesera de Zonzamas lässt Experten rätseln

- **Vertedero Insular**: Gleich gegenüber vom Palacio del Zonzamas erblickt man ein großes Tor mit der Aufschrift „Vertedero Insular“. Hier liegt der Eingang zur größten insularen Müllkippe, denn der Vulkankrater *Caldera Herrera* wird als überdimensionaler Abfalleimer benutzt und ist mittlerweile schon zu zwei Dritteln mit Abfall gefüllt. Planierraupen glätten den Unrat, kilometerweit liegen Plastikfetzen verstreut, Möwen kreischen in Scharen über dem Kessel – ein bizarrer Anblick. Vorsicht, die Zufahrtsstraße ist mit Glasscherben übersät.
- **Granja Agrícola Experimental** *(Landwirtschaftliche Versuchsanstalt)*: Kurz vor dem Haus César Manriques kommt man an diesem großen Komplex vorbei, wo mit verschiedenen Nutzpflanzen Anbauexperimente gemacht werden, u. a. versucht man, Bananen und Papayas heimisch zu machen.

SARA: Tierschutz auf Lanzarote

Gegenüber der Granja Agrícola liegt SARA, das einzige Tierheim Lanzarotes, das vielen herrenlosen Tieren einen Zufluchtsort bietet (→ S. 38). Entstanden ist es aus Privatinitiative auf Grund der schrecklichen Zustände für die vielen von ihren Herrchen nicht mehr erwünschten Hunde, die einfach ausgesetzt oder in der Lava angebunden werden und erbärmlich umkommen. Das Sara-Tierheim ist fast immer überbelegt, im Schnitt befinden sich etwa 150 Hunde mit Welpen dort. Es kann Mo–Sa von 11–13 Uhr besichtigt werden, Ansprechpartner vor Ort ist Klaus Ehlen. Da man mit dem Desinteresse der offiziellen Stellen zu kämpfen hat, ist man für Spenden und unentgeltliche Mitarbeit jederzeit dankbar. Auch Flugpaten werden gesucht, die Hunde mit nach Deutschland nehmen, Kosten entstehen dabei keine.

Kontakt: Sara Asociation Protectora de Animales y Plantas, Carretera Tahiche – San Bartolomé s/n, E-35509 Tahiche-Lanzarote, ✆/℻ 928-173417, www.spanienhunde-nothilfe.de; Postanschrift: Sara „Asociation Protectora de Animales y Plantas“, Appart. Correos 566, E-35500-Arrecife

- Informationen zur *Fundación César Manrique* auf S. 233.

Monumento al Campesino

Das weithin sichtbare, futuristisch wirkende Denkmal steht an einer zentralen Straßenkreuzung, ca. 2 km außerhalb von San Bartolomé. Gewidmet ist es der harten Arbeit der Bauern auf Lanzarote. Seine vollständige Bezeichnung lautet „Monumento Fecundidad al Campesino Lanzaroteño", also „Denkmal der Fruchtbarkeit für den lanzarotenischen Bauern".

Das eigentümliche Abstraktum wurde 1968 unter der Schirmherrschaft der Provinzregierung von Las Palmas de Gran Canaria errichtet, entworfen hat es *César Manrique*, für die Realisierung zeichnete *Jesús Soto* verantwortlich. Beim ersten Anblick ist fast jeder Besucher verunsichert: 15 m hoch türmen sich die weiß lackierten Wassertanks ehemaliger Fischerboote zu einer Art aufrecht stehenden Figur. Mit viel Fantasie kann man vielleicht erkennen, wofür der Metallturm steht: Dargestellt sind ein Bauer mit seinem Hund und den traditionellen Arbeitstieren Esel und Dromedar. Die eigentümlichen Materialien hat Manrique bewusst ausgewählt: Mit den Wassertanks wird auf die unschätzbare Bedeutung des Wassers und der Seefahrt für die Kanaren hingewiesen.

Auffallend, aber künstlerisch umstritten: Monumento al Campesino

Inselmitte
Karte S. 136/137

Casa-Museo del Campesino

Das Landgut neben dem Monumento al Campesino wurde ebenfalls von César Manrique restauriert und zu einer Art landwirtschaftlichem Museumsdorf umgestaltet. Mit dieser Anlage wollte er der bäuerlichen Architektur Lanzarotes ein Denkmal setzen. Seit 1999 gibt es einen teilweise unterirdischen Erweiterungsbau.

Wenn man das Anwesen betritt, steht man zunächst oberhalb eines amphitheaterähnlichen, weiß gekalkten Patios. Eindrucksvoller Blickfang ist der gut 7 m hohe Kamin in seiner minarettähnlichen Form. Im Patio liegt der Eingang zum traditionellen Restaurant, das mit seinen Tischen einen Teil des Hofs einnimmt. Blendend weiße Wände, leuchtend grüne Tische und Fensterrahmen sorgen für ein anregendes Ambiente. Rechts vom Patio kommt man in den unterirdischen Erweiterungsbereich (Zugang auch durch das Restaurant). In einem mit schwarzem Lavagestein dekorierten, nach oben mit Segeltuchplanen geschützten Rundbau steht ein Großteil der Restauranttische, die Platz für 500 Personen bieten. Meditatives Wasserplätschern und dekorative Grünpflanzen sorgen für Stimmung in dem optimal gegen die Sonnenhitze abgeschirmten Saal. Ein künstlicher Lavatunnel mit effektvoll drapierten Keramikobjekten führt weiter zu einem Häuserkomplex, der sich um einen Hof gruppiert. Dort kann man das traditionelle Handwerk und Kunsthandwerk Lanzarotes kennen lernen: Es gibt eine Keramikwerkstatt und einen Raum, in dem Leder bearbeitet wird, ein Korbflechter arbeitet hier und eine Dame zeigt Rosettenstickerei und Arbeiten am Webstuhl. Außerdem sind einige kunstvolle Getreide- und Gofiomühlen mit steinernen Mühlsteinen ausgestellt, und in einem Raum erfährt man allerlei über die Weinproduktion. Im angeschlossenen Laden werden die üblichen Souvenirs angeboten, dazu gibt es eine gut sortierte, jedoch überteuerte Auswahl an Inselweinen sowie abgepackten Gofio und Kichererbsen.

• *Öffnungszeiten/Preise* tägl. 10–17 Uhr, Eintritt frei.

• *Essen & Trinken* Das Restaurant im **Casa-Museo del Campesino** wird von der Inselregierung geführt und bietet seit vielen Jahren eine reichhaltige Auswahl typisch lanzarotenischer und kanarischer Speisen zu nicht überteuerten Preisen. In einer großen Glasvitrine im oberen Restaurantbereich ist das Angebot zu begutachten. 10–17 Uhr, So geschl.

▸ **Mozaga**: ruhiges Dorf beim Monumento al Campesino, an der Straße nach Tiagua. Hier hat die *Bodega Mozaga* ihren Sitz, eine der ältesten auf Lanzarote. Man findet sie direkt an der Straße. Mitten im Ort wurden vor einigen Jahren zwei stilvolle Landhotels eröffnet.

• *Übernachten* **El Caserío de Mozaga**, restaurierte Finca vom Ende des 18. Jh. Die acht Zimmer gruppieren sich um einen schön begrünten Patio und sind weitgehend mit historischem Mobiliar eingerichtet. Sie verfügen über Telefon, Sat-TV, Minibar und Internet-Anschluss. Es gibt einen großzügigen Salon mit Kamin, im benachbarten Speisezimmer sitzt man gemeinsam um einen großen Tisch, abends wird auf Vorbestellung ausgezeichnet gekocht – kanarische und spanische Küche, auch vegetarische Gerichte. Der junge, sympathische Eigentümer mit dem klangvollen Namen

Pittoresker Blickfang: Casa-Museo del Campesino im Zentrum der Insel

Gonzalo Rodríguez-Bethencourt Codes ist ein Verwandter der Familie, der die renommierte Bodega El Grifo gehört (→ S. 204), und spricht hervorragend Deutsch. DZ mit Frühstück ca. 90–120 €, Suite (DZ mit separatem Wohnzimmer) mit Frühstück ca. 105–140 €. Pauschal z. B. über TUI. Anfahrt: vor der Weinkellerei Mozaga rechts abbiegen, nach wenigen Meter an der rechten Straßenseite. ✆ 928-520060, 📠 928-522029, www.caseriodemozaga.com

Finca Isabel, wenige Schritte nach dem Caserío de Mozaga. Weiteres Herrenhaus des 18. Jh., ansprechend restauriert, gute Ausstattung. In einer nach oben offenen Lavasteingrotte wurde ein kleiner Pool angelegt, daneben Jacuzzi. Großes Grundstück mit Weinreben, Gemüseanbau und Grillzone. Vermietet werden insgesamt fünf Apartments und Studios, jeweils mit Sat-TV. Ab ca. 500 €/Woche, pauschal über Jahn Reisen, Olimar oder www.islaviva.com

Casa Sandra, vier unterschiedlich große Apartments gegenüber der Bodega Mozaga, mit Picóngarten und kleinem beheiztem Indoor-Pool, Waschmaschine, Blick auf La Geria. Geführt von Elke und Jürgen, ab etwa 25 € pro Pers. ✆ 928-522330, 📠 522325, www.traum-ferienwohnungen.de, www.ferienhausmiete.de u.a.

▸ **Straße nach Tao und Tiagua** → S. 228.

La Geria

Das berühmte Weinbaugebiet Lanzarotes liegt in den Hügeln oberhalb von Puerto del Carmen. Eine lange, schmale Straße führt vom Monumento al Campesino bis Uga quer durch die faszinierende Kulturlandschaft, die so völlig anders aussieht, als man sich üblicherweise eine Weinregion vorstellt. Dicke, schwarze Lapillischichten bedecken im Umkreis von vielen Kilometern alle Hügel, zigtausende von Weinstöcken ziehen sich die Hänge hinauf. Das Besondere: Jeder einzelne ist zum Schutz gegen die austrocknenden Passatwinde von einer halbkreisförmigen Mauer umgeben. Ein faszinierendes Muster von ummauerten Weinreben bietet sich dem Betrachter. Schon in den sechziger Jahren hat das New Yorker Metropolitan Museum of Modern Art La Geria als eindrucksvolles Beispiel für „Ingenieurskunst ohne Ingenieur" ausgezeichnet. Heute ist die Region als Landschaftsschutzgebiet ausgewiesen.

Inselmitte
Karte S. 136/137

La Geria ist etwa 15 km lang und 2-3 km breit. Einzige nennenswerte Ortschaften sind *Masdache*, *El Islote* und *La Vegueta*, das Örtchen *La Geria* besteht nur aus wenigen verstreuten Häusern. Geschaffen wurde das großartige Gesamtkunstwerk in mühevoller Arbeit durch Generationen von Weinbauern, die hier nach den verheerenden Eruptionen im Timanfaya-Gebiet (1730-36) das System des Trockenfeldbaus *(Enarenado)* entwickelten (→ Kasten). Angebaut wird in erster Linie die *Malvasía-Traube*, die bereits im Mittelalter aus Kreta eingeführt wurde. Traditionell wird daraus der *Malvasía* gewonnen, ein schwerer, goldgelber Tropfen mit hohem Alkoholgehalt, außerdem der süße, sherryähnliche *Moscatel*. Seit der touristischen Erschließung der Insel produzieren die großen Bodegas auch Rot- und Roséweine, die hier aber ursprünglich nicht heimisch waren. Ab März beginnen die Weinblätter zu wachsen, im Juli kann man im Rahmen eines Weinfests schon die ersten Trauben kosten – und Ernte ist bereits Anfang August, denn später würde der Wein aus den sonnendurchglühten Trauben zu süß und zu schwer werden.

Leer stehende Gutshäuser zeugen von früheren Krisen der Weinwirtschaft, die durch die stürmische touristische Entwicklung aber mittlerweile entschärft wurden. Die Bodegas einiger der führenden Weinproduzenten Lanzarotes stehen unmittelbar an der Straße, z. T. sind sie bereits seit dem 18. Jh. in Familienbesitz. Überall werden handliche Mitnahmepackungen für zwei oder drei Flaschen ange-

boten, vorher kann man die Weine verkosten. Als Fahrer sollte man allerdings besser auf Kostproben verzichten, die zulässige Promillegrenze liegt bei 0,5. Vorsichtiges Fahren ist in jedem Fall angesagt: Die Straße durch La Geria ist extrem schmal und besitzt keinerlei befestigte Randstreifen, Leitplanken, Beleuchtung o. Ä. Eine neue, breite Straße ist in Planung, Umweltschützer protestieren heftig dagegen.
Tipp: Für einen guten Überblick über das Weinbaugebiet kann man etwas östlich von der Abzweigung der Durchgangsstraße quer durchs Lavameer in Richtung Norden nach Mancha Blanca (→ S. 223) die 510 m hohe *Montaña Negra*: besteigen. Ein Weg führt von der Straße hinüber, der Aufstieg ist relativ leicht und oben bietet sich eine fantastische Rundsicht.

„Enarenado": Weinbau ohne Regen

Üblicherweise ist in Gebieten mit weniger als 200 mm Niederschlag im Jahr keine Landwirtschaft möglich. La Geria beweist das Gegenteil: Verantwortlich für die Entstehung des Phänomens waren die schweren *Vulkanausbrüche* von 1730–36 im Timanfaya-Gebiet. Damals wurde die gesamte nähere Umgebung der neu entstandenen Vulkane von gewaltigen Lavaströmen niedergewalzt, die bis heute ein riesiges, erkaltetes Meer bilden. Im weiteren Umkreis ging dagegen ein *Asche- und Lapilliregen* nieder, der wegen seines leichteren Gewichts kilometerweit durch die Luft getragen wurde und sich wie eine Haut meterdick über die Hügel legte. Jegliche Felderwirtschaft in dem früher sehr fruchtbaren Gebiet kam dadurch zum Erliegen.
Das versteinerte Lavameer war für den Anbau vollständig verloren, da das Erdreich darunter unerreichbar tief lag. Doch die Lapillischicht nutzten die Lanzaroteños mit dem einzigartigen System des *Enarenado* (= Trockenfeldbau) für die Weinkultivierung: Für jeden Rebstock, den sie anpflanzten, gruben sie einen Trichter *(„Geria")* in die Picónschicht, bis die Wurzeln das darunter liegende Erdreich erreichten. Gegen die ständigen Winde errichteten sie außerdem um jeden Stock eine Schutzmauer, den *„Zoco"*. Der Clou bei diesem System ist jedoch die *Bewässerung*, denn diese besorgt die Picónschicht selber: Das poröse Lavagranulat ist nämlich ein hervorragender Speicher für das allnächtlich anfallende Kondenswasser (Tau), das wegen der starken Kapillarwirkung nur nach und nach in den Boden abgegeben wird. So bleibt die Erde den ganzen Tag über gut angefeuchtet, was auf der fast wasserlosen Insel sonst kaum zu bewerkstelligen wäre. Weitere Details zum Enarenado → Wirtschaft.

Bodegas an der Weinstraße (von Ost nach West)

Die Bodegas sind in der Regel täglich vom späten Vormittag bis zum frühen Abend geöffnet.

- **Bodega Los Bermejos** (www.losbermejos.com): Gleich in der Nähe des Monumento al Campesino im Gebiet von „La Florida" liegt Ignacios Bodega einige hundert Meter abseits der Weinstraße. Er produziert einen fruchtig-trockenen *Malvasía*, einen *Tinto* und einen *Spumante*.
- **Bodega El Grifo**: Stammsitz der größten Kellerei Lanzarotes, zu erkennen am Wappentier, dem von Manrique entworfenen *Grifo* (Greif) im Tor. Die Weine von El Grifo werden heute in Playa Honda am Beginn der Straße nach San Bartolomé

hergestellt. Vor einigen Jahren hat man das Anwesen in La Geria in ein anschauliches *Weinmuseum* mit Verkaufsstelle umgestaltet. Angeboten werden zum Preis von ca. 5–12 € u. a. ein trockener, halbtrockener und lieblicher weißer Malvasía, ein Rotwein, ein Rosé, der Naturschaumwein „Malvasía Brut Nature" und der süße *Moscatel del Ana*, der einen Anteil des so genannten Mutterweins (solera) von 1881 enthält. Neben Wein kann man hier auch hübsche, wenngleich nicht ganz billige Flaschenöffner und andere Accessoires rund um den Rebsaft erwerben.

Öffnungszeiten/Preise Museum und Verkauf tägl. 10.30–18 Uhr, Eintritt frei. ✆ 928-524036, www.elgrifo.com

Ein Ort mit Tradition: Bodega und Museo del Vino „El Grifo"

„JHS Grifo 1775", so lautet die Mauerinschrift, an Hand derer man das Alter der Bodega El Grifo definiert – sie gilt damit nicht nur als älteste Bodega der Insel, sondern der ganzen Kanaren, spanienweit belegt sie immerhin noch einen Platz unter den ältesten zehn. 1880 wurde das Weingut umgebaut und erweitert, stand im 20. Jh. lange leer, war schließlich völlig verfallen und wurde erst 1995 als Museum wieder zum Leben erweckt. Der zu besichtigende Teil besteht im Wesentlichen aus drei Bereichen: Verkaufsraum und Bibliothek, das Lager sowie der Pressraum mit Laboratorium.

Verkaufsraum: Der kleine Raum ist mit Fässern und Verkaufstisch ausgestattet. Durch die Tür, durch die man ihn betritt, wurde früher der Wein direkt an die Bauern verkauft. Im Außenbereich gibt es eine Zisterne, außerdem einen großen Weinkeller, in dem lange Reihen von Fässern lagern (nicht zugänglich).

Bibliothek: Hinter dem Verkaufsraum schließt sich eine gediegene Bibliothek mit mehr als tausend Bänden an. Schwerpunkt der Literatur ist der Weinbau des 19. Jh. im Übergang zur Moderne. Dieser Raum kann nur durch die Tür betrachtet werden.

Lager: In der lang gestreckten Halle reihen sich gemauerte Tanks mit Kachelwänden, in denen einst der Malvasía und Moscatel reiften. Heute stehen darin und außerhalb verschiedene Gerätschaften: Abfüllpumpen, Pressen, Säuberungsmaschinen etc. Man kann aufs Dach der Tanks hinaufklettern, wo man die (heute verglasten) Löcher sieht, durch die früher der Wein hineingeschüttet wurde.

Pressraum: Ihn betritt man als letztes. Untergebracht sind hier eine traditionelle Balkenpresse arabischer Herkunft, *Almazara* genannt, deren Pressarm nach außen führt, außerdem eine neuere senkrechte Presse, die erst ab 1910 verwendet wurde. Von den Kelterbecken aus Kalk und Stein führt eine Mostrinne zu einem unterirdischen Speicher, der *Lagareta*. An der Decke hängen Kisten zum Traubentransport mit Dromedaren.

Laboratorium: Über eine Treppe kann man ins Obergeschoss des Pressraums hinaufsteigen, wo Utensilien zur Mostanalyse aufgebaut sind.

▸ **Bodega Barreto**: große, stark kommerziell ausgerichtete Bodega im Ort Masdache. Hier werden die Weine der bekannten Marke „El Campesino" verkauft, die in vielen Supermärkten erhältlich sind. Das Angebot ist umfangreich: weißer Malvasía (trocken und halbtrocken), Rosado, Tinto und Moscatel (dulce) für ca. 4,50–6 €, Malvasía und Tinto vom Fass („Barrica") für ca. 7 € und eine Rarität für ca. 8,50 €,

nämlich ein Licor de Malvasía, abgefüllt in 0,3-ltr-Flaschen. Im angeschlossenen Souvenirladen ist u. a. Keramik von Dorotea erhältlich (→ Muñique). Das weitläufige Restaurant Barbacoa ist auf Ausflugsbusse eingestellt und hat laut Leserzuschrift relativ günstige Preise.

- **Bodega Antonio Suarez**: kleinere Bodega direkt an der Straße. Im Angebot sind für ca. 4,50–6,50 € Tinto, Malvasía und Moscatel (semidulce), die in den Supermärkten der Insel nicht zu kaufen sind. In einem Nebenraum kann man Käse und Marmelade sowie einige teure Tapas kosten.

- **Bodega El Chupadero**: schräg gegenüber von Antonio Suarez etwa 100 m einen Fahrweg hinein, ca. 4 km vor Uga. Ein ehemaliges Weingut wurde von der deutschen Besitzerin Barbara Hendriks zu einem geschmackvollen Ausflugslokal umgebaut. Man sitzt vor dem Haus wunderbar ruhig und genießt den herrlichen Blick in die Weinberge, das Innere wurde in klaren, einfachen Linien gestaltet, im rückwärtigen Raum ist eine alte Weinpresse zu betrachten. Angeboten werden zu nicht ganz niedrigen Preisen verschiedene Tapas und Salate, z. B. leckerer Tomatensalat mit Ziegenkäse von Lanzarote. Dazu werden gehaltvolle Weine gereicht, die von einem Weinbauern aus der Nachbarschaft stammen. Hin und wieder gitb es auch Live-Konzerte. Für Übernachtungsgäste stehen zwei schöne Apartments zur Vermietung (→ Übernachten).
  Öffnungszeiten Di–So 12–21 Uhr, auf Wunsch auch länger, Mo geschlossen.

- **Bodega Guardilama La Geria**: mittelgroße, ganz auf Ausflugsbusse eingerichtete Bodega mit dem üblichen Angebot – Malvasía (seco, semidulce und dulce), Rosado, Tinto und Moscatel, ca. 4,50–7 €. Der Wein ist gut, hat aber keine speziellen Merkmale. In Supermärkten ist er nicht zu finden. Kosten kann man die Tropfen in einer hübsch-nostalgischen Café-Bar namens „El Medianero". Vom Parkplatz hat man einen herrlichen Blick in die Weinberge.

Übernachten/Essen & Trinken in La Geria

• *Übernachten* Es gibt mittlerweile eine Reihe von Unterkünften im Weinbaugebiet, meist frühere Fincas, die völlig allein zwischen den Weinbergen stehen. Wer Ruhe sucht und auf Ablenkung verzichten kann, wird sich sicher wohl fühlen, die Preise sind allerdings z. T. recht hoch.

Finca de la Florida, das kleine Örtchen El Islote liegt versteckt abseits der Durchgangsstraße durchs Weinbaugebiet. 1995 hat hier das erste Landhotel Lanzarotes seine Pforten geöffnet, eine große Finca wurde dafür vollständig umgebaut. Das geschmackvoll ausgestattete Haus besitzt 15 ansprechend möblierte Zimmer mit Laminatböden, vorhanden sind jeweils TV, Video, Klimaanlage und Föhn. Ein geräumiges und komfortables Apartment mit zwei

La Geria: über viele Quadratkilometer ein Netz von ummauerten Weinreben

Schlafzimmern ist in einem Nebenbau untergebracht. Im gemütlich mit Polstermöbeln ausgestatteten Aufenthaltsraum gibt es für etwas kühlere Tage einen Kamin. Vom Speisesaal aus hat man einen weiten Blick über die schwarzen Weinberge. Neben dem Haus liegen ein kleiner Süßwasserpool und ein Planschbecken für Kinder. Weiterhin geboten sind: Kinderspielplatz, Minigolf, Tischtennis, Tennis (tagsüber gratis, mit Flutlicht gegen Gebühr), Sauna und Mountainbikes. DZ mit Frühstück ca. 80–132 €. Pauschal kann man z. B. buchen über Jahn Reisen oder TUI. ✆ 928-521124, 📠 928-520311, www.hotelfincadelaflorida.com

Casa Tomaren, CalleTomaren 33, El Islote. Finca aus dem 18. Jh., bestehend aus mehreren unabhängigen Häusern, jeweils Terrasse, Garten und Sat-TV. Geeignet für Familien und Gruppen, auch Möglichkeiten für Seminare oder Kurse. Mit Pool, Sauna, Spa und Yogaraum. Preise auf Anfrage: ✆ 928-522618, 📠 520818, ✆ 676-453008 (mobil), www.casaelmorro.com,
E-Mail: damianhidalgo@hotmail.com

Casa Calma, bei der Bodega Los Bermejos (→ oben). Claudia Driess, die seit über 20 Jahren auf Lanzarote lebt, vermietet ein schön eingerichtetes Apartment, auf Wunsch auch mit zusätzlichem Bett für ein Kleinkind. Zwei Pers. ca. 50–55, drei Pers. 55–61 €. ✆ 928-522047, www.casa-calma.com

El Chupadero, ca. 4 km östlich von Uga, mitten in der Ruhe und Abgeschiedenheit der Weinberge werden hier zwei gepflegte Apartments (65 und 105 qm) mit Terrasse vermietet. Tagsüber sind Gäste in der angeschlossenen Bodega anzutreffen, ab 21 Uhr ist geschlossen. Die Apartments sind geschmackvoll eingerichtet und besitzen traditionelle Holzdecken. Da es hier oben in den Hügeln frischer wird als an der Küste unten, verfügen sie über offene Kamine und kleine elektrische Heizöfen für die kühle Jahreszeit. Zur Zeit der Recherche war das kleine Apartment fest vermietet, das große war für 700 €/Woche zu haben. Kontakt: Barbara Hendriks, La Geria 3, 35570 Yaiza, ✆/📠 928-173115,
www.el-chupadero.com

Finca Malvasia, gepflegte Finca im Manrique-Stil bei Masdache, deutsche Leitung. 20.000 qm großes Grundstück, drei Bungalows mit Gemeinschaftspool sowie eine Villa mit eigenem Pool. Preis für 2 Pers. ca. 150 €, jede weitere Person 10 €. Zu buchen über www.ferienwohnungen.de

Weitere Objekte im Weinbaugebiet kann man über **www.islaviva.com** mieten.

Die Feuerberge: faszinierender Mittelpunkt der Vulkanregion

Nationalpark Timanfaya

(Parque Nacional de Timanfaya)

Die Weltsehenswürdigkeit von Lanzarote. Auf 167 qkm erstreckt sich das größte Lavafeld des Erdballs, entstanden während der sechs Jahre dauernden Ausbrüche von 1730–36. Eine bizarre Wüste aus bedrohlichen Vulkankegeln, riesigen Aschefeldern und erstarrter Lava bedeckt seitdem fast ein Viertel Lanzarotes. Die „Feuerberge" sind auf einer gut ausgebauten Straße von Yaiza oder Mancha Blanca aus zu erreichen – für jeden Gast auf Lanzarote ein unbedingtes Muss.

Das Zentrum der Eruptionen lag im mittleren Westen der Insel. Hier entstanden damals etwa dreißig Vulkankegel, die *Montañas del Fuego* (= Feuerberge). 1974 wurden sie zum Nationalpark erklärt. Strenge Vorschriften regeln seitdem den Besuch der einzigartigen Landschaft. Der 51 qkm große „Parque Nacional" ist vom Erscheinungsbild her sicher der eigenartigste der vier Nationalparks auf den Kanarischen Inseln. Man fühlt sich in eine Mondlandschaft versetzt: weit geschwungene und völlig kahle Hänge, die mit Lapilli und Asche übersät sind, unheimliche Kraterlöcher in allen Formen und Größen, von den kleinen spitzen *Hornitos* bis zu gewaltigen Kratern mit mehreren hundert Metern Durchmesser. Überall ragt und krümmt sich scharfkantige Lava in allen erdenklichen Formen, darunter verbergen sich Lavablasen und Tunnel. Mit am beeindruckendsten ist zweifellos die Farbenvielfalt der „Feuerberge" – je nach Konsistenz des Eruptivmaterials schimmern sie in allen Farben von schwarz bis rostrot. Die Assoziation „Mondlandschaft" kommt nicht von ungefähr. Tatsächlich hat das Gebiet große Ähnlichkeit mit der von Vulkanen durchsetzten Oberfläche des Erdtrabanten. Vor den Apollo-Flügen der US-

Astronauten wurden hier die 1969 bei der Mondlandung eingesetzten Fahrzeuge getestet. Und auch Sciencefiction-Filme, die auf fremden Welten spielen, fanden auf Lanzarote bereits eine perfekte Kulisse. Der bekannteste war sicherlich „Planet der Affen“ mit Charlton Heston.

Die Vulkanausbrüche

Über die Eruptionen von 1730–36 wissen wir heute in groben Zügen Bescheid, da der Pfarrer von Yaiza die Ereignisse in einer Art Tagebuch beschrieb, bis auch er vor der heftigen Naturgewalt fliehen musste (→ Kasten, S. 209).

In den Abendstunden des 1. September 1730 öffnet sich zwischen Yaiza und Tinajo im Westen Lanzarotes die Erde. In mehreren langen Reihen bilden sich nach und nach mehr als zwei Dutzend Vulkane, die über Jahre hinweg immer wieder riesige Mengen von Eruptivmaterial aus dem Boden pumpen. Anfangs „wie sprudelndes Wasser, später zähflüssig wie Honig“ ergießen sich todbringende Lavaströme in die fruchtbare Kulturlandschaft, in der damals vor allem Getreide angebaut wurde. Glühende Fontänen spritzen Hunderte von Metern hoch in den Himmel und tragen Lapilli und Asche bis zu 5 km weit durch die Luft. Die Laven bilden ein gewaltiges Meer (Mar de Lavas), fließen bis zur flachen Westküste und formen dort eine neue Küstenlinie. Elf Dörfer werden niedergewalzt, verschwinden in tiefen Spalten oder werden unter den meterdicken Ascheschichten verschüttet, ein weiteres Dutzend wird fast völlig zerstört. Die Menschen können sich retten, doch das Vieh wird von Lärm und Hitze der Eruptionen wahnsinnig und verendet an giftigen Dämpfen – und die Kornkammer der Insel verschwindet vom Erdboden. Die neu entstandenen Vulkane hat man treffend „Feuerberge“ genannt. Höchste Erhebung ist mit 510 m der *Pico del Timanfaya* (auch: Pico del Fuego), benannt nach dem ehemals größten Dorf der Region, das vollständig verschüttet wurde und auch dem gesamten Nationalpark seinen Namen gegeben hat.

1824 kommt es zu neuerlichen Ausbrüchen, die aber lange nicht mehr so heftig sind wie die im 18. Jh. und nur zweieinhalb Monate dauern. Es entstehen drei neue Vulkane, von denen nur ein einziger im Gebiet des heutigen Nationalparks liegt. Hauptsächlich dünnflüssige Lava und Salzwasser entweichen und zerstören viele der neu geschaffenen Felder. Die *Montaña del Clerigo Duarte* ist das Zentrum der neuerlichen Eruptionen (→ Tao). Das große Dorf Mancha Blanca wird wie durch ein Wunder verschont (→ S. 223).

Bis heute ist die Timanfaya-Region nicht zur Ruhe gekommen. In etwa 4 km Tiefe brodeln noch immer Magmareste der Eruptionen vom 18. Jh. – ein gewaltiges Energiepotenzial, das für geothermische Anomalien im Zentrum des Nationalparks verantwortlich ist. Dort steigen die Gase durch Spalten auf und erhitzen die darüber liegenden Bodenschichten. Noch unmittelbar unter der Oberfläche misst man fast 150 Grad Celsius, in 6 m Tiefe sind es 400 Grad, in 20 m rund 700 Grad.

Der große Knall

Vor 260 Jahren kam es zu dem Ereignis, das die ganze Insel veränderte. *Andrés Lorenzo Curbelo*, der Pfarrer von Yaiza, hat die Katastrophe schriftlich festgehalten:

... Am 1. September 1730, zwischen 9 und 10 Uhr abends, öffnete sich plötzlich die Erde bei Timanfaya, zwei Wegstunden von Yaiza. Ein gewaltiger Berg

bildete sich bereits in der ersten Nacht und Flammen schossen aus seinem Gipfel, die 19 Tage lang weiterbrannten. Wenige Tage später brach ein neuer Schlund auf und der Lavastrom ergoss sich über Timanfaya, Rodeo und einen Teil der Mancha Blanca. Die Lava floss nach Norden, anfangs wie sprudelndes Wasser, später zähflüssig wie Honig. Doch am 7. September stieg mit unheilvollem Donnern ein riesiger Fels aus der Tiefe und zwang die Lava dazu, ihren Fluss nach Westen und Nordwesten zu wenden. Dort zerstörte sie die Orte Maretas und Santa Catalina.

Am 11. September erneuerte sich die Gewalt der Lava. Sie bedeckte und verbrannte das Dorf Mazo und stürzte danach acht Tage lang als feuriger Katarakt unter furchtbarem Tosen ins Meer, so dass tote Fische in riesigen Mengen an der Oberfläche schwammen oder ans Ufer geworfen wurden. Danach beruhigte sich alles und die Eruptionen hörten auf.

Jedoch am 18. Oktober brachen direkt über dem verbrannten Santa Catalina drei neue Schlünde auf, aus denen schwere Rauchwolken strömten, die sich über die ganze Insel verbreiteten. Sie trugen Unmengen an Asche und Sand mit sich und überall fielen dicke Wassertropfen nieder. Die dadurch verursachte Finsternis, Asche und Rauch vertrieben mehrfach die Einwohner von Yaiza und Umgebung. Doch kehrten sie wieder zurück, als auf die Eruptionen keine weiteren Ausbrüche mehr folgten. Am 28. Oktober, als diese Ereignisse zehn Tage angedauert hatten, fiel in der ganzen Region das Vieh tot um, erstickt vom stinkenden Dunst.

Vom 1. bis 20. November brach unaufhörlich Rauch und Asche aus den Kratern hervor und am 27. wälzte sich mit enormer Geschwindigkeit ein Lavastrom die Hänge hinunter. Am 1. Dezember erreichte er das Meer und bildete dort eine erstarrende Insel. Am 16. Dezember änderte die Lava plötzlich ihren Lauf, floss nicht mehr ins Meer, sondern verschüttete das Dorf Chupadero und vernichtete die fruchtbare Ebene von Uga.

Am 7. Januar 1731 kam es zu neuen Ausbrüchen, die die früheren Krater wieder zerstörten. Aus zwei Öffnungen brach Lava heraus, begleitet von dichten Rauchwolken, in denen rote und blaue Blitze tobten. Dazu donnerte es wie bei Gewittern, was für die Bewohner sehr erschreckend war, da sie auf ihrer Insel keine Gewitter kannten.

Am 10. Januar türmte sich ein hoher Berg auf, der noch am selben Tag wieder in sich zusammenstürzte. Steine und Asche regneten auf die Insel und Lavaströme flossen über den Malpaís ins Meer.

Am 7. März entstanden gleich mehrere Vulkane, die sich in einer Reihe von Ost nach West erhoben.

Am 4. Juni öffneten sich in der Timanfaya-Region drei Krater auf einmal. Sie verbanden sich schnell zu einem einzigen Vulkankegel, aus dem ein Lavastrom ins Meer floss. Aus einem Nebenkrater schossen Asche und Blitze heraus, aus einem anderen entwich weißer Dampf, wie man ihn bisher nicht gesehen hatte. Ende Juni waren alle Küsten an der Westseite der Insel mit riesigen Mengen von toten Fischen bedeckt, von denen man viele Arten noch nie gekannt hatte. Nordwestlich von Yaiza stiegen mit heftigen Detonationen Rauch und Flammen aus dem Meer empor.

Im Oktober und November verstörten neue Eruptionen die Einwohner. Am 25. Dezember bebte die Erde und am 28. schoss ein Lavastrom aus einem neu entstandenen Kegel, zerstörte ein weiteres Dorf und eine Kapelle bei Yaiza ...

An dieser Stelle brechen die hier verkürzt wiedergegebenen, chronologischen Notizen des Priesters ab. Don Andrés Lorenzo Curbelo konnte wahrscheinlich nicht mehr länger im schwer bedrohten Yaiza bleiben, er floh mit vielen anderen Inselbewohnern nach Gran Canaria. Die Eruptionen sollten noch fünf Jahre dauern. Sie gehören zu den gewaltigsten Ausbrüchen, die in geschichtlicher Zeit bekannt sind.

Besichtigung des Nationalparks

Der Nationalpark kann nur in einzelnen, genau festgelegten Bereichen besucht werden. Individuelle Touren durch den Park sind nicht möglich,.

Die Wächter passen genau auf, dass sich niemand von den kontrollierten Wegen entfernt und Streifzüge auf eigene Faust durch den Malpaís unternimmt, denn jeder Fußtritt abseits der vorgeschriebenen Wege zerstört empfindliche Flechtenkulturen und verhindert auf Jahrhunderte weiteren Pflanzenwuchs. Außerdem ist der Boden weitgehend unterhöhlt und immer wieder gähnen gefährliche Spalten in der Lava.

Drei Programmpunkte gibt es, die alle von der Straße Yaiza nach Mancha Blanca zu erreichen sind:

- **Echadero de los Camellos**: Hier lassen sich die Urlauber von Dromedaren über die mit Asche und Lavasand bedeckten Hänge der Feuerberge schaukeln.
- **Montañas del Fuego**: Im Zentrum der Feuerberge liegt das Besucherzentrum „Islote de Hilario", wo man zu einer Rundfahrt per Bus auf der „Ruta de los Volcanes" startet.
- **Centro de Visitantes e Interpretación de Mancha Blanca**: Das informative Besucher- und Informationszentrum des Nationalparks beinhaltet eine Ausstellung über den Nationalpark und den Vulkanismus auf Lanzarote.

Inselmitte
Karte S. 136/137

Tipp: Als zeitlichen Rahmen sollte man einen **knappen Tag** einkalkulieren: vormittags Dromedarreiten, gegen Mittag bzw. am frühen Nachmittag Bustour durch die Feuerberge, im Anschluss Besuch des Informationszentrums. Wichtig: Wählen Sie für eine Besichtigungstour unbedingt einen **sonnigen Tag**, denn wenn Nebel oder Wolken in den Bergen hängen, wird es reichlich kalt und die Sicht ist dementsprechend schlecht.
Eine interessante Ergänzung zur üblichen Besichtigungstour stellen die **geführten Wanderungen** durch den Park dar, die von der Nationalparkbehörde angeboten werden (→ weiter unten).

• *Anfahrt/Verbindungen* Öffentliche Linienbusse fahren nicht zum Nationalpark.
Am besten erreicht man den Park von **Yaiza** oder **Mancha Blanca**. Zwischen beiden Orten verläuft die 14 km lange Straße LZ-67, „Carretera Local" genannt, sie führt mitten durch den Malpaís und durchquert die Montañas del Fuego. Besonders faszinierend ist der erste Anblick der „Feuerberge", wenn man aus Richtung Yaiza kommt. Ein leichter rötlicher Schimmer überzieht die Hänge, die bei guten Lichtverhältnissen wirken, als leuchteten sie von innen her.
Etwa 5 km von Yaiza entfernt liegt die **Dromedarstation** direkt an der Straße am Fuß der Montaña Timanfaya.
Um zum Besucherzentrum **Islote de Hilario** zu gelangen, müssen Sie noch etwa 2 km weiterfahren und in eine beschilderte Seitenstraße abbiegen, die Sie schnell zum Parkplatz des Zentrums hinaufbringt. Gleich am Abzweig steht das Kassenhäuschen. Vom **Islote de Hilario** darf man mit eige-

nem Fahrzeug nicht mehr weiterfahren, weiter geht's per Rundfahrtbus auf der **Ruta de los Volcanes**, die Fahrt ist im Eintrittspreis inbegriffen (Ticket beim Einsteigen in den Bus griffbereit haben).

Das **Besucher- und Informationszentrum** von Mancha Blanca erreicht man schließlich auf der Carretera Local, etwa 2 km vor Mancha Blanca.

Tipp für **Radfahrer**: die Straße ist von der Dromedarstation bis Yaiza abschüssig und man kann eine 5 km lange Abfahrt genießen – wie geschaffen für Rennradler, die man hier tagtäglich in ganzen Rudeln sieht.

Vorschriften im Nationalpark

- Man darf nur auf den asphaltierten Straßen fahren, Endpunkt ist das Besucherzentrum Islote de Hilario.
- Auch wenn Sie es sicherlich mehrfach sehen werden: Außerhalb von Parkplätzen darf man nicht aus dem Fahrzeug aussteigen und die Straße verlassen. Das gilt auch für die Hauptachse Yaiza–Mancha Blanca.
  VORSICHT: Da es neben den Straßen keine Parkmöglichkeiten gibt, halten einige besonders „schlaue" Fahrer ihre Autos mitten auf der Fahrbahn an, um Fotos zu schießen!
- In den Lavafeldern darf man nicht auf eigene Faust wandern.
- Bei geführten Wanderungen darf man nicht die Wege verlassen.
- Das Sammeln von Pflanzen, Steinen und Mineralien (Olivin etc.) ist verboten.
- Übernachten im Park ist verboten.
- Jeglicher Abfall muss wieder mitgenommen werden.

Echadero de los Camellos

Direkt an der Straße von Yaiza nach Mancha Blanca liegt die bekannte Dromedarstation, die verantwortlich zeichnet für eine ganze Reihe Titelfotos von Reiseführern.

Ein fast unwirklicher Anblick bietet sich hier am Fuß der Montaña Timanfaya: Mehr als 200 Dromedare drängen sich in langen Karawanen durch tiefen, schwarzen Aschesand den Hang hinauf und wieder hinunter. Auf einem festgelegten Rundkurs von ca. 15 Min. Länge werden so bis zu tausend Touristen täglich durch die „schwarze Wüste" geschaukelt, je zwei pro Dromedar. Zweifellos ein Vergnügen besonderer Art – nach dem Ritt weiß man, warum Dromedare „Wüstenschiffe" genannt werden. Hinzu kommt die überraschende Tatsache, dass diese Tiere ein Gebrüll von sich geben können, das man nur einem ausgewachsenen Grizzlybären zugetraut hätte. Die Dromedare werden hauptsächlich in *Uga* (→ dort) am Südrand des Malpaís gezüchtet und kommen täglich herübergestapft. Etwa fünfzig Besitzer sind es, die dieses Geschäft betreiben. Die Treiber, „Camelleros" genannt, haben z. T. sichtbar afrikanische Gesichtszüge und stammen oft aus Mauretanien. Inzwischen gibt es aber auch schon lanzarotenische Treiber und oft wird der Beruf vom Vater auf den Sohn vererbt.

Fünf oder sechs Tiere sind jeweils hintereinander gebunden, tragen Maulkörbe (obwohl sie nicht beißen) und ein dachförmiges Holzgestell mit Sitz an jeder Seite des Höckers. Zum Aufsteigen der Touristen knien sie nieder, wenn ein „Passagier" deutlich schwerer ist als sein Gegenüber, wird das Gleichgewicht durch Sandsäcke stabilisiert. Auf ein Kommando des Treibers richten sie sich auf – oft nur widerwillig, wie es scheint, mit lautem Gurgeln und Röhren – und man wird mit einem plötzlichen Ruck nach oben gehievt. Das Dromedar erhebt zuerst sein Hinterteil,

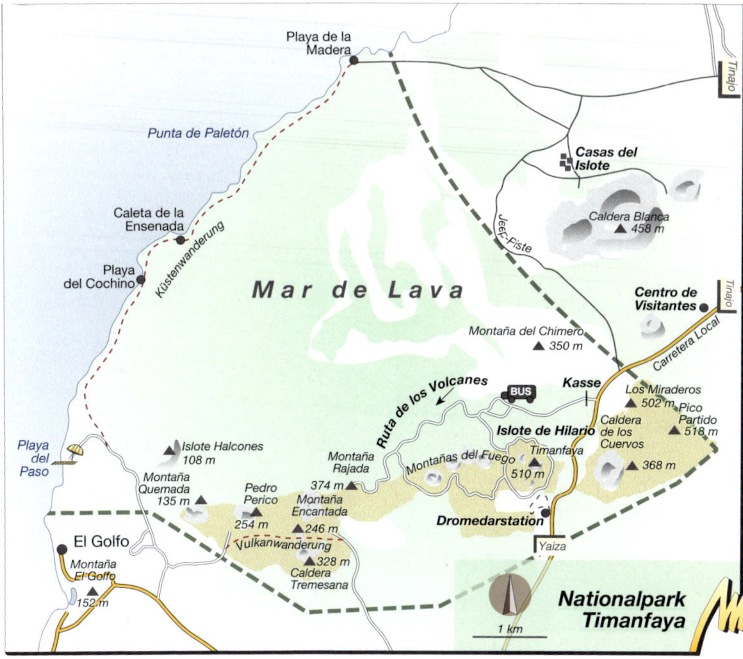

Inselmitte
Karte S. 136/137

stützt sich dabei vorne mit den gut gepolsterten Knien ab – und plötzlich hängt man mit starker Schräglage nach vorne. Erst dann stemmt es sich mit Mühe auf den Vorderbeinen hoch und los geht's den Hang hinauf, bei jedem Schritt wird man ordentlich durchgeschüttelt. Beim Absteigen knickt das Dromedar zuerst vorne ein, dann hinten. **Achtung: Beim Aufstehen bzw. Niederknien des Tieres gut festhalten!** Die Sitze verfügen zwar über ein Seil, das als eine Art „Sicherheitsgurt" vor dem Bauch gespannt werden kann, im Ernstfall wird das jedoch nicht ausreichen, um den überraschten Passagier bei einem heftigen Ruck im „Sattel" zu halten. Bei eventuellen Verletzungen der Touristen springt eine Unfallversicherung ein, die jeder Tierbesitzer abgeschlossen haben muss. Ob dieses tägliche Ritual – bis zu sieben Mal am Tag muss jedes Tier den anstrengenden Parcours bewältigen – für die Dromedare Routine oder tierquälerische Tortur ist, wage ich nicht zu beurteilen. Wenigstens arbeiten die Tiere nur halbtags und bekommen einmal im Jahr Urlaub.

Nach dem Ritt kann man sich in einer *Bar* mit Souvenirladen erfrischen, weiterhin gibt es ein kleines Museum, das *Museo de Rocas,* das mitten in die Lava hineingebaut ist. Es präsentiert Informationstafeln und Anschauungsobjekte zum Nationalpark. Gezeigt werden u. a. die unterschiedlichen Formen der Lava, die reichen Flechtenvorkommen, die mineralischen Einsprengsel im Vulkangestein (Olivin u. a.), der Vulkanismus und der Trockenfeldbau auf Lanzarote. Außerdem findet man hier Infobroschüren zu den von der Nationalparkbehörde angebotenen Wanderungen. Für detaillierte Informationen und Buchungen wird man an das Informationszentrum Mancha Blanca verwiesen.

• *Öffnungszeiten/Preise* tägl. etwa 9.30–13 Uhr, kostenloser Parkplatz, Preis ca. 10 € pro Dromedar (2 Personen). Auch nachmittags bis 16 Uhr bleiben meist einige Tiere zurück, um verspäteten Besuchern Gelegenheit für einen Ritt zu geben. Für ca. 5 € kann man sich beim Kamelritt fotografieren lassen.

Ganze Dromedarkarawanen schaukeln durch die Feuerberge

Das Dromedar: Wüstenschiff und Lavataxi

Für die Landschafts- und Lebensbedingungen auf Lanzarote ist das Dromedar hervorragend geeignet. Das beginnt schon bei den Füßen. Zwei breite Fettpolster bilden die Zehen und verhindern das Einsinken in Sand und Asche. Die Beine sind extrem lang, um den Körper vom weichen und oft unsicheren Boden fernzuhalten. Wenn Sandstürme toben, können die Nasenlöcher völlig verschlossen werden. Der große Buckel bildet ein natürliches Reservoir – bei Wasser- und Futtermangel kann das Dromedar von diesem Fettlager zehren. Bis zu acht Tagen können Dromedare problemlos ohne Nahrung und einen einzigen Wassertropfen auskommen. Und wenn sie endlich Flüssigkeit finden, saufen sie innerhalb von wenigen Minuten bis zu 100 Liter!

Bis in unser Jahrhundert hinein wurden Dromedare auf Lanzarote als Last-, Reit- und Zugtiere in der Landwirtschaft verwendet. Sie zogen Pflüge durch die lapillibedeckten Felder, transportierten Waren und Menschen. Die Vorteile dabei: Im Gegensatz zum Pferd kann ein Dromedar zum Be- und Entladen niederknien. Es ist das einzige Tier, das während der Arbeit nicht trinken muss. Und es kann sich von Kaktusfrüchten, Disteln und Ginster ernähren, ohne sich an den Stacheln zu verletzen. Sein Dung kann als Brennstoff verwendet werden und die Milch ist nährstoffreich, besitzt dreimal mehr Protein und Vitamin C als Kuhmilch.

Montañas del Fuego

Östlich der Dromedarstation liegt direkt an der Straße von Yaiza nach Mancha Blanca die Einfahrt ins eigentliche Zentrum des Nationalparks. Wenn großer Andrang herrscht, stauen sich hier die Autos bis auf die Durchgangsstraße, denn an einem Kassenhäuschen muss Eintritt gezahlt werden. Etwa 1 km weiter kommt man zum Besucherzentrum und wird von Parkwächtern eingewiesen.

Öffnungszeiten/Preise tägl. 9–17.45 Uhr, Restaurant 12–15.30 Uhr, Bar 9–16.45 Uhr. Der letzte Rundfahrtbus startet um 17 Uhr. Eintritt ca. 8 € pro Person.

Tipp: Die Inselregierung empfiehlt Urlaubern, die individuell unterwegs sind, ihren Besuch auf den Nachmittag zu legen, da die Montañas del Fuego morgens wegen der zahlreichen Ausflugsbusse überfüllt sind. Wegen des übermäßigen Andrangs wird überlegt, den Besuch des Nationalparks mit einer obligatorischen Reservierung zu verbinden.

Islote de Hilario

Das Besucherzentrum thront als gläserner Rundbau auf einer natürlichen Anhöhe mitten im Lavameer. Großartig ist der Blick von hier oben über den Nationalpark. Die Parkangestellten bieten einige eindrucksvolle Vorführungen zur enormen Erdhitze. Man kann einen natürlichen Vulkangrill besichtigen, der ausschließlich mit vulkanischer Thermik funktioniert, und das von César Manrique gestaltete Restaurante „Del Diablo" besuchen. Außerdem starten hier die Busse zur Rundfahrt auf der Ruta de los Volcanes.

Inselmitte Karte S. 136/137

Unter „Islote„ versteht man Millionen Jahre alte, vulkanische Anhöhen im Lavameer der Ausbrüche von 1730–36, die von der vergleichsweise jungen schwarzen Eruptivmasse nicht bedeckt wurden und wie helle Inseln herausragen. Auf den Islotes hat sich die Lava bereits teilweise in Erde zersetzt und oft sind sie mit Pflanzen bedeckt. Auf dem Islote de Hilario soll laut einer Legende ein Eremit namens Hilario fünfzig Jahre lang mit seinem Dromedar gelebt haben. Man sagt, er habe einen Feigenbaum gepflanzt – der kahle Stamm, der verglast in der Mitte des Restaurants steht, erinnert an die Episode. Ein paar Dromedarknochen sind effektvoll in die Lapillischicht drapiert.

Zischende Dampffontäne aus glühend heißem Boden

Der Küchenchef empfiehlt: Fleischspieß vom Vulkangrill

- **Demonstration der Erdhitze**: Kaum am Islote angekommen, versammeln die Parkangestellten alle Neuankömmlinge und veranschaulichen mit einer Handvoll Demonstrationen die ungeheure Hitze im Boden. Diese Vorführungen werden alle paar Minuten wiederholt.
  Zunächst wird ein Haufen trockener *Dornlattich* in einer Erdspalte platziert. Schon nach wenigen Sekunden steigt Rauch auf und wieder einige Sekunden später geht der Strauch in Feuer auf. Mit den Händen darf man danach in verschiedene Spalten greifen, um die Wärme handgreiflich zu spüren. Die Lapillisteinchen vom Boden kann man kaum in der Hand halten, so heiß sind sie.
  Danach der große Überraschungseffekt: In *Röhren*, die bis zu 10 m tief in den Boden eingelassen sind, wird eimerweise Wasser geschüttet. Binnen Sekunden verdampft das Wasser – und schießt explosionsartig zischend und fauchend als hohe Dampffontäne aus dem Rohr in die Luft.
  Zu guter Letzt kann man den kleinen natürlichen *Vulkangrill* betrachten, der sich (mit Blick auf das Restaurant) an der rechten unteren Außenmauer des Restaurants befindet. Heiße Luft strömt einem aus einer Felsspalte entgegen. Der hier angebrachte Grillrost darf auch benutzt werden. Wer sich ein paar Stücke Fleisch mitbringt, kann ein sicherlich amüsantes Picknick veranstalten.
- **Vulkangrill und Restaurante El Diablo**: Der berühmte *Vulkangrill* befindet sich schräg hinter dem Restaurant. In einem Rundbau aus Lavagestein gähnt ein großes, brunnenartig eingefasstes Loch, überdeckt mit einem schweren Grillrost. Wenn man sich über die Öffnung beugt, schlägt einem der heiße Dampf aus der Felsspalte darunter entgegen. Bei optimalen Gartemperaturen brutzeln hier leckere Hähnchenschenkel, Fleischspieße *(Brochetas mixtas)* und Fisch fürs Restaurant, immer umringt von staunenden Besuchern. Ohne einen Cent für Stromkosten oder Heizmaterialien auszugeben, wird hier ein ganzes Restaurant allein von Mutter Erde versorgt!

El Diablo ist ein interessant konzipierter Rundbau mit verglasten Panoramawänden und herrlichem Blick in die Montañas del Fuego und über das Mar de Lavas bis hinunter zur Westküste. Die Einrichtung besteht aus feuerfestem, schwerem Metall und Steinboden. Ein bisschen fühlt man sich wie auf dem Pulverfass, denn die Erdwärme heizt den Boden an und die Raumtemperatur ist hoch. Die Auswahl ist zwar nicht riesig, aber die Gerichte sind gut und preislich angesichts der exponierten Lage relativ moderat (Tipp sind natürlich die Gerichte vom Naturgrill) – und der Blick ist einfach fantastisch.

Ruta de los Volcanes

Zweifellos der Höhepunkt der Nationalpark-Besichtigung. Eine faszinierende Fahrt durch eine fremdartige, gespenstische Welt.

Etwa alle halbe Stunde (letzte Abfahrt: 17 Uhr, Parkeintrittskarte ist beim Fahrer vorzuzeigen) kurvt ein komfortabler, allerdings stets rappelvoller Panoramabus eine Dreiviertelstunde lang auf schmaler, 14 km langer Piste durch die lebensfeindliche Öde. Zu sphärenhafter Musik gibt es erklärende Durchsagen in Englisch, Spanisch und Deutsch vom Band. So erkennt man bald, dass die Lava- und Aschewüste keineswegs so eintönig ist, wie man auf den ersten Blick vielleicht denkt, sondern durchaus signifikante Unterschiede enthält. An markanten Punkten hält der Bus kurz für Fotostopps, man erhascht dabei u. a. einen spektakulären Einblick ins Innere eines Kraterkessels. Tipp: im Bus rechts sitzen, denn dort liegen so gut wie alle markanten Punkte.

Inselmitte
Karte S. 136/137

Neues Leben aus der Lava

Die Explosionen im Timanfaya-Gebiet gehörten zu den größten und längsten Vulkanausbrüchen der Welt. Für Lanzarote bedeuteten sie einen Schicksalsschlag, der die Insel bis heute entscheidend geprägt hat. Ein riesiges Lavameer, *Malpaís* (= schlechtes Land) genannt, überzieht seitdem fast ein Viertel der Insel. Das Rad der Geschichte wurde abrupt zurückgedreht, denn sämtliche Vegetation verschwand auf einen Schlag und wird sich erst im Jahrtausende währenden Zersetzungsprozess der Laven wieder regenerieren. Für Geologen und Botaniker gilt die Timanfaya-Region als nahezu idealer Ort, um die Entstehung von Pflanzenwuchs fast unter Laborbedingungen zu beobachten. Im ersten Stadium wachsen nur karge, millimeterhohe Flechten auf der toten Lava. Sie spielen eine wichtige Rolle bei der Umwandlung der Lava in fruchtbare Erde und überziehen mittlerweile über viele Kilometer hinweg den Malpaís (→ siehe auch weiter unten „Quer durchs Lavameer"). Im augenfälligen Kontrast dazu gedeihen auf den Millionen Jahre alten Laven aus der Erdfrühzeit, die auf Lanzarote ebenfalls offen liegen, bereits höhere Pflanzen und Sträucher (→ Lanzarote allgemein/Flora).

▶ **Streckenbeschreibung**: Erster Haltepunkt ist ein spitzer Vulkanhügel (Hornito) mit dem poetischen Namen *Manto de la Virgen*, also Mantel der Jungfrau. Der pyramidenförmig aufgewölbte Krater ist an der Spitze seitlich aufgerissen, was tatsächlich den Eindruck eines Umhangs vermittelt.

Nächster markanter Blickfang ist der *Barranco de Fuego* (Feuertunnel). Hier fährt der Bus ein Stück weit einen Tunnel entlang, der durch strömende Lava gebildet wurde und dessen Decke eingestürzt ist.

An einer weiteren Stelle der Strecke führt die Piste mitten durch einen Kraterkessel hindurch, die *Caldera Quemada*.

Kurz darauf folgt das *Valle de la Tranquilidad*. Hier im „Tal der Stille" sind die Vulkanhänge auf viele hundert Meter mit gewaltigen Asche- und Lapillischichten bedeckt, was der Szenerie einen weichen, „stillen" Charakter gibt.

Nun geht es steil hinauf zum Gipfel der *Montaña Timanfaya* mit herrlichem Panoramablick über die Feuerberge. Tief unten erkennt man die Dromedarstation, nach Osten über die Straße hinüber hat man einen kilometerweiten Blick über die Vulkane, am eindrucksvollsten ist die riesige *Caldera de los Cuervos*, einer der größten Krater im Nationalpark.

Kurz vor Ende der Fahrt kann man schließlich noch den Pflanzenwuchs auf dem *Islote de Hilario* beobachten.

Besucher- und Informationszentrum Mancha Blanca

Das „Centro de Visitantes e Interpretación de Mancha Blanca" liegt an der Straße durch den Nationalpark, etwa 2 km westlich von Mancha Blanca. Der weiße, lang gestreckte Flachbau wurde mitten in die Lava gesetzt, sein Besuch ergänzt sinnvoll die Tour durch den Nationalpark.

Auf mehrere Ebenen verteilt, findet man in den locker und luftig konzipierten Räumen umfangreiche Informationen zum Nationalpark Timanfaya, aber auch zu Lanzarote allgemein und zu den Kanaren: Entstehung der Inseln, Vulkanismus, Meteorologie, Flora und Fauna, Wirtschaft, Energiegewinnung und Tourismus sind einige der Themengebiete. In Form von großformatigen Lichtbildern, Schautafeln und Modellen werden die diversen Aspekte erläutert, auch Computer mit Bildschirmen stehen zur Selbstbedienung bereit. Über eine Verbindung zum Wettersatelliten Meteosat kann man die Oberfläche aller kanarischen Inseln beobachten.

Im Filmsaal laufen zwei Dokumentarfilme, einer über Vulkanismus, der andere über Flora und Fauna (Kopfhörer mit deutschsprachigem Kommentar sind gegen Gebühr erhältlich). Im Anschluss daran lässt sich im *Eruptionssaal* die Simulation eines Vulkanausbruchs hautnah erleben. Ohrenbetäubender Lärm, unheilvolles Wändeknirschen und rotes Lichtflackern versetzt einen für Sekunden in die Welt der Ausbrüche im 18. Jh. Vor allem Kinder sind hier beeindruckt. An zwei *Aussichtsplätzen* kann man schließlich ins Freie hinaustreten und den Blick über die Lava ringsum gleiten lassen. Durch das Lavameer wurde ein neuer, hölzerner *Stelzenpfad* angelegt, am Ende stehen Tafeln mit Erläuterungen zu den umliegenden Vulkankegeln.

• *Öffnungszeiten/Preise* tägl. 9–17 Uhr, Eintritt frei. Parkplatz vorhanden.
Beim Souvenirladen am Eingang des Zentrums kann man detaillierte Informationen über die von der Nationalparkbehörde angebotenen, geführten Wanderungen einholen.

▶ **Caldera Blanca**: Zwischen der Einfahrt zu den Montanas del Fuego und dem Besucherzentrum Mancha Blanca zweigt etwa an der Grenze zum Nationalpark eine Piste zum Meer hin ab, beschildert mit *Camino Cortado*, was so viel wie „Engpass" bedeutet. So mancher Mietwagenfahrer fährt hier neugierig ein Stück hinein. Doch Vorsicht: Anfangs noch problemlos zu befahren, wird der Weg später zusehends schlechter und ist ausschließlich für Jeeps geeignet! Die Piste führt zu den Steinhütten von *Casas del Islote* östlich unterhalb der niedrigsten Stelle des Vulkans *Caldera Blanca* (459 m). Hier zweigt ein Schotterweg zum Calderarand ab. Oben kann man weitergehen bis zum höchsten Punkt, von dem sich ein atemberaubender Rundblick über den Nationalpark, aber auch in den riesigen, kreisrunden Krater hinein bietet. Etwa 1 Std. zu Fuß.

Wanderungen im Nationalpark

Sie bieten eine ideale Möglichkeit, das Lavameer Lanzarotes hautnah zu erleben. Auf eigene Faust loszulaufen ist bis auf eine einzige Tour (→ „Küstenwanderung") zwar verboten, doch geführte Wanderungen werden von den jungen engagierten Mitarbeitern der Naturparkbehörde „Red de Parques Nacionales" kostenlos angeboten.

Diese Wanderungen bzw. längeren Spaziergänge sind nicht nur interessante Naturerlebnisse, sondern man erfährt dabei auch viel über den Vulkanismus auf Lanzarote. Nino Gonzales Delgado und die anderen Führer sprechen gut Englisch und haben sich intensiv mit der Materie beschäftigt. Sie kommentieren und erklären unterwegs viele Phänomene.

Derzeit werden zwei Touren angeboten: eine kurze und leicht zu bewältigende geht durch die Kraterlandschaft im Binnenland (3 x wöch.), die andere – länger und schwieriger – führt entlang der Küste des Nationalparks (1 x monatl.). Da die Teilnehmerzahl beschränkt ist, ist eine frühzeitige *Anmeldung* unbedingt nötig (→ Kasten). Dabei wird ein Treffpunkt vereinbart, in der Regel vor dem „Steinmuseum" an der Dromedarstation. Von dort wird man mit Kleinbussen zum Startpunkt der Wanderungen transportiert. Falls nicht genügend Busse zur Verfügung stehen, wird man gebeten, mit dem Leihwagen den Bussen zu folgen.

Unbedingt beachten: Die angebotenen Touren sind meist mehrere Wochen im Voraus ausgebucht. In der Hochsaison sollte man etwa sechs Wochen vorher buchen, in der Nebensaison drei Wochen vorher. Buchungen können allerdings nur maximal zwei Monate im Voraus erfolgen. Teilnehmer müssen zwischen 16 und 65 Jahre alt sein und entsprechende Kondition mitbringen, der jeweilige Führer überzeugt sich vor Aufbruch, dass wirklich jeder der Tour gewachsen ist. Die Guides sprechen ausschließlich Englisch und Spanisch. Aus Sicherheitsgründen müssen alle Teilnehmer eine dieser Sprachen sprechen.

Anmeldung: im *Besucherzentrum Mancha Blanca* (→ vorheriger Abschnitt) unter ✆ 928-840839 oder per E-Mail: manchablanca@oapn.mma.es

Inselmitte
Karte S. 136/137

Wanderung zur Caldera Tremesana (Ruta de Tremesana)

Einfache Wanderung auf überwiegend flachen, aber scharfkantigen Lapilli- und Ascheschichten im Süden des Nationalparks. Bei genügend Nachfrage startet man in zwei Gruppen von verschiedenen Punkten, trifft sich an der Caldera Tremesana, tauscht Wagenschlüssel und läuft weiter zum Startpunkt der jeweils anderen Gruppe. Wenn nur eine Gruppe startet, läuft man bis zur Caldera und wieder zurück.

Dauer der Wanderung ca. 2 Std., festes Schuhwerk ist unbedingt nötig, Trinkwasser mitnehmen.

Wegbeschreibung: Mit Kleinbussen wird man zum Startpunkt gefahren, der entweder landeinwärts von El Golfo oder bei Yaiza liegt. Ein schmaler Fußpfad führt durch das geologisch interessante Gelände zwischen niedrigen Kratern. Unterwegs trifft man auf mehrere markante Landschaftsformen, die auftretenden Lavaformen (aa und pahoe-hoe) werden erklärt und man besichtigt u. a. einen *Lavatunnel* (tubo volcánico), dessen Entstehung erläutert wird: Da der Lavafluss unter Lufteinwirkung schneller erkaltet, erstarren zunächst die oberen Schichten und bilden eine feste Decke über dem Strom. Unter dem Druck der strömenden Lava bricht schließlich der Boden ein, die langsam erkaltende Lava sackt ein Stück tiefer und bildet einen Hohlraum unter der bereits fest gewordenen Decke. An der Unterseite der Decke tropft die Lava langsam nach unten, erkaltet dabei und bildet zahllose tropfenförmige Stalaktiten in Zentimetergröße – in der betreffenden Höhle sehr schön zu sehen. Auch die berühmte *Cueva de los Verdes* im Norden Lanzarotes ist so entstanden (→ dort). Später überquert man einen *Lavasee*, d. h. eine fast ebene Fläche ohne Verwerfungen. Darunter haben sich ebenfalls Hohlräume gebildet. Wenn man in die Luft springt und mit beiden Füßen wieder auftrifft, schwingt der Boden und es klingt hohl. Weiterhin kann man einen etwa 2–3 km langen *Lavafluss* erkennen, der sich zwischen den Calderen sein Bett gebahnt hat. Interessant sind auch die Gebilde namens *Pasero*: Innerhalb von Rundmauern hat man Mengen von Lapilli aufgeschichtet, auf dem Feigen zum Trocknen gelagert werden. Da die Lapilli luftdurchlässig sind, gelangt die Luft gleichmäßig von allen Seiten an die Früchte. Neben Weinreben eignen sich Feigenbäume besonders gut für den Trockenfeldanbau auf vulkanischem Boden.

Küstenwanderung im Nationalpark (Ruta del Litoral)

Sehr eindrucksvolle, etwa 9 km lange Wanderung entlang der Küste des Nationalparks, die bei den Ausbrüchen im 18. Jh. durch die Lava vollständig neu gebildet wurde. Selbst an stillen Tagen schäumt die Gischt bis zu 20 m auf und bildet einen tollen Kontrast zum tiefschwarzen Lavagestein. Gesamtdauer mit Rast etwa 5–6 Std., Proviant und Trinkwasser mitnehmen. Trittsicherheit, gute Kondition und festes Schuhwerk sind erforderlich, außerdem sollte man wasserfeste Kleidung mitnehmen, denn bei Wind und hohem Wellengang wird man schnell bis auf die Haut durchnässt.

Kilometerweite Asche- und Lapillidünen

Wegbeschreibung: Mit Kleinbussen wird man zum Ausgangspunkt der Wanderung gefahren, der etwas nordöstlich von El Golfo liegt. Man parkt an einem pompösen Anwesen, das dem Vernehmen nach von einem Deutschen illegal innerhalb der Grenzen des Nationalparks errichtet wurde, als die Kontrollen noch nicht so strikt waren.

Eine Piste führt in Richtung Meer zur kleinen *Playa del Paso*. Unterwegs sieht man Lavaschichten verschiedenen Alters, die ältesten sind 5 Mio. Jahre alt und mit Euphorbien-Sträuchern bewachsen. Am Weg liegen auch einige „Bombas", riesige Rundbrocken, die bei den Vulkaneruptionen mit unvorstellbaren Kräften kilometer-

weit herausgeschleudert wurden und komprimierte Gase enthalten. Viele davon wurden durch neugierige Nationalpark-Besucher bereits beschädigt, weil sie größere Olivinvorkommen darin vermuteten. Rechter Hand ragt in einigen Kilometern Entfernung der *Islote Halcones* empor (108 m). Er ist der Überrest eines frühen Erdzeitalters und wurde bei den Ausbrüchen von 1730–36 nicht von der Lava überflutet. Er gilt als ein beliebter und sicherer Nistplatz für Vögel. Am Kamm ist ein topografischer Messpunkt zu erkennen.
Kurz bevor man das Meer erreicht, zweigt man nach rechts auf einen Fußpfad ab, der mit viel Mühe von einheimischen Muschelsammlern und Fischern angelegt wurde und unmittelbar an der Küste entlang Richtung Norden führt. In etwa 20-30 m Höhe läuft man über scharfkantige Lava und kann die bizarre Steilküste betrachten, die völlig aus aufgetürmtem Vulkangestein besteht. Bei den Ausbrüchen im 18. Jh. wurde die Küstenlinie durch ausströmende Lava 1 km weit nach Westen gerückt, bis zu 65 m türmen sich die Schichten auf. Früher nisteten hier noch Seeadler und Falken, wegen der Nähe zum touristischen El Golfo sind sie allerdings verschwunden. Auf den Felsen krabbeln hier und dort handtellergroße Krebse, im Meer sollen manchmal Haie und Wale zu sehen sein. In den Lavabrocken erkennt man immer wieder Olivineinsprengsel. Etwa an der Hälfte der Strecke wird an der *Playa del Cochino* kurz Rast gemacht, bevor es weiter geht bis zur *Playa de la Madera* an der Nordgrenze des Nationalparks, wo Kleinbusse die Wanderer wieder einsammeln.
Hinweis: In den letzten Jahren wurde diese Wanderung auch gelegentlich verkürzt angeboten, dann geht man nur bis Playa del Cochino und wieder zurück (Dauer ca. 3,5 Std.).

Inselmitte
Karte S. 136/137

Die Küstenwanderung ist die einzige im Nationalpark, für die keine Erlaubnis oder Führung nötig ist, sie darf auch auf eigene Faust unternommen werden.

• *Küstenwanderung in umgekehrter Richtung* Die **Playa de la Madera** ist von **Tinajo** oder **Mancha Blanca** auf befahrbarer Piste zu erreichen (→ S. 225), dort beginnt der Fußpfad. Am **Südende** der Nationalpark-Küste zweigt der Fußpfad ins Inselinnere ab (direkt an der Küste führt hier kein Weg bis El Golfo) und trifft bald auf eine **Fahrpiste**, auf der man zur **Straße** von Yaiza nach El Golfo gelangt (→ Skizze S. 213).

Straßen quer durchs Lavameer

Um den Timanfaya-Nationalpark erstreckt sich eine gewaltige Lavawildnis, die auf mehreren Straßen durchquert werden kann. Von der „Weinstraße" durch La Geria zweigen Richtung Norden zwei Asphaltstraßen durch den „Malpaís de Tizalaya" ab – eine nach Mancha Blanca, die andere nach La Vegueta. Beide bieten großartige Impressionen. Kilometerweit türmen sich zerfurchte und zerbröselte Lavabrocken und -ströme, unterbrochen von tiefen Spalten und Klüften, gelegentlich klammern sich schlanke Palmen ins Gestein, weiße Gehöfte setzen Farbtupfer.

Auf den ersten Blick erscheint die Gesteinswüste völlig leblos und öde. Doch wer näher hinsieht, wird bald bemerken, dass praktisch alle Blöcke mit einer millimeterdünnen Schicht überzogen sind. Ein grüngrauer Schimmer überzieht das Gestein, fast wirkt es wie ein fantastisch geformter Meeresgrund. Es handelt sich dabei um riesige Flächen von *Flechten*, die als einzige in der Lage sind, auch auf nackter Lava zu gedeihen. Sie haben eine unglaublich wichtige Funktion: In Jahrtausenden verwandeln sie das scharfkantige Eruptivmaterial in Erde und ermöglichen so, dass auch andere, „höhere" Pflanzen hier wachsen können. Wie schon oben ausgeführt (→ Parque Nacionál de Timanfaya), gilt Lavagestein als idealer Ort, um die Entstehung von Pflanzenwuchs von Anfang an zu beobachten, denn nach der Eruption ist das aus großer Erdtiefe herausgestoßene Vulkangestein völlig keimfrei. Als erstes setzen sich auf der frischen Lava verschiedene Arten von Flechten fest. Dabei handelt es sich um eine symbiotische Lebensform von Pilzen und Algen, die durch Bildung von Kohlensäure die Lava zersetzen und allmählich zu fruchtbarem Boden machen (→ „Pflanzenwuchs" im Vorspann). Man hat auf Lanzarote bereits über 180 verschiedene Flechtenarten katalogisieren können. Die weitaus häufigsten sind die hellgrünen und graufarbenen Flechten namens „Stereocaulon vesuvianum". Noch auffallender sind die zentimeterhohen Büschel von „Ramalina bourgeana", die überall zwischen den Stereocalum-Flechten wachsen.

Wichtig: Der gesamte Malpaís steht unter Naturschutz. Bitte laufen Sie nicht querfeldein durch die Lava. Ihre Fußspuren können unter Umständen für Jahrzehnte die Ansiedlung von Flechten und so den Umwandlungsprozess von Lavagestein in Erdboden an dieser Stelle verhindern!

- **Montaña del Cuervo**: Unmittelbar westlich der Straße von La Geria nach Mancha Blanca ragt dieser bizarre Krater empor, dessen Seitenflanke bei der Eruption bis zum Boden aufgerissen wurde. Von La Geria kommend, zweigt etwa 70 m nach dem Steintor, das die Grenze der Gemeinden von Tías und Tinajo markiert, linker Hand eine mit Kette versperrte Piste ab, die quer durch die bizarren Lavamassen direkt zum Krater führt. Von der Straße aus wäre es nur ein Spaziergang von wenigen Minuten und man könnte direkt in die Caldera hineinlaufen. Doch wie so viele Gebiete auf Lanzarote steht auch dieses unter Naturschutz: Betreten verboten.
- **Cueva de los Naturalistas**: Die gewaltige „Höhle der Naturforscher" liegt nördlich von Masdache, seitlich der Straße nach La Vegueta. Auf der Sohlenmitte des riesigen Hohlraums erstreckt sich ein erstarrter Lavafluss, von der Decke hängen bis zu 25 cm lange Stalaktiten. Auch diese Höhle steht unter Naturschutz.

Östlich vom Nationalpark

Die Region östlich vom Nationalpark ist von Touristen noch recht wenig entdeckt, denn hier gibt es keine spektakulären Manrique-Werke, die ganze Buskarawanen anlocken. Nur ein großes Sporthotel liegt einsam an der Küste.

Lanzarote zeigt sich hier ländlich ruhig und unverbraucht – eine Ecke der Insel, wo man sich Zeit nehmen muss, um die Details zu entdecken: die Architektur der Dörfer, die üppige Felderwirtschaft, die Windmühlen – und den herrlichen Blick hinüber zur Steilküste von Famara. Die Vulkanausbrüche von 1730–36 zerstörten die Dörfer der Region nicht. Die Anbauzonen wurden durch die Lavaströme allerdings weitgehend verschüttet und auch die Sandstürme aus dem Flugsandgebiet *El Jable* vernichteten immer wieder wertvolles Ackerland.

Nordwestlich von Tao senkt sich die Landschaft ganz allmählich zur Küste hin und die Straße ist, wie die durch den Nationalpark Timanfaya, begehrt bei Rennradlern. Für Mietwagentouren sind zwei Richtungen möglich: über Tinajo zum Clubhotel La Santa und von Mozaga über Tiagua und Sóo nach La Caleta de Famara.

Hier hat die „Jungfrau der Schmerzen" ihre Wunder vollbracht

Zum Clubhotel La Santa

Von Puerto del Carmen kommend, erfolgt die Anfahrt durch den riesigen *Malpaís*, der 1730-36 bei den Ausbrüchen im Timanfaya-Gebiet entstanden ist (→ Nationalpark Timanfaya).

Mancha Blanca

Der Ort erstreckt sich unmittelbar am Rand der Lavafelder. An der zentralen Kreuzung findet man die kleine Bodega „La Montañeta" mit Weinen der Umgebung, aber auch verschiedenen kulinarischen Spezialitäten von Lanzarote. Etwas außerhalb steht die berühmte Ermita de los Dolores, Schauplatz des „Wunders von Mancha Blanca".

▶ **Ermita de los Dolores**: eindrucksvoll postierte Wallfahrtskirche etwas außerhalb von Mancha Blanca, an der Straße nach La Vegueta und Tiagua. Im späten 18. Jh. wurde sie als Dank dafür errichtet, dass Mancha Blanca 1730-36 von der Zerstörung durch Vulkanausbrüche verschont blieb. Nur wenige Kilometer südlich droht die markante *Caldera Quemada* mit weit geöffnetem Auswurfkrater. Von außen besonders hübsch sind die schrägen Stützmauern mit einem Wechselspiel von dunklem Basalt und weißem Kalk. Die Ermita ist aber auch eine der wenigen Kirchen Lanzarotes, die zur Besichtigung ständig offen stehen. Auf dem Altar steht die Gestalt der heiligen *Virgen de los Dolores*, durch eine Kuppel über dem Altar strömt Licht herein. Auf einem schlichten *Holzkreuz* neben der Kirche erkennt man das Datum „16. April 1736": An diesem Tag stoppte hier der Lavafluss kurz vor Mancha Blanca.

Gegenüber der Kirche findet man einen großen Parkplatz und „El Restaurante Dolores", ein Massenabfütterungslokal für Reisebusse (laut Leserzuschrift verkehren dort aber auch viele Einheimische und die Preise sind günstig).

El Milagro de Mancha Blanca: Das Wunder von Mancha Blanca

Als 1736 die glühende Lava der nahen Caldera Quemada bis unmittelbar an Mancha Blanca heranfloss und den Ort massiv bedrohte, schleppten die Einwohner in ihrer Verzweiflung die Statue der Schutzheiligen *Virgen de los Dolores* aus der nahen Kirche San Roque in Tinajo (→ dort) bis unmittelbar an den Lavafluss. Sie schworen, ihr eine Kapelle zu bauen, wenn sie die Lava stoppen würde. Tatsächlich geschah das Wunder, Dolores leitete die Lavaströme mit der bloßen Hand um, Mancha Blanca und die umliegenden Ackerflächen entgingen der Vernichtung. Seitdem heißt Dolores „Nuestra Señora de los Volcanes". Sie ist heute Schutzpatronin der Insel und man sieht sie auf Lanzarote oft, begleitet von Vulkaneruptionen, Blitz und Donner, auf Keramikkacheln abgebildet. An der Stelle, wo Dolores damals stand, erbaute man ihr zu Ehren die Ermita. Dies geschah laut der Legende aber wegen prekärer Finanzierungsprobleme erst über vierzig Jahre später, nachdem Dolores einer Ziegenhirtin erschienen war und nachhaltig die Errichtung der Kapelle gefordert hatte, anderenfalls mit weiteren Vulkanausbrüchen drohte. 1781 wurde der Sakralbau endlich fertig gestellt.

Alljährlich am 15. September – an diesem Datum war Dolores der Hirtin erschienen – wird das Wunder von Mancha Blanca mit einer großen Fiesta gefeiert. Zunächst findet die feierliche Prozession *La Romería* mit festlich geschmückten Wagen statt, auf denen die Produkte Lanzarotes der Heiligen dargeboten werden. Anschließend folgt die große *Feria Insular de Artesanía Tradicional*, eine Kunsthandwerksmesse, zu der Künstler von allen Kanarischen Inseln anreisen. Den Abschluss bildet ein *Folklore-Festival*.

Tinajo

Lang gestreckter Ort, der mit Mancha Blanca fast zusammengewachsen ist. Auch hier gibt es eine große Ringkampf-Arena. Gleich dahinter liegt das Büro der Nationalpark-Behörde.

Einen Blick wert ist die hübsche Kirche *San Roque* aus dem 18. Jh. Ihr Dach ist aus pyramidenförmigen Aufsätzen gebildet, den Innenraum überzieht wie in vielen Kirchen Lanzarotes eine typische Mudéjardecke. Den Altar schmückt eine Christusstatue des bekannten Bildhauers Luján Pérez aus Teneriffa. Bis zum „Wunder von Mancha Blanca" hatte die Statue der Dolores hier ihren Platz. Schöner, großer Vorplatz mit üppiger Vegetation aus Drachenbäumen, Palmen und Lorbeerbäumen.

• *Anfahrt/Verbindungen* Busse der Linie 16 fahren von Arrecife über San Bartolomé, Mozaga, Tao und Tiagua nach **Tinajo** (Mo–Fr 8 x tägl., Sa 5 x, So 3 x) und weiter nach **La Santa** und **La Santa Sport**.

• *Übernachten* **Villa El Inti**, Calle La Costa 6, Tipp! Inge und Till haben ein altes kanarisches Landhaus unter baubiologischen Gesichtspunkten restauriert und in ein komfortables Landhotel umgewandelt. Es gibt zwei Suiten, eine Juniorsuite und zwei Apartments, alle geschmackvoll und hochwertig eingerichtet. Weiterhin Garten mit chlorfreiem Pool, Restaurant mit spanisch und französisch inspirierter Küche (Till kocht hervorragend) und guter Weinkeller. Suite mit Frühstück ab 130 €, Apt. für 2–3 Pers. ab 85 €. ✆ 928-838980, 📠 838118, www.elinti.com

El Rancho Grande Rural, Plaza San Roque 20, vom britischen Paar Thomas Goosens und Cindy Batsleer liebevoll restauriertes Landhaus. Sieben individuell eingerichtete Zimmer, Patio, Sonnenterrasse, Gemeinschafts- und Frühstücksraum. DZ mit Frühstück ca. 75–80 €. Auch über Alltours. ✆ 928-840789, www.el-rancho-grande.com

• *Essen & Trinken* **Mezza Luna**, neuer Italiener am Ortsausgang Richtung Küste, netter Innenraum, die Terrasse davor halb verglast, halb offen. Bislang gute Qualität.
Buena Vista, ein Stück weiter in Richtung La Santa, kanarische Küche, besonders schön ist hier der Blick vom verglasten Speiseraum hinunter zur Küste. Mo geschl.
• *Feste* am 16. August Kirchenfest von **San Roque**.

Westlich von Tinajo

Eine gute Asphaltstraße (beschildert: Calle La Laguneta) führt von Tinajo Richtung Westen vorbei an der *Montaña Teneza* (368 m) bis zum einsamen Küstenörtchen Playa Teneza. Nach etwa 4 km macht die Straße eine 90-Grad-Kurve nach rechts – geradeaus geht es auf langer Staubpiste weiter zur Playa de la Madera, Einstieg für eine Küstenwanderung entlang des Nationalparks.

▸ **Playa Teneza**: auf die schwarzen Uferklippen geklebtes Fischernest, eine Handvoll Gassen und kubische, weiße Häuser, nur z. T. bewohnt oder als Ferienhäuser genutzt. Eine Bola-Bahn direkt am Wasser sorgt an Wochenenden für etwas Unterhaltung. Rechter Hand ragt eine Felswand vom Meer empor. Leserempfehlung: „Von Playa Teneza kann man nach Süden eine bequeme Küstenwanderung zur Playa de la Madera unternehmen, etwa 3,5 Std. hin/rück."

▸ **Von Tinajo zur Playa de la Madera**: Vom rechtwinkligen Abzweig der Asphaltstraße nach Playa Teneza führt eine etwa 6 km lange „Wellblechpiste" Richtung Westen bis an die Grenze des Nationalparks. Landschaftlich eintönig geht es durch kilometerweite Lavafelder, an der weißen *Caldera Blanca* (458 m) mit ihrem riesigen Krater vorbei, die aussieht wie mit Zuckerguss übergossen. Auffallend sind unterwegs immer wieder die mit hellgrüner Tabaiba bewachsenen *Islotes*, die zum Schwarz der Lava kontrastieren. Diese Flecken sind zwar vulkanischen Ursprungs, stammen allerdings aus vorgeschichtlicher Zeit. Von den Lavaströmen der Ausbrüche im 18.

Inselmitte
Karte S. 136/137

Bola-Bahn direkt am Meer

und 19. Jh. wurden sie nicht überrollt und so konnten sich dort schon wieder höhere Pflanzen ansiedeln. Gegen Ende des Wegs kommt man an einem schwarzen Strand vorbei, der *Playa de las Malvas*, wo die Einheimischen gelegentlich wild zelten oder angeln. Kurz darauf endet die Piste an der *Playa de la Madera*, einer kleinen Bucht mit Lavasand, eingefasst von schwarzen Felsen. Links vorne erkennt man ein kleines Tor im Fels. Einige Hütten sind hier aus Steinen aufgeschichtet, in kleinen Felsteichen kann man sich erfrischen. Das Meer ist meist aufgewühlt, deshalb vorsichtig sein mit Baden.
An der Playa de la Madera trifft man auf die Grenze des Nationalparks Timanfaya, ein schmaler Pfad führt die gesamte Küste des Parks entlang bis kurz vor El Golfo (→ Details unter Nationalpark/Timanfaya/Küstenwanderung).

La Santa

Das unscheinbare Fischernest ist unmittelbar an die niedrigen, schwarzen Klippen gebaut, auf einer bescheidenen Promenade kann man ein wenig schlendern. Der kleine Hafen wird durch eine gemauerte Mole geschützt, hier kann man zusehen, wie die Fischer ihre Boote ins Wasser lassen, wenn man Glück hat, auch wie sie ihren Fang anlanden. Ansonsten besteht La Santa aus unverhältnismäßig vielen leer stehenden und verfallenen Häusern, die wenig Freude aufkommen lassen. Wegen der Nähe zum Clubhotel La Santa haben sich aber einige Lokale etablieren können und für Wellenreiter gibt es im Umkreis einige der besten Spots der Insel.

• *Übernachten* Die Lokale und Shops entlang der Durchgangsstraße vermieten Apartments, z. B. der **Surfshop Sefon** (→ Sport) und die Lokale **Lucy**, **Los Charcones** und **La Santa**.

Weitab vom Trubel: Fischer in La Santa

• *Essen & Trinken* Obwohl La Santa direkt am Meer liegt, gibt es keine Adresse in erster Reihe mit Meerblick.

Lucy, am Ortseingang links, frisch gepresste Säfte für die gesundheitsbewussten Sportler aus dem nahen Großhotel.

Los Charcones, an der Durchgangsstraße, kleine Terrasse zur Straße und gepflegter Innenraum, gutes Angebot vom Grill, außerdem Fischtopf, Paella und die kanarische Süßspeise *Bienmesabe*. Mo geschl.

El Quemao, schlichte Bar im Ortskern in der gleichnamigen Straße, Tapas und Getränke.

• *Sport* **Sefon**, Calle El Marinero 26, an der Durchgangsstraße gleich neben dem Chinarestaurant, geführt von Dani. Zwanzig Jahre Erfahrung im Bau von Surfboards, u. a. auf Hawaii, Unterricht im Wellenreiten, Verleih und Verkauf von Equipment. ✆ 636-581667 (mobil), www.sefonboards.com

Pro Bike, Fachgeschäft für Rennräder und Zubehör. Ideale Lage für die Sportler aus dem Club La Santa, Produkte im absoluten Profi-Bereich, entsprechend hoch sind die Preise der Straßenflitzer. Geführt von einem sehr freundlichen Ehepaar aus England. Leider kein Verleih. ✆ 928-840103.

Club La Santa (***)

Wie eine moderne Trutzburg steht der weit verschachtelte Komplex an der ansonsten völlig leeren Küste. Erbaut wurde das deplaziert wirkende Großhotel bereits in den siebziger Jahren.

Nach schwerer Krise in den Anfangsjahren hat La Santa inzwischen eine ideale Marktnische gefunden und sich als das *bekannteste Sporthotel der Kanaren* profiliert. Vollmundig wirbt man mit dem Slogan: „No. 1 Sports resort in the World". Internationale Spitzensportler wie Michael Groß, der Olympiasieger und Sprint-Weltmeister Linford Christie oder der britische Formel-1-Pilot Jenson Button haben hier schon ebenso konzentriert trainiert wie Amateursportler und interessierte Urlauber. Oft kommen sogar ganze Fußball- oder Basketballmannschaften.

Die Sportmöglichkeiten sind umfangreich, u. a.: *Volleyball, Handball, Basketball, Fußball, Badminton, Tennis, Squash, Minigolf, Golf* (Übungsplatz), *Boccia, Aerobic, Krafttraining, Windsurfen* und *Tauchen* – das meiste zum Nulltarif. Es gibt außerdem ein *Fitnessstudio*, wo Experten auf Wunsch ein individuelles Trainingsprogramm erstellen, ein 50 m langes *Olympiaschwimmbecken* und eine große *Leichtathletikanlage* mit Tartanbahn, wo alle olympischen Disziplinen außer Hammerwerfen ausgeübt werden können. Das ganze Jahr über gibt es sportliche Veranstaltungen, an denen man nach Vorbereitung im Club La Santa teilnehmen kann, darunter alljährlich im Frühjahr den populären Lanzarote-Ironman (→ S. 124), Lanzarote-Marathon und die Lanzarote-Mountainbike-Woche.

Eine Schönheit ist La Santa allerdings nicht. Der ganze Betonbau ist verwirrend groß, zunächst wird man etwas hilflos durch die mit Kunststoffbahnen ausgelegten Gänge und Stockwerke irren. Die Apartments sind mit dem Nötigsten ausgestattet, die Balkone oft ziemlich verbaut. Doch spielt das nur eine Nebenrolle, denn die Hauptsache ist hier der Sport. Baden kann man in einer schönen Poollandschaft mit weitläufigen Liegeterrassen, im großen Sportbecken oder außerhalb der Anlage an einer winzigen Badebucht inmitten scharfkantiger Lavaklippen. Ebenfalls zum Hotel gehört die benachbarte Lagune *Ria de la Santa*, die nach touristischen Bedürfnissen eingerichtet wurde und als Surf- und Badezone dient (→ unten). Das flache Land im Umkreis bietet sich zum Wandern, Joggen und Radfahren an. Es werden Mountainbikes, Kinderräder, Touren- und Rennräder, aber auch Autos vermietet.

Auch abends wird man sich wohl nicht einsam fühlen. Die Räumlichkeiten gruppieren sich um einen zentralen Innenhof, in dem Veranstaltungen und Animation stattfinden, es gibt mehrere Restaurants, Café und Pizzeria, außerdem eine Disco und ein Video-Kino. Und da das Klientel hier hauptsächlich jung, sportlich und schön ist, liegt auch der Flirtfaktor ziemlich hoch.

- *Anfahrt/Verbindungen* Mo–Fr fährt der **Bus** (Linie 16) 8 x tägl. von und nach Arrecife, Sa 5 x, So 3 x. **Taxi** nach Arrecife kostet ca. 20 €.
- *Preise/Buchung* Vermietet werden Apartments verschiedener Größe, mit ein, zwei oder sogar vier Schlafzimmern (bis zu 10 Pers.). Prospektmaterial anfordern und buchen kann man bei **Club La Santa**, Sperberhorst 11, D-22459 Hamburg, ✆ 040/5553370, 📠 5519592, www.clublasanta.de

▶ **Ria de la Santa**: seichte Lagune zwischen Hotel und der Halbinsel La Isleta. Vom offenen Meer abgetrennt, deshalb sehr ruhiges Wasser, ideal für Anfänger zum Windsurfen. Aufgeschüttet wurde ein gelber, künstlicher Sandstrand, der von halbrunden und runden Steinbauten unterteilt ist.

Im ruhigen Küstenörtchen La Costa

- **La Isleta**: Die flache, kahle Halbinsel westlich vom Club La Santa ist durch die Lagune weitgehend vom „Festland" getrennt. Durch eine Rundstraße ist sie für den motorisierten Verkehr erschlossen, eine Zufahrt gibt es nördlich vom Hotel, im Süden führt außerdem ein Brückendamm von der Hauptzufahrtsstraße hinüber. Bei geeignetem Wind treffen sich hier die jungen Wellenreiter von Lanzarote, denn der Nordwestpassat treibt ständig schwere Wellen an Land. Geplant ist hier dem Vernehmen nach der Bau einer weiteren großen Hotelanlage.
- **Von La Santa über La Costa nach La Caleta de Famara**: Kurz vor dem Hotel zweigt von der Zufahrtsstraße rechts eine Asphaltstraße ab, die in wenigen Minuten zum einsamen Küstendörfchen *La Costa* an der Bucht Caleta del Caballo führt (→ S. 233). Von dort kann man ins nahe Sóo fahren, wo man Anschluss an die Straße nach La Caleta de Famara hat (→ S. 255).
  Vom Clubhotel La Santa kann man über La Costa auch problemlos auf Sicht nach La Caleta wandern, das dauert knapp 2 Std. Man lässt die Kette der Vulkanberge bei Sóo landeinwärts liegen und läuft entlang der leicht hügligen Küste, dort gibt es eine Staubpiste und mehrere Wege.

Von Mozaga nach La Caleta de Famara

Fahrt durchs hüglige Inselzentrum, knapp vorbei an den Ausläufern der Lavafelder. Man passiert die Dörfer Tao und Tiagua. Diese eigentümlichen Namen stammen wahrscheinlich noch aus dem Sprachschatz der vorspanischen Bewohner. Anschließend geht es durch das Treibsandgebiet *El Jable* zur Westküste.

Tao

Hübsches, weißes Dorf in den Hügeln der Inselmitte, jedes Haus hat hier seinen Gemüsegarten, herrlicher Blick hinüber zur Steilküste von Famara. Kurz vor dem Ort ragt linker Hand die 550 m hohe *Montaña Tamia* empor. In einem von der Straße her sichtbaren Steinbruch wird Picón abgebaut, unverzichtbar für den Trockenfeldbau auf Lanzarote. Die rabenschwarzen Abbauflächen geben ein eindrucksvolles Bild. Berühmt ist Tao auf den Kanaren für seine Ringkämpfer. Am Ortseingang steht die große *Ringkampf-Arena*, in der oft Meisterschaftskämpfe der „Lucha Canaria" ausgetragen werden (→Lanzarote Kultur und Folklore/Sport).

• *Essen & Trinken* **David**, nettes Restaurant/Bar mit Außenterrasse an der alten Dorfstraße, Blick auf Gemüsegärten der Einwohner. Viel frequentierter Treff der Einheimischen, schon morgens früh offen bis abends 22 Uhr. Leckere Tapas zu günstigen Preisen. Di geschl.

Die Katastrophe von 1824

Am 31. Juli 1824 bricht in unmittelbarer Nähe von Tao, rechter Hand der Straße nach Tiagua, auf dem Anwesen des Priesters Duarte ein Vulkan aus, später **Montaña del Clerigo Duarte** (303 m) genannt. Damit beginnen die vorerst letzten Vulkanausbrüche auf Lanzarote. Sie pflanzen sich in einer 14 km langen Eruptivkette in den heutigen Nationalpark fort, wobei insgesamt drei Vulkane mit jeweils mehreren Trichtern entstehen. 76 Tage dauern die Ausbrüche, zu Schaden kommt dabei niemand. Die im Gebiet des Clerigo Duarte entstandene Lavazone (Malpaís) wird heute zum Weinanbau genutzt, auf dem Vulkankegel selbst steht ein fürstliches Anwesen.

Inselmitte Karte S. 136/137

Tiagua

Wegen seiner fruchtbaren Umgebung früher einer der Hauptorte der Insel. Doch Vulkanausbrüche und Verwehungen aus El Jable zerstörten die Lebensgrundlage der Bewohner.

Heute ist Tiagua ein ruhiges Landwirtschaftsdorf mit Wein- und Zwiebelanbau, in dem zwei restaurierte *Windmühlen* auffallen. Eine befindet sich am Ortsausgang Richtung Muñique, die zweite ist Teil des großen Freilichtmuseums *Museo Agrícola El Patio*, das gut beschildert mitten im Ort liegt.

• *Anfahrt/Verbindungen* Busse der Linie 16 fahren von Arrecife über San Bartolomé, Mozaga und Tao nach **Tiagua** und weiter nach **Tinajo** (Mo–Fr 8 x tägl., Sa 5 x, So 3 x), auf derselben Strecke weiter nach **La Santa** und **La Santa Sport**. Haltestelle an der zentralen Kreuzung.

• *Übernachten* **Finca Casa Pacheco**, kleines Bauernhaus aus Naturstein mit Wohn-/Essraum und einem Schlafzimmer in Panoramalage am Ortsrand, geschmackvoll eingerichtet. Besitzer wohnt nebenan. Zu buchen über verschiedene Internetanbieter.

• *Essen & Trinken* **Taberna Strelitzia**, direkt an der Hauptstraße. Stilvoll-rustikal eingerichtetes Lokal mit französischer Küche. Den passenden Wein zum Menü kann man in der hauseigenen Bodega aussuchen. Di–So ab 19 Uhr, Mo geschl.

Museo Agrícola El Patio: „Die Vergangenheit bewahren, um die Zukunft zu sichern"

1845 beginnt die Geschichte des heutigen Museums. Damals pachteten einige Bauern bis dato unbestelltes Land von einem spanischen Großgrundbesitzer, dem

Marqués de la Quinta Roja. Bis Mitte des 20. Jh. entwickelte sich daraus eins der größten Landgüter der Insel – zeitweise arbeiteten hier bis zu 25 Bauern mit gut 20 Kamelen. Als in den siebziger Jahren der Tourismus auf Lanzarote die Landwirtschaft zu verdrängen begann, verwendete der damalige Besitzer Dr. José Barreto, ein ehemaliger Kinderarzt, einen Großteil seiner Zeit und seines Einkommens dafür, den brachliegenden Landwirtschaftsbetrieb zu einem *Heimat- und Landwirtschaftsmuseum* zu gestalten und Zeugnisse der Wirtschaftsgeschichte zusammenzutragen. Im Dezember 1993 starb der Arzt und die Familie beschloss, das Anwesen der Öffentlichkeit zugänglich zu machen. Seitdem wurde die Sammlung ständig erweitert.

Öffnungszeiten/Preise Mo–Fr 10–17.30, Sa 10–14.30 Uhr, So geschl., Eintritt ca. 6 €. ✆ 928-529134.

Rundgang: „El Patio“ besteht aus einer Reihe von traditionellen Gebäuden mit zahlreichen Ausstellungsobjekten, außerdem gibt es Stallungen, Windmühlen und einen Kaktusgarten. Nach der Kasse wendet man sich zunächst nach rechts, wo das *Haupthaus* mit Nebengebäuden steht. In den restaurierten Innenräumen sind historische Fotos, Trachten, eindrucksvoll verformte Lavasteine und Keramik ausgestellt – letztere ist römischen Stücken aus dem 1. Jh. n. Chr. nachgebildet, die man auf dem Gelände der Finca gefunden hat. Außerdem werden anhand von Fotos und Zeichnungen Trachten, Vulkanismus und traditionelle Architektur auf Lanzarote dokumentiert. Im *Hinterhaus* lebte früher der Vorarbeiter des Landguts. Um einen kleinen Patio mit Wasserfilterstein gruppieren sich das schlichte Schlaf- und Wohn-/Esszimmer, das Plumpsklo und die Küche mit rußgeschwärzter Decke. Dahinter betritt man einen großen *Hof.* Rechts steht das klassizistisch anmutende *Wohnhaus* der früheren Besitzer, die linke Seite nimmt der ehemalige *Lagar* (Weinkeller mit Kelterei) des Guts ein. Daran schließen sich eine *Tahona*, d. h. eine von Tieren gezogene Mühlvorrichtung, sowie die schlichte *Kapelle* des Anwesens und ein kleiner *Kaktusgarten* an. Beim Zurückgehen kommt man am alten Backofen und dem ehemaligen Haupteingang der Finca vorbei.

Windmühle im Landwirtschaftsmuseum Agrícola El Patio

Im Anschluss begibt man sich auf die gegenüberliegende Seite des Anwesens, im Außenbereich sind dort Ziegen, ein Esel und ein Dromedar untergebracht. Die *Molina*, die kleinere der beiden Windmühlen, ist ein 6 m hoher, drehbarer Holzturm, in dessen Mahlwerk geröstete Maiskörner zu Gofiomehl vermahlen wurden. Gleich daneben fin-

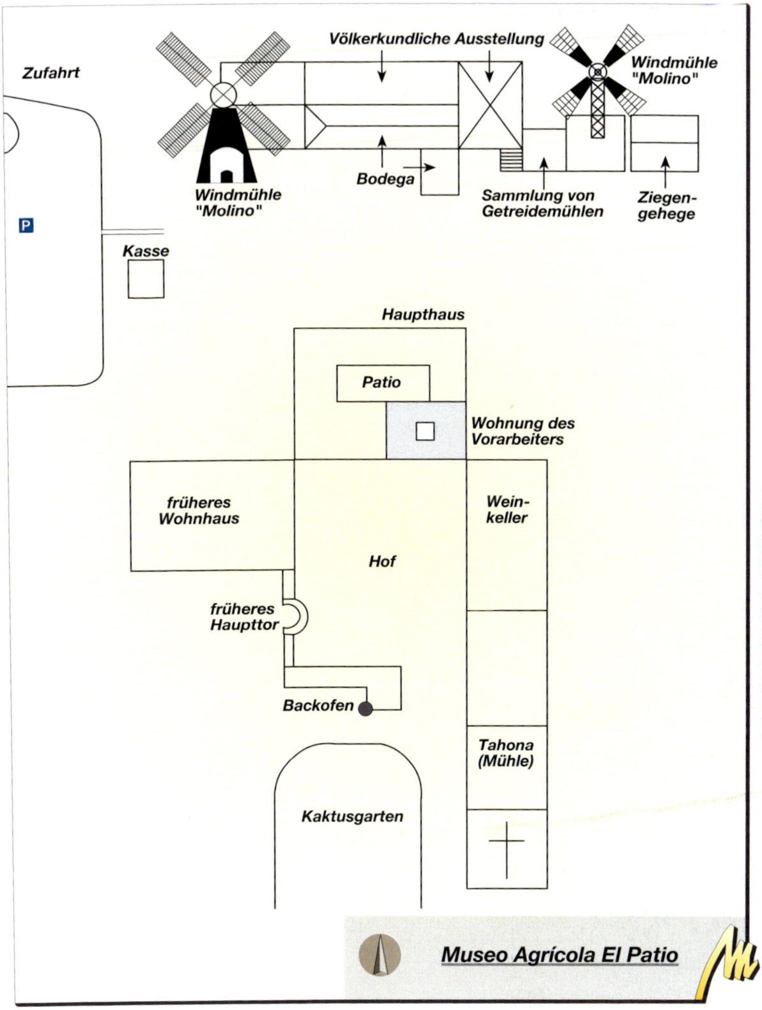

Inselmitte
Karte S. 136/137

det man eine kleine Sammlung von *Getreidemühlen*, die entweder von Tieren oder Menschen angetrieben wurden (Zug- und Handmühlen). Liebevoll restauriert, werden hier echte Liebhaberstücke präsentiert. Jede Mühle funktioniert ein bisschen anders, gemeinsam ist ihnen allen, dass zwei Mahlsteine gegeneinander gerieben werden, zwischen denen Mais, Roggen, Gerste, Kichererbsen etc. verarbeitet werden. Da gibt es eine große Mühle mit zwei senkrecht zueinander stehenden Zahnrädern, die von Eseln betrieben wurde, aber auch einige handbetriebene Mühlen, die alle die Kreativität und Fantasie verdeutlichen, mit der das Mahlhandwerk auf Lanzarote betrieben wurde.

Danach betritt man das lang gestreckte Gebäude daneben, in dem eine umfangreiche *Fotogalerie* mit vielen historischen Aufnahmen die Entwicklung der Landwirtschaft auf Lanzarote und die Lebensgrundlagen seiner Bewohner zeigt. Deutlich werden hier z. B. die frühere Bedeutung des Dromedars als Nutztier, die verschiedenen Varianten der Mühlen bzw. Windräder (Gofio- und Salzgewinnung), aber auch die schwierige Nutzbarmachung des Bodens der Vulkaninsel und die unterschiedlichen Vegetationsarten. In denselben Räumlichkeiten illustrieren zahlreiche alte *Landwirtschaftsgeräte, Flechtarbeiten* sowie *Keramik* von Dorotea (→ Muñique) Leben und Arbeit der Lanzaroteños.
Der Rundgang durch dieses Gebäude endet in einer stilecht aufgemachten *Bodega* mit gemütlichem Außenbereich, wo man die „El Patio"-Weine aus eigener Herstellung kosten und erwerben kann (Malvasía ca. 7 €, Vino Tinto ca. 8 €, Moscatel Dulce ca. 9 €).
Zu guter Letzt geht man noch an der großen, perfekt restaurierten Windmühle namens *Molino* vorbei, in der Mais und anderes Getreide zur Gofioherstellung gemahlen wurden. Im Inneren kann man bis zum Mahlwerk hinaufsteigen.

Wer von Tiagua nach Tinajo hinüber will, befährt eine Straße, die kilometerlang mit jungen Palmen bepflanzt ist. Sie werden sicherlich einmal eine wunderschöne Allee bilden.

▸ **Muñique**: In dem kleinen Dorf lebte jahrzehntelang *Doña Dorotea Armas*, die als eine der letzten die alte Keramiktechnik der Majos noch kannte und ausübte. Schon ihre Urgroßmutter beschäftigte sich intensiv mit der Töpferkunst. 1997 starb sie im biblischen Alter von fast hundert Jahren. Vor allem wurde sie bekannt wegen ihrer Figuren „Die Verlobten von Mojon", einer männlichen und einer weiblichen Tongestalt von etwa 20 cm Höhe, deren Geschlechtsorgane übertrieben deutlich herausgehoben sind – angeblich Figuren eines alten Fruchtbarkeitskults. Doroteas Arbeit führen Tochter und Enkelin weiter, die Figuren werden weiterhin mit „Dorotea" gekennzeichnet.

Die Straße führt jetzt in sanftem Gefälle entlang des versteppten Sandgebiets El Jable. Die Straßenränder sind mit Beeten aus Sukkulenten bepflanzt und bilden einen farbigen Kontrast zur fahlen Staub- und Sandlandschaft. Einige Pisten führen mitten hinein in die Wüste. Früher wurde hier Barrilla (Salzkraut) zur Sodagewinnung (→ Lanzarote allgemein/Wirtschaft) angebaut, heute sind es vor allem Wassermelonen.

▸ **Sóo**: unscheinbares Dorf am Rand der Wüste, die Häuser stehen am Hang des gleichnamigen Vulkans (293 m), der wegen seiner intensiven rostbraunen Farbe auch Pico Colorado genannt wird. Eine Reihe kleinerer Vulkane schließt sich nordöstlich davon an. Die Bewohner leben großteils von Landwirtschaft und Ziegenhaltung, mittlerweile gibt es aber auch ausländische Residenten, die Ferienwohnungen vermieten. Die kleine Dorfkapelle *Ermita San Juan Evangelista* stammt von 1772 und ist hübsch anzusehen. Man sagt, dass hier die Häuser früher keine Fenster hatten und die Umrisse nur als Dekor auf die Wand gepinselt waren. Einerseits entspricht das der andalusisch-maurischen Tradition, denn in Sóo lebten im 16. und 17. Jh. arabische Sklaven. Andererseits hatte es auch einen sehr praktischen Grund, da die Westküste das ganze Jahr über heftigen Winden ausgesetzt ist. Heute gibt es von dieser Tradition allerdings keine Spuren mehr.

• *Anfahrt/Verbindungen* Busse der Linie 20 fahren von Arrecife Mo–Fr 3 x tägl. nach **Sóo** und weiter nach **La Caleta de Famara**. Haltestelle an der zentralen Kreuzung.

• *Übernachten* **La Casa Blanca**, hübsche Pension am Ortsrand, geführt von Carole aus Frankreich. Herrlicher Ausblick, 5 DZ, gemütlicher Salon, Garten mit Pool, Tennisplatz. DZ ca. 45 €, Dreibettzimmer ca. 55 €. Für etwa 15 € gibt es auch Abendessen. ✆/℻ 928-526140, www.lacasablanca.org

▸ **La Costa**: kleines Nest an der flachen Klippenküste, auf asphaltierter Straße zu erreichen ab Sóo oder vom Clubhotel La Santa. Die niedrigen Häuschen schmiegen sich an die Bucht *Caleta del Caballo* und werden von Einheimischen als Ferienquartiere genutzt. Winziger, weißer Sandstrand, tolle Brandung, Jungs angeln auf den Klippen – schön für eine verträumte Stunde.

▸ **Von Sóo nach La Caleta de Famara**: Die Asphaltstraße führt mit herrlichen Ausblicken auf das Famara-Massiv im sanften Bogen flach hinüber zum kilometerlangen Strand in der Famara-Bucht. Zum Wandern lohnen die Feldwege und Pisten, die nördlich der Reihe von kleinen Vulkanen parallel zur Küste laufen (→ Bucht von Famara/Wandern).

Zwischen Arrecife und Teguise

Eine viel befahrene Straße führt von der heutigen zur ehemaligen Hauptstadt, der Abzweig an der Circunvalación um Arrecife ist beschildert. Auf dieser Straße kam 1992 César Manrique zu Tode, wenige Meter vor seinem ehemaligen Haus *Taro de Tahiche* – heute eine der großen Sehenswürdigkeiten Lanzarotes. Es liegt 2 km vor Tahiche mitten in einem tiefschwarzen Lavafeld. Mit „Taro" bezeichnete man auf Lanzarote früher Hirtenhütten aus Lavagestein.
Ganz in der Nähe, an der Straße von Taro de Tahiche nach San Bartolomé, findet man den *Palacio del Zonzamas*, den wichtigsten archäologischen Fundort der Insel mit einer Reihe traditioneller Höhlenbauten, den *Casas Hondas*, sowie ein rätselhaftes Relikt der vorspanischen Bewohner, die *Quesera de Zonzamas* (→ S. 199).

Inselmitte
Karte S. 136/137

Fundación César Manrique (Taro de Tahiche)

Eine moderne Legende: Als Manrique 1968 aus New York nach Lanzarote zurückkehrte, wollte er sich auf der Insel dauerhaft niederlassen. So machte er sich auf die Suche nach einem geeigneten Grundstück. Als er dabei eines Tages am großen Lavafeld bei Tahiche vorbei kam, fiel ihm die Spitze eines Feigenbaums auf, der ein Stück über die Lavafläche herausragte. Beim Nähertreten sah er, dass der Baum in einem unterirdischen Hohlraum, einer Lavablase, stand und dort Wurzeln geschlagen hatte. Weitere vier Lavablasen lagen gleich benachbart. Manch anderer hätte damit nichts anzufangen gewusst. Aber César wäre nicht er selbst gewesen, hätte es bei ihm nicht sofort „gezündet" – hier wollte er sein Haus bauen! Er machte die Eigentümer ausfindig und wollte ihnen das Land abkaufen. Doch diese fühlten sich geschmeichelt und schenkten ihm das in ihren Augen völlig wertlose Stück Lavaboden.

So setzte Manrique also sein Haus und Atelier mitten in die pittoreske Lavawüste, verband die fünf darunter liegenden Hohlräume durch Gänge und integrierte den so entstandenen Wohnraum in sein oberirdisches Anwesen. Damit war ihm eine vorbildhafte Konstruktion geglückt: Nicht nur, dass er sein Haus nach Art der nahen „casas hondas" der vorspanischen Bewohner in den Boden versenkt hatte. Gleichzeitig zeigte er auch, wie kreativ man mit dem natürlichen Potenzial Lanzarotes umgehen kann – Lava nicht als totes, lebensfeindliches Material, sondern als architektonische und künstlerische Herausforderung. Bis 1987 lebte er hier und machte im März 1992, kurz vor seinem Tod, Taro de Tahiche in Form einer Stiftung als Museum der Öffentlichkeit zugänglich. Seitdem ist es einer der größten Anziehungspunkte der Insel.

Das große Anliegen im Schaffen César Manriques, Natur und Kunst unauflösbar miteinander zu verknüpfen, wird hier besonders deutlich. In den oberirdisch liegenden Räumen, durch deren flächendeckende Fensterfronten das Licht hereinflutet und man herrliche Panoramablicke über das Lavameer hat, ist eine moderne Kunstausstellung eingerichtet. Doch mit wenigen Schritten taucht man buchstäblich unter und findet sich in einer anderen Welt wieder. Abgeschirmt von der gleißenden Sonne durchschreitet man kühle Rundräume und Lichthöfe aus dunkler Lava. Alles ist blendend weiß gekalkt, behutsam beleuchtet, sparsam, aber effektvoll möbliert und mit Bäumen versehen, die in das obere Stockwerk ragen. Eine weiße Poolanlage mit kleinem Wasserfall bildet den Höhepunkt der Unterwelt. Leise, meditative Musik untermalt während des gesamten Rundgangs die starke Raumwirkung.

• *Anfahrt* Die Fundación César Manrique liegt etwa 2 km südlich von Tahiche. An einem **Kreisverkehr** (s. u.) zweigt man nach Westen ab und nimmt die Straße nach San Bartolomé. Etwa 200 m weiter trifft man auf den großen Parkplatz der Anlage. Ein abstraktes, weißes Großdenkmal steht davor an der Straße.

• *Öffnungszeiten/Preise* Nov.–Juni Mo–Sa 10–18 Uhr, So 10–15 Uhr, Juli–Okt. tägl. 10–19 Uhr; Eintritt 8 €, Kinder frei. ✆ 928-843138, www.fcmanrique.org. Fotografieren ist nur in den Außenanlagen erlaubt.

Bis 1994 gab es anstatt des Kreisverkehrs eine unübersichtliche Kreuzung. Genau hier raste ein Wagen in die Flanke von César Manriques Jaguar, als dieser gerade in die Vorfahrtsstraße einbiegen wollte (→ „Der Unfall"). Im November 2005 zerstörte der Tropensturm „Delta" das ehemals weithin sichtbare, silberne Windspiel, das bis dahin den Kreisverkehr markierte. Es soll jedoch wieder hergestellt werden.

Besichtigung: Durch ein schweres, schmiedeeisernes Tor mit den Initialen Manriques betritt man das mit Lapilligärten umgebene und reich bepflanzte Anwesen. Vorbei an einem kleinen Glockenstuhl geht man zur Kasse, noch vorher zieht rechter Hand das in seiner Farbenpracht besonders gelungene Windspiel „La energía de la Pirámide" die Aufmerksamkeit auf sich. Markant ragt dahinter die nahe *Montaña Tahiche* in die Höhe.

Um in den Innenbereich zu gelangen, nimmt man eine seitliche Tür und kommt in einen kleinen *Innenhof* mit der Öffnung einer darunter liegenden Lavablase, aus der eine Palme emporwächst. Von hier aus betritt man das oberirdisch angelegte, ehemalige *Wohnzimmer* Manriques, das dank der hellen Farben, großflächigen Fenster und gelungenen Raumkomposition eine großartige Wirkung vermittelt. Durch eine im Boden ausgesparte Öffnung ragt der legendäre Feigenbaum aus dem Untergeschoss herauf. An den Wänden findet sich hier Manriques private Sammlung moderner Kunst, deren Urheber hauptsächlich spanischer Herkunft sind. Mit Blick auf den Pool im tiefer gelegenen Lavabereich geht man anschließend ein Stück im Freien, um in den *Espacios* genannten Raum zu gelangen, wo Skizzen und Fotografien von Manriques Naturprojekten ausgestellt sind. Ein weiterer separater Raum, das ehemalige *Schlafzimmer*, ist dem Kunstschaffen Manriques gewidmet.

Der Eingangsbereich der Fundación

Von den naturalistischen Anfängen mit Buntstift-, Aquarell- und Kohlezeichnungen in den 1940er Jahren über die Originalskizzen für die überall auf Lanzarote kursierenden Fischkacheln bis zu architektonischen Plänen für realisierte und nicht realisierte Objekte ist alles vertreten. Besonders hübsch sind die Entwürfe für die zahlreichen Windspiele, die man an vielen Stellen Lanzarotes sieht.

Nun steigt man hinunter in den unterirdischen „Trakt der Lavablasen". Die Basalttreppe mündet zunächst in der so genannten *Brunnenblase*, in der ein Papayabaum steht. Äußerst wirkungsvoll sind die Höhlenböden, Wände und niedrigen Verbindungsgänge halbhoch weiß gestrichen, die obere Hälfte ist naturbelassen schwarz. Verstreut sind einige kleine Kunstwerke und Skulpturen angeordnet. Den Anfang bildet eine Grotte mit *weißer Ledersitzgarnitur*, aus der eine Palme in den darüber liegenden kleinen Innenhof im Eingangsbereich des Anwesens ragt. Danach folgt ein Raum mit *knallroter Garnitur* und dem Feigenbaum, der nach oben in das Wohnzimmer wächst. Bevor man jetzt in den Hof gelangt, kommt man am *Badezimmer* vorbei, das sehr gelungen in eine schräge Nische des Lavagesteins platziert ist. Schmuckstück im großen, offenen Hof mit Drachenbaum, Palmen und Kakteen ist der weiße *Pool*, den man auf einem Steg aus scharfkantigen Lavablöcken überqueren kann. Aus einer Röhre plätschert Wasser ins Becken. Unter einem Felsvorsprung ist eine gemütliche Sitzgruppe untergebracht, in einem traditionellen Grillofen konnte man früher Fisch und Fleisch braten. Durch die *schwarze Blase* mit vier soliden Eckpfeilern und die *gelbe Blase* mit gelb-weiß gemusterten Sitzmöbeln steigt man schließlich zum weiträumigen *Ausstellungssaal* hinauf, in dem mehr als zwei Dutzend großformatige Werke von Manrique und Künstlerkollegen hängen. In teils düsteren Farben, erdverbunden und schwer, sind die abstrakten Gemälde analog zur umgebenden Lavawüste gestaltet. Ausgesprochen schön ist hier das große Fenster, das unmittelbar in die wild geformte Lava hinaus-

Manriques letzter Tag: Der Unfall

Freitag, 25. September 1992, um die Mittagszeit. Der 73-jährige César Manrique kommt mit seinem dunkelgrünen Jaguar aus seinem Wohnhaus in Haría und trifft in der Fundación ein. Er berichtet Mitarbeitern von einem Einkauf für sein Haus, wo er einige bauliche Veränderungen vornehmen möchte. Er erzählt auch von seiner Rede, die er anlässlich des „Welttages des Tourismus" zwei Tage später in den Naturhöhlen von Jameos del Agua halten möchte. Dabei will er wieder einmal eindrücklich darauf hinweisen, den verabschiedeten Bebauungsplan für Lanzarote unbedingt exakt einzuhalten und alle Unternehmer zu stoppen, die ohne Rücksicht auf Natur und Umwelt bauen.

Gegen 14 Uhr bricht er wieder nach Haría auf. Dazu muss er zunächst zur knapp 200 m entfernten Kreuzung mit der Hauptstraße von Arrecife nach Teguise, die Gegenspur überqueren und in Richtung Teguise einbiegen. Genau sind die letzten Sekunden vor dem Unfall nicht mehr zu rekonstruieren – entweder rollt Manrique ohne anzuhalten auf die gefährliche Kreuzung oder er stoppt kurz und fährt dann in die vorfahrtsberechtigte Straße hinein. So oder so übersieht er den schweren Toyota Land Cruiser, der in schneller Fahrt auf der Hauptstraße in Richtung Arrecife unterwegs ist. Der mächtige Jeep bohrt sich mit aller Wucht in die Fahrertür des Jaguars. César Manrique wird bei dem Aufprall schwer verletzt und durch die total zertrümmerte Tür im Sitz eingekeilt. Um ihn zu bergen, muss ein hydraulischer Kranwagen mit Schneidevorrichtung angefordert werden. Erst eine Stunde nach dem Unfall kann der noch lebende Künstler in die Klinik „Insalud Hospital General" von Arrecife eingeliefert werden. Kurz nach drei Uhr versagt sein Herz, Wiederbelebungsversuche bleiben ohne Erfolg, Manrique stirbt um 15.20 Uhr.

Manrique hatte immer wieder vor der gefährlichen Kreuzung gewarnt und die Einrichtung eines Kreisverkehrs gefordert, um eine Gefährdung der Besucher der Fundación auszuschließen. Mittlerweile gibt es ihn endlich – doch erst der Tod des Künstlers öffnete den Verantwortlichen die Augen. Auch die rasante Zunahme des Autoverkehrs auf Lanzarote wurde von Manrique immer wieder kritisiert. An dem Unfall trägt der populärste Mann Lanzarotes jedoch die alleinige Schuld. Trotzdem fühlt sich der nur leicht verletzte Fahrer des Toyota mitschuldig und versteckt sich tagelang.

Der Leichnam des Künstlers wird im Hospital Insular am Fischereihafen von Arrecife aufgebahrt. Am Samstag, dem 26. September, wird der Sarg auf Schultern zur Totenmesse in die Kirche San Ginés getragen, Tausende stehen am Weg und drängen in die Kirche. Beigesetzt wird Manrique auf dem Friedhof von Haría, seinem letzten Wohnort. Das schlichte Erdgrab kann besucht werden.

führt: herrlich der Blick auf die *Montaña Maneje*, effektvoll platziert im Vordergrund eine schlanke Palme.

Als letztes kommt man in den Hof der Fundación. Ein opulenter Blickfang beherrscht hier das Bild: eine schöne, lange und sehr bunte Mosaikmauer, von Manrique 1992 gestaltet, die ganz abstrakt Landschaft und Menschen Lanzarotes thematisiert. Davor liegt ein Teich, reich bepflanzt mit verschiedenfarbigen Sukkulenten.

In den ehemaligen Garagen Manriques sind Service-Einrichtungen untergebracht: eine *Cafeteria* und ein *Laden* mit den typischen Manrique-Souvenirs – farbige Deko-Kacheln, T-Shirts mit Manrique-Logos, Bücher und Postkarten zum Thema, Poster u. Ä.
Durch das Tor mit den Initialen CM verlässt man das Anwesen, kann aber beim Hinausgehen noch in einem großen Saal rechter Hand wechselnde Ausstellungen kanarischer Künstler betrachten.

Los Aljibes: An der Kreuzung mit dem ehemaligen Windspiel (→Fundación César Manrique/Anfahrt), wo die Straße zur Fundación César Manrique abzweigt, geht es Richtung Osten nach Costa Teguise – ein weiteres kleineres Windspiel markiert diese Straße. Nur wenige hundert Meter weiter trifft man rechter Hand auf Los Aljibes. Es handelt sich dabei um zwei parallel zueinander im Erdboden liegende Zisternen, die etwa 200 Jahre alt sind. César Manrique hatte sie zu einem Restaurant umgebaut. Die seit längerem geschlossene Anlage wird heute gelegentlich für Konzerte genutzt (→ S. 312).

Tahiche

Größerer Ort unterhalb der Montaña Tahiche, in erster Linie Domizil für Einheimische, die in Arrecife arbeiten. Da hier die Straße in den Norden nach Arrieta und Órzola abgeht, ist Tahiche ein wichtiger Kreuzungspunkt. Die Ortsausfahrt *Richtung Arrieta* wurde geschmackvoll gestaltet: Auf mehrere Kilometer sind die Straßenränder mit farbenprächtigen Sukkulenten bepflanzt, was in der kargen Landschaft sehr angenehm auffällt.

• *Übernachten* **Casa Teiga**, mitten in der Lava, Bungalow in einem sehr hübschen Anwesen, schmucke Sonnenterrasse mit kleinem Pool, subtropischer Garten. Etwas außerhalb vom Ort, sehr ruhig, deutsche Leitung. Komplettpakete mit Flug (1 Woche ab ca. 700 €/Pers.) sind zu buchen über www.schauinsland-reisen.de

Alegranza, die große Villa mit drei Schlafzimmern bietet bis zu sechs Personen Platz, die kleine Casita für zwei. Die Villa ist ab 110 € (2 Pers.), die Casita ab 65 € zu mieten. Zu buchen über www.vivaambiente.com

• *Essen & Trinken* Leserempfehlung für das Restaurant **Dominique** mit guter Küche und freundlicher Bedienung.

Las Cabreras: Die kleine, ruhige Urbanisation liegt etwas abseits der Straße nach Teguise. Über Elke Janke Reisen und Heinen Tours können hier mehrere ansprechende Häuser mit Pool gemietet werden.

Oasis de Nazaret: größere, ebenfalls sehr ruhige Urbanisation kurz vor Teguise, fast reine Residenten-Siedlung, eine der ersten auf Lanzarote. Einige pompöse Anwesen fallen ins Auge, doch auch die „Mittelklasse" ist vertreten. Auch Weltstar Omar Sharif („Doktor Schiwago") besaß hier einst ein Haus, das Manrique persönlich entworfen hatte. Leider verlor er es im Glücksspiel und ward seitdem auf Lanzarote nicht mehr gesehen. Es steht heute als „Casa Omar Sharif" zur Vermietung. Besuchenswert ist das stilvolle Restaurant „LagOmar", das sich direkt unterhalb der Casa Omar Sharif an den rostroten Berghang, einen früheren Steinbruch, schmiegt. Das von einem deutschen Architekten mit Grotten, Tunnelgängen und Treppen dekorativ gestaltete Anwesen gruppiert sich um einen kleinen, künstlichen See mit Wasserfall. Abends ist alles eindrucksvoll illuminiert. Vom Vorplatz hat man einen herrlichen Blick auf Arrecife, bei klarer Sicht sogar bis Fuerteventura.

• *Übernachten* **Casa Omar Sharif**, riesiges Anwesen (15.000 qm), direkt an und in den senkrechten Berghang gebaut, herrlicher Blick. Architektonisch sehr reizvoll mit Terrassen und Zimmern auf verschiedenen Ebenen, gut eingerichtet. Es gibt zwei etwa

55 qm große Gästehäuser mit je einem Schlafzimmer und zwei Terrassen, Pool und Tennisplatz. Zwei Personen wohnen in einer Casita ab etwa 630 € pro Woche. Ansprechpartnerin ist Beatriz. ✆ 928-845460, E-Mail: info@lag-o-mar.com

Casa Olympica, vier Studios mit Pool und kleinem Restaurant, zu mieten über Heinen Tours, Wochenpreis ab ca. 320 € für 2 Personen.

• *Essen & Trinken/Unterhaltung* **LagOmar**, Calle Los Loros 35, Restaurant mit Café/Bar direkt unterhalb der Casa Omar Sharif am Berghang (→ oben). Feine Küche mit französisch-mediterranem Einschlag, z. B. Langostinos mit gebratenen Kräuterkartoffeln. Man kann direkt am See sitzen. Sonntags wird regelmäßig Live-Jazz gespielt. Di–Sa 12–24 Uhr, So-Nachmittag 12–18 Uhr, So-Abend und Mo geschl. ✆ 928-845665, www.lag-o-mar.com

Teguise

Die ehemalige Hauptstadt – offiziell „Villa de Teguise", volkstümlich „La Villa" genannt – wurde im 15. Jh. aus Furcht vor Piratenüberfällen mitten im Inselinneren erbaut, unmittelbar am Fuß der markanten Montaña de Guanapay. Wie kein anderer Ort auf Lanzarote hat sie ihr historisches Erscheinungsbild bis heute bewahrt.

Im spanischen Kolonialstil erbaut, präsentiert sich ein großartiges Ensemble aus stilvollen Kirchen und Klöstern, harmonischen Plätzen, prächtigen alten Häusern und ruhigen Straßen. Die Altstadt Teguises steht seit über zwanzig Jahren komplett unter Denkmalschutz und ist das Schmuckstück Lanzarotes. Sie gilt als einer der besterhaltenen Siedlungskerne der Kanaren. Für einen Bummel sollte man sich allerdings einen wirklich sonnigen Tag aussuchen, denn Teguise liegt in einer relativ ungemütlichen Inselecke, nämlich auf einer kalten und zugigen Hochebene. Von November bis Februar fällt mehr Regen als in den tiefer gelegenen Küstenzonen im Süden und die Temperaturen liegen fast immer ein Stück niedriger als an der windgeschützten Ostküste um Puerto del Carmen.

Während der Woche ist Teguise ein stiller Ort, ideal für einen beschaulichen Streifzug durch die Gassen. Ganz anders der Sonntag: Er steht ganz im Zeichen des riesigen folkloristischen *Markts*, der hier allwöchentlich stattfindet. In der gesamten Altstadt stehen Stände dicht an dicht, dazwischen drängen sich Besucherströme von der ganzen Insel, die Bars und Lokale bersten vor Menschen in ausgelassener Stimmung (→ Kasten). Auffallend in Teguise ist die ausländische Künstler-, Kunsthandwerks-, Öko- und Esoterikszene. Diverse Shops um die beiden zentralen Plätze bieten Naturprodukte, Schmuck, Antiquitäten usw. – sicher nicht nur, weil Teguise so „schön" ist, sondern vor allem aus handfesten kommerziellen Gründen, denn während des großen Sonntagsmarkts ist die Stadt stets rappelvoll. Aber auch die kanarische Kultur hat in Teguise einen Schwerpunkt. So gilt die ehemalige Inselhauptstadt als Ursprungsort der *Timples*, der traditionellen gitarreähnlichen Saiteninstrumente der Canarios. Einen Besuch wert ist die Werkstatt von *Simón Morales Estebán* neben der Kirche Vera Cruz (→ Shopping).

Geschichte

Bereits in vorspanischer Zeit lag an der Stelle der heutigen Stadt eine kleine Siedlung der Majos – dies vor allem deshalb, weil der Standort ein ausgezeichnetes Reservoir für die Regenwassermassen darstellte, die von der Montaña de Guanapay herunterströmten. In späterer Zeit wurde deshalb mitten in der Stadt ein großes Zisternensystem angelegt (→ Sehenswertes). Nach der Eroberung Lanzarotes im Auftrag der kastilischen Krone unter Jean de Béthencourt im Jahr 1402 gründete sein

Stellvertreter und Neffe *Maciót de Béthencourt* Teguise und machte es zur ersten Hauptstadt und zum Bischofssitz der Insel. Da Lanzarote als erste der Kanarischen Inseln eingenommen worden war, gilt Teguise neben Betancuria auf Fuerteventura (→ dort) als älteste Stadt im Archipel. Nach der Legende rührt ihr Name von der gleichnamigen Tochter des letzten Königs der Ureinwohner her. Angeblich hatte Maciót sie geheiratet und die Stadt nach ihr benannt. Der volle Name der Stadt lautete damals *Real Villa San Miguel de Teguise*, also „Königliche Stadt des heiligen Michael von Teguise". Dem heiligen Michael war die Hauptkirche an der zentralen Plaza geweiht, die heute Nuestra Señora de Guadalupe heißt (→ Sehenswertes). Die neue Stadt wurde mit streng geometrischen Straßenzügen erbaut und galt lange Zeit als stilbildende Mustersiedlung für andere Kolonialstädte, hauptsächlich in Südamerika. Doch obwohl die strategische Lage der neuen Stadt günstig war – nach Norden geschützt durch das Famara-Riff, dazu hatte man vom über der Stadt thronenden Castello de Santa Barbara einen weiten Überblick in alle Richtungen –, waren die folgenden Jahrhunderte von zahlreichen blutigen Piratenüberfällen geprägt, zweifellos Reaktionen auf die brutalen Raubzüge der Feudalherren von Teguise, die zuvor an der afrikanischen Küste Tausende von Berbern in die Sklaverei verschleppt hatten (→ S. 77). Teguise durchlebte schwere Zeiten und soll zeitweise nicht mehr als ein armseliges Dorf mit strohgedeckten Hütten gewesen sein. 1586 stürmten algerische Piraten unter ihrem berüchtigten Anführer Morato Arráez die Stadt und machten alles nieder, was sich ihnen in den Weg stellte. Der *Callejón de Sangre* (Blutgasse) hinter der Pfarrkirche erinnert an diese schreckliche Tragödie. 1618 schließlich brannten plündernde Berberhorden die Stadt völlig nieder, ein Großteil der Inselbevölkerung wurde versklavt. So kommt es, dass die historischen Gebäude Teguises fast alle erst aus dem späten 17. und 18. Jh. stammen. Trotz des Wiederaufbaus sank die Bedeutung der geplagten Stadt in diesen Jahrhunderten ständig. Vor allem die isolierte Inlandslage war es, die Teguise seit dem 18. Jh. wirtschaftlich zunehmend unattraktiv machte. 1852 wurde deshalb die aufstrebende Hafenstadt Arrecife zur neuen Inselhauptstadt ernannt. Teguise entwickelte sich zu dem Freilichtmuseum, das es auch heute noch darstellt.

Der pittoreske Turm der Hauptkirche dominiert das Zentrum

Anfahrt/Verbindungen/Information

• *Anfahrt/Verbindungen* **Bus**, vom Busbahnhof in Arrecife fahren die Linien 7, 9 und 10 mehrmals tägl. nach Teguise und weiter nach Arrieta (7, 9), Haría (7) und Órzola (9), Rückfahrt nachmittags. Ein Busstopp in Teguise liegt vor dem **Convento de San Francisco de Miraflores**, eine zweiter im unteren Ortsbereich, vis-à-vis vom **Convento de Santo Domingo**.

Am Sonntagvormittag kommen Busse aus Arrecife und den Touristenzentren Puerto del Carmen, Costa Teguise und Playa Blanca zum berühmten **Sonntagsmarkt** in Teguise (→ Kasten). Rückfahrt zwischen 12 und 13 Uhr ohne feste Abfahrtszeiten – wenn ein Bus voll ist, fährt er ab und ein neuer kommt.

Taxi vor dem Convento de San Francisco de Miraflores (→ Sehenswertes). ✆ 928-845533.

Tankstelle an der Ausfallstraße nach Mozaga.

Übernachten

In Teguise und Umgebung existieren bisher keinerlei Hotels oder größere Apartmentanlagen. Wer in einer Finca übernachten möchte, kann sich bei „IslaViva" informieren. Die Vermittlung findet nur telefonisch (✆ 928-845723, 📠 845761) oder über das Internet (www.islaviva.com) statt, in der Regel wird auf Wochenbasis vermietet.

Taro de Chimida, 150 Jahre alte Finca, in der zwei interessant gestaltete Wohneinheiten zur vermieten sind, eine für sechs, die andere für zwei Pers. Die früheren Wasserzisternen wurden von einem mit Manrique befreundeten Architekten exklusiv umgebaut und sind mit Kunstwerken stilvoll eingerichtet, die Decken bestehen aus alten Steinrundbögen. Ein Swimmingpool mit Wasserfall gehört zur Anlage. Zu buchen über www.ferienwohnungen.de

Casa Banana, originelles Haus mit geräumigem Wohnraum und zwei Schlafzimmern auf einem großen Grundstück am Ortsrand, z. T. in einer alten, restaurierten Aljibe (Zisterne), geschmackvoll koloriert. Küche, Bad, Terrasse und Garten vorhanden. Leserkommentar: „Ein außergewöhnlich schönes Feriendomizil fernab des touristischen Treibens." Zu buchen z. B. über www.finca-selection.de

Finca Malvarrosa, Calle Malvarossa 41, gut 200-jährige Finca unterhalb von Teguise, ca. 1 km entfernt. Sie besteht aus drei Häusern, eins mit eigenem Pool in einer ehemaligen Zisterne, die anderen beiden mit Gemeinschaftspool. Tagespreis für 2 Pers. ca. 70 €, 4 Pers. 105 €. Zu mieten über die österreichischen Eigentümer unter ✆/📠 928-593017 oder über www.gulet.at

Finca Mimosa, 200-jähriges Schmuckstück in einem 2000 qm großen Grundstück. Vermietet werden zwei Wohneinheiten (90 und 70 qm), jeweils mit großer und gut sortierter Bibliothek. Besonders reizvoll ist der große, stilvoll angelegte Innenhof mit Pool. Ab 75 € pro Nacht. Ansprechpartner sind Christiane und Lutz Schneider, ✆ 928-842552. Zu buchen auch über www.casas-lanzarote.de oder www.lanzarote-exclusive.com

Estudio Chimida, ansprechend gestaltetes Studio von 56 qm Größe, Teil eines Bauernhauses am Ortsrand, herrlicher Blick, 5 Min. ins Zentrum. Die Nachbarin kocht auf Bestellung typische Inselgerichte. Komplettpreis für 2 Pers. inklusive Mietwagen ca. 730 €/Woche. Zu buchen über www.islaviva.com

Essen & Trinken

Die Restaurants der Stadt sind fast alle in prächtigen historischen Häusern untergebracht und wetteifern miteinander um die gelungenste Restauration. Ambiente und Qualität der Küche gehen eine glückliche Verbindung ein: Man isst gut in Teguise. Allerdings herrscht relativ hohe Fluktuation der Wirte, denn nur zur Marktzeit am Sonntag sind alle Lokale gut besucht bzw. oft überfüllt. Wer dann kommt, sollte sich auf erhebliche Wartezeiten und viel Trubel einstellen.

Acatife (8), eins der ältesten Lokale in einem der ältesten Häuser Lanzarotes, geräumiges Herrschaftshaus an der zentralen Plaza, gegenüber der Kirche, dekoriert mit

Werken des einheimischen Künstlers Manolo Perdomo. Seit bald 50 Jahren als Restaurant geführt, Besitzer sind die beiden Brüder Felix und Ignacio. Gespeist wird in mehreren altehrwürdigen Räumen mit schweren Holzböden und -decken, gemütlich mit Petroleumlämpchen, auch ein schöner Patio ist vorhanden. Ordentliche kanarische Küche mit internationalem Einschlag, z. B. *parrillada del pescados y mariscos* (gegrillte Fischplatte mit Meeresfrüchten), *sama a la sal* (Sama-Fisch in Salzkruste), *zarzuela* (Fisch und Meeresfrüchte, im Tontopf gegart) oder *solomillo con cebollas fritas de Lanzarote* (Filet mit Zwiebelringen). Die große Bar ist vor allem sonntags zur Marktzeit umlagert. Di–So mittags und abends geöffnet, Mo geschl.

Ikarus (3), an der Plaza Clavijo y Fajardo. Schönes, altes Haus mit mehreren Räumen, im Innenhof Bar, im ersten Stock Galerie. Seit vielen Jahren unter der Regie von Christine und Christian Wiedemuth. Während der Woche trifft sich hier gerne ein etwas schickeres Publikum, an Sonntagen geht's ebenfalls volkstümlich zu. Die Küche ist gut, auf der Speisekarte stehen z. B. Lammrücken in Kräuterkruste, Lachssteak

Inselmitte
Karte S. 136/137

und Entenbrust auf Ananas, es gibt aber auch vegetarische Gerichte und gute Salate. Gehobene Preise. Di–Sa ab 19 Uhr, Reservierung angebracht, ✆ 928-845332.

La Cantina (11), Calle León y Castillo 8, ge- [illegible] on Manolo, schön restauriert, gemüt- [illegible] lzbar, intimer Innenhof. Einer der [illegible] en Treffpunkte der Stadt. Eine [illegible] Tapas steht als kaltes Büffet auf [illegible] e, man plaudert und schwelgt im [illegible] nschmaus. Große, abwechslungs- [illegible] Speisekarte, zu empfehlen u. a. der [illegible] ige *potaje Canario*. So abends und [illegible] ntag geschl.

[illegible] a Galería (6), Calle Nueva, Seitengasse vom Hauptplatz neben dem Spinola-Palast. Eigenwillig restauriertes Cafélokal, relaxte Stimmung, Treffpunkt für Einheimische und Touristen gleichermaßen, gute Kontaktbörse, gelegentlich Livemusik. Tägl. mittags und abends.

El Ryad (10), Calle Leon y Castillo 3, um die Ecke vom Hauptplatz, im kleinen Einkaufszentrum Casa León. Neues Lokal mit marokkanischer Küche, darunter natürlich die Klassiker Couscous und Tajine. Tische im Patio und in den arabisch gestylten Innenräumen. Samstags orientalischer Tanz. Reservierung ✆ 928-845931. Di–Sa nur abends, So den ganzen Tag, Mo geschl.

Casa Cristóbal (14), direkt an der Durchgangsstraße nach Haría, das einzige Lokal, das sich in einem modernen Gebäude befindet. Kanarische Küche, die auf der Insel einen sehr guten Ruf genießt. Wegen des weiten Blicks Richtung Westen besonders schön zum Sonnenuntergang. Di geschl.

• *Snacks* **La Bodeguita del Medio (2)**, Plaza Clavijo y Fajardo, die berühmteste Kneipe Kubas stand Pate für diese Weinstube im traditionellen kanarischen Stil. Hier ist alles so, wie es die Urlauber mögen, vor der Tür sitzt man hübsch in der Sonne, drinnen locker um einige große Fässer. Die mehrsprachige Tapaskarte ist in die hölzernen Tischplatten eingebrannt. Weiterer Raum im ersten Stock. So geschl. www.labodeguitadelmedioteguise.com

Patio del Vino (9), Calle Herrera y Rojas 9, ein deutsches Paar (Antje Schindler und Jürgen H. Jacobs) hat den stimmungsvollen Patio im 1455 erbauten Palacio del Marquez, einem der ältesten Gebäude Lanzarotes, der Öffentlichkeit zugänglich gemacht. Serviert werden Tapas, dazu gibt es eine gute Weinauswahl (Flasche ab etwa 14 €) und besinnliche Musik. Achtung: Damit es keine unerwarteten Überraschungen gibt, sollte man die Preise unbedingt schon bei der Bestellung erfragen, es gibt keine Speisekarte. Mo–Fr etwa 12–20 Uhr, So 10-15 Uhr.

La Tahona (13), neben dem Convento de Santo Domingo, gemütliches, schön restauriertes Haus mit Bar und einer Handvoll Sitzgelegenheiten, es gibt Tapas und einige größere Gerichte, z. B. *compuesta de la abuela* (Eintopf nach Großmutterart). Verkauf von CDs und Kassetten mit traditioneller Musik Lanzarotes. Im angeschlossen Kunsthandwerksladen eine Auswahl spanischer Literatur über Lanzarote und Keramik von Dorotea (→ Munique). Freitagabend kanarische Musik live. Sa geschl.

Café JaLEO (12), Calle Flores 1, erst vor kurzem hat Petra Hoehn ihr Kulturcafé in der Casa Santiago eröffnet, doch schon ist es ein Renner. Donnerstags werden kulinarische Abende veranstaltet, sonntags wird Live-Jazz gespielt und jeden zweiten und vierten Freitag im Monat gibt es ein Livekonzert, eine Ausstellung o. Ä. Der Schwerpunkt der Küche liegt im vegetarischen Bereich. Die Bedienung ist freundlich und aufmerksam. Sa geschl.

Shopping (siehe Karte S. 241)

Teguise gilt als Zentrum der ausländischen Esoterik- und Ökoszene Lanzarotes. Neben Kunsthandwerk jeglicher Art gibt es alles für den esoterischen und umweltbewussten Haushalt: Naturkosmetik, Räucherstäbchen, Windspiele, ätherische Öle ... Hinweis: Nach dem anstrengenden Sonntagsmarkt sind die meisten Läden montags geschlossen, manche Läden haben sogar nur ausschließlich sonntags zur Marktzeit geöffnet.

Malvasia (4), üppig bestückter Laden am Hauptplatz, gehört zur „Bodeguita del Medio" (→ Essen & Trinken). Tapas und Ziegenkäse aus Lanzarote, dazu eine reichhaltige Auswahl an Produkten aller Kanarischen Inseln: Palmenhonig von Gomera, Zitronenlikör von Teneriffa, Weine von El Hierro, La Palma und Teneriffa, Bananen-

creme, Kaktusfeigenmarmelade, Mojo-Saucen, Gofio, Zigarren usw.
Casa de la Palmera (5), in dem deutsch geführten Haus am Hauptplatz findet man Lederartikel und Kunsthandwerk, außerdem Inselweine, diverse Marmeladen und Mojo-Soßen sowie exotische Leckereien wie Feigen in Rotwein, Maulbeer- und Melonenlikör, Rum mit Honig etc.
Emporium (7), Calle Notas 15, in einem ehemaligen Kino, große Lagerhalle mit traditionellem Mobiliar aus China (!). Mo–Fr 16–19, So 10–14 Uhr.
Galería La Villa (1), Plaza Clavijo y Fajardo 4, geschmackvoll restauriertes Haus mit kleinem Innenhof neben der Bodeguita del Medio. Hier findet man folgende Einlieger:
– **Kunstgalerie**, wechselnde Ausstellungen von Künstlern, die auf den Kanaren leben.
– **Talia**, Boutique von Angelika Gransow, exklusive Mode für Individualistinnen, Eigenentwürfe und ausgesuchte Arbeiten junger Textil- und Schmuckdesigner.
– **Body Concept**, Wellness-Urlaub auf Lanzarote, vielfältige Angebote, deutsch geführt. ✆ 928-593012, ℻ 593047, www.bodycompany.de
– **Librería Leo**, Buchhandlung von Petra Hoehn, Kinder-, Jugend- und Sachbücher in Deutsch, Spanisch und Englisch, außerdem Reiseführer und ausgewählte Belletristik.

Großartige Handwerkskunst: Timples von Simón Morales Estebán

Inselmitte Karte S. 136/137

Sport/Feste

• *Sport* Nördlich und nordwestlich von Teguise liegen zwei beliebte Startplätze für **Drachenflieger**, die wunderbar entlang der Famara-Berge bis zum Strand von Famara gleiten können und dort landen (→ Bucht von Famara/Sport S. 258).

• *Feste* **Fiesta de Carnaval**, die „Danza de los Diabletes", der Tanz der kleinen Teufel von Teguise, ist eine der ältesten Traditionen Lanzarotes (→ S. 54).
Dia de la Cruz, großer religiöser Umzug Anfang Mai, vorbei an den auffallend vor Hausfronten postierten Holzkreuzen, etwa zwölf an der Zahl. Sie symbolisieren die Stationen des Kreuzwegs Jesu und werden zum Fest über und über mit Blumen geschmückt.
Fiesta del Corpus, das Fronleichnamsfest wird am zweiten Donnerstag nach Pfingsten gefeiert, Straßen und Plätze der Innenstadt werden dabei mit kunstvollen farbigen Salzteppichen bedeckt.
Fiesta de la Nuestra Señora del Carmen (oder: Virgen del Carmen), Mitte Juli großes Fest zu Ehren der populären Heiligen, die an der Küste als Schutzhelferin der Seeleute und Fischer verehrt wird (→ La Graciosa, Puerto del Carmen). Die Ursprünge gehen zurück bis 1729, als zu Ehren der Heiligen im Kloster San Francisco de Miraflores die „Bruderschaft der Carmen" (Cofradía del Carmen) gegründet wurde. Die Original-Statue der Carmen wurde zwar beim Brand der Pfarrkirche von 1909 zerstört (→ Sehenswertes), doch eine neue Statue wird heute in großer Prozession durch die Stadt getragen.
Fiesta Rancho de Pascua (Fest des Weihnachtshirten), populäres Weihnachtsfest in der Nacht vom 24. auf den 25. Dezember. Zunächst die traditionelle Mitternachtsmesse „Misa del gallo" und eine Prozession, danach spielen bis zum frühen Morgen Musikgruppen in einem großen Zelt auf dem Platz der ehemaligen Zisterne, Imbissbuden sind aufgebaut, es wird getanzt.

Simón Morales Estebán: Meister der Timplebauer
Unmittelbar rechts neben der Kirche Vera Cruz (→ Sehenswertes) findet man die Timple-Werkstatt von Simón Morales Estebán aus La Caleta de Famara. Herr Estebán ist Experte im Bau der kleinen, kompakten Timple-Gitarren. Mal reinschauen lohnt, der Meister ist kontaktfreudig und erzählt einem gerne etwas über den Fertigungsprozess. Die wertvollsten Timples sind mit aufwändigen Einlegearbeiten geschmückt, die weißen Teilchen stammen von den Rippen eines Wals. Die Gerätschaften sind von anno dazumal – besonders auffallend ist die überdimensionale, von Hand betriebene Drechselmaschine.

Sehenswertes

Die kleine Altstadt bildet ein kompaktes Ganzes, das in seiner Einheitlichkeit beeindruckt. Der andalusische Stil Südspaniens ist tonangebend. Die äußerlich schlichten, weißen Häuser besitzen hohe, geschnitzte Holzportale und große Klappläden vor den Fenstern.

Zwar sind noch eine ganze Reihe Herrensitze von wohlhabenden Adligen erhalten, aber nur selten zugänglich. Oft verbergen sich hinter den abweisenden Mauern wunderschöne kleine *Patios* (Innenhöfe) – bestens zu beobachten in den Restaurants, die sich in manchen der alten Gemäuer eingerichtet haben. Die Kirchen der Stadt sind meist nur vormittags geöffnet.

Plaza de la Constitución und Umgebung

Der leicht abfallende Hauptplatz, traditionell auch Plaza de San Miguel genannt, bildet mit der großen Pfarrkirche und den benachbarten Nebenplätzen eine Komposition, wie sie schöner und harmonischer kaum sein kann.

Rundum gruppieren sich alte Herrschaftshäuser, die öffentliche und kommerzielle Einrichtungen beherbergen: der Spinola-Palast (früher Regierungssitz, heute Museum), das ehemalige Zehnthaus (heute Bank), die Polizei, ein Lehrinstitut der Fernuniversität, ein traditionelles Restaurant und mehrere Souvenir- und Kunsthandwerksläden. Ein weißes Mäuerchen mit dekorativ geschwungenen Vasen, weit ausladende Araukarien und kleine Kanarische Palmen umgrenzen ein Geviert mit Ruhebänken und zwei dekorativen Brunnen. Zum Portal vom Spinola-Palast richten sich die Blicke zweier stolzer Löwen.

Iglesia Nuestra Señora de Guadalupe

Die Hauptkirche dominiert mit ihrem massiven Baukörper und mächtigen Turm den Platz und das gesamte Stadtbild. Speziell der Turm bietet mit seinem rotem Tuffgestein, den alten hölzernen Balkonen und den nistenden Tauben einen wunderschönen Anblick. Über dem fotogenen Portal des Kirchenschiffs ist eine Schrifttafel von 1680 angebracht. Bereits bei Stadtgründung unter Maciót de Béthencourt wurde hier eine kleine Kirche für San Miguel erbaut. Doch mindestens viermal wurde sie im 16. Jh. von Piraten geplündert und zerstört, 1608 dann vollständig abgebrannt. 1680 baute man die Kirche größer wieder auf, doch 1909 brannte sie, verursacht durch Fahrlässigkeit, noch einmal ab. Nur noch die unteren drei Stockwerke des Turms aus rotem Tuff stammen vom Originalbau aus dem 17. Jh., der schwarze Basalt und die achteckige Kuppel darüber wurden im 20. Jh. aufgesetzt. Eine umfassende Restaurierung des dreischiffigen Innenraumes wurde 1995 abgeschlossen. Doch das Ergebnis belegt die wiederholten Katastrophen, da kaum noch ein historisches Stück vorhanden ist. Eher unpassend wirken die neugotischen Spitzaltäre in blendendem Weiß, ebenso die Stuckverzierungen der Decke im Altarraum. Hinter der Kirche verläuft der schmale *Callejón de Sangre* (Blutgasse), dessen Name auf einer Gedenktafel an das Massaker von 1586 erinnert (→ oben).

Palacio Spinola

Die Hauptsehenswürdigkeit von Teguise steht vis-à-vis der Pfarrkirche, ein Herrschaftshaus mit mächtigem Portal und sechs hohen Fenstern. Das reichhaltige Innenleben der 5 m hohen Räume ist von außen kaum zu erahnen. Es vermittelt einen hervorragenden Eindruck von der Wohnkultur des Adels im 18. Jh. Knarrende Holzböden, historisches Mobiliar, die interessante Architektur und die gediegene Atmosphäre machen den Besuch lohnend.

Der Stadtpalast wurde zwischen 1730 und 1780 von *Don José Feo Peraza* erbaut. Bis 1895 blieb er im Besitz der Adelsfamilie Feo, die einige wichtige Persönlichkeiten in der Geschichte Lanzarotes stellte. Durch Heirat kam er Ende des 19. Jh. an den

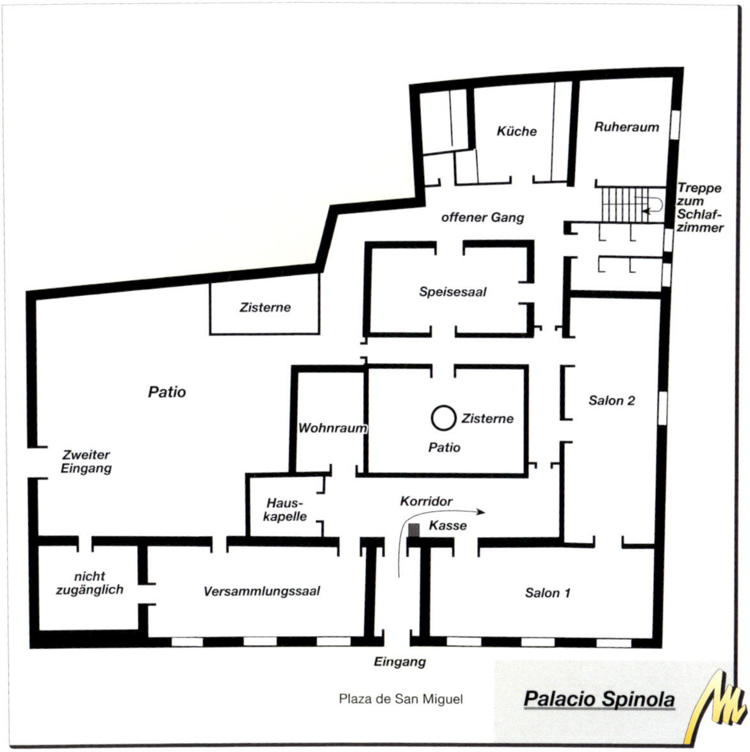

genuesischen Kaufmann *Vicente Spinola*, unter dessen Namen der Palast bis heute firmiert. 1974 erwarb der spanische Konzern Rio Tinto den Bau und ließ ihn vom Madrider Architekten Fernando Higueras vollständig restaurieren, der damals auch das berühmte Hotel Meliá Salinas in Costa Teguise entwarf (→ dort), César Manrique beriet ihn dabei. 1984 kaufte die Stadt das Anwesen und richtete es als Kulturzentrum und Museum ein, 1989 wurde es mehr oder minder symbolisch zum Sitz der Kanarischen Regierung auf Lanzarote ernannt.

Öffnungszeiten/Preise im Winter Mo–Fr, So 9–16 Uhr, im Sommer nur bis 15 Uhr, Sa geschl. Eintritt ca. 3 €.

Rundgang: Durchs hohe *Portal* mit seiner massiven Kassettentür betritt man zunächst eine Diele und gelangt in den breiten *Korridor*, hinter dessen Glasfenstern der Innenhof liegt. Hier wendet man sich nach rechts und gelangt in einen großzügigen *Salon* mit schweren Leuchtern, Wandschrank und historischem Mobiliar. In den drei mächtigen Fenstern zum Platz hin sind hölzerne Sitznischen eingelassen.

Eine Tür führt direkt in den zweiten *Salon*, der im rechten Winkel zum ersten liegt und ebenfalls reich mit Mobiliar ausgestattet ist. Auffallend ist hier die elegante hölzerne *Empore*, hinter der sich eins der beiden Schlafzimmer des Herrschaftshauses verbirgt. Durch ein Flechtwerk von engen Holzleisten ist es vor neugierigen Blicken abgeschirmt. Hier konnte sich z. B. bei Herrenbesuch die Hausherrin ungesehen aufhalten und doch genau verfolgen, was sich unten im Salon abspielte.

Hinter dem Salon liegt der ehemalige Lieferanteneingang des Anwesens. Über eine Treppe kann man hier zu den beiden *Schlafzimmern* hinaufsteigen, die mit ihren Holzböden äußerst gemütlich und heimelig wirken. Die einfache Decke im traditionellen Stil besteht aus Balken und Steinbrocken.

Vom Korridor, der entlang des zweiten Salons führt, erreicht man den *Innenhof* mit einer brunnenartigen Zisterne. Daneben liegt der große Speisesaal mit einer langen, gedeckten Tafel. In den beiden Fensternischen zum offenen Gang hinter dem Speisesaal sind zwei traditionelle *Wasserfiltersteine* untergebracht. Vom schön begrünten Gang aus kann man sie genau betrachten, dort steht auch noch ein dritter Stein.

Hinter dem Gang liegt die *Küche* des Anwesens mit einem gewaltigen Kamin im typischen minarettähnlichen Stil, der sich 7 m hoch in die Luft erhebt.

Jetzt kommt man in den *großen Hof* des Anwesens, der durch eine Mauer nach außen abgeschirmt ist. Eine Zisterne findet man hier, außerdem einen weiteren großen Filterstein.

Man betritt nun wieder das Haus und gelangt in den großen *Versammlungssaal* („Rittersaal“) mit langem Konferenztisch. Von hier kommt man wieder in den Korridor und kann linker Hand noch die kleine *Hauskapelle* betrachten, bevor man sich wieder am Eingang befindet.

Andere Sehenswürdigkeiten in Platznähe

La Cilla: wenn man von der Plaza de la Constitución aus auf den Spinola-Palast blickt, unmittelbar linker Hand. Der rustikale, zweischiffige Bau vom Ende des 17. Jh. diente früher als Speicher für den zehnten Teil der Ernte, der der Kirche abgetreten werden musste. Sehr gelungen ist die unter Manrique durchgeführte behutsame Restaurierung, die den Charakter der ehemaligen „Kornkammer“ deutlich macht. Schwarze Basaltsteine markieren die Außenkanten der Vorderfront, das mit schweren Nägeln beschlagene Holzportal ist mit roten Tuffblöcken eingefasst. Im schlicht gehaltenen Innenraum hat heute die „Caja de Canarias" ihren Sitz, die auch für die Restaurierung aufkam.

Casa Torres: Rechts neben dem Spinola-Palast die Gasse hinein, am Ende links findet man dieses typische Herrschaftshaus, das im 18. Jh. als Pfarrei diente. Besichtigung nur von außen, da in Privatbesitz.

Palacio del Marquez: Der 1455 erbaute Palast in der Calle Herrera y Rojas gilt als eins der ältesten Gebäude Lanzarotes. Im pflanzenbedeckten Patio ist ein hübsches Weinlokal untergebracht (→ Essen & Trinken).

Convento de San Francisco de Maria La Madre de Dios de Miraflores: Wenn man aus Richtung Arrecife in die Stadt hineinfährt, kommt man direkt an dieser Klosterkirche vorbei. 1588 erstmals erbaut, wurde sie beim Piratenüberfall von 1618 niedergebrannt und musste völlig neu errichtet werden. Besonders schön ist das mit einem geschwungenen Relief geschmückte Portal. Der hohe, zweischiffige Innenraum wird von einer Holzdecke mit verzierten Querbalken im andalusischen Mudéjar-Stil abgeschlossen. Auch die große Empore besteht ganz aus dunklem Holz. Die Altarwand besitzt reiche Ornamentik und drei Ölgemälde, in der kleinen Seitenkapelle links steht ein schöner Altar aus hellem Stein. Eine kleine Ausstellung mit Kruzifixen, Jesus-Bildnissen und anderen religiösen Artefakten wird etwas hochtrabend als *Museo de Arte Sacro* apostrophiert.

Öffnungszeiten/Preise Di–Fr 10–15, Sa/So 10–14 Uhr, Mo geschl. Eintritt ca. 2 €.

Auf dem Sonntagsmarkt

Plaza del 18 de Julio und Plaza Clavijo y Fajardo: Nur wenige Schritte vom Hauptplatz schließen sich diese beiden Plätze an. Die Bürgerhäuser an der dreieckigen *Plaza del 18 de Julio* bilden heute das Zentrum der Kunsthandwerksszene, rundum gibt es mehrere Boutiquen und Shops. Einen Blick wert ist die *Guardería Municipal*, der städtische Kindergarten, mit seinen wunderschönen, alten Holztüren und -decken. In der Platzmitte steht die dekorative Skulptur eines jungen Bauernmädchens mit Wasserkrug. Die benachbarte *Plaza Clavijo y Fajardo* ist benannt nach einem einheimischen Literaten aus dem 18. Jh., der durch niemand Geringeren als Goethe Aufnahme in die Weltliteratur fand (→ Kasten, S. 248). Die nahe *Casa Cuartel*, eine ehemalige Kaserne aus dem 18. Jh., besitzt einen schönen Balkon.

Eine literarische Affäre

Don José Clavijo y Fajardo wurde 1726 in Teguise geboren. Er stammte aus ärmlichen Verhältnissen und kam mit kaum zwanzig Jahren mittellos nach Madrid. Mit Hilfe von Gönnern gelang es ihm, sich stetig hochzuarbeiten. Ab 1762 gab er erfolgreich die Zeitschrift „El Pensador" (Der Denker) heraus, wodurch er zu beträchtlichem Ansehen gelangte und sogar zum königlichen Archivar ernannt wurde. In dieser Zeit des sozialen Aufstiegs begann Clavijo ein Verhältnis mit Marie-Louise, der Schwester des berühmten französischen Schriftstellers Beaumarchais, versprach ihr zweimal die Heirat, verließ sie aber schließlich. Beaumarchais reiste daraufhin in die spanische Hauptstadt, um den treulosen Verlobten seiner jüngeren Schwester zur Rede zu stellen. Allerdings war diese keineswegs ein naives junges Mädchen, sondern eine Frau von 34 Jahren. Beaumarchais' Bemühungen blieben zunächst erfolglos, doch schließlich gelang es ihm, mit König Karl III. in dieser Angelegenheit zu sprechen. Dieser zeigte Verständnis und enthob Clavijo aller öffentlichen Ämter – es heißt allerdings, dass ihm die Mätresse von Beaumarchais die Entscheidung leichter gemacht haben soll ... Beaumarchais verewigte das Geschehnis literarisch und verfälschte dabei die Rolle des Don José erheblich zu dessen Ungunsten. Clavijo erholte sich jedoch bald von der Niederlage und avancierte schließlich zum Direktor des Königlichen Theaters, wo er unter anderem auch den „Barbier von Sevilla" seines Widersachers zur Aufführung brachte. Goethe übernahm das Thema 1774 in seinem Trauerspiel „Clavigo", verarbeitete darin aber seinem eigenen Bekenntnis nach die Trennung von seiner Jugendliebe Friederike Brion – über seinen unglücklichen Bühnendoppelgänger pflegte Clavijo später öfter zu scherzen.

Weitere historische Bauten im Stadtgebiet

Convento de Santo Domingo: Die große Klosterkirche an der Plaza General Franco (!) im unteren Ortsteil stammt von 1726 und wurde vor einigen Jahren zu einem *Centro de Arte* umgebaut, in dem wechselnde Ausstellungen zeitgenössischer Kunst stattfinden. Bei den Restaurierungsarbeiten entdeckte man in der Krypta ein Massengrab mit hundert Skeletten.

Öffnungszeiten/Preise Mo–Fr 10–14, So 10–14 Uhr, Sa geschl., bei Ausstellungen Eintrittsgebühr.

Casa Palacio Herrera y Rojas: geschmackvoll restaurierter Stadtpalast an der Calle José Betancort (Ausfallstraße nach Mozaga). An der Front ist noch das Wappen des Grafen Agustín Herrera y Rojas zu sehen, der sich seinen Platz in den Chroniken vor allem durch wiederholte Sklavenjagden an den afrikanischen Küsten gesichert hat – nicht zuletzt dies war der Grund für die spätere völlige Zerstörung Teguises. Der Vorraum ist durch einen gemauerten Rundbogen vom dahinter liegenden Bereich getrennt, im hohen Innenraum verläuft eine Galerie aus dunklem Holz. Heute werden hier wechselnde Kunstausstellungen veranstaltet, auf Aushänge achten.

Öffnungszeiten/Preise unregelmäßig, Eintritt frei.

Archivo Histórico: Das städtische Archiv steht eigentlich nicht zur Besichtigung frei, doch niemand hat etwas dagegen, wenn man mal einen Blick riskiert. Schöne, alte Türen und eine prächtige Holzdecke im Mudéjar-Stil prägen die Innenräume.

Öffnungszeiten Mo–Fr 9–13 Uhr.

Afrikanische Schnitzereien gehören zu den Standardartikeln auf dem Sonntagsmarkt von Teguise

El Mercadillo: Sonntagsmarkt in Teguise

Jeden Sonntag von 9–14 Uhr wird das stille Teguise zum überquellenden Rummelplatz und verwandelt sich in einen riesigen Trödel- und Kunsthandwerksmarkt. Lange Reihen von Ständen durchziehen die Gassen und Plätze. Ganze Buskarawanen und zahllose Mietwagen aus allen Touristenorten überschwemmen die Stadt. Der größte Markt Lanzarotes ist ein Erlebnis, das kaum ein Urlauber auslässt. Sicherlich zu Recht, denn das Spektakel ist ein anregendes und farbenprächtiges Schauspiel – andererseits aber auch Schauplatz von reichlich Nepp und Ramsch. Die Idee dazu hatte Mitte der Achtziger der Bürgermeister von Teguise, der so die chronisch leere Gemeindekasse füllen wollte. Da es damals auf Lanzarote kein vergleichbares Ereignis gab, wurde es dankbar aufgenommen. Der Sonntagsmarkt von Teguise war geboren.

Die Anbieter vermitteln internationales Ambiente – malerisch gekleidete Schwarzafrikaner aus Senegal und anderen Staaten von der nahen Westküste Afrikas, Araber und Berber aus Marokko, Zigeuner aus Spanien, deutsche und britische Kunsthandwerker, Ökos und Freaks jeglicher Couleur, einheimische Produzenten von Ziegenkäse und Inselwein, deutsche Vollkornbäcker und Wurstbrater ... Viele der Afrikaner bestreiten auf dem Sonntagsmarkt einen Gutteil ihres Lebensunterhalts, eine ganze Kolonie von ihnen lebt in einem Stadtteil von Arrecife.

Das Angebot ist bunt und durchaus vielfältig, z. T. aber mit Vorsicht zu genießen – jedenfalls, was die „echten“ Rolex-Uhren, „echten“ Ebenholz-Schnitzereien und „echten“ Lacoste-Hemden betrifft. Neben jeder Menge Ramsch findet man Klamotten aller Art und haufenweise Lederwaren, Sinti-

und Romafrauen präsentieren lautstark an zahlreichen Ständen blütenweiße Häkeldecken und Tischtücher, verkauft wird Kinderspielzeug aller Art, originelles und weniger originelles Kunsthandwerk aus aller Welt, afrikanische Trommeln und Schnitzereien, Aquarelle und Ölbilder, Modeschmuck und natürlich Olivin.

Dazu bieten zahlreiche Imbissstände verschiedenen Gaumenschmaus – vom frisch gepressten Orangensaft über Hot Dogs, Currywurst, Leberkäse, Schaschlik und Crêpes bis zur heißen Waffel und Paella ist alles zu haben. Auf dem Platz der ehemaligen Zisterne „La Mareta" (hinter der Pfarrkirche) befindet sich das kulinarische Zentrum. Eine ganze Armada von Bierbänken und -tischen steht hier für hungrige Besucher bereit, damit man nach erfolgtem Marktrundgang etwas ausruhen kann. Tipp: Fragen Sie jedoch immer vorher nach dem Preis, so können Sie unliebsame Überraschungen vermeiden, denn so mancher Anbieter will hier den schnellen Euro machen. Doch Kaufen und Verkaufen ist nur die eine Seite der Medaille – der Markt von Teguise ist vor allem auch ein soziales Ereignis. Hier trifft man sich und lässt sich sehen, die bekannten Folkloregruppen Lanzarotes spielen auf mit Timple und Gitarre, in den Kneipen geht es hoch her. Über eines sollte man sich allerdings im Klaren sein: Mit Lanzarote hat der Markt nichts zu tun, kaum etwas der angebotenen Waren stammt von der Insel, ebenso nur wenige der Anbieter.

Wer ernsthaft und in Ruhe die Stände durchstöbern will, sollte unbedingt bereits um 9 Uhr früh vor Ort sein. Ab 11 Uhr beginnt der ganz große Massenbetrieb, dann geht es rettungslos eingekeilt oft nur noch im Schritttempo vorwärts. Handeln ist übrigens im Allgemeinen zwecklos, es werden Fixpreise verlangt, die nicht die niedrigsten sind.

• *Anfahrt/Verbindungen* **Pkw**, lange Autoschlangen parken gebührenfrei entlang der Durchgangsstraße, doch muss man hier erst einmal eine Lücke finden. Seitlich der Straße sind zusätzlich improvisierte Parkplätze eingerichtet, dort hat man die Wahl zwischen bewachten kostenpflichtigen (ca. 1,20–1,50 €) und unbewachten Gratis-Plätzen. Wer jedoch bereits gegen 8 Uhr vor Ort ist, findet meist noch einen kostenlosen Parkplatz nahe dem Zentrum.

Busse, von Puerto del Carmen, Playa Blanca, Costa Teguise und Arrecife fahren jeden Sonntagvormittag mehrere Linienbusse zum Markt nach Teguise. Abfahrt ist an den normalen Haltestellen. Details unter den jeweiligen Orten.

Templo de la Vera Cruz: Die einfach gehaltene Kirche mit schweren Stützpfeilern an den äußeren Seitenfronten stammt aus dem 18. Jh. und steht etwas entfernt vom Zentrum. Seitlich vom Altarraum hängen zwei düstere Ölbilder, Prunkstück ist jedoch die *Christusstatue* des kanarischen Künstlers Luján Pérez über dem Altar. Das Besondere: Echtes Menschenhaar hängt dem Gottessohn fast bis zur Hüfte herunter. Die Legende berichtet, dass die Statue in der Bucht von Famara in einer Holzkiste angeschwemmt wurde. Sie war eigentlich auf einem portugiesischen Schiff mit Ziel Karibik unterwegs gewesen, das aber Schiffbruch erlitten hatte. Die Planken der Kiste sind angeblich im Kirchendach verarbeitet. Eine andere Version besagt, dass das Haar von einem gläubigen Mädchen aus La Graciosa stammt.

La Mareta: Der große, freie Platz nordöstlich der Plaza de la Constitución war bereits seit dem 15. Jh. Standort einer gewaltigen *Zisterne* mit einer Kapazität von 40 Mio. Litern. In der kühlen Jahreszeit wurde hier das Regenwasser aufgefangen, das von den Hängen der Montaña de Guanapay reichlich herunterströmte. In Trockenzeiten konnte so mittels Lastdromedaren die ganze Inselbevölkerung mit dem kostbaren Nass versorgt werden. Heute ist die Zisterne stillgelegt, ein großes Zelt wird für Veranstaltungen genutzt. Während des Sonntagsmarkts stehen hier dutzende von Imbissbuden.

Ermita de San Rafael: windumtoste, kleine Landkirche auf einem plateauartigen Hügel nordwestlich der Stadt, neben der Piste nach La Caleta de Famara (Nähe unterer Startplatz für Drachenflieger). Schwere, weiß gekalkte Mauern bilden den schlichten Baukörper, der (verschlossene) Eingang an der Westseite ist durch eine Windschutzmauer abgeschirmt.

Sonstiges: An der Einfallstraße von Mozaga kommend, liegt schräg gegenüber der Tankstelle ein Haus mit einem Garten voller originell aufbereiteter Alltags- und Kunstgegenstände, nicht zu übersehen.

Teguise / Umgebung

Direkt über der ehemaligen Inselhauptstadt erkennt man auf dem Kraterrand der Montaña de Guanapay (447 m) das markante *Castillo de Santa Barbara*, auch Castillo de Guanapay genannt. Eine bequeme Asphaltstraße führt hinauf. Nach der Besichtigung der Festung hat man die Qual der Wahl, denn Teguise liegt zentral im Inselinneren und man kann Ausflüge in alle Himmelsrichtungen unternehmen:

1) Nach Südost führt eine wenig befahrene Verbindungsstraße zur wichtigen Inselroute in den Norden (Tahiche → Órzola)

2) An der Straße nach Mozaga liegt der stillgelegte Landwirtschaftsbetrieb „Complejo Agro-Industrial de Teguise" (→ S. 254)

3) Richtung Norden schnelle Fahrt zur nahen Playa de Famara mit dem spektakulären Gebirge Risco de Famara (→ S. 254)

4) Piste zum Drachenflieger-Startplatz über der Bucht von Famara (→ Famara/Sport)

5) Richtung Nordost reizvolle Route über Los Valles und Haría in den äußersten Norden Lanzarotes (→ S. 277)

Castillo de Santa Barbara

Weithin sichtbar thront die Festung Santa Barbara auf dem kahlen Kraterrücken über Teguise. Eine richtige Mini-"Ritterburg" mit morschem Mauerwerk, Zugbrücke und kleinen Rundtürmen erwartet den Besucher. Im Inneren ist ein kleines Museum untergebracht.

Die ersten Anfänge eines befestigten Stützpunkts auf dem Berg von Guanapay reichen bis zum Anfang des 14. Jh. zurück, als der Genueser Kaufmann *Lancelotto Malocello*, nach dem Lanzarote benannt wurde, hier das kleine Fort Guanapay errichten ließ. Die normannischen Eroberer unter Jean de Béthencourt sollen hundert Jahre später noch Ruinen davon gefunden haben. Anfang des 16. Jh. ließ *Sancho de Herrera* auf den Mauerresten einen einfachen Turm erbauen, 1551 zog man die noch heute bestehende rautenförmige Mauer herum, ergänzt durch zwei Rundtürme und verschiedene neue Räumlichkeiten. Von der exponiert stehenden Burg aus sollte die Stadtbevölkerung rechtzeitig vor den ständig drohenden Überfällen nordafrikanischer Piraten gewarnt werden. Im Gefahrenfall diente sie den Adligen

Trutziges Gemäuer aus unruhigen Zeiten

der Insel auch als Fluchtburg, die Armen mussten sich in die Cueva de los Verdes zurückziehen (→ Inselnorden). Wie man noch heute unschwer feststellen kann, war der Standort optimal gewählt, denn der Rundblick ist einzigartig: Sowohl West- als auch Ostküste sind zu sehen, der Blick reicht weit hinunter bis Arrecife, im Süden bis zu den Bergen von Timanfaya, im Norden bis La Graciosa. Doch trotz dieses „Frühwarnsystems" konnte nicht verhindert werden, dass der algerische Freibeuter Morato Arráez 1586 die Festung zerstörte, nachdem er vorher bereits das Castillo de San Gabriel im Hafen von Arrecife dem Erdboden gleich gemacht hatte. Ab 1588 baute der italienische Festungsbaumeister *Leonardo Torriani* im Auftrag Philipps II. das Kastell nochmals auf, fügte dabei Schießscharten, Abdachungen und die beiden noch heute existierenden Rundtürmchen auf dem Dach hinzu.

1977 unternahm man eine ziemlich unglückliche Renovierung, bei der vieles zerstört wurde und unter der das Kastell noch heute leidet. 1989 versuchte man bei einer erneuten Restaurierung, die Grundstrukturen der alten Burg aus dem 16. Jh. wieder stärker zu berücksichtigen. Mitte der 1990er Jahre wurde nach intensivem Durchforsten der Gemeindearchive und mit den Unterlagen ehemaliger Auswanderer in den alten Mauern ein *Kanarisches Emigrationsmuseum* eröffnet. Der Berg mit dem herrlichen Rundblick in alle Richtungen ist sicher ein passender Ort dafür.

▸ **Museo del Emigrante Canario**: Zweifellos ein interessantes Thema, doch leider stehen viel zu wenige Exponate zur Verfügung, um dem interessierten Laien eine Vorstellung von der Auswanderungswelle zu geben, die im 18. und 19. Jh. die Kanaren erfasste. Von blanker Not getrieben mussten ganze Familien die bis zu drei Monate dauernde Schiffsreise in die Südstaaten der heutigen USA, nach Süd- und Mittelamerika und in die Karibik unternehmen, um sich eine neue Existenz aufzubauen. Schautafeln verdeutlichen, dass dort ganze Dörfer von den Canarios gegründet wurden – San Antonio in Texas wurde z. B. von Auswanderern aus Teguise mitbegründet. In mehreren Räumen sind historische Fotos, Stiche, Dokumente, Briefe und Habseligkeiten der Auswanderer ausgestellt, dazu gibt es Reproduktionen der Segelschiffe, mit denen der Atlantik überquert wurde. In einem Raum steht der einsame Koffer eines Emigranten. Vom Dach hat man einen herrlichen Blick auf Teguise und weit über die Insel.

Öffnungszeiten/Preise tägl. 10–15 Uhr (im Winter bis 16 Uhr). Eintritt ca. 3 €.

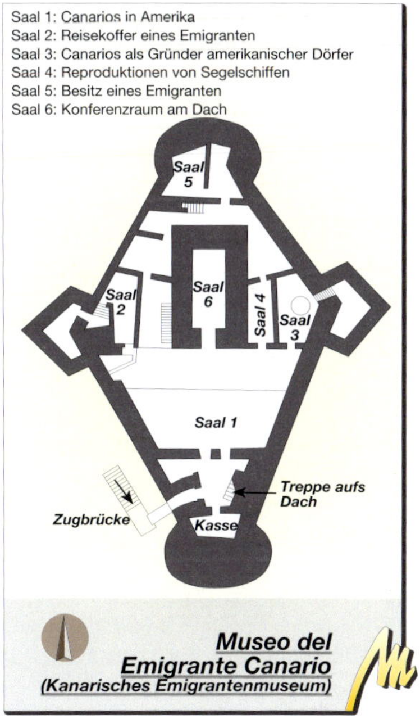

▸ **Montaña de Guanapay**: Nach der Besichtigung des Castillo kann man sich auch in der Umgebung noch etwas umsehen (spätestens um 16 Uhr wird allerdings die Zufahrtsstraße geschlossen). Ein gut begehbarer Fußpfad führt einmal um den Krater herum. In der Caldera neben der Festung sind noch Reste einer *Zisterne* aus dem 18. Jh. zu erkennen. Am Abhang Richtung Teguise hat ablaufendes Regenwasser tiefe Gräben in die trockene Erde gefressen. Das Wasser wurde in der großen Zisterne „Gran Mareta“ von Teguise gesammelt.

Über Teseguite zur Straße nach Órzola

Asphaltierter Abzweig von der Straße Teguise-Los Valles-Haría, etwas nördlich vom Castillo de Santa Barbara.

▸ **Teseguite**: kleines Dorf abseits aller touristischen Routen, weit verstreut stehen die Ruinen alter Fincas und neu renovierte Bauernhäuser. Die Malerin *Anneliese Guttenberger* und der Keramiker *Stefan Schultz* („Stefano“) betreiben in ihrem liebevoll restaurierten Haus eine Galerie, in der sie ihre Werke ausstellen und verkaufen. Frau Guttenberger beschäftigt sich neben der Malerei auch mit Radierungen und bietet Kurse an, Stefan Schultz fertigt ansprechende Gebrauchs- und Schwarzbrandkeramik. Auch Gastkünstler sind gelegentlich anzutreffen.

Adresse **Atelier Guttenberger**, Avda. Acorán 43/45, von Teguise kommend linker Hand, etwas zurück von der Straße, zu erkennen an den lebensgroßen, blauen Figuren im Garten. Mo–Fr 11–17 Uhr. ✆ 928-845057, www.aguttenberger.com

• *Übernachten* **Finca Luna**, Calle Gamona 21, über hundertjähriges Bauernhaus mit deutschen Besitzern am Ortsrand. Vermietet werden ein kleines Apt. für 2 Pers. (50 €) und ein großes für 2–3 Pers. (55 €), zuzügl. eine Tagesmiete für Endreinigung. Zu buchen über Roland Riegg, ✆/📠 928-845670, www.finca-luna-lanzarote.de

• *Shopping* Kleiner **Supermarkt** im Ort.

▸ **El Mojón**: bescheidenes Dörfchen etwas abseits der Durchgangsroute, Ursprungsort der traditionellen lanzarotenischen Keramik, die in unserem Jahrhundert neu belebt wurde und die auch nach dem Ort benannt ist (→ Lanzarote allgemein/Kunsthandwerk). Die Töpfer von El Mojon orientierten sich an den Methoden der Ureinwohner und arbeiteten ohne Töpferscheibe, gebrannt wurde in Erdlöchern. Heute

Inselmitte
Karte S. 136/137

ist hier allerdings kein Töpfer mehr anzutreffen, da die Arbeit nicht einträglich genug war. *Dorotea*, die jüngst verstorbene, bekannteste Keramikerin der Insel, stammte aus El Mojón, lebte aber später in Muñique (→ dort). Sehr hübsch anzusehen ist die kleine Kapelle *San Sebastián* mit Glockenstuhl aus Basalt.

Kurz bevor man auf die Straße von Tahiche nach Órzola trifft, passiert man die Montaña de Guenia mit eindrucksvoll erodiertem Landschaftsbild. Direkt an der Straße ragen steile Felszinken in die Höhe, die den Eindruck einer gespenstischen Mondlandschaft vermitteln. Früher wurde hier Picón abgebaut.

Von Teguise nach Mozaga

Schnurgerade Durchgangsstraße durch die leicht ansteigenden Ausläufer der Sandebene El Jable. Nach 3 km Abzweig zur Playa de Famara. Nach 4 km trifft man auf den stillgelegten Landwirtschaftsbetrieb *Complejo Agro-Industrial de Teguise*, der als isolierter Fremdkörper allein auf weiter Flur steht. 1990 war er von der Gemeindeverwaltung von Teguise mit dem erklärten Ziel eröffnet worden, den Bauern auf Lanzarote einen zuverlässigen Abnehmer für ihre Produkte zu sichern. Doch bereits kurz nach der Eröffnung traten erhebliche Finanzprobleme auf. Große Subventionen von Seiten der kanarischen Regierung wären für das Überleben der Anlage nötig gewesen, so kam es schon wenige Jahre später zur Schließung.

▶ **Quesería El Faro**: Gleich neben dem agro-industriellen Komplex liegt eine der ältesten Käsereien der Insel. Mehr als tausend Ziegen leben in den Pferchen hinter den Fertigungsgebäuden und man kann wunderbar aromatischen Ziegenkäse in allen Reifegraden kaufen, der Kilopreis liegt bei etwa 5-8 €. Auch am Sonntagsmarkt von Teguise ist immer ein Verkaufsstand von „El Faro“ vertreten. Falls der Verkaufsladen nicht besetzt ist, klingeln Sie, im benachbarten Büro ist meist jemand anwesend.

Bucht von Famara

Landschaftlich grandiose Szenerie vor der mächtigen Kulisse des steil aufragenden Famara-Massivs, von dessen Kamm sich häufig Drachenflieger in die Lüfte stürzen. Ein langer, wilder Dünenstrand zieht sich die ganze Bucht entlang, die voll den Nordwestwinden ausgesetzt ist. Fast immer herrscht heftige Brandung.

Die *Playa de Famara* ist ein populäres, aber nicht überlaufenes Tagesziel. Badeausflügler, Wellenreiter, Drachenflieger und Windsurfer genießen die ungebändigte Natur am längsten Strand Lanzarotes. Wer allerdings zum Schwimmen kommt, sollte extrem vorsichtig sein, denn Famara ist berüchtigt für seine tückischen Unterströmungen, die einem mit plötzlicher Gewalt die Füße wegziehen und unter Wasser saugen – jedes Jahr gibt es Tote. Der lange Dünenstreifen der Playa de Famara ist übrigens verantwortlich für die knochentrockene Steppe *El Jable*, die direkt hinter dem Strand beginnt. Sie wurde durch die ständigen Sandverwehungen gebildet, die von Nordwinden über die Insel getragen werden. Auch die Strände bei Puerto del Carmen liegen in dieser „Schusslinie“ und sollen so entstanden sein.
Im Westen der Bucht liegt der Fischerort *La Caleta*, im Osten, unterhalb des Famara-Massivs, eine große Bungalowanlage für Pauschaltouristen, gebucht meist von Individualisten, die ganz bewusst abseits vom Massentourismus wohnen möchten. Falls Sie hier Ihren Urlaub planen, sollten Sie bedenken, dass Famara we-

Die Bucht von Famara: toller Strand in fantastischer Landschaft

Inselmitte
Karte S. 136/137

gen der exponierten Nordwestlage oft kühl und fast immer stürmisch ist. Ein längerer Aufenthalt ist nur robusten Naturen zu empfehlen. Erfreulich ist, dass die Schönheit Famaras auch in Zukunft erhalten bleibt: Bereits seit 1987 ist die Bucht als Naturpark ausgewiesen und darf nicht mehr bebaut werden.

La Caleta de Famara

Uriges Fischerdorf auf den Lavaklippen im Westteil der Bucht, direkt am Rand der Sandsteppe El Jable. Abseits der breiten Durchgangsstraße erinnert der Ort an einsame Wildwest-Szenerien. Zwischen den Häusern verlaufen breite staubige Sandwege ohne Asphalt, überall sitzen die Bewohner in den Türen und mustern die fremden Besucher.

Viele Leute aus Teguise haben in La Caleta Ferienwohnungen. Doch nur im Hochsommer wird es voll, ansonsten übernachten in den einfachen Apartments im Ort Sportler und Langzeiturlauber auf der Suche nach dem ursprünglichen Leben. Ein kleiner Hafen liegt im westlichen Ortsbereich, mittlerweile ergänzt durch eine gepflasterte Promenade. Eine Handvoll Fischrestaurants bietet gute Küche und mehrere Surfshops führen alles, was Wellenreiter, Windsurfer und Kiteboarder benötigen.

Wenn man die holprige Piste westlich aus dem Ort herausfährt und nach ca. 300-500 m rechts abbiegt, kommt man zur kleinen, aber feinen Sandbucht *Playa de San Juan*, wo sich vor allem Surfer treffen und oft wild gezeltet wird.

Anfahrt/Verbindungen

Ein **Bus** (Linie 20) von und nach Arrecife fährt Mo–Fr 3 x tägl., **Taxi** kostet ca. 20 €. Mit dem eigenen Fahrzeug fährt man am besten über **Teguise**, ansonsten ist die Playa de Famara auch bequem über **Sóo** zu erreichen.

Übernachten

Außer der großen Bungalowanlage im Ostteil der Bucht gibt es mehrere einfache Apartments in La Caleta, Preise ab ca. 35 €/Tag (auch Langzeitvermietung, dann pro Monat ab ca. 400 €). Beachten Sie die Hinweisschilder an den Häusern oder fragen Sie in den Restaurants und Shops.

++ **Playa Famara**, große, etwas betagte Bungalowanlage im östlichen Buchtbereich, nicht zu übersehen. Die mehr als hundert halbrunden Bungalows ducken sich an den leicht ansteigenden Hang, herrlicher Panoramablick über die Bucht, ruhig. Um die geräumige Terrasse jedes Häuschens ist eine Mauer aus Lavagestein gezogen, die die kräftigsten Winde abhält. Zu mieten sind einfach eingerichtete Bungalows mit 1, 2 oder 3 Schlafzimmern, bei Buchung vor Ort kosten sie ca. 55–60, 65–80 bzw. 75–90 €. In der Anlage stehen zur Verfügung: kleines Restaurant, Lebensmittelladen, Mini-Süßwasserpool, Tennisplatz, Autovermietung, kleine internationale Bibliothek – und jede Menge Wind. Die Anlage steht unter norwegischer Regie, in der Rezeption spricht man aber gut Deutsch. Pauschal zu buchen über TUI. ✆ 928-592558, ℻ 591617, www.infohol.com/es

Casa Dominique, einsam gelegenes Haus mit drei Gästezimmern und Meerwasserpool in der Nähe der Playa de San Juan, geführt von Dominique Ferrand und Christian Ehrmann. Jedes Zimmer mit Bad, Terrasse und Meerblick, vom verglasten Gemeinschaftsraum genießt man einen herrlichen Blick auf das Famara-Kliff. Das DZ kostet allerdings über 90 €. ✆ 928-173268, ℻ 173172, www.casadominique.com

Famara, außerhalb vom Ort, zwei Apartments, eines für 4–5 Pers (60 qm), mit 2 Schlafräumen, TV und solarbeheiztem Klein-Pool und ein weiteres für 2–3 Personen (36 qm) mit ähnlicher Ausstattung, aber nur einem Schlafraum. Tagespreis für zwei Pers. ca. 68 €, jede Person extra ca. 15 €. Zu buchen über Heinen Tours (www.heinentours.de).

Der **Famara Surf-Shop** an der Durchgangsstraße vermittelt Studios und Apartments für ca. 38–45 € (max. 3 Pers.). ✆/℻ 928-528676, www.famarasurf.com

Mehrere Apartments vermittelt auch der Supermarkt **Otilia** neben Bar El Chiringuito (→ Essen & Trinken).

> Zahlreiche Apartments ab 40 € kann man außerdem über www.lacaleta.net buchen

Essen & Trinken

Eine Handvoll Restaurants reiht sich an der asphaltierten Durchgangsstraße von La Caleta, zwei liegen direkt am Meer. Frischer Fisch ist überall zu haben.

Casa Garcia, von Teguise kommend das erste Lokal an der Durchgangsstraße, viel Platz in hohen Räumen mit frischem Grün, Kanarienvögel, Blick aufs Famara-Massiv. Recht nobel aufgemacht: dicke Stofftischdecken und -servietten, Fischbesteck und perfekte Kellner.

Casa Ramón, ebenfalls an der Durchgangsstraße, sehr beliebt, da man hier hübsch sitzt, auch die Küche wird gelobt, u. a. *zarzuella* (Fischsuppe), *paella* und lapas (Napfschnecken).

Las Bajas, einfaches Lokal wenige Meter von der Casa Ramón, neben Fisch gibt's hier auch mexikanische Küche – *burridos, tortillas, enchillada* etc. Besonders beliebt ist *brocheta revolucionaria*, der „Revolutionsspieß" mit Rinderfiletstückchen, Gemüse und Mais.

El Risco, Fischlokal in toller Lage direkt auf den niedrigen Klippen, die den Strand begrenzen. Fast klatscht das stürmische Meer an die Mauern, toller Blick auf Meer und Famara-Massiv. Im Innenraum ist alles in hellem Blau gehalten, Schmuckkacheln und ein großes, farbiges Gemälde von Manrique zieren die Wände, denn das Lokal gehört seiner Familie. Recht schmackhafte Küche, Fisch- und Fleischgerichte. Die *zarzuela* ist reichhaltig, als Vorspeise z. B. Gambas mit Pilzen, Leserlob für den Salat mit Walnüssen, Bananen und Rosinen. Dank der schönen Lage sind die Preise allerdings nicht niedrig.

Sol, kleines Fischlokal im Ortskern direkt an der Uferpromenade, Tische und Stühle stehen landeinwärts mitten im weichen Sand sowie auf der Mole an der Meerseite.

Schönes Plätzchen, um eine Stunde zu verträumen, aber vor der Bestellung Preise eruieren.

- *Bars/Cafés* **Garcia** und **El Tertulia**, zwei Bars nebeneinander an der Durchgangsstraße, nicht zu übersehen, vis-à-vis der Casa Garcia. Gemütliche Sitzplätze im Sand, Sandwichs, Tapas, Kaffee und Kuchen.

▸ **Playa de Famara**: mit 5 km der längste Strand Lanzarotes, bei Ebbe breit und flach, die Flut überspült große Teile. In den wenig besuchten Zonen am Nordende ist Nacktbaden üblich und wird toleriert. Zwischen La Caleta und der Bungalowanlage „Playa Famara" (→ Übernachten) erstreckt sich feiner, hellbrauner Sand mit bewachsenen Dünenhügeln, die weit ins Inselinnere reichen. Aus Felsbrocken aufgeschichtete Steinburgen, so genannte *Zocos*, schützen die Badeurlauber vor dem heftigen Wind von See. Unterhalb der Bungalows krümmt sich der Strand nach Norden, zieht sich unterhalb der Famara-Berge entlang und wird zusehends steiniger. Schwere, abgeschliffene Felskiesel und Sand wechseln sich ab, oft türmen sich meterdicke Algenanschwemmungen auf. Eine Sandpiste umgeht die Bungalowanlage und stößt dahinter zum Strand hinunter. Hier kann man noch gut 2 km am Wasser entlang fahren und sich ein ruhiges Plätzchen suchen. Der Strand ist hier nur noch schmal, dafür aber weitgehend einsam, an Wochenenden kommen allerdings die Einheimischen mit ihren Jeeps heruntergeprescht.

Nur wenige Dutzend Meter vor dem Strand lief 1982 ein schwerer Zementfrachter unter libanesischer Flagge auf Grund. Jahrelang ragten seine rostigen Aufbauten weithin sichtbar aus dem Wasser und bildeten das i-Tüpfelchen inmitten der malerischen Famara-Kulisse. Mittlerweile sind nur noch zwei kleine Stückchen zu sehen, die wie zwei Haifischflossen aus dem Wasser ragen. In Famara munkelt man von groß angelegtem Versicherungsbetrug, der mit dem „Unglück" verbunden war. Personen kamen damals nicht zu Schaden.

▸ **Risco de Famara**: „Klippe von Famara", so heißt der gewaltige Bergzug, der sich von der Famara-Bucht bis zur äußersten Nordspitze Lanzarotes zieht. Wie gewaltige weiche Bärentatzen ziehen sich die gefurchten Hänge zur Bucht herunter. Mit 670 m liegt hier die höchste Erhebung Lanzarotes, die *Peñas del Chache*. Gleich daneben erkennt man von der Famara-Bucht aus die kugelförmige Radaranlage einer Militärstation. Hinter dem Bungalowkomplex zieht sich die tiefe Einkerbung des *Barranco de la Poceta* bis zum Kamm hinauf. Wenn man an einem der seltenen windstillen Tage von der Playa de Famara nach Norden blickt, erkennt man gegenüber der Insel La Graciosa einen winzigen, weißen Klotz im Meer: das Trafohäuschen an der schönen Playa del Risco (→ S. 296).

Im Risco liegen die einzigen größeren Wasservorkommen Lanzarotes. Mit kilometerlangen Stollen, so genannten *galerías*, hat man hier in den fünfziger Jahren versucht, das Grundwasser anzuzapfen. Doch ist der Wasserspiegel in den letzten Jahrzehnten stark gesunken, nachdringendes Meerwasser verunreinigt zudem den bescheidenen Rest. Wenn man genau hinsieht, erkennt man in halber Höhe der Steilwand den Wanderweg zur Playa del Risco im äußersten Norden Lanzarotes als dünnen, weißen Strich (→ Inselnorden, S. 289). Man kann ihn ein Stück weit hinaufwandern und kommt am einzigen Wasserstollen vorbei, der noch in Betrieb ist. An der alten Pumpstation hört man es rauschen, eine Rohrleitung führt hinunter zum Strand und mündet an einer schön restaurierten Windmühle direkt an der Asphaltstraße, früher der Waschplatz der Frauen aus La Caleta.

▸ Weitere Infos zum Risco de Famara → S. 276ff.

Drachenflieger auf der Montaña de Chimia

Sport

Famara ist ein Sportparadies, wo jedoch vieles der Eigeninitiative überlassen bleibt. Bis auf die Surf-Shops und den Tennisplatz in der Bungalowanlage gibt es keine weiteren Einrichtungen.

• *Schwimmen* Früher, als noch keine Touristen nach Famara kamen, hielten sich die Einheimischen in respektvoller Entfernung zum Meer. Doch die Urlauber sind immer wieder leichtsinnig und unachtsam, was dem Strand zu trauriger Berühmtheit verholfen hat, jedes Jahr gibt es hier Tote. Generell gilt: Keine Gefahr besteht beim Plantschen in der Brandung. Jedoch sollte man sich keinesfalls vom Strand entfernen und in die offene See hinausschwimmen! Als einzige Vorsichtsmaßnahmen gibt es ständig aufgezogene rote Fahnen und einige mehrsprachige Warnschilder.

• *Wellenreiten* (Surfen): Die Bucht von Famara ist Geburtsort des Wellenreitens auf Lanzarote, täglich rollen schwere Brecher auf diesen nach Norden hin offenen Strand. Wellenreiter treffen sich nicht nur am langen Sandstrand, sondern auch vor der Hafenmole von La Caleta und westlich vom Ort, an der Playa de San Juan.

Famara Surf, Surfshop in La Caleta direkt an der Durchgangsstraße. Surfkurse, Vermietung von Boards, Reparaturen, Vermietung von Apts. und Studios. Shop tägl. 10–19 Uhr, im Sommer bis 20 Uhr. ✆/℻ 928-528676, www.famarasurf.com

Calima Surf, Calle Vela Latina 26, internationales Team, das gleiche Angebot, tägl. 19–21 Uhr. ✆ 928-528528, 626913369 (mobil), www.calimasurf.com

• *Windsurfen* nur für echte Profis. Die Famara-Bucht hat zwar in der Regel (nicht immer!) anlandigen Wind, jedoch extrem hohe Brandung.

• *Kiteboarden* **Costa N-Oeste**, Surf- und Kiteboardschule gegenüber vom Restaurant El Risco. Verleih von Material sowie Kurse: Surfkurs 40 €/Tag, 25 €/halber Tag, die Kurse für Kiteboarder sind teurer, nämlich ca. 95 € pro Tag (1 Tag = 3 Std. Unterricht). Ein Anfängerkurs dauert zwei Tage, Fortgeschrittenenkurse bis zu fünf Tagen. ✆ 620-956064 (mobil), www.costanoroeste.com

• *Drachenfliegen* Famara ist das spektakulärste Fluggebiet Lanzarotes. Hier an den steilen Famara-Bergen ist die Thermik besonders effektiv. Man kann fast stundenlang über den Bergen und im Hinterland der Bucht kreisen. Vorsicht ist aber geboten, denn über den Bergen können rasend schnell dicke Wolkenbänke auftauchen, in denen keinerlei Orientierung mehr möglich ist. Wer solche Unternehmungen vorhat, sollte unbedingt einen Kompass mitnehmen! Außerdem nie in tiefe Einschnitte der Felswände hineinfliegen, die dortigen starken Strömungen haben schon schwere Unfälle verursacht. Der Startplatz liegt in etwa 330 m Höhe auf der **Montaña de Chimia**, nördlich von Teguise, eine Piste führt von der Stadt aus hinauf auf das große Plateau mit einer betonierten Absprungtrasse. Ge-

landet wird äußerst effektvoll und sicher direkt am **Strand von Famara**. Landungen am Startplatz in den Bergen sind sehr schwierig und nur bei extrem schwachem Wind zu machen.
Anfahrt ab Teguise: am nördlichen Ortsrand gegenüber der Straße nach Teseguite eine breite Piste hinein, die sich in den Ausläufern von Teguise asphaltiert fortsetzt. An einem ummauerten Dreieck in der Straße rechts abbiegen, die Steigung hinauf und an einer Ecke, die von einem Haus gebildet wird, rechts weiter. Kurz darauf endet der Asphalt, geradeaus führt eine Erdpiste direkt zum Startplatz, Orientierungspunkt ist eine Gruppe von Bäumen, auf die man zuhält.
Für weniger erfahrene Flieger gibt es einen **zweiten Startplatz** auf einem Hügel nordwestlich von Teguise, der nur 90 m hoch liegt. Anfahrt: gegenüber der Tankstelle in Teguise (Straße nach Mozaga) rechts abbiegen und die zweite links. Wenige Meter nach dem Abzweig Ende des Asphalts, bald folgt eine Rechtskurve mit Palmen und einem Gehöft, jetzt auf der rechten Seite zwei Häuschen passieren, 20 m danach links ab auf den Hügel. Auf der Anhöhe rechter Hand steht einsam die Ermita de San Rafael (→ Teguise).

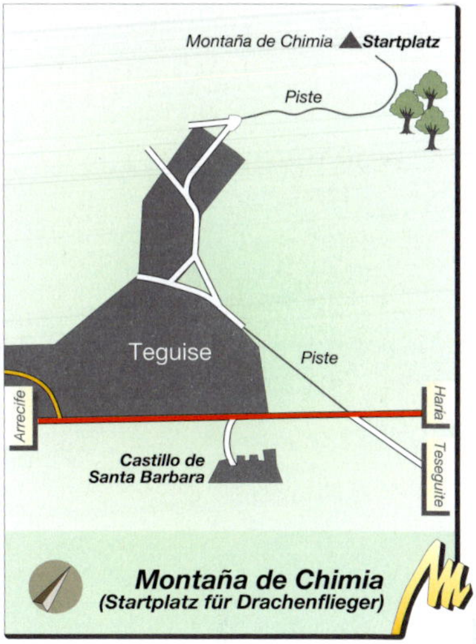

Wandern

Die Playa de Famara ist Startpunkt für einige schöne Wanderungen.

- Wanderung in Richtung Playa del Risco Auf halber Höhe des Famara-Massivs führt ein höchst eindrucksvoller Weg bis zur Nordspitze Lanzarotes unterhalb vom Mirador del Río (→ Inselnorden/S. 292). **Allerdings wurde der Weg an einigen Stellen durch Erdrutsche zerstört und kann deshalb z. Zt. nicht empfohlen werden**. Man kann ihn etwa 90 Min. weit hinauflaufen, sollte dann aber wieder umkehren.
- Wanderung nach Haría Man startet an der Nordostecke der großen Bungalowsiedlung über der Playa de Famara und steigt durch den **Barranco de la Poceta** zunächst auf einem Fahrweg, dann auf einem mit Steinpyramiden markierten Pfad zu den Antennenmasten auf der Hochfläche hinauf. Oben kann man dann mit mehreren Ab- und Aufstiegen immer an der Kliffkante entlang bis zum Picknickplatz **Bosquecillo** (→ Inselnorden/S. 279) wandern. Von dort führt eine Piste zur Sendestation einer Telefongesellschaft auf der **Montaña Ganada**. Unterhalb davon liegt der **Barranco de Fenesía**, der nach Haría führt. Abstieg in den Barranco in einer vegetationslosen Rinne. Zurück von Haría mit dem Bus. Dauer ca. 3–4 Std.
- Wanderung nach Sóo und zurück Wanderung nach Westen mit Ausgangspunkt Bungalows „Playa Famara". Zunächst geht man Richtung Südwest bis zu den wenigen Häusern von **Las Laderas**, dann quer durch das versteppte Sandgebiet El Jable nach **Sóo**, dort gibt es kleine Läden für Verpflegung und Wasser. Im Anschluss wandert man nördlich der Krater zwischen Sóo und Playa de San Juan parallel zur Küste zurück nach La Caleta. Dauer ca. 5–6 Std.
- Wanderung nach Teguise anfangs wieder Richtung Südwest bis **Las Laderas**, hier biegt von der Asphaltstraße nach Teguise links eine breite Piste ab. Diese führt direkt in die alte Inselhauptstadt, unterwegs tolle Aussicht über El Jable und die Famara-Bucht bis La Graciosa. Kurz vor der Stadt passiert man rechter Hand die **Ermita de San Rafael**, östlich davon liegt der niedrigere der beiden Startplätze für Drachenflieger (→ Sport). Dauer bis Teguise ca. 2–3 Std., zurück immer bergab und etwas schneller.

Inselmitte
Karte S. 136/137

Das spektakuläre Famara-Kliff im Nordwesten Lanzarotes

Inselnorden

Der grünste und fruchtbarste Teil Lanzarotes. In den Famara-Bergen steigt die Insel zu ihren höchsten Gipfeln an, häufig hängen Passatwolken in den Bergen und Niederschläge fallen deutlich mehr als an der geschützten Ostküste um Puerto del Carmen und im Inselsüden. Nirgendwo anders auf Lanzarote könnte es ein „Tal der tausend Palmen" geben. Aber auch Costa Teguise, das zweitgrößte Touristenzentrum Lanzarotes, liegt im Norden. Seine exzellenten Windverhältnisse ziehen vor allem Surfer an, doch einige der besten Hotels der Insel sind dort ebenfalls zu finden.

Der Norden zeigt sich landschaftlich vielseitig: die wilden Steilabstürze des *Famara-Kliffs*, das *Palmental* von Haría, der vorgelagerte *Archipel Chinijo* mit der Wüsteninsel *La Graciosa*, der majestätische Vulkanberg *Monte Corona*, das Lavameer *Malpaís de la Corona* im Nordosten mit seinen prächtigen Dünenstränden und die *Cueva de los Verdes*, ein Lavatunnel von mehreren Kilometern Länge – Natur vom Feinsten, noch dazu mit erheblicher ökologischer Bedeutung. Ein Großteil des Nordens steht unter Naturschutz und César Manrique hat hier einige seiner bedeutendsten „Natur-Kunstwerke" platzieren können: den eingebrochenen Lavatunnel *Jameos del Agua*, den Aussichtspunkt *Mirador del Río* und den Kaktusgarten *Jardín de Cactus*.

Wichtig: Für Touren in den Inselnorden sollte man sich nur sonnige Tage aussuchen. Die Panoramen können durch die tief hängenden Passatwolken erheblich getrübt werden.

Schnell-Überblick

Verbindungen

Wie alle Inselregionen ist auch der Norden von Arrecife aus nur spärlich mit Busverbindungen versorgt, einzige Ausnahme bildet Costa Teguise. Die der Nordspitze vorgelagerte Insel La Graciosa ist mit Lanzarote 3–4 x tägl. per Schiff verbunden.

• *Busse* Zwischen der Haltestelle am Stadtstrand El Reducto in **Arrecife** und **Costa Teguise** pendeln Busse der Linie 1 Mo–Fr alle 20/40 Min., Sa/So 30/60 Min.
Vom Busbahnhof in **Arrecife** fahren Busse über **Teguise** nach **Los Valles**, über **Teguise**, **Teseguite**, **Guatiza**, **Mala**, **Arrieta**, **Punta de Mujeres** und **Haría** nach **Máguez**, außerdem nach **Órzola** im äußersten Norden, wo man Anschluss an die Boote nach La Graciosa hat.
Nicht angefahren von Bussen werden u. a. **Ye**, **Mirador del Río**, **Cueva de los Verdes**, **Tabayesco**, **Charco del Palo** und **Los Cocoteros**.

• *Schiff* Vom Hafenort **Órzola** pendeln 3–4 x täglich flotte Inselflitzer hinüber nach **La Graciosa**. Die Kleintransporter bieten mehreren Dutzend Personen Platz, keine Pkw-Mitnahme möglich. Die Überfahrt ist häufig rau, Spaß an „Achterbahn-Feeling“ empfehlenswert.

Eigener Transport

Für Touren in den Norden gibt es zwei Varianten: über Teguise in die *Famara-Berge* oder die *Ostküste* entlang über Arrieta nach Órzola. Für beide Routen nimmt man von der Circunvalación (Umgehungsstraße) um Arrecife zunächst die Straße LZ-1 in Richtung Tahiche bzw. Órzola (beschildert mit „Lanzarote Norte“):
– in die Famara-Berge geht es geradeaus weiter nach Teguise und auf derselben Straße über Los Valles nach *Haría*;
– zur Ostküste biegt man in Tahiche nach Norden in Richtung *Arrieta* ab.
Querverbindungen gibt es zwischen Teguise und Guatiza, Arrieta und Haría bzw. vom hoch gelegenen Mirador del Río am Monte Corona entlang hinunter nach Órzola. Es besteht die Möglichkeit, eine umfassende Rundtour zu machen: Teguise → Haría → Mirador del Río → Órzola → Arrieta → Guatiza → Tahiche oder umgekehrt.
Eine weitere Anfahrtvariante ist die Strecke über *San Bartolomé* (von Puerto del Carmen über Tías) und von dort quer durch das Sanddünengebiet El Jable hinüber nach *Teguise*. Eine eigene Zufahrtsstraße nach *Costa Teguise* zweigt von der Circunvalación in Nähe des Hafens von Arrecife ab.
Alle Hauptstraßen sind asphaltiert und in gutem Zustand. Einige wenige Ziele können jedoch nur auf Erdpisten erreicht werden, z. B. der Picknickplatz *Bosquecillo* im Famara-Kliff.
Auf der Insel *La Graciosa* gibt es keine einzige Asphaltstraße, nur ein Netz von Sandpisten, was aber für Besucher kaum von Bedeutung ist, da man weder den PKW auf der Fähre mit hinüber nehmen, noch auf der Insel einen mieten kann.

Inselnorden
Karte S. 263

• *Leihfahrzeuge* umfassendes Angebot (Leihwagen, Mopeds, Motorräder und Mountainbikes) in **Costa Teguise**, ansonsten kann man Wagen in **Órzola**, **Charco del Palo** und **Arrieta** mieten. Auf **La Graciosa** werden Mountainbikes verliehen.
Eine **Tankstelle** gibt es lediglich in Arrieta, bei der Anreise kann man in Teguise oder an der Circunvalación um Arrecife tanken.

• *Fahrrad* Das steile Famara-Kliff im Norden Lanzarotes fordert Radfahrern Kondition ab. Wer jedoch die Bergstrecke über **Teguise** nimmt und einmal die Steigungen bei Los Valles überwunden hat, fährt auf dem Hochplateau weitgehend eben, um dann eine tolle **Serpentinenabfahrt** nach Haría zu erleben! Nördlich von Hariá steigt die Straße über Máguez dann wieder an. Wer will, kann hier aber östlich von Haría die Abfahrt hinunter nach **Arrieta** nehmen.
Die **Ostküste** ist dagegen durchweg flach – von Tahiche bis Órzola im äußersten Norden gibt es kaum nennenswerte Steigungen, allerdings viel Verkehr.
Für **Mountainbiker** gibt es reichlich Erdpisten, z. B. die Hügelpiste, die von Teguise zur Ermita de las Nieves hinaufführt, im Weiteren (mit Asphaltbelag) an der Militärstation vorbeigeht und kurz vor den Serpentinen nach Haría wieder auf die Hauptstraße mündet.
Besonders beliebt „in" bei Radlern ist außerdem die Wüsteninsel **La Graciosa** mit ihren sandigen Pisten und schönen Stränden.

• *Wandern* Während die flache Ostküste für Wanderer nicht allzu viel hergibt, bietet das **Famara-Massiv** einige der reizvollsten Touren auf Lanzarote, speziell der Abstieg zur tollen **Playa del Risco** gehört zu den schönsten Wandererlebnissen. Auf der vorgelagerten Insel **La Graciosa** bietet es sich geradezu an, zu Fuß auf Erkundungstour zu gehen, einige Wege führen zu Traumstränden.

Übernachten

Costa Teguise besitzt eine Vielzahl von Unterkunftsmöglichkeiten in Hotels und Apartments. Die Hotels gehören allerdings durchweg der 4- bis 5-Sterne-Kategorie an, darunter das legendäre Gran Meliá Salinas, an dessen Gestaltung César Manrique mitwirkte. Hauptsächlich Pauschalreisende sind hier anzutreffen, Individualreisende können sich aber außerhalb der saisonalen Stoßzeiten (Weihnachten, Ostern) problemlos in vielen Apartmentanlagen einmieten.
Charco del Palo ist eine landschaftlich reizvolle FKK-Kolonie, wo ein Aufenthalt entweder über Reiseveranstalter oder direkt vor Ort gebucht werden kann.
Apartments werden in **Mala**, **Guatiza**, **Arrieta**, **Tabayesco** und **Órzola** vermietet und auch in **Haría** stehen einige Unterkünfte zur Verfügung. Eine schöne Anlage, die vor allem von Pauschalurlaubern genutzt wird, liegt in **Punta de Mujeres**. Auf **La Graciosa** vermieten zwei Pensionen Zimmer im Hafenort Caleta del Sebo, weiterhin gibt es eine ganze Reihe von neu gebauten Apartments. Am Ortsrand liegt außerdem ein Strand, an dem das Zelten erlaubt ist.

Costa Teguise

Eine Urlauberstadt aus der Retorte. Noch vor 35 Jahren gab es hier buchstäblich nichts außer kahler, schwarzer Lavaküste. Heute zieht sich die am Reißbrett konstruierte Stadt bereits kilometerweit, 10 qkm sind schon bebaut – und noch immer führen viele Wege ins Nichts. Es gibt fünf künstlich angelegte, aber sehr hübsche Strände. Nachtleben findet kaum statt.

Costa Teguise war ursprünglich geplant als gehobenes Ferienressort, in dem der Trubel Puerto del Carmens außen vor bleiben sollte. César Manrique war dabei federführend, er wirkte beim Bau des Nobelhotels *Gran Meliá Salinas* mit und gestaltete den Musterbau des *Pueblo Marinero* (→ Sehenswertes). Anfangs schien es, als ob dieses Vorhaben gelingen sollte. Doch die rasante touristische Entwicklung überholte schnell alle gut gemeinten Konzepte. Ende der Siebziger ging auch hier das große Bauen los und die Costa Teguise expandierte in alle Richtungen. Die anhaltende Nachfrage versprach reiche Profite und bald begannen die Planer aus dem

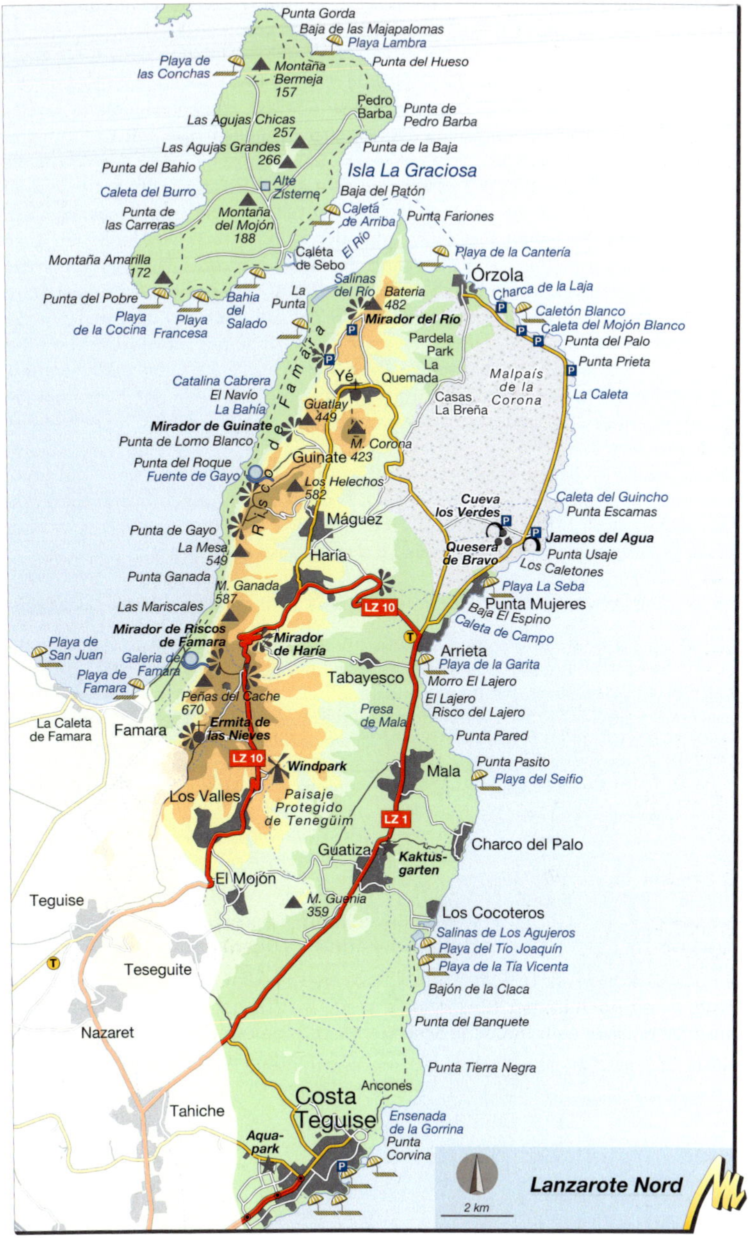

Inselnorden
Karte S. 263

ursprünglichen Feriendorf mit überschaubarer Größe eine Riesenferienstadt zu machen – 40.000 Gäste sollten hier einmal unterkommen können. So sind die Dimensionen gewaltig und auf den ersten Blick nicht unbedingt einladend: lange, leere Straßen, weit auseinander liegende Hotel- und Apartmentanlagen, das Fehlen eines urbanen Zentrums und die so gut wie nicht vorhandene Einheimischenkultur machen aus Costa Teguise das Ferienzentrum mit der kühlsten Atmosphäre auf Lanzarote.

Wenn auch die beabsichtigte Exklusivität nicht gewährleistet blieb, hat man doch wenigstens einen Teil des ursprünglichen Konzepts in die Gegenwart herüberretten können. So haben sich hier einige der komfortabelsten Hotels der Insel etabliert und Costa Teguise gilt heute als der Ort Lanzarotes, wo man am besten einen gepflegten Erholungsurlaub verbringen kann. Und das ist nicht alles. Dank der optimalen Windverhältnisse gilt Costa Teguise auch als **der** Surfspot der Kanarischen Inseln! Fast immer weht eine steife Brise aus Nordost und an den meisten Tagen im Jahr ist das aufgewühlte Meer gesprenkelt von zahllosen bunten Segeln. Das ganze Jahr über trifft sich hier eine verschworene Fangemeinde. An der *Playa de las Cucharas* ist sogar ein ganzer Strandabschnitt ausschließlich für Surfer reserviert.

Costa Teguise ist also geeignet als Urlaubsort für einen ruhigen Urlaub mit etwas höherem Anspruch, für Surfsportler und, bedingt, für Familien mit Kindern, die Ruhe bevorzugen. Aber Achtung: „Windfest" sollte man in jedem Fall sein, denn Costa Teguise ist einer der windigsten Punkte der Insel.

Anfahrt/Verbindungen/Ausflüge (siehe Karte S. 266/267)

Costa Teguise liegt nur wenige Kilometer nördlich von Arrecife. Die Zufahrtsstraße zweigt in der Nähe des Hafens von der Circunvalación ab. Alternative zu dieser Anfahrt: von Arrecife in Richtung Teguise fahren und in Tahiche in Richtung „Urbanisación Costa Teguise" abbiegen. Nach wenigen Kilometern zweigt rechter Hand die Straße nach Costa Teguise durch ein auffallendes, weißes Tor ab.

• *Busse* Zwischen **Costa Teguise** und der Inselhauptstadt **Arrecife** pendeln Busse der Linie 1 Mo–Fr alle 20/40 Min, Sa/So alle 30/60 Min. ab 7 Uhr früh bis ca. 23 Uhr. Ankunft und Abfahrt in Arrecife ist am Stadtstrand **El Reducto** (→ Stadtplan Arrecife). Andere Orte auf Lanzarote werden von Costa Teguise aus per Bus nicht angefahren, Ausnahme ist der Markt in Teguise (→ Kasten). Die Stopps der Linie 1 im Einzelnen: Hotel Gran Meliá Salinas, Apartments Lanzarote Gardens, Pueblo Marinero, Playa Bastián, Apartments Playa Roca, Hotel Occidental Oasis, Las Caletas, Los Mármoles (Hafen Arrecife), Los Alonsos, Busbahnhof (Arrecife), Playa del Reducto (Stadtstrand Arrecife).

Mehrere Busse (Linie 11) zum **Markt in Teguise** starten sonntags zwischen 9.30 und 10 Uhr, zurück geht es zwischen 12 und 13 Uhr.

• *Autoverleih* **Cabrera Medina**, u. a. im Centro Comercial Las Cucharas (✆ 928-590573) und an der Avda. del Jabillo, gegenüber vom Hotel Teguise Playa (✆ 928-591829).
Guayre, Calle las Acacias 4, Centro Comercial El Trebol, Local 28, deutschsprachig. ✆ 928-529574, www.mietwagen.charcodelpalo.com
Feber, Calle Las Olas, Westrand der Playa de las Cucharas. ✆ 928-591594.

• *Fahrräder* **Bike Station (8)**, Avda. de las Islas Canarias, Centro Comercial Maretas, deutschsprachige Vermietung neben der Post. Radmiete ab 11 € pro Tag, 49 € pro Woche. Geführte Touren ab 30 €. Mo–Fr 9.30–12.30, 17.30–18.30 Uhr, Sa/So 10–12, 18–19 Uhr. ✆ 628-102177 (mobil), www.mylanzarote.com
Tommy's Bikes (35), an der Westseite der Playa de las Cucharas, Calle de la Goleta 16, Apartamentos Galeón Playa. Seit 2006 betreibt Thomas Schlösser aus Deutschland diese Verleihstation (vorher über 10 Jahre

Costa Teguise ist das Windsurfparadies Lanzarotes

von Thomas Günther geleitet). Vermietung von gut gewarteten Mountainbikes, unter anderem der britischen Edelmarke Whyte. Kindersitze sind vorhanden, sollten aber vorher reserviert werden. Kein Verleih von Handschuhen. Basismodell ca. 60 €/Woche, vollgefedertes High-Tech Mountainbike ca. 110€/Woche. Mo–Sa durchgehend 10–18 Uhr, So geschl. ✆/℻ 928-592013, www.tommys-bikes.com

• *Taxi* Standplätze am **Hotel Gran Meliá Salinas** (✆ 928-590863), am **Hotel Occidental Teguise Playa** (✆ 928-590095) und an der **Avda. de Mar**, etwas landeinwärts der Playa Bastián (✆ 928-590160). Ungefähre Preise: innerhalb von **Costa Teguise** 3–5 €, nach **Arrecife** ca. 12 €, **Puerto del Carmen** ca. 18 €, **Jameos del Agua** 20 €, **Teguise** 13 €.

Nützliche Adressen (siehe Karte S. 266/267)

• *Ticketbüro* **Just The Ticket (14)**, Avda. de las Islas Canarias, Celeste Apts. Die größte Auswahl an Infobroschüren diverser Anbieter – ob Helikopterrundflug, Surfkurs oder Hochseefischen, hier können Sie sich informieren und gleich vor Ort buchen. ✆ 928-590371, 696-718394 (mobil), www.justtheticketlanzarote.com

• *Apotheke* am Beginn der Avda. de las Islas Canarias, neben Pueblo Marinero, eine weitere im Eingangsbereich der Apartmentanlage Lanzarote Gardens.

• *Geld* mehrere Banken mit **Geldautomaten** am Ort, z. B. neben Pueblo Marinero, am Ende der Avda. del Jablillo neben Apartments Neptuno und neben dem Supermarkt im Centro Comercial Las Cucharas.

• *Gottesdienst* **evangelischer Gottesdienst** in deutscher Sprache jeden Sonntag um 18 Uhr im Hotel Occidental Teguise Playa (außer Juli/August), **katholische Messe** jeden Sonntag um 19.30 Uhr im Hotel Beatriz.

• *Internet* **Cyber Café** am Beginn der Avda. de las Islas Canarias links, gegenüber Pueblo Marinero.

• *Medizinische Versorgung* Bezahlung in bar, Reiseversicherungen werden nicht akzeptiert.

Clínica Lanzarote, am Beginn der Avda. de las Islas Canarias linker Hand, gegenüber vom Pueblo Marinero **(13)** und im Eingangsbereich der Apartmentanlage Lanzarote Gardens **(11)**. Deutschsprachige Ärzte, auch Hausbesuche. ✆ 928-826009, 24-Std.-Service unter ✆ 900100450.

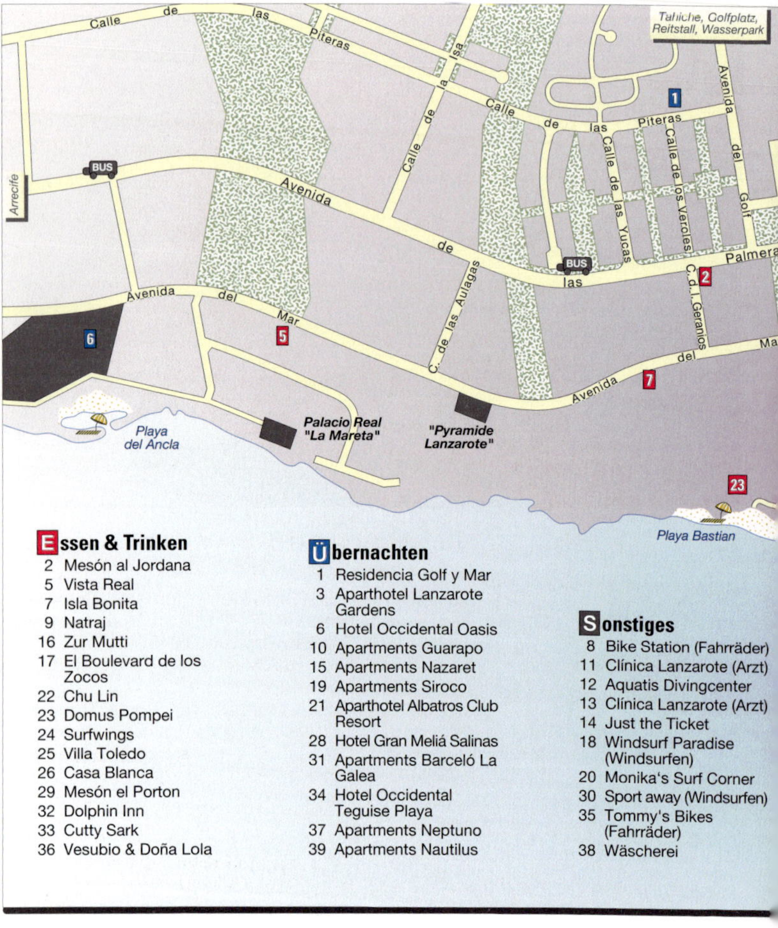

Essen & Trinken
2 Mesón al Jordana
5 Vista Real
7 Isla Bonita
9 Natraj
16 Zur Mutti
17 El Boulevard de los Zocos
22 Chu Lin
23 Domus Pompei
24 Surfwings
25 Villa Toledo
26 Casa Blanca
29 Mesón el Porton
32 Dolphin Inn
33 Cutty Sark
36 Vesubio & Doña Lola

Übernachten
1 Residencia Golf y Mar
3 Aparthotel Lanzarote Gardens
6 Hotel Occidental Oasis
10 Apartments Guarapo
15 Apartments Nazaret
19 Apartments Siroco
21 Aparthotel Albatros Club Resort
28 Hotel Gran Meliá Salinas
31 Apartments Barceló La Galea
34 Hotel Occidental Teguise Playa
37 Apartments Neptuno
39 Apartments Nautilus

Sonstiges
8 Bike Station (Fahrräder)
11 Clínica Lanzarote (Arzt)
12 Aquatis Divingcenter
13 Clínica Lanzarote (Arzt)
14 Just the Ticket
18 Windsurf Paradise (Windsurfen)
20 Monika's Surf Corner
30 Sport away (Windsurfen)
35 Tommy's Bikes (Fahrräder)
38 Wäscherei

• *Post* im **Centro Comercial Maretas**, Avda. de las Islas Canarias. Mo–Fr 10–13, Sa 10–12 Uhr.

• *Wäscherei* **Super Wash (38)**, Calle de la Goleta, Rückseite der Apartmentanlage Galeón Playa (neben Tommy's Bikes).

• *Wellness* Spa Center im **Hotel Beatriz**, ca. 18 €, auch für Nichthotelgäste zugänglich.

Übernachten

So gut wie alle Apartments und Hotels arbeiten mit Reiseveranstaltern zusammen und vermieten pauschal. Die Hotels sind sämtlich Großanlagen der gehobenen (Preis-)Kategorie und gehören zu den Vorzeigehäusern Lanzarotes, vor allem die „großen drei": *Gran Meliá Salinas*, *Occidental Teguise Playa* und *Occidental Oasis*. Zum guten Ton gehört dort neben zahlreichen Sporteinrichtungen auch häufig ein „Putting Green" zum Üben für die nahe Golfanlage Costa Teguises. Trotzdem können auch Spontanbucher getrost einen Abstecher zur Costa Teguise machen:

Inselnorden Karte S. 263

Abgesehen von den absoluten Hochsaisonzeiten wie Ostern und Weihnachten/Neujahr findet man in vielen Apartment-Anlagen zu fairen Preisen problemlos Platz. Mindestaufenthalt ist in der Regel drei Tage, manchmal eine Woche.

• *Hotels* ***** **Gran Meliá Salinas (28)**, das legendäre Paradehotel der Costa Teguise (→ Sehenswertes), Avda. Islas de las Canarias, direkt an der Ostseite der Playa de las Cucharas. 1977 errichtet vom Madrider Stararchitekten Fernando Higueras unter Mitarbeit von César Manrique. Äußerlich zunächst nicht so viel versprechend, aber innen großartig – ein nach oben offener Atriumhof, in dem sich eine subtropische Pflanzenwelt ausbreitet und Vögel zwitschern. Über fünf Stockwerke ranken sich Hängepflanzen und Efeu, im Nebenhof wuchert eine üppige Urwaldoase, die man auf Holzstegen überquert. Papyrusstauden und Wasserpflanzen aller Art gedeihen im feuchten Biotop – ein großartiger Kontrast zur trockenen Vulkanlandschaft, der allerdings mit erheblichem Wasserverbrauch erkauft werden muss. Zwei hervorragende Restaurants sorgen für das leibliche Wohl (→ Essen & Trinken). Der Garten ist verschwenderisch angelegt, mit riesigen Gummibäumen und Palmen. Um den großzügigen Swimmingpool setzen schwarze Lavafelsen Akzente. Die Zimmer sind anheimelnd gestaltet, haben Marmorböden und gediegenes Holz-/Polstermobiliar, jeweils Sat-TV, Video, Musikanlage, Minibar, Telefon und Klimaanlage. Die Junior Suiten sind deutlich geräumiger als normale Doppelzimmer. Von den schön bepflanzten Balkonen hat man überall einen herrlichen Meerblick. Außerdem gibt es zehn luxuriöse „Garden Villas". Zahlreiche Einrichtungen: Friseur, Sauna, Kindergarten, Tennisplätze, Übungsgolfplatz, Minigolf und viele weitere Sportmöglichkeiten. Von Manrique stammen zwei Wandreliefs: eines gegenüber der Rezeption, das andere im Restaurant Atlantida. DZ mit Frühstücksbuffet ca. 220 € aufwärts, pauschal über viele Reiseveranstalter. ✆ 928-590040, 📠 928-590390 (gebührenfreie Buchung in Dtschld.: 0800-1414444), www.solmelia.com

**** **Occidental Grand Teguise Playa (34)**, gepflegtes Großhotel in zentraler Lage direkt an der hübschen Playa del Jablillo. Teguise Playa ist in mancher Hinsicht eine Kopie des Gran Meliá Salinas, erreicht allerdings nicht dessen Klasse. Herzstück des Hotels ist die riesige Halle, von deren angeschrägten Galerien meterlange Hängepflanzen herunterbaumeln. Zwei Treppen führen hinunter in den Service-Bereich, wo inmitten einer üppigen Wasser- und Grünlandschaft eine elegante Bar eingerichtet ist. Hier geht es auch hinaus in den großen Außenbereich mit zwei Pools und einer Poolbar, direkt davor liegt der Sandstrand. Auf den Galerien um die Halle reihen sich die Zimmer. Sie sind modern und gut ausgestattet, besitzen Sat-TV, Teppichböden und Meerblick. Sportmöglichkeiten: Tennis, Tischtennis, Squash, Fitnesscenter mit Sauna. DZ mit Frühstücksbuffet ca. 120–175 €. Pauschal über viele Reiseveranstalter. ✆ 928-590654, 📠 928-590979, www.occidental-hoteles.com

**** **Occidental Oasis (6)**, ockerfarbene Riesenanlage etwas außerhalb, gleich unterhalb die hübsche, kleine Badebucht Playa del Ancla. Der gewaltige Bau zeigt sich orientalisch inspiriert, wohl wegen der Nähe der ehemaligen Villa Königs Husseins von Jordanien (→ Sehenswertes). Hinter dem Vorbau aus getönten Glastürmen erstreckt sich die weite Halle mit üppig verzierten Marmorböden und hohen Säulen. Großer Garten mit elegant geschwungenen Pools, mehrere Tennisplätze, Fitnessraum, Sauna, Übungsparcours für Golf. Gepflegte Abendveranstaltungen mit Tanz und Livemusik, eine Bar ist in Form eines arabischen Zelts aufgebaut. Die 372 Zimmer sind elegant eingerichtet, haben Teppichböden, Sat-TV und Meerblick. DZ auf „All-inclusive"-Basis ca. 190–260 €, pauschal über viele Reiseveranstalter. ✆ 928-590410, 📠 590791, www.occidental-hoteles.com

*** **Aparthotel Lanzarote Gardens (3)**, direkt an der Avda. de las Islas Canarias, kurz vor Hotel Gran Meliá Salinas, zur Playa de las Cucharas ca. 150 m, ins Zentrum 1 km. Weiträumige, familienfreundliche Anlage, die sich um einen gelungenen Innenbereich gruppiert. Im Zentrum der Anlage zwei große Pools mit Schilfhütten-Bars im Hawaii-Stil, dazu rauscht ein Wasserfall. Alle 240 Apartments haben Schlaf- und Wohnzimmer, jeweils schöner Blick auf den Pool, Meerblick nur vom obersten Stockwerk. Restaurant, Filmraum, Billard, Tennis, Tischtennis, Kinderspielplatz. Nur pauschal zu buchen. ✆ 928-590100, 📠 591784, www.h10hotels.com

*** **Aparthotel Albatros (21)**, ganz zentral an der Avda. del Jablillo, gegenüber der Einmündung der Avda. de las Islas Canarias. Konzipiert für Familien mit Kindern, aber auch bei Surfern beliebt. Große All-inclusive-Anlage mit umfangreichem Animations- und Freizeitangebot, u. a. Kinderspielplatz und Plantschbecken, außerdem Aerobic, Disco-Bar mit Liveprogramm, Tennis, Tischtennis, Bogenschießen, außerdem ein Putting Green zum Golfspielen. Die 315 Apartments liegen um einen weiträumigen Innenbereich mit zwei Pools und viel Grün, teils nach außen mit Meerblick. Morgens und abends großes Büffet, Restaurant, Cafeteria und Pizzeria, der hauseigene Supermarkt ist täglich (auch sonntags) geöffnet. Die Playa de las Cucharas ist ca. 400 m entfernt, die Playa del Jablillo ca. 200 m. Nur pauschal über Alltours. ✆ 928-590000, 📠 590002.

• *Apartments* +++ **Barceló La Galea (31)**, ganz zentral, wenige Meter von der Playa de las Cucharas, kürzlich renoviert. Die Apartments liegen weitgehend windgeschützt mit Blick auf den schön gestalteten Innenbereich mit großem Süßwasserpool, ein Teil hat Meerblick. Wohnung für zwei Pers. ca. 340–400 € pro Woche. Pauschal über Reiseveranstalter oder direkt im Web (auch Last-Minute-Angebote). ✆ 928-590551, ℻ 590530, www.barcelo.com

++ **Neptuno (37)**, am Ende der Avda. del Jablillo, hübsche Anlage direkt auf der Halbinsel El Jablillo, herrlicher Blick auf den gleichnamigen Strand und aufs Meer, zum Baden läuft man nur 50 m, auch Pool vorhanden. Pauschal über ITS. ✆ 928-590900, ℻ 590706.

++ **Nautilus (39)**, kleine Anlage unmittelbar neben Neptuno, dieselben Vorzüge der Lage, sogar noch exponierter. Apartments mit ein oder zwei Schlafzimmern, geheizter Pool, freundlich geführt von Señor Zarza (→ Wandern). ✆ 928-592148, ℻ 591801, www.olita-treks.com

++ **Nazaret (15)**, zentrale Lage genau an der Ecke der zwei wichtigsten Straßen Avda. del Jablillo und Avda. de Islas Canarias, vis-à-vis vom Pueblo Marinero – kann also etwas lauter werden. Zur Playa de las Cucharas sind es etwa 200 m. Schöne Anlage im leuchtenden Lanzarote-Grün, an jedem Balkon üppige Blumenpracht, im Innenhof kleiner Pool. Insgesamt nett gemacht. Apartments mit Sat-TV. An die Rezeption ist ein Aufenthaltsraum angeschlossen, Restaurant vorhanden. Nebenan liegt das neuere Aparthotel **Mansión Nazaret**. Rabatt in der Tauchschule „Calipso Diving" nebenan (→ Sport). Apt. mit einem Schlafzimmer ca. 49-59 € pro Nacht. Pauschal über TUI und 1-2-Fly. ✆ 928-590416, ℻ 590866, www.mansionnazaret.com

++ **Siroco (19)**, Avda. de las Islas Canarias 7, ziemlich am Ende der Straße. Große, hauptsächlich von Familien gebuchte Anlage, 175 funktionelle Wohneinheiten mit Küche, Balkon und Sat-TV. Im Innenbereich zwei Pools für Erwachsene, zwei für Kinder, außerdem gibt es Minigolf, Fußball und Tennis. Apt. mit 1 Schlafzimmer (max. 4 Personen) ca. 40–55 €, mit 2 Schlafzimmern (max. 5 Erw. und 1 Kind) ca. 52–70 €. Über Reiseveranstalter. ✆ 928-592000, ℻ 590242, www.clubsiroco.com

+ **Guarapo (10)**, Calle de las Tabaibas 10, ruhig gelegene, preisgünstige Anlage zwischen Playa del Jablillo und Playa Bastián. 50 renovierte Apartments mit Sat-TV, kleiner Pool. Kostenpunkt ca. 28–46 € pro Apt. ✆ 928-592263, ℻ 591921, www.elguarapo.com

Residencia Golf y Mar (1), Las Piteras 6, einige hundert Meter landeinwärts der Playa Bastián. Gepflegte Wohnanlage mit schöner Terrasse, Pool und „A-la-carte"-Restaurant. Vermietet werden acht gut eingerichtete Suiten von 65 und 85 qm, jeweils ein oder zwei Schlafzimmer. Eine Woche ab ca. 440 €. ✆ 928-591416, ℻ 591968, www.golfymar.com

Residencia Römer, 100 m von der Playa de las Cucharas. Haus mit zwei Schlaf- und Wohnzimmern, gut ausgestattet, Meerblick etwas verbaut. 60 € bei Belegung bis zu 4 Pers., Endreinigung 70 €. Zu buchen über Torben Römer, www.residencia-roemer.de

Essen & Trinken (siehe Karte S. 266/267)

Große Auswahl mit meist erfreulicher Qualität, allerdings sind teils weite Wege zu bewältigen, um das Lokal seiner Wahl aufzusuchen. Und auch die Lage ist oft ernüchternd – versteckt in durchschnittlichen Apartmenthäusern an breiten Verkehrsstraßen ohne Flair. Deutlich in der Minderzahl sind leider lauschige Fleckchen mit Meerblick oder direkt am Strand. Lediglich am Hauptstrand Playa de las Cucharas gibt es ein paar nette Strandkneipen. Wer gutes Essen in gemütlicher, authentischer Atmosphäre genießen will, der sollte den Pueblo Marinero ansteuern.

• *Pueblo Marinero und Umgebung* **Las Brasas**, gerade mal sechs Tische besitzt das kleine, schlauchförmige Lokal im Innenhof des Pueblo, aber für den großen, dekorativen Grill muss auch noch Platz sein. Gute, stets frische Fleischgerichte, vieles flambiert, dazu persönlicher Service durch die Brüder Jesús und Manolo. Sehr beliebt, aber nicht billig. Ab 20 Uhr, Di geschl.

El Pescador, alteingesessenes Restaurant im Innenhof des Pueblo. Herausragend sind die von Schülern der Kunsthandwerksakademie in Arrecife in 18-monatiger Handarbeit gestalteten Holzschnitzereien zum Bauern- und Fischerleben der Insel, die alle Wände des Speiseraums bedecken. Durchschnittliche Küche ohne große Raffinessen. So geschl.

La Taberna del Pueblo Marinero, in einem Seitenhof des Pueblo, stilechtes spanisches Tapas-Lokal in einem schönen kanarischen Haus. Man sitzt unter einem weit ausladenden Gummibaum und genießt die vielfältige Auswahl an kanarischen und festländischen Tapas sowie die freundliche Bedienung.

Inselnorden Karte S. 263

Zur Mutti (16), kann ein Name schöner sein? Etwas versteckt in einer Ecke direkt neben dem Pueblo Marinero. Stammlokal so manch deutschen Urlaubers, der nicht auf Leberkäs mit Bratkartoffeln und Frikadellen verzichten möchte. Wenn man einen Tag vorher bestellt, gibt es auch Fischspezialitäten.

Casa Blanca (26), Calle de las Olas 4, Grilllokal in einem hübsch gestalteten, weißen Pavillon. Man tafelt in ruhiger Atmosphäre diverse Fleischgerichte vom Grill, z. B. T-Bone-Steaks und Hähnchenbrust, aber auch Fisch in Salzkruste. Die Preise sind angemessen. Nur abends.

Meson el Porton (29), Nähe „Casa Blanca", einfaches Tapas-Lokal mit zivilen Preisen.

• *Avda. del Jablillo* **Chu Lin (22)**, Avda. del Jablillo/Ecke Avda. de las Islas Canarias. Empfehlenswerter Chinese mit großer Auswahl, seit Jahrzehnten eine Institution in Costa Teguise. Günstige Mittagspreise.

Vesubio & Doña Lola (36), zwei ansprechend aufgemachte Pizzerias unmittelbar nebeneinander am Ende der Avda. del Jablillo, wenige Schritte vom gleichnamigen Strand. Von der Terrasse genießt man einen unverbauten Blick weit übers Meer Richtung Arrecife. Die Küche ist gut und reichhaltig – neben Pizzen gibt es kanarisch inspirierte Fleisch- und Fischküche (im Doña Lola angeblich Fisch aus eigenem Fang), Eisbecher und Kuchen.

• *Avda. de las Islas Canarias* **Natraj (9)**, im Erdgeschoss des Centro Maretas (hinter der Post). Der wohl beste Inder der Insel ist nach 14 erfolgreichen Jahren in Puerto del Carmen nach Costa Teguise umgezogen. Ruhige Lage, farblich originell gestaltet, viel Platz und vielfältige Tandoori-Gerichte, darunter eine große Auswahl an Vegetarischem. Auch zum Mitnehmen. Nur abends geöffnet.

El Boulevard de los Zocos (17), gegenüber vom Hotel Gran Meliás Salinas steht ein großes Zelt mit einer ganzen Reihe von kleinen Lokalen: „Malvasia Steak House", Pizza, Tex-Mex und Tapas. Im originalgroßen Dreimaster gute Auswahl an Cocktails. Mehrmals wöch. Livemusik.

La Graciosa, Gourmettreff im Renommierhotel Gran Meliá Salinas, man speist in bequemen Korbstühlen Haute Cuisine-Gerichte wie sautierte Edelfische mit Limonen-Ingwersauce, Fisch im Salzmantel und Seeteufelmedaillons im Gemüsebett. Auch eine kleine Auswahl vegetarischer Gerichte ist geboten. Rechnen Sie damit, das Doppelte wie inselüblich auszugeben. Angemessene Kleidung erwünscht. 19–23.30 Uhr, So/Mo geschl. Reservierung unter ✆ 928-590040.

Atlantida, im selben Hotel, tolles Mittagsbuffet mit allen Schikanen für stolze 35 €/Pers. Als besondere Attraktion gibt es hier ein so genanntes „Show-Cooking": Einige Gerichte werden direkt vor den Augen der Gäste zubereitet.

• *Nähe Playa Bastián* **Isla Bonita (7)**, Avda. del Mar, so ziemlich das einzige Restaurant am Ort, wo man die typische kanarische Küche erleben kann, z. B. *sancocho de cherne* und *puchero Canario*, dazu ein umfassendes Angebot an lanzarotenischen Weinen. Der große Innenbereich ist mit farbigen Folkloregemälden ausgestattet.

Domus Pompei (23), Calle Tabaiba, gleich hinter dem Strand, Ableger des gleichnamigen Italieners in Arrecife, hausgemachte Pizza und Pasta, Terrasse mit Meerblick.

Villa Toledo (25), am östlichen Ende der Playa Bastián. Tolle Terrasse mit Blick auf den Strand und das Meer. Gute einheimische und internationale Gerichte, großer Pizzaofen im Freien. Preislich moderat und gut besucht.

Meson La Jordana (2), Avda. de las Palmeras/Ecke Calle de los Geranios, ebenfalls in der Nähe der Playa Bastián, seit 1988 gut eingeführtes Feinschmeckerlokal, ausgezeichnete internationale und spanische Küche. Das Schwergewicht liegt auf Fleisch, zu den Spezialitäten gehören Lammkeule aus dem Ofen und Kalbsgeschnetzeltes mit Champignons und Krabben. Etwas teurer. So geschl.

Vista Real (5), Terrassenlokal an der westlichen Zufahrt von Costa Teguise, direkt an der Avda. del Mar. Einen „königlichen Blick" hat man hier, weil man auf den Palacio Real „La Mareta" blickt (→ Sehenswertes). Kanarische und internationale Küche, frischer Fisch und Pizza. José Vicente Fontes, „Hos" genannt, ist bei Residenten wohlbekannt. Di geschl.

• *Außerhalb* Das Restaurant am **Golfplatz** ist für jedermann zugänglich – Blick auf englischen Rasen und Palmen, schön zum Sitzen. Küche italienisch inspiriert, diverse Pastagerichte, Salate und Carpaccio, auch Snacks sind zu haben. Vom Zentrum beschildert.

• *Cafés/Snacks* Bei den meisten der folgenden Adressen kann man auch vollständige Mahlzeiten erhalten.

Sonnenschirmparade vor dem großen Ansturm

Surfwings (24), die windgeschützte Bar mit Palmendach an der Westseite der Playa de las Cucharas ist sicher die schönstgelegene Bar in Costa Teguise und war die erste, die hier einst am Strand aufmachte.

Monika's Surf Corner (20), etwa an der Strandmitte, Treff für Taucher und Surfer, man trifft sich zum Relaxen und Fachsimpeln.

Zwei besonders liebevoll gestaltete Lokale liegen nebeneinander an der Westseite der Playa de las Cucharas: das nach dem legendären Frachtsegler benannte **The Cutty Sark (33)** und **The Dolphin Inn (32)**. Die Einrichtung der beiden englischen Pubs ist ganz im maritimen Seefahrerstil gehalten. Der schöne Meerblick lässt einen Aufenthalt hier leicht fallen, die kulinarische Auswahl ist groß.

Nachtleben (siehe Karte S. 266/267)

Es ist kaum vorstellbar, dass ein Touristenzentrum dieser Größe ein so verschlafenes Nachtleben besitzt wie Costa Teguise. Aber tatsächlich kann man die Treffpunkte an zwei Händen abzählen und dazu herrscht oft noch gähnende Leere. Das meiste liegt im Pueblo Marinero oder in seinem Umkreis, manchmal ist Livemusik oder „Karaoke" geboten. Wer wirklich einen „drauf machen" will, hat bisher in Costa Teguise nur eine Wahl – auf nach Puerto del Carmen!

• *Pueblo Marinero* Zwei angesagte irische Bars sind hier **The Irish Fiddler** im ersten Stock und **The Dubliner** im Erdgeschoss. Oft geht es feucht-fröhlich zu, dazu irische Livemusik und Sportübertragungen im Fernsehen.

The Castle, unter deutscher Leitung, die mittelalterliche Atmosphäre im „Schloss" hat schon so manchen magisch angezogen.

Captain Hook, aufwändig dekorierte Bar im Seeräuberstil.

• *Sonstige Örtlichkeiten* Diverse Bars und Kneipen befinden sich entlang der **Avda. de las Islas Canarias**, gegenüber des Pueblo Marinero. Wie auch in den anderen Touristenzentren der Insel herrscht hier ein reger Wechsel von Betreibern und entsprechend auch der Namen der Lokale.

Schürzenjäger-Treff (27), Calle de las Olas, Tirolerstube mit zahlreichen Biersorten. Ab 18 Uhr, Di geschl.

Legends (4), Calle de las Acacias, im Centro Comercial La Fontana, schräg gegenüber den Apartamentos El Trébol. Große Terrasse, sechs Billardtische, Kicker. Englisches Frühstück tägl. ab 9 Uhr morgens.

Tipp: Auch in Costa Teguise findet im Karneval ein Umzug statt, der „Gran Coso de Carnaval".

Shopping

Das Einkaufsangebot zeigt sich an der Costa Teguise noch recht unterentwickelt. Es dominiert touristischer Allerweltstand wie Textilien aller Art, Badeutensilien, Souvenirkitsch etc.

La Tierra, an der Westseite der Playa de las Cucharas, in der Ladenzeile des Centro Comercial Puerto Tahiche. Ansprechend aufgemachter Laden mit spanischem und kanarischem Kunsthandwerk, Keramik, Schmuck etc.

Unusual Style, Surfshop bei den Windsurfschulen an der Westseite der Playa de las Cucharas. Alles für den Windsurfer, große Auswahl an Markenartikeln.

Joyería Danieli, neben Apartamentos Galeón Playa, handgearbeiteter Goldschmuck (18 Karat), z. T. mit Olivin.

Internationale Presse, in fast allen Supermärkten, besonders umfangreich in den beiden „Spar"-Märkten – im Centro Comercial Las Cucharas und an der Avda. del Mar, etwa in Höhe der Apartments Playa Bastián.

Supermärkte, mehrere im Ort. Der Supermarkt „Superspar" im Albatros Club Ressort an der Avda. del Jablillo hat auch sonntags geöffnet, meist auch noch einige andere.

Jeden Freitag von 18 bis 22 Uhr findet im Pueblo Marinero ein kleiner **Kunsthandwerksmarkt** mit nur einer Handvoll Ständen statt. Hier treffen sich die letzten „Hippies" von Lanzarote, verkaufen Windspiele, Aquarelle, Schmuck, Stücke aus geflochtenem Leder, Jonglierbälle etc. – nicht aufregend, aber relaxte und nette Atmosphäre.

Sport (siehe Karte S. 266/267)

Wer von Costa Teguise spricht, meint: Surfen. 1991 fand hier der Windsurf World-Cup statt, außerdem wurden mehrfach die spanischen Meisterschaften ausgetragen. Die *Playa de las Cucharas* ist **der** Surf-Spot Lanzarotes und gilt als eins der besten Allround-Reviere der Welt. Dies im Wesentlichen aus zwei Gründen: Zum einen kann Costa Teguise im Gegensatz zu Puerto del Carmen mit beständig guten Windverhältnissen aufwarten. Die Passatwinde aus Nordost werden am hohen Famara-Massiv im Norden Lanzarotes umgelenkt und pfeifen stetig die Ostküste entlang (4–7 Beaufort). Für Costa Teguise heißt das: Sideshore-Wind vom Feinsten, nicht ablandig. Zum anderen liegt in 300 m Entfernung ein Riff vorgelagert, das die Wellen aufbaut (bis zu 3 m Höhe) – ideal zum Springen. In der Bucht ist flaches Wasser, das zum Speedfahren animiert. Slalomfahrer kommen ebenfalls auf ihre Kosten. Aber auch Einsteiger brauchen keine Bedenken zu haben, denn die Bucht von Cucharas ist durch zwei Molen geschützt, die die größten Wellen abhalten. Wer sich innerhalb dieser Grenze hält, wird keine Probleme bekommen.

• *Windsurfen* Windsurfstationen liegen in der Strandmitte und am Südwestende der Bucht unterhalb der Apts Puerto Tahiche. Preise: Anfängerkurs (10 Std.) etwa 160 €, Fortgeschrittenenkurs (4 Std.) ca. 100 €, Auffrischkurs (6 Std.) ca. 115 €, Brettverleih für 1 Stunde knapp 20 €, 1 Tag 40 €, 1 Woche 175 €; Lagerung von mitgebrachtem Material pro Woche 40 €.

Windsurf Paradise (18), in der Mitte der Playa de las Cucharas neben Monika's Surf Corner, geführt von Marie und Carsten.

Mitglied im VDWS, deutschsprachig, internationales Team. Kurse und Materialvermietung. ✆ 928-346022, 928-346083, www.windsurflanzarote.com

Sport away Windsurfing Club (30), Surfschule am Südwestende der Bucht. Ähnliches Angebot, außerdem Mountainbike-Exkursionen. Tägl. 9.30–18 Uhr. ✆/ 928-590731, www.sportaway-lanzarote.com

• *Tauchen* **Aquatis Divingcenter (12)**, deutschsprachiges PADI-Ressort an der Mitte der Playa de las Cucharas. Tauchausbildung PADI OWD 390 €, Tauchgang ca. 23 €/Zehnerkarte 180 €, Schnuppertauchen ca. 55 €. ✆ 928-590407, 928-592548, www.diving-lanzarote.net/aquatis-hauptseite.htm

• *Golf* **Club de Golf Costa Teguise**, der einzige Golfplatz Lanzarotes (18 Löcher) liegt bestens beschildert wenige Kilometer landeinwärts der Ferienstadt. Das frische Grün zeigt, welch enormen Mengen Wasser für den Luxussport verschwendet werden – angeblich wird aber laut gesetzlicher Vorschrift nur Abwasser zum Rasensprengen verwendet. Handikap: 28 (Herren) bzw. 36 (Damen). Green-Fee (18 Löcher) 52–65 €, Mietschläger (komplettes Set) 20 €, Trainerstunde (30 Min.) 23 €. ✆ 928-590512, 928-592337, www.lanzarote-golf.com

• *Minigolf* im Centro Comercial **La Fontana**, schräg gegenüber den Apartamentos El Trébol, Calle de las Acacias. Außerdem in der Apartmentanlage **Los Zocos** (gegenüber Hotel Gran Meliá Salinas) und im Hotel **Beatriz**.

• *Wandern* **Olita Treks**, Centro Comercial Maretas, Local 1, geführte Wanderungen auf Lanzarote und La Graciosa mit José Ignacio Zarza, der hervorragend Englisch spricht. Professionelle Abwicklung und Abholung vom Hotel. Herrn Zarza gehört die Apartmentanlage Nautilus (→ Übernachten). ✆ 928-592148, www.olita-treks.com

• *Wassersport* Der **Aquapark Costa Teguise** liegt etwa 2 km landeinwärts in Richtung Golfplatz. Hauptsächlich Kinder haben auf den großen Rutschen ihren Spaß, das Wasser ist allerdings nicht geheizt und kann sehr frisch sein. Eintritt für Erw. ca. 20 €, Kinder 15 €, Sonnenliegen kosten ca. 2,50 € zusätzlich (es gibt keine anderen Sitzmöglichkeiten), auch für andere Extras wie Trampolinspringen muss bezahlt werden. Tägl. 10–18 Uhr, in den Wintermonaten geschl. ✆ 928-592128.

Sehenswertes

Keine Altstadt, kein Museum, keine Kirche, kein Kastell ... Was kann es in einem reinen Badeort an Sehenswertem geben? Natürlich – ein Hotel.

Das Hotel *Gran Meliá Salinas* liegt am östlichen Ortsende nahe der früheren Salinen. Es wurde in den frühen Siebzigern als erstes Hotel am Ort errichtet und galt als richtungsweisend für die geplante noble Zukunft der Ferienstadt. Kein Geringerer als César Manrique wirkte damals bei der Gestaltung mit und noch heute ist es mit seinen grün überwucherten Innenhöfen und dem herrlichen Garten eins der schönsten Hotels Lanzarotes (→ Übernachten). Hineinschauen kostet nichts und macht dank der tollen Vegetation viel Spaß.

Ebenfalls seine Hand im Spiel hatte César Manrique beim Bau des *Pueblo Marinero* an der Avda. de las Islas Canarias. Ganz im Stil der traditionellen Architektur Lanzarotes entwarf Manrique Ende der Siebziger ein Feriendorf, wie es ihm für die weitere Entwicklung der Insel vorbildlich schien: im weiten Viereck um einen offenen Innenbereich gebaut, die Häuser nicht höher als zwei Stockwerke, alles in Weiß mit grünen Fenstern, Türen und Balkonen aus Holz, dazu die typischen Kamine, ein Pavillon und andere schmückende Details. Ein programmatischer Bau also, der jedoch kaum Wirkung zeigte, denn als der Tourismus in den folgenden Jahren fast explosionsartig anschwoll, ging der Pueblo Marinero schnell in einer Flut von nüchternen Apartmentkomplexen unter. Als Sehenswürdigkeit bleibt er heute weitgehend unbeachtet, aber mittlerweile bringen diverse Restaurants und Bars wieder Leben zwischen die Mauern, ebenso ein kleiner *Kunsthandwerksmarkt*, der hier jeden Freitag stattfindet. Die Jahre haben an den Fassaden und genagt und die

Inselnorden
Karte S. 263

Playa de las Cucharas, Hauptstrand von Costa Teguise

Farbe an Türen und Fenstern abblättern lassen, doch zum Zeitpunkt der Recherche waren Renovierungsarbeiten im Gange.

Um die schönsten Ecken von Costa Teguise kennen zu lernen, empfiehlt sich ansonsten ein ausgedehnter *Strandspaziergang*. Entlang der Küste sind vier der fünf Ortsstrände durch einen Fußweg miteinander verbunden. Man startet entweder an der *Playa Bastián* im Westen oder an der *Playa de los Charcos* im Osten (→ Baden). Insgesamt ein reizvoller, wenn auch teilweise windiger Spaziergang – besonders auf der ungeschützten Halbinsel Jablillo weht oft eine heftige Brise. Die sporadisch aufgestellten Windräder weisen auf die Vergangenheit Costa Teguises als Salinengebiet zurück, als mit Hilfe der Windkraft das Meerwasser in die Verdunstungsbecken befördert wurde.

Wer schließlich noch die Umgebung Costa Teguises erkunden will, kann Richtung Norden ein Stück die menschenleere Küste entlang wandern oder per Mountainbike erkunden – je nach persönlicher Lust und Kondition bis zur nächsten Siedlung *Los Cocoteros* oder noch weiter bzw. in umgekehrter Richtung (→ Wanderung von Los Cocoteros nach Costa Teguise).

Aquarium: neu eröffnet gegenüber der Playa Bastián – die Unterwasserwelt an der afrikanischen Küste, Seespinnen, tropische Fische, Seeigel und Piranhas, dazu Reptilien aus Madagaskar, Insekten und Schmetterlinge, Skorpione und Spinnen.

Öffnungszeiten/Preise tägl. 10–16.30 Uhr, Eintritt ca. 5 €, Kinder 3 €.

Palacio Real „La Mareta": Etwas außerhalb in Richtung Arrecife steht direkt an der Küste hermetisch abgeriegelt die ehemalige Ferienvilla des jordanischen Königs Hussein. Es handelt sich dabei um einen kleinen Palast inmitten einer subtropischen Gartenanlage, entworfen von Madrider Architekten Higueras in Zusammenarbeit mit César Manrique. Früher war der orientalische Monarch oft auf Lanzarote anzutreffen, doch schenkte der Jordanier das gute Stück seinem spanischen Amtskollegen Juan Carlos I., als die Skyline der nahe gelegenen Meerwasserentsalzungsanlage immer größer und massiver wurde. Dieser nutzt es seitdem für sich und seine umfangreiche Familie oder für Aufenthalte ausländischer Staatsgäste. Auch Ex-Kanzler Kohl und Gorbatschow haben hier bereits gewohnt.

Costa Teguise / Baden

Costa Teguise liegt an einer flachen, steinigen Küste, die fast ausschließlich aus schwarzen Lavaklippen besteht. Trotzdem gibt es fünf Strände, die zwar weitgehend künstlich angelegt wurden, aber nicht schlecht sind. Bis auf die etwas abgelegene Playa del Ancla sind sie alle durch Fußwege und Promenaden entlang der Küste verbunden. Beschreibung der Strände im Folgenden von West nach Ost.

Playa del Ancla: etwas außerhalb vom Ort, direkt unterhalb des riesigen Hotels Oasis de Lanzarote. Die Skyline mit Hafen und Meerwasserentsalzungsanlage von Arrecife ist nicht berauschend, aber der Strand ist hübsch. Kleine, zum offenen Meer hin durch eine Mole geschützte Bucht mit zwei winzigen, weißen Sandstränden, in der Mitte durch ein Anwesen getrennt. Flacher Einstieg, erfreulicherweise auch unter Wasser Sandboden. Schattenlos, keine Einrichtungen.

Playa Bastián: etwa 200 m langer Strand aus etwas dunklerem Sand, unterbrochen von Klippen. Sandiger Einstieg nur an einer einzigen Stelle. Um den Strand Einfassungen mit Mauern aus Lavastein, etwas erhöht eine lange Reihe von Palmen. Direkt am Strand gibt es keine Einrichtungen, aber 50 m landeinwärts eine Handvoll Restaurants und Bars.

Playa del Jablillo: ganz zentral gelegener Strand mit weißem Sand und schwarzen Klippen, wegen der exponierten und oft windigen Lage durch zwei Molen zum offenen Meer hin geschützt, mehrere sandige Einstiege. Direkt dahinter der exponierte Bau des Hotels „Occidental Teguise Playa". Tretboote, Liegestuhl- und Sonnenschirmverleih, Restaurants mit Strand- und Meeresblick in unmittelbarer Nähe (→ Essen & Trinken).

Playa de las Cucharas: Hauptstrand von Costa Teguise in einer lang gezogenen, sehr windreichen Bucht. Etwa 700 m lang, heller Sand, schön angelegte Promenade, eine vorgebaute Mole mit auffallender Eisenskulptur hält die Brandung ab. Die Westhälfte ist vollständig für Surfer reserviert, fast immer tanzen viele Dutzend bunte Segel auf dem Meer (→ Sport). Im benachbarten Schwimmerbereich ragen Wellenbrecher ins Meer hinein, die den Strand in einzelne Abschnitte teilen. Gleich dahinter liegt das Centro „Las Cucharas" mit mehreren Restaurants und das Nobelhotel „Gran Meliá Salinas". Es gibt verschiedene Surfschulen, eine Tauchschule und diverse Strandbars, verliehen werden Liegestühle, Sonnenschirme und Tretboote.

Playa de los Charcos: runde Sandbucht, östlich benachbart zum Hauptstrand und mit diesem fast übergangslos verbunden. Ebenfalls beliebter Surfertreff. Hinter dem Strand großer Parkplatz. Liegestühle, Sonnenschirme.

Inselnorden
Karte S. 263

Aussichtspunkt am Steilhang des Risco

Nordwesten und Famara-Berge

(Risco de Famara)

Im äußersten Nordwesten ballen sich die höchsten Erhebungen Lanzarotes. Das Kliff von Famara, Risco de Famara, zieht sich als 15 km langer und bis 670 m hoher Bergrücken parallel zur Küste und bricht in einem spektakulären Steilhang zum Meer hin ab. Neben den Feuerbergen eine der faszinierendsten Ecken der Insel, die immer wieder einzigartige Panoramablicke bietet und vor allem für Wanderer ein Dorado ist. 1987 wurden die Famara-Berge zusammen mit den nördlich vorgelagerten Inseln zum geschützten Naturpark erklärt.

Der Risco de Famara ist ein etwa 12 Mio. Jahre altes Bergmassiv vulkanischen Ursprungs. Durch Eruptionen bildete sich eine Landbrücke zu den noch älteren Bergen von Los Ajaches im Süden – so entstand Lanzarote. Da das Massiv in weiten Teilen unzugänglich ist, hat es sich zu einem bedeutenden Biotop entwickelt. An den Steilhängen wachsen eine Vielzahl von seltenen Pflanzen, darunter zahlreiche Endemiten. 12 % der endemischen Flora der Kanaren sollen hier angeblich gedeihen. Außerdem nisten hier eine Menge Vogelarten, die in anderen Regionen der Insel kaum noch Lebensraum finden. Das Famara-Gebiet ist die einzige Region Lanzarotes, die über natürliche Wasservorkommen verfügt. Man hat lange Stollen, so genannte *Galerías*, in die Steilhänge gebohrt, um das hoch liegende Grundwasser anzuzapfen und ganz im Norden trifft man als Wanderer sogar auf ein, zwei spärlich tröpfelnde Quellen. Wegen ihrer relativen Höhe fallen auf den Famara-Höhen auch die meisten Niederschläge Lanzarotes. In den oberen Lagen des oft in den tief hängenden Passatwolken verschwundenen Massivs gedeihen deshalb reichlich

Kartoffeln, Zwiebeln und Gemüse. Große Felder erstrecken sich seitlich der Straßen und Pisten. Was für den gesamten Norden gilt, ist hier besonders anzuraten: Für eine ausgedehnte Tour sollte man sich unbedingt einen strahlend klaren Sonnentag aussuchen – schon allein der Panoramen wegen.

• *Verbindungen* Busse der Linie 10 ab Busbahnhof in **Arrecife** fahren über Teguise nach **Los Valles** (Mo–Fr 3 x tägl.) sowie Linie 7 über Tahiche, Teguise, Teseguite, Arrieta, Punta Mujeres und Haría nach **Máguez** (Mo–Fr 6 x tägl., Sa/So 3 x).

Von Teguise nach Haría (und weiter zum Mirador del Río)

Diese großartige Bergstrecke gehört zu den schönsten der Insel. Sie überquert parallel zur Küste das lang gestreckte Famara-Gebirge, das zur Ostküste in langen, fruchtbaren Barrancos mit Terrassenanbau abfällt. Auf der gesamten Fahrt genießt man immer wieder spektakuläre Blicke bis hinunter zur Ostküste Lanzarotes. Nicht von ungefähr liegen zwei „Miradores" (Aussichtspunkte) direkt an der Straße.

Von der Ebene um Teguise steigt die Straße bei Los Valles in steilen Serpentinen hinauf zum Kamm des Massivs. Auf der Hochfläche verläuft sie weitgehend eben und passiert, kaum wahrnehmbar, linker Hand den *Peñas del Chache*, mit 670 m der höchste Berg Lanzarotes. Leider blockiert eine militärische Radarstation den Gipfel. Kurz vor Haría geht es dann in kurviger Serpentinenstrecke hinunter ins „Tal der tausend Palmen". An fünf Stellen kann man von der Durchgangsstraße bis zum westlichen Rand des Famara-Kliffs vordringen, wo das Massiv in steilem Gefälle zur tief unten liegenden Westküste jäh abfällt. An klaren Tagen erlebt man hier die atemberaubendsten Panoramen Lanzarotes!

▸ **Los Valles**: Ruhige Landwirtschaftsiedlung zwischen Teguise und Haría, schöne Lage in einem Tal am Fuß des Famara-Massivs. Gegründet wurde Los Valles von Flüchtlingen aus dem Dorf Santa Catalina, das bei den Ausbrüchen von 1730–36 im Timanfaya-Gebiet verschüttet worden war. Die hübsche, weiße Dorfkirche *Ermita de Santa Catalina* steht am Talboden seitlich der Durchgangsstraße. Unmittelbar an der Straße sieht man die sorgfältig restaurierte *Casa de los Perazas*, die zu den ältesten Gebäuden Lanzarotes gehört.

Bei Los Valles beginnt die Straße in Steilkehren den Hang hinaufzusteigen, dabei kommt man am ersten Mirador der Strecke vorbei.

• *Übernachten* **Casas Catalina**, 200 Jahre alte Finca, bei der Restaurierung in zwei Wohneinheiten aufgeteilt, die um einen Patio angelegt sind. Gut ausgestattet, mit beheiztem Pool. Pro Einheit ab etwa 120 € (4 Pers.). ✆/℻ 902-363318, www.rural-villas.com

Peña Bonilla, zwei Studios (40 qm/2 Pers. und 50 qm/4 Pers.) mit separatem Eingang in einem restaurierten Dorfhaus, schöne Höhenlage mit herrlichem Blick. Swimmingpool kann Mo–Fr mitbenutzt werden. Für 2 Pers. ca. 40–50 €/Tag, zu buchen über www.islaviva.com

El Aljibe, der Wasserspeicher einer 4500 qm großen Finca, umgebaut zu einem einzigartigen und höchst komfortablen Ferienhaus. 215 qm Wohnfläche auf drei Ebenen, Terrasse, Whirlpool, beheizbarer Pool. Für 2 Pers. 172 €, zu buchen über www.finca-kanaren.de

• *Essen & Trinken* **Mirador del Valle**, Aussichtspunkt und Restaurant mit rustikalem Innenleben. Eine alte Finca wurde zu einem geschmackvollen Treffpunkt ausgebaut. Die Küche ist herzhaft ländlich, Grillspezialitäten wie Kaninchen und Lamm stehen im Mittelpunkt. Dazu genießt man den herrlichen Blick über die Terrassenhänge des Tals von Los Valles in Richtung Teguise. Mo geschl.

▸ **Windpark** (*Parque Eólico de Lanzarote)*: kurz nach dem Mirador del Valle auf der leicht Richtung Ostküste abfallenden Hochebene. Stolze 48 Windrotoren drehen

Inselnorden Karte S. 263

hier donnernd und knatternd ihre Flügel im scharfen Wind, der fast immer über die kahle Hochfläche pfeift. Zusammen haben sie eine Nennleistung von 5280 kW, was bei mittlerer jährlicher Windgeschwindigkeit von 7–8 m/sec. eine Produktion von ca. 12 Mio. kWh bedeutet – dies entspricht etwa 13 % der Energie, die für die Meerwasserentsalzungsanlage bei Arrecife gebraucht wird (→ S. 158). Der mit Blumenbeeten hübsch angelegte Windpark stammt von Luis Ibañez, einem engen Freund César Manriques. Die Rotoren kann man auch von der Straße von Tahiche nach Órzola aus gut erkennen.

Ermita de las Nieves

Kurz nach dem Windpark zweigt eine beschilderte, gut befahrbare Asphaltstraße zu diesem bildhübschen Kirchlein ab, wo man seit alters um Regen für die wasserarme Insel betet.

Die Ermita steht seitlich oberhalb der Straße auf einem windumtosten Kap am höchsten Punkt der Insel – fantastisch ist die Sicht auf die Bucht von Famara, an klaren Tagen einer der großartigsten Rundblicke Lanzarotes. Im Frühjahr wirkt die hoch gelegene Stelle mit zahllosen gelben und lila Blümchen fast wie eine üppige Alpenweide. Die blendend weiße Kirche ist von einer Mauer umgeben, Palmen und ein paar Kiefern sind rundum gepflanzt. Vor dem Eingang erkennt man eine Zisterne. Der schlichte Innenraum wird von einer hohen hölzernen Altarwand dominiert, in der Mitte ist eine Öffnung für die hier verehrte *Virgen de las Nieves* ausgespart, auf Holzsäulen stehen filigrane Silberleuchter.

Mit wenigen Schritten kommt man von der Kirche zum Ende der Felsnase – und steht urplötzlich vor einem senkrechten Steilabfall, der 600 m tief zur Ebene von Famara abbricht. Rechter Hand frisst sich der gewaltige Einschnitt des *Barranco de la Poceta* ins Massiv. Vom Strand tief unten führen Kletterpfade herauf, die ganz in der Nähe der Militärstation am Peñas del Chache münden (→ Wanderung nach Haría, S. 259). Ein spektakulärer Blick öffnet sich hier. Über den lang gezogenen Sandstrand von Famara schweift der Blick hinüber zu den Feuerbergen im Nationalpark Timanfaya, im Süden erkennt man Teguise und am Horizont sogar Arrecife mit dem markanten Gran Hotel, im Norden lugt ein Zipfel der *Isla La Graciosa* hinter dem Felsvorsprung mit der Militärstation hervor. Achtung: Beim Rundblick aufpassen, dass einen der meist heftige Wind nicht in die Tiefe weht!

Ermita de las Nieves: die „Schneekapelle“

Der poetische Name rührt vielleicht daher, dass es hier oben 1852 tatsächlich einmal geschneit haben soll, auf Lanzarote eine absolute Rarität. Die hier verehrte „Jungfrau vom Schnee“ ist allerdings auch in anderen Regionen unter diesem Namen bekannt. Sie ist überall auf den Kanaren für die ersehnten Niederschläge zuständig.

• *Anfahrt* Neben der oben erwähnten Anfahrt ist die Ermita de las Nieves auch auf langer Schotterpiste von **Teguise** aus zu erreichen. Der beschilderte Weg zweigt etwas nördlich von Teguise von der Straße nach Haría ab und führt über lange, kahle Bergrücken mit intensivem Kartoffel- und Zwiebelanbau hinauf zur Kapelle. Kurz vor der Ermita passiert man auf dieser Piste ein neu errichtetes Militärgebäude hinter Stacheldraht (→ Kasten weiter unten). Von der Kirche verläuft die Piste asphaltiert Richtung Norden weiter, führt an der alten Militärstation vorbei und mündet kurz vor der Serpentinenabfahrt nach Haría wieder auf die Hauptstraße (→ Karte Inselnorden,

Naturschutz versus Staatsgewalt: das neue Militärgebäude an der Steilküste von Famara

Der Gebirgszug von Famara ist eine der landschaftlich reizvollsten, aber auch sensibelsten Stellen der Insel und steht unter Naturschutz. Aus ökologischer Sicht ist es tragisch, dass er als nördlichster Höhenrücken der Kanaren auch militärstrategische Bedeutung besitzt. Schon seit vielen Jahren beherrscht die große Militärstation auf dem Peñas del Chache das Erscheinungsbild. Zusätzlich errichtete das spanische Verteidigungsministerium 1995 nur wenige Meter unterhalb der Ermita de las Nieves, an der Piste nach Teguise, ein neues Militärgebäude, das seitdem als Unterkunft für Offiziere dient. Umweltgruppierungen laufen Sturm gegen diesen Bau, der ohne Berücksichtigung geltender Bauvorschriften und Naturschutzgesetze hochgezogen wurde. Durch die Anlage wurde eine der drei letzten Kolonien der Roten Yesquera, eine auf Lanzarote endemische Pflanzenart, vernichtet, außerdem eine Begräbnisstätte der vorspanischen Bewohner vollständig zerstört.

S. 263). Durch diese vielfältigen Wegführungen eröffnen sich diverse Kombinationsmöglichkeiten: z. B. die asphaltierte Zufahrt hinauf und auf der Schotterpiste nach Teguise zurück oder umgekehrt – oder von der Ermita die Straße weiter nach Norden und dort den Abzweig zum Picknickplatz **Bosquecillo** nehmen (→ weiter unten).

Zurück auf der Hauptstraße nach Haría, hat man rechts einen Blick bis zur Ostküste hinunter, links dominiert die Militärstation auf dem Peñas del Chache das Bild. Was nicht jeder weiß: Kurz vor dem Anfang der Steilserpentinen nach Haría hinunter kann man links zu einem schönen Picknickplatz direkt an der Steilküste abbiegen.

- **Peñas del Chache**: Der Gipfel der Famara-Berge ist mit 670 m gleichzeitig auch der höchste Berg Lanzarotes. Da er nur wenige Meter über den übrigen Bergkamm hinausragt, ist er mit dem bloßen Auge kaum eindeutig zu lokalisieren. Eine *Militärstation* mit markantem, kugelförmigem Radar überwacht von hier aus den Luftraum über Lanzarote. Wer sich ihr zu sehr nähert und etwa um den Stacheldrahtzaun herumlaufen will, wird mit drohenden Lautsprecherstimmen aufgefordert, sich schleunigst wieder zu entfernen.

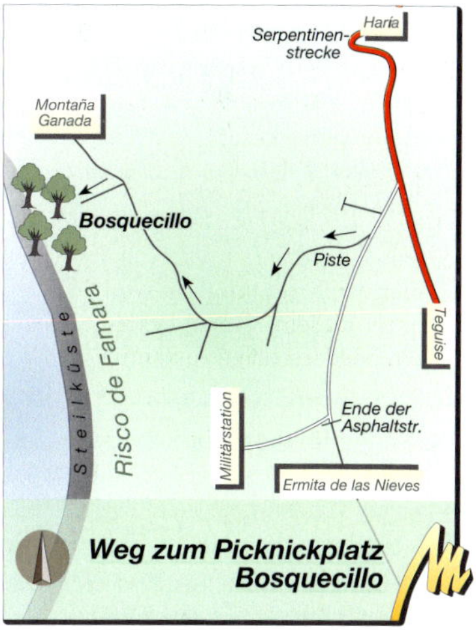

- **Bosquecillo** *(Mirador Risco de Famara)*: versteckter Picknickplatz in herrlicher Lage am höchsten Punkt des Famara-Kliffs. An Wochenenden beliebter Treffpunkt der Einheimischen, hier trifft man gleichermaßen auf feiernde Jugendliche mit lauten Radios, Liebespärchen und Großfamilien mit tobenden Kindern beim Picknick. Fremde finden bisher selten die holprige

Inselnorden Karte S. 263

Großartiger Blick auf die Bucht von Famara

Zufahrtspiste, denn sie ist auf kaum einer Inselkarte eingezeichnet und die schwarzen Holzschilder, die den Weg zum „Mirador Risco de Famara“ weisen, sind leicht zu übersehen. Die Handvoll Holzbänke und Tische stehen in einem kleinen, schütteren Wäldchen direkt am Steilabfall der Famara-Felsen zum Meer. Auch einige Grillplätze gibt es. Die buschartigen Lorbeerbäumchen überziehen ein ganzes Areal von Felskuppen und sind Rest eines großen Waldes, der das ganze Famara-Gebirge überzog. Die Militärstation liegt in Sichtweite, gerade 500 m entfernt. Großartiger Blick hinunter auf den Strand von Famara, hinüber bis zu den Feuerbergen und nach La Graciosa. Landeinwärts ragt in der Ferne der stolze *Monte Corona* empor (→ weiter unten).

▸ **Montaña Ganada**: Eine extrem holprige Piste mit zementierten Teilstücken führt vom Picknickplatz auf dem welligen Bergkamm weiter Richtung Norden, parallel zur Küstenlinie. Sie endet bei der Sendestation einer Telefongesellschaft auf dem exponierten Plateau der 585 m hohen *Montaña Ganada*, direkt oberhalb von Haría. Dort wo der Fels zum „Tal der tausend Palmen“ abbricht, steht ein Gipfelkreuz – herrlicher Blick auf den nördlich unterhalb liegenden *Barranco de Fenesía*, ins Tal der tausend Palmen und auf Haría.

Serpentinenstrecke nach Haría

Die Straße ist abenteuerlich in den Fels gesprengt, eine enge Haarnadelkurve folgt der anderen. Unbedingt Fuß auf die Bremse! So schön und spektakulär die Abfahrt ist, so gefährlich ist sie auch. Die Kurven unbedingt ganz ausfahren, keinesfalls schneiden, gegebenenfalls hupen. Wenn ein Reisebus entgegenkommt, wird es sehr eng.

▸ **Restaurant Los Helechos**: Das äußerlich wenig attraktive Restaurant liegt am Beginn der bergab führenden Serpentinen. Der Innenraum ist mit Holztischen und riesigen

Farnen (span. *helecho* = Farn) rustikal gestaltet. Durch die Panoramascheiben hat man einen herrlichen Blick auf Haría und den plateauförmig abgestumpften Vulkan Monte Corona, tief unten führt der lange *Barranco de Chafaris* zur Ostküste.
Öffnungszeiten tägl. 12–19 Uhr.

▸ **Mirador de Haría**: ein Stück weiter die Serpentinen hinunter. Die kleine ehemalige Finca ist zum Aussichtspunkt umfunktioniert, war allerdings in den letzten Jahren geschlossen. Auch hier ist der Blick großartig, einige Drachenbäume zieren den Außenbereich.

Tal der tausend Palmen

Das von den umliegenden Bergrücken gut geschützte Tal von Haría ist von Hunderten von Palmen bestanden. Doch was auf anderen Kanareninseln selbstverständlich sein mag, ist auf Lanzarote eine Rarität: So viele Palmen findet man an keinem anderen Fleck der Insel – ein wunderbarer Kontrast zu den oft kargen, menschenfeindlichen Vulkanlandschaften.

Dank der schützenden Barriere des Famara-Kliffs fegen kaum Winde durch das fruchtbare Tal, doch die Niederschläge sind hier häufiger als in allen anderen Inselecken. Der reiche Blumenschmuck und der kräftige Baumbestand in Haría weisen auf diesen Wasserreichtum hin. Die vielen Palmen der Art „Phoenix Canariensis" (Kanarische Palme) sind auch der Grund dafür, dass in Haría der einzige Korbflechter Lanzarotes lebt, denn die stabilen Körbe werden aus den Stilen der Palmwedel gefertigt. Die zuckersüßen Datteln sind nicht genießbar, es wird jedoch ein Likör daraus hergestellt und ihr Extrakt wird gegen Bronchialerkrankungen und Husten verwendet.

Haría

Mit Abstand schönster Ort im Inselnorden. Haría liegt in einem Meer von Palmen und hat den Charme einer kleinen, behüteten Oase – ein Ort zum Relaxen, in dem die Einheimischen noch tonangebend sind. Nicht von ungefähr hat sich César Manrique im Alter hierher zurückgezogen. Hier liegt er auch begraben.

An der lang gestreckten Hauptplaza sitzt man gemütlich unter weit ausladenden Bäumen. Im Umkreis kann man einige klassizistische Häuser mit üppigem Blumenschmuck bewundern, dem einzigen Korbflechter Lanzarotes oder den klöppelnden Frauen im Kunsthandwerkszentrum zusehen. Haría besitzt zwar keine besonderen Sehenswürdigkeiten, hat aber trotzdem viele Qualitäten, z. B. eine prächtige Vegetation und reichlich Baumbestand, Überschaubarkeit und Ruhe. Auch der Karneval wird hier besonders stimmungsvoll gefeiert. Zwar leben etliche „Residenten" in Haría, doch fallen sie bisher noch nicht sonderlich auf.

Im 19. Jh. war Haría vorübergehend Sitz einer gesetzgebenden Versammlung, aus dieser Zeit stammen die klassizistischen Bauten an der Plaza de la Constitución. Seit den 1950er Jahren hat sich die Einwohnerzahl wegen der starken Landflucht fast halbiert. Vor allem während der Franco-Diktatur wanderten viele Familien nach Südamerika aus. Etliche ließen ihre Häuser einfach verfallen, manche wurden von ausländischen Einwanderern günstig gekauft und wieder renoviert, andere stehen noch immer leer.

Inselnorden
Karte S. 263

Haría liegt in einer grünen Oase im Inselnorden

Anfahrt/Verbindungen

Tagesausflüge mit öffentlichen Bussen sind ab Arrecife möglich – Abfahrt vormittags, Rückkehr nachmittags oder gegen Abend. Dabei aber unbedingt die Busfahrpläne studieren und vor Ort noch mal nachfragen.

- *Eigenes Fahrzeug* Für die individuelle Anfahrt gibt es zwei Routen – die bergige Strecke über **Teguise** oder die Straße an der flachen Ostküste entlang bis **Arrieta** und dort nach Haría abzweigen. Landschaftlich spektakulärer ist zweifellos erstere Variante, jedoch auch unangenehmer zu fahren wegen der steilen Serpentinen von den Famara-Bergen ins Tal der tausend Palmen. Die nächsten Tankstellen liegen in **Arrieta** und **Teguise**. Im Ortszentrum ist es oft schwer, einen Parkplatz zu finden. Das Restaurant „El Cortijo" am Ortseingang besitzt einen großen Parkplatz, wo das Abstellen bisher toleriert wird.
- *Busse* Zwischen **Arrecife** und **Haría** verkehren Inselbusse der Linie 7 wochentags etwa 6 x tägl., Sa/So 3 x. Die Fahrt geht über Tahiche, Teguise, Teseguite, Arrieta und Punta Mujeres und endet in **Máguez**, wenige Kilometer nördlich von Haría.
- *Taxi* ✆ 928-835368. Preis von Arrecife ca. 24 €.

Übernachten

Nur einige private Unterkünfte stehen zur Verfügung, Reservierung ist notwendig.

Casa Amalia, über hundert Jahre altes Bauernhaus am Dorfrand, früher als Pension betrieben. Von Sergio und Petra Piñero-Brüning liebevoll restauriert und lange als Töpferwerkstatt genutzt. Wohnzimmer, zwei Schlafzimmer, Patio und kleiner Garten. Für 2 Pers. ca. 75 €. Bei Aufenthalt ab einer Woche Rabatt. ✆ 928-827019, www.casamalia.com

Casita Carmelo, ebenfalls am Ortsrand, über 200 Jahre alter Anbau an das ehemalige Schulgebäude. Das sich über zwei Ebenen erstreckende Häuschen wurde vom englischen Eigentümer mit Natursteinen, Holz und hellen Farben sehr geschmackvoll renoviert. Zu buchen über www.veturo.com

Per und Ute Eckhoff (5), preiswerte Übernachtungsmöglichkeit mitten in Haría (→ Shopping). Das Rentnerehepaar aus Hamburg lebt seit 1990 in Haría und vermietet ein DZ mit eigenem Bad und Frühstück für ca. 18–25 € (je nach Verweildauer). ✆ 928-835761.

Essen & Trinken

Die Restaurants von Haría besitzen das inseltypische Ambiente, das man in den Touristenzentren Puerto del Carmen, Playa Blanca und Costa Teguise oft schmerzlich vermisst. Leider bleibt auch hier die Zeit nicht stehen und der Massentourismus beginnt seine Wirkung zu zeigen.

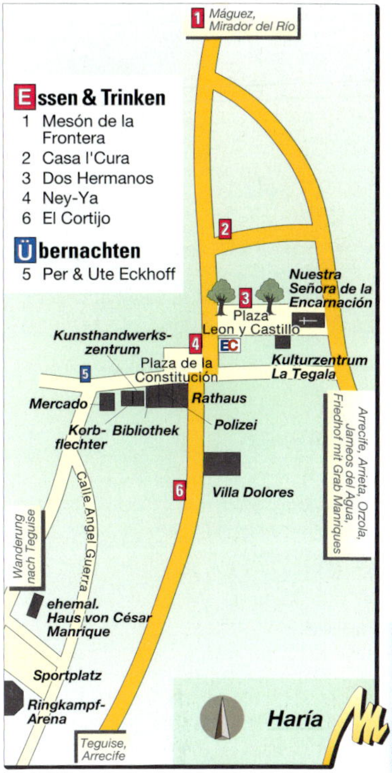

El Cortijo (6), gleich am Ortseingang. Eine große ehemalige Hacienda, in der auch eine Bodega untergebracht war, wurde zu einem hübschen Lokal im traditionellen Stil umgebaut. Man sitzt in mehreren Speiseräumen mit historischem Mobiliar, Mühlsteinen und einer Weinpresse, in der die Trauben einst mit den Füßen gepresst wurden. Draußen ist ein Grill aufgebaut, auch ein Backofen und alte Viehtränken sind zu sehen. Bei gutem Wetter kann man auch schön im Freien sitzen. Keine große Auswahl, aber die Küche ist gut, sowohl Fisch als auch Fleisch. Dazu gibt's die typischen Inselweine, aber auch den Palmenlikör des Hauses sollte man nicht auslassen. Parkplatz direkt vor dem Haus. Di–So 11–20 Uhr, Mo geschl.

Dos Hermanos (3), Plaza León y Castillo, direkt am lang gestreckten Hauptplatz mitten im Zentrum. Die uniformierten Kellner lassen wenig Gemütlichkeit aufkommen und das Innenleben des Lokals wirkt ein wenig stereotyp, jedoch kann man an einer Handvoll Tische schön in der Sonne sitzen. Achtung: Die Kellner empfehlen gerne Gerichte, die nicht auf der Karte stehen. Dabei unbedingt nach dem Preis fragen, um spätere Überraschungen zu vermeiden.

Casa 'l Cura (2), Calle Nueva 1, wenige Schritte oberhalb vom Hauptplatz. Das große ehemalige Pfarrhaus (span. *cura* = Priester) besitzt viel Platz auf zwei Stockwerken, deswegen ist es ein bevorzugtes Ziel von Ausflugsbussen, deren Hundertschaften oft das ganze Lokal überschwemmen. Eine riesige Norfolkpinie beschattet den vorderen Eingang, um den hübschen Patio gruppieren sich einige kleine Speiseräume, der große Essbereich dahinter ist ganz in Holz gehalten. Serviert wird gute kanarische Küche, zu empfehlen sind die Kartoffelsuppe und das gegrillte Lamm- und Ziegenfleisch. Tägl. 12–17 Uhr.

Ney-Ya (4), einfache Bar mit Restaurantbetrieb direkt an der Ecke vom Hauptplatz, gegenüber der Bank. Treffpunkt von Einheimischen und Touristen gleichermaßen. Authentische Küche, z. B. Tapas wie *ropa vieja* und *sancocho canario* (Kichererbseneintopf). Günstige Preise. Sa geschl.

Mesón de la Frontera (1), Fredericks Grilllokal liegt am Ortsausgang Richtung Norden, schöner Blick ins Grüne.

Inselnorden Karte S. 263

Shopping/Feste/Sonstiges

• *Shopping* Zum Einkaufen lohnt vor allem das **städtische Kunsthandwerkszentrum** (→ Sehenswertes).

Eckhoff Collection Shop, gegenüber vom Kunsthandwerkszentrum, Haus Nr. 22. Per und Ute Eckhoff bieten hier neben kleinen

Don Eulogio, der einzige Korbflechter Lanzarotes

Souvenirs und Kakteentöpfchen leckere, selbst gemachte Orangenmarmelade. Mo–Sa 11–13, 15.30–18 Uhr, So geschl.

La Cilla, gegenüber vom Restaurant Casa 'l Cura, wenige Schritte oberhalb vom Hauptplatz. Hübsche und originelle Keramik, Sandbilder und Aquarelle.

• *Feste* **Karneval**, kleiner und intimer als in Arrecife und Puerto del Carmen. Am Hauptplatz vor der Kirche wird eine große Bühne aufgebaut: Kinderveranstaltungen, Musikbands und die „Murgas" (→ Lanzarote allgemein/Feste) wechseln sich mehrere Tage lang ab.

Fiesta de San Juan, am 24. Juni und den folgenden Tagen, Sonnwendfeier und großes Erntedankfest, gleichzeitig auch Geburtstag Johannes' des Täufers. Freudenfeuer werden entzündet und eine Puppe wird verbrannt, die das Böse symbolisiert. Abends wird die Statue des Täufers aus seiner Kapelle in die Hauptkirche gebracht. Die nichtchristlichen Ursprünge der Fiesta sind uralt und gehen schon auf die vorspanischen Bewohner zurück.

Fiesta de la Santa Rosa de Lima, Kirchenfest am 30. August.

• *Sonstiges* **Bank La Caja** mit Geldautomat am Zugang zum Dorfplatz rechts.

Sehenswertes

Haría ist ein Örtchen, das man in aller Ruhe durchbummeln kann. Das winzige Zentrum erstreckt sich um zwei benachbarte Plätze. Einige herrschaftliche Häuser im andalusischen Stil weisen auf das 19. Jh. zurück, als Haría zeitweise eine wichtige Rolle in der Inselpolitik spielte. Der Rest des Städtchens ist eher ländlich geprägt.

Plaza León y Castillo: Der lang gestreckte Fußgängerplatz beherrscht das kleine Zentrum. Unter dicht belaubten Lorbeerbäumen und gusseisernen Laternen stehen Bänke, spielen Kinder und treffen sich die Senioren, ein Freiluftlokal zieht vor allem Urlauber an. Am rückwärtigen Ende der Plaza steht die moderne Pfarrkirche *Nuestra Señora de la Encarnación*. Die alte Kirche aus dem 17. Jh. wurde in den fünfziger Jahren durch Sturmböen zerstört. Im Inneren des Gotteshaus stützen fünf großzügig geschwungene Bögen die Decke. Rechts vor der Kirche liegt das Kulturzentrum „La Tegala", dort soll ein Museum mit sakraler Kunst eröffnet werden.

Plaza de la Constitución: Am kleinen Platz neben der Plaza Leon y Castillo steht das klassizistische *Rathaus* mit der örtlichen Polizeidienststelle. Um die Ecke ist die bildhübsche *Stadtbibliothek* untergebracht mit einer reichen Auswahl zu Geschichte und Kultur der Kanaren. Auf dem Platz gibt es eine kleine Ruheanlage mit Sitzbänken.

„Taller y Tienda Municipal de Artesanía": Vom Rathaus die Straße hinauf, kommt man nach etwa 100 m zum *städtischen Kunsthandwerkszentrum*. Einheimische Frauen stellen hier selbst gefertigte Stücke aus, u. a. Rosettenstickereien, Keramik und hübsche Puppen. Vormittags trifft man sie oft bei der Arbeit an und kann ein wenig zusehen. Im hinteren Bereich des Hauses arbeitet Don Eulogio Concepción Perdomo, der einzige Korbflechter der Insel. In geduldiger Handarbeit fertigt er aus festen Palmwedeln stabile Körbe verschiedener Größen und die bekannten konisch geformten Hüte Lanzarotes.
Öffnungszeiten 10–13.30, 16–19 Uhr (Winter 15–18 Uhr). Mo nachmittags geschl.

Mercado Municipal: Der kleine Obst- und Gemüsemarkt liegt benachbart zum Kunsthandwerkszentrum.

Haus und Grab César Manriques: Das letzte *Wohnhaus Manriques* findet man, wenn man vom Kunsthandwerkszentrum links die Calle Angel Guerra nimmt und etwa 200 m entlanggeht. Kurz vor der Schule und dem Sportplatz liegt linker Hand das große Anwesen, das von seiner Schwester verwaltet wird und nicht besichtigt werden kann.
Der *Friedhof* Harías liegt an der Ortsausfahrt nach Arrieta und Arrecife auf einem niedrigen Hügel. Das schlichte Grab Manriques befindet sich links hinten vor der kleinen Kapelle. Es unterscheidet sich grundsätzlich von den anderen, die alle aus kleinen Steinplatten mit Kreuzen bestehen. Ein flaches Oval, eingefasst von Lavasteinen, geschmückt mit Sukkulenten, Kakteen und dem eingeritzten „C. Manrique 1919–92", zeugt von der Naturverbundenheit des Künstlers. Vom Vorplatz des Friedhofs hat man einen schönen Blick auf das Tal.

Mercadillo Artesanía: Kunsthandwerksmarkt in Haría

Seit wenigen Jahren gibt es auch in Haría einen Kunsthandwerks- und Bauernmarkt, nämlich samstags 10–14 Uhr auf der zentralen Plaza León y Castillo. Leider ist auch hier mittlerweile echtes Kunsthandwerk Mangelware, dagegen hat der Kitsch mit erhöhten Preisen Einzug gehalten.

Wanderung von Haría nach Teguise

Etwa vier- bis fünfstündige Wanderung durch den Norden. Aus dem Tal der tausend Palmen erfolgt ein etwas anstrengender Aufstieg auf die Hochfläche der Famara-Berge, danach geht es weitgehend eben bzw. leicht bergab in Richtung alte Inselhauptstadt. Unterwegs passiert man die wunderschön gelegene Ermita de las Nieves. Immer wieder herrliche Panoramen und Ausblicke, beim Aufstieg aus dem Tal auch überraschend üppige Vegetation.

Wegbeschreibung: Wir nehmen vom Zentrum Harías die *Calle Angel Guerra* (→ Stadtplan), diese führt uns rechter Hand von Sportplatz und Ringkampfarena aus der Stadt hinaus ins Grüne. Nun läuft man eine Viertelstunde durch Felder, bis man zu einer Sperre in Form einer Eisenkette gelangt. Hier hält man sich leicht links und begeht einen kleinen Pfad. Er mündet in ein ausgetrocknetes Bachbett, das man mit leichtem Anstieg entlang wandert. Zur Rechten begleiten uns große Agaven. Nach ca. 10 Min. kommt eine Rechtskurve und danach gleich wieder eine Linkskurve, um ein Kakteenfeld herum. Wer bis dahin dachte, Lanzarote sei karg, wird jetzt eines Besseren belehrt – hier scheint man auf einer Almwiese zu stehen. Der Weg nähert sich nun mit leichtem Anstieg der Straße und mündet in einer Kreuzung. Rechts zieht sich ein breiter Weg in Richtung Haría, ein zweiter führt in einer 45-Grad-Kurve nach links zur Straße hinüber.

Diese beiden Wege gehen wir nicht, sondern schauen geradeaus, wo ein breiter Weg den Hang hinauf führt. Direkt daneben verläuft ein kaum zu erkennender, überwucherter Pfad, den wir jetzt nehmen. Nach ca. 50 m wird der Pfad ausgetretener und führt links den Berg hinauf. Rechts neben uns in der Schlucht sehen wir stattliche Palmen und jede Menge weiterer Pflanzen. Fast oben angekommen, erblickt man auf der anderen Seite der Schlucht nicht mehr bewirtschaftete Terrassenfelder. Ein paar Schritte weiter kommt man zu bestellten Feldern. Hier hält man sich links. Nach ca. 100 m sieht man rechts vorne die beiden Kugeltürme der *Militärstation*. Nach 150 weiteren, etwas kurvigen Metern verläuft der Weg parallel zur Hauptstraße von Haría nach Teguise (wenn man will, kann man sich jetzt zum Restaurant „Los Helechos" durchschlagen und stärken). Bald stößt man auf die asphaltierte Zufahrtsstraße zur Militärstation. Diese gehen wir weiter, bis sie sich im 90-Grad-Winkel steil nach rechts wendet. Wir wandern auf der Straße weiter geradeaus, diese bringt uns nach etwa 1 km zur Kirche *Ermita de las Nieves* (→ S. 278), wo sich ein umfassender Rundblick auf die Bucht von Famara bietet. Weiter geht es auf der breiten Piste in Richtung Südwesten, vorbei an den Militärgebäuden, gegen die es lange heftige Protest gab (→ S. 279). In der Ferne erspäht man die Burg *Guanapay* und etwas später die alte Inselhauptstadt *Teguise* darunter. Die Piste führt fast bis zur Asphaltstraße und anschließend parallel dazu bis Teguise. Alternative: Man sieht rechter Hand im Tal mehrere Wege, auf denen man schneller vorwärts kommt – hier also querfeldein hinunter und bald ist man am Ziel.

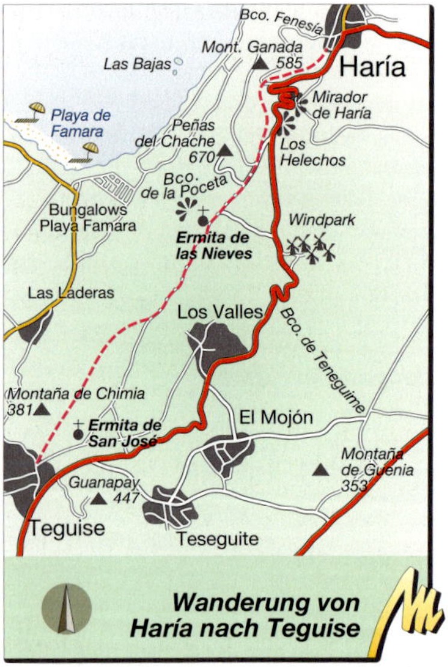

Von Haría zum Mirador del Río

Durch das fruchtbare Tal von Hariá und den Nachbarort Máguez geht es vorbei am Monte Corona. Eine üppig grüne Region, die mit Palmen und Anbauterrassen viel fürs Auge bietet.

Die Iglesia de Santa Bárbara in Máguez

Máguez

2 km nördlich von Haría und mit diesem fast zusammengewachsen, steht Máguez völlig im Schatten des populären Nachbarn und ist touristisch reiner Durchgangsort. Die weißen Würfelhäuser liegen in einer fruchtbaren Senke am Fuß der Vulkane *Los Helechos* und *La Quemada*, umgeben von weitflächigen Kartoffel- und Zwiebelfeldern. Eine typische Landwirtschaftssiedlung mit intensiver Ziegenzucht, nicht eine einzige Kneipe animiert zum Anhalten.

Iglesia de Santa Bárbara, die schmucke Dorfkirche, verdankt ihre Existenz César Manrique. Als nämlich die alte Kirche Mitte der Siebziger wegen Baufälligkeit abgerissen wurde, ließ sie Manrique nach den Originalplänen ganz in der Nähe wieder neu aufbauen. Auch das eindrucksvolle Altarbild, eine 7 m lange und 4 m hohe Wand aus rotem Vulkangestein, stammt von ihm. Es ist das einzige religiöse Werk, das Manrique je geschaffen hat. Zwei symmetrisch angeordnete Engel halten darauf das zentrale „Sagrario", das der bekannte Keramiker Juan Brito geformt hat, ebenso wie die Leuchter, die zu beiden Seiten des Altars hängen.

Öffnungszeiten Um die Kirche zu besichtigen, muss man in der **Sociedad** (Bürgerhaus) nach dem Kirchendiener José María Hernández fragen.

• *Anfahrt/Verbindungen* **Busse** der Linie 7 von und nach Arrecife über Haría Mo–Fr 6 x tägl., Sa/So 3-4 x tägl.

• *Feste* **Fiesta de Santa Bárbara**, ab dem 4. Dez. mehrtägiges Fest zu Ehren der Schutzheiligen von Máguez.

Guinate (Mirador und Tropical Park)

Das unscheinbare Dorf zwischen Monte Corona und dem grandiosen Steilabfall der Famara-Felsen verfügt gleich über zwei Attraktionen: einen Aussichtspunkt, der dem berühmten Mirador del Río kaum nachsteht und im Gegensatz zu diesem

Inselnorden
Karte S. 263

Panoramablick vom Mirador de Guinate

kostenfrei ist, und den Vogelpark von Guinate, in dem über 1300 Vögel gehalten werden und der vor allem Kindern Vergnügen bereitet.

▸ **Guinate Tropical Park**: 1990 wurde dieser 45.000 qm große Park von einem englischen Ehepaar eröffnet. Seitdem ist er zu einem beliebten Ausflugsziel hauptsächlich für Familien geworden. Zwischen Teichen, einem Wasserfall und üppiger Vegetation sind Dutzende von Volieren und Freigehegen eingerichtet, in denen mehr als 300, teils seltene, teils vom Aussterben bedrohte Vogelarten aus Australien, Asien, Südamerika und Afrika leben – darunter prächtige Schnabeltukane, Papageien, Aras, Sittiche und Hornvögel, aber auch Pfaue und Strauße, schlichte Tauben und Enten. Außerdem kann man Kängurus, Ziegen, Affen, Meerkatzen und andere Säugetiere betrachten sowie den farbenfrohen, bis zu 1 m langen Koi-Fisch aus Japan. Höhepunkt für junge Besucher ist die in regelmäßigen Abständen stattfindende Show der Kakadus und Papageien. Die abgerichteten Tierchen ziehen Wagen, fahren Fahrrad, können rechnen, liegen in Liegestühlen oder stellen sich tot. Der hohe Eintrittspreis hält allerdings mittlerweile doch die eine oder andere Familie vom Besuch ab.

• *Anfahrt/Verbindungen* 3 x wöch. Zubringerbus ab **Puerto del Carmen** und **Costa Teguise**, Ankunft um 11.30 Uhr. ✆ 928-835500.

• *Öffnungszeiten/Preise* tägl. 10–17 Uhr, Eintritt ca. 14 €, Kinder 5 €.

▸ **Mirador de Guinate**: Kurz nach dem Vogelpark endet die Straße an einem kleinen, von einer Steinmauer begrenzten Parkplatz direkt über dem Steilabfall der Famara-Berge. 600 m fallen hier die bizarren Hänge zum Meer ab. Gleichsam zwischen Himmel und Erde schwebend, hat man hier einen der spektakulärsten Ausblicke Lanzarotes, und noch dazu zum Nulltarif: tief unten die flache Küstenlinie, die sich bis zu den Salinen am Río zieht, zum Greifen nah davor die lang gestreckte Insel *La Graciosa*. Im Dunst erkennt man außerdem die Inseln *Montaña Clara* und *Roque* *del Oeste*. Im Gegensatz zum überlaufenen Mirador del Río kann man die atemberaubende Sicht hier fast immer alleine genießen.

▸ **Abstieg vom Mirador de Guinate zur Playa del Risco**: Der Abstieg beginnt an der linken Begrenzung des Miradors in einer Mauerlücke, führt fast waagrecht am Abbruch entlang nach Süden bis zu einer großen *Felskanzel* und zieht sich von deren südlicher Basis in deutlich sichtbaren Kehren durch eine flache Rinne nach links abwärts. Nach Passieren eines künstlichen, schmalen Felsdurchgangs gelangt man auf ein bequemes Felsband, das fast waagrecht entlang einer roten Ascheschicht das Famara-Kliff durchzieht. Man folgt dem Band bis zu einer gemauerten *Zisterne* bei mehreren Wasserstellen mit Binsen und Algen. Offensichtlich waren diese Quellen der Grund für die Anlage dieses Steigs, da der Weg von hier ab nicht mehr künstlich ausgebaut und deshalb auch sehr undeutlich wird. Man muss bei der Zisterne das große Felsband verlassen und unter ihr vorbei auf einem schmalen Band leicht abwärts steigen. Von hier ab ist der Weg durch vereinzelte Steinpyramiden gekennzeichnet. Er führt über mehrere kleinere Felsbänder abwärts, quert eine flache Rinne und hält schließlich auf einen großen Steinmann in einer steilen Geröllhalde zu. Diesen Hang geht es dann in Kehren abwärts, bis man nach höchstens einer Stunde ab Wanderbeginn bei einem weiteren Steinmann auf einen Weg trifft, der von La Caleta de Famara (→ S. 255) zur Playa del Risco führt. **Achtung: Dieser landschaftlich faszinierende Weg auf halber Höhe des Famarakliffs ist weiter südlich an mehreren Stellen abgerutscht und sollte derzeit in Richtung La Caleta de Famara nicht begangen werden!**

Zur *Playa del Risco* nach Norden kann man nun bequem auf Sicht wandern, anschließend über den auf S. 296 beschriebenen, gut ausgebauten *Camino de Guatifay* aufsteigen und dann nach Süden mit fantastischen Blicken in die Tiefe immer am Kliffabbruch entlang auf Steigspuren zum *Mirador de Guinate* zurückkehren. Der ganze Rundweg dauert ca. 2,5–3 Std. und lässt reichlich Zeit für ein Bad an der Playa del Risco.

▸ **Camino de Guatifay**: Etwa 1 km nördlich von Guinate weist an der Straße zum Mirador del Río ein großer Felsbrocken diese Beschriftung auf. Es handelt sich dabei um einen früher viel begangenen Weg hinunter zur Meerenge El Río, wo damals die Boote nach La Graciosa übersetzten. Heute wird er nur noch von Wanderern benutzt (→ Wanderung vom Famara-Kliff zur Playa del Risco).

Monte Corona

Majestätisch beherrscht der 609 m hohe, fast kreisrunde Vulkan den Norden Lanzarotes. Wenn man gut zu Fuß ist, sollte man sich eine Besteigung nicht entgehen lassen. In der feuchten Jahreszeit sind seine Hänge mit zahllosen Blümchen übersät.

Vor etwa 3000 Jahren explodierte der Monte Corona, riesige Mengen von Lava flossen in Richtung Ostküste und bildeten an der Nordspitze von Lanzarote den ausgedehnten *Malpaís de la Corona*. Verursacht durch die Lavaströme bildeten sich riesige unterirdische Höhlensysteme. Das berühmteste ist die *Cueva de los Verdes*, ein bizarrer Lavatunnel, der sich kilometerweit bis zur Küste fortsetzt und teilweise besichtigt werden kann (→ S. 313). Weitere Lavazungen fraßen sich nach Westen vor und strömten den Steilabhang des Famara-Kliffs hinunter. Seit 1987 sind Vulkan und Malpaís als „Monumento Natural" ausgewiesen. An den Hängen des vergleichsweise jungen Vulkans wachsen bisher, abgesehen vom kurzen, regenbedingten

Am Kraterrand des Monte Corona

Vegetationsschub im Winter/Frühjahr, nur Flechten und Euphorbiensträucher. Jedoch ist hier neben La Geria (→ Inselmitte) das zweite große *Weinbaugebiet* Lanzarotes entstanden. Für die Kultivierung der Reben ist man einen höchst verblüffenden Weg gegangen. Da Kakteen die Fähigkeit haben, mit ihren starken Wurzeln die Lavadecke zu durchbrechen und bis zum darunter liegenden Erdreich zu gelangen, hat man die Weinstöcke direkt neben Kakteen gepflanzt. Sie benutzen die bereits vorhandenen Löcher und können so ihre Wurzeln ebenfalls in den fruchtbaren Boden versenken. Der Landwein „Vino del País" wird hauptsächlich von kleinen, privaten Bodegas produziert.

▸ **La Torrecilla del Domingo**: schlossartiges Anwesen am Hang des Monte Corona, an der Straße von Arrieta zum Mirador del Río. Das frühere Weingut ist in deutscher Hand und steht seit langem zum Verkauf. Allerdings spukt es hier, wie es sich für ein solches Gemäuer auch gehört.

▸ **Ye**: winziges Dörfchen hoch oben am Fuß des Monte Corona. Blickfang ist die repräsentative Kirche mit dem prächtigen Panorama des Vulkans dahinter. Ye liegt weit vom Schuss und ist nur noch von wenigen Menschen bewohnt. Doch gibt es mittlerweile ein Restaurant in der Einsamkeit. Früher wurde in Ye die leuchtend rote Orchilla-Flechte geerntet, die an den Steilhängen des Famara-Massivs wächst und zur Farbstoffherstellung diente.

• *Übernachten* **Finca La Corona**, sechs Wohnungen in drei separaten Gebäuden auf einem 17.000 qm großen Grundstück. Hoher Wohnstandard, Swimmingpool, Jacuzzi, Fitnessgeräte und Fahrräder stehen zur Verfügung. Preis ca. 100–140 €. Zu buchen über www.rural-villas.de

• *Essen & Trinken* **El Volcán de la Corona**, einfaches Landgasthaus im traditionellen Stil am Ortsausgang Richtung Mirador del Río. Zu günstigen Preisen werden hier große Portionen von Zicklein, Fisch und Meeresgetier serviert. Do geschl.

• *Shopping* Im **Gemeindezentrum** an der Durchgangsstraße bietet ein Weinbauer weißen Malvasía aus eigener Produktion an. Der Wein ist stilecht und hat den typischen Geschmack der in Fässern gelagerten lanzarotenischen Landweine.

Bodega El Volcán de la Corona, 600 m östlich von Ye, an der Straße nach Arrieta. Eine holprige Zufahrt führt zu den Gemäuern einer Bodega hinauf, wo fünf Weinsorten verkauft werden: Rot, Weiß, Rosé, Moscatel und Malvasía (diese Vielfalt erklärt sich daraus, dass die Bodega ihre Trauben an andere Weinhersteller verkauft und dafür deren Wein erhält). Außerdem gibt es Kaktusprodukte (Likör, Marmeladen) und Souvenirs.

Besteigung und Umrundung des Monte Corona

Ausgangspunkt des interessanten, jedoch anstrengenden Aufstiegs ist das Dörfchen Ye. Da Ye bereits in gut 400 m Höhe liegt, müssen nur noch etwa 200 Höhenmeter überwunden werden. An der Ye zugewandten Seite ist die Flanke des Monte Corona aufgerissen, hier liegt der tiefste Punkt des Kraterkessels. Da es jedoch auf scharfkantigem Geröll teilweise weglos und sehr steil bergauf geht, ist diese Wanderung für Menschen ohne eine gewisse Kondition nicht zu empfehlen. Keinesfalls sollte man allein zu dem einsamen Vulkankessel hinaufsteigen, denn bei einem Absturz ist sonst vielleicht für Tage keine Hilfe zu erwarten. Die *Umrundung* der Caldera ist bis auf einen kleinen Bereich problemlos. Jedoch muss man in diesem Teilstück durch lose Geröll- und Lapillischichten klettern und die Hände zu Hilfe nehmen. Wer auf Nummer Sicher geht, macht nur den Aufstieg, genießt den herrlichen Blick und kehrt wieder zurück.

Auf- und Abstieg dauern zusammen ca. 1–1,5 Std., für die Umrundung des Kraters muss man zusätzlich mit 45 Min. rechnen.

Vorsicht: Nur an absolut sonnigen und vor allem windstillen Tagen aufbrechen, denn am Kraterrand oben ist es immer sehr stürmisch. Festes Schuhwerk mit Profilsohlen ist nötig, da es über scharfkantiges Gestein geht, das wegen intensiven Flechtenbewuchses sehr rutschig ist.

Wegbeschreibung: Sein Fahrzeug parkt man am besten am Vorplatz der *Kirche von Ye*. Von hier läuft man die Straße in Richtung Mirador del Río. Nach etwa 100 m zweigt rechts zwischen zwei niedrigen weißen Pfeilern eine *Fahrpiste* zum Vulkan ab. Man durchquert ein großes Weinfeld auf Lavasand, dessen Reben alle mit Steinmauern eingefasst sind. Zwischendrin setzen immer wieder bizarre Feigenbäume und vereinzelte Mandelbäume Akzente. Auch wild wachsende Anispflänzchen sieht man immer wieder. Der Weg steigt nur leicht an, nach etwa 200 m passiert man linker Hand einen *Windmühlenstumpf*. Kurz vor dem eigentlichen Hang des Vulkans durchquert man eine Reihe von Feigenbäumen, deren Äste bis zum Boden reichen und vollständig mit hellgrünen Flechten bewachsen sind. Die Piste endet nach einigen Kurven an einem *Wendeplatz* für Fahrzeuge. Wir laufen schräg links auf einem *Trampelpfad* zwischen den niedrigen Mäuerchen des Weinbergs weiter, müssen uns teilweise etwas den Weg suchen und gelangen schließlich nach etwa 25 Min. seit Wegbeginn an eine Quermauer am Fuß des *Steilhangs*, der zur Caldera hinaufführt.

Jetzt heißt es bergsteigen: Weglos geht es über flechtenüberwuchertes Geröll und Felsplatten steil hinauf. Orientierungspunkt sind die *Mäuerchen*, die sich parallel zueinander senkrecht den Berg hinaufziehen. Je höher man steigt, desto umfassender wird der Blick. Bald liegt die ganze Nordspitze Lanzarotes vor einem ausgebreitet. Dazu kommt der herrliche Fernblick übers Meer – an besonders klaren Tagen kann man sich sogar einbilden, die Küste Afrikas zu sehen! Nach etwa 40 Min. ab der Kirche von Ye stehen wir

Inselnorden
Karte S. 263

endlich schnaufend an der tiefsten Stelle des abrupt nach innen abbrechenden *Kraterrands*. Der Blick in den fast kreisrunden Krater ist großartig.
Für die *Umrundung der Caldera* steigen wir von unserem tief gelegenen Standort am besten zunächst rechts parallel zum Kraterrand steil hinauf, bis wir oben an der eigentlichen *Kraterumrandung* stehen. Von hier geht es ohne größere Steigungen fast eben um den Krater herum. Die Insel *La Graciosa* war bisher nicht zu sehen und gerät nun unvermutet hinter der Nordspitze Lanzarotes ins Blickfeld. Wie eine Landkarte liegt das prächtige Panorama vor uns ausgebreitet.
Anfangs ist noch eine Art *Trampelpfad* zu erkennen, der den Kraterrand begleitet. Doch er verschwindet schnell und man muss sich seinen Schritt über scharfkantige Lava bahnen. Oberste Regel: immer an der *Außenseite* des Kraters bleiben und so weit wie möglich an der *Oberkante*. Wer nach unten abweicht, muss denselben Weg wieder heraufklettern. Jedoch immer auf der Hut sein vor heftigen *Windböen*. Auf diese Weise kommt man langsam, aber sicher um den Krater herum bis zu dem einzigen Problemstück der Umrundung, wo ein kleiner *Nebenkrater* in den Kraterrand hereinragt. Hier muss man zwischen bizarren Felszinken durch Lapilligeröll klettern, bis man wieder auf den intakten Kraterrand trifft. Noch ein kurzer Abstieg und wir stehen wieder an der Stelle des Kraterrands, wo wir zur Umrundung aufgebrochen sind.

Mirador del Río

An der äußersten nördlichen Inselspitze bricht das Famara-Gebirge in einem grandiosen Steilhang zur Meerenge von El Río ab, hinter der die kleine Nachbarinsel La Graciosa liegt. Wie ein Adlerhorst klammert sich der Aussichtspunkt César Manriques in 480 m Höhe in den braunen Basaltstein des Felshangs. Dank der perfekten Natursteinfassade hebt sich der Mirador von der Umgebung kaum ab, nur die riesigen Panoramascheiben verraten ihn. Der Blick ist zweifellos einer der schönsten, den man auf den Kanaren erleben kann.

Der Mirador del Río war eines der ersten großen Werke Manriques auf Lanzarote. Auf die Idee brachte ihn der Madrider Stararchitekt Fernando Higueras. Dieser wollte hoch über der Bucht von Famara ein luxuriöses Feriendorf in die Felsen bauen. Per Aufzug sollten die Gäste zum Strand gekarrt werden, sogar eine Straße sollte im Fels hinaufführen. Der kühne Entwurf wurde glücklicherweise nie verwirklicht und würde heutigen Umweltschutzgedanken wohl auch kaum mehr standhalten. Doch Manrique entwickelte daraus sein Mirador-Projekt, dem bis heute großer Erfolg beschieden ist. 1973 wählte er den exponierten Standort an der Inselspitze an der *Batería del Norte*. Ende des 19. Jh. war hier während des amerikanisch-spanischen Krieges eine Kanonenbatterie stationiert gewesen. Auch früher war die strategisch ideal gelegene Felsenhöhe bereits als Ausguck verwendet worden, konnte man doch hier oben hervorragend jede Annäherung von Piratenschiffen erkennen, für die La Graciosa ein idealer Ankerplatz war und als Versteck diente. Manrique ließ den Fels von oben aufgraben, platzierte eine Cafeteria hinein und schüttete das Ganze wieder mit Erde zu. Kennzeichnend für die gesamte Anlage ist das Fehlen jeglicher rechter Winkel, denn der Mirador sollte der Natur ringsum so weit wie möglich angepasst sein – eine grundlegende Idee Manriques, wie sie in allen späteren Werken auf Lanzarote zur Anwendung kam.

Öffnungszeiten/Preise tägl. 10–17.45 Uhr, Eintritt ca. 4,70 € inkl. Getränk.

Mirador del Río: schönster Aussichtspunkt der Insel, Blick auf La Graciosa

Besichtigung: Wer mit dem Auto anreist, erkennt zunächst vom Mirador so gut wie gar nichts. Nach einer stilisierten *Metallskulptur* fährt man auf einen halbrunden Parkplatz, an dessen Ende sich eine säuberlich aus Naturstein aufgeschichtete Mauer türmt. Nach Passieren der Kasse geht man zunächst einen elegant geschwungenen, weiß gekalkten Gang mit schweren Holzdielen und Runddecke entlang. Als effektvoll platzierter Schmuck dienen Farne und andere Blattgewächse, dazu auf dem Boden drapierte Basaltsteine und die traditionellen Filtersteine Lanzarotes. Der Gang endet in einem großen, höhlenartigen Raum, in dem die *Cafeteria* untergebracht ist. Abgerundete Panoramafenster geben einen Blick frei, so fantastisch und unwirklich wie aus einer anderen Welt: Tief unten liegt flach ausgebreitet die Insel *La Graciosa* im Meer, dahinter erkennt man den schroffen Klotz der Isleta *Montaña Clara* und weit hinten im Dunst das abgelegene *Alegranza*, wo riesige Kolonien von Seevögeln leben. Für die sparsame Ausschmückung des Raums wurde höchstes Augenmerk auf die Verwendung ausschließlich natürlicher Materialien verwendet. Kräftige Farne hängen von der Decke, dazu zwei riesige Metallkunstwerke, von Manrique höchstpersönlich aus Alteisen und sonstigen Metallresten zusammengeschweißt. Man sitzt an einfachen Tischen, die Bar ist in einer Aussparung der hinteren Wand untergebracht, im Angebot sind kleine Gerichte, Sandwichs, Kuchen und Kaffee etc. Eine Wendeltreppe windet sich auf das *Dach* hinauf, unterwegs passiert man einen Souvenirshop. Fast fühlt man sich wie in einem U-Boot, wenn man aus dem Dämmerlicht der Halle kommend, oben aus dem glasgefassten Ausguck in die gleißende Helle heraustritt. Seitentüren der Cafeteria führen hinaus auf die *Panoramaterrasse* und hier kann man den fantastischen Ausblick auf die Meerenge und La Graciosa in voller Schönheit genießen. Das Famara-Kliff fällt in einem spektakulären Steilhang fast 500 m tief zum flachen Küstenstreifen ab. Unten erkennt man gut den hellen Sandstrand *Playa del Risco* – ein Strand der Superlative, der nur durch einen langwierigen Abstieg per Fuß zu erreichen ist, der Trampelpfad ist deutlich zu erkennen (→ nächster Abschnitt). Unmittelbar nördlich davon dümpeln die stillgelegten *Salinas del Río* in der Sonne. Tiefrosa leuchten die Salzbecken herauf – eine ungewöhnliche Farbgebung, die durch winzige rote Algen verursacht wird. Ein kleines, weißes Trafohäuschen steht ebenfalls unten am Ufer. Dort wird der Strom per Unterwasserkabel hinüber nach La Graciosa transportiert. Die vorgelagerte Insel erscheint wie eine große Sandwüste mit mehreren Vulkanbergen, diverse Pisten durchziehen die Einöde. Wie Spielzeug wirken die kleinen Würfelhäuschen des Hafenorts *Caleta del Sebo*, kein Asphalt verunstaltet das unter Naturschutz stehende Eiland (→ S. 320).

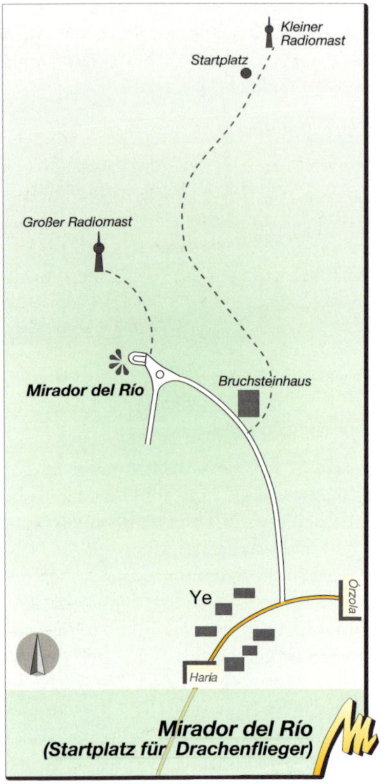

Wer kein Geld für den Eintritt ausgeben möchte, kann versuchen, in der Umgebung des Miradors an die Abbruchkante des Felsen zu gelangen - jedoch nicht gleich in unmittelbarer Nähe, die Wärter reagieren verärgert. Gute Möglichkeiten findet man an der Straße, die oberhalb des Risco verläuft.

▸ **Startplatz für Drachenflieger**: Kurz bevor man auf der Asphaltstraße den Mirador erreicht, zweigt rechter Hand eine Piste ab. Vorbei an dem großen, weithin sichtbaren Radiomast und den Resten der Geschützbatterie vom 19. Jh., kommt man zu einer kleineren Radioantenne. Hier ist der Startplatz, gelandet wird auf dem Sportplatz von Órzola (→ S. 316).

Unterhalb des Famara-Kliffs

Das Kliff bricht in einem jähen Steilabfall ab und läuft im Bereich der Meerenge El Río in einer schmalen Küstenebene aus. Zwei markante Anziehungspunkte liegen hier: der Sandstrand Playa del Risco und die benachbarten Salinen. Es gibt keine Straßenverbindung, nur ein steiler Fußweg zieht sich in engen Serpentinen das Kliff hinunter. So wird der Strand auch an heißen Tagen nur von einigen Dutzend Menschen bevölkert, die sich das Vergnügen schwitzend erkämpfen müssen.

Früher war der Trampelpfad ein viel genutzter Verbindungsweg für die Bewohner von La Graciosa, die hier an der engsten Stelle des Río übersetzten, wenn die Schiffsfahrt nach Órzola wegen rauer See nicht möglich war. Die Anlegestelle *El*

Embarcadero lag am Südende des Strands, in einer guten Stunde war man von dort oben im Dörfchen *Ye* oder im weiter südlich gelegenen *Máguez*. Auch Maulesel wurden für den Transport in der Steilwand eingesetzt.
Von der südwärts gelegenen *Bucht von Famara* (→ Inselmitte, S. 254) zu den Salinen wollte man auch einmal eine Fahrpiste bauen, um diese besser wirtschaftlich nutzen zu können. Wegen Zerstörung durch Steinschlag und nachlassendem Interesse an dem Projekt wurde sie aber nie fertig gestellt. Stattdessen gibt es hier einen faszinierenden Wanderweg, der jedoch derzeit an mehreren Stellen abgerutscht ist (→ S. 297).

Wanderung vom Famara-Kliff zur Playa del Risco

Großartiger Abstieg auf steilem Pfad, der annähernd parallel zur Stromleitung läuft, die die Energie für La Graciosa liefert. Für den Einstieg gibt es zwei Möglichkeiten, beide treffen im oberen Teil des Steilstücks zusammen (→ Skizze). Dauer jeweils etwa 1–1,5 Std. Eine dritte Variante ist auf S. 289 beschrieben.

Abstieg von der Straße: für alle, die mit dem Mietwagen anreisen, die gängige Variante. Man nimmt zunächst die Straße von *Haría* über *Máguez*, fährt am Abzweig zum *Tropical Park Guinate* vorbei und passiert rechter Hand den Monte Corona. Kurz vor *Ye* zweigt links eine extrem schmale Asphaltstraße zum Mirador del Río ab. Nach etwa 500 m biegt man vor einem Steinwall links in einen holprig gepflasterten Weg ein, den man bis zu einem *Parkplatz* fahren kann. Hier den Wagen abstellen und weiter geradeaus laufen. Nach wenigen Metern öffnet sich ein großartiger Blick auf die Meerenge tief unten. Deutlich sieht man die Wegführung hinunter und erkennt auch, dass sich der Pfad in der Ebene unten mit einem anderen, von den Salinen her kommenden, kreuzt. Dieser Weg verläuft parallel zur Küste, steigt nach links (Süden) ins Famara-Massiv und endet in der Bucht von Famara.
Der schmale Pfad klettert nun in engen Kurven den sehr steilen Hang hinunter, grobe Orientierungspunkte sind dabei die Strommasten der Starkstromleitung zum Trafohäuschen an der Küste. Vom Parkplatz bis zum Strand braucht man je nach Geschwindigkeit etwa 45–60 Min., weiter zu den Salinen nochmals 30 Min. Wenn man unten angekommen zurückblickt, erkennt man, dass der Weg inmitten eines großen schwarzen *Lavafelds* den Hang hinuntersteigt. Es handelt sich dabei um einen Lavastrom, der sich von einem Nebenkrater des Monte Corona hier über den Steilhang zur Küste ergoss.

Inselnorden
Karte S. 263

Abstieg im Camino de Guatifay: Wer mit dem Bus anreist, muss in *Máguez* aussteigen (Bus Arrecife-Máguez etwa 3–4 x tägl.) und die Verkehrsstraße nach Norden nehmen, vorbei am Abzweig zum Tropical Park Guinate. Etwa 1 km nach diesem Abzweig trifft man am linken Straßenrand auf eine Palme mit einem großen, beschrifteten Felsblock: *„Camino de Guatifay"*. Hier zweigt ein früher von den Einheimischen viel benutzter Weg zur Schiffsanlegestelle unten im Río ab. Man folgt der Piste, die hoch über dem Tal von Guinate auf ein Plateau führt. Man läuft immer die Hauptpiste entlang, die sich jetzt nach Norden leicht abwärts neigt. Nach einem guten Kilometer erblickt man links ein einsames Gehöft mit einem Windrotor – hier oben eine unbedingte Notwendigkeit, da kein Stromanschluss besteht. Der durch Regenfälle stark erodierte Hang neigt sich jetzt deutlich nach Norden. Dort, wo die Piste einen scharfen Linksknick macht, läuft man schräg links in einer Art *Spülfurche* weiter. Diese hält genau auf den Steilabhang des Famara-Kliffs zu und verläuft als zunehmend deutlicher Weg auf ein allein stehendes Haus zu. Ein Stück hinter dem Haus sieht man einen großen Strommast – dort trifft sich der Weg mit dem Weg der ersten Variante. Der Blick ist auch hier herrlich.

Endlich wieder oben: Rückweg von der Playa del Risco

Achtung: Den Rückweg aufs Kliff hinauf sollte man spätestens 2 Std. vor Sonnenuntergang beginnen!

Playa del Risco

Ein Traumstrand, etwa 700 m lang und sanft geschwungen aus fast weißem Sand der feinsten Sorte. Teilweise bis zu 100 m breit, sehr flacher Einstieg ins helltürkise Wasser, landeinwärts ziehen sich bewachsene Dünen.

Einrichtungen gibt es keine, nur einige aufgehäufte Steinburgen schützen vor dem ständigen Wind. Immer wieder gibt es unternehmungslustige Urlauber, die hier unten übernachten. Dazu genügend Proviant und vor allem Wasser mitnehmen. Bitte lassen Sie aber keinesfalls Ihren Abfall liegen!

▸ **Salinas del Río**: Nördlich vom Strand erstrecken sich die seit langem aufgegebenen Salinen samt einiger Hausruinen. Der leuchtend rosa See mit seinen schweren Salzschlacken in den Naturbecken aus Tonerde bietet ein eigentümliches Bild. Unter den Salzkrusten im Umkreis liegt ein zäher, pechschwarzer Matsch, in dem man

Wanderung von der Playa del Risco nach La Caleta de Famara

Eine der schönsten Wanderungen, die man auf Lanzarote bisher unternehmen konnte, war der Weg, der auf halber Höhe des Famara-Kliffs nach Süden verläuft und in der weiten Bucht von Famara endet. Leider ist er in einigen Bereichen durch Erdrutsche und Steinschlag zerstört bzw. abgerutscht. Von einer Begehung raten wir deshalb derzeit ab. Man kann ihn sowohl von der Playa del Risco wie von der Bucht von Famara aus ein Stück weit begehen und die spektakulären Ausblicke genießen, sollte dann aber wieder umkehren.

leicht einsinkt. Zum Meer hin grenzt ein stark teerverschmutzter Streifen aus groben Steinbrocken die Salinen ab. Hier wird alles angeschwemmt, was der Atlantik zu bieten hat – darunter auch immer wieder tote Seeschildkröten, die schwer unter der Umweltverschmutzung leiden. Hoch oben auf der Kuppe des Steilhangs kann man mit etwas Glück den *Mirador del Río* an den Lichtreflexen in den großen Scheiben erkennen.

Wie man anhand archäologischer Funde vermutet, gewannen hier bereits die Römer Salz. „Aktenkundig" sind die Salinen aber erst seit 1590. Damals vermerkte sie der Festungsbaumeister Leonardo Torriani erstmals in einer Landkarte. 1764 erwähnt sie der Handelsreisende George Glas in seinen Aufzeichnungen. Das gewonnene Salz wurde von der Schiffsanlegestelle *El Embarcadero* am Südende des Strands verschifft, vor allem nach Teneriffa und La Palma. Zu Beginn des 19. Jh. sollen es 500.000 kg jährlich gewesen sein. Im 20. Jh. scheiterte ein groß angelegtes Straßenbauprojekt und die Salinen wurden aufgegeben. Reste der Piste erkennt man hinter dem Strand.

Inselnorden
Karte S. 263

Was haben Sie entdeckt?

Haben Sie *den* Strand Lanzarotes gefunden, ein freundliches Restaurant, eine originelle Tapas-Bar, eine reizvolle Apartmentanlage, einen schönen Wanderweg?

Wenn Sie Ergänzungen, Verbesserungen oder Tipps zum Lanzarote-Buch haben, lassen Sie es uns wissen!

Eberhard Fohrer
Stichwort „Lanzarote"
c/o Michael Müller Verlag GmbH
Gerberei 19
91054 Erlangen
eberhard.fohrer@michael-mueller-verlag.de

Nördliche Ostküste

Ein überwiegend flacher Küstenstreifen, anfangs steppenhaft karg, später geprägt durch erkaltete Lavaströme, den so genannten Malpaís. Costa Teguise, der zweitgrößte Badeort Lanzarotes, ist ein guter Ausgangspunkt für eine Erforschung der Region.

Roter Faden ist die Asphaltstraße von Arrecife nach Órzola, dem nördlichsten Ort Lanzarotes. Anfangs verläuft sie quer durchs Landesinnere, ab Arrieta fast durchweg dicht an der Küste entlang. Unterwegs trifft man auf einige interessante Sehenswürdigkeiten, darunter die Manrique-Kreationen *Jameos del Agua* und *Jardín de Cactus*. Zwischen Guatiza und Mala durchquert man die Region der Cochenille-Läuse, die auf riesigen Feigenkakteenfeldern gezüchtet werden. Außerdem kann man die Lavahöhle *Cueva de los Verdes* besuchen und kurz vor dem Zielpunkt eine Rast an wunderschönen, weißen Sandstränden mitten im schwarzen Malpaís einlegen. In *Órzola* besteht die Möglichkeit, mehrmals täglich auf die vorgelagerte Insel *La Graciosa* überzusetzen.

Von Arrecife nach Órzola

Man nimmt zunächst die Straße Richtung Teguise (Abzweig von der Circunvalación) und biegt in *Tahiche* in den Inselnorden ab. Bis Arrieta sind es von hier noch 17 km. Anfangs geht es in welliger Fahrt durch dürre, unbebaute Regionen, in denen nur ab und an ein Vulkankegel aufragt. Nach wenigen Kilometern passiert man ein markantes, weißes Tor, durch das man zum Touristenzentrum Costa Teguise an der Küste hinunterfahren kann. Kurz vor Guatiza fährt man zwischen den beiden Vulkanen *Montaña de Guenia* und *La Caldera* (auch: *Tinamala*) hindurch. Durch Erosion sind große Teile der Flanken abgerutscht, so dass sich tiefe Löcher gebildet haben. Hier zweigt auch die Straße über Teseguite nach Teguise ab (→ S. 253). Etwa 1 km vor Guatiza erblickt man bereits den Windpark von Los Valles. Derzeit gibt es auf dem Weg nach Arrecife nur eine einzige Tankstelle, nämlich in Arrieta.

• Verbindungen 2–3 x tägl. pendelt ein Bus der Linie 9 zwischen **Arrecife** und **Órzola**, unterwegs stoppt er in **Tahiche**, **Guatiza**, **Mala**, **Arrieta** und **Punta de Mujeres**. Dazu kommen Mo–Fr 6 x und Sa/So 3 x Busse der Linie 7 von **Arrecife** nach **Maguez**, die unterwegs folgende Orte anlaufen: **Tahiche**, **Teguise**, **Teseguite**, **Arrieta**, **Punta Mujeres** und **Haría**.

Guatiza

Flacher, lang gestreckter Ort, den man auf einer langen Allee aus Eukalyptusbäumen durchfährt – erfrischender Anblick im sonst fast baumlosen Lanzarote.

Mitten im Ort erstrecken sich hinter niedrigen Steinmäuerchen große Feigenkakteenfelder für die Zucht der *Cochenille-Läuse*, die bis hinter Mala nicht mehr abreißen. Wie weißer Puderzucker wirken die Ansammlungen von Larven auf den großen, fleischigen Armen der Opuntien. Einige zerborstene Gofio-Mühlen setzen Kontraste. Seitlich der Hauptstraße fällt die hübsche Pfarrkirche *Santo Gusto* auf. Die Fassade ist mit elegant geschwungenen Verzierungen aus braunem Lavagestein versehen, eine Kuppel in Form eines Zwiebelturms lässt Licht in den Altarraum fallen. Im hohen Innenraum gibt es farbige Glasfenster, einen großen Altar und eine schwere Holzempore. Touristisch ist Guatiza reiner Durchgangsort und noch ganz

In den Salinen von Los Cocoteros wird auch heute noch Salz produziert

den Lanzaroteños vorbehalten. Nur der *Jardín de Cactus* am nördlichen Ortsende, Manriques letzte Kreation auf Lanzarote, zieht die Besucher in Scharen an.

• *Übernachten* **Casa El Cactus**, Bungalow in ruhiger Lage direkt am Meer, Poolbenutzung beim Eigentümer, der nebenan wohnt. 2–4 Pers., ca. 70 €. ✆ 05069-34870, 348734 (Dtl.), www.las-islas-reisen.de

Casa Volcano, gut eingerichtetes Apartment am Meer, Poolbenutzung. 2 Pers., ca. 65 €, ebenfalls über Las Islas Reisen.

• *Essen & Trinken* **El Bulin**, direkt an der Straße, Einheimischenbar mit Restaurant im ersten Stock, auch im Freien ein paar Sitzgelegenheiten.

Sociedad, schräg gegenüber, großes Gemeindezentrum mit Bar und Bühne. Hier sind ebenfalls nur Einheimische zu finden. An Wochenenden gibt es gute Tapas.

▸ **Los Cocoteros**: Am südlichen Ortsbeginn weist ein winziges Schild nach „Los Cocoteros" an der Küste. An Kakteenfeldern und einer Picón-Grube vorbei, geht es auf asphaltierter Straße hinunter zu der abgelegenen Urbanisation direkt am Meer. Viele Bungalows wirken vernachlässigt, im Umkreis stehen ein paar zerzauste Palmen, es gibt keinen Laden oder sonstige Einrichtungen. Ein Meerwasserpool zieht, falls gefüllt, hauptsächlich Kinder und Jugendliche an, davor liegt ein kleiner Sandstreifen, der zum aufgewühlten Meer hin durch eine abgeschlossene Mole geschützt ist.

Am Ortseingang erstreckt sich die große *Salina Los Cocoteros*, so ziemlich die einzige, die auf Lanzarote noch in Betrieb ist. Am Meer führt ein Weg entlang und man kann die aufgehäuften Salzberge zwischen den rechteckigen Verdunstungsbecken betrachten. Richtung Süden kann man parallel zur flachen Klippenküste problemlos nach Costa Teguise laufen.

Wanderung von Los Cocoteros nach Costa Teguise

Einfache Wanderung durch überwiegend flache und tiefschwarze Lavaregionen entlang niedriger Klippenküste. Ein Pfad führt die gesamte Küste entlang. Dauer etwa 2,5–3 Std. Auch mit dem Mountainbike gut zu machen.

Inselnorden
Karte S. 263

Wegbeschreibung: Nach *Los Cocoteros* nimmt man am besten ein Taxi. Kurz bevor man die Salinen erreicht, zweigt die Asphaltstraße im rechten Winkel nach links ab. Geradeaus führt hier eine breite *Erdpiste* Richtung Süden. An dieser Kreuzung kann man die Wanderung starten – oder man läuft den oben erwähnten Weg zwischen Meer und Salinen. Die Erdpiste verläuft ein Stück weiter landeinwärts als die Salinen und führt zu einigen einsamen Anwesen in Küstennähe. Unterhalb davon liegt der Kiesstrand *Playa del Tío Joaquín*. Die Piste geht weiter Richtung Süden, man muss ihr nur einfach folgen. Sie wird nach kurzer Zeit zu einem deutlich sichtbaren Trampelpfad, der immer in Küstennähe verläuft. Ein niedriger Barranco wird überquert, und es geht durch die flache Lavaregion ohne Orientierungsschwierigkeiten weiter. Wenn man zurückblickt, erkennt man weit entfernt im Meer den *Roque del Este* (→ S. 333), landeinwärts ragen die Vulkane *Montaña Saga* und *Montaña Corona* auf. Im letzten Stück vor Costa Teguise, im Bereich der *Punta de Tierra Negra*, wird das Terrain hügeliger, einige Spitzen ragen bis zu 50 m auf und versperren die Sicht auf das Ziel. Kurz vor Costa Teguise liegt eine kleine Häuseransammlung etwas landeinwärts. Von hier führt eine Erdpiste bis zur Asphaltstraße nach Costa Teguise. Man kann aber auch auf dem Trampelpfad dicht am Meer bleiben, der später zur Fahrpiste wird und an der *Playa de los Charcos* mündet (→ Costa Teguise).

Jardín de Cactus (Kaktusgarten)

In einer stillgelegten Picón-Grube, in der seit Mitte des 19. Jh. lockeres Lapilligestein für den Trockenfeldanbau abgebaut wurde, ließ die Inselregierung Ende der Achtziger nach César Manriques Plänen eine verschwenderische Vielfalt von Kakteen und Wolfsmilchgewächsen (Euphorbien) aller Form und Größe anpflanzen. Über 1400 Arten sind es – von winzigen Gebilden, die nur wenige Zentimeter hoch sind, bis zu meterhohen Stachelriesen. Eine Anlage, die in ihrer Vielgestaltigkeit fasziniert und zeigt, was in der vermeintlich so lebensfeindlichen Öde Lanzarotes alles möglich ist.

Der Jardín de Cactus liegt am Ortsausgang von Guatiza, inmitten riesiger Opuntienfelder für die Zucht der Cochenille-Läuse. Ein turmhoher Kaktus direkt an der Straße verleitet zu überraschtem „Oh" und „Ah". Näher gekommen stellt man fest, dass dieses Prachtexemplar von 8 m zur Gänze aus Metall besteht! Über dem Garten thront eine restaurierte *Gofio-Mühle*, die ebenfalls einen markanten Blickfang bietet und fast schon eine Art Wahrzeichen für Lanzarote geworden ist. Sowohl die Mühle als auch die gesamte Grube waren in einem völlig heruntergekommenen Zustand, bevor Manrique den blühenden Museumsgarten anlegte. Seitdem strömen die Besucher in Scharen und Lanzarote ist um eine große Attraktion reicher.

Öffnungszeiten/Preise tägl. 10–17.45 Uhr, Eintritt ca. 5 € (inkl. Getränk), Kinder 3 €.

Besichtigung: Der Jardín de Cactus ist in Form eines Amphitheaters angelegt. Auf Wegen aus Lavagestein durchquert man das große, ummauerte Areal, auf dem die verschiedensten Kakteen wachsen, ringsum ziehen sich bepflanzte Terrassen. Goldfischteiche, kleine Wasserfälle und hohe, bizarr geformte Lavastelen lockern das Gelände auf. Letztere stammen noch aus der Zeit, als hier Picón abgebaut wurde. Sie waren zu hart und wurden damals einfach stehen gelassen. Kaum kann man sich an den vielen, attraktiv gepflanzten Kakteenarten satt sehen. Besonders hübsch sind sie, wenn sie gerade ihre meist leuchtend bunten Blüten besitzen. 9700 Exemplare von 1420 verschiedenen Arten sollen es sein, fein säuberlich sind sie alle

Der Kaktusgarten ist das letzte Werk Manriques

mit ihren wissenschaftlichen Namen markiert. Die Kakteen stammen allerdings nicht alle von den Kanaren, sondern sind zum Teil aus Amerika und Afrika eingeführt. Aber man findet natürlich auch die einheimischen Vertreter der Gattung. Am hinteren Ende der Anlage kommt man zur *Cafeteria*. Man sitzt dort auf einer Terrasse gemütlich unter Segeltuchplanen, hat einen schönen Blick auf den Kaktusgarten und kann diverse „platos combinados" und Kuchen versuchen. Die Eingänge der Toiletten sind mit stilisierten Figuren versehen, die jeden „macho" zufrieden stellen müssten. Im Inneren des angenehm mit Holz eingerichteten Hauses kann man entlang eines dekorativen Manrique-Kunstwerks aus Glas und Metall eine Wendeltreppe zur *Windmühle* hinaufsteigen. Diese wurde völlig restauriert, man kann das große Mahlwerk besichtigen und kleine Säckchen mit Gofiomehl erwerben. Der Blick von hier oben ist ebenfalls den Aufstieg wert. Zu guter Letzt kann man noch dem seitlichen Rundbau einen Besuch abstatten, in dem der *Souvenirshop* untergebracht ist. Auf dem Dach ist ein Windspiel montiert, direkt vor dem Pavillon erkennt man ein Gesicht im Stein, von dem ein kleiner Wasserfall plätschert.

Zwischen Guatiza und Mala erstrecken sich kilometerweit die Opuntienpflanzungen für die Cochenille-Zucht – Kakteen, wohin man blickt. Hier hat man auch einen herrlichen Panoramablick auf die nördlich sich anschließende Küste mit den Orten Arrieta und Punta de Mujeres. Dort beginnen die weiten Lavafelder des Monte Corona, der „Malpaís de la Corona".

Inselnorden
Karte S. 263

Mala

Zweites Dorf der Cochenille-Region, auch hier große Kakteenfelder, so weit das Auge reicht. Ein modernes Krankenhaus (Centro de Salud) steht am Ortseingang. Landeinwärts erhebt sich der 394 m hohe Peña del Silvo.

In Mala zweigen zwei Straßen ab: Eine führt zur FKK-Urbanisation *Charco del Palo* an der Küste, die andere – eine rechte Holperpiste – landeinwärts das Valle Palomo entlang zur Staumauer *Presa de Mala*, hinter der sich der einzige „Stausee" Lanzarote verbirgt. Wegen eines irreparablen Bruchs der Basis ist das Becken allerdings seit langem fast funktionsuntüchtig und führt kaum Wasser. Man kann die Talsperre von der Durchgangsstraße unten gut erkennen. In der Nähe liegt ein populärer Startplatz für *Drachenflieger*.

• *Übernachten* Einige befreundete Eigentümer aus Deutschland vermieten mehrere Häuser in Mala und Umgebung, darunter die **Casa Helma**, das ehemalige, 130 Jahre alte Schulgebäude von Mala (große Dachterrasse, drei Schlafzimmer, Wohnküche, Patio, gehobene Ausstattung, ab ca. 75 €/Tag), die von einem Künstlerehepaar restaurierte **Finca** und die **Bodega**, eine ehemalige Weinkellerei (jeweils zwei Schlafzimmer, ab ca. 60 €/Tag). Die Unterkünfte haben drahtlosen Internetzugang (WLAN). Kontakt in Dtl.: ✆ 040-458520, www.fincas-lanzarote.de

Casa Medusa, Calle Lomo de la Cruz 2, die Besitzerin Ima Gombault vermietet ihr Haus nur an Frauen. Es gibt unten zwei Apartments mit Patio und gemeinsamer Küche, oben zwei Studios. Eine sonnige Dachterrasse und ein Garten stehen ebenfalls zur Verfügung. Die Preise sind recht günstig: Apt. für 1 Pers. ca. 38 €, für 2 Pers. ca. 48 €, Mietwagenbuchung über Ima möglich (116 € pro Woche). ✆/📠 928-529532, www.casamedusa.de

Casa Borita, Calle Mercedes 13, altes, restauriertes Bauernhaus mit drei Schlafzimmern, Hof und Garten. Bis zu 5 Pers. kommen hier unter. ✆ 928-848291, http://borita.tripod.com

Casa Catú, vier Apartments am Ortsrand, jeweils mit Terrasse und Sat-TV. Information und Buchung über www.lanzarote-casa-catu.de, Ansprechpartnerin ist Karin Prehn, ✆ 928-529603.

• *Essen & Trinken* **Don Quijote**, von Süden kommend, gleich nach dem Centro de Salud am Ortseingang, rechter Hand, am Abzweig nach Charco del Palo. Das Lokal wird seit einigen Jahren von einem jungen Paar aus Bayern geführt, er ist Profi-Koch und bietet eine kleine, aber feine Speisekarte zu normalen Preisen. Für den kleinen Hunger finden sich Leckereien in der Tapas-Vitrine am Tresen, der Kuchen ist selbst gebacken. Mehrere Tische auf der Terrasse.

Arepera La Única, an der Straße nach Charco del Palo, schräg gegenüber vom Don Quijote. Hübsch dekorierte Kneipe eines Kolumbianers, nur eine Handvoll Tische, sehr preiswert, leckerer Käse und Wurst, oft prima Stimmung und vor allem an Wochenenden sehr voll. Spezialität des Hauses sind die aus Kolumbien und Venezuela stammenden Maisteigfladen namens *arepas* (→ S. 104), die man gefüllt mit Fleisch, Käse oder Gemüse isst. Tägl. 16-2 Uhr, an Wochenenden noch länger. Mo geschl.

• *Shopping* **Pedro Placeres Alpuin**, an der Landseite der Durchgangsstraße etwas zurückversetzt (unscheinbares Schild). Originale Rosettenstickereien zu relativ günstigen Preisen. ✆ 928-529351.

• *Sport* Der Startplatz für **Drachenflieger** liegt in 80 m Höhe, direkt bei der Mauer des Stausees. Am besten ist er zu erreichen, wenn man am nördlichen Ortsende vor der kleinen Kirche abbiegt. Dieser Weg führt direkt hinauf zum Stausee und weiter als schlechte Piste zur Straße Teguise-Haría. Vor der Staumauer parken und hinüberlaufen, Startplatz liegt auf der anderen Seite. Vorsicht, nicht in die Täler hineinfliegen, da dort die Thermik abrupt enden kann bzw. Gefahr von Turbulenzen besteht. Landen kann man entweder in Startplatznähe oder am Strand La Garita bei Arrieta.

• *Feste* **Fiesta Nuestra Señora de las Mercedes** am 24. September.

Charco del Palo

Versteckt gelegenes Nudistenzentrum – das einzige offizielle FKK-Gebiet der Kanarischen Inseln – an wilder, schwarzer Klippenküste mit großartiger Brandung. Die Umgebung ist stark versandet und hat stellenweise fast Dünencharakter, schön zum Wandern und Mountainbiken.

Ein großer Teil der Apartment- und Bungalowanlagen ist fest in der Hand deutscher Anbieter, die Apartments und Bungalows *Castillo de Papagayo* kann man z. B. beim großen FKK-Veranstalter „Oböna Reisen" buchen. Für einschlägig Interessierte ganz sicher ein lohnender Tipp, weit ab vom Rummel der großen Touristenzentren. Charco del Palo gehört ganz den Nackten, die hier wie selbstverständlich ohne Hüllen vor ihre Türen treten können, durch den Ort laufen oder zum kleinen Strand hinunter lustwandeln (in Restaurants und allen anderen Einrichtungen ist Bekleidung erwünscht).

An stürmischen Tagen peitscht die Gischt meterhoch an die Klippen. Eine geschützte Sandbucht ist in mehrere steingefasste Terrassen unterteilt und zum Meer hin durch eine Mole abgeschirmt. So ist ein Meerwasserpool entstanden, genannt „Entenpool", der selbst bei heftigem Wind ruhiges Wasser führt. Leider wirkte die Anlage beim letzten Check verwahrlost. Ein paar Meter weiter südlich gibt es den „Affenfelsen", wo man mittels einer Leiter von einer Lavazunge aus ins aufgewühlte Wasser steigen kann und noch weiter südlich die „Badewanne", ein Gezeitenbecken, das sich bei Flut mit Wasser füllt.

Wenige Meter nördlich vom „Entenpool" mündet ein für den Norden Lanzarotes charakteristischer *Lavatunnel* (tubo volcánico) direkt am Meer. Durch die eingebrochene Seitenwand kann man hineinsteigen und genießt den Ausblick auf die heranbrandende Gischt.

• *Anfahrt* Gleich nach dem Krankenhaus am Ortseingang von Mala zweigt eine Asphaltstraße nach **Charco del Palo** ab. Nach einigen hundert Metern kommt eine Abzweigung, wo man sich rechts halten muss. Keine Busverbindung.

• *Übernachten* ++ **Castillo de Papagayo**, etwa 50 Apartments und Bungalows, teils direkt an der Klippenküste, teils etwas zurück mit Liegewiese und Swimmingpool. Alles gepflegt, Einrichtung verschieden, teils hübsche Rattanmöbel. Gemeinsame Aktivitäten: Gymnastik, Volleyball, Boccia, Joggen, Sauna. Buchen kann man über „Oböna Reisen", ✆ 06032/96090, 📠 83564 (Dtl.), www.oboena.de

Casa del Sol Siempre, schön gelegene Anlage mit fünf Apartments und Pool im südlichen Ortsbereich direkt am Meer, nahe der „Badewanne" (→ oben), jeweils Sat-TV. Preis ca. 55 €. ✆ 653-597750 (mobil), www.casadelsolsiempre.com

Casas Ronda I und II, etwas zurück vom Zentrum, zwei allein stehende 1- bis 2-Familien-Häuser in leichter Hanglage, je 100 qm auf 2000 qm großem Grundstück. Gemein-

Sanddünenlandschaft bei Charco del Palo

Inselnorden
Karte S. 263

schaftspool, herrlicher Meerblick, ein Haus mit zwei, eins mit vier Schlafzimmern. Wochenpreis bei Belegung mit 2 Pers. etwa 600 €, jede Pers. extra kostet 85 €. Zu buchen über www.casaronda.de oder in Dtl. unter ✆ 0421/275081.
Weitere Objekte über http://apartments.charcodelpalo.com

• *Essen & Trinken* **La Tunera**, am Ortseingang, seit vielen Jahren geführt von Helmut und Gerti Kurzeja, mit Discokugel und Helmut-Lotti-Musik für jüngere Leute etwas gewöhnungsbedürftig, aber gute, hauptsächlich deutsche Küche wie Zwiebelsteak, Filettopf u. Ä., auf Vorbestellung auch Paella und Lammbraten. Tägl. ab 17 Uhr, Mo Grillabend. Mi geschl.

Peter's Pub, rechte Straßenseite, beliebter Treff mit kleiner Terrasse unter Palmen, Frühstück und Snacks, aber auch Rumpsteak, Hühnerbrust und Holzfällersteak.

Jardín Tropical, gegenüber von Peter, bei Jenny und Manolo gibt's u. a. Pizza und Paella, originell – mitten im Lokal ist ein Pool eingelassen. Fr geschl., sonst ab 17 Uhr.

Romántica, ebenfalls unter Regie von Jenny und Manolo, sehr schöne Lage über der zentralen Badebucht, innen geschmackvoll mit maurischen Azulejo-Kacheln verkleidet, ein großes Oberlicht lässt die Sonne herein. Recht ordentliche Speisekarte: Rumpsteak, Schnitzel, Filet, Geschnetzeltes, auch Fisch, als Beilagen z. B. Folienkartoffeln. Mi geschl.

• *Sonstiges* Das zentrale **Centro Comercial** bei Peter's Pub beherbergt einen kleinen Supermarkt, eine Boutique, Friseur- und Kosmetik-Studio, eine Massagepraxis sowie die Autovermietung Guayre (✆ 928-529574, http://mietwagen.charcodelpalo.com); **Minigolf** beim Restaurant Romántica.

Örtliche Website:
www.charcodelpalo.com

Lippenstift aus „Läuseblut"

Wer hat das nicht schon mal irgendwo gehört – und vielleicht als Unsinn abgetan? Auf Lanzarote zwischen Guatiza und Mala kann man sich vom Wahrheitsgehalt der Mär überzeugen. Auf vielen Quadratkilometern werden hier in großem Maßstab *Feigenkakteen* (Opuntien) angepflanzt. Dicht an dicht stehen die auf Lanzarote „Tunera" genannten, stachligen Kakteen mit ihren großen, fleischigen Armen. Sie bilden ideale Nährböden für die schmarotzenden *Cochenille-Schildläuse* (Dactylopius coccus cacti), deren Larven sich von den Kakteensäften ernähren und einen heiß begehrten Naturfarbstoff produzieren, das „Karminrot". Ähnlich wie Raupen oder Würmer haben die rundlichen Cochenille-Läuse keine harten Chitin-Panzer, sondern sind weiche, mit tieflila „Fleisch" gefüllte Krabbeltiere. Ihre Fortpflanzung ist äußerst rege, bis zu fünf Generationen entstehen jährlich. Die Männchen sterben nach der Befruchtung, die Weibchen werden in kleinen Stoffsäckchen gezielt auf die Kakteen gesetzt und geben ihre Eier durch die Öffnungen ab. Die neu geschlüpften Larven häuten sich mehrere Male und die alten abgestreiften Häute überziehen die dicken Kaktusblätter mit auffallendem weißem Flaum. Haben die Läuse eine Größe von ca. 4 mm erreicht, können sie „geerntet" werden, das geschieht alle zwei bis drei Monate. Morgens werden die prallvoll mit Karminsäure gefüllten Tierchen von den Kakteen gesammelt und in heißem Wasser getötet, anschließend mehrere Tage lang auf Tabletts ausgebreitet und der sengenden Sonne ausgesetzt, bis sie trocken sind. Danach werden die Kadaver mit Sieben von Kaktusstacheln gereinigt und schließlich zu feinem Pulver zermahlen, das die Farbpigmente enthält. Für 1 kg Farbe müssen mehrere Millionen Läuse verarbeitet werden.

Hauptsächlich wegen ihrer wohlschmeckenden Früchte wurden die Feigenkakteen im 16. Jh. durch die *spanischen Eroberer* Südamerikas aus Mexiko

Trocknen der Cochenille-Läuse

auf die Kanaren gebracht. Als sich im 19. Jh. wichtige kanarische Wirtschaftszweige wie die Wein-, Soda- und Zuckerrohrproduktion in der Krise befanden, besann man sich einer weiteren wichtigen Eigenschaft der Opuntien: Von ihren Säften ernährten sich mit Vorliebe die Farbstoff produzierenden Cochenille-Läuse. In Mexiko hatte man die Cochenille-Läuse schon lange gezüchtet, ab 1830 begann man auch auf den Kanaren mit der planmäßigen Zucht. Vor allem die expandierende *Textilindustrie* benötigte damals dringend große Mengen der leuchtend roten Karminsäure, und die Exportmengen stiegen innerhalb weniger Jahre enorm. 1870 produzierte man auf den Kanaren bereits 3000 Tonnen Farbstoff. Doch 1880 kam das abrupte Ende des Booms mit der Entdeckung der synthetischen *Anilinfarben*. Führend darin war die Badische Anilin- und Sodafabrik (BASF).

Die Zucht der Cochenille-Läuse wurde daraufhin auf den Kanaren fast gänzlich eingestellt. Nur auf Lanzarote blieben wegen fehlender wirtschaftlicher Alternativen Restbestände erhalten. Der natürliche Farbstoff wird auch heute noch für verschiedene Zwecke gebraucht: Limonaden und Süßwaren werden damit eingefärbt, die italienischen Aperitifweine Martini und Campari haben ihren satten Rotton vom „Läuseblut", im pharmakologischen Bereich benötigt man Cochenille-Farbe für Tabletten und Medizin, Orientteppiche werden auf diese Weise eingefärbt, und schließlich wird die Karminsäure bei der Herstellung „tierversuchsfreier" Naturkosmetik verarbeitet – darunter auch besagte Lippenstifte. Lanzarote produziert heute noch jährlich etwa 15–20 Tonnen des karminroten Farbstoffs, Milliarden von Läusen müssen dafür ihr Leben lassen. Jedoch können südamerikanische Anbieter Cochenille-Rot auf dem Weltmarkt deutlich billiger anbieten und große Teile der kanarischen Cochenille müssen eingelagert werden – in der Hoffnung auf bessere Zeiten.

Inselnorden
Karte S. 263

Bei Miguel trifft man sich

Malpaís de la Corona

Gesprenkelt von zahllosen leuchtend grünen Büschen der *süßen Tabaiba* (Euphorbia balsamifera), erstreckt sich der Malpaís bis hinauf an die Nordspitze bei Órzola. Entstanden ist er vor 3000 Jahren durch die Lavaströme des Monte Corona. Im Untergrund haben sich riesige Tunnellabyrinthe gebildet, die erst zum Teil erforscht sind. Am bekanntesten ist die Schauhöhle *Cueva de los Verdes* – Teil des Lavatunnels *Atlántida*, der sich vom Monte Corona über 7 km bis zur Ostküste erstreckt. Ein weiterer großer Tunnel liegt etwa 1 km westlich der Cueva de los Verdes, 50 m nördlich der Straße von Arrieta nach Ye. Das Gebiet ist in weiten Teilen als Naturmonument *Volcán de la Corona* ausgewiesen und darf nicht bebaut werden.

Arrieta

Großes Dorf direkt an der Küste. Die erste Häuserreihe steht unmittelbar auf den niedrigen, schwarzen Uferklippen, bei Flut schlägt die Gischt fast an die Mauern. Dahinter liegen moderne Wohnblocks und Wochenendhäuser von Lanzaroteños aus dem Inselinneren. Insgesamt keine sonderliche Schönheit, bei Touristen aber bekannt und beliebt wegen seiner Fischlokale.

An einem sehr großen, leuchtend roten *Windspiel* von Manrique (sein letztes) biegt man von der Durchgangsstraße in den Ort ab. Am nördlichen Ortsende trifft man sich dann auf der Hafenmole. Hier kann man in aller Ruhe in der Sonne sitzen, die aufgewühlten Wellen beobachten und abends den Sonnenuntergang genießen. Gleich hinter der Mole liegt der winzige Strandfleck *El Charcón*. Blickfang ist die völlig inseluntypische *Casa Juanita* neben der Hafenmole. In leuchtenden Rot- und Blautönen steht sie mit ihren meterlangen Holzkaminen da wie ein Gespensterhaus aus einem Hitchcock-Krimi. Erbaut wurde sie 1920 von einem nach Argentinien

ausgewanderten Lanzaroteño aus Haría. Er wollte seiner lungenkranken Tochter ein Heim nah am Meer schaffen, jedoch vergeblich, sie starb in jungen Jahren.
Am südlichen Ortsende liegt der geschwungene, hellbraune Sandstrand *La Garita*. Hier sind vor allem die einheimischen Wellenreiter aktiv, an Wochenenden herrscht aber auch oft reger Badebetrieb. Es gibt Umkleidekabinen, eine Art Promenade und eine gemütliche Bar, im Sand stehen Kinderspielgeräte, für Fiestas existieren Sitzgelegenheiten und eine Bühne.

Verbindungen/Sport/Feste

• *Verbindungen* **Busse** der Linie 9 verkehren 2–3 x tägl. zwischen Arrecife und Órzola und Busse der Linie 7 3–6 x tägl. zwischen Arrecife und Máguez, unterwegs wird jeweils in Arrieta gestoppt.

• *Sport* **North Diving Arrieta**, Calle La Garita 33, von Gerhard Schalow (Chaly) geführte Tauchbasis an der Hauptgasse. Tauchgang ab etwa 22 € (zuzügl. Boot 3 €), Schnuppertauchen ca. 45 €, 5-tägiger Kurs ca. 300 €. Chaly vermittelt auch gerne Apartments. ✆ 928-848285, www.northdiving-lanzarote.de

• *Feste* **Fiesta de la Virgen del Carmen**, am 16. Juli, Seeprozession zu Ehren der populären Schutzheiligen der Seeleute und Fischer.

Übernachten

Es werden inzwischen zahlreiche Apartments angeboten, die Preise sind im Inselvergleich noch relativ günstig.

++ Casa La Playa, 1998 von Familie Jonas renoviertes Haus direkt am Meer, zwei Gehminuten vom Strand. Unten Wohnküche und ein Schlafzimmer, oben Terrasse am Meer, Wohnbereich und zwei weitere Schlafzimmer, insgesamt 110 qm. Preis für 2 Pers. ca. 75 €, für jedes weitere Kind bis 14 J. 5 € pro Tag, für jeden weiteren Erw. 10 €. ✆/℻ 928-835206, ✆ 629-532225 (mobil), www.lanzarote-arrieta.de

+ Apartamentos Makita, nagelneue Apartments mit zwei Schlafzimmern, ca. 50 m von der Playa La Garita, ab etwa 35 €. Zu buchen im kleinen Supermarkt gegenüber der Casa Miguel (→ Essen & Trinken). ✆ 928-803215, ℻ 848381.

+ Apartamentos Milagrosa, Calle La Garita 33, ebenfalls saubere und gepflegte Apartments in Strandnähe, mit einem Schlafzimmer (2 Pers.) etwa 33 €, mit zwei Schlafzimmern (4 Pers.) ca. 36 € pro Nacht. Vermietung an der Uferstraße neben der Tauchschule „North Diving" (→ Sport). ✆ 928-848335.

+ Apartamentos Arrieta, größeres Apartmenthaus bei der Playa La Garita, jeweils Wohnraum mit Kochzeile, separates Schlafzimmer und Duschbad, einfach und solide eingerichtet. Infos beim Restaurant El Ancla an der landeinwärts gerichteten Seite der Uferstraße, dort auch weitere Apartments. Pro Tag etwa 30–35 €. ✆ 928-848230.

Señora Victoria Lussando vermietet zum selben Preis etwas ältere, aber sehr schön direkt auf den Klippen gelegene Apartments. ✆ 928-835171.

Apartamentos Los Morros, in Meeresnähe neu erbaute Apartments mit ein und zwei Schlafzimmern, zu buchen über die Pastelería kurz vor der Casa Miguel (andere Straßenseite). ✆ 616-991022 (mobil).

Essen & Trinken

Das halbe Dutzend Fischrestaurants liefert sich einen harten Kampf um die Tagesausflügler. An der Mole sitzt man konkurrenzlos schön und zahlt etwas höhere Preise. Aber auch die Lokale an der Uferstraße haben hübsche Terrassen über den Klippen.

Casa Miguel, einfach gehaltene, urige Fischerpinte am Zugang zur Mole. Vor dem Haus sitzt man schön mit Blick aufs Meer, drinnen gleicht der Schuppen einer Bauarbeiter-Kantine mit langen Holztischen und hohem Lärmpegel. Fließbandbetrieb. In der Küche wird nicht gerade gezaubert, uns mundeten bei unserem Check aber die riesigen *langostinos*. Leserstimmen kritisch und nicht die billigsten Preise auf Lanzarote. Mo geschl.

El Charcón, die Konkurrenz zu Miguel, nur ein paar Schritte weiter direkt auf der Mole.

Inselnorden
Karte S. 263

Wenn bei Miguel schon alles im kühlen Schatten liegt, speist man hier noch in den warmen Strahlen der untergehenden Sonne, dementsprechend ist oft alles bis auf den letzten Platz besetzt. Der kommunikative Wirt Ricardo Socas ist Leiter des örtlichen Tauchclubs. Alle Fischgerichte werden frisch zubereitet, zu empfehlen ist z. B. die *parrillada de mariscos y pescado* für 25 € (2 Pers.). Angeboten wird auch ein günstiges Tagesmenü für ca. 12 €. Mi geschl.

Los Pescaditos, an der Uferstraße, vorne raus Terrasse zum Meer. Einfach und authentisch, ohne viel Schnickschnack. Hier gibt es gelegentlich eine besondere Spezialität, die stolz auf Schildern angekündigt wird: *jareas a la brasa accompañadas de gofio y papas arrugadas* – sonnengetrockneter Fisch mit Gofio und kanarischen Runzelkartoffeln. So-Abend kanarische Livemusik. Mi geschl.

El Amanecer, ebenfalls an der Uferstraße, von mehreren Brüdern geführtes Lokal mit kleiner, windgeschützter Terrasse zum Meer. Spezialität ist Fisch von La Graciosa. Gute Qualität, günstige Preise. Do geschl.

El Remo, gemütliche Holzbar am Ende des Sandstrands La Garita. Schönes Fleckchen, wo man bei Wellenrauschen einfache Gerichte essen kann. Leserzuschrift: vorher unbedingt nach Preisen erkundigen.

Zwischen Arrieta und Haría

Von Arrieta klettern zwei schmale Asphaltstraßen in weiten Kurven steil durch die Berge hinauf nach Haría. Beide Straßen führen durch fruchtbare Täler mit intensivem Terrassenanbau, reizvoll fürs Auge.

- **Barranco La Negra**: Diese Strecke ist der kürzeste Weg nach Haría. Sie geht direkt am Kreisverkehr von Arrieta ab und mündet in Haría beim Friedhof, auf dem César Manrique begraben liegt.
- **Barranco de Chafaris**: Die Straße über das hübsche Dörfchen *Tabayesco* zieht sich das *Valle de Temisa* entlang und ist ein ganzes Stück länger als die vorgenannte Straße. Sie beginnt etwas südlich von Arrieta und mündet auch etwas südlich von Haría auf die Straße Teguise-Haría. An dieser Straße gibt es eine der seltenen Wasserstellen auf Lanzarote: Ziemlich weit oben durchfährt man eine scharfe Rechtskurve, die eine Art von Wasserdurchlauf überspannt. Auf der linken Straßenseite kann man parken und den Weg links ins Tal nehmen, der einer Rohrleitung folgt. Hier kommt man zu einem Becken, welches das Wasser auffängt, das aus einer „Galería“ austritt. Der Stollen ist begehbar.

• *Übernachten* **Amaya**, zwei gepflegte, im maurisch-kanarischen Stil restaurierte Wohnungen in Tabayesco, herrlicher Blick. Die Schweizer Eigentümerin wohnt selbst vor Ort und ist um das Wohl ihrer Gäste bemüht. Großes Apt. über zwei Etagen (85 qm, max. 5 Pers., ca. 89–99 €) und kleines Apt. (55 qm, max. 2 Erw. + Kind, ca. 69–79 €). Zu mieten über Viva Ambiente, ✆ 06201/507484 (Dtl.), www.vivaambiente.com

Punta de Mujeres

Lang gestrecktes Fischerdorf, fast mit Arrieta zusammengewachsen, ebenfalls unmittelbar auf die pechschwarzen, niedrigen Klippen gebaut. Hübsches Ortsbild mit teils ketzerisch in weiß und hellblau gehaltenen Häusern, dazwischen dümpeln immer wieder bunte Fischerboote. Der moderne Hafen ist dagegen eher uninteressant.

Punta Mujeres ist ein relativ junger Ort, der an der Stelle ehemaliger Salinen erbaut wurde. Individualisten finden eine reizvolle, kleine Ferienanlage, die über Reiseveranstalter gebucht werden kann, außerdem einige Privatapartments. Ansonsten gehört Punta de Mujeres den Einheimischen. Ausländische Mietwagenfahrer sehen keinen rechten Anhaltspunkt in den schmalen Einbahnstraßen und stoppen lieber im nahen Arrieta. Viele Lanzaroteños aus anderen Inselortschaften haben dagegen hier ihre Ferienwohnungen. An Wochenenden sieht man sie auf den Klippen beim Picknick, die Jungs beim Wellenreiten oder mit dem Rad hin- und herkurven. Die Bademöglichkeiten sind bescheiden: Zwischen den Klippen sind zwei Meerwasserschwimmbecken mit Mäuerchen zum aufgepeitschten Meer hin abgetrennt und bilden so ruhige Plantschbassins.

• *Verbindungen* **Busse** der Linie 9 verkehren 2–3 x tägl. zwischen Arrecife und Órzola und Busse der Linie 7 3–6 x tägl. zwischen Arrecife und Máguez, unterwegs wird jeweils in Punta de Mujeres gestoppt.

• *Übernachten* +++ **Casitas del Mar**, hübsche, kleine Bungalowanlage am Ortsrand auf der flachen Klippenküste, direkt am Meer, weit abseits von jeglichem Trubel. 25 geschmackvoll möblierte Wohneinheiten mit jeweils zwei Schlafzimmern, TV, Bäder mit Badewannen. In der ersten Reihe Meerblick. Kleiner Süßwasserpool vorhanden. Preis vor Ort für 4 Pers. ab ca. 80 €/Tag, auch über TUI zu buchen. Rezeption über Mittag geschl. ✆ 928-848288, ℻ 848168.

Mar y Sol, direkt im Hafen, sechs Apartments mit ein oder zwei Schlafzimmern, ruhig, schöner Blick. Ein Apt. speziell für Familien mit Kindern (Spielzeug vorhanden). Preis für 2 Pers. ab ca. 40 €/Tag. Zu buchen über www.lanzarote-ferienwohnung-vermietung.de

Casa Esther, gut ausgestattetes Haus mit zwei Schlafzimmern in unmittelbarer Meernähe. Preis für 2 Pers. 80 €. Zu buchen über Jonas & Jonas, die noch ein weiteres schönes Objekt am Ort vermieten. ✆/℻ 928-835206, ✆ 629-532225 (mobil), www.lanzarote-arrieta.de

El Lago, das gleichnamige Restaurant vermietet sieben Apartments mit Terrasse und zwei Schlafzimmern. Mindestmietdauer 1 Woche, für 2 Pers. ab ca. 36 € pro Tag. ✆ 928-848176, www.apartamentosellago.com

• *Essen & Trinken* **El Lago**, in Richtung Arrieta an den Casitas del Mar vorbei. Nur durch die Uferstraße vom Wasser getrennt, große Terrasse mit herrlichem Meerblick. Der gediegene Innenraum ist mit dunklem Holz und Fischernetzen stilvoll eingerichtet, in einem großen, mit Lavasteinen eingefassten Wasserbecken (angeblich ein natürlicher Teich!) tummeln sich Schildkröten und Fische. Bei unserem Check waren wir zufrieden – gute Auswahl an Fisch, dazu große Portionen zu angemessenen Preisen. Die *calamares a la plancha* waren ausgesprochen zart, der *lenguado de Lago* wurde mit feiner Soße serviert, die Gambas waren reichhaltiger als üblich. 12–22 Uhr, So nur bis 17 Uhr, Di geschl.

• *Feste* **Fiesta del Pino**, am 8. Sept., eins der letzten großen Sommerfeste der Insel.

Jameos del Agua

Vielleicht Manriques schönstes Werk. Ein an mehreren Stellen eingestürzter Lavatunnel (die Einsturzstellen nennt man „Jameo") wurde von dem lanzarotenischen Künstler 1968 zu einer Art Gesamtkunstwerk umgestaltet. Mit kontemplativem Salzsee, reichhaltiger, subtropischer Pflanzenwelt, elegantem Schwimmbecken, viel bewunderter Konzerthöhle und verschiedenen Ausstellungen ist Jameos del Agua eine Attraktion, die fast jeder Lanzarote-Besucher kennen lernen will, was die meditative Stimmung im Inneren des Tunnels leider spürbar beeinträchtigt.

Der Lavatunnel von Jameos del Agua gehört zu dem ausgedehnten unterirdischen Höhlen- und Röhrensystem des *Túnel de la Atlántida*, der vor 3000 Jahren bei der Eruption des Monte Corona entstand (→ Cueva de los Verdes). Nach seiner Rückkehr aus New York fand Manrique hier Ende der Sechziger ein mit Abfall voll gestopftes Areal von Vulkanblasen, das alles andere als attraktiv war. Bereits damals zeigte sich die großartige Fähigkeit Manriques, die auf den ersten Blick eintönige und unschöne Lava seiner Heimat zu einer höchst ästhetischen Einheit aus Natur

Blick durch den Lavatunnel

und Kultur zu verschmelzen. Jameos del Agua wurde sein erstes Großkunstwerk auf Lanzarote – deutlicher als irgendwo anders erkennt man hier die großartigen gestalterischen Möglichkeiten, die buchstäblich „mitten in der Lava" stecken.

Öffnungszeiten/Preise tägl. 10–18.30 Uhr, Restaurant 13–16 Uhr, Eintritt ca. 8 €.

Besichtigung: Ein hölzernes Schiffsruder bildet den Eingang, hinter dem man auf holprigen Lavastufen in den kesselförmigen *Jameo Chico* (kleiner Lavatunnel) hinuntersteigt. Riesige Farne, Gummibäume und Kakteen setzen grüne Akzente, sogar Vögel nisten in dem Gewölbe. Zunächst trifft man auf das *Restaurant* der Anlage, wo man auf einer Terrasse sitzt. Einen Blick wert sind die Herrentoiletten. Über den Pissoirs sind schmale Fenster angebracht, durch die man einen Blick in einen unzugänglichen Teil des Lavatunnels werfen kann, wo sich ein kleiner, grün illuminierter Salzsee erstreckt (Manrique hat in jedem seiner Kunstwerke großen Wert auf die Gestaltung der stillen Örtchen gelegt).

Vom Restaurant steigt man noch einmal tiefer und steht auf einmal vor der gähnenden Öffnung eines 60 m langen und 20 m hohen *Lavatunnels*, der am anderen Ende offen ist und in einen weiteren, nach oben hin offenen Einbruchkessel mündet. Die gesamte Grotte nimmt ein dunkler, türkisfarben schimmernder *Salzsee* ein, der durch das poröse Basalt- und Lavagestein mit dem offenen Meer in Verbindung steht. Je nach Gezeitenstand sinkt und steigt auch der Spiegel des Höhlensees, der am tiefsten Punkt nur wenige Meter tief ist. Ein Loch in der Decke stammt von einer Gasexplosion und lässt Sonnenstrahlen hindurch fallen. Wenn man dicht ans Ufer tritt und genau hinsieht, entdeckt man auf den unter Wasser liegenden Felsen zahllose fingernagelgroße weiße Tierchen. Es handelt sich dabei um extrem lichtempfindliche und fast blinde *Albinokrebse* (Munidopsis polymorpha), die normalerweise nur in Tausenden von Metern Tiefe leben. Es ist ungeklärt, warum diese Krebse gerade hier auftreten, vermutet wird, dass sie durch unterseeische Eruptionen nach oben gedrückt wurden. Sie ernähren sich vom Algenbewuchs der Felsen. Auf Schildern wird eindringlich gebeten, keine Münzen in den See zu werfen, da die Metallkorrosion den Tierchen schadet!

Unter leisen, sphärenhaften Musikklängen läuft man auf schmalem Pfad den See entlang zur anderen Tunnelöffnung. Leider drängen sich hier oft erhebliche Menschenmassen, so kann man die einmalige Atmosphäre, die den Höhlensee umgibt, manchmal nur erahnen. Auf der anderen Seite angekommen, trifft man auf eine Tanzfläche und Sitzgelegenheiten. Hier sollte man unbedingt abwarten, bis der Trubel etwas abebbt. Intensiv spürt man dann die tiefe Ruhe, die über der Grotte mit ihrem Märchensee liegt.

Über Stufen steigt man hinauf zum *Jameo Grande*, dem zweiten Einbruch des Lavatunnels – und ein völliger Kontrast zum bisher Gesehenen wird sichtbar. Unter der hellen Sonne Lanzarotes erstreckt sich inmitten subtropischer Pflanzenwelt ein strahlend türkisfarbener Pool in elegant geschwungenen Formen. Wie mit frisch gefallenem Schnee bedeckt wirken die weiß gekalkten Stufen und Wege, pralle Papayas und schlanke Palmen schmücken das ehemals triste Lavaloch.

Am hinteren Ende des Pools liegt der Eingang zum berühmten *Konzertsaal* von Jameos del Agua, den man durch Türen mit krebsförmig gestalteten Griffen betritt. Der in schlichten, klaren Linien gehaltene Saal ist in eine schräg nach unten abfallende Höhle hineingebaut und fasst etwa 700 Personen. Die einmalige Atmosphäre und die kompakte Akustik ohne geringsten Nachhall vermitteln ein großartiges Konzerterlebnis. Leider finden Aufführungen nur wenige Male im Jahr statt und sind schnell ausverkauft (Eintrittskarten im Kulturzentrum El Almacén in Arrecife).

Vom Poolbereich kann man auf einer Wendeltreppe zur Galerie hinaufsteigen, die sich in Höhe der Erdoberfläche befindet. Hier hat man von oben einen

Der Pool von Jameos del Agua

Inselnorden
Karte S. 263

wunderschönen Blick auf die großartige Komposition der Poolanlage, aber auch weit hinaus in die freie Natur mit dem Meer im Hintergrund. Eine Bar mit soliden Holztischen lädt zum Verschnaufen ein, in den Gängen gedeihen riesige Farne, Asparagus und Hängepflanzen. In den lang gestreckten Flachbauten sind eine Reihe von Ausstellungen untergebracht. Zunächst sind alle Nationalparks der Kanarischen Inseln mit Karten und Fotos dargestellt, besonders thematisiert wurden dabei die vielfältigen Bemühungen um die Erhaltung und Pflege der Tierwelt. Optisch auffallend ist ein aus den morschen Spanten eines alten Fischerbootes konstruiertes Wandrelief von Manrique. In der weit gefächerten Ausstellung „Lanzarote – Weltschutzgebiet der Biosphäre„ kann man auf zahlreichen Schautafeln viele Eigenheiten der Insel nachlesen: die verschiedenen Naturschutzzonen, die Wasserversorgung, Geologie, Niederschlagsmengen, Vulkanismus etc. Leider sind sie fast durchweg nur spanisch beschriftet.
Zu guter Letzt ist die *Casa de los Volcánes* zu besichtigen, eine Mess- und Beobachtungsstation zur vulkanischen Tätigkeit auf Lanzarote. Am Weg in den Messraum passiert man geschickt platzierte Spiegel, in denen man sein Konterfei viele Dutzend Male multipliziert begutachten kann. Im modern ausgestatteten Hauptraum wird anhand mehrerer Bildcomputer die Entwicklung des Vulkanismus vorgeführt. Eine stilisierte Weltkarte zeigt mit Leuchtpünktchen die Entwicklung der vulkanischen Zonen auf der ganzen Welt im Lauf der letzten Jahrtausende.

Abendveranstaltungen: 3 x wöchentlich ist Jameos del Agua auch abends geöffnet. In der gepflegten Disco kann man einen flotten „Cavern-Waltz" (moderne Tanzmusik und Standardtänze) aufs unterirdische Parkett legen oder Folkloredarbietungen verfolgen. Sehr zu empfehlen ist auch die vom Künstler Ildefonso Aguilar gestaltete audiovisuelle Show zur Entstehung Lanzarotes im Konzertsaal.

Öffnungszeiten/Preise Di, Fr und Sa 19–2 Uhr (Restaurant bis 23.30 Uhr), Eintritt ca. 9 €. Angemessene Kleidung erwünscht.

„Weltmusik" in der Lavahöhle

Ein besonders herausragendes Ereignis im Konzertbetrieb der Jameos del Agua war das von 1989 bis 2002 jährlich im September/Oktober stattfindende *Festival de Música Visual*, in dem experimentell-avantgardistische Musik ein europaweit einzigartiges Forum fand. Die besondere Atmosphäre der Grotte tat das Ihre, die sphärenhaft-meditative Musik zu einer einzigartigen Erfahrung werden zu lassen. Viele bedeutende Musiker der internationalen Szene wurden dazu bereits eingeladen, u. a. Paul Horn, Peter Hammill, Eberhard Weber, Jan Garbarek, Andreas Vollenweider und Trilok Gurtu. Ergänzt wurden die Performances in Jameos del Agua durch Konzerte an weiteren eindrucksvollen Schauplätzen auf Lanzarote, z. B. in der Cueva de los Verdes, in den ehemaligen Zisternen „Los Aljibes" bei Tahiche und in der Kirche San Ginés in Arrecife. Eine Neuauflage des Festival hat leider seitdem nicht stattfgefunden.

▸ **Windsurfspot Los Jameos**: An der Küste direkt unterhalb der Anlage treffen sich Windsurfprofis und Wellenreiter. Eine sandige Klippenbucht kann mit Pkw angefahren werden. Der Spot gilt als einer der reizvollsten, aber auch schwierigsten auf Lanzarote – oft herrschen ablandiger Wind und extrem hohe Brandung.

Abstieg in den Lavatunnel

Cueva de los Verdes

Vor etwa 3000 Jahren brach der Monte Corona im Norden Lanzarotes aus. Gewaltige Lavaströme (Ríos de Lava) ergossen sich hinunter zur 6 km entfernten Ostküste und bildeten ein riesiges Lavameer, den Malpaís de la Corona. Unter der Oberfläche entstanden dabei ausgedehnte unterirdische Höhlensysteme. Während die oberen Lavaschichten nämlich durch Luftberührung schnell erkalteten, flossen die Glutströme darunter weiter und formten kilometerlange Röhren (Tubos volcánicos), die schließlich ins Meer mündeten. Dies war die Geburtsstunde der Cueva de los Verdes, Teil des bislang längsten bekannten Lavatunnels der Welt. Der „Túnel de la Atlántida" zieht sich vom Monte Corona bis zur Küste und verläuft noch etwa 1,6 km weiter unter dem Meeresboden. Auch die von Manrique ausgestalteten Jameos del Agua (→ oben) gehören zu diesem Labyrinth.

Inselnorden
Karte S. 263

Von den insgesamt fast 8 km, die der Tunnel lang ist, sind 2 km für die Öffentlichkeit freigegeben und ausgebaut worden – die *Cueva de los Verdes*. Man besichtigt sie am besten gleich im Anschluss an Jameos del Agua, die beiden Sehenswürdigkeiten liegen nur wenig mehr als 1 km voneinander entfernt. Eine schmale Asphaltpiste mit Ausbuchtungen für den Gegenverkehr führt von Jameos del Agua quer durch den Malpaís zum Höhleneingang und kann auch problemlos zu Fuß begangen werden.

In der Cueva de los Verdes wurde ein Weg angelegt und vom Künstler Jesús Soto mit Lampen eindrucksvoll ausgeleuchtet. Der Besuch ist wie ein Trip in eine andere Welt: Aus der Sonnenwärme und Tageshelle Lanzarotes steigt man mit einem Führer 50 m tief unter die Erdoberfläche und bewegt sich in dem bizarr verformten

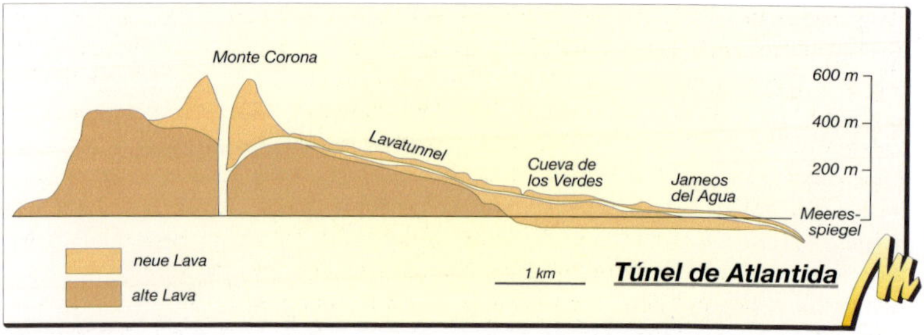

Tunnel des Lavastroms vorwärts. Mit bis zu vier Stockwerken, so genannten *Galerías*, übereinander ist er fast 40 m hoch. Die Temperatur beträgt hier unten konstant 18 Grad Celsius, keinerlei Klimaeinflüsse oder Geräusche der Oberwelt dringen in die Tiefe herunter – eine dichte Atmosphäre des Schweigens hängt über der urweltlichen Szenerie, nur unterbrochen durch leise, sphärenhafte Musik, die aus Lautsprechern erklingt. Ein weiterer Zugang zur Höhle liegt etwa 1 km vom heutigen Haupteingang, nur deshalb kann hier unten überhaupt genügend Luft zirkulieren. Der Besuch ist ausschließlich im Rahmen einer Führung möglich und dauert ca. 45 Min.
Die Cueva de los Verdes (Höhle der Grünen) war den Bewohnern Lanzarotes schon in vorspanischer Zeit bekannt. Sie wurde immer wieder als Zufluchtsort vor den Spaniern genutzt und besaß geheime Zu- und Ausgänge. Später flüchteten sich die Lanzaroteños vor allem bei den häufigen Piratenüberfällen in das für Fremde kaum kontrollierbare Labyrinth. 1618 wurde jedoch der geheime Eingang an algerische Piraten verraten, die viele hundert Gefangene in die Sklaverei verschleppten. Wie die Führer erzählen, stammt der Name der Höhle von einer Familie namens „Verde" ab, die hier vor 200 Jahren wohnte.
Der *Túnel de la Atlántida*, zu dem die Cueva de los Verdes gehört, wurde 1983 erstmals bis zum Ende erforscht, 1993 ein zweites Mal. Dabei entdeckte man eine ganze Reihe von Höhlentierchen, die eigentlich der Tiefseefauna angehören und bisher auf Lanzarote unbekannt waren. Insgesamt gibt es im Verlauf des Tunnels 16 Einsturzstellen, so genannte Jameos.

Öffnungszeiten/Preise tägl. 10–18 Uhr, Eintritt ca. 8 €. Führungen finden etwa alle halbe Stunde statt, die letzte um 17 Uhr.

Besichtigung: Die Führer halten an markanten Punkten und erklären in Spanisch und oft schwer verständlichem Englisch. Wer etwas mitbekommen will, muss sich eng beim Führer halten, die Gruppen umfassen oft sehr viele Besucher. Unterwegs zeigen die Guides immer wieder eigentümlich verwitterte und geschickt angestrahlte Felsformationen: ein Klavier, einen Totenkopf, ein Haifischmaul, den Ofen des Teufels, den iranischen Ayatollah Chomeini u. Ä. mehr.
Vom großen Eingangsloch der Höhle steigt man zunächst in langer Schlange einen engen, gewundenen Gang hinunter, immer wieder muss man dabei den Kopf einziehen. Unten gelangt man in eine große, hallenartige Verbreiterung des Gangs. Eindrucksvoll beleuchtet kommen hier die verschiedenen Bestandteile der Wände zur Geltung – rote Einlagerungen von Eisenoxid, weißes Kalziumsulfat (Gips), schwefliges Phosphorgelb und schwarzes Magnesium. An einer Stelle des Rundgangs kann man die gesamte Höhe des Tunnels überblicken – vier Galerien türmen sich hier übereinander. Im Folgenden schiebt sich die Decke oft so niedrig über den

Weg, dass man sich tief bücken muss. Beim Herabfließen hat die Lava zahllose winzige Stalaktiten gebildet, die wie Tropfen herunterhängen, von den Führern gerne poetisch „tears of lovers“ genannt. Seitlich des Wegs sind auch noch Reste des Lavaflusses zu sehen, der sich hier mit 1200 Hitzegraden seinen Weg bahnte. An der tiefsten Stelle des Rundgangs, 53 m unter der Erdoberfläche und 20 m über dem Meeresspiegel, passiert man den *Konzertsaal*, wo eine ganze Batterie von Stühlen bereitsteht. Wegen der staubtrockenen Akustik ohne jegliches Echo finden hier gelegentlich Konzerte statt und der Führer fordert die Besucher gerne auf, ein Lied zum Vortrag zu bringen. Am Ende der Strecke steigt man in eine der höher gelegenen Höhlengalerien hinauf. Dort erwartet den Besucher ein höchst überraschender Abschluss – die perfekte optische Illusion und ein echter Knalleffekt, den wir hier nicht verraten wollen!

Versteckt im Malpaís: Die Quesera de Bravo

Zwischen Jameos del Agua und der Cueva de los Verdes liegt ein steinernes Relikt der vorspanischen Bewohner, das bis heute Rätsel aufgibt. Es handelt sich dabei um vier künstlich geschaffene Rillen mit einer Ausdehnung von etwa 4 x 7 m Länge im Basaltgestein, die z. T. durch Stege in kleine Kammern unterteilt sind. Die Funktion dieses eigenartigen Systems ist ungeklärt – Trankopferaltar, Getreidemörser, Vorrichtung zum Zerquetschen von Wolfsmilchgewächsen? Sie finden die Quesera de Bravo, indem Sie die Straße von Jameos del Agua zur Cueva de los Verdes hinaufgehen. Etwa 20 m nach der Kreuzung mit der Durchgangsstraße führt linker Hand ein schmaler, kaum kenntlicher Pfad etwa 100 m weit ins Malpaís, bis man auf die steinige Erhebung mit der Quesera trifft. Im Umkreis liegen außerdem einige Dutzend Wohnhöhlen der Majos.

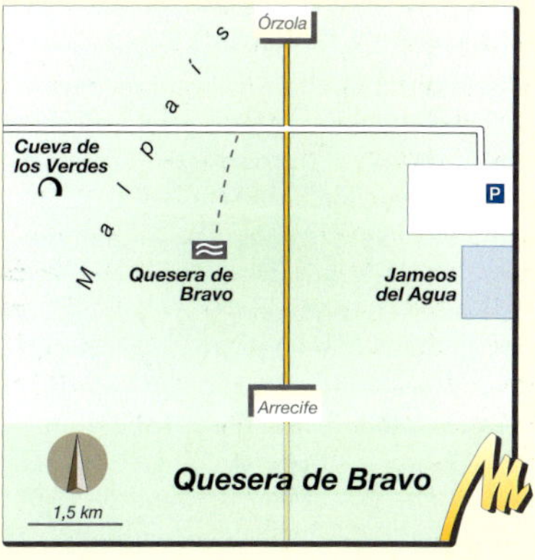

Eine noch größere Quesera hat man bei der archäologischen Ausgrabung des Palacio del Zonzamas zwischen San Bartolomé und Tahiche (→ S. 199) entdeckt. Dort können Sie auch einige der mannigfaltigen Erklärungsversuche nachlesen.

Von Jameos del Agua nach Órzola

Eine Asphaltpiste durchquert den mit Tabaiba-Sträuchern dicht bewachsenen Malpaís des Monte Corona. An der *Caleta del Guincho* passiert man direkt an der Straße ein uriges Ziegengehöft. Eine große Überraschung in der Einöde sind die Strände kurz vor Órzola.

▸ **Strände vor Órzola**: *Caletones* heißen die Handvoll weißer Dünenstrände, die ganz unvermutet im Klippengewirr des tiefschwarzen Malpaís auftauchen. Wie exotische Südseelagunen liegen die kleinen, ruhigen Buchten mit extrem niedrigem

Inselnorden
Karte S. 263

Wasserstand in Sichtweite zur Straße, wunderbar ist der farbliche Kontrast zum lichtblauen und türkisfarbenen Meerwasser.
In den flachen Buchten wird das Wasser der Caletones von der Sonne angenehm erwärmt. Vor allem bei Flut lohnt der Besuch, da sich dann das Niedrigwasser weiträumig verteilt (aktuelle Gezeitentabellen in der Zeitschrift „info Canarias"). Wer schwimmen will, muss allerdings den schützenden Klippengürtel überwinden, um ins tiefere Wasser vorzudringen – wegen der schweren Brandung ist das nicht überall zu empfehlen. Zum Sonnen sind die Strände jedoch ideal, aus Lavabrocken aufgehäufte Rundburgen schützen vor Wind, der Müll wird regelmäßig abtransportiert. An Wochenenden sind die Caletones immer gut von Einheimischen besucht, in langen Karawanen parken die Autos an der Straße. Im Sommer und an Feiertagen sieht man sogar ganze Zeltkolonien – trotz der häufig präsenten Verbotsschilder.
Von Süden kommend, passiert man zunächst die *Caleta de Mojón Blanco*, einen schönen Hang aus Dünen direkt unterhalb der Straße. Die Verwehungen ziehen sich hier bis über das Asphaltband. Danach folgt der *Caletón Blanco*, wo die Einheimischen besonders gerne zelten. Schließlich kommt man zur flachen Bucht *Charca de la Laja*, wo gelegentlich ein Snackwagen mit Stromgenerator für Erfrischungen sorgt. Von Órzola läuft man etwa 20–30 Min.

Órzola

Nördlichste Ortschaft Lanzarotes, weiße Häuser auf flachen, schwarzen Klippenfeldern, landschaftlich großartig am Fuß des Famara-Massivs.

Der Name Órzola stammt wahrscheinlich von der rostroten *Orchilla-Flechte*, die von den Phöniziern und Römern im Famara-Massiv gesammelt wurde, um daraus einen wertvollen purpurroten Farbstoff zu gewinnen (→ S. 71). Heute wird Órzola neben Caleta de Sebo auf La Graciosa als Fischerhafen genutzt, allerdings nur in geringem Umfang. Die Fischrestaurants von Órzola zählen zu den beliebtesten der Insel. Vor allem aber setzen hier täglich die Boote zur Insel *La Graciosa* über, nicht selten ein kleines Abenteuer. Die kleinen Passagierschiffe schwanken in der aufgewühlten See wie Spielzeugschiffchen in einer Badewanne, man fühlt sich wie in der Achterbahn – nichts für zarte Seelen und empfindliche Mägen. An Wochenenden sind die Fährboote oft rappelvoll. Auf der Mole tummeln sich unternehmungslustige Ausflügler, einheimische Pendler und Schulkinder, die während der Woche bei Verwandten auf Lanzarote bleiben. Dick bepackt kommt so mancher daher, aber gleichgültig ob Hundefamilie, Surfbrett oder Farbfernseher – alles wird geduldig verladen.
Wer genug gesehen hat, kann eins der zahlreichen Fischlokale besuchen oder zur ortsnahen *Playa de la Cantería* hinüberlaufen oder fahren. Der hellbraune Sandstrand liegt etwa 1 km westlich vom Hafen, direkt unterhalb der Steilwand des Famara-Kliffs (→ Wanderung zur Punta Fariones). Wegen der oft heftigen Brandung ist er beliebt bei einheimischen Wellenreitern. Zum Baden sind allerdings die *Caletones* südlich von Órzola reizvoller. Außerdem verschwindet die Sonne an der Playa de la Cantería wegen des beherrschenden Steilhangs schon sehr früh am Nachmittag, und fröstelnder Schatten macht sich breit.
Abends, wenn die zahlreichen Tagesausflügler wieder verschwunden sind und die Restaurants schließen, herrscht in Órzola absolut „tote Hose" – oder erholsame Ruhe, je nach persönlichem Standpunkt. Dies sollte man wissen, falls man vorhat, sich hier einzuquartieren.

An den Caletones südlich von Órzola

Verbindungen

Busse der Linie 9 pendeln 2–3 x tägl. zwischen Arrecife und Órzola, unterwegs wird in allen Orten am Weg gestoppt, Preis einfach ca. 3,50 €. Abfahrtszeiten in Arrecife: 7.40 und 15.30 Uhr, zurück 8.30 und 16.30 Uhr (Stand 2005).

Schiffe setzen 3–4 x tägl. nach La Graciosa über. Zwischen Bus und Schiff besteht direkter Anschluss. Abfahrtszeiten nach La Graciosa: 10, 12 und 17 Uhr, von Juli bis September zusätzlich 18.30 Uhr, Rückfahrt: 8, 11 und 16 Uhr, im Sommer zusätzlich 18 Uhr (Stand 2006). Überfahrtsdauer ca. 30 Min., Preis hin/rück ca. 15 €, Kinder die Hälfte. Weitere Details unter La Graciosa, S. 324.

Taxi von und nach Puerto del Carmen kostet ca. 40 €. ✆ 928-835154.

Übernachten

Los Vientos, unscheinbares Haus im Hafen links, zu erkennen an den grünen Läden. Rechts neben dem Haus ein schöner Garten, üppig bepflanzt mit Kakteen, Aloen, Agaven u. v. m. Im Garten liegen auch das Studio und die drei Apartments, die vermietet werden. Die älteren deutschen Vermieter Eva-Maria und Enrique gehören zu den touristischen Pionieren im Ort und waren schon Anfang der Siebziger hier, als noch kaum ein Haus stand und die Asphaltstraße eine staubige Piste war. Tagespreise (3 Tage Mindestaufenthalt): Apartment mit 2 Schlafzimmern (Platz für bis zu vier Personen) ca. 20 € pro Pers., Studio (für 2 Pers.) ca. 17 € pro Pers. ✆ 928-842557.

Perla del Atlántico, über diesem Restaurant am Hafen werden sechs einfache Apartments mit Balkon für ca. 36 € vermietet, Mindestmietdauer 3 Tage (bei einer Woche ca. 25 € pro Tag), z. T. mit wunderschönem Meereblick. Auskunft im Supermarkt Hermanos Arraez an der Zufahrtsstraße zum Hafen. ✆ 928-842541.

Punta Fariones, auch über diesem Restaurant an der Zufahrtsstraße liegen zwei Apartments und ein DZ – ein Apartment mit Dachgarten, eins mit Balkon und Meerblick (ca. 35–40 €), das DZ leider nur mit Fenster zum Flur (ca. 22 €). ✆ 630-282727 (mobil).

Casa Sebastian, gut ausgestattetes Haus am Ende der Straße, fast direkt am Meer.

Inselnorden
Karte S. 263

Fischer in Órzola

Zwei Schlafzimmer, zwei Terrassen, Innenhof, Waschmaschine, in der Nähe Bademöglichkeit. Preis für 2 Pers. ca. 75 €. Zu buchen über Jonas & Jonas, ✆/℻ 928-835206, ✆ 629-532225 (mobil), www.lanzarote-arrieta.de

Essen & Trinken

An Wochenenden stapeln sich die Tagesgäste fast in den Fischlokalen im Hafen und entlang der Uferpromenade. In den Restaurants, die weiter entfernt vom Hafenbecken liegen, gibt man sich im Allgemeinen mehr Mühe und die Preise sind etwas günstiger als im überlaufenen Zentrum. Abends schließen fast alle Restaurants.

Punta Fariones, direkt im Hafen, an der Zufahrtsstraße links. Eins der ältesten Lokale im Ort, Fisch und Schalentiere in guter Qualität, Spezialität ist *lenguado* (Seezunge). Leserzuschrift: „Das einzige Restaurant mit echten, frischen Muscheln, alle anderen verwenden Importware aus Neuseeland. Jeden Tag geht jemand *lapas* (Napfschnecken) sammeln."

Os Gallegos, neben Punta Fariones, von Zuwanderern aus Galizien (Nordwestspanien) geführtes Lokal, im Eingangsbereich wird eine kulinarische Auszeichnung präsentiert, die im Jahr 2000 verliehen wurde. Auf der Speisekarte neben kanarischer Küche auch einige Gerichte aus Galizien, z. B. der *caldo gallego* (galizische Suppe). Hinten ein schöner, pflanzengeschmückter Patio. Laut Zuschrift Service eher lustlos, Portionen klein und teuer.

Perla del Atlántico, schöner Meerblick, äußerlich modern, der Innenraum groß und nett dekoriert.

Casa Arráez, am Ostende der Promenade, kurz vor der langen Rampe, wo die Boote ins Wasser gelassen werden. Schöne Lage am Wasser, der Innenraum hübsch maritim dekoriert. Die *ensalada de la casa* ist vielfältig, als Vorspeise kann man z. B. den kanarischen Eintopf „Rancho" mit Kichererbsen und Nudeln kosten, die gemischte Fischplatte ist recht reichhaltig bestückt und kostet ca. 18 € für 2 Pers. Angeboten wird auch ein günstiges Probiermenü.

El Norte, ein paar Schritte nordwestlich vom Hafen. Meist etwas ruhiger als die anderen Lokale, verglaste Terrasse, der Innenraum mit historischen Fotos geschmückt. Leserempfehlung für den „Fisch des Tages".

Los Roques, vom Hafen die Zufahrtsstraße ein Stück zurücklaufen, das einfache Fischlokal von Raffael besitzt eine große Terrasse mit Meerblick. Ein offener Grill sorgt für kulinarischen Nachschub.

Shopping/Sport/Feste

• *Shopping* großer Supermarkt **Hermanos Figueroa** an der Zufahrtsstraße zum Hafen links, ein weiterer namens **Hermanos Arraez** rechts an der Straße.

• *Sport* **Wellenreiter** treffen sich an der Playa de la Cantería.

Drachenflieger stürzen sich gelegentlich beim Mirador del Río auf dem Famara-Kliff in die Lüfte und landen am Sportplatz von Órzola.

Hochseefischer können im Restaurant Punta Fariones nachfragen, ca. 150 € pro Pers. (mind. 3 Pers.), Begleitperson etwa 60 €. ✆ 928-842558.

• *Feste* **Fiesta de la Santa Rosa de Lima**, am 23. August, Fiesta mit großem Sommertanz.

Las Pardelas: kleine „Erholungsfarm" an der Straße von Órzola in Richtung Ye (beschildert), geeignet vor allem für Familien mit Kindern. Das Gelände erstreckt sich in schöner landschaftlicher Lage am Fuß einiger flechtenbewachsener Lavaklippen, dahinter erhebt sich pittoresk der 356 m hohe *Volcán La Quemada*, wenig südlich davon liegt der naturgeschützte Park des *Volcán de la Corona*. Nach dem Eingang kommt man an schön geformten Kakteen vorbei und gelangt zum kleinen Restaurant mit einem lang gestreckten Treibhaus, unter dessen natürlicher Bedeckung in feuchtschwüler Luft zahlreiche Blattpflanzen gedeihen. Dahinter erstreckt sich der größere Teil des Anwesens, wo viele weitere Pflanzen und Kakteen wachsen, aber auch Kühe, Schafe, Esel, Ziegen und Tauben gehalten werden. Kinder können hier unter Anleitung auf einem Esel reiten, auch ein kleiner Spielplatz ist vorhanden. Nach dem Rundgang lädt das gemütliche Restaurant mit seiner überdachten Terrasse zum entspannten Genuss der ruhigen Umgebung ein, serviert werden Gerichte vom offenen Grill (man kann sein Fleisch auch selber mitbringen), Tapas und Weine von Lanzarote. Im Inneren hängt eine hübsche Sammlung kolorierter Postkarten aus dem 19. Jh. mit Szenen aus Gran Canaria und Teneriffa.

Eselreiten auf der Erholungsfarm „Las Pardelas"

Öffnungszeiten/Preise Di–So 10–18 Uhr, Eintritt ca. 4 €, Kinder 2 €. ✆ 928-842545, ✆ 928-843591.

Wanderung von Órzola zur Punta Fariones

Die exponierte Nordspitze Lanzarotes ragt wie ein gezacktes Messer ins Meer. Der Weg führt von Órzola westwärts zur *Playa de la Cantería* (von der Hauptstraße vor dem Supermarkt Hermanos Figueroa in einen Fahrweg abbiegen) und von dort als schmaler Pfad unterhalb der Steilwand immer am Meer entlang. An mehreren tröpfelnden Quellen entlang geht es fast bis zur Spitze, wo der Weg nach etwa einer Stunde an einem bis zur Felskante reichenden Wasserkanal endet.

La Graciosa

La Graciosa, die „Anmutige" – kann ein Name irreführender sein? Ein kahles Wüsteneiland am Ende der Welt, kein Tropfen Wasser im Boden, vertrocknete Steppe mit höchstens kniehohen Gewächsen, sandbedeckte Vulkankegel, Staub und Treibsand, wohin man blickt. Sollte das „graciosa" sein? Doch fahren Sie einmal zum Aussichtspunkt Mirador del Río im Famara-Kliff hinauf: La Graciosa liegt dort unmittelbar vor der Küste Lanzarotes im Meer und der Anblick ist einfach märchenhaft schön. Vielleicht stand der normannische Eroberer Jean de Béthencourt gerade hier oben, als er 1402 der bis dahin namenlosen Insel ihren Namen gab.

Die Wüsteninsel La Graciosa, größte Insel des Archipels Chinijo, ist ein Ziel für Individualisten, denn es gibt nur zwei Orte, den beschaulichen Hafen *Caleta del Sebo* und die winzige Küstensiedlung *Pedro Barba*. Im Winter bewohnen knapp 600 Menschen die Insel, im Sommer steigt ihre Zahl wegen Verwandten- und Ferienbesuchen aufs Doppelte. Bis auf wenige Meter im Umkreis der Hafenmole findet man keinerlei Asphalt, man bewegt sich ausschließlich auf Sand. Ruhe und Gelassenheit liegt über allem.

Seit vor über hundert Jahren La Graciosa besiedelt wurde (→ Geschichte), lebt man von den reichen Fischgründen um die Insel. Im Hafenbecken liegt – nach Arrecife – die zweitgrößte Fischereiflotte Lanzarotes. Doch die 1987 erfolgte Deklarierung des gesamten Archipels zum Naturschutzgebiet hat die Situation der Fischer erheblich erschwert, denn sie müssen nun mit ihren Kuttern weit hinaus fahren, um ihre langen Schleppnetze zu füllen und die Dörfer im Norden Lanzarotes mit Fisch zu versorgen. So ist es verständlich, dass der Tourismus als Lebensperspektive immer mehr in den Vordergrund rückt. Viele Familien vermieten mittlerweile Apartments, auch Neubauten werden dafür in steigender Zahl errichtet (was Bau- und Verkehrslärm mit sich bringt) und nicht wenige Häuser wurden bereits gewinnbringend an Ausländer verkauft. Einer groß angelegten touristischen „Eroberung" hat man sich jedoch bislang widersetzt: Keine „inseltypische" Großanlage verunstaltet die Insel, keine klimatisierten Tourbusse röhren über die bescheidenen Pisten, die Verpflegungsmöglichkeiten sind an zwei Händen abzuzählen. Lediglich Jeep-, Quad- und Mountainbiketouren werden inzwischen angeboten – und das ist eigentlich schon zu viel.

Archipiélago Chinijo: Nördlichste Inselgruppe der Kanaren

Der „winzige Archipel" liegt im äußersten Norden Lanzarotes und besteht aus den Inseln *La Graciosa, Alegranza, Montaña Clara, Roque del Este* und *Roque del Oeste*. La Graciosa ist mit Abstand die größte Insel und als einzige bewohnt. Von Órzola an der Nordspitze Lanzarotes kann sie täglich mit Fährbooten besucht werden. 1987 wurde der gesamte Archipel zusammen mit der Steilküste des Famara-Kliffs zum *Naturschutzgebiet* erklärt. Die kleinen, unbewohnten Inseln zählen zu den wichtigsten Vogelschutzgebieten der Kanaren und sind seit 1994 neben dem Nationalpark Timanfaya Kernzone des Biosphärenreservats Lanzarote.

Am Ortsrand von Caleta del Sebo

La Graciosa ist ein Ausflugsziel, dessen Beliebtheit stetig steigt – auch für die Lanzaroteños. Bislang sind hauptsächlich naturverbundene und Ruhe suchende Seelen anzutreffen: Rucksacktouristen, Wanderer, Mountainbiker, junge Leute mit Gitarre und Surfbrett unterm Arm. Doch für die nächsten Jahre stehen die Zeichen auf Expansion.

Geschichte

Bis Ende des 19. Jh. war La Graciosa unbewohnt. Doch immer wieder nutzten Piraten die abseits liegende Insel als Versteck, um die aus Amerika zurückkehrenden Frachtschiffe zu überfallen. Auch europäische Handels- und Militärschiffe trafen auf ihrem langen Weg von Spanien oder Portugal zunächst auf die nördlichste Insel des kanarischen Archipels, wo dann meist die Frachträume gereinigt wurden, bevor man einen Hafen anlief. Für den Naturforscher *Alexander von Humboldt* war La Graciosa am 17. Juni 1799 die erste Station seiner Südamerikareise: „Ganz unbeschreiblich ist das Gefühl des Naturforschers, der zum ersten Mal einen außereuropäischen Boden betritt ... Bei jedem Schritt glaubt man einen neuen Naturkörper vor sich zu haben“, notierte er fasziniert (A. v. Humboldt, Südamerikanische Reise). Der Fischreichtum der Gewässer um La Graciosa blieb natürlich nicht verborgen. Um 1880 errichtete ein findiger Unternehmer eine Fischfabrik an der Stelle des heutigen Caleta del Sebo. Als Arbeitskräfte verdingte er eine Handvoll Fischerfamilien aus Arrecife und Arrieta, die sich als erste Einwohner auf La Graciosa fest niederließen. Das Unternehmen machte bald Pleite, doch die Neusiedler blieben am Ort – nicht zuletzt, weil die Fischerei auf La Graciosa einträglichen Verdienst versprach. Nach und nach kamen noch weitere Fischer von Lanzarote herüber und zwei kleine Siedlungen entstanden: *Caleta del Sebo* und *Pedro Barba*. Der Name Sebo (= Talg) spielt auf das Sekret von Walen an, die in dieser Bucht gefangen und

Inselnorden
Karte S. 263

verarbeitet wurden. Pedro Barba war ein Abgesandter des spanischen Königs, der Anfang des 15. Jh. die Misswirtschaft von Maciót de Béthencourt auf Lanzarote untersuchen sollte. Wegen der strategisch günstigen Lage wollte man zu Beginn des 20. Jh. einen Militärhafen in die Meerenge El Río setzen. Beim heutigen Mirador del Río hatte man damals bereits eine Kanonenbatterie in Stellung gebracht. Doch die Einwohner stellten sich geschlossen gegen das Vorhaben – wie auch gegen weitere Projekte, die den Charakter der Insel entscheidend verändert hätten (→ S. 329). Da La Graciosa mittlerweile als Naturschutzgebiet ausgewiesen ist, scheint das vorerst geglückt zu sein.

Literarisch verewigt: Der Schatz von La Graciosa

Ein englisches Piratenschiff, überreich mit Gold beladen, soll einst vor La Graciosa geankert haben. Andere Freibeuter wollten den Engländern den Schatz abjagen, doch bevor es zum Kampf kam, konnten diese das Gold auf der Insel vergraben. Selbst unter der Folter gaben sie das Versteck nicht preis. Nur ein Schiffsjunge überlebte das Massaker, erst im hohen Alter verriet er das Geheimnis, konnte aber keine genauen Angaben mehr über den Standort machen. So blieb der „Schatz von La Graciosa" bis heute unentdeckt. Angeblich inspirierte diese Geschichte den englischen Schriftsteller Robert Louis Stevenson (1850–1894) zu seinem Bestseller „Die Schatzinsel".

Landschaft, Flora und Fauna

La Graciosa ist weitgehend flach und ringsum von Stränden, ausgedehnten Treibsandzonen und Dünen umgeben. Höhepunkt ist der weiße Traumstrand *Playa de las Conchas* an der nördlichen Westküste. Markante Landmarken sind die vier Vulkane der Insel, am besten zu erkennen vom Beobachtungspunkt Mirador del Río: in der Inselmitte der lang gestreckte Vulkan *Pedro Barba* mit den beiden Gipfeln *Las Agujas Grandes* (266 m) und *Las Agujas Chicas* (257 m), südlich benachbart die *Montaña del Mojón* (188 m), etwas versteckt im Nordwesten die rötliche *Montaña Bermeja* (157 m) und im äußersten Süden die ockerfarbene *Montaña Amarilla* (172 m). Die Vegetation ist spärlich und höchstens kniehoch: trockener Dornlattich, Strandwolfsmilch, sukkulente Meeresträubchen und die struppigen Nelkengewächse *Herniaria canariensis*. Lediglich in Caleta del Sebo hat man begonnen, kleine Palmen zu pflanzen. Wie auf den anderen Isletas des Archipels Chinijo nisten auch auf La Graciosa zahlreiche Wasservögel, darunter Fischadler und Falken.

Caleta del Sebo

Der Hafenort wirkt wie ein Dorf aus einer anderen Welt. Mit seinen flach geduckten, weißen Häusern und breiten, sandigen Pisten scheint er einem Wildwestfilm entsprungen zu sein. Kein Stückchen Asphalt verunstaltet den Ort, überall läuft man auf Sand. Hier und dort wurden kleine Palmen gepflanzt, um das wüstenhafte Ambiente abzumildern. Immer aufs Neue traumhaft stellt sich das großartige Panorama der Famara-Steilwand genau gegenüber dar, jenseits vom nur 1 km breiten Río.

Das gemächliche Leben steckt an. Man bummelt am Hafen umher, begutachtet die neuen Gesichter, die mit der Morgenfähre herübergekommen sind, schaut mal in

Inselnorden
Karte S. 263

einer der kleinen Cafeterias vorbei und wartet auf die Nachmittagsfähre. Manche der Einwohner tragen auch heute noch die traditionellen konischen Strohhüte, die *„Solajeros"* genannt und auf La Graciosa selber hergestellt werden. Die Tage verlaufen ohne große Ereignisse: Fischer sind beschäftigt mit der Wartung der Boote oder reparieren ihre Reusen, alte Männer sitzen auf den Bänken an der kleinen Hafenpromenade und plauschen, Frauen schrubben die blau gestrichenen Türen und Fenster, die Kinder plantschen am kleinen Ortsstrand. Eine gewisse Betriebsamkeit kommt nur auf, wenn das Schiff aus Órzola einläuft. Fast immer hat man jemanden zu empfangen oder zu verabschieden oder man kommt einfach nur zum Schauen: das Boot als gesellschaftlicher Mittelpunkt des Insellebens.

In Caleta del Sebo gibt es die einzigen Unterkünfte auf La Graciosa, die aber inzwischen in reichlicher Zahl vorhanden sind. Eins der größten Probleme für die wasserlose Insel ist natürlich die Versorgung mit Trinkwasser. Während man früher Regenwasser in großen Zisternen in der Inselmitte sammelte, außerdem mühsam

Süßwasser von den Quellen und Stollen im Famara-Gebirge jenseits vom Río herübertransportieren musste, gibt es mittlerweile im Hafen von Caleta del Sebo eine kleine Meerwasser-Aufbereitungsanlage. Und auch die Dieselgeneratoren haben ausgedient, seitdem der Strom per Unterwasserkabel von Lanzarote herüberkommt. Baden kann man in einer sandigen Bucht mitten im Ort oder an der flach ins Wasser abfallenden *Bahía del Salado*, 15 Fußminuten südlich außerhalb.

Eine Seefahrt, die ist lustig ...

Die Passage nach La Graciosa gehört zu den aufregendsten Erlebnissen im Meer um Lanzarote. Nicht selten türmt sich vor Órzola eine meterhohe Brandung im offenen Meer, angefacht durch die stetigen Passatwinde aus Nordost. Das Boot stürzt und steigt über die Wellen, man fühlt sich wie in einer Achterbahn, die heftige Schräglage lässt Mutige lachen, Ängstliche erschauern. Erst wenn man in den Río einbiegt, wird das Meer schlagartig ruhig – gleichzeitig atmet alles an Bord erlöst auf, plaudert und lacht. Die Rückfahrt am Nachmittag ist meist weniger aufreibend, nur das letzte Stück hat es in sich, denn oft braucht das Schiff mehrere Anläufe, um mit der richtigen Welle buchstäblich in den Hafen von Órzola zu „surfen". Aber keine Angst, die Boote sind sehr stabil und wendig gebaut, besitzen zudem einen äußerst tief liegenden Schwerpunkt. Und Kapitän Juan Romero ist ein echter Seebär und Meister seines Fachs. Die stärksten Winde wehen übrigens von Mitte Februar bis Mitte März. Bei allzu heftigem Seegang fallen die Überfahrten aus!

Früher pendelten die Boote direkt über die Meerenge El Río und landeten auf Lanzarote an der Stelle El Embarcadero, am Südende der Playa del Risco (→ Inselnorden, Unterhalb des Famara-Kliffs). Dort stieg ein Maultierpfad die Steilwand des Famara-Massivs hinauf zu den Orten Ye und Máguez. Da der Río fast immer ruhiges Wasser führt, waren diese Fahrten auch bei schlechter Witterung zu machen.

Anfahrt/Verbindungen

Kleine Personenfähren der **Líneas Marítimas Romero** pendeln 3–4 x täglich zwischen Órzola und Caleta del Sebo. Abfahrt in Órzola: 10, 12 und 17 Uhr, Juli bis Sept. zusätzlich 18.30 Uhr; in Caleta del Sebo: 8, 11 und 16 Uhr, Juli bis Sept. zusätzlich 18 Uhr. Im Einsatz sind derzeit drei moderne Schiffe, die jeweils 50–80 Passagiere fassen. Preis für einfache Fahrt ca. 7,50 €, hin/rück das Doppelte, Kinder die Hälfte. Fahrzeit 30 Min., Fahrzeugmitnahme nicht möglich. Information unter ✆ 928-842055, ℻ 842069, E-Mail: lmromero@lanzarote.com

Die **Busse** von Arrecife nach Órzola kommen rechtzeitig zu den ablegenden Fähren und stehen für die Rückfahrt bereit, wenn das Schiff aus La Graciosa anlegt. Lediglich für die letzte Fähre im Sommer gibt es keinen Busanschluss mehr. Abfahrtszeiten Arrecife: 7.40 und 15.30 Uhr, Órzola: 8.30 und 16.30 Uhr (Stand 2006).

Unterwegs auf der Insel (siehe Karte S. 326/327)

Dromedare leben auf La Graciosa nicht mehr. Sie wären ein adäquates Verkehrsmittel für die kargen Sandwüsten. So geht man zu Fuß und kann in wenigen Stunden einen Großteil der Insel durchstreifen. Inzwischen werden auch Fahrräder verliehen, allerdings ist ihre Zahl begrenzt und manche Mietwillige, die von der

Warten auf das Boot nach Órzola

Fähre kommen, gehen leer aus. Dazu kommen zunehmend Fahrten per Jeep oder Quad, die z. B. von der Pension Enriquetta angeboten werden und die die Ruhe der Insel allmählich untergraben.

• *Fahrradverleih* **Rent a bike (12)**, vis-à-vis vom Anleger, neben Restaurant „El Varadero", geführt von einer jungen Einheimischen. In der Regel geöffnet zur Ankunft und Abfahrt der Fähren und solange Räder vorhanden sind. Pro Tag etwa 8 €, pro Woche ca. 40 €. ✆ 928-842138.

• *Jeep-/Quadtouren* Man wird zur **Playa de las Conchas** gefahren und rechtzeitig zur letzten Fähre wieder zurück. Die Anbieter warten schon am Hafen auf Touristen, ansonsten Abfahrt und Auskunft z. B. bei Pension Enriquetta.

• *Wandern* **Explora La Graciosa (2)**, Eva Maldener veranstaltet geführte Wandertouren. Die ausgebildete Inselführerin hat viel über „ihre" Insel zu erzählen. In einem kleinen Shop in der Calle La Popa verkauft sie selbst gemachte Postkarten und Souvenirs. ✆ 928-842194, E-Mail: exploralagraciosa@gmx.net

Im Oficina Municipal bekommt man den „Guia turistica de La Graciosa". Auf dem gefalteten DIN-A3-Blatt sind Telefonnummern verzeichnet und Wanderrouten grob skizziert, außerdem ist ein Ortsplan von Caleta de Sebo abgedruckt.

Inselnorden
Karte S. 263

Übernachten

Es gibt zwei schlichte Pensionen in Caleta del Sebo: „Girasol Playa" liegt strategisch günstig in Hafennähe, „Enriquetta" wenige Meter landeinwärts. Dazu werden überall im Ort Apartments angeboten, mittlerweile sind es schon über 60, von denen man einige bereits über TUI anmieten kann. In den Shops von Lanzarote liegen manchmal Flyer aus. Wer vor Ort buchen möchte, sollte Grundkenntnisse der spanischen Sprache haben oder sich mit Eva Maldener (→ Unterwegs auf der Insel) in Verbindung setzen. Die Deutsche lebt seit Jahren auf der Insel und hilft gerne bei der Zimmersuche. Die Vor-Ort-Preise sind bisher günstig, meist zwischen

20 und 35 € für 2 Pers., ein Apt. mit zwei Schlafzimmern (für 4 Pers.) ist ab etwa 50 € zu mieten. Am westlichen Ortsstrand *Bahía del Salado* darf außerdem kostenlos gezeltet werden.

Pensión Girasol Playa (5), wenn man ankommt, linker Hand vom Hafenbecken, gleich beim kleinen Ortsstrand. Sehr einfach möblierte Zimmer mit Fliesenböden und z. T. Balkon über dem Lokal im Erdgeschoss, neue Apartments im modernen Anbau. Nach vorne schöner Blick auf den Hafen, den Strand und die Steilwand des Risco de Famara. DZ mit Balkon nach vorne ca. 20 €, sonst 17 €, Apt. ca. 38 €. ✆ 928-842118, www.graciosaonline.com

Pensión Enriqueta (4), am Ortsende, kleines Stück hinter Girasol. Familienbetrieb mit zahlreichen Angehörigen. Größeres Lokal im Erdgeschoss, darüber einfache Zimmer, z. T. mit eigenem Bad, sonst Etagendusche. Veranstalter von Jeepfahrten. DZ mit Bad ca. 20 €, ohne 17 €. ✆ 928-842051, ℻ 842129.

Apartamentos Luis Cabrera (7), acht Apartments am östlichen Dorfrand, 10 Min. vom Hafen. Jeweils ein oder zwei Schlafzimmer, TV, Abholung im Hafen und freundliche Betreuung durch Herrn Luis persönlich. Vermietung wochenweise, Apt. für 2 Pers. ca. 40 €. ✆ 928-842120, www.apartamentos-lagraciosa.com

Casa José Antonio & Apartamentos Gregorio (1), „Jonas und Jonas" vermieten zwei hübsche Ferienhäuser und zwei Apartments. 2 Pers. ca. 65 €. ✆/℻ 928-835206, ✆ 629-532225 (mobil), www.lanzarote-arrieta.de

Ferienhaus La Graciosa (11), am westlichen Ortsende direkt am Wasser. Apt. mit

Inselnorden
Karte S. 263

zwei Schlafzimmern und Sat-TV. Für 2 Pers. ca. 60 €. www.la-graciosa.com

Apartamentos El Marinero (9), Calle García Escámez 14. Herr Romero, der Kapitän der Fährlinie, vermietet Apts. an verschiedenen Stellen im Ort. Auskunft im gleichnamigen Restaurant (→ Essen & Trinken). ✆ 928-842169, 842069.

Weitere Apartments vermieten z.B. **Señora Barbara** (✆ 928-842121) **Señora Carmen** (✆ 928-842156), **Señora Maria** (✆ 928-842048) und **Señor Pedro** (✆ 619-055486).

• *Camping* An der **Bahía del Salado (15)**, etwa 15 Min. westlich vom Hafen, ist freies Zelten erlaubt. Es gibt ein Betonhaus mit beim letzten Check ungepflegten Sanitäranlagen. Erlaubnis muss beim Bürgermeisteramt eingeholt werden.

Essen & Trinken/Unterhaltung

In Caleta del Sebo kann man wunderbar frischen Fisch und Muscheln essen, noch dazu günstiger als auf Lanzarote. Einheimische sitzen oft mit den Touristen an einem Tisch, und wer ein paar Brocken Spanisch kann, findet sich schnell in einer hitzigen Diskussion über Gott und die Welt wieder.

El Varadero (13), größeres Lokal im Hafen, Terrasse mit Blick, ordentliche Fischgerichte zu normalen Preisen.

El Italiano (8), kleines Cafélokal im Hafen, geführt von Claudio. Gemütlicher Innenraum, ein paar Tische vor der Tür, Pulpo, Fisch und diverse hausgemachte Pastagerichte, z. B. *orecchiette* aus Apulien.

La Caletilla (14), östlich vom Hafen, mit Azulejos gekachelter Raum, nur eine Handvoll Tische, wunderbarer Blick auf den Risco und die Steilwand von Famara, viel frischer Fisch.

El Chiringuito (10), Cafeteria direkt im Hafen, schöner Blick auf Fischerboote und Sonnenuntergang.

Girasol Playa (5), wenige Meter vom Ortsstrand. Freundliches Lokal mit kommunikativer Atmosphäre, seit langem in Familienbesitz. Der junge Chef bedient umsichtig, ordentliche Fischküche, auch leckere *tapas a la plancha*. Im Obergeschoss werden Zimmer vermietet, daneben Apts. (→ Übernachten).

Enriqueta (4), ein Stück hinter Girasol. Zwei Speiseräume mit Azulejo-Verkleidung. Das frühere authentische Ambiente ist leider verschwunden, die Küche ist aber gut. Ebenfalls mit Zimmervermietung (→ Übernachten).

El Marinero (9), Calle García Escámez 14, das Fischlokal an der Hauptgasse im Ortszentrum gehört Herrn Romero, dem Kapitän der Überfahrtsboote. An der langen Bar treffen sich die Männer vom Ort, daneben kann man recht gemütlich essen. Auch Vermietung von Apartments (→ Übernachten).

El Veril (3), Cafébar am Stadtstrand. Der Innenraum bietet nichts Besonderes, aber draußen kann man bei herrlichem Blick auf den Hafen unter den Sonnenschirmen sitzen, die nackten Füße in den Sand stecken und ein kühles Bier genießen.

• *Unterhaltung* **Las Arenas (6)**, hübsch aufgemachte Disco im Ortskern. Man glaubt es nicht, aber an Wochenenden ist hier der Bär los. Do–Sa ab 22 Uhr.

Shopping/Ärztliche Versorgung/Sonstiges

• *Shopping* Ein neuerer, vor Waren geradezu überquellender Supermarkt namens **Udaco** liegt im Hafen, ein älterer, einfacherer Laden in der Hauptgasse, Nähe Restaurant El Marinero. Weiterhin gibt es eine **Metzgerei** und eine kleine **Bäckerei**.

• *Ärztliche Versorgung* Im **Consultorio Local de La Graciosa** an einem freien Platz im hinteren Ortsbereich arbeitet ein Arzt mit Krankenschwester, ✆ 928-842027. Für Notfälle gibt es am Weg zum Friedhof einen **Hubschrauberlandeplatz**.

• *Sonstiges* **Geldautomat** neben „El Italiano" im Hafen; **Post** in der Hauptgasse Calle García Escámez; **Apotheke** schräg gegenüber der Kirche; mehrere **Telefone** (eins im Hafen, eins vor dem Restaurant „El Marinero", Calle García Escámez); **Kinderspielplatz** gegenüber vom medizinischen Zentrum im hinteren Ortsbereich.

Feste

La Graciosa ist eine Oase der Ruhe. Doch alljährlich Mitte Juli ändert sich das Bild gehörig. Dann nämlich wird zu Ehren der Schutzheiligen der Seeleute und Fischer die **Fiesta Nuestra Señora del Carmen** (auch: Virgen del Carmen) gefeiert. Feierliche Gottesdienste und eine Meeresprozession bilden den offiziellen Rahmen. Doch tritt der religiöse Aspekt bei der Fiesta deutlich in den Hintergrund. Tausende junger Leute von Lanzarote nutzen das Fest vielmehr als stimmungsvollen Ausflug auf die kleine Nachbarinsel, zelten an den Stränden und veranstalten fröhliche Zechgelage. Die Boote von Órzola fahren nonstop, im Hafen spielen Musikgruppen, für gut zwei Wochen geht es hoch her. Das Hauptfest zu Ehren der Virgen del Carmen wird in *Teguise* gefeiert, außerdem gibt es Fiestas in *Puerto del Carmen, Playa Blanca* und *Arrieta.*

Sehenswertes: Die 1945 erbaute Fischerkirche *Parroquía Nuestra Señora del Mar* ist ein schlichter Hallenbau mit Wellblechdach mitten im Ort. Ihre Ausstattung spiegelt die Bedeutung wider, die der Fischerei auf La Graciosa zukommt. Der Altar ist auf einem Anker aufgebaut, drei Hocker ebenfalls, das Lesepult besteht aus Steuerrad und -ruder. Ein Kerzenleuchter steht auf zwei hölzernen Fischen, ein anderer auf zwei Rudern. An der Altarwand ein Boot als Wandplastik, im Bug ein Kruzifix, im Heck die Statue der Schutzhelferin Virgen del Carmen. Die Kombüse ist beleuchtet und fungiert als Hostienschrein. Alles wird umfasst von einem gerafften Fischernetz, das an Decke und Altarwand entlangführt. Der Taufstein ist eine Reuse

Junge Urlauber in Caleta del Sebo

aus Drahtgeflecht, darauf steht der nach oben offene Panzer einer Meeresschildkröte. Die Kirche ist meist unverschlossen und kann jederzeit besichtigt werden.

Ziele auf der Insel

La Graciosa ist mit Wegen und Pisten gut erschlossen und leicht zu erwandern. Größte Anziehungspunkte sind natürlich die Strände, die leider z. T. erheblich durch Teerschlamm beeinträchtigt sind. Verantwortlich dafür sind die Supertanker, die außerhalb der Meerenge von Gibraltar ihre Tanks reinigen.

Von Caleta del Sebo führen holprige Sandpisten in verschiedene Richtungen. Man kann in beide Richtungen entlang der Küste wandern oder quer über die Insel zu den Stränden der Westküste mit dem Höhepunkt *Playa de las Conchas*. Aber Vorsicht: Wer nur für einen Tagesausflug auf La Graciosa ist, muss die Zeit bis zur Abfahrt der Nachmittagsfähre sehr genau einteilen!

Die unten empfohlenen Wanderstrecken kann man auch weitgehend mit dem Mountainbike abfahren, allerdings sind die Pisten wegen des Sandes nicht unbedingt für Fahrräder geeignet. Fragen Sie am Fahrradverleih, welche Routen gut zu fahren sind. Z. T. ist der Sand auf den Wegen recht tief, dann ist Kondition gefragt.

▸ **Bahía del Salado**: knapp 15 Fußminuten südwestlich vom Hafen, kurz nach den letzten Häusern von Caleta del Sebo. Der geschützt nach Süden ausgerichtete und flach ins Meer abfallende Sandstrand wird vor allem zu Ferienzeiten und im Hochsommer rege frequentiert. Freies Zelten ist erlaubt (→ Caleta del Sebo/Übernachten).

▸ **Playa Francesa** etwa 4 km südwestlich von Caleta del Sebo, schöne, halbrunde Bucht mit weichen, weißen Dünen, knapp 500 m lang. Bislang ist sie unbebaut, doch das ist nicht selbstverständlich, denn 1988 hatte der Bürgermeister von Teguise, zu dessen Municipio La Graciosa gehört, die Idee, in der schönen Bucht eine Bungalowsiedlung zu errichten und sie per Seilbahn (!) mit dem Famara-Kliff auf Lanzarote zu verbinden. Der Plan wurde von den Inselbewohnern geschlossen abgelehnt und glücklicherweise nie realisiert, denn schon damals war die Region Naturschutzgebiet.

▸ **Pedro Barba**: ehemaliges Fischerdorf im Norden der Insel. In den sechziger Jahren als Ganzes an einen schwerreichen Madrileño verkauft, der wiederum die hübsch renovierten Häuschen als exklusive Feriendomizile an begüterte Ärzte, Rechtsanwälte etc. veräußerte. Im Winter herrscht die Stille eines Geisterdorfes, im Sommer erholen sich hier gestresste Festländer von der Bruthitze der Städte. Die weiß gekalkten Häuser aus Naturstein sind sehr gepflegt und wirken mit ihrem weißen Rauputz wie aus einem Guss. Agaven, Drachenbäume, Fächerpalmen und Kakteen schmücken die Anlage. Am Meer unten ein kleiner Strand aus Sand und Kies, daneben eine gemauerte Mole.
Von Caleta del Sebo ist Pedro Barba auf einem schönen Pfad entlang der Küste zu erreichen, ca. 3,5 km (→ Wanderung um den Nordteil der Insel).

▸ **Playa de las Conchas**: Der „Strand der Muscheln" ist mit Abstand der schönste Strand der Insel und zweifellos auch einer der malerischsten der Kanaren. Gut 700 m lang, tiefer, weißer Sand im weichen Bogen am Fuß der roten *Montaña Bermeja*, in tollem Kontrast dazu die tiefschwarzen Lavafelsen und das aufgewühlte, türkisblaue Meer. Wegen der meist heftigen Brandung an der Windseite der Insel reinigt sich die Playa de las Conchas weitgehend selber und ist nicht in dem Maß von Teeranschwemmungen betroffen wie andere Inselstrände. Schwimmen ist nur selten möglich. Großartig ist der Blick hinüber auf die vorgelagerte Insel *Montaña Clara*, die als steiler Felsklotz aus dem Meer ragt. Von Caleta del Sebo ist der Strand etwa 5,5 km entfernt. Wegbeschreibung siehe unten (Wanderung um den Nordteil der Insel), in Caleta del Sebo werden auch Jeep- und Quadfahrten angeboten.

Wanderung um den Nordteil der Insel

Leichte Wanderung durch versteppte Sandgebiete und Dünenzonen, nur wenige Steigungen. Man läuft zunächst von Caleta del Sebo zwischen den beiden Vulkanen *Pedro Barba* und *Montaña del Mojón* hindurch quer hinüber zur Westküste, wendet sich dort nach Norden und umrundet La Graciosa über *Playa de las Conchas, Playa Lambra* und die Küstensiedlung *Pedro Barba.*
Dauer der Wanderung etwa 4 Std., mit Pausen entsprechend länger.

Wegbeschreibung: Wir starten in Caleta del Sebo bei der Pension Enriqueta und wählen den Fahrweg inseleinwärts. Leicht ansteigend kommt man bald an roh gemauerten Schweineställen vorbei. Nach etwa 20 Min. taucht zwischen den beiden Vulkanen die Insel *Montaña Clara* am Horizont auf. Seitlich der Piste ist der sandige Boden mit Millionen weißer Schneckengehäuse bedeckt. Etwa 40 Min. ab Beginn trifft man auf eine große Gabelung im Zentrum der Insel. Hier liegen die lang gestreckten *Inselzisternen*, die die Wasserversorgung La Graciosas vor der Inbetriebnahme der Rohrleitung durch den Río sicher stellten. Rechter Hand beginnt eine Piste, die sich halbhoch am Hang des lang gestreckten Vulkans Pedro Barba entlang zur gleichnamigen Küstensiedlung hinunterzieht. Wer abkürzen will, kann hier bereits abzweigen und über Pedro Barba zurück zum Hafen laufen – allerdings verpasst man so die herrliche Playa de las Conchas. Geradeaus führt der Fahrweg weiter zwischen mit Steinmäuerchen eingefassten Gemüsegärten und Hütten, originell ist ein zum Häuschen umgebautes Boot. Ein schö-

Playa de las Conchas: so einsam erlebt man den schönsten Inselstrand nicht mehr häufig

ner Blick in den Süden der Insel öffnet sich, während wir im leichten Rechtsbogen zur Küste laufen. Am Wegende kann man links hinuntersteigen zur fantastischen *Playa de las Conchas* (→ oben), die man etwa 80 Min. nach Aufbruch erreicht. Hier wird man wohl die erste Pause einlegen.

Im Folgenden umgeht man die *Montaña Bermeja* („Rötlicher Berg") an der Südseite und erreicht 30 Min. später den Strand *Playa Lambra* an der Nordküste. Wegen seiner Nordlage ist er erheblich mit angeschwemmtem Unrat verdreckt. Doch breitet sich hier eine herrliche Dünenlandschaft aus, die sich Hunderte von Metern inseleinwärts zieht und in Strandnähe wieder mit Unmengen von Schneckengehäusen übersät ist. Der weitere Weg Richtung Osten ist verweht und lässt sich zeitweise nur noch erahnen, man hält sich parallel zur Küste und läuft über festgebackenen Muschelkalk. Nach 30 Min. ist der Ort Pedro Barba in Sicht, oberhalb davon trifft man zunächst auf eine Kreuzung, wo der Weg entlang des gleichnamigen Vulkans mündet. Hier kann man nach Caleta del Sebo zurückkehren, doch auch der Küstenpfad ist sehr reizvoll. *Pedro Barba* (→ oben) erreicht man nach zehn weiteren Minuten. Schön ist der Blick hinüber auf die felsige Punta Fariones, den nördlichsten Punkt Lanzarotes.

Von Pedro Barba führt ein gut ausgetretener Fußpfad direkt an der malerischen Klippenküste entlang nach Süden – besonders spät nachmittags lohnend, wenn die Sonne schon tief steht. Man passiert kleine Badebuchten, der Weg senkt sich hinunter zur *Baja del Ratón*, dann geht es auf Sand flach am Meer entlang, an der *Caleta de Arriba* vorbei, das letzte Stück auf einer Fahrpiste. Nach etwa 1 Std. erreichen wir schließlich den nördlichen Ortsteil von Caleta del Sebo.

Wanderung um den Südteil der Insel

Ebenfalls weitgehend leichte Wanderung an einer Reihe von schönen Stränden mit ausgedehnten Dünen vorbei, gutes Baderevier. Anstrengend ist lediglich die Passage am Hang der *Montaña Amarilla*. Dauer etwa 2,5–3 Std.

Inselnorden
Karte S. 263

Wegbeschreibung: Man hält sich vom Hafen aus südwestlich und nimmt die Piste an der Küste entlang nach Süden. Gleich am Ortsausgang liegt die viel besuchte *Bahía del Salado* (→ oben).

Sandwanderung auf La Graciosa

Weiter am Ufer entlang durchquert man die Bucht über weite Dünen und erreicht nach etwa 45 Min. die halbrunde Badebucht *Playa Francesa* (→ oben). Auf der halb verwehten Fahrpiste stakst man durch den Flugsand weiter. Nach 10 Min. endet der Weg in der kleinen, sauberen Badebucht *Playa de la Cocina*, unmittelbar am Fuß der bizarr ausgehöhlten, gelben Felswand der *Montaña Amarilla* (172 m), wo häufig nackt gebadet wird. Der Steilhang versperrt ein Weiterkommen an der Küste und wir müssen den „Gelben Berg" auf der südöstlichen Hangseite landeinwärts überwinden. Ein Fußpfad beginnt oberhalb vom Strand und wir steigen hinauf. Bald öffnet sich der Blick auf den Norden La Graciosas, weit voraus im Meer sieht man die Inseln Montaña Clara und Alegranza. Der Pfad verliert sich oben am Hang, wir halten aber weiter in Richtung Nordwesten auf die Küste zu. Zwischen wild aufgetürmten Felsbrocken steigt man hinunter und trifft in Küstennähe auf eine Fahrpiste. Diese geht man nach rechts, bis man die felsige Bucht *Caleta de Burro* erreicht. Vom Strand führt ein Fahrweg in Richtung *Caleta del Sebo* zurück. Man passiert eine leichte Anhöhe und 15 Min. nach Aufbruch ist Caleta del Sebo bereits sichtbar. Nach weiteren 15 Min. sind wir wieder im Ort.

Die übrigen Isletas

Der Rest des Archipels ist unbewohnt. Er hat sich zu einem bedeutenden Vogelschutzgebiet entwickelt und bildet eine Kernzone des Biosphärenreservats. Um die endemische Flora und Fauna vor dem Aussterben zu bewahren, hat man in den letzten Jahren nicht-heimische Pflanzen und Tiere von den Inseln ausgesiedelt sowie alte Wasserauffangbecken und Trinkstellen restauriert. Für Forscher wurden außerdem mehrere Beobachtungsstationen errichtet.

Alegranza

Weit draußen im Atlantik ragt die nördlichste Kanareninsel aus dem Meer. Die „erfreuende" Insel erhielt ihren Namen von den europäischen Eroberern, die hier erstmals den Kanarischen Archipel erblickten.

Mit 12 qkm ist Alegranza knapp halb so groß wie La Graciosa. An der westlichen Steilküste erhebt sich die markante, 289 m hohe *Caldera*, Rest eines gewaltigen

Vulkans, dessen Kraterkessel 240 m tief ist. Das Eruptivmaterial des Ausbruchs bedeckt weite Teile der Insel. Drei weitere Vulkane befinden sich auf der Zentralplatte Alegranzas. An der *Punta Delgada*, im äußersten Osten, signalisiert ein Leuchtturm den aus Europa kommenden Schiffen, dass sie Lanzarote bald erreicht haben. Noch bis in die achtziger Jahre lebten ein Leuchtturmwärter und eine Hirtenfamilie auf Alegranza., ein Netz von versandeten Pisten, Häuserruinen, Zisternen und verlassene Ackerflächen sind davon übrig geblieben. Der Leuchtturmwärter kommt heute nur noch zu Wartungszwecken auf die Insel. Wie der gesamte Archipel steht Alegranza unter Naturschutz und ist ein bedeutendes Vogelreservat. Eine riesige Kolonie von Gelbschnabelsturmtauchern (Pardelas) nistet hier, etwa 10.000 sollen es sein. Daneben gibt es zahlreiche weitere Vogelarten, darunter Falken und Fischadler, letzterer „Guincho" genannt.

Kapitän Juan Romero, der die Fährlinie von und nach Órzola betreibt, veranstaltet zu Feriensaisonzeiten etwa 1 x wöch. einen **Tagesausflug** nach Alegranza. Preis inkl. Mittagessen ca. 40–45 €/Pers. Aber Achtung, die zweistündige Überfahrt ist oft rau und nichts für empfindliche Naturen. Weitere Auskünfte im Restaurant „El Marinero" (→ Essen & Trinken).

Montaña Clara

Nur etwa 1 qkm groß ist die eindrucksvolle Vulkaninsel, die vor der Westküste von La Graciosa als mächtige Felswand auf beachtliche 256 m Höhe aufsteigt. Einen besonders spektakulären Blick hat man von der Playa de las Conchas (→ La Graciosa). Im Norden ist der Vulkan zum Meer hin geöffnet und bildet an der *Punta de la Camella* ein Naturschwimmbecken. In historischer Zeit soll es auf Montaña Clara eine kleine Quelle gegeben haben, die heute aber versiegt ist. Auf der Insel nisten zahlreiche Zugvögel, mehrere Falkenarten und Fischadler. Die winzige kanarische Spitzmaus hat hier ebenfalls ein bevorzugtes Wohnquartier.

▸ **Roque del Este**: Der östlichste Außenposten der Kanaren liegt 12 km nordöstlich von Lanzarote und ist von mehreren Stellen der Ostküste aus gut zu sehen. Er ist ein steil aus dem Meer ragender Vulkan, besteht aus reiner Lava, ist nur etwa 570 m lang, sehr schmal und 84 m hoch. Wegen seiner Steilwände können Schiffe nicht anlegen, man muss sich ausbooten lassen und kann nur bei absolut ruhigem Wasser an einer einzigen Stelle namens *La Cueva* landen. Im Nordosten gibt es eine auffallende Felsformation, genannt *El Campanario* (Glockenturm). Dort ganz in der Nähe liegt unter Wasser der Eingang zu einer etwa 100 m langen *Höhle*, in der eine reiche Meeresfauna mit einigen sehr seltenen Arten existiert. Der Roque del Este ist ein wichtiges Nistrevier für Möwen, auch Falken leben hier, ebenso die Ostkanareneidechse (Gallotia atlantica).

▸ **Roque del Oeste**: Der 40 m hohe Felsblock ragt wenige hundert Meter nördlich von Montaña Clara drohend aus dem Meer. Wegen seiner Gefahr für die Schifffahrt wurde er früher auch *Roque del Infierno* (Höllenfelsen) genannt.

Schroffe Klippenküste bei den Papagayo-Stränden, im Hintergrund Playa Blanca

Inselsüden

Die Berge von Los Ajaches bilden westlich von Puerto del Carmen eine markante Silhouette und setzen eine scharfe Trennlinie zum Inselzentrum. Südlich davon läuft Lanzarote in der riesigen Rubicón-Ebene nach Playa Blanca aus, dem dritten großen Ferienzentrum Lanzarotes. Wer will, kann dort in knapp 40 Minuten auf die große Nachbarinsel Fuerteventura übersetzen.

Der Süden ist die trockenste Region Lanzarotes und nur dünn besiedelt. Es gibt gerade eine Handvoll Ortschaften. Doch findet man hier auch zwei der ganz großen Sehenswürdigkeiten von Lanzarote – Höhepunkte, von der Natur geschaffen und so spektakulär, dass auch ein César Manrique keine Hand anlegen musste: Die atemberaubend schönen *Papagayo-Strände* im äußersten Südzipfel der Insel und die faszinierende Landschaft um den smaragdgrünen Lagunensee *Charco de los Clicos* bei El Golfo an der südlichen Westküste.

Weiterhin interessant, auch zum Wandern, sind die *Los-Ajaches-Berge* und die Dörfer Yaiza, Uga und Femés im Inselinneren. Bisher vom Massentourismus verschont, bestechen die Ortschaften durch Ruhe und Beschaulichkeit und so mancher deutsche Auswanderer hat sich hier sein Refugium geschaffen. *Yaiza* ist Ausgangspunkt für eine Tour in die bizarren Feuerberge (→ Inselmitte), in *Uga* werden die berühmten Dromedare von Lanzarote gezüchtet und von dem auf einem Bergrücken gelegenen *Femés* hat man einen herrlichen Panoramablick auf Playa Blanca und bei klarer Sicht bis hinüber nach Fuerteventura.

Verbindungen

Wie überall auf Lanzarote ist das Netz öffentlicher Verkehrsmittel schlecht ausgebaut. Wer Tagestouren plant, muss unbedingt vorher sehr sorgfältig die Bus-/Schiffsfahrpläne studieren.

• *Busse* Mo–Fr 12 x, Sa/So 7 x tägl. verbinden die „Guaguas" der Linie 6 die Inselhauptstadt **Arrecife** über **Puerto del Carmen** mit **Uga**, **Yaiza** und **Playa Blanca**. Mo–Fr fährt außerdem ein Bus der Linie 5 von **Arrecife** über **La Asomada** und **Conil** (oberhalb von Puerto del Carmen) ins kleine Örtchen **Femés** (3 x tägl. hin, 2 x tägl. zurück). El Golfo, La Degollada und die Papagayo-Strände werden von Bussen gar nicht angefahren.
Vorschlag für eine Tagestour: mit dem Frühbus ab **Playa Blanca** bis **Yaiza**, dort aussteigen und mit nächstem oder übernächstem Bus weiter bis **Puerto del Carmen** bzw. **Arrecife**, abends zurück – oder dasselbe in umgekehrter Richtung.

• *Schiff* Zwischen **Playa Blanca** (Lanzarote) und **Corralejo** (Fuerteventura) pendeln bis zu 14 x tägl. die komfortablen Autofähren von „Lineas Fred. Olsen" und „Naviera Armas" (→ Playa Blanca). Der Trip nach Fuerteventura ist problemlos als Tagesausflug zu machen.

Eigener Transport

Für eingehende Touren im Süden ist ein eigenes Transportmittel unverzichtbar. In *Playa Blanca* kann man Leihwagen, Mopeds, Motorräder und Mountainbikes mieten. Die Hauptstraßen sind asphaltiert und in gutem Zustand. Roter Faden bzw. Hauptroute ist die Straßenführung Playa Blanca – Yaiza – Uga – Tias - Puerto del Carmen/Arrecife (LZ-2). Durch die Rubicón-Ebene zwischen Playa Blanca und Yaiza verläuft eine komfortable *Schnellstraße* (Beschilderung: *LZ-2* in roten Buchstaben). Parallel dazu schlängelt sich die schmale alte Straße *LZ-701*, die gerne von Radfahrern benutzt wird (Beschilderung: *C.V.* in grünen Buchstaben). Von der LZ-2 zweigt südlich von Yaiza eine gut ausgebaute Straße ins viel besuchte Fischerdorf *El Golfo* ab, noch weiter südlich die Straße zu den Salinen von Janubio. Als Alternative zur LZ-2 kann man die jüngst erst fertig gestellte Asphaltstraße *LZ-702* von Playa Blanca nach *Femés* nehmen und weiter durch die Berge von Los Ajaches über Las Breñas oder Femés fahren. Zu den berühmten *Papagayo-Stränden* führt nur eine holprige Staubpiste.

• *Leihwagen* Wer sich einen Mietwagen nimmt, sollte vor allem bei der Tour zu den **Papagayo-Stränden** sehr vorsichtig fahren, denn die Zufahrtspiste ist eigentlich nur für Jeeps geeignet. Trotzdem ist der Parkplatz fast immer mit zahlreichen „regulären" Leihwagen zugestellt. Wenn man dort allerdings eine Panne hat, muss man selbst für den Schaden aufkommen. Die Vermieter kennen da meist kein Pardon.

Tankstellen gibt es in Playa Blanca und Yaiza (Richtung Timanfaya).

• *Fahrrad* Die **Rubicón-Ebene** ist fast völlig flach und zum Radfahren gut geeignet, wenn auch etwas eintönig. Die alte Straße zwischen Playa Blanca und Yaiza wird von Motorfahrzeugen etwas weniger befahren als die neue Schnellstraße, schöner Blick auf die Salinen. Hübsch ist auch die Fahrt von Yaiza nach **El Golfo** mit anschließender Küstenfahrt zu den Salinas de Janubio, unterwegs tolle Ausblicke und Haltepunkte, allerdings einiges an Verkehr. Die neue Asphaltstraße zwischen Playa Blanca und **Femés** besitzt sogar einen seitlichen Fahrradstreifen – mit etwas Kondition eine

Inselsüden Küste S. 337

schöne Bergtour mit Rast in einem der Lokale von Femés.

• *Wandern* Die **Papagayo-Strände** sind das populärste Ziel im Süden, allerdings hat die starke Küstenbebauung der letzten Jahre den Reiz der Wanderung von Playa Blanca aus stark vermindert (→ S. 375). Zwei schöne Langtouren zu den Papagayo-Stränden beginnen z. B. in **Playa Quemada** oder **Femés**. Eine nicht übermäßig anstrengende **Bergwanderung**, jedoch mit herrlichen Panoramen, ist der Trail von Yaiza nach Femés bzw. umgekehrt. Dabei kann man die **Atalaya de Femés** besteigen, mit 608 m der höchste Berg im Inselsüden.

Übernachten

Einziger Ort mit großem Zimmerangebot ist das Touristenzentrum **Playa Blanca**, einige Unterkünfte (meist Apartments) gibt es außerdem in **Yaiza**, **Uga** und **El Golfo**. In **Las Casitas de Femés** und **Las Breñas** können Ferienhäuser gebucht werden, z. T. auch über Reiseveranstalter. In den kleinen Orten **Las Casitas**, **Maciót**, **Las Hoyas**, **La Degollada** und an den **Papagayo-Stränden** existieren keinerlei Unterkünfte.
Wild zelten die Einheimischen an der **Playa del Janubio** und an den **Papagayo-Stränden**, an letzteren gibt es auch einen improvisierten **Zeltplatz**.

Uga

Die afrikanische Ecke Lanzarotes. Uga liegt in einer weiten Senke am Südrand des Nationalparks von Timanfaya und wirkt mit seinen schlanken Palmen und weißen Würfelhäusern wie eine Oasenstadt in der Wüste. Zahlreiche Fächer- und Dattelpalmen, riesige Kakteen und schmucke Schwertaloen zieren die Straßenränder.

In Uga werden die Dromedare gezüchtet, die die Touristen täglich durch die Feuerberge schaukeln (→ S. 212). Etwa zwischen 13.30 und 14 Uhr kann man sie alltäglich dabei beobachten, wie sie in langer Karawane vor der Skyline der Feuerberge zurück in ihre Gehege trotten und in einem Tunnel die Durchgangsstraße nach Yaiza unterqueren. Direkt an dieser Straße hat auch die bekannte Lachsräucherei von Uga ihren Sitz (→ Shopping). Wenn man hier eine Piste hineinfährt, erreicht man nach einigen hundert Metern eins der Dromedargehege.

• *Übernachten* **Casa el Morro**, 200 Jahre altes Landhaus, das 1996/97 sorgfältig restauriert wurde. Die sechs geräumigen Apartments mit je einem Schlafzimmer besitzen Terrakottaböden und Holzdecken und sind mit geschmackvollen Teakholzmöbeln ausgestattet. Es gibt einen Innenhof, eine Gemeinschaftsterrasse mit Panoramablick und einen Pool. In den Ortskern geht man ca. 500 m. Ein Apartment ist für 4 Pers. ausgelegt, die anderen für 1–3 Pers. Jeweils Telefon, Musikanlage und Sat-TV. Zwei Personen bezahlen ab etwa 100 € pro Tag, saisonbedingt kann der Mindestaufenthalt 2–3 Tage sein. Pauschal über TUI oder direkt bei der Besitzerin Raquel Hidalgo unter ✆/℻ 928-830392, 699-417871 (mobil), www.casaelmorro.com

La Finca Uga, Calle Agachadilla 5, mitten im Ort. Das ehemalige Warenkontor vom Anfang des 20. Jh. wurde in eine schmucke Finca umgebaut. Der Künstler Alfonso vermietet hier drei sorgsam ausgestattete und gepflegte Studios für jeweils 2 Pers. plus evtl. Kind. Die Wohnungen besitzen ein Wohnzimmer mit Kochbereich, darüber eine geräumige Schlafempore sowie ein Bad mit Dusche. Zwei der Wohnungen haben eine Terrasse zum individuell gestalteten Garten. Alfonso spricht recht gut Deutsch und Englisch. Mindestaufenthalt zwei Tage. Für 2 Pers. ca. 51 €/Tag, eine Woche ab 274 €. ✆ 928-836249, 629-372220 (mobil), www.fincauga.com

• *Essen & Trinken* **Casa Gregorio**, mitten im Ort, wenige Meter von der Kirche. Das Einheimischenlokal ist inzwischen auch bei Touristen nicht mehr unbekannt. Die Küche ist von durchschnittlicher Qualität, die Preise sind für das Gebotene günstig. Sonntags werden die bekannten kanarischen Eintopfgerichte *puchero* und *sancocho* zubereitet – dafür muss man viel Hunger mitbringen, denn die Portionen sind gewaltig. Di geschl.

Bodega Uga, direkt an der Straße nach Yaiza, trotzdem rasen die meisten Urlauber achtlos daran vorbei. Wer stoppt, entdeckt ein wunderschönes, lauschiges Fleckchen mit Blick in die Berge hinter Uga. Der Innenraum ist mit dunklem Holz rustikalschick gestaltet, im ansprechend bepflanzten Außenbereich stehen große, hölzerne Rundtische. Zu diversen Weinen aus Lanzarote und Spanien kann man herzhafte Tapas kosten – Salami und Schinkenhappen, Sardellen mit Paprika, Ziegenkäse von Lanzarote, Salate. Die Preise liegen leider deutlich im höheren Bereich – da keine Speisekarte ausliegt, unbedingt vorher erkundigen. 13–15, 19–24 Uhr, Do geschl.

• *Shopping* **Lachsräucherei Salmón de Uga**, viele Inselrestaurants bieten als Vorspeise „Lachs aus Uga" – hier kommt er her. Aber natürlich stammt der Lachs nicht aus Lanzarote, sondern die spanischen Besitzer importieren ihn hauptsächlich aus Norwegen. Auch schottischer und kanadischer Fisch wird verarbeitet. Kilo ca. 30 €, Mindestabnahme 500 g. Di–Fr 10–13.30 und 16–18.30, Sa 10–14 Uhr, So/Mo geschl. ✆ 928-830132.

• *Kunst* **Pedro Tayó**, der aus Uga stammende Künstler malt in seinem Atelier in der Calle Los Arenales 2 schöne bunte Bilder in naiv anmutendem Stil. Er gehört zu den wichtigsten Persönlichkeiten der einheimischen Künstlerszene. Einige seiner Bilder, unter anderem Beispiele seiner „lineas del amor" sind auch in der Galeria Yaiza ausgestellt.

La Ceramica, Calle Agachadilla, Tinos Werkstatt liegt gegenüber des ehemaligen Restaurants Timanfaya, der Eingang zum Geschäft ist aber in der Parallelstrasse. Zur Zeit der Recherche wurde nicht nur der Laden umgebaut, auch in der Strasße waren zahlreiche Bauarbeiten im Gange. Mo–Fr ab 17 Uhr.

Dromedare auf dem Weg in ihren Pferch

Sehenswertes: Mitten im Ort steht die Kirche *Iglesia de San Isidro Labrador*. Das Innere ist holzgetäfelt, ansonsten aber völlig schlicht gehalten. Ein Strick führt durch die Decke, um die Glocke zu läuten. Um die Kirche ist eine hübsche Platzanlage mit weißen Mäuerchen, schwarzen Lapilli und rotem Hibiskus angelegt, 1984 gestaltet vom bekannten Inselarchitekten Luis Ibáñez, einem engen Freund César Manriques.

▸ **Wanderung von Uga nach Femés**: Die lohnende Bergwanderung nach Femés beginnt man üblicherweise in Yaiza. Möglich ist aber auch der Start in Uga. Man nimmt dazu die Piste zum *Dromedargehege* (s. o.). Kurz vor dem Gehege führt rechts ein schmaler Weg den Hang hinauf, Abzweig bei einem schlanken Palmenstumpf. Orientierungspunkt ist die Ruine einer *Windmühle*, die man oben am Kamm erkennen kann. Dort angekommen, verfolgt man den Weg weiter, wie unter Yaiza beschrieben (→ S. 345).

Wanderung (Radtour) von Uga nach Puerto del Carmen

Interessante Strecke durch das Weinbaugebiet La Geria, unterwegs kann man die *Montaña Guardilama* besteigen. Bis auf die Bergbesteigung einfache Wanderung auf deutlich erkennbaren Wegen ohne große Steigungen, auch für Mountainbikes geeignet. Gesamtdauer ca. 2,5 Std.

Wegbeschreibung: Man fährt zunächst mit dem Bus nach *Uga*. Am Ortseingang führt die ansteigende Straße *LZ-30* (beschildert: Teguise, La Geria) ins Weinbaugebiet La Geria und weiter nach Teguise. Beim Aufstieg auf der Straße hat man schöne Panoramablicke auf Uga und die Feuerberge im Hintergrund. Etwas mehr als 1 km von der Durchgangsstraße entfernt zweigt 50 m nach dem verblassten Kilometerstein 730,22 rechts ein staubiger Fahrweg nach *La Asomada* ab. Im Folgenden läuft man allmählich ansteigend durch die eindrucksvollen Weinberge mit ihren zahllosen halbkreisförmigen Steinwällen. Auch hier hat man umfassende Sicht auf die Feuerberge, mit etwas Glück sieht man sogar den Besucherbus des Nationalparks auf der „Ru-

Wanderung von Uga nach Puerto del Carmen

ta de los Volcánes" um die Vulkankegel kreisen. Nach knapp 45 Min. steigt der Weg auf einen *Sattel* an, nach vorne hat man bald einen tollen Blick auf Puerto del Carmen und Arrecife.

Wer will, kann jetzt linker Hand die markant kegelförmige, 603 m hohe *Montaña Guardilama* erklimmen. Nach zwei Abzweigen rechts (der zweite führt auf die Montaña Tinasoria mit einem beliebten Startplatz für Drachenflieger → S. 190) steigt nach einem Weinfeld links ein schmaler Pfad in Richtung Gipfel hinauf. Der Aufstieg ist steil und anstrengend, 180 Höhenmeter sind zu überwinden. Der Weg endet bald, aber man kann querfeldein nach Sicht hinaufklettern (das Geröll ist dabei etwas hinderlich, vor allem auf dem Rückweg Vorsicht!). Etwa 20 Min. dauert die Strapaze, aber der Rundblick vom Gipfel ist fantastisch und umfasst einen Großteil Lanzarotes bis weit hinauf in den Norden! Falls der Wind nicht zu heftig bläst, kann man oben wunderbar Rast machen und sich in aller Ruhe sonnen. Ab Beginn der Wanderung sind wir jetzt etwa 75 Min. unterwegs.

Wieder zurück auf dem breiten *Fahrweg*, geht es weiter Richtung La Asomada. Wir sind jetzt etwa in 400 m Höhe. Kurz nach einem weißen Haus zweigt rechts ein Weg ab, 50 m weiter ein zweiter zwischen Gehöften. Diesen nehmen wir und verlassen den Fahrweg nach rechts unten, genau auf Puerto del Carmen zu. Der Weg quert nach 10 Min. den Fahrweg *Camino Barrancos por la Vegueta*, wir gehen geradeaus weiter auf dem *Camino del Meson*, bis wir nach wenigen Minuten auf die Straße *Camino Los Olivos* treffen. Diese gehen wir etwa zwei Minuten nach links, bis wir auf einen Weg treffen, der zur großen Durchgangsstraße *LZ-2* von Arrecife nach Playa Blanca hinunterführt. Etwa 2,5 Std. nach Beginn der Wanderung stehen wir an der Straße. Quer über die Straße führt der Weg weiter in Richtung Puerto del Carmen. Ohne große Orientierungsschwierigkeiten laufen wir zwischen teils bewirtschafteten, teils brachliegenden Feldern mit verstreut stehenden Gehöften hinunter, bis wir auf einen Fahrweg stoßen, der uns nach links auf die Asphaltstraße nach *Puerto del Carmen* führt. In einer halben Stunde ab LZ-2 sind wir am Ziel.

Inselsüden
Küste S. 337

Blick auf die Kirche von Yaiza

Yaiza

Blendend weiß liegen die Häuser weit verstreut in einer Senke zwischen niedrigen Hügeln. Überall viel Luft und Licht, gepflegte Gärten, Rabatten mit roten Geranien, Palmen, im Hintergrund das Panorama der Feuerberge ... Ein Örtchen mit Stil und ein wirkliches Schmuckstück – bereits mehrfach hat Yaiza die Auszeichnung „schönstes Dorf Spaniens" erhalten.

Dem Zufall oder gar Zahn der Zeit wird hier nichts überlassen: Die Straßen sind stets sauber, die Tür- und Fensteranstriche im inseltypischen Grün werden jährlich erneuert, die Wände regelmäßig weiß gekalkt, die öffentlichen Gebäude und Einrichtungen sind großzügig und elegant.

Yaiza liegt unmittelbar am Rand der schwarzen *Lavafelder*, die durch die heftigen Eruptionen der Timanfaya-Berge im 18. Jh. entstanden sind. Es heißt, dass nach den verheerenden Ausbrüchen nur drei Häuser des Dorfs stehen blieben. Beim Kreisverkehr am Ortseingang biegt man ab, um mit dem Auto den Nationalpark zu durchqueren (→ Inselmitte).

Anfahrt/Verbindungen/Information

- *Anfahrt/Verbindungen* **Busse** von Arrecife über Puerto del Carmen nach Playa Blanca halten in Yaiza am Dorfplatz bei der Kirche. Bushaltestellen gibt es auch entlang der Hauptstraße, z. B. am Supermarkt. Ein großer **Parkplatz** liegt oberhalb der Plaza de los Remedios (bei der Kirche einbiegen). Die **Tankstelle** von Yaiza findet man am Abzweig vom Zentrum in die Feuerberge (nicht an der Ungehungsstraße). Am südlichen Ortsausgang trifft man auf die Schnellstraße nach Playa Blanca.
- *Information* im neuen **Gemeindezentrum „El Molino"** am Ortseingang (von Uga kommend), siehe unter „Sehenswertes". Es gibt u. a. die informative Wanderbroschüre „Touristische Wanderwege in Los Ajaches".

Übernachten

Yaiza ist bisher vom Massentourismus weitgehend verschont geblieben, ein idealer Ort zum Erholen und Wandern, außerdem ein gutes Standquartier für Ausflüge in die Feuerberge bzw. in den Inselsüden. Seit den neunziger Jahren gibt es ein stilvolles Hotel, das in einer alten Finca untergebracht ist, ein weiteres wurde vor kurzem eröffnet. Außerdem kann man etliche schmucke Apartments mieten.

**** **Finca de las Salinas**, von Puerto del Carmen kommend unübersehbar am Ortseingang rechter Hand. Die historische Villa aus dem 18. Jh. gehört Herrn Gonzalo Lleó, einem der Miteigentümer der Salinen von Janubio (→ S. 350), und wurde 1996 zu einem geschmackvollen Landhotel umgebaut. Um einen luftigen, glasüberdachten Patio mit gemütlichen Korbmöbeln gruppieren sich zwei geräumige Suiten und das hauseigene Restaurant, außerdem gibt es TV-Raum, Bar und Weinkeller. Alles ist in warmen Pastellfarben ansprechend gestaltet. Die Suiten besitzen Parkettböden und moderne Bäder, die Betten stehen auf einer Galerie. Die 17 Zimmer sind in den ehemaligen Stallungen hinter dem Haupthaus untergebracht. Sie liegen um einen Pool (im Winter beheizt), besitzen schöne Steinböden und eine gute Ausstattung mit TV und Klimaanlage, sind allerdings etwas dunkel. Zur Verfügung stehen Tennis, Billard, Jacuzzi, Sauna, Massage und Mountainbikes. Deutschsprachige Rezeption. Die Preise sind nicht gerade niedrig, DZ mit Frühstück ca. 105–218 €, Junior-Suiten ca. 128–266 €, Suiten 164–328 €. Zu buchen direkt oder über Reiseveranstalter. ✆ 928-830325, 📠 830329, www.fincasalinas.com

La Casona de Yaiza, Calle El Rincón 11, im östlichen Ortsbereich, nicht weit vom Restaurant „La Era", Blick in die Feuerberge. Ein altes Herrenhaus mit schöner, hölzerner Galerie wurde in eine gepflegte Herberge mit historisierendem Ambiente umgebaut. Die sorgsam ausgestatteten Zimmer besitzen Sat-TV, im Innenhof liegt der Pool, die frühere unterirdische Zisterne soll als Galerie genutzt werden. DZ mit Frühstück ca. 100–160 €. ✆ 928-836262, 📠 836263, www.casonadeyaiza.com

Finca Angelitos, Apartment (65 qm, max. 5 Pers.) für ca. 62 € und Turmstudio (75 qm, max. 2 Pers.) für ca. 92 €, ausgestattet mit Sat-TV und Stereoanlage, gegen Gebühr kabellose Internetverbindung. Das Studio verfügt über einen großen Essbereich mit Panoramafenster. Pool und Grillplatz zur gemeinsamen Nutzung. Das deutsche Verwalterehepaar lebt seit Jahren auf der Insel und gibt gerne Tipps. ✆ 06201/507484 (in Dtl..), www.vivaambiente.com

El Campo, über dem gleichnamigen Restaurant am südlichen Ortsausgang (→ Essen & Trinken), 10 gepflegte, saubere Doppelzimmer. Ansprechend geflieste Böden, farblich geschmackvoll gestaltet, Bäder mit Wanne, jeweils Sat-TV, z. T. Balkon mit Windschutz, Zimmer nach vorne auch mit großer Terrasse. DZ ca. 45–55 €. ✆ 928-836203.

Casa Friedel, gepflegtes Ferienhaus mit zwei Schlafzimmern, Poolbenutzung, hervorragender Ausstattung und modernem Komfort. Für 2 Pers. bei einer Woche Aufenthalt ca. 80 €/Tag. Besitzerin ist Frau Friedel Leitz von der Galería Yaiza, die gegenüber liegt (→ unten). ✆ 928-830199.

Essen & Trinken

El Volcán, an der Hauptstraße, vis-à-vis der Kirche. Großes, traditionelles Lokal mit viel Holz und Basaltstein, eingerichtet auf Busse. Zicklein gehört zu den Spezialitäten. Touristenmenü ca. 12 €.

Stop, nur einige Schritte vom El Volcán entfernt und doch eine andere Welt. Selten verirren sich Touristen in die scheinbar namenlose Bar. Die Einrichtung ist minimalistisch und rustikal. Ein langer Tresen, einfache Holztische und der obligatorische Fernseher in der Ecke. Hier trinkt man schon am frühen Morgen Bier und isst dazu hausgemachte Tapas.

El Campo, am Ortsausgang Richtung Playa Blanca. Aufmerksam geführtes Lokal mit Zimmervermietung (→ oben) und hübscher Terrasse, von der man einen weiten Blick auf die Berge um Yaiza genießt. Gebackener Fisch, Grillgerichte und Paella gehören zu den Spezialitäten, Leserempfehlung für die Pizza Lanzarote mit Speck, Datteln und Ziegenkäse. Ordentliche Qualität zu mittleren Preisen.

La Era, das wohl berühmteste Lokal der Insel findet man linker Hand der Durchgangsstraße (→ Kasten).

Inselsüden Küste S. 337

„La Era": Lanzarotes Vorzeigelokal?

1969 erwarben César Manrique und Luis Ibañez in Yaiza ein fast 300 Jahre altes Landgut – eins der wenigen Häuser, die die Timanfaya-Ausbrüche überstanden hatten. Ursprünglich wollte es Manrique wegen der guten Lichtverhältnisse in Yaiza als Atelier nutzen. Doch im Zuge des beginnenden Tourismus kam schnell die Idee für ein Restaurant auf. Unter Leitung von Manrique und Ibañez wurde das Haus in den frühen siebziger Jahren vollständig renoviert und in ein schmuckes Traditionslokal verwandelt. Besonderes Augenmerk legte man darauf, den ehemaligen ländlichen Charakter zu bewahren. Um einen lang gestreckten, grün bepflanzten Patio gruppieren sich mehrere niedrige Bauten, in denen sieben unterschiedlich große Speiseräume untergebracht sind. Ausgeschmückt sind sie mit Kunsthandwerk, bäuerlichen Utensilien, Wandbildern und Kachelkeramik von Manrique. Schlanke Palmen überragen den Komplex, abends ist alles hübsch illuminiert.

Seit 1985 kredenzen einheimische Gastronomen-Familien im La Era (zu deutsch: „Der Dreschplatz") weitgehend original kanarische Küche. Serviert werden z. B. *potaje de berros* (Brunnenkresseeintopf mit Bohnen), Manriques Leibspeise *potaje de lentejas y verduras* (Linsen- und Gemüseeintopf), *sancocho Canario* (Eintopf aus Stockfisch und Kartoffeln) und der bekannte kanarische Eintopf *puchero* (→ Kap. Essen & Trinken). Leider scheint man sich mittlerweile zu sehr auf die Anziehungskraft des Namens „Manrique" zu verlassen, Leser übten wiederholt Kritik am Preis-Leistungs-Verhältnis und an der Qualität des Services.

Weiterhin gibt es im hinteren Gebäudebereich die Weinstube „La Bodeguita", wo man im gemütlichen Außenbereich oder im rustikalen Innenraum die hauseigenen Weine und andere Tropfen zusammen mit leckeren Tapas probieren kann. Musikalische Untermalung bieten dabei gelegentlich Folkloregruppen. Familien kommen in diesen Genuss allerdings nicht, denn Kindern ist der Eintritt in die Weinstube untersagt. Die Weine kann man auch in handlichen Mitnahmepackungen erwerben.

Öffnungszeiten: Di–So 13–23 Uhr. Mo geschl. Achtung: Abends gibt es ohne Reservierung gelegentlich Schwierigkeiten, da oft Reisebusse das La Era ansteuern. Besser vorher anrufen und reservieren, ✆ 928-830016, ℻ 928-830368, www.la-era.com

Shopping/Kunst/Feste/Sonstiges

• *Kunst* **Galería Yaiza**, an der Hauptstraße in der Nähe des Ortsausgangs Richtung Playa Blanca. Der vor einigen Jahren verstorbene Unternehmer und Maler „Veno" aus Freiburg hat 1984 diese Galerie in einem 400 Jahre alten Bauernhaus eröffnet, das er vollständig renovierte. Die Galerie wird heute von seiner Frau Friedel Leitz geleitet, die jeden Besucher gerne durch die Räumlichkeiten führt und kompetent über Maler und Bilder erzählt. Venos Malerei spiegelt im abstrakten Stil die schroffe Natur Lanzarotes wider, die Farbenpalette zeigt die Farben der Vulkaninsel – gelb, ocker, rot, braun, schwarz und das allgegenwärtige Blau. Daneben sind auch Werke junger kanarischer und zugewanderter Künstler ausgestellt, darunter Pedro Tayó aus dem Nachbarort Uga (→ dort). Mo–Sa 17–19 Uhr.

El Pajarito, Calle La Orilla 26, der deutsche Künstler Michael lebt seit über einem

Die schmucke „Casa de la Cultura" in Yaiza

Jahrzehnt auf der Insel. In seinem Atelier malt er Acrylbilder, in denen er seine eigenen Impressionen der Insel verarbeitet und schweißt aus Schrott mannshohe Windspielfiguren. ✆ 928-830251, www.kunst-lanzarote.de

• *Feste* **Fiesta del Nuestra Señora de los Remedios**, das große Kirchenfest in Yaiza ist eine der größten und schönsten Fiestas Lanzarotes. Gefeiert wird Anfang September eine gute Woche lang – Theater, Musik, Folklore, Veranstaltungen für Kinder, Ausstelllungen. Höhepunkt ist der 8. Sept. mit feierlicher Abendmesse und Prozession mit der Marienstatue durch die Straßen von Yaiza. Die Fiesta endet mit Feuerwerk und einem großen Sardinenessen bei der Montaña Bermeja an der Westküste (→ El Golfo).

• *Sonstiges* **Apotheke** direkt neben der Bank. **Geldautomat** an der Hauptstraße in Richtung Playa Blanca (La Caja de Canarias). **Kinderspielplatz** oberhalb der Plaza de los Remedios neben dem Parkplatz. **Post** schräg gegenüber vom Restaurant „Los Remedios". **Supermarkt** an der Hauptstraße Nähe Ortseingang. **Taxistandplatz** neben der Kirche Nuestra Señora de los Remedios.

Sehenswertes

Die lang gestreckte, ganz in Weiß gehaltene *Plaza de los Remedios* wird von Palmen und Araukarien beschattet und liegt direkt an der Durchgangsstraße.

Nuestra Señora de los Remedios: Die fast fensterlose Kirche steht an der oberen Schmalseite der Plaza. 1670–1690 wurde sie durch gemeinsame Spenden der Bevölkerung errichtet, 1997 hat man begonnen, sie umfassend zu renovieren. Rundsäulen aus Basalt der Los-Ajaches-Berge tragen das schlichte zweischiffige Gewölbe mit der geschnitzten Holzdecke. Mehrere große Holzaltäre bilden den einzigen Schmuck, im seitlichen Anbau linker Hand vom Hauptschiff sind zwei Ölgemälde vom Ende des 18. Jh. erhalten, eine „Madonna" und eine ziemlich mitgenommene Darstellung von „Fegefeuer und Paradies". Auf dem Hauptaltar steht die

Inselsüden Küste S. 337

barocke Statue der Kirchenpatronin, gestiftet von einem dankbaren Lanzaroteño, der von dem Orden der „Padres de la Merced“ aus der Hand algerischer Piraten befreit worden war. Die Decke darüber ist mit bunten Malereien und Inschriften bedeckt. Im Dezember 2005 ließ die auf Lanzarote lebende Nichte der spanischen Königin Sophia hier ihre Tochter taufen, was dem Ort eine komplette Straßensperrung und einen enormen Auflauf an Kamerateams bescherte.

Casa de la Cultura „Don Benito Pérez Armas“: Das städtische Kulturzentrum liegt an der unteren Schmalseite der Plaza de los Remedios. Das hübsche einstöckige Anwesen im kanarisch-andalusischen Stil stammt aus dem 19. Jh. und ist nach dem kanarischen Schriftsteller und Politiker Benito Pérez Armas (1871–1937) benannt, der hier lange lebte. Bevor es 1987 zum Kulturzentrum umgestaltet wurde, hatte es die Gemeinde als Schulhaus genutzt. Im Inneren liegt ein großer Patio, von dem mehrere Räume abgehen, dort finden gelegentlich Kunstausstellungen statt.

Öffnungszeiten/Preise Tägl. 9–14, 17–20 Uhr (jedoch unzuverlässig). Eintritt frei.

Sonstiges: Wenn man am Kirchenvorplatz die Straße senkrecht zur Durchgangsstraße nimmt, kommt man nach wenigen Metern am Restaurant „Los Remedios“ mit dem Charme einer Bahnhofshalle vorbei. Gleich dahinter beginnt der Hang der *Montaña de la Cinta*, des Hausbergs von Yaiza. Hier steht eine kleine Säule mit einer *Gedenktafel*. 1990 errichtet, erinnert die Inschrift an die 250 Jahre zurückliegenden schweren Vulkanausbrüche im Timanfaya-Gebiet. Sie ist Don Andrés Lorenzo Curbelo gewidmet, dem Pfarrer von Yaiza, Augenzeuge und einziger Chronist der verheerenden Ausbrüche der Feuerberge im Juli 1730. Von der Montaña de la Cinta konnte er die Gewalt der nahen Eruptionen beobachten, bis er vor der nahenden Feuerwalze nach Gran Canaria fliehen musste.

El Molino: Neuigkeiten aus Yaiza

Von Uga kommend, fällt beim Kreisverkehr am Ortseingang rechter Hand eine restaurierte Windmühle auf. Um Yaiza für die Urlauber attraktiver zu machen, hat man hier auf 5000 Quadratmetern ein Touristen-, Kultur- und Freizeitzentrum mit Kongresshalle, Tanzschule und Theater gebaut. Als Attraktionen sind traditionelle Handarbeitsvorführungen und ein Botanischer Garten geplant, außerdem soll Femés ein Landwirtschaftsmuseum bekommen. Zum Zeitpunkt der Recherche war der Komplex weitgehend fertig, das Tourismusbüro aber noch geschlossen.

Wanderung von Yaiza nach Femés

Sehr schöne Höhenwanderung mit großartigen Ausblicken über den mittleren Süden Lanzarotes bis zu den Feuerbergen, Puerto del Carmen und Arrecife. Der gut sichtbare Weg verläuft über Höhenrücken links parallel zur Straße nach La Degollada. Etwas Kondition ist erforderlich, denn es geht stetig bergauf. Da es auf dem Bergkamm keinen Schutz gibt, sollte man die Wanderung nur an windstillen Tagen unternehmen. Kurz vor Femés kann man die Atalaya de Femés besteigen, dort bietet sich ein noch umfassenderer Blick (→ Femés). Dauer einfach ca. 1,5 Std.
Man kann die Wanderung auch in *Uga* starten (→ S. 338).

Wegbeschreibung: Man startet in Yaiza an der *Plaza de los Remedios* vor der Kirche und nimmt die Ausfallstraße, die hier von der Durchgangs-

Tipp: Für ausdauernde Wanderer bietet sich von Femés eine Anschlusswanderung an – entweder nach **Puerto del Carmen** oder zu den **Papagayo-Stränden** im äußersten Südzipfel von Lanzarote und von dort nach **Playa Blanca**. In Femés kann man in einem der hübschen Ausflugslokale einkehren, von und nach Puerto del Carmen und Playa Blanca hat man gute Bus- oder Taxiverbindung. Beide Wanderungen sind im Anschluss ans Femés-Kapitel beschrieben (→ S. 354). Folgende Tour ist leicht zu realisieren: morgens von Puerto del Carmen mit dem Bus bis Yaiza, anschließend Wanderung nach Femés, dort Mittagessen und weiter nach Puerto del Carmen laufen (unterwegs noch einmal Einkehrmöglichkeiten in Playa Quemada und Puerto Calero), Dauer etwa 5,5 Std. Von Yaiza zu den Papagayo-Stränden wandert man allerdings etwa 6–7 Std., von Yaiza nach Playa Blanca sind es noch 2 Std. mehr!

straße nach Süden abzweigt (von Puerto del Carmen kommend nach links). Diese führt ein langes Tal entlang nach *La Degollada*. Kurz nach dem Restaurant „Los Remedios" steht rechts am Hang eine kleine Säule mit einer Schrifttafel, die an die Eruptionen der Feuerberge von 1730 erinnert (→ Sehenswertes). Am Ortsausgang von Yaiza zweigt nach dem Spielplatz und etwa 50 m vor dem *Friedhof* (zu erkennen an den Spitzpfeilern der Mauer) eine von Palmen flankierte Straße nach links ab. Diese nimmt man und sieht vor sich schon den allmählich ansteigenden Höhenweg. Nach etwa 200 m endet die Asphaltstraße und setzt sich als schmaler Fahrweg fort. Zwischen Weinplantagen, Erbsen- und Zwiebelfeldern verläuft der Weg erst leicht, dann stärker ansteigend den Hang hinauf. Schon nach wenigen Höhenmetern kann man hinter sich das umfassende Panorama der Feuerberge bewundern. Nach kurzem Aufstieg kommt man zu der weithin sichtbaren Ruine einer *Windmühle*, hier mündet auch ein Weg von Uga herauf.

Weiter geht es den jetzt völlig kahlen und steinigen Hang hinauf, wobei sich immer umfassendere Rundblicke öffnen. Wenige hundert Meter nach dem Windmühlenstumpf gabelt sich der Weg, hier rechts halten. Linker Hand liegt der eindrucksvoll geformte Krater *Caldera Riscada* (446 m). Über seinen Kamm hinweg hat man bald *Puerto del Carmen* im Blick, wenig später sogar *Arrecife*. 200 m nach der Weggabelung kommt man an eine etwas versetzt angelegte Dreifachgabelung (→ Skizze). Der Hauptweg führt zwar weiter geradeaus, jedoch muss man sich auch hier rechts halten. Dieser Weg wird nun nicht mehr verlassen und führt immer weiter den Hang hinauf. Linker Hand sieht man mittlerweile das *Tal von Femés*, durch das die Straße führt. Wir steigen weiter bergauf und gelangen zu einer felsigen Bergkuppe, an der verfallene Terrassen zu erkennen sind. Der Weg zieht sich nun einen langen, steinübersäten, aber fast ebenen Grat entlang: Rechts öffnet sich der Blick auf das weit unten liegende *Valle de Fena* zu den verstreuten Häusern von *La Degollada*, links zieht sich das *Tal von Femés*, geradeaus erkennt man schon die Antennenmasten auf dem Gipfel der *Atalaya de Femés*. Wenige

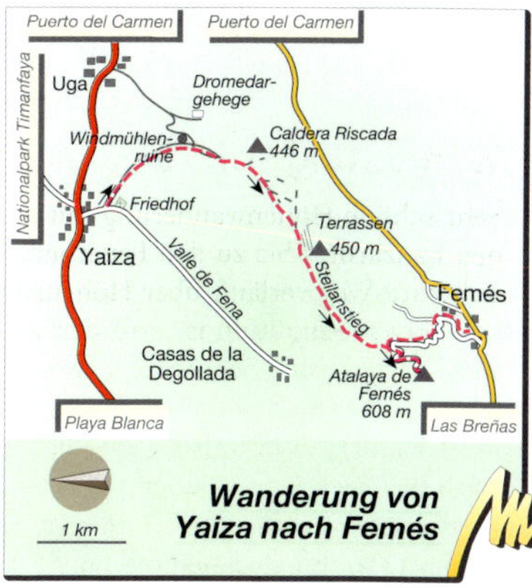

Wanderung von Yaiza nach Femés

Inselsüden
Küste S. 337

Minuten später kommt ein letzter steiler Aufstieg, den man in ca. 10 Min. bewältigt. Rechter Hand öffnet sich jetzt der prachtvolle Blick auf die *Salinen von Janubio*. Nach dem Steilstück trifft man auf eine abgeflachte Kuppe, wo sich der Weg etwas verliert, jedoch ist alles hervorragend im Blickfeld. Wir laufen einfach geradeaus weiter, bis wir wenige Kurven unterhalb vom Gipfel auf die Fahrstraße auf die *Atalaya de Femés* treffen. In knapp 10 Min. steht man auf dem 608 m hohen Gipfel und kann den herrlichen Rundblick genießen.

Nach Femés hinunter nimmt man den Fahrweg und kommt nach ca. 15 Min. in den Ort, wo man sich stärken kann. Wer in Femés starten will: Diese Variante ist ebenfalls möglich, nur darf man hier den Abzweig vom Fahrweg auf die Atalaya de Femés nicht verpassen. Er geht kurz unterhalb des Gipfels direkt vor einer flachen Senke rechts ab (→ Skizze).

Anschlusswanderung nach **Puerto del Carmen** → S. 356, zu den **Papagayo-Stränden** → S. 358

Von Yaiza nach Playa Blanca

Auf diesem wichtigen Transitstück verläuft die Schnellstraße *LZ-2* parallel zur holprigen alten Straße, die mit *C.V.* ausgeschildert ist. Bis zu den Salinen von Janubio durchquert man die Ausläufer der Lavafelder vom Ausbruch der Feuerberge. Auf der gut ausgebauten Asphaltmeile fliegt man förmlich über die Lava.

Von Yaiza zur Westküste (El Golfo und Salinas de Janubio)

Am Kreisverkehr südlich von Yaiza biegt man von der LZ-2 rechts ab, um nach El Golfo zu gelangen, etwas weiter südlich folgt die Ausfahrt zu den Salinen. Die Straße nach El Golfo zieht sich eindrucksvoll quer durch die schwarzen Lavamassen.

Westküste

Die Windecke der Insel. Fast immer peitschen meterhohe Gischtwellen an die wild zerklüfteten Klippen, während zur selben Zeit an der Ostküste um Puerto del Carmen kaum ein Hauch die Wellen kräuselt. Der Gegensatz ist immer wieder beeindruckend.

Die Westküste besteht von der Punta de Pechiguera im Süden bis weit jenseits des Nationalparks Timanfaya vollständig aus tiefschwarzem Lavagestein – scharfkantig zerfressen und bizarr ausgehöhlt. Als bei den Ausbrüchen der Feuerberge die ausströmende Lava mit dem Meerwasser in Berührung kam und erkaltete, bildete sich diese wilde Gesteinswelt und formte die Küste von Lanzarote neu. Sie wirkt faszinierend und erschreckend zugleich. Nur ein einziger Ort konnte sich in der flachsten Küstenregion entwickeln und mit Hilfe der Fischerei überleben – früher weltabgeschieden und einsam, ist *El Golfo* heute ein gut besuchtes Touristenziel.

Bekannt sind alle Strände der Westküste für ihre reichen Vorkommen an *Olivin*. Überall findet man hier diese für Tiefenvulkanismus typischen Halbedelsteine, entweder blank gerieben als winzige grüne Splitter oder als Einsprengsel in schweren Lavabrocken. An den viel besuchten Orten sitzen überall Verkäufer, die ein Sortiment von unbearbeiteten Olivinen anbieten (ob diese allerdings wirklich von Lanzarote stammen, ist eine andere Sache).

„Los Hervideros“ an der Westküste

Bucht von El Golfo

Beliebtestes Ausflugsziel und landschaftlicher Höhepunkt im Südwesten Lanzarotes. In einem bizarr verwitterten Kraterkessel, der zur Hälfte im Meer eingesackt ist, erstreckt sich ein tiefschwarzer Lavastrand mit dem leuchtend grünen Lagunensee Charco de los Clicos. Einige hundert Meter nördlich ducken sich die niedrigen Häuser des gleichnamigen Dorfs mit seinen urigen Fischrestaurants an die wilde Klippenküste – sicherlich einer der schönsten Orte Lanzarotes, um den Sonnenuntergang zu erleben.

Im ehemaligen Kraterkessel stellt sich das Farbenspiel der verschiedenen Gesteins- und Lavaformationen zusammen mit der oft dramatisch aufgewühlten See immer wieder großartig dar. Durch Wind- und Wassererosion sind die Innenwände des früheren Vulkans *Montaña del Golfo* tief ausgehöhlt, wegen der unterschiedlichen Härte der Lehm-, Sandstein- und Lavaschichten haben sich die abenteuerlichsten Formen entwickelt. Beeindruckend ist vor allem der tiefrote, lehmartige Hang nördlich vom See. In der Südhälfte der Bucht ist ein eigentümlich verformter Riesenblock in der Brandung stehen geblieben, er erinnert entfernt an einen überdimensionalen Thron.

El Golfo (Ort)

Die Häuser drängen sich ohne große Ästhetik ans Meer, sind aber mittlerweile fast alle weiß gestrichen, mit blauen oder grünen Fenstern und Türen. Erst seit 1995 ist El Golfo ans Strom- und Telefonnetz angeschlossen, früher tuckerte hinter jeder Pinte ein ruß- und ölverschmutzter Dieselgenerator. Vor den Häusern liegt ein grober Felsstrand, der sich wegen der heftigen Brandung aber nicht zum Baden eignet. Tipp für Individualisten ist das kleine Hotel im Ort. In den zahlreichen Restaurants kann man direkt an der Uferstraße sitzen und den Blick aufs Meer genießen. Am Ortsende beginnt die Küste des Nationalparks Timanfaya. Ein schmaler Trampelpfad führt ein Stück in die scharfkantige Lavawildnis mit ihren zahllosen grünen Tabaiba-Gewächsen hinein, endet aber bald.

Charco de los Clicos

Seit einigen Jahren kann man den faszinierenden See nur noch von Süden her besuchen (→ Anfahrt/Parken). Der Weg vom nördlich gelegenen Dorf ist kurz vor dem Abstieg über bröcklige rote Lava hinunter zum Strand abgesperrt worden, ein Schild „No Paso" weist darauf hin (→ Kartenskizze). Trotzdem lohnt es sich, vom Parkplatz am Ortseingang auf dem Trampelpfad hoch über dem Meer nach Süden zu laufen. Zunächst sieht man unter sich die ortsnahe Bucht, wo die Fischerboote liegen. Wenig später öffnet sich urplötzlich der Blick hinunter auf den Lavastrand mit der fast unwirklich grünen Lagune.

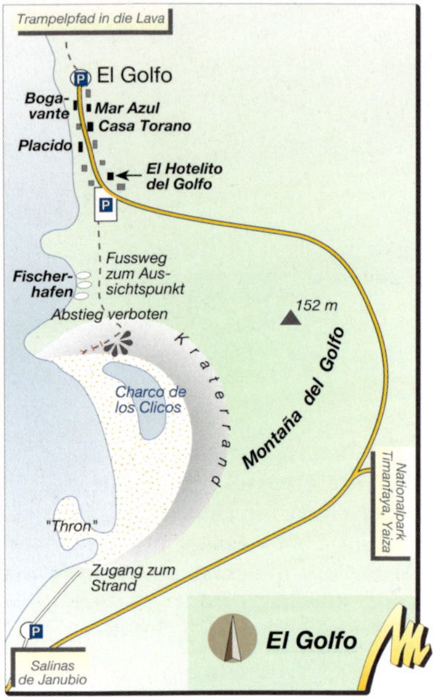

Die Lagune ist mit einer Absperrung versehen und steht unter Naturschutz, Baden ist selbstverständlich streng verboten. Durch unterirdische Verbindungen strömt immer wieder Meerwasser nach, so dass sie nie restlos austrocknen kann. Die leuchtend grüne Farbe des niedrigen Sees wird durch starkes Algenwachstum verursacht.

Wenn Sie sich wundern, warum die meisten Besucher tief gebückt den langen Strand abgehen – vor allem hier findet man oft *Olivinsplitter*, die meist nur millimetergroß und von den Wellen blank gerieben sind. Tipp: Weiter oben, wo die Wellen nicht hinkommen, liegen oft größere Stücke.

• *Anfahrt/Parken* **Südlich vom See** liegt ein großer Parkplatz, von dort läuft man auf asphaltiertem Weg um ein paar Kurven herum in wenigen Minuten zum Strand mit dem Lagunensee. Einen zweiten Parkplatz findet man am **Ortseingang**, Ausgangspunkt für den Fußweg zum Aussichtspunkt über dem See und für den Dorfbesuch. Ein weiterer kleiner Parkplatz liegt am **Ortsende**, ist aber schnell überfüllt.

• *Übernachten* ** **El Hotelito del Golfo**, das „Hotelchen" mit seinen neun Zimmern liegt gleich am Ortseingang rechts etwas erhöht, schöner Blick aufs Meer, sehr ruhig, vor allem abends. Wirt Victoriano Machin Tejera, der das Haus mit Gattin Isabel führt, ist so wie man sich einen Gastgeber wünscht – herzlich und natürlich. Das sympathische Anwesen besitzt einen hellen Speiseraum mit Bar und einen kleinen Süßwasserpool, im Eingangsbereich sind große Olivine ausgestellt. Die einfachen, aber hübsch eingerichteten Zimmer haben z. T. Balkons. DZ mit Frühstück ca. 50–55 €. Pauschal z.B. über Thomas Cook. ✆/℻ 928-173272.

• *Essen & Trinken* El Golfo ist sicher **der** Platz der Insel, um in authentischer Atmosphäre fangfrischen Atlantikfisch zu kosten. Auf den Klippen vor dem Dorf kann man fast täglich beobachten, wie die Fische ausgenommen und gleich in die Restaurants gebracht werden, wo sie bald in der Pfanne brutzeln. Die Lokale liegen alle ent-

Blick auf den Charco de los Clicos

lang der Uferstraße. Oft existiert keine Speisekarte und man lässt sich vom Kellner das Angebot aufzählen, fragen Sie dabei aber nach den Preisen. Besonders schön und romantisch sitzt man hier abends, wenn die Sonne über dem Meer untergeht. Die Restaurants sind von etwa 11 Uhr morgens bis 21 Uhr geöffnet.

Placido, urige Pinte direkt am felsigen Kiesstrand. Man sitzt äußerst gemütlich an großen, grünen Tischen, geschützt unter einem Schattendach oder in der prallen Sonne davor auf einer ehemaligen Bola-Bahn, herrlicher Blick. Die Fischplatte mit vier verschiedenen Sorten ist gut und reichhaltig, ebenso der Salat. Bier gibt es allerdings nur in Miniflaschen.

Casa Torano, ein paar Schritte nach Placido auf der anderen Straßenseite. Die ehemalige Fischerkneipe von Familie Torano ist mittlerweile ein schmuckes Restaurant. Man sitzt auf der kleinen Terrasse vor dem Haus und auf der anderen Straßenseite Richtung Meer, ebenfalls schöner Blick. Gute Küche aus Fisch und Meeresfrüchten, das Tagesangebot richtet sich nach dem Fang, ausgezeichnet ist auch der schwere gelbe Hauswein.

Mar Azul, Nähe Ortsende, hier sitzt man besonders schön auf der Terrasse im ersten Stock. Die Fischgerichte von Koch Juan werden gelobt und auch Spanier kehren hier häufig ein. Leserkommentar: „Wir haben eine gemischte Fischplatte für 2 Pers. gegessen – kaum zu schaffen, aber top."

Bogavante, im Gegensatz zu den anderen Restaurants nicht an der Straße, sondern in toller Lage direkt am Strand.

Zwischen El Golfo und Salinas de Janubio

▸ **Los Hervideros**: beschildert am Weg nach El Golfo, großer Parkplatz mit Aussichtspunkt über der wilden Lavaküste. Hervideros bedeutet „Siedelöcher" – der Name spielt auf die Spalten und Schlünde in den Felsen an, durch die das Wasser als schäumende Gischt in die Höhe gepresst wird. Das anbrandende Meerwasser hat hier die Lava grottenartig ausgehöhlt, wobei die Decken teilweise eingebrochen sind. Bei heftigem Seegang prallen die Wellen mit voller Wucht in die Höhlungen und spritzen turmhohe Fontänen in die Luft. Die Gischt ist aufgewühlt wie kochende Milch, ein toller Kontrast zum tiefschwarzen Lavagestein. Man kann auf

Inselsüden
Küste S. 337

kaum mannsbreiten Schleichwegen das Areal erkunden und durch verschiedene dieser „Siedelöcher" ins Meer hinunter schauen. An einer Stelle wurde eine Art Balkon direkt über dem tosenden Wasser eingerichtet.

▸ **Playa de Montaña Bermeja**: Unmittelbar gegenüber der leuchtend roten *Montaña Bermeja* (229 m) liegt ein ca. 200 m langer, grauer Kies-/Sandstrand mit kleinem Lagunensee, an dem Wasser speichernde Pflanzen wachsen.

Die imposante Salinenlandschaft von Janubio

Salinas de Janubio

Die riesige Salzverdunstungsanlage an der Westküste gehört zu den größten Spaniens. Mit ihren zahlreichen Wasserbecken und verfallenen Windmühlenstümpfen bietet sie ein eindrucksvolles Bild und ist fast ein „Wahrzeichen" Lanzarotes geworden. Da die wirtschaftliche Bedeutung der Salzproduktion jedoch stark zurückgegangen ist, sind die Salinen heute nur noch in Teilen in Betrieb, stehen aber mittlerweile unter Denkmalschutz.

Etwa 40 m über dem Meeresspiegel liegen die obersten Becken der weiträumigen Anlage, die sich in mehreren flachen Stufen zu einem großen *Lagunensee* senken. An seinem Rand stehen mehrere verfallene Windradkonstruktionen, die früher das benötigte Salzwasser aus der Lagune in die Becken pumpten. Heute besorgen das Motorpumpen. In großen Becken verdunstet das Wasser zunächst mehrere Wochen lang, dann wird es in kleinere Becken geleitet, von dort schließlich als dickflüssige Salzmasse in die eigentlichen Salinen – kleine Rechtecke, die nur maximal 2x2 m groß sind. Hier bleiben schließlich reine Salzkristalle übrig, die in großen Haufen zu einem letzten Trockenvorgang aufgehäuft werden.

An der Straße gibt es mehrere Möglichkeiten für Stopps, von denen man eindrucksvolle Blicke auf die Salinen hat. Auch das verglaste Aussichtslokal „Mirador del Salinas" lädt zu einem Panoramaaufenthalt ein. Vom vorgelagerten Strand *Playa de Janubio* kann man sogar mitten in die Anlage hineinlaufen und durch die eigenartige Szenerie bummeln. Überall zwischen den Becken ist der Boden mit Salzkrusten bedeckt. Man hat einen herrlichen Blick auf die umliegenden Berge und in den stillgelegten Teilen der Anlage wachsen Wasser speichernde Pflanzen, die Sukkulenten (→ Kapitel Pflanzenwuchs). Die Salinen von Janubio gelten auch als eins der wichtigsten Reviere für Zugvögel auf den Kanarischen Inseln, u. a. flüchten hierher Sandregenpfeifer, Alpenstrandläufer, Uferschnepfen und Stelzenläufer vor den kalten europäischen Wintern.

Salz auf der Haut: Die Salinen Lanzarotes

Noch im 19. Jh. war die Gewinnung von Meersalz einer der wichtigsten Wirtschaftszweige Lanzarotes. Auf der ganzen Insel gab es Salinen, hauptsächlich in der Nähe von Häfen: bei Arrecife, Puerto del Carmen und Playa Blanca, aber auch an der heutigen Costa Teguise, in Los Cocoteros und an der Meerenge El Río im Norden zwischen Lanzarote und La Graciosa. Das Salz wurde hauptsächlich zur Konservierung von Fisch verwendet, der so wochenlang gelagert werden konnte. Hochseefischer bewahrten damit auf der Rückreise zu ihren Heimathäfen ihre Fänge vor Fäulnis und viele Atlantikschiffe stoppten hier, um die lebensnotwendigen Salzvorräte zu erneuern. Doch als die Kühlung mit elektrischen Aggregaten erfunden wurde, war das Salz überflüssig geworden. Dazu kam, dass sich viele Salinenarbeiter durch die starke Lichtreflexion der grellweißen Salzmasse Augenschäden zuzogen, die bis zur Erblindung führten.

Fast alle Salinen Lanzarotes sind mittlerweile verfallen und bilden pittoreske Denkmäler vergangener Zeiten. Nur noch in den **Salinas del Janubio** und in **Los Cocoteros** (→ S. 299) wird Salz produziert – in Janubio sind es knapp 2000 Tonnen im Jahr, im Gegensatz zur siebenfachen Menge früher. Das weiße Gold wird heute hauptsächlich als Tafelsalz verkauft, die Fischer verwenden es nach wie vor zur Konservierung. Zu Fronleichnam färben die Lanzaroteños das Salz ein und legen die Straßen mit farbenfrohen Mustern aus. Außer reinem Salz wird in den Salinas de Janubio für Konservierungszwecke auch hochprozentiges Salzwasser (salmuera) produziert und mit Tanklastwagen abtransportiert.

- **Playa de Janubio**: langer, schwarzer Strand direkt vor den Salinen, Parkplätze an beiden Strandenden. Fast jeder Felsbrocken, den man aufhebt, enthält Olivin-Einsprengsel. Hier herrscht meist gehöriger Seegang, die weiße Gischt brodelt gegen die Felsen der niedrigen Klippenküste. Gegen den heftigen Wind sind schützende Burgen aus Steinen aufgeschichtet worden. Schwimmen ist nicht ganz ungefährlich. Einheimische zelten hier manchmal, obwohl Camping verboten ist.
- **Collado de Chó Castro**: Von der alten Straße nach Playa Blanca geht etwa 2 km südlich der Salinen ein asphaltierter Zubringer zu einer Wasserentsalzungsanlage an der Westküste ab. Mehrmals täglich füllen hier Tanklastwagen das wertvolle Nass ab. Wenn man Glück hat, darf man die Anlage besichtigen.

Inselsüden Küste S. 337

Los Ajaches

Nach dem Famara-Massiv im Norden der höchste Bergzug Lanzarotes und mit 19 Mio. Jahren der älteste. Die einzige Durchgangsstraße ist die steile Strecke über den „Balcón de Femés", interessante Alternative zur Hauptstraße über Yaiza. Die in ihrer kargen, archaisch anmutenden Wildheit faszinierenden Los Ajaches sind ein hervorragendes Wandergebiet und besitzen mit der Atalaya de Femés einen wunderbaren Aussichtsgipfel. Seit einigen Jahren sind sie als „Monumento Natural" (Naturdenkmal) ausgewiesen.

Der Abzweig von der LZ-2 nach Femés liegt etwas östlich von Uga, bei einer kleinen Orangenplantage. Von der Kreuzung zieht sich eine 5 km lange Straße in Windungen hoch in die Los-Ajaches-Berge. Nach steiler Auffahrt trifft man auf die wenigen Häuser von *Las Casitas de Femés*, wo eine renovierte Finca Unterkunft bietet (→ Femés). Blickpunkt ist direkt an der Durchgangsstraße das kuriose Anwesen eines Residenten mit einem Hubschrauber im Garten. Anschließend geht es mit mäßiger Steigung ein lang ausgleitendes Tal mit Zwiebelfeldern entlang bis zum Sattel von Femés. Südlich von Femés fährt man steil hinunter, durchquert Maciót und das weit verstreute Ortsgebiet von Las Breñas und trifft bei den Salinas de Janubio auf die Straße nach *Playa Blanca.*

Femés

Ein wahres Schmuckstück hoch oben auf einem Sattel, direkt unterhalb der mächtigen Atalaya de Femés. Das winzige Dörfchen besteht praktisch nur aus dem großen Hauptplatz mit der kleinen Kirche, dem etwas höher gelegenen Friedhof und einer Handvoll weißer Häuser im Umkreis. Leuchtend rote Geranien, üppige Palmen und Kakteen setzen farbliche Akzente.

Jeder Mietwagenfahrer, der den Weg herauffindet, macht hier Pause und genießt das überwältigende Panorama: Das Plateau bricht nämlich direkt hinter dem Platz mit einer weißen Brüstung steil nach Süden zur Rubicón-Ebene ab und man hat einen fantastischen Ausblick bis Playa Blanca und Fuerteventura – der berühmte *Balcón de Femés.* Drei Restaurants laden zum Verschnaufen ein und sind an warmen Nachmittagen immer gut besucht. Abends verschwindet allerdings die Sonne schnell hinter der Atalaya de Femés, die Mitnahme von Jacke oder Pulli ist dann sinnvoll.

Die kleine weiße Kirche *Ermita de San Marcial de Rubicón* stammt aus dem 18. Jh. Zusammen mit dem benachbarten Platz, auf dem kräftige Palmen stehen, bildet sie ein ausgesprochen stilvolles Ensemble. Laut Inschrift wurde sie am 17. Februar 1733 eingeweiht, in der Zeit also, in der die Ausbrüche im Timanfaya-Gebiet tobten. Schirmherr war der französische Bischof Marcial, dem bereits Anfang des 15. Jh. von den normannischen Eroberern unter Jean de Béthencourt die erste Kirche der Insel neben ihrem Fort in der Ebene von Rubicón als Bischofskathedrale zugeeignet worden war (→ Papagayo-Strände). Er wird noch heute als Inselpatron verehrt. Im Kircheninneren steht eine Statue des Marcial aus dem 18. Jh., Gläubige haben außerdem zahlreiche Devotionalien hinterlassen, mit denen sie die Hilfe des Heiligen für kranke Angehörige, verletzte Dromedare, Fischerboote etc. erflehen. Oberhalb der Kirche liegt der *Friedhof,* ein von einer

Vor der Ermita von Femés

weiß gekalkten Mauer umgebenes Geviert. Eine Treppe führt zu dem mit einem Kreuz gekennzeichneten Tor hinauf.

Öffnungszeiten Im Supermarkt bekommt man auf Anfrage den Schlüssel zur **Ermita de San Marcial de Rubicón** ausgehändigt. Ein Lichtschalter mit Zeituhr ist unter einer Klappe neben dem Kircheneingang versteckt.

Lesetipp: Das urige Örtchen Femés ist Schauplatz des in Spanien sehr angesehenen Romans „Mararía" von Rafael Arozarena (→ „Lesetipps", S. 116).

• Verbindungen Von **Arrecife** kommt Mo–Fr 3 x tägl. ein Bus herauf (2 x tägl. zurück).

• Übernachten **La Casa de la Caldera**, einsame Finca mitten in der ländlichen Stille von Las Casitas de Femés, 4 km nordöstlich vor Femés, geführt vom englischen Ehepaar Sue und Ben Bennison. Im Haupthaus und in den benachbarten ehemaligen Stallungen sind drei originell eingerichtete Apartments untergebracht, ein weiteres namens **La Puesta del Sol** (zwei Schlafzimmer) in einem Anbau. Neben dem Haus liegt ein kleiner Swimmingpool. Zu erreichen, indem man beim Hubschrauber einbiegt und bis zur gelben Finca fährt. Wochenpreis ca. 620 €. ✆ 02380-283682, www.lacasacaldera.com

• *Essen & Trinken* **El Balcón de Femés**, großes Lokal direkt am Abhang mit dem Panoramablick, schöne, offene Aussichtsterrasse, der Innenraum verglast. Ordentliche kanarische Küche zu normalen Preisen, z. B. *cabrito en adobo* (mariniertes Zicklein) oder *sancocho* (gekochter Stockfisch) sowie verschiedene Suppen, z. B. *caldo de millo* (Mehlmaissuppe).

Casa Emiliano, ein paar Schritte weiter, dort, wo die Straße den Berghang hinunter Richtung Las Breñas beginnt. Sehr gemütliches Lokal mit Terrasse und buntem Blumengarten, auch hier schöner Ausblick. Der Betrieb der Familie Duarte wurde früher von Mama Vicenta geführt, heute hat José, einer ihrer fünf Söhne, die Regie übernommen. Gute Grillküche, z. B. *cordero* (Lamm) und besonders zartes *carne de cabra* (Zickleinfleisch). An Wochenenden wird es oft sehr voll, das Personal hat dann sichtlich zu kämpfen.

Femés, direkt am zentralen Dorfplatz, kein

Blick, aber gute traditionelle Küche, z. B. *garbanzas compuestas* (gehaltvolle Kichererbsensuppe mit Fleisch und Speck), der Eintopf *potaje canario* oder gebratenes Kaninchen, die Pommes sind hier noch selbst gemacht. Etwas günstiger als die anderen.

• *Feste* Die **Fiesta de San Marcial** Anfang Juli ist eins der wichtigsten religiösen Feste Lanzarotes. Eine Woche lang wird gefeiert, Musik und Folklore geben den Ton an. Höhepunkt ist der 7. Juli mit einer Prozession zu Ehren des ehemaligen Bischofs San Marcial.

▸ **Von Femés nach Süden**: Unmittelbar südlich von Femés führt die Straße steil hinunter. Nach wenigen Minuten zweigt linker Hand eine neu asphaltierte Straße nach *Playa Blanca* ab, die sogar über einen seitlichen Fahrradstreifen verfügt. Unterwegs geht linker Hand eine Jeeppiste über die Berge zu den Papagayo-Stränden ab (→ S. 358).

Weiter in Richtung Las Breñas durchfährt man die wenigen Häuser von *Maciót*, benannt nach dem skrupellosen Enkel des Eroberers Jean de Béthencourt (→ Geschichte). Rechter Hand fallen zwei markante Aschehügel auf – einer tiefrot, der andere schwarz.

▸ **Las Breñas**: weit auseinander gezogenes Dorf auf halber Höhe am Hang. Las Breñas ist ein reiner Wohnort, es gibt keine Restaurants, lediglich im Tante-Emma Laden kann man sich mit Kleinigkeiten eindecken. Nicht wenige ausländische Residenten leben hier weitab vom Rummel, viele alte Häuser wurden liebevoll restauriert und werden z. T. vermietet (Buchung z. B. über www.lanzarotebreaks.com).

Wanderungen ab Femés

Femés ist Ausgangspunkt für eine Reihe Wanderungen in verschiedene Richtungen, z. B. nach *Puerto del Carmen* oder zu den *Papagayo-Stränden*. Auch eine schöne Rundwanderung kann man machen, wobei man nach ca. 2 Std. wieder nach Femés zurückkommt. Informationen zur Wanderung von Yaiza nach Femés unter Yaiza.

• *Anfahrt* Mo–Fr fährt 3 x tägl. ein Bus der Linie 5 von **Arrecife** nach **Femés**. Man kann aber auch 12 x tägl. (Sa–So 7 x) mit dem Bus von **Playa Blanca** oder **Arrecife/Puerto del Carmen** bis **Yaiza** fahren und von dort ein Taxi nach Femés nehmen. Ausdauernde Wanderer können den Weg von Yaiza nach Femés auch zu Fuß machen (ca. 1,5 Std.), dort einen Zwischenstopp mit Mittagessen einlegen und im Anschluss weiter zu den Papagayo-Stränden bzw. nach Puerto del Carmen laufen. Natürlich kann man sich in Femés auch ein Taxi zur Heimfahrt rufen lassen. Mietwagenfahrer können bequem am Dorfplatz parken und später mit dem Taxi nach Femés zurück fahren. Ein **Taxi** von Puerto del Carmen nach Femés kostet etwa 17 €.

Tipp: Hilfreich für alle Wanderungen in den Bergen von Los Ajaches ist die mit Skizzen und kurzen Wegbeschreibungen ausgestattete Broschüre „Touristische Wanderwege in Los Ajaches", die man mit etwas Glück in Yaiza erhält.

Besteigung der Atalaya de Femés

Die Atalaya (zu deutsch *Wachturm, Ausguck, Aussichtspunkt*) ist 608 m hoch. An ihrer Südflanke liegt Femés. Der Aufstieg ist leicht, es geht immer einen breiten Fahrweg entlang, der zur Funkstation am Gipfel führt. Dauer hin/zurück ca. 2 Std., 250 m Höhenmeter sind zu überwinden. Nur an klaren Tagen hinaufsteigen, sonst kann man unter Umständen in die Wolken geraten. Skizze → Wanderung von Yaiza nach Femés, S. 345.

Wegbeschreibung: In Femés geht man rechts am *Friedhof* vorbei (→ Femés). Der Weg steigt zunächst zwischen neueren Häusern bergan und geht dann in eine Schotterpiste über. Nach einigen hundert Metern zweigt links deutlich erkennbar die Fahrpiste zum Gipfel ab (für unautorisierte Fahrzeuge gesperrt). Man folgt der Piste, die sich allmählich den Berg hinaufwindet, immer wieder hat man großartige Ausblicke. In Gipfelnähe zweigt rechter Hand der Fußpfad nach Yaiza ab (→ Wanderung von Yaiza nach Femés). Kurz darauf hat man nördlich unterhalb des Gipfels einen eindrucksvollen Blick auf einen kreisrunden Krater. Auf dem *Gipfel* angekommen, trifft man auf die schon von Femés aus sichtbare Funkstation, einen Mast für Richtfunk-Übertragung und Betriebsfunkantennen diverser Nutzer. Ein trigonometrischer Punkt steht ebenfalls hier oben. Der Blick ist spektakulär: im Süden über die Ebene von El Rubicón bis hinüber nach Fuerteventura, im Norden tief hinein in das Gebiet der Feuerberge.

Rundwanderung um den Pico Redondo (521 m)

Der Pico Redondo liegt südlich von Femés. Die reizvolle Wanderung führt mit teils herrlichen Panoramablicken mitten durch die Los-Ajaches-Berge. Die relativ einfache Rundtour von wenig mehr als 6 km dauert nur etwa 2 Std., führt aber durch gänzlich unbesiedeltes Gebiet, deshalb besser nicht alleine gehen.

Wegbeschreibung: Vom Dorfplatz in Femés steigt man nach Süden (links, wenn man Richtung Playa Blanca blickt) einen geschotterten Fahrweg hinauf zu einem am Berghang sichtbaren *Bauernhof* mit Ziegenhaltung. Unmittelbar hinter dem Gehöft beginnt der lange *Barranco de la Higuera* zum Meer hinunter.

Leicht rechts hinter dem Bauernhof nimmt man nun einen schmalen Fußpfad auf die andere Seite des Barrancos. Etwa 15 Min. nach Beginn der Wanderung steigt der Weg auf der anderen Talseite zu dem Sattel *Degollada de Carlos* hinauf. Von hier führt der Pfad an der Nordwestflanke des Pico Redondo entlang, an dessen ockerfarbenen Hängen prächtige Feigenkakteen gedeihen. Rechter Hand fällt das Massiv eindrucksvoll zur Ebene *El Rubicón* ab, bei klarem Wetter hat man einen kilometerweiten Blick bis Playa Blanca und Fuerteventura. Bald erblickt man vor sich die markante Serpentinenpiste, die sich unterhalb von Maciót über die Los-Ajaches-Berge zur Ostküste zieht (→ Wanderung von Femés zu den Papagayo-Stränden). 30 Min. nach Beginn der Wanderung trifft man auf eine Gabelung und folgt dem linken Weg über eine leichte Anhöhe in den *Barranco de la Casita*. Nun geht es an der rechten Seite des Barranco entlang in Kurven stetig bergab in Richtung Ostküste, wobei man weit voraus Puerto del Carmen und sogar Arrecife erblickt. Ziemlich weit unten durchquert der Pfad den Barranco und

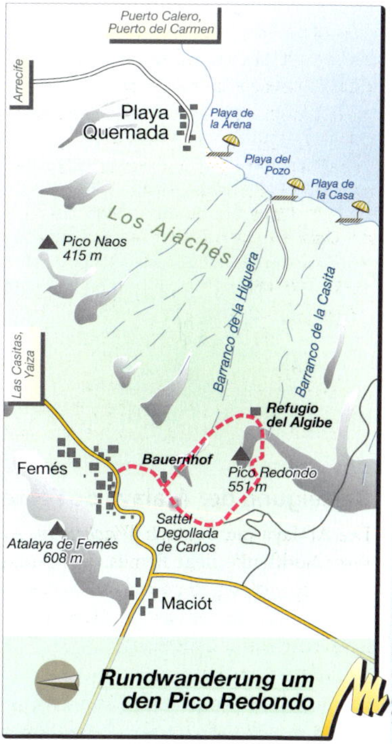

Inselsüden
Küste S. 337

Wanderung in den Los-Ajaches-Bergen

steigt auf der anderen Seite wieder hinauf zum Kamm zwischen Barranco de la Casita und Barranco de la Higuera. Hier steht ein weithin sichtbares Rasthäuschen, das *Refugio del Algibe*, das man nach etwa einstündiger Wanderung erreicht. Neben dem Refugio eine gut erhaltene, allerdings meist leere *Zisterne*, die früher als Ziegentränke diente. Die erste, leichtere Weghälfte ist nun geschafft, die zweite wird anstrengender, denn es geht hauptsächlich bergauf.

Nach dem Rasthäuschen folgen wir Richtung Norden einem kleinen Nebenarm aufwärts und queren den kahlen Osthang des Pico Redondo, bis sich der Blick auf den langen *Barranco de la Higuera* öffnet. Am oberen Talende erkennen wir den *Bauernhof*, von dem aus wir zu Beginn der Wanderung den Barranco überquert hatten. Wir folgen dem Barranco auf deutlich sichtbarem Weg aufwärts, wobei das letzte Stück vom Grund des Tals hinauf zum Bauernhof besonders steil und mühsam ist. Exakt an der Südwestecke des Anwesens kommen wir auf dem *Sattel* an und steigen wieder hinunter nach Femés.

Wanderung von Femés über Playa Quemada und Puerto Calero nach Puerto del Carmen

In der ersten Weghälfte schöne, einsame Wanderung durch unbesiedeltes Gebiet. Vom Bergdorf Femés geht es über einen Bergkamm durch das Trockental *Barranco de la Higuera* zum Küstenort *Playa Quemada*, von dort an der Küste entlang über den Jachthafen *Puerto Calero* nach *Puerto del Carmen*. Da es weitgehend bergab geht, nicht übermäßig anstrengend. Länge etwa 12 km, Dauer ca. 4 Std., größte Höhe 420 m.

Wegbeschreibung: Von Femés steigen wir, wie in der vorhergehenden Rundwanderung um den Pico Redondo beschrieben, zunächst zum *Bauernhof* mit Ziegenhaltung hinauf. Exakt an der Südwestecke des Gehöfts zieht sich ein schmaler Pfad den steilen Geröllhang hinunter in den *Barranco de la Higuera*. Der Weg verläuft gut sichtbar das Tal hinunter, trifft bald auf eine Hochspannungsleitung und folgt ihr. Unterwegs kann man immer wieder den weiten Küsten- und Meerblick auf Playa Quemada, Puerto Calero und Puerto del Carmen genießen, ganz am Horizont erkennt man sogar Arrecife. Knapp eine Stunde ab Aufbruch verlässt der Barranco die weiter geradeaus laufende Stromleitung nach rechts. Wir folgen ihm, bald weitet sich das Tal und etwa 1,5 Std. nach Aufbruch erreichen wir den braunen Feinkiesstrand *Playa del Pozo*, der zum einsamen Baden einlädt. An der südlichen Strandseite sieht man einen alten Brunnen, der früher Süßwasser führte, und daneben ein erst kürzlich erbautes Rasthäuschen, ein Stück weiter den Hang hinauf steht eine Hausruine.

Für den weiteren Weg nach Playa Quemada geht man vom Meer etwas zurück, bis sich eine ausgewaschene Fahrpiste und Fußpfade den Nordhang hinaufziehen. Hier steigt man hinauf, bis man vom Bergrücken Sicht auf *Playa Quemada* hat. Der Fahrweg führt allerdings bald ins Inselinnere bzw. weiter zur Straße nach Yaiza und man muss rechts abzweigen und sich immer nahe der Küste halten. Verschiedene Trampelpfade folgen hier dem Küstenverlauf, es geht über mehrere Höhen, Playa Quemada ist fast immer im Sichtfeld. Kurz vor dem Ort kann man zur *Playa de la Arena* hinuntersteigen. Wenn gerade Ebbe ist, kann man unten am Meer bequem nach Playa Quemada weiterlaufen, bei Flut geht das nur über das steile Küstenkap, zu dem man dann wieder hinaufsteigen muss. Nach 2 Std. 15 Min. erreichen wir die Häuser von *Playa Quemada* (→ S. 196).

In Playa Quemada läuft man hinter den am Meer liegenden Häusern parallel zum Strand in Richtung Puerto Calero. 50 m nach der am Ortsende gelegenen Villensiedlung zweigt rechts ein Weg ab, der an der Küstenlinie entlang führt.

Wanderung von Femés nach Puerto del Carmen

Eine weiß gekalkte, etwa 3 m hohe Säule, ein trigonometrischer Punkt, wird nach ca. 7 Min. erreicht. Der Weg verläuft etwa 100 m von der Küstenlinie entfernt in 40 m Höhe über flaches Hügelland. Etwa 40 Min. nach dem Aufbruch von Playa Quemada erreicht man das Komforthotel „Hesperia Lanzarote" und kommt nach wenigen Minuten auf einem Promenadenweg zur Hafenzufahrt von *Puerto Calero*.

Von Puerto Calero nach Puerto del Carmen gibt es zwei Möglichkeiten: auf

Inselsüden
Küste S. 337

dem Fußpfad unmittelbar an der Küste entlang oder weiter landeinwärts eine Fahrpiste nehmen. Details → Rundwanderung Puerto del Carmen – Puerto Calero – Puerto del Carmen, S. 186.

• *Einstieg in Playa Quemada* Wer nach **Femés** hinauflaufen will, steigt kurz vor der Hausruine am Südende des Ortsstrands von Playa Quemada den Hang hinauf, geht auf einem Trampelpfad oberhalb der **Playa de la Arena** vorbei und immer an der Küste entlang, bis er auf die **Playa del Pozo** trifft, von der sich der tiefe **Barranco de la Higuera** nach Westen zieht. Hier den Weg verfolgen, der das Tal hinaufführt. Hinter dem Kamm am oberen Talende liegt bereits **Femés**.

Wanderung von Femés zu den Papagayo-Stränden (und weiter nach Playa Blanca)

Im Prinzip keine besonders schwierige Wanderung, die jedoch Ausdauer verlangt. Man sollte keinesfalls alleine gehen und nach Möglichkeit vorher jemandem Bescheid geben. Proviant und Trinkwasser muss man ausreichend mitnehmen, da es an den Papagayo-Stränden nur ein Restaurant mit beschränktem Angebot gibt, das zudem nicht immer geöffnet ist. Bis zu den Papagayo-Stränden sind es etwa 12 km, für die man etwa 4–5 Std. benötigt. Es gibt dort keine öffentlichen Verkehrsmittel. Nach Playa Blanca sind es weitere 6 km flach an der Küste entlang, dafür wird man noch etwa 2 Std. benötigen (→ S. 375).

Wegbeschreibung: Von Femés nimmt man zunächst den unter „Rundwanderung um den Pico Redondo" beschriebenen Weg. Wenn man etwa 30 Min. nach Beginn der Wanderung auf die erwähnte Gabelung trifft, geht man jedoch nicht links, sondern geradeaus weiter auf die weithin sichtbare Serpentinenpiste zu, die sich von der neuen Asphaltstraße nach Playa Blanca über die Los-Ajaches-Berge zur Ostküste zieht. Wir erreichen die Schotterstraße genau an der Passhöhe *Degollada del Portugués* (370 m), wo ein Ziegenstall mit Viehtränke steht, und folgen ihr nach links. Etwa 10 Min. später ist das auf der spanischen Militärkarte (→ Einleitung/Karten) verzeichnete, jetzt verlassene Gehöft sichtbar. Man hält sich nun rechts und geht in den *Barranco Parrado*. Richtung Osten ist Puerto del Carmen sichtbar. Etwa 1,5 Std. nach Aufbruch durchquert man das Trockental und es geht leicht bergauf. Eine halbe Stunde später erreicht man das Kap von *Punta Gorda* mit einer Steinhütte. Nach etwa 45 Min. auf einem staubigen Fahrweg, der leider nicht direkt über dem Meer, sondern etwas weiter landeinwärts verläuft, kommt man an der im Tal sichtbaren Zisterne bei *El Pimentero* vorbei, die Papagayo-Strände sind bereits in Sicht. Nach einer weiteren halben Stunde gabelt sich der Weg, man wählt den Weg links in Richtung auf Papagayo, geradeaus hat man Blick auf Playa Blanca. Auf einer Erdstraße erreicht man Papagayo in etwa einer halben Stunde.

Die wenigen Pflanzen in der Ebene von Rubicón kann man zählen

El Rubicón

Die endlos wirkende Ebene im südlichsten Zipfel Lanzarotes wurde von den normannischen Eroberern nach ihrer rötlichen Farbe (lat. rubeus = rot, rötlich) benannt. Nur wenige Erhebungen fallen ins Auge, am markantesten sind die Ausläufer von Los Ajaches an der Ostküste hinunter zu den Papagayo-Stränden. In El Rubicón gibt es keine Orte, die kahle und baumlose Fläche ist bis auf einige Gehöfte völlig unbesiedelt. Einziger Anlaufpunkt ist das Ferienzentrum Playa Blanca vis à vis von Fuerteventura.

Die Mitte der Neunziger gebaute Schnellstraße LZ-2 zwischen Playa Blanca und Yaiza hat die Anbindung an den Rest der Insel sehr verbessert. In rascher, bequemer Fahrt kommt man in die Feuerberge, nach El Golfo, Puerto del Carmen und Arrecife. Geruhsamer zuckelt man auf der holprigen, alten Straße C.V. (LZ-701), die genau parallel zur Schnellstraße verläuft. Dort gibt es auch noch die eine oder andere Abfahrt zur Westküste. Ideal für Biker ist die neue Asphaltstraße LZ-702 von Playa Blanca nach Femés, die einen extra für Radler ausgewiesenen Randstreifen besitzt.

Inselsüden
Küste S. 337

▸ **Westküste**: Die Küste zwischen *Salinas de Janubio* und *Punta de Pechiguera* ist flach, bis auf bizarre Lavafelsen gibt es keinerlei Attraktionen. Von der alten Straße Yaiza-Playa Blanca kann man zu einer weithin sichtbaren Wasserentsalzungsanlage fahren, wo Tanklaster regelmäßig ihre Vorräte auffüllen (→ S. 351). Kurz vor der *Montaña Roja* kann man auf Asphalt rechts abbiegen (bei der Fahrzeughalle der Autovermietung Cabrera Medina), den Berg westlich nahe der Küste umrunden und zur Punta Pechiguera mit ihrem markanten Leuchtturm fahren (→ S. 371).

▸ **Osten**: Im Osten endet die Ebene an den Hängen der Los-Ajaches-Berge. Diese steigen bis zu 560 m Höhe an und bilden eine eindrucksvolle Kulisse. Den *Balcón de Femés* erkennt man als markante Terrasse zwischen den Hügeln. Eine Piste führt über die Berge (→ Wanderung von Femés zu den Papagayo-Stränden).

Playa Blanca

Playa Blanca ist das neueste Ferienzentrum Lanzarotes. Noch vor dreißig Jahren existierte hier nur eine bescheidene Fischersiedlung. Viele Fehler hat man deshalb vermeiden können: Weder die weitflächige Anonymität von Costa Teguise, noch der lärmende Trubel Puerto del Carmens sind bisher zu spüren. Es gibt kaum Centros Comerciales, in denen sich Läden und Restaurants ballen, und keine Autostraße beeinträchtigt das Strandleben. Viel Wert legte man stattdessen auf die Anlage einer hübschen Uferpromenade für Fußgänger. Wie in allen Ferienzentren Lanzarotes gibt es allerdings auch hier keinerlei historische Bausubstanz, abgesehen von einem jüngst restaurierten Salzmagazin.

Doch die ehrgeizigen Touristikplaner haben Großes vor: Sie beabsichtigen, Playa Blanca zu einem gigantischen Ferienzentrum machen, das sich über viele Kilometer in beide Richtungen der Küste erstrecken soll. Bereits in den Neunzigern, als noch ein inselweit verordneter Baustopp (→ S. 49) alle touristischen Investitionen lähmte, legte man ein ganzes Netz von Straßen an, die sich kilometerweit nach Westen und Osten erstreckten. Mittlerweile wurden überall in der näheren und weiteren Umgebung neue Großhotels und Apartmentanlagen hochgezogen, die nicht immer reine Augenweiden sind und teilweise ohne oder mit zweifelhaften Genehmigungen errichtet wurden – Investoren und Cabildo liegen hier seit langem im Streit. Zusätzlich ist mit dem „Puerto Marina Rubicón" ein neuer Yachthafen entstanden, der den Ort für die begüterte Urlaubsklientel attraktiv machen soll. Am Beispiel Playa Blancas kann man derzeit am besten feststellen, wie verheerend sich der Tod César Manriques auf die Baukultur ausgewirkt hat.

Doch natürlich hat Playa Blanca nach wie vor große Vorzüge in die Waagschale zu werfen. Man genießt den schönen Blick aufs nahe Fuerteventura, kann in anderthalb Stunden zu den herrlichen Papagayo-Stränden wandern, per Fähre bequem für einen Tagesausflug nach Corralejo übersetzen oder die vorgelagerte Isla de Lobos besuchen. Im flachen Süden Lanzarotes scheint außerdem die Sonne häufiger als im bergigen Norden. Geeignet ist Playa Blanca vor allem für Familienurlaub, denn die flachen, sandigen Strände sind mit Steinmolen zur offenen See hin abgeschirmt und ideal für Kleinkinder, besonders die hübsche Playa Flamingo. Und da sich der Autoverkehr in Grenzen hält, sind Ruhe und Sicherheit immer gewährleistet. Wer allerdings die Attraktionen Lanzarotes kennen lernen will, muss weit fahren – im Süden der Insel gibt es nur eine Handvoll Sehenswürdigkeiten. Und auch Urlauber,

Am Ortsrand von Playa Blanca

die intensives Nachtleben suchen, sollten lieber Puerto del Carmen als Standort wählen, denn Playa Blanca hat in dieser Hinsicht so gut wie nichts zu bieten.

Anfahrt/Verbindungen/Ausflüge

Playa Blanca ist der südlichste Ort Lanzarotes. Der Transfer vom Flughafen *Guecimeta* dauert dank der neuen Schnellstraße nur knapp 45 Min. Das ist zeitlich im Rahmen und gibt gleichzeitig einen schönen ersten Einblick in die Insellandschaft. Die häufig verkehrenden *Inselbusse* fahren ab Arrecife dieselbe Strecke. Playa Blanca ist außerdem *Fährhafen* zur Nachbarinsel Fuerteventura, die auf Sichtweite liegt. Bis zu 11 x täglich setzen geräumige Autofähren in den dortigen Hafenort *Corralejo* über. Im Hafenbecken liegen auch einige kleine Schiffe, die täglich Ausflüge in die Umgebung und auf die Isla de Lobos anbieten.

• *Busse* Busse der Linie 6 fahren von **Playa Blanca** Mo–Fr 12 x, Sa/So 7 x tägl. die gut ausgebaute Strecke über **Yaiza** und **Puerto del Carmen** in die Hauptstadt **Arrecife** und zurück. Haltestelle in Playa Blanca an der Avda. de Llegada, der Ein-/Ausfahrtstraße nach Playa Blanca, am oberen Kreisverkehr (→ Ortsplan).

> Busse (Linie 6) zum **Markt in Teguise** starten sonntags um 9.10 Uhr, Rückfahrt um 13.30 Uhr.

• *Fähren* (Stand 2005): Das Hafenbecken von Playa Blanca liegt ein Stück westlich vom Ortskern. Zwei komfortabel ausgestattete Fähren bestreiten die Verbindung hinüber nach **Corralejo**: die große Autofähre **Buganvilla** der **Lineas Fred. Olsen** und die etwas kleinere **Volcán de Tindaya** der **Naviera Armas**. Die Überfahrt dauert nur 35 Min. Vorreservieren ist in der Regel nicht nötig. Nur an Wochenenden herrscht etwas mehr Betrieb, da dann die Einheimischen mit ihren Wagen zwischen den beiden Inseln pendeln. Wer am Sonntag mit der letzten Fähre zurück will und ein Fahrzeug dabei hat, sollte besser rechtzeitig buchen! Für Fußgänger ist aber immer Platz.

Abfahrtszeiten: ab **Playa Blanca** mit Lineas Fred. Olsen 7.10*, 8.30, 10, 12.30*, 14, 16 und 18 Uhr (* nicht Sa/So), mit Naviera Armas 7, 9, 11, 13.15*, 15*, 17 und 19 Uhr (* nicht So);

Inselsüden
Küste S. 337

ab **Corralejo** Lineas Fred. Olsen 7.45*, 9, 11, 13.30*, 15, 17, 19 Uhr (* nicht Sa/So); Naviera Armas 8, 10, 12*, 14, 16, 18, 20 Uhr (* nicht So). Kurzfristige Änderungen möglich, auch saisonbedingt.

Preise (einfache Überfahrt, hin/rück das Doppelte): bei Lineas Fred. Olsen 14,80 €, Kind (4–11 Jahre) 7,40 €, Auto 19,70 €, Motorrad 11,80 €, Fahrrad 5,90 €. Die Überfahrt mit Naviera Armas ist etwas günstiger. Lineas Fred. Olsen bietet dafür 2 x tägl. Gratisbusse ab Fischerhafen in Puerto del Carmen.

Tickets: in den Hafenbüros von Playa Blanca (Lineas Fred. Olsen ✆ 928-517266, Naviera Armas ✆ 928-517912) und Corralejo (Lineas Fred. Olsen ✆ 928-535090, Naviera Armas ✆ 928-867080).

Beide Gesellschaften bieten ermäßigte **Paketpreise** für PKW mit mehreren Passagieren. Bei Lineas Fred. Olsen zahlt man für ein Auto mit 3 Pers. 52 €, mit 4 Pers. ca. 62 €, bei Naviera Armas ca. 47 € und 56 €. Hin- und Rückfahrt kostet knapp das Doppelte.

Achtung: Nicht alle Mietwagenfirmen gestatten es, mit ihren Wagen von Lanzarote nach Fuerteventura überzusetzen. Wer es trotzdem tut, kann bei einem Unfall Probleme mit dem Versicherungsschutz bekommen. Vorher erkundigen.

• *Schiffsausflüge* Im Hafen findet man Ausflugsmöglichkeiten mit mehreren Anbietern und verschiedenen Bootstypen, in den letzten Jahren gab es z. B. ein U-Boot und einen nach historischen Vorbildern gezimmerten Schoner. Die übliche Route geht morgens zu den Papagayo-Stränden und nachmittags wieder zurück, aber auch zu den großen Dünenstränden von Fuerteventura und zur Isla de Lobos gibt es gelegentlich Touren. Da sich die Angebote häufig ändern, erkundigen Sie sich wegen der Fahrten in den Reiseagenturen vor Ort und direkt im Hafen. Dort können Sie auch buchen.

• *Autoverleih* Großes Angebot an Leihautos, z. B.:

Cabrera Medina, Avda. de Papagayo 2, Avda. de Papagayo 57 (gegenüber der Kirche), Centro Comercial Punta Limones (beim Hafen) und vor dem Hotel Lanzarote Park.

Feber, vor dem Hotel Lanzarote Park. ✆ 928-518055.

Felycar, Avda. de Papagayo s/n. ✆ 928-517487.

• *Fahrräder* Der Süden Lanzarotes ist fast völlig flach. Es gibt zahlreiche Pisten, die für Mountainbiking geeignet sind, speziell die Fahrt zu den Papagayo-Stränden lohnt.

Easy Rider (38), vor dem Hotel Lanzarote Park. Mountainbike für 1 Tag ca. 8 €, für 3 Tage 7 €/Tag, bei Mietdauer von einer Woche ca. 6 €/Tag. Mo–Sa 9.30–12.30 Uhr, 17–19 Uhr, So geschl. ✆ 928-517926, mobil 607-676391.

• *Taxi* Standplätze am Kreisverkehr im Ort und im Hafen. ✆ 928-524222. Ungefähre Preise: nach **Yaiza** 15 €, in die **Feuerberge** 18 €, **Puerto del Carmen** 30 €, **Flughafen** 35 €, **Arrecife** 38 €, **Teguise** 40 €.

Information/Nützliche Adressen (siehe Karte S. 364/365)

• *Information* **Oficina Municipal** an der El Varadero, der Ein-/Ausfahrtstraße nach Playa Blanca, etwas oberhalb vom Kreisverkehr im Ort. Mo–Fr 9–13.30 Uhr. ✆ 928-517794.

Weiteres Informationsbüro im **Hafengebäude** neben den Verkaufsstellen für die Fähren.

• *Apotheke* direkt am Kreisverkehr im Ort.

• *Geld* Geldautomat z. B. bei der **Banco Santander** am Hafen, in der Bank **Central Hispano** neben Rest. El Barco (Avda. Papagayo), in der **Banco Popular Español** im Außenbereich des Hotels Lanzarote Park, am Supermarkt **Casa Joaquin** an der Playa Flamingo und im neuen Yachthafen **Marina Rubicón**.

• *Gottesdienst* **evangelische Messe** in deutscher Sprache jeden So um 12 Uhr in der Ortskirche (außer Juli/August).

• *Internationale Zeitungen/Zeitschriften* z. B. in den zwei Supermärkten an der **Playa Flamingo**, in einigen Läden an der **Calle Limones** zwischen Ortszentrum und Hafen und im Supermarkt **Marcial** im Centro Comercial Punta Limones am Hafen.

• *Internet* **Internet-Cafés** im Centro Comercial Papagayo, am Kreisverkehr im Ort und im Untergeschoss des Hotels Timanfaya Palace (→ Übernachten).

• *Kinder* **Spielplatz (11)** gegenüber der kleinen Kirche von Playa Blanca (→ Ortsplan).

• *Medizinische Versorgung* **Clínica Lanzarote (37)**, im Außenbereich (Centro Comercial) des Hotels Lanzarote Park. ✆ 928-519039. 24-Std.-Dienst unter ✆ 900100450.

Deutsche Arztpraxis Dr. Jung (14), neben der Kirche an der Plaza de nuestra Senora del Carmen. Mo–Fr 10–19, Sa 10–13 Uhr.

✆ 928-518005, 24-Std.-Dienst unter gleicher Nummer.

• *Post* El Correillo, westlich von El Varadero. Mo–Fr 9–12 Uhr.

Übernachten (siehe Karte S. 364/365)

Es dominieren Großhotels der oberen Kategorien und ausgedehnte Apartmentsiedlungen, die sich weitflächig um den kleinen Ortskern gruppieren und sich anschicken, allmählich die gesamte Südküste samt Hinterland zu bedecken. Der Standard der Unterkünfte ist durchweg hoch, kaum etwas ist älter als zehn Jahre, vieles erheblich jünger und es wird weiterhin intensiv gebaut. Fast alles wird pauschal über Reiseveranstalter vermietet. Bei der Auswahl darauf achten: Nicht alle Anlagen liegen in Strand- bzw. Ortsnähe, z. T. sind erhebliche Wege zu bewältigen. Für Individualreisende gibt es im Ort nur wenige Möglichkeiten, ein Apartment bei Privatleuten zu mieten.

• *Hotels* *****__Gran Meliá Volcán (26)__, das architektonisch originellste Hotel in Playa Blanca, 2002 an der Küste östlich vom Ort oberhalb vom ebenfalls neuen Jachthafen Marina Rubicón (→ S. 369) eröffnet. Schon von weitem fällt der künstlich aufgeschüttete Kegel aus Lavabrocken auf, unter dem sich die Empfangshalle verbirgt. Den Eingang bildet eine Kopie der Kirche Iglesia de Nuestra Señora del Guadalupe in Teguise, im feierlichen Innenraum erklingen Mönchsgesänge, an den Wänden hängen großflächige Bilder aus schwarzem Lavasand von Ildefonso Aguilar. Im mehrstöckigen Vulkan liegt der Empfangsbereich, darunter plätschert ein Wasserfall und strömt als Bachlauf in die vorgelagerte große Poollandschaft (ein klimatisiertes Süßwasserbecken, zwei Salzwasserbecken). Im Umkreis gruppieren sich die Zimmer in kleinen Wohneinheiten, die einem lanzarotenischen Dorf nachempfunden sind. Komfortable Einrichtung, Zimmer jeweils mit Sofa und Sitzecke, Internet- und Faxanschluss, von den meisten Meerblick bis hinüber nach Fuerteventura, sonst auf die Poolanlage. Fünf unterschiedliche Restaurants (nicht immer alle geöffnet) sorgen für Gaumengenuss, außerdem gibt es ein Spa-Center (13 €, auch für Nichthotelgäste) und einen Miniclub. DZ mit Frühstück ca. 200–360 €. Pauschal z. B. über Thomas Cook und TUI. ✆ 928-519185 (gebührenfreie Buchung in Dtl. ✆ 0800-1414444), www.solmelia.com

***** **Princesa Yaiza (10)**, ebenfalls neu eröffnete Topanlage oberhalb der Playa Dorada. Elegante Ausstattung, schöne Halle mit viel Grün und Wasserfällen, edle Suiten mit formschönem Holzmobiliar, ansprechenden Fliesenböden und Terrasse. Zwei große Pools, Wellness-Zone mit Thalassotherapie, Tauchschule, Tennis, Basketball, Squash, Fußball und einer 10.000 qm großen Zone ausschließlich für Kinder. Suite für 2 Pers. ab ca. 230 €. Pauschal z. B. über Thomas Cook und TUI. ✆ 928-519222, ℻ 519179, www.princesayaiza.com

**** **Papagayo Arena**, neue „All-inclusive"-Großanlage mit fast 500 Zimmern, exponierte Lage auf einem Kap oberhalb der Playa de Afe (auch: Playa de las Coloradas), 20 Gehminuten von den Papagayo-Stränden. Von fast allen Zimmern Meerblick bis nach Fuerteventura. Im Innenbereich großzügige Poolanlage, außerdem Tennis, Sauna, türkisches Bad, Whirlpool, Gymnastik und Massage. Zimmer mit Sat-TV. DZ inkl. Verpflegung ca. 105–235 €. Pauschal z. B. über Thomas Cook. ✆ 928-519111, ℻ 517217, www.sandos.org

**** **Gran Castillo**, neues, komfortables Großhotel kurz vor den Papagayo-Stränden, erst 2006 eröffnet, zu buchen über TUI. Mehrere Restaurants, die Küche wird gelobt.

**** **Timanfaya Palace (40)**, direkt an der Küste, zwei Fußminuten westlich der Playa Flamingo, zum Ortszentrum 20 Min. am Meer entlang. Komfortables Großhotel, 1997 eröffnet. Mit seinen eleganten, weiß gekalkten Rundtürmen wirkt es fast ein wenig orientalisch. Das Innere luftig und mondän, zum Meer hin dominiert eine imposante Glasfront, davor weitläufige Außenanlage mit zwei Süßwasserpools. Geräumige, marmorgeflieste Zimmer, große Bäder mit Badewanne, Sat-TV. An der Uferpromenade wurden ein paar bescheidene Sandflecken künstlich aufgeschüttet, wo man sich im Angesicht zahlreicher Passanten sonnen

Inselsüden
Küste S. 337

kann. Es gibt u. a. eine Tauchschule, einen Miniclub für Kids, Fitnessraum, Sauna, Whirlpool, Disco, Tennis, Minigolf und Bolabahn (Boccia), außerdem ein Internet-Café (→ Adressen). Schön ist das Garten-Grillrestaurant am Pool. HP pro Pers. ca. 60–87 €, pauschal über viele Veranstalter. ✆ 928-517676, ℻ 517035, www.h10.es

**** **Rubicón Palace (35)**, neu eröffnetes Komforthotel zwischen Playa Blanca und der Punta de Pechiguera. Weitläufiger Poolbereich mit sechs Pools, Hallenbad und zwei Kinderbecken. Im Wellness-Center vielfältige Wasserlandschaft: Wellenpool, Wasserfall, türkisches Bad, Thermalanlage mit Sauna, außerdem Thalassotherapie, Massagen, Kosmetik, Schlamm- und Algenpackungen. HP ca. 68–108 € pro Pers. Pauschal über viele Veranstalter. ✆ 928-518500, ℻ 518498, www.h10.es

**** **Hesperia Playa Dorada (12)**, direkt an der Playa Dorada, östlich von Playa Blanca. Äußerlich wenig ansprechende Großanlage, flacher, hellbrauner Betonkasten mit über 450 Zimmern. Halle und Gänge zu den Zimmern sind mit Pflanzenterrarien und moderner Kunst aufgelockert, gepflegte Zimmer mit Teppichböden und Sat-TV. Tipp: Neben der äußeren Poolanlage kann man hier – allerdings gegen Gebühr – das größte Hallenbad Lanzarotes (25 m lang) mit Whirlpool und Sauna benutzen. Ebenfalls gegen Gebühr Tennis und Squash. DZ mit Frühstück ca. 100–130 €. Bei vielen Veranstaltern im Programm. ✆ 928-517120, ℻ 517432, www.hoteles-hesperia.es

**** **Lanzarote Princess (4)**, ca. 400 m landeinwärts der Playa Dorada. Geschmackvolles Großhotel mit großzügig begrünter Lobby und aufwändig gestalteter Pool-/Gartenanlage. Blickpunkt der Halle ist der unermüdlich rauschende Wasserfall, unter dem ein einsames Fischerboot dümpelt. Der Innenbereich besitzt eine beeindruckende Vegetation: Drachenbäume, Palmen, Araukarien. Die Poolbar ist hinter einem dichten Pflanzengürtel verborgen, ein Barbecue-Restaurant liegt im Freien, gemütliche Piano-Bar, Kinderspielplatz. Tennis und Minigolf gegen Gebühr. Zimmer schlauchförmig, vom Balkon schöner Blick auf die Pools und das Meer. DZ mit Frühstück ca. 84–130 €. Buchen über ITS, Jahn, Kreutzer, Neckermann und TUI. Reservierung direkt ✆ 928-517108, ℻ 517011, www.h10.es

*** **Lanzarote Park (39)**, Aparthotel westlich vom Hafen, schöne Lage direkt am Meer,

Übernachten

- 2 Apartments Sun Park
- 3 Apartments Bahía Blanca Rock
- 4 Hotel Lanzarote Princess
- 10 Princesa Yaiza
- 12 Hotel Hesperia Playa Dorada
- 15 Apartments Gutiérrez
- 19 Hotel Casa del Embajador
- 21 Apartments Jardines del Sol
- 26 Hotel Gran Meliá Volcán
- 32 Apartments Playa Limones
- 33 Apartments Playa Flamingo
- 35 Hotel Rubicón Palace
- 39 Hotel Lanzarote Park
- 40 Hotel Timanfaya Palace

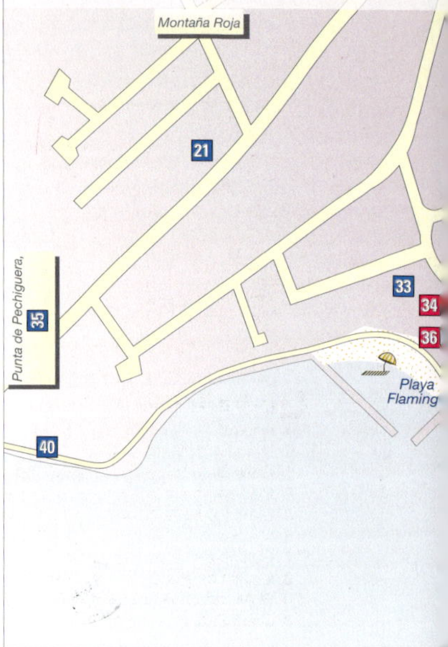

wenige Schritte seitlich der gepflegten Playa Flamingo. Hinter einer schlossähnlichen Fassade mit zwei flankierenden Türmen liegen drei halbrunde Komplexe nebeneinander, alles in Weiß. Im Zentralbau kommt man durch die helle Halle mit Marmorböden hinunter zur Gartenanlage mit mehreren Pools. Die Apartments (1 Schlafzimmer) und Studios sind schlicht, aber ansprechend, besitzen gut ausgestattete Bäder und geräumige Balkone sowie Sat-TV. Tischtennis, Billard und Volleyball, Animation für Erwachsene und Kinder, Kinderspielplatz. Tennis, Squash und Sauna gegen Gebühr. Ein Außenrestaurant ist mit Glaswänden gegen den Wind geschützt, Blick aufs Meer. Preis bei Belegung zu zweit ca. 65–127 €. Pauschal über zahlreiche

Veranstalter. ✆ 928-517048, 📠 517348, www.iberostar.com

*** **Casa del Embajador (19)**, kleines, einladendes Hotel im Landhausstil, neu eröffnet im östlichen Bereich der Uferpromenade, ganz zentral, trotzdem ruhig. In den Fischerhäusern vom Anfang des 20. Jh., die später im Besitz eines Diplomaten waren, gibt es zwölf DZ und Dreibettzimmer sowie eine Suite. Alle sind behaglich eingerichtet, davor liegt eine große, zum Meer hin ausgerichtete Sonnenterrasse mit herrlichem Blick. Außerdem findet man ein Lesezimmer und einen TV-Raum mit Kamin. DZ mit Frühstück ca. 130–195 €, Suite 200–295 €. Pauschal z. B. über TUI. ✆ 928-519191, 📠 519192, www.casadelembajador.com

*** **Calimera Playa Blanca**, die „All-Inclusive"-Anlage, Mitglied der Kette „Calimera Aktivhotels", steht direkt an der Klippenküste westlich von Playa Blanca, kurz vor dem Leuchtturm an der Punta de Pechiguera. Ins Zentrum von Playa Blanca sind es gut 4 km, mehrmals tägl. pendelt ein Shuttlebus. Die Einrichtung ist eher einfach gehalten, das Gelände hübsch begrünt, davor gibt es einen kleinen Naturstrand und weitere künstlich aufgeschüttete Sandflächen. Zu buchen z. B. über 1-2-Fly und Kreutzer. ✆ 928-517777, 📠 517944, www.lanzarote.com

• *Apartments* +++ **Bahía Blanca Rock (3)**, etwa 200 m landeinwärts der Playa Dorada, freundliche und viel besuchte Anlage, großer

Inselsüden Küste S. 337

Pluspunkt der Innenbereich: üppig bepflanzt und ausgesprochen einladend gestaltet, Poollandschaft mit Wasserfall, Felsen und Palmen – einfallsreich und originell mit gewisser Ähnlichkeit zum Pool in der Manrique-Kreation „Jameos del Agua". Für die Kleinen gibt's Kinderbecken und Spielplatz. Apartments sind okay, ohne Besonderheiten, teils Meerblick, teils Sicht nach innen auf den Pool. Restaurant, Supermarkt, mit Korbmöbeln hübsch ausgestattete Cocktail-Bar, deutschsprachige Rezeption. Apartment mit 1 Schlafzimmer (2 Pers.) ca. 70–125 €. Bei vielen Reiseveranstaltern im Programm, z. B. Kreutzer, Neckermann, Thomas Cook und TUI. ✆ 928-517037, ℻ 517055, www.h10.es

+++ Sun Park (2), der Nachbar von Bahía Blanca Rock, große, viereckige Anlage, etwas strenges Design und nicht so anheimelnd, aber guter Standard. Im schön bewachsenen Innenbereich mehrere Pools (einer beheizt). Supermarkt, Tennis, Gymnastik, Kinderspielplatz, Minigolf. Apartment mit 1 Schlafzimmer ca. 45–52 €. Pauschal z. B. über 1-2-Fly. ✆ 928-517021, ℻ 517020.

++ Playa Flamingo (33), große Anlage mit über 300 Apartments direkt hinter dem gleichnamigen Strand, zieht sich terrassenförmig den Hang zur Straße hinauf. Zwei Pools, Restaurant, Meerblick nur von einem Teil der Apartments. Wichtigster Pluspunkt: die Lage am schönsten Strand Playa Blancas. Wohneinheiten mit 1 Schlafzimmer für ca. 60 € vor Ort buchbar, mit 2 oder 3 Schlafzimmern über skandinavische und britische Veranstalter. ✆ 928-517300, ℻ 517642.

+++ Playa Limones (32), nette Bungalowanlage zwei Gehminuten oberhalb der Playa Flamingo, landeinwärts der Straße. Drei kleine Pools, große Sonnenterrasse mit Bar, Bungalows mit 1 Schlafzimmer. Pauschal z. B. über TUI und Schauinsland Reisen. ✆ 928-517247, 517366, ℻ 517186.

+++ Jardines del Sol (21), gepflegte Anlage mit Bungalows, jedoch weit vom Schuss, direkt am Fuß der Montaña Baja. Nächster Strand ist ca. 1 km entfernt. Wohnungen schön mit Korbmobiliar eingerichtet, jeweils TV, Pool mit satten Rasenflächen. Vorteil: sehr ruhig. Pauschal z. B. über Thomas Cook. ✆ 928-517608, ℻ 517467.

+ Apartamentos Gutiérrez (15), Privathaus neben Restaurant Casa José, ganz zentral Nähe Kirche und nur ein paar Schritte von der Uferpromenade, zu der Stufen hinunterführen. Kein Namensschild, nur Hinweis auf Apartmentvermietung. Beste Anlaufstelle für Individualreisende, vermietet werden mehrere geräumige Apartments mit Duschbad und je einem Schlafzimmer für ca. 40–45 €. Bei längerem Aufenthalt Nachlass. Hinten Gemeinschaftsterrasse ohne Ausblick. ✆ 928-517089.

El Marisco „Casa Brigida" (7), Restaurant an der Aus-/Einfallstraße von Playa Blanca (→ Ortsplan) vermietet ebenfalls Apartments, die allerdings teurer sind als bei vorgenannter Adresse, außerdem nicht so ruhig gelegen. ✆ 928-517385.

Essen & Trinken (siehe Karte S. 364/365)

Das Angebot ist breit gefächert – kanarische und internationale Küche, Grillspezialitäten, Paella und Pizza. Auffallend: Neben typischen Fischgerichten wie *pescado a la sal* (Fisch in Salzkruste) sind oft auch Gerichte vom spanischen Festland vertreten, z. B. die bekannte Gemüsesuppe *gazpacho*. Die zweifellos schönste Ecke, um essen zu gehen, ist die *Uferpromenade*. Mehr als ein halbes Dutzend Allerweltslokale drängen sich hier aneinander, die Qualitätsunterschiede sind gering, bedient wird in der Regel aufmerksam und flott. Man sitzt unter ausladenden Sonnenschirmen direkt am Meer, kann den ein- und auslaufenden Fähren zuschauen und bei Bedarf vom kleinen Sandstrand mitten zwischen den Lokalen ins Wasser hüpfen.

• *Hafen und Uferpromenade* (West nach Ost) **El Galeón (31)**, kleines Fischrestaurant direkt im Hafen, hier treffen sich die Einheimischen am Tresen, die Portionen sind groß und die Preise ausgesprochen günstig, flotter Service. Vor dem Lokal viel Auslauf für Kinder, allerdings parken hier auch PKW, etwas Vorsicht ist also geboten. Do geschl.

Bodegon Las Tapas (29), man sitzt auf hölzernen Hockern auf einer überdachten Terrasse an der Promenade, kann den Trubel ringsum und die einlaufenden Fähren betrachten, dazu etwas trinken und die Tapas kosten, z. B. Datteln im Speckmantel und die frischen *boquerones al vinagre* (Sardellen).

Don Camillo (28), Allround-Lokal mit zahlreichen Sitzplätzen drinnen und draußen. Attraktion ist der mächtige Drehgrill, die weit gefächerte Speisekarte bietet für jeden etwas.

Casa Pedro (23), alteingesessenes Lokal, in dem früher ausschließlich die Einheimischen verkehrten. Das kanarische Flair blieb hier noch erhalten, die Küche ist in Ordnung, die Bedienung freundlich und professionell. Gut sind Fischsuppe und Fischplatte, schöner Blick zu den Papagayo-Stränden.

El Almacén de la Sal (20), ein historischer Salzspeicher, in dem früher das „weiße Gold" der Salinas de Janubio vor dem Transport nach Fuerteventura gelagert war, wurde aufwändig restauriert und zum Restaurant umgebaut. Das Ergebnis kann sich sehen lassen: Der hohe Innenraum mit seinen massiven Pfeilern ist mit alten Gerätschaften und historischen Fotos ausgestattet, von der Straße hat man Zugang zu einer zweiten Ebene bzw. Galerie, mitten im Raum hängt das hölzerne Skelett eines Bootes. Zahlreiche Spezialitäten werden angeboten, z. B. Fisch in Salzkruste, spanische Schweinelende und Entenleber-Terrine. Allerdings liegen die Preise etwas höher und einige Leserkommentare zeigten sich bezüglich Qualität und Service nicht begeistert. Sa-Abend Pianomusik live. Di geschl.

L'Artista (16), von Italienern und Briten geführte Pizzeria etwas erhöht am Ende der Promenade, Innenraum gemütlich, auch draußen nur eine Handvoll Tische.

• *Verstreut im Ort* **El Horno de la Agüela (13)**, etwas landeinwärts der östlichen Uferpromenade. Das rustikale Lokal besitzt nur Sitzgelegenheiten im Innenraum. Serviert werden Grillgerichte (Zicklein, Lamm, Kaninchen), außerdem typische Speisen vom spanischen Festland, wie die Gemüsesuppe *gazpacho*, *pollo asado al vino blanco* (Brathuhn in Weißwein), *cordero lechal à la Segoviana* (Milchlamm von Segovia) oder *cochinillo asado* (Spanferkel kastilischer Art). Für kühlere Tage sicherlich ein Tipp.

Cervantes (9), Avda. Papagayo, Tapas-Bar gegenüber vom Spielplatz, Marmortische und Holzstühle, viele Tische im Freien (überdacht), günstige Preise und freundliches Personal, auch bei Residenten beliebt.

El Marisco „Casa Brigida" (7), an der Aus-/Einfallstraße von Playa Blanca, 50 m vom Kreisverkehr. Seit über dreißig Jahren bietet dieses gemütliche Lokal bereits gute kanarischer Küche, das Schwergewicht liegt auf Fisch. Die *zarzuela* kostet für 2 Pers. ca. 28 €. Mo geschl.

Angela (5), von der Casa Brigida ein Stück die Straße hinauf, nett aufgemachte Pizzeria mit karierten Tischdecken, freundlicher Service, Pizza durchschnittlicher Qualität ab ca. 5 €. So geschl.

Los Hervideros (6), typisch kanarisches Haus, etwas versteckt landeinwärts der Avda. Papagayo, vom oberen Stockwerk genießt man einen schönen Blick über Playa Blanca. Kanarische Küche zu angemessenen Preisen. So ab 16 Uhr und Do geschl.

La Cantina Mexicana (25), an der Fußgängerzone Calle Limones (Meerseite) in Richtung Hafen, hübsch aufgemacht mit viel Holz und mexikanischen Stoffen, vorne Balkon über der Uferpromenade mit Blick aufs Meer.

La Terrecita (24), neben der Cantina Mexicana. Mit gemütlichem Innenraum und, wie der Name schon verrät, einer kleinen Terrasse. Blick aufs Meer und hervorragende Tapas. Zu empfehlen: *pulpo a la plancha con Mojo* (gebratener Polyp mit Mojo-Sauce).

• *Marina Rubicón* Im typischen Yachthafen-Flair treffen sich Segler, Touristen und Einheimische. Die hier genannten Restaurants und Bars haben allesamt Terrasse mit Blick auf den Hafen und die Yachten.

La Taberna, kleine, gemütliche Tapas-Bar mit Hafenatmosphäre. Man sitzt an blauen Holztischen, draußen ist ein runder Tresen um einen Baum gebaut. Urig und sehr freundliche Bedienungen.

La Casa Roja, gleich neben „La Taberna" und, wie der Name sagt, rot gestrichen. Die schwere Eisen-Eingangstür stammt laut Eigentümer von einem alten Frachtschiff. Die Traumterrasse im ersten Stock wird leider erst geöffnet, wenn das Erdgeschoss gut gefüllt ist, ist dann aber sicher der schönste Ort, um in der Marina zu speisen.

• *Playa Flamingo* **Casa Joaquin (36)**, schöne Lage an der Strandpromenade hinter der idyllischen Playa Flamingo, gute Qualität und große Auswahl, in erster Linie viele kräftige Fleischgerichte vom offenen Grill, aber auch frittierte Gambas und Hummer. Abends schmettert allerdings ein Alleinunterhalter spanische und mexikanische Hits – nicht jedermanns Sache, z. T. wird sogar zum Tanz aufgespielt.

La Bambola (34), Pizzeria in zweiter Reihe, kein Meerblick, aber gute Pizza und aufmerksamer Service, Leserempfehlung.

Inselsüden
Küste S. 337

Die windgeschützte Playa Flamingo ist für Familien gut geeignet

Cafés & Bars/Nachtleben/Shopping/Feste (siehe Karte S. 364/365)

• *Cafés & Bars* **Café del Mar**, Ableger von Ibizas legendärem Kult-Café, seit 2004 im Yachthafen Marina Rubicón. Drinks und Snacks in lockerer Atmosphäre, Innenhof im Stil eines römischen Atriums, mit Pflanzen und Sofas ideal zum Relaxen. Markenzeichen des Café del Mar ist die hauseigene elektronische Techno-/New-Age-Musik, die man hier speziell zum Sonnenuntergang genießen kann. Geöffnet mittags bis 2 Uhr nachts.

Moulin de Paris (18), vor dem Pool in der Marina Rubicón, aufmerksam geführtes Café-Bistro mit eigener Bäckerei.

Deutsche Bäckerei/Café (30), geführt von Betty und Simone, nettes Fleckchen an der Uferpromenade Nähe Hafen, einige Tische zum Draußensitzen.

Galería del Sol (17), östliche Uferpromenade, englisch geführte Kneipe im ersten Stock neben Restaurant L'Artista (→ oben), Meerblick, positive Leserkommentare.

Dorada Beach, schöne Lage am gleichnamigen Strand (→ Playa Blanca/Baden), wenige Meter entfernt die exponiert gelegene Beach Bar.

• *Nachtleben* Nach dem Abendessen werden weitgehend die Gehsteige hoch geklappt. Aber wie in allen Zentren auf Lanzarote gibt es ein paar englische und irische Bars, vor allem im **Centro Comercial Punta Limones** am Fährhafen. Ansonsten konzentriert sich das soziale Leben auf die Großhotels, dort wird abends etwas Animation geboten oder eine betuliche Disco angeworfen. Mit dem Wagen ist man jedoch auf der neuen Schnellstraße über Yaiza in einer guten halben Stunde in Puerto del Carmen, wo abends die Post abgeht.

The Irish Anvil, große Bar im Centro Punta Limones, allabendlich heizt ein Alleinunterhalter kräftig ein.

Ebenfalls Livemusik gibt es im **English Pub (22)** direkt an der Uferpromenade, neben dem Restaurant El Almacén de la Sal.

• *Shopping* nicht viel, was der Rede wert ist. Insbesondere, wer einheimisches Kunsthandwerk sucht, muss sich auf die Reise in andere Inselorte machen. Zur Zeit der Recherche wurde landeinwärts des Jachthafens **Puerto Marina Rubicón** an einem großen Shopping-Center mit Bowlingbahn gebaut.

Mercadillo, kleiner Souvenir- und Kunsthandwerksmarkt an der Straße, die vom Kreisverkehr, wo der Busstopp liegt, in

Richtung Papagayo-Strände führt. Sa 9–14 Uhr.

Playa Blanca Center (27), modernes Einkaufszentrum zwischen Uferpromenade und Fußgängerzone. Auf mehreren Stockwerken Kunsthandwerk, Souvenirs, Zeitungen/Zeitschriften, Mode, Parfüms etc.

César-Manrique-Shop, direkt am Kreisverkehr oberhalb der Uferpromenade.

• *Fest* **Fiesta Nuestra Señora del Carmen**, am 16. Juli, See- und Landprozession zu Ehren der Schutzpatronin der Seeleute.

Sport (siehe Karte S. 364/365)

• *Fitness* Im Hotel **Hesperia Playa Dorada** (→ Übernachten) gibt es ein Fitness Center mit Hallenbad (25-m-Becken), Jacuzzi, Sauna und Squashcourt, das auch für Nichthotelgäste gegen Gebühr zugänglich ist.

• *Schwimmen/Baden* öffentlicher **Pool** in der Marina Rubicón, Eintritt ca. 5 €, Eintrittskarten in der nahen Tankstelle.

• *Minigolf* in den Hotels **Timanfaya Palace** und **Lanzarote Princess** sowie in den Apartmentanlagen **Los Calamares (1)** (landeinwärts der Straße zum Hafen) und **Sun Park**.

• *Tauchen* Die beiden Strände Playa Flamingo und Playa Dorada bieten gute Einstiegs- und Übungsmöglichkeiten für Taucher, danach geht's ins freie Meer mit seiner vielfältigen, vulkanisch geprägten Unterwasserwelt.

Tauchcenter Marina Rubicón, neues Padi-Tauchcenter in der Marina, gleich in der Nähe des Hafenbüros. Alle gängigen Leistungen: Schnuppertauchen 65 €, Tauchgang ab 40 € (10 Tauchgänge 250 €), Nachttauchgang 10 € extra. Spezialkurse wie „Nitrox" und „Wracktaucher" werden angeboten und auch Kurse in Unterwasserfotografie (nur in englischer Sprache) sind möglich. Die Taucher werden mit zwei professionell ausgestatteten Booten (für bis zu 16 bzw. 20 Personen lizenziert) zu den jeweiligen Spots gebracht. Es wird Deutsch gesprochen. ✆ 928-349346, ℻ 349330, www.rubicondiving.com

P & P Diving Center (Barakuda Club) (8), Avda. Papagayo 59, gegenüber der Kirche. Geführt von Petra Meyer und Peter Jacobs, beide ausgebildete Tauchlehrer (CMAS, PADI, DAN Instructor), laut mehreren Leserzuschriften sehr kompetent, nett und auf Sicherheit bedacht, Tauchschüler werden im Hotel abgeholt, Absprachen verlässlich eingehalten. Grundtauchschein ca. 225 €, mehrtägige Kurse mit Theorie- und Praxisstunden ca. 360 €, Schnuppertauchen ca. 50 €, Tauchgang (je nach Häufigkeit) ca. 20–36 €. Info/Anmeldung Mo–Sa 13–15 Uhr. ✆ 928-519141, www.pp-diving-center.de

Las Toninas, Tauchschule in der Apartmentanlage Playa Flamingo am gleichnamigen Strand. Geübt wird zunächst im Pool der Anlage, dann in der geschützten Zone („Lagoon") zwischen Strand und vorgelagerten Molen, anschließend folgen Tauchgänge im freien Meer. Für Taucher mit Zertifikat gibt es Tauchtouren (Safari Dive), Tauchen ab Boot, Nachttauchgänge etc. Tägl. 10–19 Uhr. ✆ 928-517300, E-Mail: divingtoninas@arrakis.es

Puerto Marina Rubicón: neuer Yachthafen in Playa Blanca

Gegen den Widerstand der Naturschützer wurde östlich von Playa Blanca, kurz vor dem Castillo de las Coloradas, ein ausgedehnter Yachthafen gebaut. Die attraktive Anlage wartet mit zahlreichen Restaurants, trendigen Cafés, Bars, Galerien und exklusiven Modeboutiquen auf. Mit dem „Gran Meliá Volcán", etwas oberhalb am östlichen Ende der Marina, findet man hier auch eines der interessantesten Großhotels der Insel. Sportbegeisterte können im Hafenbüro Segelkurse buchen oder die Tauchschule besuchen, im Zentrum der Anlage liegt außerdem ein großer Swimmingpool mit zahlreichen Sonnenliegen. Mittwochs und samstags kann man am Vormittag über einen kleinen Souvenir- und Kunsthandwerkmarkt bummeln. Für Kunstinteressierte ist die Galerie „La Ermita" zu empfehlen, die vom Design einer inseltypischen Ermita nachempfunden ist.

Castillo de las Coloradas: pittoreskes Kastell an der Steilküste

Cala Blanca, spanisch geführtes Tauch-Center im Centro Comercial „El Papagayo" an der Playa Dorada. Geführte Tauchgänge, Schnuppertauchen, Padi-Kurse. Es wird Deutsch gesprochen. ✆ 928-519040, 518400, www.calablancasub.com

• *Segeln* **Segelschule** in der Marina Rubicón. Anfängerkurs (2 Std.) 30 €, Fortgeschrittenenkurs (2 x 3 Std.) 80 €. Information im Hafenbüro der Marina (täglich 9–20 Uhr). Nachfragen, ob der jeweilige Lehrer Deutsch spricht. Nach Möglichkeit ein bis zwei Tage vor gewünschtem Kursbeginn buchen. ✆ 928-519012, 519035, info@marinarubicón.com

• *Tennis* **Sun Ball**, Tennisschule im Hotel Timanfaya Palace (→ Übernachten).

Playa Blanca / Baden

Es gibt drei Strände im Ort, die alle künstlich angelegt sind. Außerdem kann man entlang der Promenade über in die Klippen gebaute Treppen bequem zum Schwimmen und Schnorcheln ins Meer steigen.

Ortsstrand: kleiner, weißer Sandstrand mitten im Ort, direkt an der Promenade mit den Fischrestaurants. Für manchen sicher ideal – sonnen am Strand, ins Wasser hüpfen, dann fünf Schritte gehen und ein opulentes Menü bestellen. Der nahe Hafen trägt allerdings nicht zur Sauberkeit des Wassers bei.

Playa Dorada: Wenn man von den Fischrestaurants die Uferpromenade weiter nach Osten läuft, stößt man nach wenigen Minuten auf diesen schattenlosen Sandstrand, hinter dem ein ganzes Bündel von Großhotels liegt, darunter „Princesa Yaiza" und „Hesperia Playa Dorada" (→ Übernachten). Er ist der längste der Strände von Playa Blanca und durch vorgelagerte Molen vor heftigem Seegang geschützt. Man kann Sonnenschirme und Liegestühle mieten, Tretboot oder Jet Ski fahren. Das große Strandlokal „Dorada Beach" liegt etwas erhöht über dem Badebetrieb und bietet unter knallgelben Sonnenschirmen Snacks, Kuchen, kleine Gerichte und frisch gepresste Säfte, außerdem saubere (jedoch kostenpflichtige) Toiletten. Einen Supermarkt findet man im Einkaufszentrum „El Papagayo", eine schön gelegene „Beach Bar" und die Erste-Hilfe-Station am östlichen Strandende.

Playa Flamingo: ein Stück westlich vom Hafen, hübscher Strand mit wehenden Palmen dahinter, die echte Karibikgefühle aufkommen lassen. Mehrere Restaurants und ein gut sortierter Supermarkt liegen direkt an der gepflegten Strandpromenade. Zwei lange, begehbare Molen schützen die Playa vor heftigen Wellen, selbst bei höheren Windstärken ist das Wasser sehr ruhig, ideal für Kinder.

Playa Blanca / Umgebung

Da es, abgesehen vom kleinen *Castillo de las Coloradas* (s. u.), keinerlei Sehenswürdigkeiten gibt, wird man sich schnell aufmachen, die nähere und weitere Umgebung zu erkunden. Diese wird allerdings durch Großhotels und weitläufige Urbanisationen immer engmaschiger bebaut. Neben der Tour zu den populären Papagayo-Stränden bietet sich als erstes der kleine Aufstieg zum 194 m hohen Vulkan *Montaña Roja* an, der sich in unmittelbarer Nachbarschaft von Playa Blanca erhebt. Auch hier ist die Bauspekulation beängstigend weit gediehen. Der Südhang ist mittlerweile fast bis zum Kraterrand hinauf für Ferienhäuser parzelliert. Unmittelbar hinter mehreren Urbanisationen führt ein gut sichtbarer *Fußpfad* zum Kraterrand hinauf, Aufstieg, Umrundung und Rückkehr ins Zentrum dauern etwa zwei Stunden (Fußweg siehe Karte S. 372). Oben führt ein Weg einmal rund herum und man genießt einen herrlichen Blick über den gesamten Süden der Insel.

Radtour – Für sportlich versierte Mountainbiker bietet sich folgende Rundfahrt an: die neue Straße LZ-702 nach Femés nehmen und kurz bevor man die Straße zwischen Femés und Maciót erreicht, rechts auf die Piste abzweigen, die in Serpentinen zum Pass *Degollada del Portugués* (370 m) hinaufführt. Von dort geht es im *Barranco Parrado* hinunter in Richtung Küste und weiter zu den Papagayo-Stränden, wo man auf der Anfahrtspiste zu den Stränden wieder nach Playa Blanca zurückkommt.

▸ **Castillo de las Coloradas**: exponierte Lage auf dem Küstenkap *Punta del Aguila* am Weg zu den Papagayo-Stränden. Die Umgebung wurde allerdings in den letzten Jahren heftig verbaut, mehrere Urbanisationen haben das früher völlig allein stehende Kastell von allen Seiten umzingelt. Von der Uferpromenade im Ort sind es knapp 2 km, man läuft etwa eine halbe Stunde und erreicht das Kastell kurz nach dem neuen Yachthafen (Achtung: durch die intensive Bautätigkeit in dieser Ecke kann es Probleme bei der Wegführung geben). Auch die Anfahrt mit Fahrzeug ist möglich, eine Asphaltstraße führt bis zum Kastell.
Das elegante kleine Rundgemäuer aus dunklem Basaltstein stammt aus der zweiten Hälfte des 18. Jh. und sollte die Südküste vor Überfällen zu schützen. Es ist der Nachfolgebau eines früheren Wehrbaus an dieser Stelle, der von algerischen Piraten dem Erdboden gleichgemacht worden war. Zum Eingang führen ein paar Stufen hinauf, der Innenraum ist jedoch leider verschlossen. Über der Tür erinnert eine steinerne Tafel daran, dass hier bereits im 15. Jh. ein normannisches Fort gestanden haben soll. Schöner Rundblick, beeindruckend ist auch die niedrige, aber wilde Steilküste an dieser Stelle mit tollen Farbenspielen in Schwarz und Rot – deswegen auch der Name „Coloradas".

▸ **Punta de Pechiguera und Umgebung**: Die flache Südwestspitze Lanzarotes erkennt man schon von weitem an dem hoch aufragenden Leuchtturm. Eine

Inselsüden
Küste S. 337

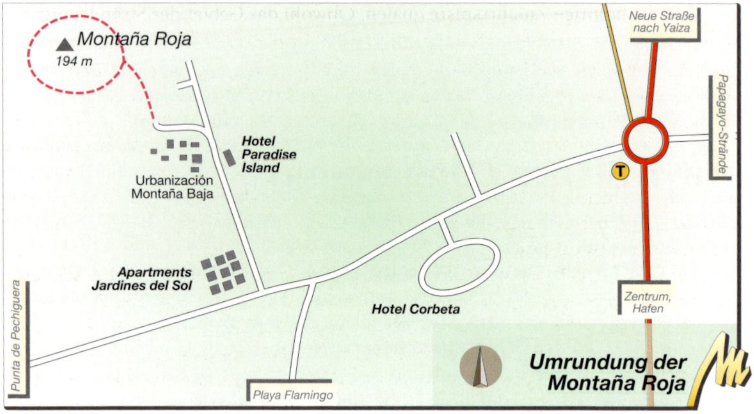

Asphaltstraße führt von Playa Blanca hinüber, vorbei an mehreren neuen Großhotels, deren Bau die früher einsame Küstenlinie völlig verändert hat (→ Übernachten). Am Kap bedecken farbenfrohe Sukkulenten und kniehohes Gebüsch den steinigen Boden. Markanter Blickfang ist der schlanke Leuchtturm *Faro de Pechiguera.* Wie man aus der römischen Jahreszahl über dem Eingang erkennen kann, wurde er 1986 erbaut. Ein kleiner Basaltturm mit Leuchtwerk von 1936 steht daneben. Die Besichtigung der ummauerten Anlage ist nur von außen möglich. Reizvoll ist die umgebende Küstenlinie aus schwarzen Lavabrocken, an die malerisch die Gischt tost. Windgeschütze Fleckchen zum einsamen Sonnenbaden findet man hier einige, schön ist auch der Blick hinüber nach Fuerteventura.

Die Umgebung der Punta de Pechiguera wurde in den letzten Jahren weitflächig für den touristischen Ausbau vorbereitet. Zum Zeitpunkt der Recherche glich das gesamte Areal einer riesigen Baustelle und es wird wohl nicht mehr lange dauern, bis alles mit Bungalows zugebaut ist. Man kann die Montaña Roja auf Asphalt westlich umrunden und durchquert dabei die Urbanisation „Faro Park“. Nördlich des Vulkans trifft man dann auf die Straße von Playa Blanca nach Yaiza. Auch hier findet man an der Küste abgelegene Klippenbadestellen, z. B. die Bucht *Caleta Negra.*

• *Spaziergang von Playa Blanca zur Punta de Pechiguera* Vom Strand **Playa Flamingo** (→ Playa Blanca/Baden) geht es etwa 4 km an der flachen Küste entlang, vorbei an den neuen Großhotels bis zum All-Inclusice-Club „Calimera Playa Blanca“. Früher musste man auf einem steinigen Pfad wandern, jetzt verläuft hier eine breite, gepflasterte Promenade.

Papagayo-Strände

Die Attraktion im Süden Lanzarotes! Wie Perlen an der Kette reihen sich sechs Strände der Spitzenklasse im felsigen Küstenstreifen. Unverbaute Natur, fast weißer Sand, grüne Algen auf schwarzen Felsen, leuchtend türkises Wasser, flacher Einstieg, windgeschützte Buchten – verführerischer kann die Natur ihre Qualitäten kaum darbieten.

Diese Vorzüge sind nicht verborgen geblieben. Wo früher nur Hippies und Einsiedler hausten, tummeln sich heute massenweise Pauschalurlauber, die ihre Mietwagen über die holprige Zufahrtspiste quälen. Obwohl das Gebiet der Strände mittlerweile als *Monumento Natural de Los Ajaches* ausgewiesen ist, leidet die Landschaft auf der südlichsten Landzunge Lanzarotes schwer unter dem Touristenansturm (→ Kasten). Auch die Bebauung ist in den letzten Jahren beängstigend nah herangerückt. Dank energischer Aktivitäten von Seiten einheimischer Umweltschutzbewegungen blieben die Strände selber zwar bisher verschont. Doch bereits im Umkreis der graukiesigen *Playa de Afe* (die nicht zu den Papagayo-Stränden gehört) wurden mehrere Anlagen errichtet, darunter die Hotels „Papagayo Arena" und „Gran Castillo" (→ Übernachten), die vom Hauptstrand *Playa de Mujeres* gerade mal 20 Fußminuten entfernt sind.

Im Hinterland der Papagayo-Strände errichtete Jean de Béthencourt 1402 sein erstes Fort auf Lanzarote zusammen mit der ersten Kirche der Kanaren (→ Kasten, S. 375). Oberhalb der Playa de Papagayo stehen außerdem die Überreste des ehemaligen Fischerdorfs *Papagayo* (wörtl. „Papagei"), das schon vor vielen Jahren von seinen Bewohnern aufgegeben wurde. Es existieren nur noch verfallene Hütten, mittlerweile gibt es aber auch ein mehr oder minder regelmäßig geöffnetes Lokal.

Fahrt zu den Papagayo-Stränden

Ein ständiges Ärgernis waren viele Jahre lang die zahllosen Pisten, die die staubige Ebene zwischen Playa Blanca und den Papagayo-Stränden durchzogen. Tausende von Mietwagenfahrern suchten sich hier nach Gutdünken ihren Weg kreuz und quer durch die geschützte Küstenlandschaft. 1998 wurde dem ein Ende gemacht und eine einzige Piste zu den Stränden angelegt, die zu beiden Seiten mit Felsbrocken begrenzt ist. Bevor man die Strände erreicht, passiert man ein *Wärterhäuschen* mit Schranke und muss pro Auto einen Obolus von ca. 3,50 € entrichten. Fußgänger und Radfahrer können gratis passieren, Hunde sind verboten. Hinweisschilder zu den einzelnen Stränden sind im weiteren Verlauf auf Mauern aus Lavastein angebracht, an den Stränden gibt es jeweils mit Steinwällen umsäumte Parkplätze, die gebührenfrei sind. Tipp: Wer sich den Eintritt sparen will, fährt mit dem Fahrzeug bis zum Hotel „Pagagayo Arena" östlich oberhalb der *Playa de Afe* und kann von dort in etwa 20 Min. zur langen *Playa de Mujeres* gehen.

• *Anfahrt* Bester Einstieg ist der **Kreisverkehr** mit der Bushaltestelle etwas landeinwärts von Playa Blanca (beschildert mit „Femés"). Von hier führt eine Asphaltstraße, die später in eine breite Piste übergeht, zu den Stränden. Alternativ dazu kann man auch am Kreisverkehr mit der Tankstelle abbiegen (beschildert mit „Papagayo"). Nach einem Kreisverkehr, wo die neue Asphaltstraße nach **Femés** abzweigt (→ S. 371), beginnt die Piste zu den Stränden, die man sehr langsam und vorsichtig fahren sollte, die Strecke ist sehr holprig und staubig. Etwa 2 km nach dem Kreisverkehr erreicht man das **Wärterhäuschen**.

Zweite Variante: in Playa Blanca die **Hauptstraße** an der Kirche vorbei nach Osten nehmen und der Beschilderung folgen, bis man ebenfalls auf die breite Zufahrtspiste zu den Stränden mündet.

• *Übernachten* Bei den Stränden Playa Caleta del Congrio und Playa de Puerto Muelas wurde 1999 ein einfacher **Zeltplatz** mit offenen Duschen und generatorbetriebenen Lampen eingerichtet. Wohnmobil ca. 6–8 €, Zelt 2–4 €. Der Platz darf allerdings nur von März bis Sept. benutzt werden, vorherige Anmeldung im Rathaus von Yaiza ist obligatorisch, ✆ 928-173452, 173724 oder 830035. Ansonsten gibt es keine offizielle Übernachtungsmöglichkeit.

• *Essen & Trinken/Verpflegung* Auf der Landzunge zwischen Playa de la Cera und Playa de Papagayo steht ein **Restaurant**

mit Dieselgenerator, wo man Snacks und kleine Gerichte zu nicht mehr ganz niedrigen Preisen ordern kann. In der Hochsaison kommt ein **Imbisswagen** an die Playa de Mujeres, außerdem sind an den Stränden fliegende **Händler** unterwegs, die Erfrischungen anbieten.

Die einzelnen Strände

Man hat die Qual der Wahl, Beschreibung im Folgenden von West nach Ost. Wer per fahrbarem Untersatz auf der langen Zufahrtspiste kommt, wird meist in der Nähe der Playa de la Cera und Playa de Papagayo landen.

- **Playa de Mujeres**: mit ca. 400 m der längste Strand und immer gut besucht. Wenn man im Umkreis des Hotels „Papagayo Arena“ parkt, nur etwa 20 Fußminuten entfernt. Am Westende steht ein verfallener Kalkbrandofen.
  In Richtung Playa del Pozo liegen zwei verborgene Badebuchten in den Küstenfelsen: *Playa del Caletón* und *Playa de los Ahogaderos.*
- **Playa del Pozo**: nicht ganz so lang wie die Playa de Mujeres, aber genauso attraktiv und ebenso häufig frequentiert.
- **Playa de la Cera**: schöner, kleiner Strand, zentrale Lage unterhalb des Restaurants (→ Essen & Trinken).
- **Playa de Papagayo**: malerische, halbrunde Bucht auf der anderen Seite des Restaurants. Sehr geschützte Lage, deswegen früher häufig als Piratenversteck genutzt, später quartierten sich Hippies in den Felshöhlen ein. Heute Tendenz zur Überfüllung.
- **Playa Caleta del Congrio**: langer, flacher Strand an der Ostseite der Punta del Papagayo. Deutlich stürmischer als die Westseite, starke Brandung.
- **Playa de Puerto Muelas**: kleinerer Strand zwischen Felsen, ebenfalls sehr windig.

Auf den Spuren der Vergangenheit

Im Sommer des Jahres 1402 ließen sich die normannischen Eroberer unter Jean de Béthencourt im Südosten Lanzarotes nieder und errichteten im Hinterland der Playa del Pozo ihr erstes Fort. Erhalten sind davon die Ruinen eines Wehrturms, außerdem mehrere tiefe „pozos“ (Brunnen) und Überreste von Behausungen der einheimischen Bevölkerung, die im Umkreis der Festung wohnten. Ein Holzkreuz auf Steinsockel markiert die Stelle, wo Béthencourt damals eine Kapelle errichten ließ, die der Papst 1404 zum „ersten Bischofssitz der Kanaren“ weihte. Die dem heiligen Marcial von Limoges gewidmete Kapelle wurde 1593 von Piraten zerstört, ihre Nachfolge trat später die Kirche im Dorf Femés an (→ S. 352). Die Restaurierung der für die gesamten Kanaren bedeutenden Baudenkmäler ist geplant, kommt aber bisher nicht voran.

Wanderung von Playa Blanca zu den Papagayo-Stränden

Man läuft einfach etwa 2 Std. Der Weg führt weitgehend an der Küste entlang, vorbei am neuen Yachthafen Marina Rubicón und dem Rundkastell *Castillo de las Coloradas*, einige niedrige Hügel muss man dabei überwinden. Problembereiche stellen die neu erbauten Großhotels dar, die man aber landeinwärts umgehen kann, falls man an der Küste nicht weiterkommt. Wenn man Glück hat, herrscht Ebbe, wenn man die Strände erreicht. Dann kann man nämlich über die niedrigen Uferfelsen weiterlaufen, was wesentlich entspannender und kürzer ist als oberhalb der Küstenlinie.

Kein Geheimtipp mehr: die Papagayo-Strände im Süden Lanzarotes

Inselsüden
Küste S. 337

Fuerteventura, die Wüsteninsel – Afrika ist nahe

Fuerteventura ist die am dünnsten besiedelte Insel der Kanaren. Im Gegensatz zum kleinräumig strukturierten, "aufgeräumt" wirkenden Lanzarote, trifft man hier auf eine wilde, oft steppen- und wüstenhaft wirkende Landschaft. Endlos ziehen sich die welligen Hügelkämme in runden, weich fließenden Formen bis zum Horizont. Fast verschwinden die wenigen weißen Häuschen in der großen Öde, ab und an gedeiht irgendwo eine Palme, kaum fallen Niederschläge, nackt und kahl sind die Berge, weißer Sand und schwarze Lava, Felsen und Meer. Auf den ersten Blick fast erschrocken von der Leere und Weite, fühlt man sich schnell fasziniert.

Touristisch ist Fuerteventura nur punktuell erschlossen. Zwei große Ferienzentren – *Corralejo* im Norden und die *Halbinsel Jandia* im Süden – bieten alle Einrichtungen für Pauschalurlauber und sind im steten Wachstum begriffen. Der Rest der Insel ist großteils still und menschenleer. Bei einer Rundfahrt merkt man schnell, dass es hier keine großartigen Sehenswürdigkeiten oder gar Kunstwerke zu besichtigen gibt. Und doch wirkt ganz Fuerteventura wie ein einziges Gemälde. Aber kein César Manrique hat hier nachgeholfen, hier zaubert allein die Natur. Das ganz große Plus heißt: Strand, Strand und nochmals Strand. Die Strände Fuerteventuras gehören ohne Zweifel zu den großartigsten in Europa. Die *Dünen von Corralejo* sieht man an klaren Tagen bis Puerto del Carmen herüberleuchten, 7 km schneeweißer Sand der feinsten Sorte, ein Dorado für Schwimmer und Surfer (mit Mietwagen, Fahrrad oder Taxi ist man rasch dort). Noch eindrucksvoller und gewaltiger präsentieren sich die Strände der Halbinsel *Jandia* im tiefen Süden, doch für Tagesausflüge ab Lanzarote ist es dorthin zu weit. Im Norden lohnt sich jedoch noch eine Fahrt an die raue Westküste, zum urigen Fischerdorf *El Cotillo*, das hier direkt auf die schwarzen Basaltklippen gebaut ist. Südlich vom Ort erstreckt sich ein langer Sandstrand, nach Norden zieht sich eine flache, türkisfarbene Lagunenlandschaft mit Buchten aus schneeweißem Sand. Hübsch ist aber auch ein Ausflug zur Vulkaninsel *Isla de Lobos*, die Corralejo markant vorgelagert liegt und täglich mit Booten angefahren wird. In etwa 2 Std. kann man sie bequem zu Fuß umrunden. Danach vielleicht noch ein Essen in den einem der vielen Fischrestaurants um den kleinen Ortsstrand von Corralejo – und abends geht es wieder mit der letzten Fähre nach Playa Blanca zurück.

Etwas Spanisch

Für Ihren Urlaub müssen Sie nicht unbedingt Spanisch lernen. Deutsch, Englisch und die Gebärdensprache reichen meist völlig aus, um einzukaufen, ein Auto oder Zimmer zu mieten. Wer aber näher mit den Menschen im Lande in Kontakt kommen möchte, wird schnell merken, wie erfreut und geduldig die Einheimischen reagieren, wenn man sich ein bisschen Mühe gibt.

- *Aussprache des Spanischen:*

c: vor a, o, u wie k, vor e und i wie engl. „th" (cero = thero)

ch: wie tsch (mucho = mutscho)

g: vor a,o,u wie das deutsche g, vor e und i ähnlich dem deutschen ch, nur tief im Rachen etwa wie in „Ach du liebe Güte"

h: ist stumm (helado = elado)

j: wie ch (rojo = rocho)

ll: wie j (calle = caje), manchmal auch wie lj

ñ: wie nj (año = anjo)

qu: wie k (queso = keso)

v: wie leichtes b (vaso = baso), manchmal wie „w" (vino = wino)

y: wie j (yo = jo)

z: wie engl. „th" (zona = thona)

Minimal-Wortschatz / Grüße & Small Talk

Ja	sí
Nein	no
Bitte	por favor
Vielen Dank	muchas gracias
Entschuldigung	perdón
groß/klein	grande/pequeño
gut/schlecht	bueno/mal(o)
billig/teuer	barato/caro
mehr/weniger	mas/menos
mit/ohne	con/sin
offen/geschlossen	abierto/cerrado
Frau	señora
junge Frau	señorita
Herr	señor
Sprechen Sie Deutsch (Englisch)?	Habla usted alemán (inglés)?
Ich verstehe nicht	no entiendo
Guten Morgen (bis Mittag)	buenos días
Guten Tag (bis zum Abend)	buenas tardes
Guten Abend/ gute Nacht	buenas noches
Hallo	hola
Auf Wiedersehen	adiós
Wie geht's?	Cómo está?
Sehr gut, danke	muy bien, gracias

Fragen & Antworten / Zeiten & Tage

Gibt es ... ?	hay...?
Was kostet das?	Cuánto cuesta esto?
Wissen Sie ...?	Sabe usted ... ?
Ich weiß nicht	Yo no sé
Haben Sie ... ?	Tiene ... ?
Ich möchte ...	Quisiera ...
Kann/darf man ...?	Se puede ...?
wo?/wann?	dónde?/cuando?
links/rechts	izquierda/derecha
geradeaus	todo derecho
hier/dort	aquí/allí
Morgen (bis Mittag)	mañana
Nachmittag/Abend	tarde
Nacht	noche
Montag	lunes
Dienstag	martes
Mittwoch	miércoles
Donnerstag	jueves
Freitag	viernes
Samstag	sábado
Sonntag	domingo
Werktage (Mo–Sa)	laborables
Feiertage	festivos
heute	hoy
morgen	mañana
gestern	ayer

Unterwegs / Im Hotel & Restaurant

Ich möchte mieten ...	quisiera alquilar
ein Auto	un coche
ein Motorrad	una moto
Tankstelle	gasolinera
bleifreies Benzin	gasolina sin plomo
Diesel	Gasoleo "A"
volltanken	lleno
parken	aparcar
Autobus	autobús
Bahnhof	estación
Haltestelle	parada
Fahrkarte	billete
hin und zurück	ida y vuelta
Abfahrt	salida
Ankunft	llegada
Ich möchte aussteigen	quisiero salir
Haben Sie ... ?	tiene ...?
ein Doppel- (Einzel-) Zimmer	una habitación doble (individual)
... für eine Nacht (Woche)	para una noche (semana)
mit Dusche/Bad	con ducha/baño
Frühstück	desayuno
Pension (Voll/Halb)	pensión (completa/-media)
Die Rechnung bitte	la cuenta por favor
Toiletten	servicios
Damen/Herren	Señoras/Hombres

Krankheit & Hilfe

Arzt	médico
Zahnarzt	dentista
Krankenhaus	hospital
Krankenwagen	ambulancia
Unfall	accidente
Ich habe Schmerzen (hier)	me duele (aquí)
Apotheke	farmacia

Zahlen

0	cero	*14*	catorce	*60*	sesenta
1	un/una	*15*	quince	*70*	setenta
2	dos	*16*	dieciséis	*80*	ochenta
3	tres	*17*	diecisiete	*90*	noventa
4	cuatro	*18*	dieciocho	*100*	cien
5	cinco	*19*	diecinueve	*110*	ciento diez
6	seis	*20*	veinte	*200*	doscientos
7	siete	*21*	veintiuno	*300*	trescientos
8	ocho	*22*	veintidós	*500*	quinientos
9	nueve	*23*	veintitrés	*1000*	mil
10	diez	*30*	treinta	*2000*	dos mil
11	once	*31*	treinta y uno	*5000*	cinco mil
12	doce	*40*	cuarenta	*10.000*	diez mil
13	trece	*50*	cincuenta		

Verlagsprogramm

Ägypten
- Ägypten
- Sinai & Rotes Meer

- **Baltische Länder**

Belgien
- *MM-City* Brüssel

- **Bulgarien** – Schwarzmeerküste
- **Dominikanische Republik**

Deutschland
- Allgäu
- Altmühltal & Fränk. Seenland
- Berlin & Umgebung
- *MM-City* Berlin
- Bodensee
- Franken
- Fränkische Schweiz
- Mainfranken
- Nürnberg, Fürth, Erlangen
- Oberbayerische Seen
- Ostseeküste – von Lübeck bis Kiel
- Ostseeküste – Mecklenburg-Vorpommern
- Rügen, Stralsund, Hiddensee
- Schwäbische Alb
- Usedom

- **Ecuador**

Frankreich
- Bretagne
- Côte d'Azur
- Elsass
- Haute-Provence
- Korsika
- Languedoc-Roussillon
- *MM-City* Paris
- Provence & Côte d'Azur
- Südfrankreich
- Südwestfrankreich

Griechenland
- Athen & Attika
- Chalkidiki
- Griechenland gesamt
- Griechische Inseln
- Karpathos
- Kefalonia & Ithaka
- Korfu
- Kos
- Kreta
- Kykladen
- Lesbos
- Naxos
- Nord- u. Mittelgriechenland
- Peloponnes
- Rhodos
- Samos
- Santorini
- Skiathos, Skopelos, Alonnisos, Skyros – Nördl. Sporaden
- Thassos, Samothraki
- Zakynthos

Großbritannien
- Cornwall & Devon
- England
- *MM-City* London
- Südengland
- Schottland

- **Irland**
- **Island**

Italien
- Abruzzen
- Apulien
- Chianti – Florenz, Siena
- Dolomiten – Südtirol Ost
- Elba
- Friaul-Julisch Venetien
- Gardasee
- Golf von Neapel
- Italien
- Italienische Riviera & Cinque Terre
- Kalabrien & Basilikata
- Liparische Inseln
- Marken
- Mittelitalien
- Oberitalien
- Oberitalienische Seen
- Piemont & Aostatal
- *MM-City* Rom
- Rom & Latium
- Sardinien
- Sizilien
- Südtirol
- Südtoscana
- Toscana
- Umbrien
- *MM-City* Venedig
- Venetien

Kroatien
- Istrien
- Kroatische Inseln & Küste
- Mittel- und Süddalmatien
- Nordkroatien – Kvarner Bucht

- **Malta**, Gozo, Comino
- **Niederlande**
- *MM-City* Amsterdam
- Niederlande

Norwegen
- Norwegen
- Südnorwegen

Österreich
- *MM-City* Wien
- Wachau, Wald- u. Weinviertel
- Salzburg & Salzkammergut

Polen
- Polen
- Polnische Ostseeküste

Portugal
- Algarve
- Azoren
- *MM-City* Lissabon
- Lissabon & Umgebung
- Madeira
- Nordportugal
- Portugal – gesamt

Schweden
- Südschweden

Schweiz
- Genferseeregion
- Graubünden
- Tessin

Serbien und Montenegro
- Montenegro

- **Slowenien**

Spanien
- Andalusien
- *MM-City* Barcelona
- Costa Brava
- Costa de la Luz
- Gomera
- Gran Canaria
- *MM-Touring* Gran Canaria
- Ibiza
- Katalonien
- Lanzarote
- La Palma
- *MM-Touring* La Palma
- Madrid & Umgebung
- Mallorca
- Nordspanien
- Spanien – gesamt
- Teneriffa
- *MM-Touring* Teneriffa

Tschechien
- *MM-City* Prag
- Südböhmen
- Tschechien – gesamt
- Westböhmen & Bäderdreieck

- **Tunesien**
- **Türkei**
- *MM-City* Istanbul
- Türkei – gesamt
- Türkei – Lykische Küste
- Türkei – Mittelmeerküste
- Türkei – Westküste
- Türkische Riviera – Kappadokien

- **Ungarn**
- **Zypern**

Aktuelle Informationen zu allen Reiseführern finden Sie im Internet unter www.michael-mueller-verlag.de

Michael Müller Verlag GmbH, Gerberei 19, 91054 Erlangen, Tel. 0 91 31 / 81 28 08-0;
Fax 0 91 31 / 20 75 41; E-Mail: mmv@michael-mueller-verlag.de

Register

K

L

M

N

O

P

Q

R

S

Was haben Sie entdeckt?

Haben Sie *den* Strand Lanzarotes gefunden, ein freundliches Restaurant, eine originelle Tapas-Bar, eine reizvolle Apartmentanlage, einen schönen Wanderweg?

Wenn Sie Ergänzungen, Verbesserungen oder Tipps zum Lanzarote-Buch haben, lassen Sie es uns wissen!

Eberhard Fohrer
Stichwort „Lanzarote“
c/o Michael Müller Verlag GmbH
Gerberei 19
91054 Erlangen
eberhard.fohrer@michael-mueller-verlag.de